증오의
시대

明淸之際士大夫硏究

증오의 시대

명청 교체기 사대부 연구 1

자오위안趙園 지음
홍상훈 옮김

글항아리

일 러 두 기

1. 이 책은 趙園, 『明淸之際士大夫硏究』, 北京: 北京大學出版社, 1999(2006년 3쇄)를 번역한 것이다.

2. 원서에서는 인용문을 본문 중간에 넣고 " "로 구분했지만, 한국어판에서는 가독성을 높이기 위해 별도의 단락으로 구분했다.

3. 원서에서 인용문은 간체자로 표기되었는데, 한국어판에서는 인용문의 번역과 함께 원문을 수록하는 것을 원칙으로 하고, 해당 저작의 원문을 찾아 교감한 뒤 번체자로 표기했다. 이 과정에서 저자가 의식하지 못한 사소한 실수나 편집 과정에서 실수로 생겨난 것이 명백해 보이는 오류들은 특별한 언급 없이 바로잡아 수록했다.

4. 부득이하게 본문 중간에서 처리한 인용문의 원문은 각주 자리에 수록하고, "원주"라고 표기하여 구별했다.

5. 한국어판에서 각주는 옮긴이의 주석과 인용문의 원문을 표기하는 용도로 활용했고, 저자의 원주는 미주로 처리하여 구별했다. 한편 번역서의 분량을 고려하여, 주로 전문가들이 읽게 될 미주 부분은 국한문 혼용으로 처리했다.

6. 원서의 본문에서 저자가 ( ) 안에 넣어 처리한 보충 설명 가운데 몇몇은 가독성을 해칠 수 있다는 역자의 판단에 따라 미주로 옮겨놓았다. 미주 가운데 인용문이 없는 것들은 대부분 여기에 해당된다.

7. 원서에 표기된 인용문의 출전은 한국의 일반적인 표기 방식과 상당히 다르기 때문에, 번역에서는 최대한 한국 독자에게 익숙한 순서로 다시 조정하여 표기했다.

8. 한국어판에서는 모든 인명을 본명으로 표기하는 것을 원칙으로 했다. 이에 따라 인용문이나 저자의 서술에서 고정림顧亭林, 부청주傅靑主 등으로 표기된 인명은 모두 고염무顧炎武, 부산傅山 등으로 바꾸어 표기했다.

9. 한국어판에서는 문집이나 단행본의 제목은 『 』로, 단편의 산문과 시 등의 제목은 「 」로 표기했다.

차 례

차례(2권)

제 1 장

왕조 교체기 사대부의
경험과 반성

1절

지독한
미움

명대의 정치가 포학했다는 것은 상식에 속하며 이미 어떤 '형상 비유 象喩'의 자격까지 획득했기 때문에 1930년대나 1940년대 같은 특정한 상황에서 늘 제기되곤 했다. 딩이丁易*의 『명대의 특무정치明代特務政治』 는 바로 당시를 풍유諷諭한 저작이다. 한때 좌익 역사학자들 가운데 이 기성의 제재를 이용하지 않은 이는 극히 드물었다. 비교적 초기에 유력 하게 이 형상 비유를 운용한 이는 아무래도 루쉰魯迅일 것이다. 그러나 이것은 나중의 이야기다. 이 절에서 필자가 더욱 관심을 두는 것은 그 시대를 몸소 겪은 사대부들의 반응, 특히 그들이 처한 시대에 대한 비 판과 그 깊이, 그들이 살았던 시대 분위기다. 어쩌면 그것은 바로 그들 의 상황에 대한 느낌과 서술이라고도 할 수 있다. 명대의 학술이 비록 '조악하고 얕다荒陋'는 이유로 사람들의 책망을 받지만, 명대의 지식인

---

* 딩이(1913~1954)는 작가이자 학자로서 본명이 예딩이葉鼎彝 또는 예딩이葉丁易이고 필명으로 쑨이孫怡, 팡주訪竹, 퉁이탕童宜堂 등을 사용했다. 발표 작품으로는 장편소설 『과도過渡』와 중 편소설 『어린 꾀꼬리雛鶯』, 문집 『딩이 잡문丁易雜文』이 있고 저작으로 『명대의 특무정치』 『간략 한 중국 현대문학사中國現代文學史略』 『중국문학과 중국사회中國文學與中國社會』 등이 있다.

들에게 시대 비판 능력이 결여되어 있었던 것은 아니다. 명·청 교체기에 재난을 겪은 사람들 중 사상가들은 특히 그러했다. 이 뛰어난 지식인들이 보여준 인식과 통찰은 그 뒤로도 상당 기간 다른 이들이 뛰어넘을 수 없는 수준이었다.

필자는 특히 왕부지王夫之*가 '지독한 미움戾氣'에 대해, 사대부들의 '조급한 경쟁躁競' '기세氣矜' '격분氣激'에 대해 반복적으로 비판했던 점에 주목한다. '지독한 미움'이라는 말로 명대, 특히 명나라 말엽의 시대 분위기를 개괄하는 것은 대단히 적확해 보인다. 그리고 '조급한 경쟁' 등은 사대부들이 그 시대를 사는 보편적인 태도였으며 또한 '시대 분위기' 구성에 동참한 항목들이었다.

그 시대를 살았던 저명한 문인들의 경험 또한 왕부지 같은 위대한 학자의 경험과 상통하는 데가 있다. 위에서 말한 시대 분위기에 대한 느낌부터, 병폐를 치유하기 위한 처방에 이르기까지 설령 그들이 완전히 다른 길을 걸었을지라도 상통하는 어떤 지점은 있다. 그러나 결코 우연한 만남은 아니다. 사실과 인식이 누적됨에 따라 식견 있는 사대부들은 여러 중대한 문제에서 암암리에 뜻이 맞을 수 있었던 것이다. 이 절에서 논의하는 문제로 말하자면, 필자는 바로 그와 관련된 전겸익錢謙益**의 논의에 주목하고 있다.

전겸익은 문인적인 민감함으로 사회에 가득 찬 지독한 미움에 대해 거듭 언급했다. 「모각대장방책원만소募刻大藏方冊圓滿疏」에서 그는 세태와 인심에 대한 자신의 경험 및 관찰 결과를 이렇게 서술했다.

---

* 왕부지(1619~1692)는 호광湖廣 형주부衡州府 형양衡陽(지금의 후난 성 헝양衡陽) 사람이며 자가 이농而農이고 호로 강재姜齋 또는 석당夕堂, 일표도인一瓢道人, 쌍계외사雙髻外史, 선산병수船山病叟, 남악유민南岳遺民 등을 썼다. 고염무, 황종희와 더불어 명·청 교체기의 3대 사상가로 꼽힌다. 저작으로 『춘추세론春秋世論』『독통감론讀通鑑論』『송론宋論』『장자정몽주張子正蒙注』 등이 있다.

재앙이 끝난 뒤에는 원망하며 서로를 찾는다. 풀과 나무를 집어 들고 무기로 삼으며, 혈육을 가리켜 원수로 여긴다. 벌레는 두 주 둥이로 자신을 깨물고 새는 두 머리로 서로 해친다.

劫末之後, 怨對相尋. 拈草樹爲刀兵, 指骨肉爲仇敵. 蟲以二口自嚙, 鳥以兩首相殘.(『牧齋有學集』 권41, 1399쪽)

그는 보편적인 '살기殺氣'와 '닥치는 대로 칼을 휘둘러 길을 피로 적 시는刀途血路' 현상 그리고 인성을 말살하는 지독한 원망과 원한에 대 해 언급했다. 그는 또한 시와 산문을 통해 그 잔혹한 시대의 병폐를 읽 어냈다.

병란이 일어난 이래 나라 안에 시가 두루 흥성했는데 요컨대 모 두 각성이 많고 궁성은 적으며, 음률이 많고 양률은 적고, 촉급하 게 분노를 터뜨리는 소리가 많고 순조롭고 느긋한 소리는 적다.***
번잡한 소리가 갑작스럽게 바뀌게 되니 군자는 이를 무척 걱정하 게 되었다.

兵興以來, 海內之詩彌盛, 要皆角聲多, 宮聲寡, 陰律多, 陽律寡, 噍 殺忿怒之音多, 順成嘽緩之音寡. 繁聲入破, 君子有餘憂焉.(「施愚山詩 集序」, 『牧齋有學集』 권17, 760쪽)

** 전겸익(1582~1664)은 소주부蘇州府 상숙常熟(지금의 장자강張家港 당차오塘橋) 사람으로 자가 수지受之이고 호가 목재牧齋이며, 만년에는 몽수蒙叟, 동간노인東澗老人이라는 호를 썼다. 학자 들은 그를 '우산선생虞山先生'이라고 불렀다. 명말 숭정崇禎(1628~1644) 연간에 문인 결사인 동 림당東林黨의 영수로서 상당한 영향력을 지녔던 그는 명나라가 망하자 마사영馬士英(1591~1646) 등과 더불어 복왕福王의 남명南明 홍광弘光 정권을 세워 예부상서禮部尙書를 지내기도 했으나, 훗날 청에 투항하여 예부시랑禮部侍郞을 지냈다. 문집으로 『초학집初學集』 『유학집有學集』 『투 필집投筆集』 등이 있었지만 대부분 청나라 때에 금서로 지정되어 훼손되었다.

*** 『예기禮記』 「악기樂記」. "그러므로 애달픈 마음을 느끼면 그 소리가 촉급하고 즐거운 마음을 느끼면 그 소리가 느긋하다是故其哀心感者, 其聲噍以殺, 其樂心感者, 其聲嘽以緩."

'촉급하다噍殺'는 것은 그가 자주 사용하는 표현이다. 청나라에 투항한 몸으로 이런 시론을 쓴 것은 (그리고 여기서 논의한 것들도 대부분 유민시遺民詩였으니) 어느 정도 용기가 필요한 일이었음을 인정할 수밖에 없을 것이다. 이를 보면 그의 기백을 알 수 있지 않은가? 그가 내놓은 처방이 무엇이었든 전겸익이 '세상을 구제하는救世' 방안을 제기했다는 것은 분명하다. 그가 구하고자 한 것도 바로 왕부지와 고염무顧炎武 등이 병세가 심각한 것으로 여겼던 인성과 인심이었다.[1]

한 시대의 식견 있는 이들은 시대 분위기에 대한 느낌도 서로 통하는 바가 있었으니, 주학령朱鶴齡*은 이렇게 썼다.

> 오늘날 온 나라 백성은 모두 굶주린 승냥이 같아서 호랑이보다
> 더 사나운 듯하다.
> 今也舉國之人皆若餓豺狼焉, 有猛於虎者矣.(「獲虎說」『愚庵小集』 권
> 14, 658쪽)

그리고 장이기張爾岐**의 「광계살우문廣戒殺牛文」에서는 '참혹한 살인'에 대해 극언하면서 이렇게 썼다.

> 참혹하게 소를 도살하더라도 촉박하게 재촉하는 것을 경계하고
> 두려워해야 하니, 홍건하게 피에 젖은 고기만 남기게 되기 때문이

---

* 주학령(1606~1683)은 강소江蘇 오강吳江 사람으로 자가 장유長孺이고 자호自號가 우암愚庵이며 명나라 때의 제생諸生인데, 청나라 때에는 벼슬살이를 거부하고 유민遺民으로 생을 마쳤다. 저작으로는 『우암시문집愚庵詩文集』『독좌일초讀左日鈔』 14권 등이 있다.

** 장이기(1612~1678)는 산동山東 제양濟陽 사람으로 자가 직약稷若이고 호가 호암蒿庵이다. 『의례儀禮』『주례周禮』『예기禮記』의 '삼례'에 정통했던 그는 『의례정주구두儀禮鄭注句讀』를 편찬한 바 있으며 『호암집蒿庵集』 등의 저작을 남겼다.

다. 참혹하게 사람을 죽이면 두려워 떨면서도 피할 틈이 없고 다급한 재촉에 몸 둘 바를 몰라서, 흥건한 피에 젖은 살이 세상에 가득 차 그 끝을 헤아리기 어렵다. 왜냐? 소를 도살하는 것은 칼을 내리칠 뿐이지만 사람을 죽이는 것은 단순히 한 번의 칼질에 그치지 않기 때문이다. (…) 온 세상 사람이 살길을 찾아갈 수 없어서 서로 이끌고 도랑과 골짝으로 빠져 들어가 죽게 만드는 것이 바로 살인이다.

殺牛之慘, 戒懼迫蹙, 血肉淋灕而已. 殺人之慘, 則有戰懼而不暇, 迫蹙而無地, 血肉淋灕充滿世間而莫測其際者, 何夜? 殺牛者, 刀砧而已, 殺人者, 不止一刀砧也. (…) 使天下之人無生路可移, 相率委溝壑而死, 卽爲殺人.(『蒿庵集』 권3, 144쪽)

방이지方以智*가 전란 중에 쓴 글에도 "하늘 가득 모두 피彌天皆血"라든가 "고금의 역사는 모두 피古今皆血"라고 한 것처럼 피의 이미지가 상당히 많이 들어 있다.(『浮山文集後編』, 『淸史資料』, 中華書局, 1985 참조) 왕부지의 「의투부蟻鬪賦」(『船山全書』 제15책)에서도 그 시대의 공기와 역사 분위기에 대한 우언寓言을 읽을 수 있다. 명나라 말엽의 유종주劉宗周**는 당시의 수보首輔 온체인溫體仁***에게 보낸 편지에서 이렇게 썼다.

---

* 방이지(1611~1671)는 안휘安徽 동성桐城(지금의 퉁청桐城 펑이리風儀裏) 사람으로 자가 밀지密之이고 호로 만공曼公, 녹기鹿起, 용면우자龍眠愚者 등을 썼으며, 법명法名이 홍지弘智다. 박학다식해 문학과 철학, 역사, 의학, 지리, 물리 등 다양한 분야에서 많은 저작을 남겼다고 하나 대부분 사라지고 『물리소식物理小識』 『절운성원切韻聲原』 『의학회통醫學會通』 『산보본초刪補本草』 등이 남아 있다.

** 유종주(1578~1645)는 소흥부紹興府 산음山陰(지금의 저장 성 사오싱紹興) 사람으로 자가 기동起東이고 호가 염대念臺이며, 즙산戢山에서 학생들을 가르쳤기 때문에 '즙산선생戢山先生'으로도 불렸다. 명나라 유학계의 마지막 큰 스승인 그는 '즙산학파戢山學派'를 열어 이학理學을 가르침으로써 황종희와 진확陳確, 장이상 등의 저명한 학자들을 양성했다. 또한 그는 『양지설良知說』과 『존의잡저存疑雜著』를 비롯해 복잡하고 난해한 내용을 담은 방대한 저작을 남겼다.

지난번에 억류된 신하들 사이에 떠들썩한 논쟁이 일어나고, 부녀들 사이에 주먹다짐이 생기고, 관리들에 대한 평가가 저자를 좌우하고, 헛된 소문들이 길에 횡행하니, 태평한 세상에 무슨 법도를 이루겠으며 또 어찌 나라가 소란스러운가를 물어볼 수 있겠습니까!

乃者囂訟起於繫臣, 格鬪出於婦女, 官評操於市井, 訛言橫於道路, 淸平世宙, 成何法紀, 又何問國家擾攘.(「上溫園嶠相公」, 『劉子全書』 권20)

오위업吳偉業****과 진유숭陳維崧*****도 '지독한 미움'과 살기에 대해 언급한 바 있고 심지어 '초쇄噍殺(촉급함)'라는 용어를 쓰기도 했으니 당연히 이 또한 우연한 생각의 일치가 아니었다.[2]

왕부지 등이 제공한 이상의 서술들은 '깊이'를 나타내기에는 결코 충분하지 않다. 유가 학자들과 유가 사상의 영향을 받은 사대부들이 이와 같은 분명한 사실을 이야기한 것은 그다지 놀라운 일도 아니다. 명·청 교체기의 식견 있는 선비들에게서 심각한 점은 그들이 이를 통해 명대의 정치 문화와 사대부 문화를 비판했다는 데에 있다. 가령 포학한 정치가 조성한 정신적 결과에 대한 분석이 그것이다. 이 부분과

*** 온체인(1573~1639)은 절강 오정烏程(지금의 후저우湖州) 사람으로 자가 장경長卿이고 호가 원교園嶠다. 숭정崇禎 3년(1630)에 예부상서禮部尙書 겸 동각대학사東閣大學士로 각료가 된 이후 주연유周延儒(1593~1643)와의 정쟁에서 승리하고 수석대학사 즉 수보首輔가 되어, 이후 10년 동안 위충현魏忠賢을 우두머리로 한 엄당閹黨을 철저하게 타파했다.

**** 오위업(1609~1672)은 강소 태창太倉 사람으로 자가 준공駿公이고 호가 매촌梅村이며 별도로 녹초생鹿樵生, 관은주인灌隱主人, 대운도인大雲道人 등의 서명을 썼다. '누동시파婁東詩派'의 개창자로서 칠언가행七言歌行을 잘 지었던 그는 「영화궁사永和宮詞」 「낙양행洛陽行」 등의 걸작들을 남겼다.

***** 진유숭(1625~1682)은 강소 의흥宜興 사람으로 자가 기년其年이고 호가 가릉迦陵이다. 명말·청초를 통틀어 가장 뛰어난 사詞 작가로 평가받으며 '양선파陽羨派'를 이끌기도 했다. 저작으로는 『호해루전집湖海樓全集』이 남아 있다.

관련된 왕부지의 평론은 더욱 예리한 성질을 지니고 있다.

폭정과 대항

상술한 바와 같은 명나라 말엽의 민간과 사대부 사회 풍경이 전체적인 명나라 정치의 결과임은 말할 필요도 없다. 왕부지가 여러 역사 평론史論—또한 정론政論이기도 한—을 빌려서 폭정을 비판한 바는 의심할 여지 없이 정곡을 찌르는 것이었다.

사대부들이 논의한 정치의 포악함은 우선 사대부 집단의 경험과 관계된 것으로서, 다시 말해 사대부에 가해진 폭정이었다. 명나라 태조의 지식인 살육은 명나라 200년의 역사에서 '군주'와 지식인 사이의 관계에 대한 엄중한 상징을 내포한 것이었다. 명나라 초기의 지식인은 이미 이 사건을 통해 그들의 생존에 내재된 극단적인 험난함을 민감하게 느꼈다. 소백형蘇伯衡*은 원나라와 명나라의 집권층이 지식인을 대하는 태도를 비교한 바 있다. 그에 따르면 원나라와 명나라는 제생諸生들에 대한 태도가 달랐다.

> (원나라는 지식인을) 선발하기도 천거하기도 등용하기도 어려웠는
> 데, 그것은 다른 이유가 아니라 그들을 귀중하게 여기지 않았기 때
> 문이다. 귀중하게 여기지 않았기 때문에 그들에게 곤란과 좌절을
> 겪게 했다. (…) (명나라는 지식인을) 쉽게 선발하고 천거하고 등용

---

* 소백형(?~?)은 금화金華(지금의 장쑤 성에 속함) 사람이고 자가 평중平仲이다. 『소평중문집蘇平仲文集』 등을 남겼다.

했는데, 그것은 다른 이유가 아니라 그들을 귀중하게 여겼기 때문이다. 귀중하게 여겼기 때문에 그들에게 기회를 빌려주었던 것이다.

取之難, 進之難, 用之難者, 無他, 不貴之也. 不貴之, 以故困折之也. (…) 取之易, 進之易, 用之易者, 無他, 貴之也. 貴之, 以故假借之也.(『蘇平仲文集』, 『四部叢刊』)

소백형은 '기회를 빌려주는' 것보다 차라리 '곤란과 좌절을 겪게 하는' 것이 더 나았다고 대놓고 밝히기가 불편했을 것이다.

곤란과 좌절을 겪게 하면 그들에게 바라는 것도 온전하지 않고 책망하는 것도 갖춰질 수 없다. 그런데 기회를 빌려주면 바라는 것도 틀림없이 온전하고 책망하는 것도 틀림없이 갖춰질 것이다.

夫困折之, 則其求之也不全, 而責之也不備. 假借之, 則其求之也必全, 而責之也必備.(『蘇平仲文集』, 『四部叢刊』)

명·청 교체기에 이르러서는 이미 사대부들이 자신의 운명에 대해 표현할 때 이처럼 함축적일 필요가 없었다. 황종희는 대놓고 명나라 황제들이 사대부를 '노비'로 길렀다고 했으니, 원망하고 분노하는 감정이 어휘 밖으로 넘쳐나고 있다.[3]

명대 사대부들의 폭정에 대한 비판은 특히 '창위廠衛'* '정장廷杖'**

---

* 창위는 명나라 내정內庭의 감찰 기구로서 '창廠'이 동창東廠과 서창西廠, 내행창內行廠을 가리키고 '위衛'가 곧 금의위錦衣衛인데 이들을 합쳐서 '창위'라고 불렀다.

** 정장은 조정에서 곤장을 치는 것으로 조정 관리들에게 시행하는 징벌 가운데 하나였다. 그 기원은 후한後漢 명제明帝 또는 북주北周 선제宣帝까지 거슬러 올라가며 금나라와 원나라에서도 보편적으로 실시했지만, 가장 악명 높은 것은 명나라 시기였다. 명나라 때에는 종종 '창위廠衛'를 통해 시행되었다.

'조옥詔獄'*에 집중되어 있었다.『명사明史』「형법지刑法志」에 따르면 명
나라 시기의 정장형廷杖刑은 태조 대부터 시작되었는데, 영종英宗 정통
正統 연간(1436~1449)에 이르면 대전 계단에서 곤장을 치는 것이 이미
익숙한 일이 되었다. '조옥'은 한나라 무제 때에 시작되었는데, " 명나라
금의위의 뇌옥이 그에 근접하여 가둬놓고 참혹하게 다루었으니, 이보
다 심한 해악이 없었다."** '정장'과 '조옥'은 사대부들에게 치욕의 표지
이며, 그에 대한 기록은 명나라 때 '군주'가 사대부를 대하는 복잡한
심리 상태를 드러내면서 은밀한 원한을 담고 있다. 왕부지는 역사 평론
에서 정장과 조옥이 신하에 대한 모욕이라고 하면서("북시옥은 이리가
난장판을 치고 가둣이 잔혹하게 약탈하고, 정장의 치욕은 많은 이가 모인 저
자와 궁정에서 비명을 지르게 한다"***) 그것을 "군주가 법을 훼손하는 지
대한 악행爲人君者毁裂綱常之大惡"이라고 했다.⁴ 왕부지는 삼대三代 이후
로 지식인을 죽이고 모욕 준 결과에 더욱 관심을 가졌다.

사대부의 몸으로 금방 총애를 받다가 금방 연못에 떠밀려 떨어지
며, 꾸짖음에 익숙해지고, 속박을 겪고, 옷이 벗겨진 채 박해를 당
하면서도 (참으며 구차하게 목숨을 이어가는데 또 어떻게 그들에게) 위

---

* 조옥은 원래 구경九卿이나 군수郡守처럼 2000석 이상의 고위 관료들이 죄를 지었을 때 황제
가 직접 조서를 내려서 체포하여 옥에 가두는 것을 가리켰다. 명나라 때에는 금의위에서 자체적
으로 관리하던 뇌옥을 '조옥'이라고 불렀으며, 외부에서는 그것을 '금의옥錦衣獄'이라고도 불렀다.
북진무사北鎭撫司가 관장하는 이곳은 직접 죄인을 체포하여 심문할 권한이 있었고, 이에 대해서
는 당시의 최고 사법 기관이었던 '삼법사三法司' 즉 형부刑部와 대리시大理寺, 도찰원都察院에서
도 관여할 수 없었다. 이 때문에 '조옥'의 심문은 잔혹하기로 악명이 높았다.

** 원주:"明錦衣衛獄近之, 幽摯慘酷, 害無深於此者."(『明史』권59「志」71 "刑法三)

*** 원주:"北寺之獄, 殘掠狼藉, 廷杖之辱, 號呼市朝."(王夫之,「五代下自石敬瑭稱號之年起」,『讀通鑑
論』권30) 북시옥北寺獄은 원래 후한 시대 황문서黃門署에 소속된 뇌옥으로 주로 장상과 같은 대
신들을 구금하여 국문하는 것을 담당했다. 훗날 이 말은 종종 억울한 옥살이와 고문을 가리키는
뜻으로 쓰였다.

로 군주와 나라의 재앙 및 복을 걱정하고 아래로 백성의 원망과
질시를 두려워하기를 (바랄 수 있겠는가!)
身爲士大夫, 俄加諸膝, 俄隆諸淵, 習於詞斥, 歷於桎梏, 襧衣以受
隷校之凌踐. (…) 上憂君國之休戚, 下畏小民之怨讟.(『讀通鑑論』권2,
106쪽)

왕부지는 틀림없이 천하에 가득 찬 '지독한 미움'은 바로 군주가 격
발시켜서 형성된 것이라 여기고 있었던 것이다.(같은 책 권24 참조)[5]
　이런 시대에서 사대부의 운명에 대한 감회와 정신적 상처는 말할 필
요도 없을 것이다. 왕부지가 宋나라 태조의 '성덕盛德'—이것의 반대
말은 바로 '박덕凉德'인데—을 이야기한 것은 일종의 운명에 대한 감
회를 나타낸 것으로 유감과 무력감이 가득 차 있었다. '왕조가 바뀌는
것易代'은 물론 고통스러운 일이지만 왕부지나 황종희 같은 이들이 펼
친 대담한 논의는 또한 왕조 교체에 내재된 어떤 '해방의 의미'를 떠올
리게 한다. 그렇게 비판하고 원망을 나타내는 것도 명나라가 망한 뒤
에야 가능해졌기 때문이다. 그렇지 않았더라면 황종희같이 격렬한 사
람도 '군주론'과 '공사론公私論'을 발휘할 논리적 가능성이 전혀 없었을
것이며, 가령 그 자신의 사회적 역할 및 자신과 '명나라'의 정치적 관계
에 대해서도 여느 사람들과는 다르게 서술했을 것이다.
　정장과 조옥 그리고 기타 육체에 대한 형벌을 기록한 역사 텍스트들
에는 종종 상처 입은 느낌이 담겨 있다. 예를 들어 명나라의 유신遺臣
이나 명나라 말엽의 정치를 몸소 경험한 사대부가 『명사』 편찬에 참여
한 것이 그러하다. 명나라 200여 년 동안 정장과 조옥, 기타 형법의 폐
단에 대해서는 여러 차례 비판이 있었다.[6] 정장의 경우 비판하는 이들
이 강조한 것은 육체적 고통이 아니라 대개 사대부에 대한 모욕이었다.

명나라 군주는 신하들에게 모욕을 주는 것에 특별한 재미를 느꼈던 듯하다. 태조는 대신의 "발목에 족쇄를 채워 처벌했고"(『明史』 권9 「茹太素傳」), 성조成祖는 순행할 때 "조옥에 갇힌 자들을 수레에 싣고 따르게 하면서 이를 '행차를 따르는 중죄인들'이라 불렀으며"(『명사』 권162 「尹昌隆傳」), 정덕제正德帝는 정장이 끝나자마자 그 처벌을 받은 공경에게 즉시 업무를 보러 가게 했으니(『명사』 권95), 그야말로 조상 때부터 내려온 가문의 법도에 부합하는 행위였다고 할 수밖에 없다.[7]

왕부지는 『송론宋論』에서 송나라 때 군주의 관대하고 어짊(사대부를 죽이지 않고, 관대한 아량으로 사대부의 '올바른 기개正氣'를 길러주고, 문신에게 칼을 맞아 죽는 일이 없게 하고, 사대부들에게는 사형을 내리지 않고 더욱이 매질은 시키지 않음)에 대해 언급했는데,[8] 분명히 그 안에는 깊은 비분강개의 심정이 담겨 있다. 그러나 그는 보통의 사고방식과는 달리 사대부들의 반응 양상에 더 관심을 기울였다. 그런데 그가 사대부들이 참아내며 구차하게 목숨을 부지하는 것이 오히려 폭정을 부추겼다고 여긴 것은 궤변이라고 할 만하다. 정장과 조옥의 치욕을 당한 데에 대한 사대부들의 대응은 응당 고반룡高攀龍*처럼 자살을 통해 존엄을 지키는 형식이어야 했다.[9] 사람을 문책하여 죽게 하는 것이 정당한지 여부는 잠시 논외로 치자. 어쨌든 왕부지가 여기서 논의한 '신하의 도리'—모욕을 당하지 않는 것—는 정치에 대한 어떤 심각한 실망에서 비롯되었다고 해도 무방할 것이다.

---

* 고반룡(1562~1626)은 강소 무석無錫 사람으로 자가 존지存之 또는 운종雲從이며, 세상 사람들이 '경일선생景逸先生'이라고 불렀다. 만력萬曆 17년(1589) 진사에 급제했고 우여곡절 끝에 1621년 광록시승光祿寺丞에 임명되어 도찰원좌도어사都察院左都御史 등의 관직을 지냈으나 1626년에 모함을 받았고, 이를 빌미로 위충현이 그가 이끌고 있던 동림당을 소탕하려 하자 스스로 연못에 투신하여 생을 마감했다. 숭정 1년(1628)에 조정은 그의 명예를 회복해주고 태자태보太子太保 겸 병부상서 벼슬을 추증하며 '충헌忠憲'이라는 시호를 내렸다. 저작으로 『고자유서高子遺書』 12권이 있다.

왕부지의 저술을 통해 보면 '다툼'을 나타내는 '경競'이나 '쟁爭' 같은 표현은 그가 생각한 명나라 정치 문화의 성격, 그가 느낀 시대 분위기를 더 잘 개괄하고 있는 듯하다. 군주와 신하가 서로 억압·자극하고 지위가 높고 낮은 이들이 서로 능멸하고 교만을 떨면 군주는 가혹해지고, 신하들도 지나치게 엄격해져 함부로 분노를 터뜨린다. 차분하고 평탄하며 스케일 있는 기품은 사라진다. 군신이 부딪치고 사대부와 백성이 길항하면서 목숨을 가벼이 여기는 풍조가 드리운다. 빼어난 절개와 반항적인 언론을 부추기면 상식과 지속성을 경시해 '천지의 화목한 기운이 녹아 없어지는' 지경에 이른다. 더욱이 '나쁜 습관에 찜질을 당해' '천하가 서로 살육을 저지르는 일이 끝없을 것'이다.(『讀通鑑論』 권8, 권6, 권24 등 참조) 이들은 명·청 교체기의 갖가지 혹독하고 잔인한 모습을 증명해준다. 왕부지가 말한 '지독한 미움'은 우선 이와 같이 서로 다투고 자극하는 시대 분위기다. 그가 보기에 사악한 이와 바른 이가 있고 정치에 선악이 있는 것은 '당연'한 일이지만 "서로 자극하며 등지는 관계가 심해진 것은 특히 혐오할 만한 것"이었다.* 명나라는 이런 '다툼' 때문에 망했다. 이에 대해 줄곧 소인배와 '기질을 다투던競氣' 군자이자 "기분을 다스려 명예를 자랑스러워한使氣矜名" 올바른 사람들은 잘못을 피할 수 없다. 이런 생각을 여러 번 언급하길 꺼리지 않았으니, 그가 얼마나 깊이 통탄하고 있었는지를 알 수 있다.

위아래의 다툼은 명나라 정치 문화의 독특한 풍경을 만들어냈으며, 이와 관련된 역사 텍스트들은 극도로 어지럽고 소란스러운 장면을 보여준다. 정덕正德(1506~1521), 가정嘉靖(1522~1566) 연간에는 신하들이 무리를 지어 다투자 군주가 대대적인 장살杖殺과 체포를 실시했으니,

---

* 원주: "尤惡其相激相反而交爲已甚也."(『讀通鑑論』 권21, 818쪽)

중국 고대 정치사에서 특이한 장면이었다고 할 만하다.

> 신하들은 새벽에 입궁하여 저녁에 출궁했는데 중죄인들처럼 줄줄
> 이 묶여 나가는지라 길가에서 구경하는 이들 가운데 눈물을 흘리
> 지 않는 이가 없었다. 그런데 대학사 양정화楊廷和*와 호부상서戶
> 部尚書 석개石玠**가 상소를 올려 구원을 청한 것 외에 조정 대신들
> 가운데 아무도 간언한 이가 없었다. 이에 사대부와 백성이 모두
> 분노하여 기왓장과 돌을 던지며 욕을 퍼부었다.
> 諸臣晨入暮出, 纍纍若重囚, 道途觀者無不泣下. 而廷臣自大學士楊
> 廷和戶都尚書石玠疏救外, 莫有言者. 士民咸憤, 爭擲瓦礫詬詈之."
> (『明史』권189「列傳」제77「夏良勝」)

이것은 정덕 연간에 일어난 일이다. 가정 연간에 이르면 "신하들에
게 태형을 행한 것이 여차하면 수백 명에 이르렀으니 태조 이래 유례
가 없었다."***(『明史』권190) 두 황제의 재위 기간에 신하들의 쟁론은 모
두 그 성세聲勢가 대단하여 역사에서는 "항거하는 직언을 극단적으로
펼쳐 폄적되는 이들이 줄을 이었으며 그 뒤를 따르는 이가 갈수록 많

---

* 양정화(1459~1529)는 사천 신도新都 사람으로 자가 개부介夫이고 호가 석재石齋다. 헌종憲宗
부터 세종世宗까지 4명의 황제를 섬긴 그는 정덕 7년(1512)부터 수보首輔로서 조정의 폐단을 혁
신하기 위해 노력하다가 가정 3년(1524)에 이른바 '대례의大禮儀' 문제로 황제와 갈등을 일으키는
바람에 파직되었고, 1528년에는 모든 관직을 삭탈당하고 평민이 되었다. 그러나 1567년 목종穆宗
이 즉위하면서 관직을 회복시켜주고 태보로 추증함과 동시에 '문충文忠'의 시호를 내렸다. 헌종과
효종孝宗, 무종武宗의 실록과 『대명회전』 편찬에 주도적으로 참여했다. 저작으로는 『양문충공삼
록楊文忠公三錄』이 있다.

** 석개(?~?)는 하북 고성藁城 사람으로 자가 방수邦秀다. 그는 동생 석보石珤(1464~1528)와 함
께 성화成化 23년(1487) 진사에 급제한 이래 호부상서까지 지냈고, 죽은 뒤 태자소보太子少保에
추증되었다.

*** 원주: "笞罰廷臣, 動至數百, 乃祖宗來所未有者."(『明史』권190「列傳」제78 "毛紀")

아졌다. 죽은 자들의 시신이 서로 포개졌지만 그 뒤를 잇는 이들은 오히려 남들보다 뒤처질까 염려하며 다투어 달려 나왔다"*고 서술했다. 경제景帝 때에 이르러서는 신하들이 집단적으로 조정에서 정적政敵을 때려죽여 조정 계단에 피가 홍건할 지경이었다. 청의淸議도 다툼에 끼어들었다.

> 벼슬아치들 사이에 다툼이 생기면 청의도 일치하여 따랐다.
> 居官有所執爭, 卽淸議翕然歸之.(『明史』 권254 「列傳」 제142 "贊曰")

> 조정에서 붙잡아 모욕을 주며 전혀 아끼지 않고 내치는 사람을 또 재야에서는 떠받들며 없어서는 안 될 사람이라고 개탄했다. 위 아래의 마음이 다르고 조정과 재야의 논의가 달랐다.
> 朝所爲縲辱擯棄不少愛之人, 又野所爲推重慨嘆不可少之人. 上與下異心, 朝與野異議.(『明史』 권258 「列傳」 제146 "湯開遠")

'민초'들은 '파시罷市'를 하거나 '억울함을 호소訴寃'하거나, '길을 막고 통곡'하거나, '욕을 퍼붓거나詬罵' 혹은 지붕 위에 올라가 기왓장을 던지는 등의 행동으로 정치에 관여했다. 여기서는 아직 그 밖의 다양한 불만 표출과 갈수록 규모가 커지는 백성의 반란 및 노비들의 폭동에 대해서는 언급하지 않았다. 량치차오梁啓超는 『중국 근 300년 학술사中國近三百年學術史』에서 명나라 때에는 "사대부들의 습속이 대단히 시끄러웠다士習甚囂"라고 했는데, 당연히 이와 관련된 역사 텍스트를 확

---

* 원주: "抗言極論, 竄謫接踵, 而來者愈多, 死相枕籍, 而赴蹈恐後.(『明史』 권189 「列傳」 제77 "贊曰")

보한 듯한 인상이다. 그러므로 명나라 말엽에 사대부들이 줄지어 죽음을 향해 달려간 것도 생명을 멸시하는 그 시대와 끊임없는 대항으로 인해 격발된 의지 때문이었다고 할 수도 있겠다.

평민 신분으로 명나라의 역사편찬 기구史局에 참여했던 만사동萬斯同*이 목격한 것도 바로 이처럼 지독한 미움이 넘치는 시대였다. 그는 가정 연간에 대해 이렇게 서술했다.

> 대례의가 정해지자 천자는 옛 신하와 원로들을 정말 원수처럼 대했다. 이에 조서가 내려올 때마다 지독한 미움이 가슴을 가득 채우고 원망의 말이 입에 넘쳤다. 그런데 새롭게 벼슬길에 오른 호사가들이 다시 괴팍한 성격으로 천자를 보좌했다. 그러니 군주와 신하, 위아래가 모두 괴팍한 성격을 지니게 되었다.
>
> 至大禮儀定, 天子視舊臣元老眞如寇讎. 於是詔書每下, 必懷忿疾, 戾氣塡胸, 怨言溢口. 而新進好事之徒, 復以乖戾之性佐之. 君臣上下, 莫非乖戾之氣."(「書楊文忠傳後」, 『石園文集』卷5)

> 군주가 조금이라도 은총을 베풀면 바로 모두들 함부로 물어대는 미친개처럼 포효하며 날뛰었다.
>
> 人主略假以恩寵, 遂人人咆哮跳踉, 若猘犬之狂噬.(「書霍韜傳後」, 『石園文集』卷5)

---

* 만사동(1638~1702)은 절강 은현鄞縣(지금의 닝보寧波에 속함) 사람으로 자가 계야季野이고 호가 석원石園이며, 제자들이 정문선생貞文先生이라는 사시私諡를 지어 바쳤다. 그는 황종희의 제자로서 강희 연간에 박학홍사과博學鴻詞科에 천거되었으나 벼슬을 사양하고 평민의 신분으로 『명사』편찬에 참여했다. 주요 저작으로 『역대사표歷代史表』『기원휘고紀元彙考』『유림종파儒林宗派』『군서변의群書辯疑』『삭원시문집石園詩文集』등을 남겼다.

황종희가 『자유자학언子劉子學言』에서 기록한 바에 따르면 유종주劉宗周는 이렇게 말했다고 한다.

위에서는 그 신하들에 대한 의심이 쌓여 노예로 기르고 아래에서는 군주에 대한 두려움이 쌓여 소원하게 여기며 상관하지 않으면 군주와 신하 사이의 정이 떨어지니, 이것은 '막힌否' 점괘象다. 경대부는 일반 사대부와 상의하지 않고 혼자 판단하여 혼자 실행하고 일반 사대부는 경대부와 상의하지 않고 많은 이가 모이면 다 그러려니 하고 따르면 관료 사이의 정이 떨어지니, 이것은 '이로움에서 어긋날睽' 점괘다.

上積疑其臣而蓄以奴隸, 下積畏其君而視同秦越, 則君臣之情離矣, 此'否'之象也. 卿大夫不謀於士庶而獨斷獨行, 士庶不謀於卿大大而人趨人諾, 則寮寀之情離矣, 此'睽'之象也.(『黃宗羲全集』 제1책, 276~277쪽)

황종희는 명나라 말엽의 정치를 묘사하면서 "그림자와 메아리, 귀신과 도깨비의 길에서 위아래가 싸우게 된다"*라는 육지陸贄**의 말을 인용하기도 했다.[10] 유가 학자들은 예로부터 이러한 정치적 민감성을 잃지 않았다.

---

* "지혜로 다스리면 백성이 속이고, 의심을 보이면 백성은 몰래 한다. 그런 뒤에는 위아래가 그림자와 메아리, 귀신과 도깨비의 길에서 싸우게 된다馭之以智則人詐, 示之以疑則人偸, 然後上下交戰於影響鬼魅之途." 이 구절은 『黃梨洲文集』 「碑志類」 「光祿大夫太子太保吏部尙書諡忠襄徐公神道碑銘」에 있는데, "馭之 (…) 人偸"는 원래 당나라 육지陸贄의 「奉天請數對群臣兼許令論事狀」에 들어 있는 내용이며, "然後……" 이하는 황종희가 그 글의 내용을 염두에 두고 쓴 말이다.

** 육지(754~805)는 오군吳郡 가흥嘉興(지금의 저장 성 자싱嘉興) 사람으로 자가 경여敬輿다. 대력大曆 8년(773) 진사에 급제한 이후 한림학사와 병부시랑, 중서시랑 등을 역임했고, 죽은 뒤 병부상서에 추증되었다. 시호는 '선宣'이다. 저작으로 『육선공한원집陸宣公翰苑集』 등이 남아 있다.

괴팍함乖戾과 '막힘否' '이로움에서 어긋남睽'은 이미 누구나 공감하는 것이었다. 왕부지의 지론 가운데 특출한 점은 그가 말한 '지독한 미움'이 단지 포악한 군주에 그치지 않는다는 데 있다. 그것은 지치지 않고 끝없이 다툰 사대부와 백성에 의해 만들어진 것이기도 하다. 여기서 '사대부'와 '백성'에 대한 비판은 왕부지만의 독특한 관점이다.

왕부지는 자질구레하게 올바름正義의 여부를 변별하는 데에 매달리지 않고 '다툼'의 파괴성과 기간의 장단에 따른 효과, 특히 그것이 사대부의 평생에 미치는 손해에 대해 더 관심을 기울였는데, 당연히 이것은 당시의 속된 견해와는 다른 것이었다. 그는 명나라 사대부들이 '기세氣矜'를 내세우고 '격분氣激'하며, '제멋대로任氣' 행동하고, '조급하게 경쟁하며躁競' '격앙되어 행동하는激昻好爲' 것이 심하다고 보았다. 거창하게 천하를 논하고, '백성의 칭송民譽'에 간여하고, '도량이 좁고 조급하며褊躁操切' '함부로 기행을 일삼아 법도에 어긋나는矯爲奇行而不經' 명나라 사대부들의 행태도 여러 차례 비판했다. 그들이 믿은 것이라곤 기껏 '순간적인 감정—往之意氣'이나 '일시의 기세—時之氣矜'에 지나지 않아서 "무슨 소문을 들으면 즉시 행동하고 무슨 말을 들으면 반드시 다툼을 벌인다有聞則起, 有言必諍"고 비판했다.(『讀通鑑論』 권5, 권8 등 참조) 그러면서 그는 '다투고' 있는 군자와 소인은 그 '기술術'이 가까워서(즉 정당한 방법으로 다투지 않아서) 기껏해야 "차이가 얼마 되지 않을 뿐"*인지라 세상의 도리와 인심에 해를 끼치기에 충분하다고 했다. 진정한 '사직의 신하'는 이와 다르다. 즉 그들은 '느긋하고 편안하며' '아량을 갖고 욕심이 없으며' '뜻이 확고부동해서' '평안하게 본분을 지키는 어짊'을 잃지 않으니 "거침없고 곧은 성격을 끌어내지 않더라도 자연스

---

* 원주: "尋丈之間而已."(『宋論』 권3, 103쪽)

럽게 죽음으로 본분을 다하려는 마음을 격발시킬 수 있다"는 것이다.*
이러한 생각은 그가 번거로움을 무릅쓰고 누차 언급했던 것이다.

　명나라 때 사대부들의 습속이 시끄러웠다는 것은 조정에서만의 현
상이 아니었다. 황종희와 전겸익, 오위업 등은 모두 사대부들이 남의
단점을 공격하기 좋아하고 후배들이 선배와 선현들에 대해 함부로 평
가하여 비방하길 좋아한다고 지적했으며(황종희는 그것을 '시골 아낙이나
저자의 아이들이 퍼붓는 욕'에 비유했다), 전겸익 본인도 남을 꾸짖기 좋아
한다는 조롱을 들었다. 왕부지가 말한 사대부의 '헐뜯기訕奸'와 '가요
로 풍자하기歌謠諷刺'는 여전히 정치적 투쟁의 수단에 속했으며, 조정에
서 벌어진 다툼의 연속이었다.

　그러나 왕부지가 내놓은 약방문도 증상에 딱 들어맞는 것은 아니
었다. '올바른 사람正人'이 다투지 않고도 소인배로 하여금 스스로 피
폐해지게 한다면 그 대가는 무엇인가? 왕부지의 '비대항非對抗' 원칙,
즉 상대를 자극하거나 도발하지 않고 의롭게 운명을 기다린다는 것
은 사실 현실적으로 대단히 의심스러운 것이다. 확실한 것은 천계天啓
(1621~1627), 숭정 연간에 이르면 '서로 다투는交爭' 추세는 이미 바꿀
수 없는 지경에 이르러 다투거나 말거나 망하는 것은 마찬가지인 지경
이 되었다. 하지만 그 속에 담긴 잘잘못은 사태가 끝난 뒤에도 가벼이
논할 수 없다. 또한 '부쟁론不爭論'도 모호하다는 비판을 피할 수 없고,
'다툼'에도 여러 종류가 있다. 천위안陳垣(1880~1971)은 명·청 교체기
불교의 분쟁에 대해 논하면서 이렇게 썼다.

---

* 　원주: "夷然坦然 (…) 雅量衝懷 (…) 持志定 (…) 安土之仁 (…) 不待引亢爽之氣, 自激其必死
之心."(『讀通鑑論』권8, 332쪽)

분쟁은 불교의 불행이었다. 그러나 역사 연구자의 입장에서 보면 이를 통해 불교의 번성함을 발견할 수 있다. 가정, 융경(1567~1572) 이전에는 불교가 조용해서 분쟁을 일으키려 해도 그럴 수 없었다.

紛爭在法門爲不幸, 而在考史者視之, 則可見法門之盛. 嘉隆以前, 法門闃寂, 求紛爭而不得.(『明季滇黔佛敎考』 권2, 中華書局, 1962, 48쪽)

왕부지의 역사 평론은 문장이 대단히 예리해서 그야말로 명대의 글쓰기 기풍을 드러내고 있으며, 그 자신도 '용납할 수 없는不容已' 이유로 그런 글이 나왔음은 말할 필요도 없다. 어쩌면 이를 근거로 명대 사대부들의 다툼을 이해할 수도 있지 않을까?

학대와 자학

지금까지는 폭정에 대한 명대 사대부들의 반응 가운데 '대항'만을 얘기했을 뿐이다. 그러나 이러한 반응이 그들 자신에게 미치는 작용, 그들과 폭정 사이의 더 깊은 연관관계에 대해서는 아직 언급하지 않았다. 그러니 이 부분에 대해 살펴보기로 하자.

명대의 정치적 포악함은 사대부들의 인내심을 길러주었을 뿐만 아니라 잔혹함에 대한 그들의 감상 태도를 길러줬다. 이는 극단적인 도덕주의가 형성되는 것을 도왔고, 그들이 (자학을 포함한) '잔혹함酷'을 도덕적 자아 완성으로 여기도록 부추겼다. 이것은 바로 기형적인 정치 아래에서 형성된 병적인 격정이었다. 그것은 바로 '박봉薄俸'에 대한 명대 사대부들의 반응과 같았다.

'박봉'은 정장이나 조옥에 비해 동기가 더 은폐된 학대였다.『명사』에서 묘사한 사대부들(특히 벼슬길에 나선 이들)의 가난은 일반적인 상황보다 더 빈번해서 가난 때문에 장례조차 치를 수 없었다든가 죽어서 관도 마련하지 못한 경우, 돈이 없어 고향으로 돌아가지 못한 경우, 아침저녁 끼니조차 제대로 때우지 못한 경우, 가난해서 방에 불조차 때지 못한 경우, 여러 끼를 굶은 경우, 누추한 거처에 비바람도 가리지 못한 경우 등이다. 증병정曾秉正*은 황제의 뜻을 어겨서 파직되었는데 가난해서 고향으로 돌아갈 수 없자 네 살 된 딸을 팔았다. 그 소식을 들은 태조가 진노하여 그를 궁형宮刑에 처했고, 그 후로 소식을 알 수 없게 되었다.(권139) 이것은 홍무洪武 연간의 일이다. 선종宣宗 선덕제宣德帝(재위 1426~1435)도 "조정의 대신이 이렇게 가난하다니!" 하며 탄식을 금치 못했다고 한다.(권158)

박한 봉록은 부패貪墨를 부추기고 또 극단적으로 '절개와 지조를 닦는砥礪節操' 것을 장려한다. 사대부들은 어려움 속에서도 굳건하게 절개를 지키는 '고절苦節'로써 학대에 응대했으며, '선비들의 여론士論'과 '백성의 칭송民譽'은 이러한 '사대부' 상을 만들어내는 데 효과적으로 기여했다. 가령 헌예軒輗**는 "추우나 더우나 푸른 도포만 입었는데 바느질 자국이 전체에 퍼져 있었으며, 집에서는 늘 채소만 먹었고, 아내와 자식들이 직접 물을 긷고 절구질을 했다."***(『明史』권158) 그

---

* 증병정(?~?)은 남창南昌 사람으로 홍무 연간에 형부주사刑部主事와 섬서참정陝西參政 등을 역임한 바 있다.

** 헌예(?~?)는 하남 녹읍鹿邑(지금의 즈관直管) 사람으로 자가 유행惟行이다. 영락永樂 22년(1424) 진사에 급제한 이후 형부상서와 좌도어사左都御史를 지냈으나 무척 가난했다. 그가 죽고 나자 황제는 그의 고향에 '헌공사軒公祠'를 세워 제사를 지내게 해주었다고 한다.

*** 원주: "寒暑一青布袍, 補綴殆遍, 居常蔬食, 妻子親操井臼."(『明史』권158「列傳」제46「軒輗」)

리고 진굉秦紘*은 "청렴하고 강직하며 탈속했는데, 처자식은 채소 죽과 보리밥도 항상 배불리 먹지 못했다."**(권178) 이들은 모두 청렴한 관리로 칭송받았다. 또 진유년陳有年***은 "두 세대에 걸쳐서 봉록 많은 고관대작을 지냈음에도 처자식이 살 집조차 없었고 기름 먹인 휘장으로 비가 새는 것을 가릴 정도였다. 강서江西에서 고향으로 돌아가니 옛집이 불타버려서 누각 하나를 빌려 처자식이 살게 하고 자신은 절에서 지냈다."(권224)**** 이외에 "한겨울에도 제대로 된 옷이 없어 아내는 갈포로 만든 치마를 입고 아들과 함께 버려진 땔감을 주워서 때며 추위를 막았던"***** 진도형陳道亨******은 등이찬鄧以贊,******* 충정길衷貞吉********과 함께 '강우 3청江右三清'으로 불렸다. 그러나 명나라가 끝날 때까지도 박봉에 대한 비평은 정장이나 조옥에 대한 비평에 비해 목소리가 훨씬

---

* 진굉(1425~1505)은 단현單縣 사람으로 자가 세영世纓이다. 경태景泰 2년(1451) 진사에 급제, 남경어사南京御史를 비롯해 호부상서까지 지냈으나, 평생을 청렴하고 강직하게 살면서 간신들과 싸웠다. 죽은 뒤 태자소보에 추증되었고, 시호는 양의襄毅다.

** 원주: "廉介絶俗, 妻孥菜羹麥飯常不飽."(『明史』 권178 「列傳」 제66 「秦紘」)

*** 진유년(1531~1598)은 절강 여요餘姚 사람으로 자가 등지登之이고 호가 심곡心穀이다. 가정 41년(1562) 진사에 급제하여 형부와 이부의 주사主事를 거쳐 이부상서까지 지냈는데 고고한 절개로 칭송을 받았다. 죽은 뒤 태자소보에 추증되었고, 시호는 공개恭介다. 저작으로 『진공개공집陳恭介公集』이 남아 있다.

**** 원주: "兩世膴仕, 無宅居其妻孥, 至以油幕障漏. 其歸自江西, 故廬火, 乃僦一樓居妻孥, 而身棲僧舍."(『明史』 권224 「列傳」 제112 「陳有年」)

***** 원주: "窮冬無幃, 妻御葛裳, 與子拾遺薪蓺以御寒."(『明史』 권241 「列傳」 제129 「陳道亨」)

****** 진도형(?~?)은 강서 남창 신건新建 사람으로 자가 맹기孟起다. 만력 14년(1586) 진사에 급제하여 형부주사와 남경이부낭중南京吏部郎中, 공부우시랑工部右侍郎, 병부상서 등을 역임했다. 죽은 뒤 태자소보에 추증되었고, 시호는 청양淸襄이다.

******* 등이찬(1542~1599)은 강서 남창 신건 사람으로 자가 여덕汝德이고 호가 정우定宇다. 융경隆慶 5년(1571) 진사에 급제하여 남경국자감좨주南京國子監祭酒와 이부시랑을 역임했다. 그는 과거에 급제한 뒤 20년 동안 벼슬살이는 겨우 6년 동안만 하고, 나계서원羅溪書院에서 30년 동안 학생들을 가르쳤다. 시호는 문결文潔이며 『정우선생문집定宇先生文集』 『정우제의定宇制義』 『정우제의고定宇制義稿』(또는 『문결집文潔集』이라고도 함) 등의 저작을 남겼다.

******** 충정길(?~1596)은 강서 남창 신건 사람으로 가정 38년(1559) 진사에 급제하여 송강부지부松江府知府, 하남순무河南巡撫를 거쳐 공부상서, 좌도어사를 역임했다. 저작으로 『사례절요四禮節要』 『사례도四禮圖』 등을 남겼다.

더 미약했다. 그렇기 때문에 박봉이 사람의 성격에 미치는 결과에 대한 왕부지의 분석은 더욱 가치가 높다.

평소 가난하게 살다가 재난을 당해 죽는다면, 게다가 그것이 피할 수 있는 가난과 죽음이었다면 이는 마치 목숨과 원수지간 같지 않은가. 스스로 자기 목숨을 죽이지 않으면 성현이 되기에 부족하다고 생각한 듯하다. 여기에는 전통적인 유가의 '사람 만들기造人' 신화가 있다. 그러나 명대와 같은 혹독한 시대에는 유가의 도덕도 불가피하게 극단화될 수밖에 없었다. 어떤 뚜렷한 정치적 학대는 사대부가 양성되는 필요조건이었고, 강제된 정치적 처지는 오히려 고된 수련을 완성시켜주는 듯했다. 거의 종교적이라고 할 만한 이러한 정신은 폭정에서 벗어나 학대를 피학대자의 자학(아울러 '감지덕지'의 지고한 경지)으로 변화시켜버린다. 명대의 학자들은 "몸에 바짝 가까이 지니고 다니면서 아주 잠깐이라도 떼어놓을 수 없는 것이 가난"*이고 "지극한 가난을 감내하지 못한다면 성인이라고 할 수 없다"**(왕수인王守仁의 말)고 믿었다. 생명을 존중하라고 역설했던 왕간王艮***은 "가난에 시달리면서 자기 몸을 추위와 굶주림에 시달리게 하는 사람은 또한 그 근본을 잃은 것이니 배운 이가 아니다"****라고 강조했으니, 도학을 공부한 사람들 가운데서는 실로 드물게 탁월한 식견을 보였다.

'갈고닦음砥礪'이 극단에 이르면 바로 자학이다. 그와 연관된 여론과

---

* 원주: "緊隨身不可須臾須離者, 貧賤也."(朱得之, 『語錄』 『明儒學案』 권25, 中華書局, 1985, 589쪽)

** 원주: "苟不能甘至賓至賤, 不可以爲聖人"(朱得之, 『語錄』, 『明儒學案』 권19, 443쪽)

*** 왕간(1483~1541)은 태주泰州 안풍장安豐場(지금의 장쑤 성 동타이東台에 속함) 사람으로 원래 이름이 은銀이었으나, 스승 왕수인이 간艮으로 고쳐주었다고 한다. 자가 여지汝止, 호는 심재心齋이며, 세간에서는 흔히 왕태주王泰州라고 불렸던 그는 양명학 좌파인 '태주학파泰州學派'를 창립한 인물이다.

**** 원주: "人有困於貧而凍餒其身者, 則亦失其本而非學也."(『心齋語錄』, 『明儒學案』 권32, 715쪽)

사대부들의 논의는 그런 고행을 음미하고 칭송하니, 이는 바로 학대를 방조하는 행위인 셈이다. 명대 사대부들의 자학은 단지 종교적 수행의 마당에만 국한된 것이 아니었다. 서위徐渭*나 이지李贄**의 전기 자료들을 보면 그들이 자해에 사용한 방식의 잔혹함에 놀랄 것이다. 송대와 명대 학자들은 '기상氣象'을 즐겨 언급했으니, "왕도는 봄바람의 따뜻한 공기와 같아서 만물에 스치는데 묵가墨家의 수척하고 검박함은 순전히 하나의 음기陰氣 덩어리"***라고 한 것이 그런 예다. 그런데 명대 사대부들이 고행을 인내하며 칭송한 것은 그 기상이 묵가와 유사한 데가 있다. 조정의 다툼으로부터 명나라가 망할 무렵의 '정의를 위해 목숨을 걸고 나서는 행위赴義'에 이르기까지 무릇 안 되는 줄 알면서도 기어이 행한 것들 가운데 상당수는 자학 내지 자살(죽음은 가장 심한 학대이므로)의 충동에서 비롯되었으며, 그 '태연자약함從容'과 '격앙됨慷慨'—이 둘에 대해서도 왕부지는 자세하게 분석했는데—은 항상 절망의 참혹한 격정에서 비롯되었다.

----

* 서위(1521~1593)는 소흥부 산음(지금의 저장 성 사오싱) 사람으로 자가 문청文淸이었다가 나중에 문장文長으로 고쳤고 호로 청등노인靑藤老人, 청등도사靑藤道士, 천지생天池生, 천지산인天池山人, 천지어은天池漁隱, 금루金壘, 금회산인金回山人, 아비산농鵝鼻山儂, 전단수田丹水, 전수월田水月 등을 사용했다. 그는 한때 절강순무감찰어사浙江巡撫監察御史 호종헌胡宗憲(1512~1565)의 막료로 공을 세우면서 장래가 촉망되었으나 호종헌이 모함을 당해 옥에 간힌 뒤로 심한 우울증과 정신 착란으로 여러 차례 자살을 시도했고, 계실繼室을 살해한 혐의로 사형 선고를 받고 옥에 간히기도 했다. 7년 후 벗들의 구명운동으로 풀려나고는 전국을 유랑하다가 가난 속에서 죽었다. 뛰어난 화가이자 서예가, 극작가이기도 했던 그는 사론詞論『남사서록南詞敍錄』과 잡극雜劇『사성원四聲猿』, 그리고『서문장집徐文長集』 등을 남겼다.

** 이지(1527~1602)는 복건福建 천주泉州 사람으로 처음 성명이 임재지林載贄였으나 나중에 이지로 바꾸었으며, 자가 굉보宏甫이고 호로 탁오卓吾, 온릉거사溫陵居士, 백천거사百泉居士 등을 사용했다. 그는 가정 31년(1552)에 거인擧人이 되었으나 회시會試에 응시하지 않았으며, 공성교유共城敎諭와 국자감박사國子監博士, 요안지부姚安知府 등을 역임했다. 이후 벼슬을 버리고 황안黃安과 호북의 마성麻城 지불원芝佛院에 살면서 후학을 가르쳐 '태주학파'의 종사로 명성을 날렸다. 그러나 만년에 무고를 당해 옥에 간히자 스스로 목을 매 죽었다.『분서焚書』『속분서續焚書』『장서藏書』등 혁신적인 내용의 저작을 남겼다.

*** 원주: "王道如春風和氣, 披拂萬物, 墨者之憔勞瘠骰, 純是一團陰氣."(「孟子師說」,『黃宗義全集』제1책, 82쪽)

『소전기전小腆紀傳』(中華書局, 1958) 권56에는 다음과 같은 강채姜埰*에 관한 이야기가 기록되어 있다.

(…) 웅개원熊開元**과 함께 조옥에 갇혔다가 오문에 끌려가 곤장 100대를 맞고 거의 죽을 뻔했다가 다시 형무의 옥에 갇혔다. 갑신년(1644) 정월에 선주위로 폄적당해 수자리를 섰다.

與熊開元同下詔獄, 逮至午門, 杖一百, 幾死, 復繫刑部獄. 甲申, 正月, 謫戍宣州衛.

명나라가 망하자 강채는 스스로 '선주노병宣州老兵'이라 칭했고, 병이 낫자 그 아들에게, "경정敬亭은 내가 수자리를 서던 곳이다. 아직 폐하의 다음 분부를 받지 못했으니 나는 여전히 죄인이다. 그런데 조대朝代가 달라졌다고 감히 돌아가신 군주를 등질 수 있겠느냐!"라고 말했으며, 죽어서 선성宣城에 묻혔다고 했다.(615쪽) 오위업의 시에서 "재능을 발휘하지 못하고 세월만 보내며 여전히 옛 군주 생각에 가슴 아프다髀肉猶爲舊君痛"(「東萊行」)라는 구절은 바로 이 일을 기록한 것이다. 강채의 일에 대해서는 황종희도 기록하면서 명나라의 신하가 옛 원한을 잊

---

* 강채(1607~1673)는 산동 내양萊陽 사람으로 자가 여농如農이고 호가 경정산인敬亭山人, 선주노병宣州老兵 등을 썼다. 숭정 4년(1631) 진사에 급제한 후 예과급사중禮科給事中을 지냈지만 권문귀족들을 탄핵하다가 폄적되었다. 남명 홍광 정권에서 등용하려 했으나 거절하고 아우 강해姜垓(1614~1653)와 함께 소주에서 유민으로 살다가 생을 마쳤다. 저작으로『경정집敬亭集』을 남겼다.

** 웅개원(1598~1676)은 호북 가어嘉魚 사람으로 자가 어산魚山이다. 천계天啓 5년(1625) 진사에 급제하여 천계 7년 숭명지현崇明知縣에 임명되었고, 숭정 4년(1631) 이과급사중吏科給事中에 임명되었다. 이후 권문귀족들을 탄핵하다가 도리어 모함을 당했고, 숭정 17년(1644) 항주杭州로 폄적되어 수자리를 섰다. 이후 남명 홍광 정권에서 좌첨도어사左僉都御史 겸 동각대학사東閣大學士까지 지냈으나, 남명이 멸망한 뒤로는 승려가 되어 소주 영암靈巖에 은거하며 생을 마쳤다. 저작으로『제방어록諸方語錄』『열암별록藥庵別錄』『어산잉고漁山剩稿』등이 있다.

고 명나라에 충성을 다한 예로 들었다. 귀장歸莊*은 「경정산방기敬亭山房記」에서 강채와 웅개원이 옥에 갇힌 일을 기록했다. 숭정제는 "처음에 재상의 간교함을 몰라서 간언한 이를 처벌했으나 그 형벌은 또한 지나쳤고" "탄핵한 이의 말이 사실로 증명되었을" 때에도 "여전히 옥에 가둬두었으니 황제께서 선입견을 고치는 데에 인색하셨던 게 아닌가!"라고 비판했다. 같은 사안에 연루된 웅개원이 "이전 왕조(명)를 언급할 때마다 한이 없을 수 없었던" 데에 비해 강채가 "아비 같은 군주에 대해 결코 원망과 분노가 없었던" 것은 "실로 충후하다고 할 수 있다"**고 평했다. 강채에 관한 기록 중에는 확실히 그를 정치적 불공평의 대표적인 예로 제시하는 것들이 있다.

명대 학자들은 환난에 처한 것을 즐겨 이야기했는데, 이 또한 '환난'이 그들에게 일상적인 처지였기 때문일 것이다.[11] 『명유학안明儒學案』에는 명대 사대부들이 정장과 조옥을 수련의 수단으로 삼았다는 기술이 자주 보인다.

> 주周 선생이 죄를 지어 옥에 갇혔는데 손에는 수갑을 차고 발에는 족쇄를 찬 채 앉으나 누우나 궤에 갇혀 있고 날마다 여러 사람이 감독하니, 탄식하며 중얼거렸다.
> "이제야 단속된다는 것이 무엇인지 알겠구나."

---

* 귀장(1613~1673)은 곤산崑山 사람으로서 이름이 조명祚明이라고도 하며 자가 이례爾禮 또는 현공玄恭이고 호로 항헌恒軒, 귀장歸藏, 현궁懸弓, 원공園公, 오오거산인鏖鏊鉅山人, 일군공자일군公子 등을 썼다. 명나라 말엽의 제생으로 고염무와도 친분이 깊었던 그는 순치順治 2년(1645) 곤산에서 청나라에 대항하는 의병을 일으켰으나 실패하고 도피생활을 하다가 생을 마쳤다. 초서에 뛰어나고 대나무 그림을 잘 그렸다. 『구현공문초歸玄恭文鈔』 『귀현공유저歸玄恭遺著』 등을 남겼다.

** 원주: "崇禎始不知輔臣之奸, 故罪言者, 然刑亦已濫矣. (…) 劾者之言旣驗, 而猶久錮之獄, 烈皇帝毋乃成見未化而吝於改過歟. (…) 熊開元每言及先朝, 不能無恨. (…) 姜埰絶無怨懟君父之心, (…) 可謂厚矣."(『歸莊集』 권361, 上海古籍出版社, 1984)

周子被罪下獄, 手有梏, 足有鐐, 坐臥有桎, 日有數人監之, 喟然曰:

余今而始知檢也.(周怡,「囚對」,『明儒學案』권25, 593쪽)

섭표聶豹*는 조옥에 갇히자 "아아, 이 지경을 겪지 않았더라면 어찌
모두 이해할 수 있었겠는가!"**라고 결연하게 말했으며, 오랫동안 옥고
를 치렀던 양작楊爵***은 "오늘의 환난이 어찌 하늘이 나를 아껴서 수양
하도록 해준 것이 아니겠는가?"****라며 옥중에서 학문의 도리를 강론함
으로써 더욱 미담으로 전해졌다. 오위업은 사태종謝泰宗*****의 묘지명을 쓰
면서 황도주黃道周******의 일을 기록했는데, 거기에는 차마 끝까지 읽기 어
려운 사연이 담겨 있다.

---

* 섭표(1486~1563)는 길안吉安 영풍永豐(지금의 장시 성에 속함) 사람으로 자가 문위文蔚이고 호
가 쌍강雙江이다. 정덕 12년(1517) 진사에 급제한 이후 섬서부사, 병부상서 겸 태자소보까지 역임
했다. 그러나 가정 34년(1555) 순시복건대신巡視福建大臣의 직위를 설치하고 연해의 교역 시장을
개방하려는 세종의 뜻에 반대하는 상소를 올렸다가 파직되었다. 죽은 뒤 소보少保에 추증되었고,
시호는 정양貞襄이다. 저작으로『곤변록困辨錄』『쌍강집雙江集』등이 있다.

** 원주: "嗟乎, 不履斯境, 疑安得盡釋乎."(羅洪先,「雜著」,『明儒學案』권18, 419쪽)

*** 양작(1493~1549)은 지금의 산시 성 푸핑富平 사람으로 자가 백수伯修이고 호가 곡산斛山이
다. 가정 8년(1529) 진사에 급제한 후 어사에 발탁되었는데, 기우제를 지내는 호우제의 처사에 극
력 반대하는 상소를 올렸다가 5년 동안 옥고를 치렀고, 귀향 후 열흘 만에 다시 체포되어 3년 동
안 옥고를 치렀다. 시호는 충개忠介다. 저작으로『주역변설周易辨說』『중용해中庸解』『곡산유고
斛山遺稿』등이 있다.

**** 원주: "今日患難, 安知非皇天玉我進修之地乎."(楊爵,「漫錄」,『明儒學案』권9, 170쪽)

***** 사태종(1598~1667)은 자가 시망時望인데 사람들에게 천우선생天愚先生이라 불렸으며, 만년에
는 천우산인天愚山人이라는 호를 썼다. 1637년 진사에 급제하여 병과급사중을 역임한 그는 청나
라 때에는 벼슬길에 나아가지 않았다. 저작으로『천우산인집天愚山人集』『이십칠사요전석二十七
史要箋釋』『강감유초綱鑑類鈔』등이 있다.

****** 황도주(1585~1646)는 복건 장포漳浦 동산銅山(지금의 둥산東山 퉁링銅陵) 사람으로 자가 유
현幼玄 또는 유평幼平, 유원幼元, 이약螭若, 이평螭平이라고도 하며 호가 석재石齋다. 천계 2년
(1622) 진사에 급제하여 한림원수찬과 첨사부소첨사詹事府少詹事를 역임했고, 남명 왕조에서 이
부상서 겸 병부상서, 영무전대학사武英殿大學士를 지냈으나 청나라의 포로가 되어 처형당했다.
시호는 충렬忠烈이다. 저작으로『유행집전儒行集傳』『석재집石齋集』『역상정의易象正義』『효경
집전孝經集傳』등이 있다.

내가 곤장을 맞고 조옥에 갇혔다가 죽을 고비를 간신히 넘기고 남쪽 고향으로 돌아가던 중 풍 사마와 함께 당서*의 배에서 그분(황도주)을 만났다. 그분 자신이 풀이한 『주역』을 꺼내 읽으시는데 열 손가락은 고문을 당해 움직이기도 어려웠고 종이와 먹물 자국 사이에 피가 줄줄 흘렀다. 우리 둘은 놀라 쳐다보면서 감히 위로의 말도 꺼내지 못했다. 이런 학식을 지닌 분이 생사를 오가는 환난을 겪는다 한들 어찌 마음이 흔들렸겠는가!

予杖下詔獄, 萬死南還, 余與馮司馬遇之塘棲舟中, 出所注易讀之, 十指困拷掠, 血滲瀝楮墨間, 余兩人腭眙嘆服, 不敢復出一語相勞苦, 以彼其所學, 死生患難豈足以動其中哉.(『吳梅村全集』 권45, 941쪽)

하지만 우리는 오위업이 아니니 이 기록에서 명대 학자들의 굳은 인내뿐만 아니라 그들의 '잔혹殘'하고 '기이畸'한 심성을 읽어낼 수 있다. 그들은 피학(또한 자학)으로써 정치적 박해 아래 겪은 고통을 쏟아냈던 것이다. 심지어 이렇게 혹독함을 좋아하는 것으로써 약자 나름의 복수를 은폐하고 있는 것은 아닌가 하는 의심마저 생긴다. 흥건한 피에 젖는 것으로, 죽음으로 학대에 대해 복수하는 것이다. 물론 황도주나 유종주 같은 위대한 학자는 예외로 두어야 할 수도 있다. 명대의 학술이 그다지 내세울 점도 없는데 명대 사람들이 자부심을 가졌던 것은 어쩌면 바로 이런 '혹형의 학문刀鋸鼎鑊學問' 때문이 아닐까?

환난 가운데 죽음보다 더한 것은 없으니, 생사의 위기에 처한 데에 대한 논의는 당연히 사대부들의 일상적인 과제였다. 다시 말해서 명나

---

* 당서塘棲는 오늘날 항저우 북부, 후저우 더칭德清에 인접한 지역이다.

라가 망할 무렵에야 그러했다는 것이 아니다. 왕수인은 귀주貴州 용장龍場에 있을 때,* "여러 간난을 겪었는데 오직 죽고 사는 것에 대한 염려를 놓지 못해서 석관을 놓고 그 안에 누워 자신을 단련했다"**고 한다. 그러므로 명나라가 망할 무렵 사대부들이 생사의 위기에 처한 것도 하루아침에 그렇게 된 게 아니라 점차적으로 형성된 일이었다. 명대 사대부들의 논의는 벼슬길에 어렵게 들어가서 쉽게 물러나는 것뿐만 아니라 고난 속에 살면서 쉽게 죽음을 택하는 것도 장려했다. "평소에는 팔짱 끼고 심성에 대해 논하며, 위난에 처하면 죽음으로 군왕에게 보답한다平日袖手談心性, 臨難一死報君王"고 했다. 심성을 논하는 것이야 원래 그럴 수도 있지만 죽음을 아까워하지 않는 것은 확실히 일종의 '선비 기풍士風'이라고 할 수 있겠다.

자학에 가까운 고행과 자신을 해치는 행위는 명나라 유민의 생존 방식에서 한층 더 두드러진다. 피학과 자학은 구분하기 어려울 때가 많다. 유민이 '어려움 속에서 절개를 지키는 것苦節'은 심지어 형식적으로는 절개를 지키는 열녀와 마찬가지인데, 그 자학은 결국 '정리情理에 맞지 않는 무정함不情'과 지극히 유사하다. 즉 '절개와 지조'를 표현하는 방식이 결여된 것이다. 고염무가 "모래밭의 마름쇠蒺藜를 먹은 것"은 그래도 '회복'을 위한 준비라고 할 수 있지만, 서방徐枋***이나 이확李確**** 같은 나머지 유명한 유민들이 어렵게 지킨 절개는 더

---

* 왕수인은 정덕 1년(1506)에 환관 유근劉瑾(1451~1510)의 전횡에 반대하다가 정장 40대를 맞고 귀주 용장의 역승驛丞으로 폄적되었다. 첩첩산중의 묘족苗族과 요족僚族의 거주지인 이곳에서 그는 갑작스러운 깨달음을 얻고 마음이 만사만물의 근본이라는 주장을 담은 '심즉리心卽理' 명제를 제기하게 되었다.

** 원주: "曾聞陽明居龍場時, 歷試諸艱, 惟死生心未了, 遂置石棺, 臥以自練."(「論學書」, 『明儒學案』 권22, 527쪽)

의도적인 자기 징계처럼 보인다. 전조망全祖望***** 은 명나라가 망한 뒤 주
원초周元初******가 벗들과 시를 주고받은 일을 기록했는데, 그의 시는"괴
벽한 생각과 난해한 구절을 만드는 데에 힘써서 세간 사람들의 작품과
는 달랐고" 행실 또한 이렇듯 괴팍했다.

> 누렇게 버무린 채소와 거칠게 껍질만 벗긴 곡식을 먹으며 삼베옷
> 에 짚신을 신고 인간 세상에 유례없이 지극한 고난을 겪고서야 비
> 로소 스스로 만족했다.
> 黃虀脫粟, 麻衣草履, 極人間未有之困, 方陶然自得也.(「周監軍傳」,
> 『鮚埼亭集』권27)

*** 서방(1622~1694)은 오현吳縣(지금의 장쑤 성 쑤저우) 사람으로 자는 소법昭法이고 호는 사재
侯齋, 진여산인秦餘山人이다. 순절한 관료 서견徐汧의 아들인 그는 숭정 15년 거인이 되었지만,
청나라가 들어서자 부친의 분부에 따라 벼슬길의 뜻을 접고 천평산天平山에 은거하여 자칭 고애
자孤哀子라고 했다. 뛰어난 서예가이자 화가이기도 했던 그는 『통감기사유취通鑑紀事類聚』와
『입일사문휘廿一史文彙』『관견管見』등 수백 권의 저작을 완성했다고 하나 모두 전하지 않고 지
금은 반뢰潘耒가 모아 편집한 『거이당집居易堂集』20권만 남아 있다.

**** 이확(1591~1672)은 절강 해염海鹽 사람으로서 본명은 이천식李天植이고 자는 인중因仲에
서 잠부潛夫로 고쳤으며 호는 관갈산인管葛山人이다. 그는 숭정 6년(1633) 거인이 되었으나 진사
시험에 세 번이나 낙방하고, 숭정 16년(1643)에 아들 이관李觀이 죽자 이름을 바꾸고 용추산龍湫
山에 은거하여 스스로 용추산인이라고 불렀다. 명나라가 망한 후에는 글을 지어 팔고 광주리를
엮어 생계를 꾸렸지만 결국 굶주려 죽었다. 학자들은 그를 신원선생蜃園先生이라 불렀다. 저작으
로 『매화백영梅花百詠』『구산유초九山遊草』『사포구산보지乍浦九山補志』『평구지平寇志』등이
남아 있다.

***** 전조망(1705~1755)은 은현鄞縣(지금의 저장 성 닝보) 사람으로 자는 소의紹衣이고 호는 사산
謝山이다. 어릴 적 이름은 보補였으며, 스스로 길기정장鮚埼亭長이라는 필명을 썼는데, 학자들은
사산선생이라고 불렀다. 그는 옹정雍正 10년(1732) 거인이 되고 건륭乾隆 1년(1736) 박학홍사博學
鴻詞로 천거되어 같은 해 진사가 됨으로써 한림원서길사翰林院庶吉士로 뽑히지만, 이듬해에 바
로 귀향하여 벼슬길에 나아가지 않고 절강 즙산서원蕺山書院과 광동 단계서원端溪書院 등에서
학생들을 가르치면서 저술에 전념했다. 주요 저작으로 『길기정집鮚埼亭集』과 그 『외편外編』을 비
롯해 『시집詩集』『한서지리지계의漢書地理志稽疑』『집보송원학안輯補宋元學案』『전교수경주全
校水經注』등이 있다.

****** 주원초(?~?)는 은현 사람으로 자는 자일自一 또는 입지立之이고, 학자들은 서연선생棲煙先
生이라고 불렸다. 그의 생애에 대해서는 전조망의 「주감군전周監軍傳」에서 설명한 것 외에 특별한
기록을 찾아볼 수 없다.

귀공자 방이지가 숭정제 시기 조정의 신하였다가 하루아침에 출가하여 행각승으로 고행하면서 "승복 입고 비구가 된披壞色衣, 作除饉男" 것도 일부러 그런 것처럼 보인다. 기개와 절조風節를 지키며 극단으로 치닫는 것은 줄곧 명나라 사대부의 기풍에서 장려하던 행위였다. 등용됨을 거부하고 얽매이지 않으면 필경 심윤沈昀*처럼 곡기를 끊는데, 이 경우 '기개와 절조'는 비범함과 단절됨을 동시에 가리키는 '수절殊絕'이라 칭할 만하다.(같은 책 권13, 「沈華甸先生墓碣銘」)**12** 당시는 물론 후세 사람들이 즐겨 말하던 것이 이 '수절'이었으니, 바로 이 점에서 '아雅' 문화와 '속俗' 문화의 기호嗜好는 같다. 유민들 가운데는 스스로를 해쳐 죽기를 바라는 이가 더 많았다. 주원무周元懋**는 술을 지나치게 마셔서 병이 되었는데, 그에 대해 전조망은 "그가 4년 동안 교묘하게 자신을 학대하여 해쳤으니 송나라 때 황보명자皇甫明子***와 같은 부류인가?"****라고 썼다. 여기서는 아직 유민 집단의 자기 감독에 대해서는 언급하지 않았는데, 평상시보다 더 가혹한 도덕적 기준—그래서 '확실히 혐의에서 벗어난' 이가 드물 수밖에 없는—을 적용하는 분위기 속에서 유민들은 고심하면서 어렵사리 절개를 지켜야 했다. 필자가 보기에

---

* 심윤(1618~1680)은 절강 인화仁和 사람으로 원래 이름이 난선蘭先이고 자는 화전華甸이었으나 나중에 이름을 바꾸고 자도 낭사朗思로 바꿨다. 명나라 때에 제생이 되었지만, 명나라가 망하자 고향에서 후학들을 가르쳤다. 저작으로 『사상례설士喪禮說』『송오자요언宋五子要言』『사서종법四書宗法』『사선생집략四先生輯略』『칠경평론七經評論』『명신언행록名臣言行錄』『거구편거求編』 등이 있다.

** 주원무(?~?)는 은현 사람으로 자는 주초柱礎 또는 덕림德林이다. 그는 문목공文穆公 주응빈周應賓(1554~1625)의 조카從子로서 음서蔭敍로 남경우군도사南京右軍都事와 공부둔전낭중工部屯田郎中, 귀주사남지부貴州思南知府 등을 역임했고, 명나라가 망한 뒤에는 남명 정권의 부름을 고사했다. 남명이 망한 뒤에는 자살을 시도했다가 실패하고 승려가 되었으나, 날마다 술독에 빠져 지내다가 피를 토하며 죽었다고 한다.

*** 황보명자(?~1276)는 사명四明(지금의 저장 성 닝보) 사람으로 자는 동생東生이다. 호탕한 성격의 그는 돛단배에 거문고와 술통, 서적, 낚시 도구를 싣고 강호를 유람하길 좋아했는데, 임안臨安이 원나라 군대에 함락되었다는 소식을 듣고 통곡하며 바다에 뛰어들어 죽었다고 한다.

**** 원주: "其四年中巧戕酷賊以自蠱, 其宋皇甫東生之流與."(「周思南傳」, 『鮚埼亭集』 권27)

명나라 유민들의 자기 경계警戒도 바로 상처 심리에서 비롯되었는데, 이 또한 명·청 교체기의 시대병時代病 가운데 하나였다. 그러므로 명나라 유민들의 극단적인 행위는 명대 200여 년 동안 사대부 기풍의 연장선상에 있었다고 할 수도 있다. 다만 이러한 극단성과 불합리성, 생명에 대한 상해 행위가 더 뚜렷이 드러남으로써 식견 있는 사대부들의 비판의식을 일깨워주었던 것이다.

자학을 통해 남의 칭송을 받는 예로는 당연히 절개를 지킨 열녀들이 있는데, 그들 또한 난세에 빠질 수 없는 주인공이다. 원래 어렵사리 절개를 지키면서 죽지 않는 올곧은 아낙貞婦도 일종의 '유민'인데, 그들이 '남겨진遺' 것이 특별히 난세나 말세에만 있는 게 아니라는 사실은 또한 여성의 생존이 특별히 힘겨웠음을 증명한다.[13] 절개를 잃은 이들에게는 또 다른 자학이 기다리고 있었다. 오위업의 문집을 읽노라면 엄격한 자기 검열과 지난한 자기 속죄의 상황을 어렵지 않게 감지할 수 있다. 이러한 죄와 벌 또한 종교적인 풍경을 떠올리게 만든다.

'혹독함酷'에 처한 것은 원래 어쩔 수 없는 경우에 속하지만, 그런 경험이 보편화—또한 합리화—되면 불가피하게 도덕주의로 이어진다. 그보다 더 큰 위험은 '어짊仁'과 '포악함暴' 사이의 구별이 모호해져서 '혹독한 학대'라는 일종의 정치 문화를 내화內化함으로써 사대부들의 정신적 품질에 손상을 입히는 것이다. 더 은폐되고 더 심각한 이런 결과는 왕부지와 같은 위대한 학자들만이 발견할 수 있는 것이었다.

어짊仁과 포악함暴

도덕화는 유가 문화의 일부분이지만 그래도 자학적인 '갈고닦음砥礪'

은 지나친 반응이라고 할 수 있다. 식견 있는 사대부로 하여금 기풍과 풍속에 대해 더욱 염려하게 하는 것은 대단히 흉험하면서도 쉽게 구제할 수 없는 정신질환, 즉 (살생을 좋아하는 사대부들의 성향을 포함한) 보편적인 잔인함과 가혹함이다. 이러한 시대적 병리를 발견하고 치료를 요구하는 것은 인성에 대한 더 깊은 통찰에서 비롯되며 또한 유가 학자들의 본색을 더 잘 파악하게 하는 계기를 제공한다. 장이상張履祥*은 '난세의 잔혹한 흔적'에 대해 이렇게 언급했다.

> 후대의 역사서에서 차마 읽기 어려운 것으로는 성을 도륙했다느니, 병졸들을 생매장했다느니, 모조리 죽였다느니 하는 글들이다. 또 그 일족을 다 죽였다느니 그 가문을 모조리 처형했다느니, 옥에 가두고 사형을 선고하자 천하가 안타까워했다느니, 모두 죽여 저자에 전시하니 천하가 원망했다느니 하는 글들은 독자로 하여금 탄식하며 눈물을 흘릴 수밖에 없게 한다. (…) 춘추시대 이후로 어질지 못한 것의 기세가 들판을 태우는 불처럼, 하늘까지 넘쳐나는 강물처럼……
>
> 後代史書有最不忍讀者, 如屠城, 坑卒, 盡殺之之類, 又如夷其族, 族其家, 下獄論死, 天下惜之, 皆棄市, 天下冤之之類, 不能不使人唏噓流涕也. (…) 春秋而後, 不仁之勢, 若火之燎於原, 若水之滔於天……(「備忘二」, 『楊園先生全集』 권40, 道光庚子刊本)

왕부지는 이러한 정신병 증상의 원인을 명 왕조의 정치적 특징으로

---

* 장이상(1611~1674)은 절강 동향桐鄕 사람으로 자는 고부考夫이고 호는 염지念芝 또는 양원楊園이다. 청나라가 들어선 뒤로 그는 은거한 채 지내면서 『경정록經正錄』 『원학기願學記』 『문목問目』 『비망록備忘錄』 등을 저술했다.

돌림으로써 사대부들의 형상이 만들어진 배경에 대해 독자적인 견해를 제시했는데, 이것만 보더라도 그의 역사 비평과 정론政論이 얼마나 심도 있는지 알 수 있다. 정치 문화에 대한 그의 비판은 동시에 조정 정치의 가혹함과 사대부에 대한 학대를 가리키면서 아울러 자신과 타인에게 가해진 폭력, 특히 그 사이의 논리적 관계를 말해준다. 바로 여기서 병적인 정치 아래에서 해코지를 당한 사대부들의 인성, '어짊'과 '포악함' 사이의 차이를 논했으니, 이것은 독자를 더욱 경악하게 한다.

정효鄭曉[*]는 『금언今言』(권2, 167조)에서 유근劉瑾[**]이 모반에 연루되어 능지 형을 받은 사실을 기록하면서, "여러 피해자가 다투어 그 살을 주워 씹어 먹는 바람에 순식간에 없어져버렸다"[***]고 했다. 또 원숭환袁崇煥[****]은 숭정 3년(1630) 책형磔刑[*****]에 처해졌는데, 『명계북략明季北略』(中華書局, 1984)의 기록에 따르면 당시 도성의 백성은 "은전 하나에 손가락 크기만 한 살덩어리를 하나 사서 먹었다. 먹을 때는 반드시 욕을

___

[*] 정효(1499~1566)는 절강 해염海鹽 무원진武原鎮 사람으로 자는 질보窒甫이고 호는 담천淡泉이다. 가정 2년(1523) 진사에 급제하여 직방주사職方主事에 임명되었다. 이후 이부고공낭중吏部考功郎中과 남경태상경南京太常卿을 역임하고, 병부우시랑 겸 부도어사副都御史로서 조운漕運을 감독하기도 했다. 이후 우도어사와 형부상서까지 역임했으나 엄숭嚴嵩의 모함으로 파직되었다. 죽은 뒤 태자소보에 추증되었고 시호는 단간端簡이다. 주요 저작으로 『오학편吾學編』 『정오록徵吾錄』 『고언古言』 『금언今言』 『정단간공주의鄭端簡公奏議』 등이 있다.

[**] 유근(1451~1510)은 섬서 흥평興平 사람으로 원래 성은 담談 씨였으나 여섯 살 때 태감 유순劉順의 수양아들이 되었고, 나중에 거세하고 태감이 되어 성을 유 씨로 고쳤다. 무종武宗 정덕제正德帝(재위 1506~1521)의 총애를 받아 사례감장인태감司禮監掌印太監이 되자 정권을 농단하여, 무종을 '앉은 황제坐皇帝'로 전락시키고 자신은 '선 황제立皇帝'라 불릴 정도였다. 그러나 정덕 5년(1510) 8월에 모반죄로 체포되어 능지형에 처해졌다.

[***] 원주: "諸被害者爭拾其肉嚼之, 須臾而盡."

[****] 원숭환(1584~1630)은 광동 동관東莞에서 태어났으며 자는 원소元素다. 만력 47년(1619) 진사에 급제한 그는 후금後金과의 전투에서 공을 세웠지만 위충현의 미움을 사 사직하고 귀향했다가 숭정제(재위 1628~1644)가 즉위하면서 다시 등용되어 포위된 경사를 구하는 공을 세웠으나 위충현의 음모와 후금 황태극皇太極의 반간계反間計로 인해 적국과 내통했다는 혐의로 체포되어 능지형에 처해졌다.

[*****] 책형은 지체肢體를 찢어 죽이고 시신을 저자에 전시棄市하는 형벌이다.

한번 퍼부었는데, 순식간에 원숭환의 살덩어리가 모두 팔려버렸다"*고
했다. 이보다 앞서 또 다른 명장名將 웅정필熊廷弼**도 군주의 가혹한 조
사와 조정 신하들의 당쟁 때문에 죽임을 당했다. 체포된 뒤 조정의 심
문을 당할 때마다 길 가던 이들이 반드시 기왓장과 돌멩이를 던져 그
는 만면이 피투성이가 되었다.(이 또한 민초가 정치에 관여한 정황이다.) 이
러한 군주와 이러한 백성이라니! 이야말로 말세의 풍경이 아닌가? 사
람의 살을 먹는 것은 명대에 이미 전례가 있지만, 그럼에도 명나라 말
엽에 원숭환과 정만鄭鄭***을 살해한 것은, 게다가 치가 떨리게 잔혹하게
살해한 것은 특출한 예다. 이 부분에서는 명 왕조도 시종일관 그 정치
적 성격을 완성했다고 하겠다.

　루쉰은 「문득 떠오른 생각忽然想到」에서 이렇게 썼다.

> 오대五代와 남송, 명나라 말엽의 사정을 기록한 것과 지금 상황을
> 비교해보면 그것들이 매우 유사하다는 데에 깜짝 놀라게 된다. 시
> 간의 흐름이 마치 우리 중국과는 무관한 듯하다. 지금의 중화민국
> 은 여전히 오대이고, 송 말엽이고, 명 말엽이다.

---

* 　원주: "將銀一錢, 買肉一塊, 如手指大, 啖之. 食時必罵一聲, 須臾, 崇煥肉悉賣盡."(『明季北略』
권5, 中華書局, 1984, 119쪽)

** 　웅정필(1569~1625)은 호광 강하江夏(지금의 후베이 성 우한武漢) 사람으로 자는 비백飛白이고
호는 지강芝岡이다. 만력 연간에 진사가 된 그는 추관推官을 거쳐 어사로 발탁되어 요동을 순시
했으며(1608), 병부우시랑으로서 요동을 경략했다.(1619) 천계 1년(1621) 후금의 누르하치가 요양
遼陽을 함락하자 웅정필은 다시 요동경략에 임명되었으나 광녕廣寧(지금의 랴오닝遼寧 성 베이전北
鎭)의 순무 왕화정王化貞(?~1632)과 불화를 일으켜 결국 패전해 광녕을 잃고 말았다. 이 바람에
패전의 죄인이 된 그는 다시 당쟁에 휘말려 엄당閹黨의 음해를 당했다. 숭정 2년(1629)에 복권되어
시호로 '양민襄愍'이 내려졌다. 저작으로는 『요중서독遼中書牘』 『웅양민공집熊襄愍公集』이 있다.

*** 　정만(1594~1639)은 상주常州 횡림橫林 사람으로 자는 겸지謙止이고 호는 밀양峚陽이다. 천계
2년(1622) 진사에 급제한 그는 위충현을 중심으로 한 엄당에게 모함을 당해 벼슬을 잃고 멀리 타
향에 은거했다가 숭정제가 즉위하고 난 뒤에야 고향으로 돌아갔다. 숭정 8년(1635) 다시 기용되었
으나 내각의 수보首輔 온체인溫體仁을 비판했다가 모함을 당해 옥에 갇혀 모진 고문을 당한 끝
에 결국 능지형에 처해졌다. 저작으로 『밀양초당시문집峚陽草堂詩文集』을 남겼다.

試將記五代南宋明末的事情的, 和現今的狀況一比較, 就當驚心動魄於何其相似之甚, 仿佛時間的流駛, 獨與我們中國無關. 現在的中華民國還是五代, 是宋末, 是明季.*

　　루쉰이 이 글을 쓴 때는 1925년이었다. 그가 생각하기에 가장 먼저 비교되는 것은 '혹독함과 잔학함凶酷殘虐'이었다. 그는 「우연히 쓰다偶成」에서 사람의 가죽을 벗기는 영락제와 떠돌이 도적 장헌충張獻忠**에 대해 언급하기도 했다.(『魯迅全集』 제4권) 또 「쌀쌀한 새벽에晨涼漫記」에서도 장헌충이 "살인을 위해 살인했다"고 지적했다.(『魯迅全集』 제5권, 235쪽) 그리고 「병후잡담病後雜談」을 쓸 때 그는 다시 장헌충의 폭행을 기록한 『촉벽蜀碧』***에서 『촉귀감蜀龜鑑』****까지의 문헌들을 언급하면서 그 가운데 껍질을 벗긴 것에 관한 문장들을 자세히 기록했다. 즉 장헌충이 가죽을 벗긴 것에서부터 손가망孫可望*****이 가죽을 벗긴 일까지 언급하고, 더 위로 올라가 영락제가 가죽을 벗긴 일을 언급하면서, "명 왕조는 가죽 벗기는 데서 시작해서 그것으로 끝났으니, 시종일관하다고 할 수 있다"라고 꼬집었다.(『魯迅全集』 제6권, 167쪽) 영락제의 잔인함

* 　원주: 「忽然想到」, 『魯迅全集』 제3권, 人民文學出版社, 1981, 17쪽.
** 　장헌충(1606~1647)은 지금의 산시 성 딩볜定邊에서 태어났으며 자는 병충秉忠이고 호는 경헌敬軒, 외호外號는 황호黃虎다. 명말 농민반란군의 우두머리였던 그는 1640년에 사천으로 진입하여 1644년에 성도成都에서 대서大西 정권을 세우고 황제에 즉위했으며 대순大順이라는 연호를 선포했다. 그러나 1646년에 남하하는 청나라 군대와 교전하다가 서충西充 봉황산鳳凰山에서 화살에 맞고 전사했다.
*** 　『촉벽』은 청대 팽준사彭遵泗(1740년 전후)가 편찬한 4권 분량의 책이다. 이 책에는 숭정 1년(1628)부터 강희 2년(1663)까지 장헌충의 군대가 사천에서 행한 일을 기록하고 있다. 다만 대부분 작자가 들은 소문을 기록했기 때문에 신빙성은 떨어진다.
**** 　『촉귀감』 7권은 청대 유경백劉景伯(1860년 전후)이 편찬한 책으로서 명말 장헌충 등 농민 기의군이 사천에 들어간 뒤 그곳에서 발생한 일련의 중대한 사건들을 기록했다. 『좌씨춘추左氏春秋』와 『주자강목朱子綱目』의 편차編次를 모방해서 연월일을 표기했는데, 그 사료로서의 가치는 팽준사의 『촉벽』과 비슷하다. 마지막 권7에는 이 과정에서 반란의 평정과 외적을 막는 데 기여한 충정과 절개를 지닌 이들의 전기를 기록했다.

에 대해서는 「병후잡담의 뒷이야기病後雜談之餘」에서도 언급한 바 있다. 그러나 루쉰은 "혹독한 교육은 사람들로 하여금 혹독함을 보고도 더 이상 그 혹독함을 깨닫지 못하게 만들기 때문에""다시 잔혹한 전철을 밟는다"고 했다.(「偶成」,『魯迅全集』제4권, 584~585쪽) 이것은 혁명 시기의 취미이기 때문에 다음에 언급할 왕부지와는 사고방식이 다를 수도 있다.

루쉰이 통렬하게 질타했던 가죽 벗기기는 확실히 명대 군주의 기호였다. 태조의 박피낭초剝皮囊草******에서부터 무종武宗 정덕제正德帝가 도적의 껍질을 벗겨 말 안장과 등자로 만들어 "말을 탈 때마다 거기에 앉았던每騎乘之"일(『明史』권94 「刑法志二」)과 희종熹宗 천계제天啓帝 때 동창과 금의위에서 죄수의 가죽을 벗기고 혀를 자르는刲舌 일 등이 자행되었다. 장헌충과 손가망이 가죽을 벗긴 것도 배운 바가 있기 때문이니, 이른바 윗사람이 좋아하는 것을 아랫사람은 더 심하게 하기 마련인 것이다.[14]

당시의 사대부, 특히 유가의 무리에게서 더 두려운 것은 그들의 논의와 인심에서 보편적으로 잔혹한 것을 좋아했다는 점이다.[15] 고염무가 누명을 썼을 때, 놀라운 것은 음모를 꾸민 자가 "황탄黃坦*******뿐만 아니라 고염무와 이 책에 이름이 적힌 300여 명을 모두 모함하려"한 것이었다. "서로 얼굴도 모르는 고염무가 그 책에 이름이 적힌 300여 명

***** 손가망(?~1660)은 섬서 연장延長(미지米脂이라는 설도 있음) 사람으로 원래 이름이 손가왕孫可旺으로서, 명말 장헌충 부대의 주요 장수이자 남명 영력永曆(1647~1661) 시기의 권신權臣이었다. 1630년 장헌충의 기의군에 가담하여 그의 양자가 되어 성을 장 씨로 바꾸었다. 남명 정권 아래서 그는 진왕秦王에 봉해지기 위해 음모를 꾸며 30명의 대학사大學士를 살해하고 대장군 이정국李定國과 불화를 일으켜 내분을 야기했다. 1657년에 그는 이정국을 공격하려다가 부하들이 등을 돌리는 바람에 실패하자 청나라에 투항했고, 1660년에 병으로 죽었다. 일설에는 사냥을 나갔다가 청나라 군대에 의해 사살되었다고 한다.

****** 박피낭초는 박피실초剝皮實草라고도 하며, 사람의 가죽을 벗기고 그 안에 풀을 채워넣는 혹형酷刑이다.

과 무슨 원수진 일이 있었겠는가? 그런데 굳이 황 씨 등 12명과 더불어 일망타진하려 한 것이었다."[16] 명·청 교체기에는 사방에 살기가 매복해 있었고, 당시의 고발과 탄핵은 대부분 남(청나라 사람)의 칼을 빌려 사람(원수)을 죽이는 경우였으며, 더욱이 고염무의 경우와 같이 원인을 알 수 없는 원한이 발견되기도 했던 것이다.

그로부터 반세기 뒤의 글들을 보면 더 심각해져 잔혹함에 대한 '도취'를 발견할 수 있다. 구경꾼에 둘러싸여 자학하는 장면을 기록한 야사뿐만 아니라 야사의 문장 자체도 그러하다. 폭행에 대한 이런 고의적인 과장은 루쉰이 여러 차례 묘사했던 '관객看客'의 표정을 떠올리게 한다. 여기에는 억압된 행패와 폭행에 대한 바람이 담겨 있다. 이 부분에서 사대부 문화와 세속 문화는 항상 합치된다. 이런 문장들 속에서는 관객과 피학자 사이의 상호 격발, 눈물에 젖어 울부짖는 가운데 느끼는 쾌감을 발견할 수 있다. 여기에는 '폭력'과 '폭행'을 좋아하는 대중문화의 품성, 약자의 은폐된 폭력적 경향이 들어 있다. 살생을 좋아하는 것은 피를 좋아하는 것이기도 하다. 이런 책의 작자는 오직 핏빛만이 그 시대의 표지가 될 수 있고, 오직 핏빛만이 지식인들의 격정을 나타내는 기호가 될 수 있다고 여겼던 듯하다. '24사史'는 당연히 '서로 죽이는 내용을 기록한 책相斫書'이지만, 명대 역사에 관한 기록에는 더욱 특수한 잔인함이 담겨 있다.

유행에 따라 장려된 보편적인 복수 가운데 사대부들의 복수는 더 놀랍다. 『청사고清史稿』에 기록된 왕여각王餘恪과 왕여엄王餘嚴의 복수가

******* 황탄(?~?)은 황종창黃宗昌(?~?)의 큰아들로서 즉묵卽墨(지금의 산둥 성에 속함) 사람이며 자는 낭생朗生이고 호는 성암惺庵이다. 숭정 연간의 공생貢生으로서 포강지현浦江知縣을 지내며 청렴하고 공정하게 직무를 수행한 것으로 유명하다. 명나라가 망한 뒤에는 부친의 뜻을 계승하여 『노산지崂山志』를 보완했으며, 즉묵 준제암準提庵의 승려 자첨慈沾과 함께 화엄암華嚴庵을 세웠다. 저작으로 『추수거시집秋水居詩集』이 있다.

그런 예에 해당된다. 순치(1644~1661) 초엽에 이 형제의 부친이 "원수의 모함에 빠져 체포되어 경사로 끌려갔다. 왕여각은 두 아우에게 분부하여 복수의 계책을 세우고 자신은 홀로 죽을 곳을 찾아가 부자가 함께 북경에서 죽었다. 왕여엄은 밤중에 장정들을 이끌고 원수의 집에 쳐들어가 그 집안의 노약자를 막론하고 30명을 죽였다."* 이처럼 피비린내 나는 복수를 했음에도 그 상관은 "그들의 억울함을 알고" "힘껏 해명하여" 죄를 면하게 해주었으니, '복수' 행위에 대한 당시의 시론時論이 어떠했는지 알 수 있다. 더욱이 황종희가 소매에 숨기고 있던 송곳으로 원수를 찌른 것**이나 고염무가 배신한 노비를 죽인 일***은 평화로운 시대의 학자나 유학자가 생각해낼 수 있는 바가 아니었다.(왕부지의 경우에는 자해한 일이 있다.)**17** 이런 행위들에 대해 당시 사람들은 이상하게 여기지도 않았을 뿐만 아니라 칭송을 아끼지 않았다. 3대가三大家 가운데 왕부지는 그 폭력으로 충만한 시대에 대해 깨어 있는 정신으로 엄준하게 비판하는 태도를 견지했는데, 그의 논의는 또한 그 시대 및 사대부들의 반성의 깊이를 대표할 수 있을 것이다.

---

* 원주: "順治初, 王延善爲仇家所陷, 執赴京. 餘恪揮兩弟出, 爲復仇計, 獨身赴難, 父子死燕市. 餘嚴夜率壯士入仇家, 殲其老弱三十口."(『淸史稿』 권490 「王餘佑傳」)

** 황종희 부친 황존소黃尊素(1584~1626)는 이른바 '동림 7군자東林七君子' 가운데 한 명으로 환관 위충현의 미움을 사서 관직을 잃고 옥에 갇혀 모진 고문을 받고 죽었다. 훗날 황준헌은 숭정제에게 억울함을 호소하는 상소를 올렸고, 이에 형부에서는 허현순許顯純(?~1629)과 이실李實(?~?) 등을 체포하여 심문했다. 그런데 허현순이 효종孝宗 홍치제弘治帝의 황후인 장황후張皇後 즉 강경황후康敬皇後의 외조카였기 때문에 심문이 미약했다. 이에 황준헌이 달려들어 소매에 숨기고 있던 송곳을 꺼내 허현순을 마구 찔렀고, 깜짝 놀란 허현순은 즉시 죄를 자백했다고 한다.

*** 고염무 집안의 노비 육은陸恩이 집안에서 주인에게 죄를 짓고 반목이 생기자 달아나서 당시 고염무와 원수지간이었던 섭방항葉方恒(?~?)에게 투신하면서 고염무가 남명 융무隆武 정권에 보낸 편지를 건네주어서 결국 고염무를 '통해通海' 혐의로 고발하여 사형 선고를 받게 하려고 했다. 당시 남경南京에 있던 고염무는 고심 끝에 순치 12년(1655)에 고향인 곤산崑山으로 돌아가서 친구들의 도움을 받아 육은을 연못에 빠뜨려 죽였다. 이 일이 알려지자 섭방항과 육은의 사위가 협력하여 고염무를 오라에 묶어 육은의 집으로 데려가 죄를 자백하라고 다그쳤지만, 사대부들의 중재로 무마된 사건이 있었다.

'살생을 좋아하는 것'이 사람의 마음에 끼치는 해악을 통찰한 이는 왕부지만이 아니었다. 전겸익은 「풍량공육십서馮亮工六十序」에서 이렇게 썼다.

> 죽인 것은 다름 아니라 내 마음을 죽인 것이오 천지의 마음을 죽인 것일 따름이다. 하나의 목숨을 죽이는 것은 바로 하나의 마음을 죽이는 것이며, 두 개의 목숨을 죽이는 것은 바로 두 개의 마음을 죽이는 것이다. 헤아릴 수 없이 많은 목숨을 죽이는 것은 바로 헤아릴 수 없이 많은 마음을 죽이는 것이다.
>
> 殺者非他也, 殺吾之心而已矣, 殺天地之心而已矣. 殺一生, 卽自殺一心. 殺兩生, 卽自殺兩心. 殺百千萬億生, 卽自殺百千萬億心.(『牧齋有學集』 권22, 907쪽)

또 "그저 이 사람이 저 사람을 죽였다고만 하는 것은 자신의 마음이 자신의 마음을 죽였다는 것을 모르는 처사"[*]라고도 했다. 명대 사대부들이 종사宗師로 받들었던 방효유方孝孺[**]는 이렇게 말했다.

> 인仁은 양에 속하는 하늘의 도리로 살림의 부류이고, 난폭함은 음에 속하는 땅의 도리로 죽임의 부류다.

---

[*] 원주: "但謂此人殺彼人, 不知自心殺自心."(「募刻大藏方冊圓滿疏」, 『牧齋有學集』 권41, 1399쪽)

[**] 방효유(1357~1402)는 영해寧海 사람으로 자는 희직希直 또는 희고希古이고 호는 손지遜志다. 또한 그의 고향이 옛날에 구성緱城에 속했기 때문에 '구성선생緱城先生'이라고도 불렸고, 한중부漢中府에서 교수敎授로 있을 때 촉헌왕蜀獻王이 그의 서재에 '정학正學'이라는 이름을 하사했기 때문에 '정학선생正學先生'으로도 불렸다. 훗날 연왕燕王 주체朱棣가 '정난지변靖難之變'을 일으키고 즉위할 때 조서詔書를 쓰는 것을 거부한 죄로 그 자신은 물론 친우와 제자들까지 포함한 870여 명이 모조리 해를 당해 중국 역사상 유일하게 '10족을 멸한' 사건의 피해자가 되었다. 남명 복왕 때 '문정文正'이라는 시호가 내려졌다. 저작으로 『손지재집遜志齋集』 『방정학선생집方正學先生集』 등이 남아 있다.

仁者陽之屬, 天之道也, 生之類也, 暴者陰之屬, 地之道也, 殺之類
也.(「侯城雜誠」,『明儒學案』권43, 1049쪽)

　명나라가 망할 무렵에 이르면 이런 뜻은 이미 사대부들이 알고 싶어
하지 않는 것으로 변해버렸다. 그러나 유가의 무리 가운데 민감한 이들
은 여전히 경계심을 잃지 않고 있었다. 『청사고』에는 다음과 같은 기록
이 있다.

　　산양의 기표가祁彪佳*가 어사로서 강동을 다스리다가 하루는 큰
　　죄인 여러 명을 곤장을 쳐 죽였다. 그때 마침 심국모沈國模**가 찾
　　아오자 기표가는 기꺼이 그 일을 들려주었다. 그러자 심국모가
　　눈을 휘둥그레 뜨고 기표가에게 훈계했다.
　　"여보게, 자네도 '죄상을 알게 되더라도 불쌍히 여겨야지 기뻐해
　　서는 안 된다'라는 증자의 말씀을 들어보지 않았는가?"
　　나중에 기표가가 우리에게 이렇게 말했다.
　　"나는 죄인을 심문할 때면 반드시 심국모의 말을 떠올립니다. 너
　　무 서둘러서 지나치게 기뻐하거나 화를 내게 되어 이 훌륭한 벗의
　　충고를 저버리지 않을까 걱정스럽기 때문이지요."
　　山陽祁彪佳以御史按江東, 一日, 杖殺大憝數人, 適國模至, 欣然述

---

*　기표가(1602~1645)는 산음(지금의 사오싱) 사람으로 자는 호자虎子 또는 유문幼文, 굉길宏吉
　이고 호는 세배世培, 원산당주인遠山堂主人이다. 천계 2년(1622) 진사에 급제하여 숭정 4년(1631)
　에 우첨도어사右僉都御史로 승진했다. 훗날 청나라 군대가 침입할 때 소송총독蘇松總督으로 항
　전했으나 항주가 점령당하자 강물에 몸을 던져 순국했다. 시호는 충민忠敏이다. 저작으로 희곡 비
　평인『원산당곡품극품遠山堂曲品劇品』이 남아 있다.
**　심국모(1575~1656)는 여요餘姚(지금의 저장 성에 속함) 사람으로 자는 숙칙叔則이고 호는 구여
　求如다. 만년에는 횡오橫墺의 석랑 산石浪山에 살면서 석랑노초石浪老樵라고 자처했다. 그는 과
　거제도가 천하 사람들을 망친다고 생각해 제생 학위를 버린 채 양명학을 배우는 데 전념했고, 나
　중에 여요로 돌아가 요강서원姚江書院을 창립하여 강학에 힘썼다.

之. 國模瞠目字祁曰: 世培, 爾亦曾聞曾子曰, 如得其情, 則哀矜而勿

喜乎. 後彪佳嘗吾人曰: 吾每慮囚, 必念求如言. 恐倉促促喜怒過差, 負

此良友也.(『淸史稿』권480「沈國模傳」)

　　그러나 사방에서 살기에 찬 소리가 일어나자 살생을 규탄하는 이들
의 말도 확실히 세태를 모르는 답답한 주장이 되고 말았다. "백성을
불쌍히 여기는 마음"을 갖고 "오직 왜인들을 죽이지 않으려는 마음이
있어야 만사가 온전해질 수 있다"라는 당추唐樞*의 말이 세태를 모르
는 것이기는 하다. 하지만 "만약 살생만을 일삼는다면 우주의 지독히
미워하는 기운에만 의존하는 것이다"라는 말**은 확실히 "살생을 좋아
하는 이는 적을 죽이는 것을 좋아하는 게 아니라 사실 그 사람을 죽이
는 일을 좋아하는 것"***이라는 왕부지의 말과 더불어 세상 물정과 인심
을 통찰한 깨어 있는 논의라고 할 수 있다. 고염무의 『일지록日知錄』 권
13의 '정시正始' 항목에는 '망한 나라와 망한 천하'에 대해 다음과 같
은 유명한 구절이 들어 있다.

　　왕조의 성이 바뀌고 국호가 바뀌는 것을 일컬어 나라가 망했다고
　　하고, 인의가 막혀서 짐승들을 이끌고 사람을 잡아먹으며 사람이
　　서로 잡아먹는 지경에 이르는 것을 일컬어 천하가 망했다고 하는

---

*　당추(1497~1574)는 귀안歸安(지금의 후저우) 사람으로 자는 유중惟中이고 호는 자일子一이며
흔히 일암선생一庵先生으로 불렸다. 가정 5년(1526) 진사에 급제하여 형부주사를 지냈고, 이후
고향으로 돌아가 후학들을 가르쳤다. 저작으로 『목종대집木鍾臺集』이 있으며 『가정귀안현지嘉靖
歸安縣志』『가정오정현지嘉靖烏程縣志』『가정효풍현지嘉靖孝豐縣志』『만력호주부지萬曆湖州
府志』 등의 편찬에 참여했다.

**　원주: "一片不忍生民之意 (…) 只有不殺倭子之心, 便可萬全. (…) 若唯以殺爲事, 乃是倚靠宇
宙間戾氣."(唐樞,「語錄」,『明儒學案』권40, 966~967쪽)

***　원주: "嗜殺者非嗜殺敵, 而實嗜殺其人."(『讀通鑑論』권13, 498쪽)

것이다.

易姓改號, 謂之亡國, 仁義充塞, 而至於率獸食人, 人將相食. 謂之
亡天下.(『日知錄集釋』, 中州古籍出版社, 1990)

이것은 명·청 교체기라는 역사적 상황에 대입하지 않고도 쉽게 이
해할 수 있는 말이다.

'어짊'과 '포악함'의 차이에 대한 왕부지의 논의에서 가장 훌륭한 곳
은 장순張巡과 허원許遠이라는 역사적 사건*에 대한 해석이라고 할 수
있다. 장순과 허원이 수양성睢陽城을 지키다가 사람을 잡아먹는 지경에
이른 것은 '몰래 업고 도망치는 것竊負而逃'**이나 '아비가 양을 훔쳤다고
고발하는 것證父攘羊'***과 마찬가지로 윤리에 대한 유가의 논변 능력을
시험하는 문제에 해당된다. 여기서 난점은 '충성'과 '어짊' 가운데 어느
것이 더 중요하냐는 것이다. 왕부지는 『독통감론』에서 장순이 더 이상

---

* 장순(708~757)은 포주蒲州 하동河東(지금의 산시山西 성 융지永濟) 사람으로 자는 순巡이다. 개
원開元(713~741) 말년 진사에 급제한 그는 태자통정사인太子通事舍人과 청하 현령淸河縣令, 진
원 현령眞源縣令 등을 역임했다. 당나라 선종宣宗 대중大中 2년(848)에는 그의 초상화가 능연각
凌煙閣에 그려졌고, 훗날에는 양주대도독에 추증되고 등국공에 봉해졌으며, 명·청 시기에는 역
대 제왕의 사당에 함께 위패가 모셔져 제사를 받았다. 허원(709~757)은 항주 신성新城(지금의 항
저우 푸양富陽) 사람으로 자는 영위令威다. 시어사侍御史와 수양태수睢陽太守를 역임했으며, 안
사의 난이 일어나자 장순과 함께 성을 지켰다. 지덕至德 2년(757) 안경서安慶緖(?~759)가 부장部
將 윤자기尹子琦로 하여금 13만 명의 병력을 이끌고 남침을 감행하게 하자 장순과 허원을 비롯
한 수천 명이 성에 갇혀 식량이 떨어지고 외부의 구원병도 없는 상황에서 수양睢陽을 사수했는
데, 400여 차례의 교전을 통해 수백 명의 적장과 반란군 12만 명을 죽임으로써 당 왕조의 동남쪽
을 안전하게 했다. 그러나 식량이 바닥나고 병사들이 거의 죽거나 부상을 당했으며, 결국 장순과
허원은 포로가 되었으나 굴복하지 않고 처형을 당했다. 그런데 이런 최후의 상황이 다가오기 전에
성안에서 사람들이 굶주림에 시달리자 장순이 자신의 첩을 죽여 그 살을 장수와 병사들에게 나
눠주었고, 이를 계기로 성안의 부녀자들과 어린이, 늙은이를 잡아먹어서 그 총수가 무려 3만 명이
나 되었으며, 그 결과 성이 반란군에게 함락되었을 때 남은 백성이 400여 명밖에 되지 않았다는
주장이 있어 오랜 논란거리가 되었다.

** 이것은 『맹자』 「진심盡心 상」 제35장에 등장한다. "순舜이 천자이고 고요皐陶가 사士였는데
순의 부친인 고수瞽瞍가 살인을 저질렀다면 어떻게 해야 하는가?"라는 도응桃應의 질문에 대한
맹자의 대답에서 나온 말이다. 여기서 맹자는 순이 천자의 지위를 버리고 남몰래 부친을 업고는
먼 바닷가로 달아나서 여생을 즐겁게 지내면 되지 않겠느냐고 했다.

성을 지킬 수 없다는 것을 깨달았을 때 스스로 목을 베어 성과 함께 죽었다면 괜찮았겠지만, 사람을 잡아먹은 것은 도저히 용서할 수 없다면서 이렇게 썼다.

> 어질지 못한 지경에 이르렀는데 어떻게 의로움을 말할 수 있겠는가? 맹자께서도 '인의가 막히면 사람이 서로 잡아먹게 된다'고 하셨다.
> 至不仁而何義之足云. 孟子曰: '仁義充塞, 人將相食.'(『讀通鑑論』 권 9, 353쪽)

같은 책 권23에서는 또 "성의 존망이나 자신의 생사와는 상관없이 절대 해서는 안 될 것이 사람이 서로 잡아먹는 일"****이라고 했다. 장순이 목숨을 바쳐 순국한 공로는 없어지지 않겠지만 "그가 사람을 잡아먹은 것은 어질지 못한 행위라고밖에 할 수 없다其食人也, 不謂之不仁也不可"는 것이다.(870쪽) 사람이 서로 잡아먹는 것은 "절대 불가"하다는 것은 하나의 절대적인 한계이므로, 이것을 지켜야 한다는 데에는 조건이 있을 수 없다. 바로 이 '절대'라는 신념 위에서 비로소 학자의 진면목이 나타날 수 있는 것이다.

당연히 왕부지의 논의는 순수한 역사학의 취미에서 비롯된 것이 아니다. 그의 격정적 비판은 명·청 교체기에 장순 및 허원과 같은 사건들

*** 『논어』 「자로子路」에 기록된 섭공葉公과 공자의 대화에서 나온 말이다. 즉 부친이 남의 양을 훔친 직궁直躬이라는 이에 대해 공자가 "父爲子隱, 子爲父隱, 直在其中矣"라고 했는데, 여기서 '은隱'의 뜻에 대해 역대로 '숨겨주다'라는 해석과 '바로잡아주다檃'라는 해석이 팽팽하게 맞서 왔다.

**** 원주: "無論城之存亡也, 無論身之生死也, 所必不可者, 人相食也."

이 계속해서 다시 나타났기 때문이다. 이운李榪*이 귀양貴陽을 지킬 때 포위된 성안의 사람들은 "쌀겨와 초목의 껍질을 벗겨 먹고 가죽마저 모두 먹어 없어지자 죽은 사람의 살을 먹었고, 나중에는 살아 있는 사람도 잡아먹어서 친족들까지 서로 잡아먹는 지경에 이르렀다. 장언방張彦芳과 황운청黃運淸의 부하 병사들은 공공연하게 사람을 죽여 시장에서 고기를 팔았는데, 한 근에 은 1냥이었다. (…) (원래) 성안에 10만 가구가 살았는데, 300일 동안 포위되어 있는 바람에 살아남은 이는 겨우 1000여 명에 지나지 않았다."** 그리고 남명南明의 김성환金聲桓*** 등이 남창南昌을 수비할 때 "성안에 굶주림이 심해" 사람을 죽여 먹으면서 "사람을 '닭'이라 부르고" "혼자 다니는 사람은 바로 잡아다가 삶아 먹고 뼈를 길에 버렸는데, 뇌까지 먹었기 때문에 두개골이 온전한 게 전혀 없었다."[18] 그러나 여기서 '다시 나타난' 것은 더욱 뒷받침할 만한 도의명분이 적다는 것을 알 수 있을 터이다. 왕부지는 성을 공격하는 것이 "사람 죽이기를 좋아해서"라고 말한 적이 있지만, 이렇게 성을 지키는 것도 "살생을 좋아해서"가 아니겠는가? 그러나 좁은 의미의 절의론節義論에 미혹된 사람들이 이것을 깨닫지 못할 뿐이다.[19]

---

* 이운(?~?)은 은현 사람으로 자는 장유長孺다. 만력 29년(1601) 진사에 급제한 그는 곧 어사로 발탁되었고, 이후 광동염법첨사廣東鹽法僉事, 산동참의山東參議, 섬서제학부사陝西提學副使, 산동참정山東參政, 안찰사按察使 등을 역임했다. 천계 2년(1622) 2월에 이족彝族의 토사土司로서 동지同知 직위에 있던 안방언安邦彦(?~1629)이 10만 명의 군대를 이끌고 귀양貴陽을 열 달 동안 포위하는 바람에 성안의 식량이 떨어져 사람들이 서로 잡아먹는 지경에 이르렀다. 당시 귀주순무貴州巡撫였던 이운은 순안어사巡按御史 사영안史永安과 함께 분투하여 성을 지켜냈다.

** 원주: "食糠核草木敗革皆盡, 食死人肉, 後乃生食人, 至親屬相啖. 彦芳, 運淸部卒公屠人市肆, 斤易銀一兩. (…) 城中戶十萬, 圍困三百日, 僅存者千餘人."(『明史』 권249 「李榪」)

*** 김성환(?~1649)은 요동(지금의 랴오닝 성 랴오양遼陽) 사람으로 자는 호신虎臣 또는 호부虎符다. 그는 원래 좌양옥左良玉(?~1645)의 부하였는데, 훗날 좌양옥의 아들 좌몽경左夢庚(?~1654)을 따라 청나라에 투항하여 강서를 점령하고 총병總兵에 임명되었다. 그러다가 1648년 남명에 투항했고, 얼마 후 청나라 군대가 남창을 포위 공격하여 성이 함락되자 강물에 투신해 죽었다. 남명의 영력제(재위 1646~1662)는 그를 유림왕楡林王에 추증하고 '충렬忠烈'이라는 시호를 내렸다.

어쩌면 명 태조가 맹자에 대한 제사를 없애고 유삼오劉三吾*가 어명을 받들어 『맹자절문孟子節文』**을 편찬한 이래 명대 사대부들은 맹자와 관련된 사유 방식에 어느 정도 소홀했는지도 모르겠다. 심성학心性學 또한 첨예한 현실 정치에 대해 회피의 성격을 지닌 듯하다. 명·청 교체기에 유종주劉宗周와 왕부지는 맹자를 거론하고 어짊과 난폭함에 대해 논하면서 모두 어떤 중요한 원칙을 제시했다. 어짊과 난폭함을 구별하는 것은 바로 인간과 짐승을 구별하는 일과 같다는 것이다. 왕부지와 같은 유학자에게 명·청 교체기의 가장 심각한 위기는 바로 폭력을 휘두르며 살생을 좋아하고 심지어 학대받고 자해하는 와중에 '인도人道'가 상실되는 것이었다. 인도의 부재는 나라가 망한 것보다 더 절망적이라는 것이다. 이에 식견 있는 이들은 경제적 파탄보다 더 두려운 것은 인심이 황폐해지는 것임을 간파했다. 이런 상황에서 왕부지와 같은 학자들이 인도를 보존하는 일—그것은 또한 천하를 보존하는 것이기도 한데—을 자신의 소임으로 여긴 것은 자연스러운 것이었다.[20]

왕부지의 예리함은 특히 그가 이미 유행이 된 가혹한 비판 및 고발과 같은 은폐된 폭력적 경향을 간파해낸 데서 잘 나타난다. '가혹함苛'은 거의 명대 (학자를 포함한) 사대부들의 성격이었다고 할 수 있다. 원

---

* 유삼오(1313~1400)는 호남 다릉茶陵 사람으로 원래 이름은 곤崑이었는데 훗날 여보如步로 바꿨으나 자인 삼오三吾로 불리는 경우가 많았고, 자호自號로 탄탄옹坦坦翁을 썼다. 원나라 때에 광서정강로廣西靜江路(지금의 구이린桂林에 해당)의 부제거副提擧를 지냈고, 명나라에 들어서 홍무洪武 18년(1385)에 한림학사가 되었다. 그러나 홍무 30년의 회시에서 비리를 저질러 변방에 수자리를 섰고, 건문제가 즉위하면서 소환했으나 곧 사망했다. 그가 남긴 저작들은 『탄재집坦齋集』에 모아져 있다.

** 홍무 27년(1394)에 명 태조는 한림학사 유삼오 등에게 『맹자』를 다시 수정하라는 어명을 내려서 그 가운데 "문장의 억양이 지나치게 심한 것辭氣抑揚過甚"과 내용 가운데 "신하로서 마땅히 할 말이 아닌 것非臣子所宜言"에 해당하는 80여 조목을 삭제한 판본을 제정하게 하여, 그것을 천하에 반포하고 과거시험의 표준 교재로 삼았다. 이 삭제본은 17년 동안 통용되다가 영락 9년(1411)에 이르러서야 원래의 판본으로 회복되었다.

래 가혹했던 이 시대에 군주는 엄격한 법률을 적용했고, 사대부들은 가혹한 논의를 즐겨 했고, 학자들은 자신을 질책하는 데 가혹했고, 청의는 남을 비판하는 데 가혹했다. '명사풍류名士風流'라는 것이 그 사이를 꾸미고 있었지만 일부 문인이 광기에 찬 무리처럼 지나치게 활달하고 거침없이 굴었던 것은 그저 위魏·진晉 시대와 '유사'할 뿐이었다. 자세히 살펴보면 결국 과장된 태도는 억압에서 느끼는 긴장이고, 여유가 부족한 생존 환경임을 간파할 수 있다. 나아가 사방에 가득한 지독한 미움으로 인해 정치 문화와 사회 전체의 삶이 기형적이고 병적으로 변해버린 것도 감지된다. '가혹함'은 종종 도덕적 의미에서 긍정적으로 여겨지는, '병'임을 자각하지 못하는 병이다.

황종희는 유종주가 "사문師門의 문턱은 높고 험준해서 소인들이 그분의 말씀과 표정을 피했을 뿐만 아니라 군자들도 항상 멀리서 바라만 보다가 돌아갔다"*고 했는데, 이 또한 당시 사람들이 즐겨 말하던 '학자의 기상儒者氣象'이었고 문인들도 마찬가지였다. 어떤 이는 진자룡陳子龍**이 "지나치게 높은 것을 표방하고 사문의 문턱이 너무 높고 험하여 어떤 사람에 대해 평하게 하면 거의 장석지張釋之***가 범인을 취조하여 문서를 작성하는 것과 같아진다"****고 비판했다. 이처럼 구차하지도 거짓되지도 않고 종교적 고행에 가까운 엄격한 도덕적 자율성을 갖

---

* 원주: "門墻高峻, 不特小人避其辭色, 君子亦未嘗不望崖而返."(「子劉子行狀」, 『黃宗羲全集』 제1책, 259쪽)

** 진자룡(1608~1647)은 남직예南直隸 송강松江 화정華亭(지금의 상하이 쑹장松江)에서 태어났으며 원래 이름은 개介였고 자는 인중人中이었으나 나중에 이름을 바꾸면서 자도 와자臥子로 바꿨고 무중懋中이라는 자를 쓰기도 했다. 만년의 호는 대준大樽, 해사海士, 일부軼符, 어릉맹공於陵孟公 등을 썼다. 숭정 10년(1637) 진사에 급제하여 소흥추관紹興推官을 지냈고, 남명 홍광 정권에서 병과급사중兵科給事中을 지냈다. 청나라 군대에 의해 남경이 함락되자 그는 태호太湖의 백성을 모아 저항하다가 체포되었고, 이후 스스로 강물에 몸을 던져 순국했다. 시사詩詞 창작에서도 뛰어난 성취를 보였던 그는 유명한 『황명경세문편皇明經世文編』을 편찬하고, 서광계徐光啓의 『농정전서農政全書』를 수정한 것도 문학적, 학술적으로 높은 평가를 받고 있다.

추고 있어야 비로소 세상 사대부의 모범이라고 칭할 만했던 것이다. 동림당東林黨*****과 복사復社******의 성원들에 이르면 악을 엄격히 미워하면서 '시비是非'를 분명히 가리려고 애쓰는 것이 더 큰 유행이 되었다. 그 시대에는 반드시 구별해야 할 선악과 정사正邪, 그리고 군자와 소인, 선한 부류와 선하지 못한 부류, 올바른 사람과 그렇지 못한 사람 등등이 곳곳에서 쉽게 발견된다. '가혹한 조사苛察'는 예로부터 사대부들 자신에게 가해졌다. 전조망은 장창莊泉*******에 대해 논하면서 진헌장陳獻章********과 황종희의 평가가 '중용'을 지키지 못했다고 지적했다.

*** 장석지(?~?)는 도양堵陽(지금의 허난 성 팡청方城) 사람으로 자는 계季다. 전한 문제文帝(재위 기원전 180~기원전 157) 때 돈을 바치고 벼슬길에 올라 기랑기郎이 되었고 10년 동안 승진을 하지 못했다. 나중에는 공거령公車令과 중대부中大夫, 중랑장中郎將을 거쳐서 정위廷尉가 되었는데 공정하고 엄격하게 법을 집행한 것으로 유명했다. 그러나 융통성 없는 그에게 불만을 품었던 경제 景帝(재위 기원전 157~기원전 141)가 즉위하면서 회남국淮南國의 국상國相으로 폄적되었다.

**** 원주: 徐世禎,「丙戌遺草序」. "標榜太高, 門墻過峻, 遂使汝南之月旦, 幾同釋之之爰書."(徐 世禎,『內戌遺草序』,「陳子龍詩集」, 上海古籍出版社, 1983, 772쪽)

***** 동림당은 명말 강남 사대부들이 중심이 되어 설립한 관료 정치 집단이다. 만력 32년(1604)에 고헌성顧憲成(1550~1612) 등이 송나라 때 양시楊時(1053~1135)가 학생들을 가르치던 동림서원東 林書院을 다시 지어 고반룡高攀龍(1562~1626), 전일본錢一本(1546~1617) 등이 그곳에서 학생들을 가르쳤다. 당시 그곳에 관련된 이들이 조정의 정치와 관료들을 비판하며 청렴과 공명정대, 언로 의 개방 등을 통해 사회의 폐단을 제거하자는 주장과 함께 기득권층에 대항하여 광범한 지지를 이끌어냈다. 그러나 이들의 주장은 위충현이 중심이 된 엄당과 그에 빌붙은 세력의 반대에 부딪혀 서원이 파괴되는 등의 심각한 탄압을 받고 양련楊漣(1527~1625)과 좌광두左光斗(1575~1625) 등 수많은 저명인사가 처형되었다. 이후 숭정제가 즉위하여 위충현이 숙청되면서 동림당의 명예도 회 복되었다.

****** 복사는 명나라 말엽의 문인 결사로 숭정 2년(1629) 오강(지금의 장쑤 성에 속함)에서 결성되 었으며, 운간기사雲間幾社와 강북남사江北南社, 황주질사黃州質社 등 거의 전국적으로 분포된 10여 개 단체의 연합체였다. 이 모임을 주도했던 장부張溥(1602~1641)와 장채張采(1596~1648)는 모두 태창太倉 출신의 동창생들이었다. 이 모임은 원래 젊은 사대부들을 중심으로 과거시험을 준 비하는 공부 모임을 표방했지만 정치적 색채가 강해서 동림당의 계승자로 자처했다. 이 모임의 성 원들은 1633년까지 2200명이 넘는 많은 참여자와 동조자를 이끌어내며 성황을 이루었지만, 당시 조정 정권을 잡고 있던 온체인溫體仁(1573~1639) 등의 견제를 받았다. 청나라가 들어선 뒤로 성 원들은 대부분 반청운동을 주도했고, 명나라가 완전히 망한 뒤로 고염무와 황종희 등은 은거하여 저술에 전념했으며 양정추楊廷樞(1595~1647)와 방이지 등은 승려가 되기도 했다. 물론 오위업처 럼 청나라 조정에서 벼슬살이를 한 이들도 있었다.

두 선생의 말씀은 고매했다. 그렇다면 장창이 벼슬살이를 한 것은 만년의 절개에 흠이 생겼기 때문이라는 것인가? 내 생각에는 아닌 것 같다. (…) 반드시 벼슬살이를 하지 않아야 고상하다고 여기겠지만, 성현께서 말씀하진 중용의 도리는 그렇지 않다.

二先生之言高矣. 然則定山之仕竟爲晚節之玷乎. 全子曰: 殆非也 (…) 必謂當以不仕爲高, 聖賢中庸之道不然也.(「莊定山論」, 『鮚埼亭集』권29)

가혹하게 비판하고 고발하는 사대부들의 기풍은 바로 '조정의 정치'와 상호 인과관계를 이루고 있었다. 왕부지의 '순리론循吏論'*********은 관련된 정치의 성격을 비판하고 있는데, 그것은 또한 명대 사대부의 기풍에 대한 비판과도 표리를 이룬다. 그는 이렇게 말했다.

송나라 때의 여러 위대한 학자는 타락한 무리의 탐욕과 잔인함

******* 장창(1437~1499)은 강포江浦 효의孝義(지금의 장쑤 성 난징 푸커우浦口 구) 사람으로 자는 공양孔暘 또는 공양孔旸, 공변孔抃이고 호는 목재木齋, 활수옹活水翁이며, 학자들은 '정산선생定山先生'이라고 불렀다. 성화成化 2년(1466) 진사에 급제한 이후 한림검토翰林檢討를 지냈으나 조정의 사치에 반대하다가 계양주판관桂陽州判官으로 폄적되었고 곧 남경항인사부南京行人司副로 옮겼다. 이후 부모의 상을 이유로 20여 년 동안 정산定山에서 지내다가 홍치弘治(1488~1505) 연간에 남경이부낭중南京吏部郎中을 지냈다. 시호는 문절文節이며, 저작으로 『장정산집莊定山集』이 있다.

******** 진헌장(1428~1500)은 신회新會(지금의 광둥 성에 속함)에서 태어났으며 자는 공보公甫이고 호는 석재石齋, 별호로 벽옥노인碧玉老人, 옥대거사玉臺居士, 강문어부江門漁父, 남해초부南海樵夫, 황운노인黃雲老人 등을 썼다. 또 백사촌白沙村에 살았던 적이 있어 백사선생白沙先生 또는 진백사陳白沙라고도 불렸다. 정통正統 13년(1448) 부방副榜으로 진사에 급제하여 국자감에 들어갔으나 경태景泰 2년(1451) 회시에서 낙제한 후 백사리白沙裏로 돌아가 10년 동안 학문에 매진했고, 성화 19년(1483)에는 한림검토에 임명되었으나 곧 귀향했다. 광둥에서 유일하게 공묘에 함께 위패가 모셔져 제사를 받는 명대 학자로서 소위 강문학파江門學派의 개창자이기도 한 그의 저작은 『백사자전집白沙子全集』에 모여져 있다.

********* 이른바 '순리循吏'는 공정하게 법을 지키고 도리를 따름으로써 백성의 삶을 풍요롭게 해주고, 임기를 마치고 돌아간 뒤에도 그곳 백성이 항상 그리워하는 관리(대개 지방관)를 가리킨다.

을 미워하고 고단한 민생을 염려하면서 위엄을 숭상하여 관리들의 다스림을 규찰하여 바로잡아야 한다고 했다. 그 지론은 이러했으므로 관직에 임하여 관리들을 통솔할 때에는 가난하고 약한 이들을 도와주며 세도 높고 교활한 이들을 색출해 없애는 것을 자신의 소임으로 한다. 심한 경우는 과도하게 술과 음식에 빠지거나 여색에 빠지는 경우, 글씨 쓴 부채를 선물로 준 경우도 모두 죄를 열거하며 탄핵함으로써 여론의 마음을 기쁘게 해주려고 한다. (…) 게으른 백성의 끝없는 원망을 들어주고 사대부의 불평에 찬 지적들을 믿어서 명예와 절개를 온전히 지키지 못한다며 관직에 있는 이들을 욕보이고, 청빈한 삶을 참아내지 못한다고 중간 이하의 재능을 지닌 이들을 문책하면서 보잘것없는 총명함을 자랑하고 통제할 수 없는 우세와 무력을 내세운다. (…) 이 세상에 (그런 허물이 없이) 온전한 이가 몇이나 있겠는가? (…) 후세의 군자들 가운데 열에 아홉은 신불해申不害와 한비韓非가 될 테니, 여기에 비춰본다면 그 잘못은 숨길 수 없다.

有宋諸大儒疾敗類之貪殘, 念民生之困瘁, 率尙威嚴, 糾虔吏治, 其持論旣然, 而臨官馭吏, 亦以扶貧弱, 鋤豪猾爲己任, 甚則醉飽之恣, 廉幃之失, 書箑之饋, 無所不用其擧劾, 用快輿論之心, (…) 聽惰民無已之怨讟, 信士大夫不平之指摘, 辱薦紳以難全之名節, 責中材以下以不可忍之淸貧, 矜纖芥之聰明, 立難縊之威武. (…) 當世之有全人者, 其能幾也. (…) 後世之爲君子者, 十九而爲申韓, 鑑于此, 而其失不可掩已.(『讀通鑑論』 권22, 827~828쪽)

이 얼마나 통쾌한 주장인가! 왕부지는 "신불해와 한비가 지나치게 가혹했음申韓之慘核"을 누차 언급하면서 학대와 과도한 형벌은 소인배들에게서 시작되었을 뿐만 아니라 '군자'라 할지라도 (역시 일종의 심리질환인) '조급증狷疾'으로 인해 신불해 및 한비와 같은 정치를 채용했다면 그 책임을 추궁해야 한다고 주장했다. 이에 그는 도학군자道學君子의 잔인성—이 또한 어짊을 해치는 것이므로—에 대해 진즉에 지적했다. 사대부들의 논의와 '백성의 칭송民譽'에서 내세우는 청렴한 관리와 순리循吏로부터 '신불해와 한비'를, 잔인함을, 인성의 기형적 실체와 병적 상태를 간파해내기 위해서는 예리한 통찰력이 요구될 수밖에 없다.

어쩌면 해서海瑞*는 명대 순리들 가운데 가장 대표적인 인물이라고 할 수 있겠지만, 왕부지는 그와 포증包拯**은 '거론할 가치가 없다弗足道'면서 그 이유를 이렇게 설명했다.

> 도량이 좁고 성급하여 세속의 호오를 따르면 잠깐 동안 효과는 있을지라도 사람의 마음에 해악을 끼친다.
> 褊躁以循流俗之好惡, 效在一時, 而害中於人心.(『讀通鑑論』 권4, 168쪽)[21]

그가 말한 '해악'은 바로 민초들로 하여금 난폭함에 익숙해져 잔혹

---

* 해서(1514~1587)는 광동 경산瓊山(지금의 하이난海南 성에 속함) 사람으로 자는 여현汝賢이고 호는 강봉剛峯이다. 정덕제부터 만력제까지 4명의 황제를 모셨던 그는 1549년 거인이 된 이래 복건남평교유福建南平敎諭와 절강의 순안지현淳安知縣, 강서의 흥국지현興國知縣, 호부 및 병부주사, 양경좌우통정兩京左右通政, 우첨도어사 등을 역임했는데, 청렴하고 공정하게 일을 처리하며 탐관오리를 척결하는 데 힘써서 '해청천海靑天'으로 불렸다. 죽은 뒤 태자태보에 추증되었고 시호는 충개忠介다.

** 포증(999~1062)은 여주廬州 합비合肥(지금의 안후이 성에 속함) 사람으로 자는 희인希仁이다. 천성天聖 5년(1027) 진사에 급제한 이후 감찰어사, 삼사호부판관三司戶部判官, 경동로·섬서로·하북로 전운사轉運使, 용도각직학사龍圖閣直學士, 개봉지부開封知府 천장각대제天章閣待制 등을 역임하여 '포룡도包龍圖' 또는 '포대제包待制'라고 불렸다. 죽은 뒤에는 예부상서에 추증되었고 시호는 '효숙孝肅'이다. 청렴하고 공명정대한 일처리로 '포청천包靑天' '포공包公' '포흑탄包黑炭' 등으로도 불렸다.

함을 좋아하게 만드는 일을 가리킬 것이다. 『명사』에 수록된 해서의 전기에서는 그가 "명령을 내릴 때에는 폭풍처럼 매서워서 담당 관리들이 전전긍긍하며 받들어 시행했고, (…) 간악한 백성이 기회를 틈타서 고발을 일삼으니 대대로 관직을 지낸 명문 가문이 모함을 당해 억울한 일을 겪는 경우도 있었다"*라고 했으며, 또 태조가 시행했던 '박피낭초'와 교수형 등을 거론하면서 황제가 모진 형벌虐刑로 탐관오리를 징벌하라고 권했고, 어느 어사御史가 우연히 극단戲班을 불러 공연하게 하자 태조가 정한 법에 따라 곤장으로 징치하려 했고, 그 자신은 "가난한 선비조차 감당하기 어려울 정도로有寒士所不堪者" 청빈했다고 한다.(『明史』 권226) 이야말로 왕부지의 논의에 대한 해설이라고 할 만하다. 이러한 해서와 같은 '현상'은 당연히 고립적인 예외가 아니었다. 오위업은 장채張采에 대해 기록하면서 그가 "감히 지나치게 과장되거나 꾸민 행동을 하면 자주 옛 법으로 마을의 평민들을 다스렸고, 도량형을 속이면 즉시 경전에 들어 있는 내용을 암송하며 처벌했으니, 마치 그 사람이 알아듣지 못할까 하는 것만 염려하는 듯했다"**고 했다.

이 절에서는 이미 정장과 조옥에 대해 설명했으니, 여기서는 그 '사회적 토대'를 살펴보도록 하자. 비록 그 토대 역시 정장과 조옥에 의해 조성된 것이기는 하지만 말이다. 해서와 같은 '강인함剛'이 군주 및 시대 분위기의 '사나움戾'과 일치한다는 것은 왕부지와 같은 위대한 학자만이 통찰해낼 수 있었다.

명나라가 망할 무렵 폭력이 극도로 나아갔던 것처럼 사대부들의 가

---

* 원주: "下令飆發凌厲, 所司憛憛奉行, (…) 而奸民多乘機告訐, 故家大姓時有被誣負屈者."(『明史』 권226 「列傳」 114 「海瑞」)

** 원주: "敢爲激發之行, 數以古法治鄕黨閭左, 銖兩之奸, 輒誦言誅之, 若惟恐其人弗聞知者."(「復社紀事」, 『吳梅村全集』 권24, 602쪽)

혹한 논의 역시 이 무렵 절정에 이르렀다. 죽음을 늦춘 이에 대한 가혹한 평가나 유민이 같은 유민에 대해 행한 가혹한 비판 등이 그것이다. 전조망은 명나라 유민들의 전기와 행장을 쓰면서 늘 명나라 사람들이 "지나치게 현자를 책망하는過於責備賢者" 것을 개탄하며 유민이 반드시 "굶어 죽어야 하고 한 사람의 예외도 허용하지 않는다면 지나친 주장이어서 천하에 온전한 절개를 지킨 이가 없어질 것"*이라고 했다. 전조망은 계속해서 명나라 말엽 충의를 지킨 인사들의 무고함을 변론하면서, "아아, 충의라는 명예는 지키기 어렵구나!"**라거나 "죽은 자의 굴욕이 끝날 수 있겠는가!"*** 하고 탄식했다. 이러니 사대부들이 자신과 같은 부류의 사람들에게 남겨준 생존의 공간은 얼마나 좁았던가![22]

왕부지는 명대 사대부 사회의 편집偏執과 각박함을 간파했으니, 그들에게는 관대함이 크게 결여되어 있었을 뿐만 아니라 여론도 항상 살기를 품고 있어서 유가에서 중시하는 중화中和의 기상이 없었던 것이다. 그는 정치적 폭력과 학대로부터 위에서 서술한 것과 같은 인성 결손의 깊은 원인을 찾아냈다. 우환이 인성에 미치는 영향, '불우坎坷'와 '우환으로 인한 질병疢疾'이 성정을 해치는 이유에 대한 왕부지의 논술은 인성에 대한 통찰력을 더 잘 증명해준다. 그 가운데 더욱 심각한 것은 우환이 '올바른 사람正人'에게 미치는 영향에 관한 분석일 터이다. 왕부지는 결과적으로 '덕이 있어 외로운德孤' 지경에 이르는, 박해 속에 겨우 살아남은 올바른 사람은 "전대의 현인들이 남긴 찬란하고 출중한 유풍先正光昭俊偉之遺風"과 "광대한 도"를 더 이상 지닐 수 없으니,

---

* 원주: "遺民當窮餓而死, 不交一人, 則持論太過, 天下無完節矣."(「春酒堂文集序」, 『鮚埼亭集外編』 권25)

** 원주: "嗚呼, 忠義之名之難居也."(「王評事狀」, 『鮚埼亭集外編』 권10)

*** 원주: "長逝者之屈, 其有窮乎."(「屠董二君子合狀」, 『鮚埼亭集外編』 권10)

그의 성정과 심성은 손상되어 '좁고隘' '가혹苛'해져서 재능에 맞게 길이 넓어지지 못하고 도리를 깨달아 실행하는 것도 커질 수 없도록 운명적으로 정해져버린다. 그러므로 '올바르긴' 하되 결국 '재능과 덕이 비범한 지식인天下士'이나 '사직을 지탱하는 신하社稷臣'는 되지 못하는 것이다. 바로 여기에서 필자는 명대 사대부들에 대한 가장 심각한 '운명'의 표현을 읽어냈다. 거듭해서 좌절을 겪은 명대 사대부 가운데에도 확실히 '올바른 사람'이 없지는 않았지만, 그들은 '완고하고婞婞' '좁은 식견을 고집하기俓俓' 때문에 꿋꿋하기는 하나 화통할 수 없고, 지조가 높지만 "지나치게 남들과 교류를 단절하기過于絶物" 때문에 대부분 힘겹게 절조를 지킨 이들이다. 직간直諫할 수 있는 신하이기는 해도 결국 왕부지가 말하는 '군자의 그릇君子之器'이나 '천하의 인재天下之才'는 될 수 없는 것이다. 이는 가난과 근심이 비범한 인물을 만들어낸다는 정치적 신화에 유력한 의문을 제기한 것이다. 이른바 '재난劫運'이라는 것은 왕부지가 보기에 인성에 대한 겁탈이었다. 이것은 그의 품류론流品論*에 비록 강렬한 등급의 편견이 담겨 있음에도 여전히 인간사를 통찰하는 특수한 지혜를 담고 있고, 그 말이 반드시 '타당'하지는 않지만 나름대로 경계의 의미를 띨 수 있게 해주었다.(『讀通鑑論』 권11, 권22 참조) 황종희는 정치가 정신 문화를 억누른 결과를 "한 세대의 인심과 학술이 노비에게 돌아가게 했다"**고 결론지었는데, 이것은 관점이 다르기는 해도 또 다른 심각성이 담긴 진술이다.

명대 정치의 폭력과 학대에 내재된 특수한 정치 문화의 현상이 심도 있는 회의와 비판을 이끌어냈고, '왕조 교체'는 하나의 역사적 시대

---

* 유품流品은 원래 벼슬의 등급을 가리키는 말이었지만, 나중에는 일반적으로 가문이나 사회의 지위를 가리키는 뜻으로 쓰였다.

** 원주: "一世之人心學術爲奴婢之歸."(『明夷待訪錄』 「奄宦上」, 『黃宗羲全集』 제1책, 45쪽)

를 돌아보고 깊이 관찰하는 계기를 제공했다고도 할 수 있을 것이다. 당시를 살았던 사람들은 여전히 명·청 교체기 사상가들이 '정치-인생'에 대해 그처럼 심도 있게 비판한 데에 경탄을 금치 못했을 것이며, 심지어 그런 비판에서 인재가 양성되는 조건과 건전한 인성을 함양하는 데에 필요한 사회 정치적 환경에 관한 고민을 읽어낼 수 있었을 것이다. 여기에도 명·청 교체기의 사대부들이 제공한 중요한 사상사의 자료들이 있다.

에 필 로 그

비할 데 없는 잔혹함이 오히려 명·청 교체기의 사대부들로 하여금 이 상적인 정치와 이상적인 인격에 대한 추구를 독려했고, 심지어 바로 이 러한 잔혹함이 그와 관련된 바람과 표현 방식을 명석하게 만들었다는 것은 모두 학자의 본색을 잘 보여주는 대목이다. 왕부지가 추구했던 이상적인 인격과 이상적인 정치는 당연히 '지독한 미움戾氣'과 '조급한 다툼躁競' '격분氣激' 등과는 대립되는 것으로, 예를 들면 '올바름을 고 수하고守正' '솔직하고 온화하며坦夷' '마음에 아량이 가득하고雅量衝懷' '온화하고 상냥한熙熙和易' 것 등일 것이다. 그는 계속해서 ('선왕의 지극 한 중화*와 같은) 중화中和**의 경지와 '태화의 기운太和之氣' '중화 함양 의 교화中和涵養之化'를 말하면서 군주는 어짊으로 천지간의 온화한 기 운을 길러야 한다고 했다. 그는 송나라 초기 수령守令들이 "날마다 나 들이와 잔치를 일삼고日事遊宴" "아전과 백성을 데리고 즐겼던率吏民以

---

* 원주: "於是而興與不興交錯, 以凋喪禮樂, 而先王中和之極, 遂斬於中夏."(『讀通鑑論』 권2 「文 帝」)

^嬉"것을 칭송하면서, 그럼으로써 민초들의 기운을 가라앉히고 그들의 뜻을 평온하게 하여 '함부로 능욕하는 지독한 미움^{囂凌之戾氣}'[23]을 없앴다고 평했다. 그런 까닭에 신불해와 한비는 노자_{老子}에 비해 훨씬 더 엄혹했다고도 덧붙인다. 그의 '중화'는 당연히 정치적 관계에만 한정되지 않고 크게는 조정을, 작게는 개인의 생활에 이르는 사회생활 전체를 아우르는 것이었다. 그는 이와 관련된 의경_{意境}과 기상_{氣象}에 거의 심취해 있었다. 관대하고 어질며 웅장한 규모, 온화함, 차분함 같은 것이야말로 정치의 풍경이요 풍속이며 조정 신하(즉 '사직을 지키는 신하')의 풍도이고 사대부의 기풍이라는 것이었다. 이러한 기상에 대한 논의는 원래 총체적인 논의로 간주되었다. 이를 위해서는 극단적으로 과격해서도 안 될뿐더러 왜곡된 청렴과 약간의 게으름까지 가혹하게 조사해서도 안 된다. 그러나 자신의 정치 경력 때문에 왕부지는 무조건적으로 물러나 지키는_{退守} 것은 경계했다. 명대의 어느 도학자는 이렇게 말했다.

> 아무 일 없이 단정히 앉아 있을 때에는 세상사에 신경 쓸 필요가 없지만 마음속에 불평이 들면 곧바로 자신의 중화 기상을 잃게 된다.
> 端居無事時, 且不要留心世事, 遇不平有動於中, 則失自家中和氣象.(徐問, 「讀書箚記」, 『明儒學案』 권52, 1242쪽)

** 『예기』「중용」. "희로애락이 아직 드러나지 않은 것을 '중'이라 하고, 드러났지만 모두 절조에 맞는 것을 '화'라고 한다. 중이라는 것은 천하의 큰 바탕이요, 화라는 것은 천하의 통달한 도리다. 중화에 이르면 천지가 거기에 자리를 잡고 만물이 거기에서 생육한다喜怒哀樂之未發謂之中, 發而皆中節謂之和. 中也者, 天下之大本也, 和也者, 天下之達道也. 致中和, 天地位焉, 萬物育焉."

그러나 왕부지는 이런 주장을 펼 수 없었다. 오히려 그는 불가와 노장사상이 "모두 손괘損卦*에 기대어 수행을 외치지만 이른바 손괘라는 것이 (…) 깨끗한 욕구이자 세차고 단단한 기질인지라 그것을 쇠약하게 하면 게으름으로 인해 곤란한 처지로 귀결되기 마련임을 어찌 알겠는가?" 그러니 오로지 '징치懲'와 '막힘窒'만을 내세우다보면 원기를 손상하니, "손괘는 쇠망하는 세상의 점괘"라고 했다.**

이 절의 첫머리에서는 (전겸익 같은) 문인들이 시대의 병리를 감지한 것과 '구세救世'의 바람을 표현한 것에 대해 언급했다. 개별 인물에 대해서는 논의의 여지가 있겠지만 동일한 시공에 살았던 사대부들이 역사와 문화에 대한 비판에서 뜻이 맞았음을 알 수 있다. 가령 전겸익은 자신이 인식한 기형성과 병적인 상태가 온유돈후溫柔敦厚와 '우렁차고 장엄함鴻朗莊嚴' '나날이 새로움이 풍성해지는 것富有日新'으로 구제되기를 바랐다.[24] 큰 재앙을 겪은 뒤 사대부들이 궁핍하고 어려울 때 '소심한 기질寒乞之氣'을 버리고 찬란하며 아름다운 귀족의 기상을 추구하려면 그래도 여전히 큰 기백이 필요하지 않겠는가? 문화에는 나름의 역사가 있고 시도 마찬가지인지라 명나라가 망했다고 해서 문화가 망하거나 시가 망하지는 않는다. 망하지 않을뿐더러 바로 그런 때에 ('시의 중흥'을 포함한) 문화의 부흥을 외치게 된다. 거기에는 신념뿐만 아니라 운명에 반항하려는 의지가 담겨 있다. 그런 엄혹한 시대에 살면서 식견 있는 인사들은 역사의 한계를 넘어서고 시대 분위기에서 벗어나 죽음의 경지를 뛰쳐나와서 새로운 문화의 전성기를 이룩하기 위해 힘썼다.

---

* 손괘損卦는 간艮☶괘와 태兌☱괘가 위아래로 연이어진 괘다.

** 원주: "皆托損以鳴其修, 而豈知所謂損者, (…) 幷其淸明之嗜欲, 強固之氣質, 槪衰替之, 以遊惰爲否塞之歸也哉. (…) 損者, 衰世之卦也."(『周易外傳』「損」, 『船山全書』제1책, 嶽麓書社, 1980, 924~925쪽)

이하의 장절에서는 여기에 나타난, 일부 유민들과는 다른 생명에 대한 이해에 대해 논의하고자 하는데, 그것은 결코 그 사람의 '비판할 만한 可議' 부분 때문에 가치를 잃어버리지 않는다.

2 절
삶과
죽음

명·청 교체기에 수많은 사람이 죽었다는 것은 이미 누구나 알고 있는 역사적 상황이며, 그 뒤에도 계속해서 묘사되거나 과장되었다. 이 절에서 필자는 생사의 갈림길에서 사대부들의 선택과 그 근거, 즉 '죽음'에 관한 그들의 담론에 관심을 두고 있다. 그런 담론에 담긴 이론적 취향들은 무의식적으로 심리 상태와 명대 및 그 이후의 사람들이 '명대 사람들의 죽음'에 부여한 의의, 논증한 가치 등을 드러낸다. 송대와 명대의 유학 및 명대 사람들이 처한 역사적 상황은 '죽음'을 정치 윤리 및 인생에서 가장 큰 주제 가운데 하나로 만들었기 때문에 사대부들의 중요한 화제 가운데 하나였다. 그리고 필자가 읽은 명·청 교체기 관련 담론들, 특히 당시의 보편적인 가치관에 의문을 제기한 것들은 특별히 연구할 만한 가치가 있다.

그런데 명·청 교체기에 '죽음'에 관한 자료가 풍부한 것도 상당 부분 역사학적 취미에서 비롯된 것임을 인정해야만 할 것이다. 역사가들이 한 왕조의 마지막으로서 명나라 말엽을 이처럼 두드러지게 강조하는 것은 '명대'라는 역사 시기가 지니는 도의道義의 역량과 윤리 가치가 그 왕조가 멸망할 무렵에 나타난 엄청난 죽음, 이른바 '충의忠義의 극성'에 의해 결정되었기 때문인 듯하다. 명대의 역사는 관부에서 편찬한 정사이든 소설이나 야사이든 간에 모두 '명나라가 망할 무렵'—비록 그 무렵이라는 것도 분명히 명대 전체의 역사와 명대 사대부 전체의 역사를 통해 설명할 수밖에 없음에도 불구하고—에 더 집중할 뿐더러 또 더욱 훌륭하게 서술되어 있다.

죽음: 사직을 위해, 국경에서, 군주의 치욕 때문에, 성이 무너졌을 때

명대에는 늘 '정치적' 죽음이 있었지만, 명나라가 망할 무렵에 나타난 무수한 죽음은 숭정제의 죽음으로 그 막이 올랐다고 해도 무방할 것이다. 그 죽음이 비록 이후에 일어난 일련의 죽음을 유발한 직접적인 요인도 아니고 그걸 장려한 것도 아니었지만 도의적으로 계도하고 자극을 준 것은 분명하다. 그것은 시범이자 훈계였고, 군주가 신하에게 내린 최후의 명령이기도 했다. "군주가 죽었으니 함께 죽는 것君亡與亡"이 한동안 사대부들이 인정한 도덕적 율령이었다. "군주가 근심하면 신하의 치욕이요, 군주가 치욕을 당하면 신하는 죽음으로 사죄해야"* 하는데 하물며 '군주'가 이미 죽었음에랴! 죽음의 필요성은 거의 논증할 필요조차 없어진 셈이었다. 그럼에도 논증이 있었으니 '군주'가 죽기 전에 죽어야 하느냐 마느냐 하는 문제, 군주가 죽은 뒤 따라 죽는 것이 '의리義理'에 부합하는지 시국에 도움이 되는지에 관한 논증도 있

---

* 원주: "主憂臣辱, 主辱臣死."(『史記』 「范雎蔡澤列傳」)

었다. 명대의 사대부와 학자들의 '의리'에 대한 어리석은 집착은 현대의 독자들에게 경이롭게 받아들여질 수도 있겠지만, 바로 이런 집착이 '죽음'에 관한 논의에 일정한 깊이를 부여했다는 점을 인정해야 한다.

명나라가 망하기 직전 조정에서는 천도遷都와 천자의 피란南幸에 대한 격렬한 논쟁이 벌어졌는데, 그것은 명나라가 망할 무렵의 희극적 사건이었다. 그 안에 담긴 풍부한 심리적 내용들은 '역사 심리학' 연구에 훌륭한 자료를 제공해줄 것이다. 다만 필자의 관심은 주로 '논의' 및 그와 연관된 상황이다. 『명사』와 명나라의 멸망을 기록한 개인의 역사 저작들에는 당시 조정의 논쟁에 관한 많은 자료가 기록되어 있다. 어쩌면 이것은 '논쟁'이라고 할 수 없는데 왜냐하면 엄청나게 큰 도덕적 압력 아래에서 '천도'와 '천자의 피란' 그리고 '태자가 국정을 대신 처리하는 일監國'을 화제로 의견을 개진하는 것은 거의 불가능했기 때문이다. 그들은 종종 그저 은밀하게 상소를 올리거나 남몰래 사적으로 의논하는 정도밖에 할 수 없었던 것이다. 이 논의는 명나라가 망하고 변화된 역사 환경이 조성된 뒤에야 공개될 수 있었다. 필자가 볼 수 있었던 것은 조정 신하들과 관련된 사실史實들인데 기술의 상세하고 간략함에는 그다지 큰 차이가 없었다. 오직 '군주'와 관련된 서술만은 판본이 여러 가지였는데, 이것은 그 사건이 끝난 뒤에도 여전히 민감한 화제였음을 말해준다.

『명사』 권24에는 다음과 같은 기록들이 있다.

좌도어사 이방화李邦華*와 우서자 이명예李明睿**가 남쪽으로 천도하고 태자와 함께 강남으로 출정하라고 청했으나 모두 윤허하지 않았다.

左都御史李邦華右庶子李明睿請南遷及太子撫軍江南, 皆不許.(『明

(3월) 신묘일에 이건태李建泰***가 상소를 올려 남쪽으로 천도하라고 청
했다. 임진일에 황제는 조정 신하들을 평대로 불러놓고 이건태의 상소
를 보여주며 말했다.

"군주는 사직과 함께 죽는 법이거늘 짐이 장차 어디로 간단 말이
오?"
이방화 등이 태자와 함께 남경으로 출정하라고 청했지만 허락하
지 않았다.
辛卯, 李建泰疏請南遷. 壬辰, 召廷臣於平臺, 示建泰疏, 曰: 國君死
社稷, 朕將焉往. 李邦華等請太子撫軍南京, 不聽.(위와 같음)

또 『명사』 권251에는 다음과 같이 기록되어 있다.

---

* 이방화(1574~1644)는 강서 길수吉水 사람으로 자는 맹암孟暗이다. 만력 32년(1604) 진사에 급
제하여 경현지현涇縣知縣을 지냈으나, 고헌성을 옹호하여 동림당으로 지목받아 시달리기도 했다.
만력 44년(1616)에는 질병을 핑계로 귀향했다가 이듬해 산동참의山東參議에 임명되었고, 이후 광
록소경光祿少卿, 우첨도어사까지 역임했으나 위충현의 엄당에 의해 벼슬을 잃었다. 그리고 숭정
1년(1628) 공부우시랑으로 기용되어 숭정 12년(1639)에 남경병부상서가 되었고, 이후 유종주의 뒤
를 이어 좌도어사가 되었다. 이후 숭정 17년(1644) 이자성李自成의 군대에 경사가 함락되자 스스
로 목을 매 순국했다. 훗날 태보 겸 이부상서에 추증되었고 시호는 충문忠文이었는데 청나라 때
다시 충숙忠肅이라는 시호를 내렸다.
** 이명예(1585~1671)는 강서 남창 사람으로 자는 태허太虛다. 천계 2년(1622) 진사에 급제하여
좌중윤左中允에 임명되었고 숭정 17년(1644)에는 우서자右庶子를 지냈다. 명나라가 망한 뒤 청
조정에서 예부좌시랑으로 등용되었으나 곧 불경죄로 관직을 잃었고, 이후 고향의 낭원閬閬에 여
러 명의 기생을 두고 지냈다고 한다.
*** 이건태(?~1649)는 산서 곡옥曲沃 사람으로 자는 복여複餘이고 호는 팔창括蒼이다. 그는 천계
5년(1625) 진사에 급제하여 숭정 16년(1643)에는 이부우시랑 겸 동각대학사가 되었는데, 이듬해에
이자성의 반란군을 막으러 출정했다가 오히려 포로로 잡혔다. 청나라가 들어선 뒤에는 조정의 대
학사로 임명되었으나 곧 파직되었다. 나중에 강양姜瓖(?~1649)이 대동大同에서 반란을 일으키자
이건태도 태평太平을 근거지로 하여 호응했으나 결국 청나라 군대의 공격을 견디지 못하고 항복
했다가 처형되었다.

진연陳演*이 소첨사 항욱項煜**이 태자를 남쪽으로 보내는 일에 대해 논의했다고 아뢰자 숭정제가 그 글을 받아 보더니 아무 말이 없었다. 장덕경蔣德璟***이 옆에서 힘껏 도왔지만 황제는 아무 대답도 하지 않았다.

陳演以少詹事項煜東宮南遷議對, 帝取視默然. 德璟從旁力贊, 帝不答.(『明史』 권251 「列傳」 제139 「蔣德璟」)

이것은 숭정 17년(1644) 2월의 일이다. 그리고 『명사』 권252에는 숭정제가 행한 일련의 조치를 기록하면서, "태자를 남경으로 보내려면 먼저 길을 정리해야 한다"고 했는데 이 일은 실제로 이뤄지지 않았다. 전하는 바에 따르면 "관료들에게 도성을 나가라는 명령을 내릴 수 없었으니, 나가면 바로 종적을 숨기고 도피해버릴 것이기 때문이었다. 이에 계획을 멈추고 출발하지 않았다"고 한다. 상황의 변화에 약간 문제가 있었던 것이 분명하다. 이청李淸의 기록은 더욱 의미심장하다.

---

* 진연(?~1644)은 사천 정연井硏 사람이다. 천계 2년(1622) 진사에 급제하여 한림원편수를 시작으로 벼슬살이를 시작하여 숭정 13년(1640)에는 예부우시랑으로서 첨사부詹事府의 사무를 관장했고, 얼마 후 예부좌시랑 겸 동각대학사로 내각에 진입하여 곧이어 호부상서 겸 무영전대학사武英殿大學士로 조정의 정치를 좌우했다. 숭정 17년(1644) 북경을 점령한 이자성에게 붙들려 참수형에 처해졌다.

** 항욱(1598~1645)은 안휘 흡현歙縣 사람으로 자는 중소仲昭이고 호는 수심水心이다. 천계 5년(1625) 진사에 급제하여 첨사부 소첨사를 역임했다. 명나라가 망하자 청 조정에서 태상시증太常寺丞 직위를 받았다가 곧 남명으로 도주하여 홍광 정권에 참여하려 했으나 내홍거서 주종周鍾 등과 함께 옥에 갇혔지만 돈을 바치고 풀려났다. 그러나 고향으로 돌아가지 못하고 이듬해 타지에서 분개한 군중에게 끌려가 밧줄에 묶인 채 물에 빠뜨려져 죽었다.

*** 장덕경(1593~1646)은 천주泉州 진강晉江 사람으로 자는 중보中葆이고 호는 팔공八公 또는 약류若柳다. 천계 2년 진사에 급제하여 소첨사, 예부우시랑을 거쳐서 숭정 15년(1642)에 예부상서 겸 동각대학사가 되었고 이듬해 호부상서를 거쳐 태자소보 겸 문연각대학사를 역임했으나 숭정제의 노여움을 사서 벼슬을 잃고 낙향했다. 명나라가 망한 뒤에는 집에서 지내다가 생을 마쳤다. 저작으로 『어람비변책御覽備邊冊』 『경일당집敬日堂集』 『시문집詩文集』 등이 남아 있다.

황제는 수보 양사창楊嗣昌*이 대신들의 말을 따르지 말라고 청했
으나 여전히 그 이름을 숨기고자 했다. 그때 한림학사 황도주가
상소를 올려 반박하는 바람에 계획이 중단되었다. 북쪽의 병사들
이 침범하자 황제는 가슴을 치며 탄식했다.

'대사가 거의 이루어졌는데 몇몇 어린 서생 때문에 그르쳐서 이
지경에 이르렀구나!'

황도주가 체포된 것은 여기에서 비롯되었다.

上因楊輔嗣昌請勉從衆議, 然猶欲隱其名. 會黃翰林道周疏駁, 中
寢. 及北兵人犯, 上撫膺嘆曰: 大事幾成, 爲幾個黃口書生所誤, 以
至於此. 道周之逮肇此.(『三垣筆記上』「崇禎」, 中華書局, 1982, 14쪽)

『명사』 권265에 수록된 이방화의 전기에는 그가 은밀히 상소를 올
려 태자가 도성에 남아 정무를 대신 처리하게 하라고 청한 일이 권
24보다 상세하게 기록되어 있다.

숭정 17년 2월 이자성이 산서를 점령했다. 이방화는 은밀히 상소
를 올려 황제에게 경사를 단단히 지키되 영락제 때의 옛일을 본
떠 태자가 남경에서 국사를 대신 처리하게 하라고 청했다. 며칠이
지나도 어명이 내려오지 않자 다시 정왕과 영왕을 각기 태평부와
영국부에 봉하여 함께 남경과 북경을 호위하게 하라고 청하자, 황

* 양사창(1588~1641)은 호남 무릉武陵(지금의 후난 성 창더常德) 사람으로 자는 문약文弱 또는
자미字微이고 자호自號는 비옹肥翁, 비거사肥居士이며, 만년의 호는 고암苦庵이다. 만력 38년
(1610) 진사에 급제하여 숭정 10년(1637)에 병부상서가 되었다. 이듬해에는 예부상서 겸 동각대
학사로 막강한 권력을 쥐었으나, 숭정 12년(1639)에 장헌충의 반란군을 진압하는 데 실패하고
병에 시달리다가 숭정 14년에 자살한 것으로 알려졌다. 저작으로 『양문약선생집楊文弱先生集』
『무릉경도략武陵競渡略』 등이 있다.

제가 그걸 보고 마음이 움직여 대전을 돌아 거닐며 읽고 감탄하면서 그 말대로 시행하려 했다. 마침 황제가 신하들을 모아놓고 응대하는데 중윤 이명예가 상소를 올려 남쪽으로 천도하는 것이 편하겠다고 하자, 급사중 광시형光時亨*이 그가 기밀을 누설했다고 큰소리로 탄핵했다. 이제 황제가 말했다.

"군주는 사직과 함께 죽는 것이 정도이니, 짐의 뜻은 정해졌소."

이리하여 이방화의 계책은 파기되어 더 이상 논의되지 못했다.

十七年二月, 李自成陷山西. 邦華密疏請帝固守京師, 仿永樂朝故事, 大子監國南都. 居數日未得命, 又請定永二王分封太平寧國二府, 拱護兩京. 帝得疏意動, 繞殿行, 且讀且嘆, 將行其言. 會帝召對群臣, 中允李明睿疏言南遷便, 給事中光時亨以倡言泄密糾之. 帝曰: 國君死社覆, 正也, 朕志定矣. 遂罷邦華策不議.(『明史』권265「列傳」제153「李邦華」)

여기에는 더욱 의미심장한 내용이 담겨 있다. 남명 홍광弘光 정권에서 이 일에 대해 다시 논한 일은 『명사』에도 기록되어 있는데, 그것이 바로 만원길萬元吉**의 유명한 상소문이다.(권278)

---

* 광시형(?~1645)은 남직예 동성桐城(지금의 안후이 성에 속함) 사람으로 자는 함만含萬이다. 숭정 7년(1634) 진사에 급제하여 병과급사중을 지냈는데, 이자성이 대동을 점령했을 때 숭정제가 남쪽으로 천도하려 하자 대학사 진연陳演과 위조덕魏藻德이 반대하면서 광시형에게도 북경을 고수해야 한다는 주장을 펼치도록 종용했다. 이후 북경이 함락되자 광시형은 이자성에게 투항하여 병과급사중 직책을 그대로 유지했으며, 나중에는 남명 홍광 정권에 투항했으나 마사영의 탄핵을 받아 주종周鍾, 무소武愫와 동시에 기시형棄市刑에 처해졌다.

** 만원길(1603~1646)은 강서 남창 사람으로 자는 길인吉人이다. 천계 5년(1625) 진사에 급제하여 주부추관州府推官을 거쳐 남경직방주사, 낭중을 역임했고, 명나라가 망한 후에는 남명 정권에서 태복소경太僕少卿, 병부우시랑 겸 우부도어사, 병부상서를 역임했으나 청나라 군대에게 패전하자 강물에 몸을 던져 순국했다. 저작으로 『묵산초당시문집墨山草堂詩文集』『연유기燕遊記』『우영집寓永集』 등이 있다.

『명계북략明季北略』권20에도 관련 기록이 있다. 이건태가 남쪽으로 천도를 청하고 범경문范景文*과 이방화 등이 우선 태자를 모시고 강남으로 출정하라고 청하자 광시형이 호통을 쳤다고 한다.

"태자를 모시고 남쪽으로 가서 여러 신하가 무얼 하겠다는 것인가? 당나라 숙종肅宗이 영무靈武에서 행한 것과 같은 일**을 벌이려는가?"

이에 범경문 등은 감히 아무 말도 하지 못했다고 한다.(437쪽) 광시형의 이 한마디에는 당시의 흉험했던 논쟁 분위기가 그대로 드러나 있다. 같은 책의 기록에서 이명예가 남쪽으로 천도하는 문제를 논의하는 장면에서 "황제가 사방을 돌아보니 아무도 없었다上四顧無人"(416쪽)고 한 것은 마치 소설가의 글 같아서 사회 심리를 연구하는 자료로 적합하다.

황종희는 사료로서 문집의 가치에 대해 언급한 적이 있는데(「陸石溪先生文集序」, 『黃宗義全集』제10책 참조), 우선 꼽을 수 있는 것은 한 시기 문집에 담긴 비문碑文이나 전기傳記일 터이다. 필자가 본 자료들 가운데 (조정과 재야를 포괄해서) 남방 천도와 태자의 국정 대리 등의 논의와 관련된 기록들은 바로 전겸익의 「서여렴유집서徐女廉遺集序」(『牧齋有

---

* 범경문(1587~1644)은 하간부河間府 오교吳橋(지금의 허베이 성에 속함) 사람으로 자는 몽장夢章이고 호는 사인思仁, 질공質公이다. 만력 41년(1613) 진사에 급제하여 동창부추관東昌府推官, 이부문선낭중吏部文選郎中, 공부상서 겸 동각대학사를 역임했다. 1644년에 이자성이 북경을 압박하자 여러 신하가 황제에게 남쪽으로 피난할 것을 청했는데 그는 북경 사수를 주장했다. 이후 숭정제가 스스로 목을 매자 그 역시 유서를 남기고 쌍탑사雙塔寺 옆의 옛 우물에 몸을 던졌다. 훗날 태부에 추증되었고 시호로 문충이 내려졌다. 저작으로 『대신보大臣譜』 『전수전서戰守全書』 등이 있다.

** 755년 '안사의 난'이 일어나고 이듬해 현종이 피란길에서 마외역馬嵬驛에 이르렀을 때 수행하던 장수들이 양국충楊國忠을 죽이고 양귀비에게 자살을 강요하는 사건이 일어났다. 이에 현종은 태자 이형李亨(711~761)을 천하병마대원수天下兵馬大元帥에 임명하고 반란 평정의 임무를 맡기고는 서쪽으로 피신했다. 이때 북쪽 영무로 가게 된 이형은 756년 7월 12일 황제에 즉위하고 현종을 태상황太上皇으로 추존한 후 연호를 지덕至德으로 바꿨으니, 그가 바로 숙종이다.

學集』 권18)와 「풍원양묘지명馮元颺墓誌銘」*(권28), 「이방화신도비李邦華神
道碑」**(권34), 「여길수이문손서與吉水李文孫書」(권38) 등이다. 그 가운데 「풍
원양묘지명」과 「이방화신도비」는 모두 다음과 같은 숭정제의 반응을
기록하고 있다.

> 주상이 그 상소를 며칠 동안 소매에 넣고 계시면서 깊은 한숨을
> 내쉬셨다. 천도를 요청하는 여러 신하가 벌떼처럼 일어나 요란한
> 논쟁이 일어났다. 주상께서 진노하셔서 이공(이방화)의 논의를 모
> 두 중단시켰다.
> 上袖其疏累日, 咨嗟太息. 群臣請遷者蜂起, 鬪諍沸騰. 上怒, 幷寢李
> 公議.(1059쪽)

> 선제께서는 공의 상소를 소매에 넣고 대전을 돌아 걸으며 거듭 읽
> 다가 탄식하셨다. 상소를 소매에 넣었다가 다시 꺼내어 종이가 다
> 뭉개졌는데도 손에서 놓지 못하셨다.
> 先帝袖公疏, 遶殿巡行, 且讀且嘆. 疏稿卸袖, 袖已覆出, 紙牘漫爛,
> 猶不去手.(1206쪽)

여기에 약간의 과장이 있을진 모르지만 완전히 근거 없는 기록은
아닐 것이다.[25] 오위업이 쓴 유명한劉明翰***의 묘지명에서는 유명한이 지
위가 낮은 신하의 신분으로 상소를 올려 동궁에 있는 두 왕을 남쪽으

---

* 원래 제목은 「明都察院右僉都御史巡撫天津慈谿馮公墓誌銘」이다.
** 원래 제목은 「都察院左都御史贈特進光祿大夫柱國太保吏部尙書謚忠文李公神道碑」다.
*** 유명한(1595~1647)은 무석無錫 사람으로 자가 우즙羽戢이고 호는 청계淸溪, 형재衡齋다. 이
묘지명의 원래 제목은 「內閣中書舍入經筵正字官衡齋劉公墓誌銘」이다.

로 가게 하도록 청했다고 기록했는데, 이것은 역사서에 기록되지 않은 것이다.

> 또 경사에서는 2월 이후로 저보가 끊겼는데, 『국변기략』과 같은 책들은 허위와 착오가 많다. 남쪽 천도에 관한 황제의 소집과 오간 대화에 대해서는 사람마다 하는 말이 달라 공께서 지위 낮은 신하로서 내보이신 외로운 충정을 검증할 곳이 없다.
> 又京師自二月後, 邸鈔斷絶, 其國變紀略諸書, 皆矯誣錯誤, 卽南遷一事, 召對諸語, 言人人殊, 公小臣孤忠, 無所考信.(『吳梅村全集』 권 44, 926쪽)

이것은 역사서에 기록되지 않은 일도 많고 설령 기록된 것일지라도 정확하기 어렵다는 것을 말해준다.[26]

남쪽으로 피란하는 것뿐만 아니라 성을 수비하고 적을 토벌하는 것 역시 대단히 민감하고 미묘한 문제였다. 천도랄지 남쪽으로 피란하는 일, 성을 수비하거나 적을 토벌하는 일 등의 군사 전략들이 여기서 모두 도의와 도덕의 문제로, 더 단순하게 삶과 죽음의 문제로 변하는 것도 결코 우연이 아니었으며, 그것들은 또한 당시의 환경 속에서는 논의할 수 없는 문제이기도 했다. 그러니 '화친에 대한 논의和議'는 더 말할 필요도 없었다. 이 가장 민감한 문제에 대해 명대 사람들이 특히 언급하기 좋아했던 송대인들은 이미 모든 답안을 준 바 있다. 즉 어떤 토론을 시도하더라도 모두 첩자라는 혐의를 뒤집어쓸 수 있다는 것이다. 천도나 남쪽으로 피란하는 일은 논의할 수 있다 하더라도 화친은 절대 언급할 수 없는 것이었다. 노상승盧象昇*은 주원충周元忠을 파견해 화친을 도모한 것을 두고 양사창楊嗣昌에게 "자네는 성 아래에서 맹약을 맺는 것을 『춘추』에서 부끄럽게 여겼다는 것을 모르는가? 그런데도 날마다 화친을 하려 하는구먼. 장안 사람들의 입은 칼날처럼 예리한데, 원숭환과 같은 능지형을 피할 수 있겠는가?"**라고 '꾸짖었다'.(『명사』 권261) 그리고 『명사』 권291에 수록된 장춘張春***의 전기에서는 청나라에서 화친할 뜻을 내비쳐 "장춘이 조정에서 그에 대해 얘기하자 조정 내 신하들이 시끌벅적 그를 비난했다"****고 기록되어 있다. 노상승이 이전의 사례로 언급한 명장 원숭환은 바로 화친을 논의하다가 죽었다. 량치차오는 「원숭환전」에서 이렇게 썼다.

> 원숭환이 화친을 논의한 이유를 적군은 알았지만 명나라 군주와
> 신하들은 전혀 몰랐다. 그러니 명나라가 현명했다고는 말하기 어
> 렵지 않은가!
> 蓋崇煥議和之故, 敵軍知之, 而明之君臣懵焉. 明之爲明, 殆難言
> 哉.(『飮冰室合集』 專集7, 中華書局, 1989, 12쪽)

---

* 노상승(1600~1639)은 강소 의흥宜興 사람으로 자는 건두建斗이고 호는 구대九臺이며, 자는 두첨斗瞻 또는 개첨介瞻이라고도 한다. 천계 연간에 진사가 되어 대명지부大名知府, 우참정, 우부도어사, 병부시랑, 우첨도어사, 병부상서 등을 역임하며 청나라 군대에 대항했던 명장이었다. 1639년 거록巨鹿에서 청나라 군대를 맞아 싸우다가 전사한 후 남명 복왕 때에 시호로 '충렬'이 내려졌고, 청나라 때에 다시 '충숙忠肅'이 내려졌다. 저작으로 『노충숙공집盧忠肅公集』 『노상승소독盧象昇疏牘』이 있다.

** 원주: "先是, 有賚而賣蔔者周元忠, 善遼人, 時遣之爲嬪. 會嗣昌至軍, 象昇責數之曰文弱, 子不開城下盟春秋恥之, 而日爲嬪. 長安口舌如鋒, 袁崇煥之禍其能免乎."(『明史』 권261 「列傳」 제149 「盧象昇」)

*** 장춘(1510~?)은 강서 신유新喩(지금의 장시 성 신위新余) 사람으로 자는 인백仁伯이다. 가정 26년(1547) 진사에 급제한 후 한림원편수, 시강侍講을 역임했으나 당시 권력을 쥐고 있던 엄숭嚴嵩의 눈에 거슬려서 남경태복승南京太僕丞으로 쫓겨났다. 이에 벼슬살이에 신물이 난 그는 사직하고 고향으로 돌아가 충효학당忠孝學堂과 우인학당友仁學堂을 세워 학생들에게 양명학을 가르쳤다. 저작으로 『동영사고東瀛社稿』 『만거자어록晚蓮子語錄』 『경서격언經書格言』 등이 있다.

**** 원주: "當春未死時, 我大淸有議和意, 春爲言之於朝, 朝中嘩然詆春."(『明史』 권291 「列傳」 제179 「忠義三」 「張春」)

그러나 조정에도 여전히 '논의'할 일이 있었지만 그 일이 더욱 은밀하고 애매했을 따름이다. 『명사』 권257에 수록된 진신갑陳新甲*의 전기에서는 사승謝陞**과 진신갑이 화친에 대해 논의한 일을 기록하고 있다.

사승이 나아가 아뢰었다.

"만약 상대가 화친하고자 한다면 화친하는 것도 믿을 만합니다."

황제는 아무 말도 하지 않았지만, 얼마 뒤 진신갑에게 은밀히 그 일을 도모해보라고 분부를 내렸다. 하지만 바깥에 있던 조정 대신들은 그 사실을 몰랐다.

陞進曰: 倘肯議和, 和亦可恃. 帝默然, 尋諭新甲密圖之, 而外廷不知也.(『明史』 권257 「列傳」 제145 「陳新甲」)

나중에 그 일이 누설되자 황제는 무척 화를 내며 결국 진신갑을 처형해버렸다. 그러나 이것 때문에 숭정제가 일관성 없이 생각을 멋대로 바꿨다고 비판하기보다는 군주조차 도의와 도덕이라는 무거운 짐과 여론의 압력으로부터 자유롭지 못했다는 사실을 깨닫게 된다.

갑신년(1644) 이후로 나라가 망하게 된 책임을 되짚어 탐구하는 과정에서 남쪽으로 피란하는 일, 태자가 국정을 대신하게 하는 문제 등

---

* 진신갑(?~1642)은 중경重慶 사람이다. 만력 연간에 거인이 되어 정주지현定州知縣 등을 지내다가 숭정 1년(1628) 형부원외랑刑部員外郎으로 발탁되어 조정에 들어갔고, 이후 병부우시랑 겸 우첨도어사, 병부상서를 역임했으나 숭정 15년(1642) 송금松錦의 전투에서 홍승주洪承疇를 내세워 속전속결을 주장하다가 실패하는 등 일련의 판단 착오로 탄핵을 받았다. 이후 은밀하게 청나라와 화친을 도모한 일이 드러나면서 결국 옥에 갇혔다가 참수되었다.

** 사승(1572~1645)은 산동 덕주德州 사람으로 자는 이진伊晉이다. 만력 35년(1607) 진사에 급제하여 여러 지방의 지현知縣을 역임하고 예부주사로 승진했으며, 이후 이부문선사낭중吏部文選司郎中과 태상시소경太常寺少卿, 태복시경太僕寺卿, 이부좌시랑, 남경이부상서 등을 거쳐 건극전대학사建極殿大學士 겸 이부상서, 소보 겸 태자태보까지 이르렀으나, 숭정 15년 청나라와 은밀히 화친을 도모한 사실이 드러나 파직되었다. 훗날 청나라에 투항하여 원래 관직이 회복되었다.

에 대한 논의를 새롭게 조사하기 시작했고, 죽은 숭정제의 복수를 한다는 명목으로 광시형을 처형한 것(『明季南略』권3과『弘光實錄鈔』등 참조)은 그 문제가 여전히 논쟁의 대상이 아니었음을 증명해준다. 어쩌면 명나라가 망한 것이 바꿀 수 없는 사실이 되어 사대부들은 당시의 역사 분위기(특히 조정의 정치 분위기)에서 벗어나게 된 뒤에야 비로소 하기에 불편했던 말, 할 수 없었던 말을 하고, 관련 화제들이 진정한 '화제'가 될 수 있었다고도 하겠다. 그러나 이것은 나중의 일이다.

'사직과 함께 죽는 것'과 마찬가지로 논쟁의 여지가 없고 또한 그 자체로 '사직과 함께 죽는 것'의 논리적 연장선상에 있는 것이 바로 '변경에서 죽는 것死封疆'과 '성을 지키다가 죽는 것死城守'(즉 '성과 함께 죽는 것城亡與亡')이다. '사직과 함께 죽는 것'은 적어도 군주의 자발적인 의지에서 비롯된 듯 보이지만 '변경에서 죽는 것'과 '성을 지키다가 죽는 것'은 어쩔 수 없는 추세, 즉 사후에 변경을 지키지 못한 죄로 처형되거나 성을 잃은 죄로 처형당하는 등의 비난을 피하기 위한 일이기도 했다. 이것은 또한 명 왕조가 행한 최후의 정치적 학대 가운데 하나였다. "떠나도 죽고 자리를 지켜도 죽는다去亦死, 守亦死"라는 왕부지의 말처럼 죽음을 피할 곳이 없었던 것이다.[27] 갑신년 무렵에 많은 이가 '절조를 잃었고失節' 또 그 일이 일어난 뒤에 많은 이가 죽은(달리 말하자면 '충의'를 지킨) 사실도 모두 이 정치적 학대와 관련이 있다. 당시 사대부들이 인정했던 '변경에서 죽는 것'과 '성을 지키다가 죽는 것'도 단지 명나라가 망한 뒤에야 그 합리성—즉 의리에 부합하는지 여부—이 논의될 수 있었다. 이렇게 보면 명나라가 망할 무렵에 나타난 많은 죽음은 결국 어떤 도덕적 명제에 대한 의혹만을 이끌어내서 사람들이 미처 꼼꼼히 살피지 못하고 습관이 되어버린 사이비 논리가 뚜렷하게 드러나게 한 듯하다.

예로부터 천도는 정치적으로 민감한 사안이어서 나라의 운명과 연관된 정치 행위로, 어떤 경우에는 심각한 의미를 담은 비유 내지 흉험한 예언으로 간주되었다. 영락제가 천도했을 때와 정통제의 조정에서 천도가 논의되었을 때에도 즉시 이의가 제기되거나 사후에 비판이 일어나는 것을 피할 수 없었는데,[28] 하물며 왕조 자체가 이미 도의적 역량을 상실한 말세에는 말할 필요도 없지 않겠는가! 이런 상황에서 군주가 다른 곳으로 간다는 것은 그 의미가 대단히 심각해서 거의 천도에 못지않다. 군주와 사대부들이 '생각意謂'—즉 이미 있었던 말의 의미가 누적되거나 뜻이 암시된 것—에 관심을 기울이면 원래 학문적 수양, 특히 역사에 대한 지식을 통해 그것을 해석할 수 있지만, 명나라 말엽에 발생한 것은 실제 정치적 설정이 도덕 논의와 도의적 기준에 대한 고려에 의해 막혀버린 예라고 할 수 있다. 즉 천도나 피란을 죽음이 두려워서 적을 피하는 행위로 간주했던 것이다. 숭정제와 그 뒤를 이른 죽음들은 사실상 그저 '두려워하지 않음不畏'을 증명하는 용도로서만 의의가 있는 듯하다.

명나라가 망하고 상당 기간 유민이나 원로故老들은 여전히 남쪽으로 천도하는 일에 대한 논의가 이루어지지 못한 것을 탄식하면서도 황제가 '사직과 함께 죽은' 일에 대해서는 의문을 제기하는 일이 드물었다. 그렇기 때문에 왕부지가 '사직과 함께 죽는 것'과 '변경에서 죽는 것' '성을 지키다가 죽는 것'에 대해 논의한 것은 핵심을 찌른 뜻깊은 일이라고 할 만하다. 왕부지의 논의는 그런 죽음들이 모두 유가 경전에 대한 오독에서 비롯된 것이며, 아울러 그것을 통해 명대 사람들의 학문이 얕음을 증명할 수 있다는 데에 유력한 의의가 있다. 여기에 함축된 의미가 군이 정치 문제(또한 도덕 문제)를 학술 문제로 만들었다기보다는 차라리 이런 탐구야말로 학자의 본분에서 비롯되었다고 하는 편이 더 옳을 것이다.

『춘추전』에서 "군주는 사직과 함께 죽는 것이 올바르다"고 했는데 여기서 군주는 제후를 가리키지 (…) 천자를 가리키는 것이 아니다. 송나라 이강李綱*으로부터 나라를 망치는 주장이 제기되었는데 사대부들이 그 말이 번듯한 것을 좋아하여 『춘추전』의 미언대의에 담긴 뜻을 살피지 못하여 천자를 하나의 성에서 위험에 빠뜨려 천하를 버림으로써 결국 종묘의 제사를 없애버리려 한다.
春秋傳曰: 國君死社稷, 正也. 國君者, 諸侯之謂也. (…) 非天子之謂也. 自宋李綱始倡誤國之說, 爲君子者, 喜其詞之正, 而不察春秋傳大義微言之旨, 欲陷天子於一城而棄天下, 乃以終滅其宗廟之血食.(『讀通鑑論』 권22, 856쪽)

천자는 천하를 손에 쥐어 주인이 된 이고, 경사라는 것은 편리한 곳을 택해 안정적으로 거처하는 곳일 따름이다. 천하가 모두 천자의 땅이고 그 안의 모든 이가 천자의 백성이니, 조그마한 지역 하나라도 망하지 않았다면 그곳에서 조상의 제사를 모실 수 있고 신하와 백성의 바람도 아직 거기에 남아 있어서 판도를 바꾸어 광복을 이루기가 어렵지 않다. 그런데 필부의 옹졸한 절개로 한 번의 죽음을 가벼이 여겨 천하를 무너뜨려서야 되겠는가!

---

* 이강(1083~1140)은 강소 무석 사람으로 자는 백기伯紀이고 호는 양계선생梁溪先生이다. 그는 정화政和 2년(1112) 진사에 급제하여 태상소경, 병부시랑, 상서우승, 경성사벽수어사京城四壁守御使 등을 역임했으나 투항파의 배척을 받았다. 소흥紹興 2년(1132)에 호남선부사湖南宣撫使 겸 담주지주潭州知州가 되었으나 얼마 후 다시 파직되었고, 금나라에 대항할 계책을 담은 상소를 올렸지만 채택되지 않았다. 사후에 소사少師에 추증되었고, 순희淳熙 16년(1189)에 농서군개국공隴西郡開國公에 추증되면서 충정忠定이라는 시호가 내려졌다. 저작으로 『양계선생문집梁溪先生文集』 『정강전신록靖康傳信錄』 『양계사梁溪詞』 등이 있다.

天子撫天下而爲之主, 京師者, 其擇便而安居者爾. 九州莫非其土,
率土莫非其人, 一邑未亡, 則猶奉宗祧於一邑, 臣民之望猶繫焉, 弗
難改圖以光復也. 而以匹夫硜硜之節, 輕一死以瓦解天下乎.(위와 같
음)

왕부지는 '오독'한 이유가 바로 천박한 '절의론節義論' 때문이며 그런
절의가 사람들의 마음에 깊이 뿌리를 박고 있다는 점은 언급하지 않
았다. 그리고 이어지는 글에서는 바로 '변경에서 죽는 것' '성을 지키다
가 죽는 것'에 대해 논하면서 이렇게 썼다.

> 천자만 그런 것이 아니다. 군현의 천하는 수령이 천자를 위해 백
> 성을 다스리고 백성이 맡은 바 직분을 다하는 곳이지, 땅이란 대
> 대로 지키는 곳이 아니다.
> 非徒天子然也. 郡縣之天下, 守令爲天子牧民, 民其所司也, 土非其
> 世守也.(같은 책, 같은 쪽)

중간 정도의 지식만 있어도 이해하기 어렵지 않은 이러한 도리를 사
대부들이 몰랐던 이유는 오직 당시의 정치적·도덕적 분위기 속에 놓
고 볼 때에야 이해될 수 있다. 왕부지는 반복적으로 당·송의 역사적
사실을 빌려 명나라 말엽의 사건들을 설명했다.

> 오직 당나라 때의 군주와 신하들만이 사직과 함께 죽는다는 잘
> 못된 주장을 전개하며 권토중래의 계책을 막아버리지 않았다.
> 唯唐之君臣, 不倡死社稷之邪說, 沮卷土重來之計.(『讀通鑑論』 권24,
> 913쪽)

당 현종이 촉으로 피신할 때 태자는 북방으로 피신했으나 여전히 태자였다. 현종은 여전히 동남쪽의 민심을 은밀히 묶어두고 있어서 사람들은 군주가 있음을 알았다. 태자가 비록 제위에 올랐으나 몸이 국외局外에 있어 서북의 민심을 수습했기 때문에 권토중래하여 경사를 수복할 수 있었다. (…) 휘종은 남쪽으로 도망쳐 도적들을 피했는데, 추세가 긴박해서 피하지 않을 수 없었기 때문이다. 그것을 피했기에 아직 망하지는 않을 수 있었다. (…) 추세로 말하자면 머리가 잘리지 않는 한 목숨은 쓰러지지 않는 법이고, 이치로 말하자면 사직과 함께 죽는 것은 제후의 도리이지 천자의 도리가 아니다. 제후는 그 나라를 버리면 나라가 없어지지만, 천자는 도성을 버린다 해도 원래 천하를 소유하고 있어서 대대로 지켜온 바를 아직 잃은 게 아니니 아직은 크게 잃은 것이 아닌 것이다.

唐玄宗走蜀, 而太子北走朔方, 猶太子也. 玄宗猶隱繫東南人心, 而人知有主. 太子雖立, 而置身事外, 以收西北之心, 故可卷土重來以收京闕. (…) 徽宗南奔以避寇, 勢迫而不容弗避, 避之尙未足以亡也. (…) 以勢言之, 頭不剗者命不傾, 以理言者, 死社稷者, 諸侯之道也, 非天子之道也. 諸侯棄其國而無國, 天子棄都城而固有天下, 未喪其世守也, 故未大失也.(『宋論』 권8, 202쪽)

천하에 군주가 없다면 나중에 즉위한 군주는 틀림없이 자리가 튼튼하지 않을 것이고, 소인배들이 작당하면 군자의 뜻은 틀림없이 이루어지지 않을 것이다.

天下無君, 則後立之君必不固, 小人有黨, 則君子之志必不行.(『讀通鑑論』 권24, 914쪽)

이것은 분명히 남명의 일을 비추어서 한 말일 것이다.

이런 내용은 황종희도 언급한 바 있다. 예를 들어 풍원양馮元颺의 신도비명에서 그는 이렇게 썼다.

> 사표에서 이렇게 말했다. 처음 제후왕에 봉해지면 반드시 천자의 사직에서 땅을 받으며, 돌아가 나라의 사직을 세우고 세시마다 거기 제사를 올린다. 사직과 함께 죽는 것은 제후가 봉토를 지키는 직분을 다하는 것이지 천자의 일이 아니다. 원통하게도 당시 위대한 도리를 통달할 수 없었던 하찮은 학자들이 이강의 한마디를 고집하며 감히 힘껏 쟁론하지 못하는 바람에 그 일이 여기서 일어나게 만들고 말았다.
> 史表曰: 諸侯王始封者, 必受土於天子之社, 歸立之爲國社, 以歲時祠之. 死社稷者, 諸侯守土之職, 非天子事也. 恨其時小儒不能通知大道, 執李綱之一言, 不敢力爭, 乃使其出於此也.(『黃宗羲全集』 제10책, 226쪽)

그런데 이상하게도 황종희는 여전히 '사직과 함께 죽는 것'을 "나라는 망해도 그 올바름을 잃지 않는 것亡國而不失其正者"[29]이라고 했으니 기존의 통설에 얽매여 '죽음'과 관련된 도덕적 판단의 권위성에 대해 의문을 제기하는 정도까지는 나아가지 못했다. 이것은 어느 정도 앞에서 얘기했던 송나라 사람들의 이야기가 사람들의 뇌리에 깊이 새겨져 있었기 때문일 것이다. 명나라가 망할 무렵 명나라 사람들은 자신이 겪은 일들을 직접적으로 송나라 말엽의 사건이 재현된 것으로 간주했다.

명나라가 망할 무렵 성城을 도륙한 많은 사건을 보면 왕부지가 '성을 지키다가 죽는 것'을 비판한 것은 어짊과 포악함을 구별하는 데에 더욱 유력한 관점이 된다. "성과 함께 죽는 것城亡與亡"이 만약 사대부 들의 자주적인 선택—즉, '자진自盡'이나 '자정自靖'—이었다면 그다지 크게 비판할 것도 없으며, 장순이나 허원처럼 죽음으로 지키는 것은 어질지 못한 행위가 된다.

> 장순이 성을 지켜낼 수 없다는 것을 알았을 때 스스로 목을 베어 성과 함께 죽었다면 괜찮았을 것이다. (…) 어질지 못한 지경에 이 르렀는데 어떻게 의로움을 말할 수 있겠는가? 맹자께서도 '인의가 막히면 사람이 서로 잡아먹게 된다'고 하셨다.
> 若巡者, 知不可守, 自刎以殉城可也. (…) 至不仁而何義之足云. 孟子 曰: 仁義充塞, 人將相食.(『讀通鑑論』 권9, 353쪽)

> 외로이 성을 지키는데 외부의 구원도 끊어지고 식량이 바닥나서 굶주리게 되었다. 군자는 이런 상황에서 오직 죽음으로 뜻있는 일 을 마무리해야 할 뿐이다.
> 守孤城, 絕外救, 糧盡而餕, 君子於此, 唯一死而志事畢矣.(같은 책 권23, 870쪽)

여기서 말하는 것은 관리 한 사람의 죽음이다. 이어서 그는 "성의 존 망이나 자신의 생사에 상관없이 절대 해서는 안 되는 것은 사람이 서 로 잡아먹는 것"*이라고 했다. 명나라가 망할 무렵 변경과 성을 지키다 가 순절했거나 죽음으로 지키지 않고 백성의 목숨을 보전한 경우 모 두 역사 서술에서 보편적으로 긍정적인 평가를 받았다.[30] 여기에는 다 음과 같은 차이가 있다. 관리의 죽음에 대해서는 왕부지도 '자정自靖'을 원칙으로 삼았으니, 이것은 '원칙'이지 어떤 '법도經'나 '권위權'로 조치할 수 없는 바다. 이 때문에 그것은 "관리는 죽음으로 직분을 다해야 한다"**라는 상투적인 주장과는 어느 정도 구별된다.

　명나라 말엽의 조정이 전쟁과 화친, 정벌 등에 관한 계책에서 저지른 실수들은 상대적으로 위험성이 적은 문제에 속했다. 일반적으로 비판은 청나라와 화친할 수 있는지 여부와 '유구流寇'를 소탕해야 하는지 무마해야 하는지를 선택하는 문제에 집중되었다. 조정의 논의가 잘못되었음을 비판하는 것은 만원길이 남명 조정에서 올린 훌륭한 상소문에 잘 나타나 있다.(『명사』 권278의 만원길 전기 참조) 왕부지의 역사 평론은 송나라를 논하는 데에서 비롯되는데, 결론은 청의는 믿을 수 없고 '대의'에 의거해서 '서로 이기는 것相勝'—'항상 이기는 것貞勝'***이 아니라—으로는 시비를 가릴 수 없다는 것이다.

> 송나라가 남쪽으로 건너간 뒤로 논쟁한 것은 화친이냐 전쟁이냐 하는 것뿐이었다. 진회가 집권한 세상에서 전쟁을 얘기한 이들은 원수를 갚고 궁실을 수복하는 것을 대의로 여겼으니, 그것으로 진회의 잘못을 이기기에 충분하고도 남았다. 한탁주韓侂胄****가 집권한 세상에서 화친하여 지키자고 한 것은 근본을 공고히 하여 나라를 지키는 일을 기본 계책으로 삼은 것이니, 그것으로 한탁주의 잘못을 이기기에 충분하고도 남았다. (…) 그런 말은 진회와 한탁주를 이기는 데에서 그칠 뿐이라서, 이기고 나도 망연하게 승

---

*　"無論城之存亡也, 無論身之生死也, 所必不可者, 人相食也."(『讀通鑑論』 권23, 870쪽)

**　원주: "居其位死其官."(『讀通鑑論』 권30)

***　'정승貞勝'은 올바름을 지키고 일관됨을 유지守正執一하여 모든 변화를 막음으로써 항상 승리하는 것을 가리킨다.

리의 실질이 없다.

宋自南渡以後, 所爭者和與戰耳. 當秦檜之世, 言戰者以雪讐復宇爲
大義, 則以勝檜之邪也有餘. 當韓侂胄之世, 言和守者, 以固本保邦
爲本計, 則以勝侂胄之邪也有餘 (…) 其言也, 至於勝檜與侂胄而止,
而旣勝之後, 茫然未有勝之實也.(『宋論』권13, 303~304쪽)

이 또한 뛰어난 분석이다. 비록 이후에 능정감淩廷堪[*****]이 의도적으로
번안한 것과는 달랐지만, 왕부지도 줄곧 옛 주장에 반대하면서 진회가
화친을 논의한 것에서 취할 바가 없지는 않다고 평한 바 있다.(『讀通鑑
論』권20 참조) 그러나 만원길이든 왕부지든 모두 도덕론이 지혜로운 정
치적 고려를 뛰어넘어 더 높은 자리를 차지하게 된 깊은 원인, 달리 말
하자면 패망으로 이끈 거시적 환경에 대해서는 규명하지 못했다.

적어도 표면적으로는 '존망의 갈림길'에서 여러 문제를 간략하게 만
드는 것은 결국 모든 구체적인 '전략과 전술'을 공히 간단하고 간편한
삶과 죽음의 선택으로 바꿔버린다. 『명계북략』권5에는 다음과 같이
기록되어 있다.

**** 한탁주(1152~1207)는 하남 안양安陽 사람으로 북송의 명신 한기韓琦의 증손자로서 자는
절부節夫다. 부친의 음서로 벼슬길에 오른 그는 여주방어사汝州防禦史를 역임했고, 영종寧宗(재
위 1195~1224)이 즉위한 후 13년 동안 조정과 군정을 장악하여 재상보다 지위가 높은 평장군국
중사平章軍國重事에 이르렀다. 주희朱熹와 사이가 좋지 않았던 그는 유명한 경원당금慶元黨禁
을 일으켜 관련 당파를 탄압하기도 했고, 이후 1206년에는 북벌을 준비하여 금나라를 정벌하고
자 했다. 그러나 남송의 군대가 곳곳에서 패전하자 그는 금나라에 사신으로 가서 화친을 시도하
려 했는데 이마저 실패한 뒤에는 자기 재산을 털어 전쟁을 준비했다. 그러나 얼마 후 사미원史彌
遠(1164~1233) 등의 음모에 걸려 살해되고 말았다.

***** 능정감(1757~1809)은 안휘 흡현歙縣 사람으로 자는 중자仲子 또는 차중次仲이다. 어려서
집이 가난했던 관계로 약관이 되어서야 공부를 시작한 그는 건륭 58년(1793) 진사에 급제하여 영
국부학교수寧國府學教授를 지내다가 모친상을 치르기 위해 휘주로 가서 경정서원敬亭書院과 자
양서원紫陽書院에서 학생들을 가르쳤다. 만년에 10여 년 동안 저술에 전념하여 『예경석례禮經釋
例』『연악고원燕樂考原』『교례당문집校禮堂文集』등 다수의 저작을 남겼다.

지방을 순시하던 동수초는 커다란 곽 현이 텅 비었는데도 현령 심역의 거동이 느긋한 것을 보고 물었다.

"상황이 이러한데도 현령께서는 무얼 믿고 두려워하지 않는 것이오?"

이에 심역이 차분하게 손을 모아 절을 하며 말했다.

"제가 성과 함께 죽을 것입니다."

이에 동수초는 표정을 바꾸고 사죄했다.

巡方董邃初, 見漈縣斗大空城, 而縣令沈域擧動安詳, 問曰: 情景若此, 貴縣何恃而不恐. 沈域從容拱手曰: 以身殉之. 邃初爲改容以謝.(122쪽)

전징지錢澄之[*]의 『민월사사우기閩粵死事偶紀』에서는 남명 영력 왕조의 엄기항嚴起恒[**]에 대해 이렇게 기록했다.

종일 벗들 및 제자들과 우스갯소리를 하고 술도 조금 마셨다. 내가 무얼 믿고 그리 느긋하시냐고 여쭈었더니 그분께서는 웃으며 이렇게 말씀하셨다.

"믿을 게 뭐가 있겠는가? 그저 한 번 죽을 뿐인데 느긋하지 못할 이유가 어디 있는가!"

---

* 전징지(1612~1693)는 안휘 동성(지금의 쭝양樅陽) 사람으로 원래 이름은 병등秉鐙이었으며 자는 음광飮光 또는 유광幼光이고 만년의 호는 전간노인田間老人, 서완도인西頑道人을 썼다. 숭정 연간에 수재秀才가 된 그는 남명 계왕桂王 치하에서 한림원서길사를 역임했다. 저작으로 『전간집田間集』 『장산각집藏山閣集』 등이 있다.

** 엄기항(1599~1650)은 절강 산음(지금의 사오싱) 사람으로 자는 진생震生 또는 추야秋冶다. 그는 숭정 4년(1631) 진사에 급제하여 광주지부, 형영병비부사衡永兵備副使를 역임하면서 장헌충의 반란군에 맞서 영주永州를 지켜낸 공적을 세웠다. 남명 당왕唐王 때에는 호부우시랑을 지냈고, 훗날 예부상서 겸 동각대학사에 임명되었다.

終日與故人門生, 詼諧小飮. 予嘗問公何恃而暇, 公笑曰: 更何恃哉,

直辦一死耳, 焉得不暇.(『藏山閣文存』 권5, 龍潭室叢書)

명나라가 망한 뒤에서는 어디에서나 "평소에는 소매에 손 넣고 심성에 대해 이야기를 나누다가 재난이 닥치면 죽음으로 군왕에게 보답한다平日袖手談心性, 臨難一死報君王"라는 조롱을 들을 수 있었지만, 그렇게 된 이유를 명대의 정치 문화와 환경을 통해 설명하는 경우는 드물었다. 마치 왕부지가 만년에 역사 평론을 쓸 때에 이르러서야 다양한 선택의 가능성에 대해 차분하게 논의할 가능성이 생긴 듯하다. 언론만 놓고 보자면 그 얼마나 고루한 시대였던가!

명나라가 망할 무렵에 사람들을 울고 웃게 만들었던 일들은 모두 잘못된 것이었다. 예를 들어 뒤에서 다시 언급하게 될 주종周鍾*은 그가 '절개를 잃은' 일이 그 사촌형에게까지 '연좌'되어 처벌받게 되었고, 앞서 언급한 바 있는 광시형은 남쪽으로 천도하는 것을 막았기 때문에 그에 대한 처벌을 받았다. 즉 숭정제가 사직과 함께 죽었기 때문에 광시형은 숭정제를 위해 죽어야 했다던 것이다. '충의'를 지킨 사람들만 죽음으로 귀결된 것이 아니라 '절개를 잃어도' 반드시 죽음으로 징치했던 것이다. 이것은 '절의'의 문제가 삶과 죽음의 문제로 간단하게 변했고, 죽음이야말로 최후의 해결책이었음을 보여준다. 사실 이것은 매우 통쾌한 일이기도 하고 황당하기 그지없는 일이기도 했다. 그러나 이것도 죽음과 관련된 논의의 전부는 아니었다. 죽느냐 마느냐 하는 문제

---

* 주종(?~1645)은 금단金壇(지금의 장쑤 성 창저우常州에 속함) 사람으로 복사復社를 이끄는 강남 문단의 우두머리였다. 명나라에서 한림원서길사를 지냈고 1644년 숭정제가 죽고 이자성의 참모인 우금성牛金星의 위촉을 받아 「사견위수명론士見危授命論」을 썼으며 '성군聖君' 이자성을 칭송하는 상소문을 올렸다. 훗날 남명 홍광 정권에서 기시형에 처해졌다.

외에 일찍 죽느냐 늦게 죽느냐 하는 문제에 대한 논쟁도 있었던 것이다. 그리고 금방 죽는다 해도 또 '한 번의 죽음으로 책임을 막는以一死塞責' 것에 대한 비판이 있었다. 명대 사대부들의 가혹한 비판은 여기에 이르면 '극단'이 되었던 것이다. 특별히 민감한 독자가 아니더라도 '죽음'이라는 주제가 이 특정 시기를 뒤덮고 있었음을 쉽게 발견할 수 있을 것이다.

죽음의 각오들

"어쩔 수 없으면 죽음으로 뒤를 이어라不濟, 以死繼之"는 전숙락錢肅樂*이 한 말이고, "죽어도 두 마음을 갖지 않으리라!有死無貳"는 장황언張煌言**의 문집에 들어 있는 말이며, "오래전부터 죽음을 각오했다我久辦一死矣"는 것은 진자룡의 말이고, "나의 이 마음이 평안해지는 것은 죽음뿐!吾此心安者死耳"이라는 것은 구식사瞿式耜***가 재앙을 당하기 직전에 한 말이다.[31] 이들 네 명은 모두 명나라 말엽의 저명한 충의지사였다.

명나라가 망할 무렵 사대부들이 자살에 가깝게 '의를 실천赴義'한

---

* 전숙락(1606~1648)은 절강 은현(지금의 닝보) 사람으로 자는 희성希聲 또는 우손虞孫이고 호는 지정止亭이다. 숭정 10년(1637) 진사에 급제하여 태창지주와 형부원외랑을 역임했고, 부친의 상을 치르기 위해 고향에 갔다가 1645년 청나라 군대가 항주로 남하하자 의병을 일으켜 저항했다. 이후 남명 노왕魯王의 정권에서 태복시소경 겸 우첨도어사, 동각대학사를 역임했으나, 낭강琅江의 배 안에서 병사했다. 저작으로『정기당집正氣堂集』을 남겼다.

** 장황언(1620~1664)은 절강 은현 사람으로 자는 현저玄著이고 호는 창수蒼水다. 숭정 연간에 거인이 되어 남명 때에는 병부상서를 지냈다. 1645년에 남경에 청나라 군대에 함락되자 전숙락 등과 의병을 일으켜 항거했고, 1664년에 대세가 기울어 돌이킬 수 없게 된 것을 알고는 의병을 해산하고 은거했으나 사로잡혀 처형당했다. 건륭 41년(1776)에 충렬이라는 시호가 내려졌으며, 저작으로『장창수집張蒼水集』이 있다.

사실은 앞서 서술한 상황 속에 놓고 살펴보아야 비로소 그것이 어쩔 수 없음을 알고 택한 처절한 격정의 발로이자 유민의 '죽음에 대한 기원祈死'이었음을 쉽게 이해할 수 있다. 여기에는 명나라가 망한 뒤에도 멈출 수 없었던 순국, 산 채로이든 죽어서이든 나라를 위해 따라 죽은 행위도 포함된다.

이와 관련된 사료나 문집을 읽어보면 명말과 남명의 상황이 가망이 없다는 것을 설사 몸소 남명 조정에 참여했던 이들이라 해도 대부분 명약관화하게 알고 있었음을 확인할 수 있다. 명대 사람들이 명말에 대해 이야기할 때나 청대 사람들이 이야기할 때 '만약 ~라면若然, 倘然'이라는 표현을 즐겨 쓰는 것은 그저 바람을 표현한 것으로 읽어야지 지나치게 진지하게 받아들여서는 안 된다. 사실 명대의 정사와 야사는 모두 명말의 절망적인 상황에 대해 묘사를 아끼지 않는다. 그런데 사후에 봤을 때 더 놀라운 것은 의연하게 도의를 위해 죽음을 택한 이들이 분명히 '안 됨不可爲'을 알고 있었다는 사실이다. 일찍이 만력萬曆 연간에 유종주는 이미 사태가 안 되는 지경임을 알고 있었다.

> 아! 시대 상황이 나날이 나빠지고 있어 이 올바른 도리가 쇠락해
> 가는구나. 급히 다투어도 실패하고 천천히 조절해도 실패할 뿐이
> 니, 설령 장량이 있다 한들 오늘날을 위한 계책을 세우지 못하고

*** 구식사(1590~1650)는 강소 상숙常熟 사람으로 자는 기전起田이고 호는 가헌稼軒, 운야耘野, 백략伯略 등을 썼다. 전겸익의 제자인 그는 1616년 진사에 급제하여 강서 영풍지현을 역임했고, 1623년에 부친상을 치르기 위해 고향으로 돌아갔다가 서양 선교사 알레니艾儒略, Giulio Aleni와 교유하다가 신자가 되어 토머스多默라는 세례명을 받았다. 1628년에는 호과급사중에 발탁되었으나 온체인 등에게 배척을 받아 관직을 잃고 상숙으로 돌아갔다. 1644년에는 복왕 정권에서 응천부승應天府丞, 우첨도어사를 지냈으며, 이후 이부우시랑, 병부상서를 역임하고 임계백臨桂伯에 봉해졌다. 1650년에 청나라 군대가 계림으로 쳐들어오자 그는 총독 장동창張同敞과 술잔을 놓고 시를 읊으며 느긋하게 있다가 그대로 체포되어 처형당했다. 시호는 문충文忠이었다가 훗날 충선忠宣으로 바뀌었고, 저작으로 『괴림만록媿林漫錄』이 있다.

그저 나라가 망해가는 모습만 물끄러미 바라볼 수밖에 없으리라!

嗟乎, 時事日非, 斯道阻喪. 亟爭之而敗, 緩調之而亦敗. 雖有子房,

無從借今日之箸, 直眼見銅駝荊棘而已.(「與周生」,『劉子全書』권20)

　　진자룡은 자신이 쓴 연보에서 홍광弘光 시기의 형세를 가늠하길 "내
개인적으로 시대 상황을 생각해보건대 틀림없이 안 될 것 같으니, (…)
천하의 지혜로운 이나 어리석은 이를 막론하고 모두 머지않아 망하리
라는 것을 알고 있을 것"이라고 했다.*

　　이 무렵에는 일체의 진지한 경세經世의 주장들이 모두 풍자나 세상
을 기만하는 허풍, 거창하기 그지없는 우스갯소리가 되어 뜻있는 사대
부들을 절망하게 했다. 또한 저승에서 이미 운명이 정해진 것처럼 지키
기 위해 싸우는 이들이나 도망치는 자들이나 모두 재난을 피할 수 없
을 것 같았다. 고염무는 오지규吳志葵**에 대해 이렇게 기록했다.

　　그럴 수 없었던 것은 대세가 이미 떠나서 그분으로서도 어찌할 방
　　도가 없었기 때문이다. 천하의 형세가 그러했을 뿐이다.

　　所不克者, 大勢已去, 公固無如之何耳. 天下勢而已矣.(「蔣山傭都督吳

　　公死事略」,『顧亭林詩文集』, 222쪽)

　　이 또한 '어찌할 방도가 없는' '형세勢'와 '운명數' '시운時命'에 이른

---

* 　원주: "予私念時事必不可爲, (…) 海內無智愚, 皆知顚覆不遠矣."(『陳子龍年譜』卷中,『陳子龍詩
集』, 702쪽)

** 　오지규(1604~1645)는 화정華亭(지금의 상하이에 속함) 사람으로 자는 승계昇階다. 명나라 말엽
　무과에 급제하여 응천좌영유격장군應天坐營遊擊將軍과 경구참장京口參將을 거쳐 1644년에는
　좌군도독부도독첨사로서 총병관이 되어서 오송吳淞 땅을 지켰으며, 그해 겨울에 도독동지都督同
　知로 승진했다. 이듬해 남하하는 청나라 군대를 막아 싸우다가 포로가 되었으며 남경에서 처형되
　었다. 남명의 복왕은 그를 위로백威鹵伯에 추봉하고 환민桓愍이라는 시호를 내렸다.

상황이라 하겠다. 명말에 충의를 다한 유민들을 기록한 글들은 바로 그 절망적인 상황으로 인해 독자를 감동시킨다. 그 가운데 아주 일부는 청나라 군대나 '도적'에게 죽었다기보다는 '명나라의 잔영殘明'에게 죽었다. 그들이 절망에 빠져 '명나라의 잔영'에게 살해된 것은 명나라 200여 년의 정치적 재앙의 연속이었다. 그것은 명대 정치의 최후의 희생이었으며, 또한 이런 의미에서 규정된 '순국殉'이었다. 이 '절망'과 '순국'은 그 죽음에 특별히 잔인한 의미를 부여했다. 전겸익은 노진비路振飛가 "힘은 있으되 때를 만나지 못했고, 때를 만났으되 운명적인 복이 없어서有力無時, 有時無命" 죽었다고 설명하면서 명나라가 '스스로 망했기' 때문에 뜻있는 사대부들은 필연적으로 살아남을 수 없어 "죽을 뿐이로다! 항상 그랬던 것을!"* 하는 탄식만 남길 뿐이었다.

청대 사람들이 이 세대를 돌아보았을 때는 당연히 더 분명하게 보였을 것이다. 대명세戴名世**가 쓴 「홍광조위동궁위후급당화기략弘光朝僞東宮僞後及黨禍紀略」의 첫머리는 이런 구절로 시작된다.

아! 예로부터 남쪽으로 내려갔던 왕조들 가운데 남명 홍광 정권처럼 빨리 멸망한 것은 없었다.
嗚呼, 自古南渡滅亡之速, 未有如明之弘光者也.(『戴名世集』권13, 中華書局, 1986, 363쪽)

전조망도 명과 당·송을 비교하면서 "하늘도 명나라를 싫어해 성공

---

* 원주: "終天而已矣, 終古而已矣."(『牧齋有學集』권34, 1223쪽)
** 대명세(1653~1713)는 안휘 동성 사람으로 자는 전유田有다. 그는 강희 26년(1687)에 공생貢生의 신분으로 지현에 임명되었으나 부임하지 않고 천하를 유람하며 글을 팔아 생계를 꾸렸다. 그러다가 강희 48년(1709)에 57세로 진사에 급제하여 편수編修에 임명되었으나, 2년 후인 1711년 『남산집南山集』으로 인한 문자옥에 연루되어 처형당했다.

하도록 도와주지 않았고"."명나라 또한 스스로 하늘과 연을 끊어 많은 계책이 모두 어긋나서 시행되지 못했다"고 했다.* 전조망과 같은 후세인은 명나라 말엽의 사대부들이 '절망적인 상황'에 처해 어찌할 방도가 없을 때 반응한 방식에 놀랄 수밖에 없었다. 전조망은 충의를 다한 사대부들이 죽지 않을 수 있었음에도 죽은 일을 기록했는데, 항상 슬퍼하고 탄식하여 역사가라 보기 어려운 태도를 취했던 것도 말로 다할 수 없는 것이 있었기 때문이다.

> 하늘이 이미 명나라를 싫어하니 사람의 힘으로는 어찌할 수 있는 게 없었다. 군주를 모실 벼슬도 없는 몸으로 일을 평하고 자신을 정결히 지키며 나서지 않는다면 그 또한 나라에 보답하기에 충분할 것이다. 관직을 바꾸지 않고 평생 소박한 평민으로 살면 그 또한 조상들을 뵙기에 충분할 것이다. 하지만 그 뜻을 충족하려면 반드시 노양魯陽**이 창을 휘둘러 서산으로 기우는 해를 되돌린 것처럼 해야 할 것이니 취한 듯 꿈꾸는 듯 위기 상황에서 서로를 따랐다.
> 天既厭明, 人力莫可如何. 評事以朝不坐燕不與之身, 潔己不出, 其亦足以報國矣. 冠裳不改, 終身縞素, 其亦足以見先人矣. 而充其意, 似乎必欲揮魯陽之戈, 返西崦之日, 如醉如夢, 以相從於危機.

호걸은 그저 가슴이 뚫리고 목이 잘려 군주와 신하 사이의 대의

---

* 원주: "天亦厭明, 不佑其成 (…) 明亦自絶於天, 群策總屈而不施."
** 노양은 주 무왕 휘하의 장수로서 은 주왕과 격전을 벌일 때 해가 저물려고 하니 그가 해를 향해 창을 휘두르며 벼락처럼 고함을 질러 해가 다시 멀찌감치 물러나게 만들었다고 한다. 이후 '노양휘과魯陽揮戈'는 위기 상황을 힘으로 되돌린다는 의미로 쓰이게 되었다.

에 부끄럽지 않기를 추구할 뿐이다. 그렇지 않으면 멀리 달아나버리는 것도 안 될 게 없지 않은가? 그런데 굳이 나라와 군주를 따라 죽어야 하겠는가?

豪傑之士, 不過存一穴胸斷脰之念, 以求不愧於君臣大義而已, 不然遠揚而去, 又何不可, 而必以身殉之乎.[32]

전조망이 '굳이 그럴 필요가 없었다'고 여긴 것을 정작 명대 사람들은 '그러지 않을 수 없었다'고 여겼다. 전조망은 민감한 통찰력으로 대의를 위해 죽은 이들이 결코 성공을 기대한 것이 아니라 그저 자살을 통해 '부끄럽지 않음'을 추구했을 뿐이라고 지적했다. 명나라 말엽 충의 인물들에 대해 그는 여러 차례 '노양이 창을 휘두르는 것'에 비유했다. 캉유웨이康有爲도 『원독사집袁督師集』에 서문을 쓰면서 이 비유를 사용했다. 장황언張煌言 자신은 재앙을 당하기 직전에 역시 이것으로 자신의 처지를 비유했으니(『張蒼水集』 참조) 참으로 적절했다.

전조망은 전사숙錢士驌*의 말을 인용하여 다음과 같이 썼다.

을유년(1645) 여름에 강남에는 이미 군주가 없어졌는데 아우 지정錢肅樂은 손가적孫嘉績,** 웅여림熊汝霖*** 등 여러 분과 함께 강을 건너서 군주를 찾아가 모셨다. 병술년(1646) 여름에 절동에 군주가 없어지자 아우는 여러 분과 함께 배를 타고 바다로 나가서 군

---

* 전사숙(?~1655)은 절강 산음 사람이다. 천계 7년(1627) 거인이 되어 운남 양종지현陽宗知縣, 숭명지주嵩明知州를 역임했다.
** 손가적(1604~1646)은 절강 여요 사람으로 원래 이름은 광필光弼이고 자는 석부碩膚다. 명나라 때의 대학사 손여유孫如遊(1549~1625)의 손자이기도 한 그는 숭정 10년(1637) 진사에 급제해 남경공부주사, 병부주사, 직방원외랑, 낭중을 역임했으나 태감 고기잠高起潛의 음모에 걸려 옥에 갇혔다가 오랜 뒤에야 겨우 풀려나 귀향했다. 이후 웅여림熊汝霖과 함께 의병을 일으켜 저항하면서 공을 세워 병부상서 겸 동각대학사에 임명되었으며, 죽은 뒤 태보에 추증되었다.

주를 찾아가 모셨다. (…) 내가 어찌 남방의 혼란이 이미 극에 달해 국세가 작아졌을 뿐만 아니라 혼란하여 조만간 평화로운 땅이 될 수 없음을 모르겠는가? 다만 나는 내 뜻을 다하고자 할 뿐이다. 乙酉之夏, 江南已無君矣. 止亭弟尚與孫熊諸公畫江求君而事之. 丙戌之夏, 浙東已無君矣, 止亭尚與諸公航海求君而事之. (…) 吾豈不知天南之亂已極, 非特小朝抑亂朝也, 其不能爲淨土在旦夕間, 顧吾但求畢吾之志而已.(『鮚埼亭集』外編 권5「明嵩明州牧房仲錢公兩世窆域志銘」)

또 『소전기전小腆紀傳』 권43에서는 오종만吳鍾巒**** 에 대해 이렇게 기록했다.

정해년(1647)에 정채가 국정을 대리하던 노왕을 모시고 중좌소성中左所城***** 에 와서 전숙락이 천거했음을 내세워 그를 불러 통정사로 삼으려 했으나 사양했다. 이에 전숙락이 편지를 보내 말하

*** 웅여림(1597~1648)은 절강 여요 사람으로 자는 우은雨殷 또는 몽택夢澤이고 어릴 적 이름은 팔상八祥이다. 숭정 4년(1631) 진사에 급제하여 동안지현同安知縣을 역임하고 호부급사중에 발탁되었으나 거침없는 간언으로 배척을 당해 복건안찰사조마福建按察司照磨로 강등되었다. 명나라가 망한 후 손가적과 함께 의병을 일으켜 항거했으며, 1645년 남명 왕조에서 병부상서 겸 동각대학사에 임명되었다. 그러나 1648년에 정채鄭彩(?~1650)에게 피살되었다.

**** 오종만(1577~1651)은 상주부 무진武進(지금의 장쑤 성에 속함) 사람으로 자는 만치巒稚 또는 준백峻伯이고 호는 하주霞舟다. 숭정 7년(1634) 진사에 급제하여 장흥지현長興知縣에 임명되었으나 5년 뒤 벼슬을 잃고 소흥으로 유배되었다. 그러나 3년 뒤에 다시 계림부추관으로 임용되었으며, 1645년 남명 홍광 정권에서 예부주사에 발탁되었고 이후 통정사通政使와 예부상서를 역임했다. 이후 1651년에 청나라 군대와의 전투에서 패하자 주산舟山에서 자살했다. 저작으로『하주역전霞舟易箋』『십원재역설十願齋易說』『문사文史』『양원가화梁園佳話』『치산총담稚山叢談』『세한집歲寒集』『십원재전집十願齋全集』등이 있다.

***** 중좌소성은 명대의 위소제위衛所制에서 영녕위永寧衛에 소속된 중좌수어천호소中左守御千戶所의 성을 가리킨다. 이것은 동안현 가화서嘉禾嶼(지금의 샤먼廈門 서남부)에 위치해 있으며, 하문성廈門城이라고도 불렸다.

니, (…) 오종만도 번연히 말했다.

"나서봐야 원래 무익한 일이지만 나서지 않으면 민심이 흐트러질
게다. 되든 말든 죽음으로 뒤를 이어야지!"

그리고 곧 그 직무를 맡았다.

丁亥, 鄭彩奉監國魯王至中左所, 用錢肅樂薦, 召爲通政使, 不起.
肅樂貽以書 (…) 鍾巒亦翻然曰: 出固無益, 然不出則人心逡渙. 濟
不濟, 以死繼之. 乃就職.(427~428쪽)

황종희의 『홍광실록초弘光實錄鈔』에서도 황도주黄道周가 '산을 나서지
않으려不欲出山' 했으나 결국 어쩔 수 없었다고 기록했다. 이 시기에 벼
슬길에 나서려면 필사의 의지가 있어야만 했던 것이다. 그러니 오종만
이 '위기 앞에서 어명을 받는 것見危授命'이 이 시대에는 '세상에서 가
장 중요한 일天下第一等事'이라고 여겼던 것이다. 오위업은 오계선吳繼善*
이 가망이 없음을 알면서도 사지로 뛰어든 것을 기록하면서 더욱 세심
한 문인의 관찰을 담았다.

심지어 청나라에 투항해 멸시를 받았던 전겸익도 명이 망할 무렵에
는 상황을 돌이킬 수 없다고 말한 적이 있다. 이미 투항한 뒤에 한 말
이지만 필요한 말이었음을 알 수 있다. 그것은 사대부로서 공개적인 발
언이기도 했고 또한 일종의 혼잣말로서 필요했을 수도 있다. 이러한 드
러냄은 심지어 생존에 필요한 것이었다고도 할 수 있다. 즉 곤경에서
벗어나기가 '불가능'했다는 것을 생존의 근거로 삼았던 것이다. 바로
여기서 문제가 극단적으로 심각했음을 알 수 있다.

---

* 오계선(1606~1644)은 태창太倉(지금의 장쑤 성에 속함) 사람이고 자는 지연志衍이며 오위업의
친형이다. 숭정 10년(1637) 진사에 급제하여 절강 자계지현慈溪知縣과 성도지부成都知府를 역임
했다. 훗날 장헌충에게 피살되었다.

하지만 '삶'과 '죽음'만으로는 다할 수 없는 것도 있었으니 바로 삶을 죽음으로 여기는 유민들이었다. 이것은 명·청 교체기의 기나긴 사망의식死亡儀式의 연장선상에 있는 것으로, '충의'를 위해 죽은 다음에 또 죽음으로 그 뒤를 잇는 것이었다. 섭섭葉燮은 「서사재선생묘지명徐俟齋先生墓誌銘」에서 서방徐枋이 "죽고자 하는 뜻을 이루지 못해 육신은 살아남았으나 마음은 죽은 것과 같아서 평생 친척 및 벗들과 관계를 끊고 각고면려刻苦勉勵하며 살았다"*고 했다. 『비전집碑傳集』 권124 「이일민괴춘묘지명李逸民魁春墓誌銘」에도 이괴춘이 "죽고자 하는 뜻을 이루지 못해 육신은 살아남았으나 마음은 죽은 것과 같았다"고 했다. 살아도 죽은 것과 마찬가지라는 이 상황은 유민들 사이에서 유행이었던 듯하며, 이렇게 하지 않으면 뜻을 분명히 나타내기에 부족했던 것 같다. 그 외에도 곡기를 끊거나, 한사코 병을 치료하지 않거나 혹은 폭음이나 '주색에 빠져서醇酒婦人' 죽으려는 이들도 있었다.[33]

사대부들이 죽음을 가벼이 여기는 이유 역시 앞서 설명한 바와 같다는 것은 말할 필요도 없는데, 명말에 이르면 이미 '사지가 아닌 곳이 없어서無往而非死地' 자신이 다스리는 땅을 지켜야 할 책임을 관료들은 적을 물리치면서 절조를 지키기 위해 죽거나 후퇴하면 '법률三尺法'에 의해 처형당했다. 그뿐 아니라 숭정제 때와 남명 정권의 신하들도 '죽을 길이 많아서死多門' '시비를 따지는 변론飛箝'을 하다가 죽기도 하고 '유언비어' 때문에 죽기도 했으며, 당쟁이나 간악한 무고 때문에 죽기도 했다. 충의를 지키는 사대부들은 '의로움을 세울建義' 때 전투 중에 죽을 수도 있고, "강 위에 안개 스러지고 바다에 물이 빠진江上煙消,

---

* 원주: "以死志未逮, 於是形存而志等於死, 生平戚友俱絶, 操作勤苦."(葉燮, 「徐俟齋先生墓誌銘」, 羅振玉 輯, 『徐俟齋先生年譜·附錄』)

海上潮落 "뒤에도 언제 어디서나 죽을 수 있었다. 명말 충의를 지킨 이들에 대해 기록한 글들은 마치 피할 수 없는 밀고와 배반들을 적고 있는 듯하여 매우 놀랍다. 심지어 재난에서 살아남은 이들(특히 강남의 사대부들) 역시 죽음에서 벗어날 수 없었다. 청나라 초기에 '과장안科場案'과 '주소안奏銷案'* '곡묘안哭廟案'** 등의 사건에 연루되어 많이 죽어나간 것은 이미 널리 알려진 일이다. 여기에서는 아직 '장씨사옥莊氏史獄'***을 비롯한 다른 문자옥에 대해서는 언급하지 않았다. 이처럼 터무니없는 시대라니! 사대부들이 선택할 수 있었던 것은 차라리 죽는 방법밖에 없었다고 할 수 있을 정도였다. 구식사瞿式耜가 남긴 상소문에 적힌 것처럼 "좁은 방 안에서 죽느니 차라리 큰 마당에서 죽는 게 나은"**** 상황이었던 것이다. '죽음'이 이미 정해진 운명이라면 사고로 죽든, 대의를 위해 죽든, 법에 의해 처형당하든, 형벌을 받다 죽든 그 유형은 가치론에 속할 뿐이며, 어떤 경우는 그것이 마땅한지 여부와도 전혀 관계가 없었다.

물론 어쩔 수 없음을 알고 행하는 것 또한 사대부의 원래 면모이기 때문에 유가 학자들에게만 해당되는 것이 아닐 것이다. 대의가 있는 곳

---

* 주소는 청나라 때 주와 현에서 매년 전량錢糧을 징수한 실적을 보고하는 문서를 가리킨다.

** 원래 사원이나 사당 등에서 곡을 하며 제사를 지내는 것을 가리키는데, 왕조에 따라 의미가 다르다. 청나라 때에는 황제가 죽은 뒤 지방 관리와 신사紳士들이 만수궁萬壽宮이나 사당 등에서 곡을 하며 제사지내는 것을 '곡묘哭廟'라고 불렀다. 한편 고대 중국의 사대부들은 조정 정책의 실책이나 관리의 부패를 탄핵하는 의미에서 공자의 사당 같은 데에 모여 집단으로 통곡하는 의식을 치르기도 했다.

*** 장씨사옥은 오흥吳興 남쪽 심진潯鎭에 살던 장윤성莊允城(자는 군유君維)이 요절한 자신의 아들 장정롱莊廷鑨이 편찬한 『명서집략明書輯略』을 간행한 일로 "사사로이 명나라 역사서를 편찬해 조정을 비방했다"는 죄명으로 모함을 당해 생겨난 문자옥이다. 이 일로 인해 강희 1년(1662)에 장윤성 자신과 아들, 조카를 비롯해 18명이 처형당하고, 집안의 전 재산이 몰수당했으며, 장정롱은 무덤이 파헤쳐져 시신이 불태워졌다. 그뿐 아니라 이 책의 간행과 관련 있는 주우명朱佑明의 일가족을 비롯해 모두 70여 명이 처형되고 수백 명이 유배되었다.

**** 원주: "死於一室, 不若死於大庭."(黃宗羲, 『行朝錄』 권5, 『黃宗羲全集』 제2책, 156쪽)

이면 반드시 달려가야 하겠지만, "도가 행해지지 않는다는 것은 이미 알고 있는道之不行, 已知之矣" 상황이었던 것이다. 또한 명나라 말엽의 상황이 '어쩔 수 없는不可爲' 것과 사대부들이 '안 되는 줄 알면서도 행한' 것은 명·청 교체기만의 특수한 현상이 아니었다. 명나라가 망할 무렵에 자살하듯이 대의를 행하려 한 것은 정덕, 가정 시기의 자살에 가까운 간언 행위와 마찬가지로 틀림없이 죽을 것임을 스스로 알면서 죽을 곳을 찾는 행위에 지나지 않았던 것이다. 명나라 때 사람들은 "평소 황제의 심기를 거스르며 과감하게 간언하는 인사가 바로 재난이 닥쳤을 때 절개와 대의를 위해 목숨을 바치는 신하"라고 믿었다. 그러므로 '죽음'이라는 주제는 명 왕조의 처음과 끝을 관통했다고 할 수 있다. 그러나 '나라가 망하여 왕의 기강이 풀어질王綱解紐' 때 주도적으로 죽음을 택하면서 '가슴에 구멍이 뚫리고 목이 잘려穴胸斷脰' 죽는 것을 '기대'하거나 '반드시' 그렇게 하는 것은 태평스러운 시대와는 다르다. 그런데 명나라가 망할 무렵에 이르러서는 문제가 더 단순해졌다. 즉 삶과 죽음, 산 자와 죽은 자만이 있게 되었던 것이다. 정사와 야사의 "충의"나 "유민" 항목은 오로지 죽은 자와 죽지 않은 자라는 기준에 의해 나뉘었다. 『명계북략』 권21과 권22의 "순난殉難" "주륙誅戮" "행면幸免" "종역從逆"과 같은 명목들은 사대부—특히 신하로서 벼슬살이를 한 이—가 택할 수 있었던 선택, 출로, 경우를 모두 포괄하며, 아울러 이로 인해 초래된 우열과 영욕을 나타낸다. 그러나 여기에는 아직 일반 백성의 죽음까지는 포함되지 않았다.(이에 대해선 황종희의 「전충개공전錢忠介公傳」에 있는 전숙락錢肅樂의 말 참조)

고대 중국인도 당연히 '성패'나 '공효功效'에 연연하지 않는 소탈한 면이 있었으니 이른바 "그 도를 밝히면 그만이지 공은 생각하지 않는다明其道不計其功"는 것이 그것이다. 그러나 명대 사람들의 죽음은 또한 청대 사람들로서는 깊이 이해하기 어려운 측면이 있었다. 필자가 보기에 명나라 200여 년 동안과 명이 망할 무렵에 나타난 죽음들은 당연히 도덕적 실천이자 사대부들의 자아 완성이라고도 간주할 수 있지만 또한 격정의 발휘이자 표현 방식이기도 했다. 특히 명나라가 망할 무렵이 그러했다. 명의 멸망은 사대부에 대한 억압이자 동시에 해방이기도 했다. 의거와 죽음은 사대부가 그 의지를 표현하는 방식이자 격정을 나타내는 방식, 자신들의 존재와 의지, 역량을 증명하는 방식이었다. 이런 것들은 부분적으로 명대의 정치적 억압을 통해 해석할 수 있다. 죽음을 택하게 된 동기는 당연히 여러 가지다. 고의적으로 (자신이 맞닥뜨린 불공정함을) 망각하기 위해서, (자신의 무죄를) 뚜렷이 증명하기 위해서, (자신의 청정과 지행합일의 실천을) 스스로 밝히기 위해서 등이다. 후세 사람들이 즐겨 이야기하는 명·청 교체기의 비장한 색채는 바로 '절망'에, 또한 '죽음의 의지'에 물들어서 이루어진 것이었다.

앞서 설명했듯이 사대부는 어쩔 수 없는 상황에 이르러 죽을 수밖에 없었고, 어쩔 수 없으면서도 반드시 죽어야 하는 정세가 있었다. 명말에 이 정세는 바로 '절의론節義論'을 주요 화제로 한 거시적 상황이었다. 이 거시적 상황은 송·명대의 유학에 의해 오래전부터 명대의 학자와 사대부들이 일상적인 담론을 통해 조성해놓은 도덕적 율령이자 사대부들의 세계관이었으며, 그것이 명나라가 멸망할 무렵 사대부들의 행동 방식과 그들의 선택을 '규정'했다. 이에 대해서는 뒤에서 계속 설명할 것이다. 명대 사대부들의 '심리 역사心史'는 당연히 왕조사 및 제왕의 역사와 관련이 있으며 또한 부분적으로 후자의 결과이기도 한데, 터져나올 수밖에 없도록 누적된 '절의론'이랄지 가득 맺힌 '충의의 기개'와 같은 그 자체의 내재 논리도 가지고 있었다. 이것은 명나라 전체의 역사를 통해 설명해야 할 사안이지만, 굳이 여기서 거론할 필요는 없을 듯하다.

명나라의 멸망이 이미 기정사실화된 상황에 이르러 왕부지는 '죽지 않을 수 있음'을 얘기하고 계속해서 '물러남退' '떠남去' '지킴守'을 이야기했으며, 물론 조건과 원칙은 있지만 목숨을 온전히 할 것을 주장했다. 이런 경우 비록 그 화법은 전혀 통일되어 있지 않지만 '떠남' 등을 주장하는 것은 여전히 '불가함을 알고 하지 않음'을 긍정하는 것으로 간주할 수 있다. 이것은 일반적인 논리와는 달리 지식의 선택을 '구체적인 상황'으로 만들어준다. 역사를 논할 때 왕부지는 조건(구체적인 상황)을 매우 중시했는데, 여기에서도 여전히 '싸잡아 논하는一概之論' 방식을 취하지 않았다. 황종희가 만년에 쓴 글에서는 '어쩔 수 없음을 알고도 행하는 것'과 함께 '조짐을 보고見幾' 물러나는 것을 긍정했다. 명말 사대부들의 청의가 가혹하긴 했지만 여전히 틈은 있었다. 북방의 위대한 학자 손기봉孫奇逢*은 황제의 부름에도 응하지 않았고, 용성容城의 수비에 참여하기는 했지만 죽음으로 지킬 계책은 세우지 않으며 오히려 친족과 마을 사람들을 이끌고 대규모 피란을 감행했다.(이것은 당시에 성공적으로 연출된 '도화원桃花源' 이야기였다.) 그의 이러한 행위는 대의를 위해 죽은 손승종孫承宗**이나 녹선계鹿善繼*** 등과 함께 당시 사람들이 즐겨 논하는 화제였다. 고대 중국의 사대부 문화는 사대부의 선택(이른바 '진퇴출처사수취여進退出處辭受取予')에 대해 줄곧 상당히 큰 자유를 허락했으며 더욱이 평소 평가에서도 이중적이거나 다중적인 기

---

* 손기봉(1584~1675)은 보정부 용성容城(지금의 허베이 성 바오딩保定에 속함) 사람으로 자는 계태啓泰이고 호는 종원鍾元이며 만년에 휘현輝縣(지금의 허난 성 후이셴輝縣에 속함) 하봉촌夏峯村에서 20년이 넘도록 학생들을 가르쳐 하봉선생이라고도 불렸다. 그는 명나라가 망한 뒤에 청나라 조정으로부터 여러 차례 부름을 받았으나 벼슬살이를 하지 않아서 손징군孫徵君이라고도 불렸다. 전조망에 의해 이옹李顒, 황종희와 함께 '청 초기의 3대 학자清初三大儒'로 꼽히기도 했던 그는 『이학종전理學宗傳』『성학록聖學錄』『북학편北學編』『낙학편洛學編』『사서근지四書近指』『독역대지讀易大旨』『서경근지書經近指』 등 많은 저작을 남겼다.

준을 적용했다. 어쩌면 왕부지 등은 그저 명대 사대부들이 알게 모르게 소홀히 했던 부분을 제시하여 그와 관련된 '의리義理'를 분명히 밝힌 것에 지나지 않았다고 할 수도 있겠다.***

절개를 지켜 죽지 못함을 한탄하다

후세의 관점에서 보면 명·청 교체기에 '죽지 않음'을 화제로 삼는 것은 거의 '죽음'을 화제로 삼는 경우와 마찬가지로 중요했으며 또한 그 의의도 상호 보충적이었다. '죽지 않음'은 마땅히 죽어야 함에도 죽지 않는 것이다. 그런데 그 상황도 적에게 투항하거나, 도망치거나, '당장 죽지 않는 것不卽死'이거나, 유민 식의 살아남기 등 여러 가지다. 이런 상황들은 또 좀 더 세밀한 상황과 이야기로 나뉜다. "삶과 죽음의 경계에서 사람을 논하는 것은 또한 어려운 일이 아닌가!" 하지만 당시 사대부들은 늘 쉽게 그런 이야기를 했다. 특히 사람이 '죽지 않음'을 논할

** 손승종(1563~1638)은 보정 고양高陽(지금의 허베이 성에 속함) 사람으로 자는 치승稚繩이고 호는 개양愷陽이다. 희종熹宗 천계제天啓帝의 스승이기도 했던 그는 계료독사薊遼督師로서 11만 명의 군사를 통솔하면서 여러 차례 탁월한 공적을 세웠으나 위충현의 억압으로 벼슬을 사직하고 귀향했다. 훗날 황태극皇太極이 경사를 포위했을 때 급히 불려와 청나라 군대를 격퇴하기도 했지만 다시 대신들의 탄핵을 받고 귀향했다가 숭정 11년(1638) 청나라 군대가 쳐들어왔을 때 가족들과 고양성高陽城을 지키다가 5명의 아들과 6명의 손자, 2명의 조카, 8명의 조카손자와 함께 전사했다. 생전에 병부상서와 대부太傅 등을 역임했고, 죽은 뒤 남명의 복왕이 태사에 추증하고 시호로 문충文忠을 하사했고 나중에 청 고종 때 충정忠定으로 개시했다. 저작으로 시집인 『고양집』과 군사 관련 저작인 『거영구답합편車營扣答合編』이 있다.

*** 녹선계(1575~1636)는 정흥定興(지금의 허베이 성에 속함) 사람으로 자는 백순伯順이고 호는 건악乾嶽, 강촌어은江村漁隱이다. 만력 41년(1613) 진사 출신의 학위를 하사받고 식현지현息縣知縣과 섭서도어사陝西道御史 등을 역임했다. 만년에 고향에서 학생들을 가르치다가 숭정 9년(1636)에 청나라 군대가 정흥성을 공격할 때 6일 동안 선전하며 지키던 중 결국 성이 함락되어 살해당했다. 이후 조정에서 그에게 대리시경大理寺卿을 추증하고 시호로 충절忠節을 하사했다. 『사서설약四書說約』 『전·후독사기략前後督師紀略』 『인리제강認理提綱』 『인진초認眞草』 등 여러 분야에 걸쳐서 풍부한 저작을 남겼으며, 그 밖의 시문은 『녹충절공집鹿忠節公集』에 모아져 있다.

때 더욱 그러했다. 그러나 이 절의 제목에서도 알 수 있듯이 당시 사람들이 '죽지 않음'에 대해 평한 것은 '절의론'의 복잡성을 더욱 잘 증명해준다.

비록 명·청 교체기 및 그 후에 명말이 '충의가 극성했던' 시기라는 주장이 있긴 했지만 명대 사대부들의 기개와 절조에 관한 가혹한 논의가 한시도 없었던 적은 없었다. 그것들은 명대인들과 그들이 남긴 고아들의 말이나 청나라 초기 역사가들의 글에서 볼 수 있다. 『명계남략』 권2에는 홍광 왕조 사가법史可法*의 회복을 청하는 상소를 기록했는데, 그 가운데 "선제先帝께서는 예법에 맞추어 신하를 대하셨고 은혜로 장수를 부리셨는데 북쪽의 여러 신하 가운데는 절조를 지켜 죽은 이가 드물고 남쪽의 여러 신하 가운데는 도적을 토벌하러 나선 이가 드무니, 이는 천고 이래 유례가 없었던 수치"**라는 말이 있다. 명·청 교체기 사대부들의 가혹한 의론의 배경에는 어쩌면 이런 치욕감 같은 것이 있었는지도 모르겠다. 웅개원도 "근래 재난에 목숨을 바친 여러 사람을 살펴보니 그 수가 송나라 때의 1만 분의 일에도 미치지 못하고 그 사람의 신분 또한 크게 미치지 못한다"***고 했다. 귀장은 중당과 오대시기를 명나라 말엽과 비교하면서 이렇게 썼다.

---

* 사가법(1602~1645)은 자가 헌지憲之이고, 호가 도린道鄰이며 하남 상부祥符 사람이다. 숭정 1년(1628) 진사가 되어 우첨도어사, 남경병부상서를 지냈으며, 숭정 17년(1644) 이자성의 군대가 북경을 함락하자 황제를 옹위하여 남경으로 가서 남명 정권을 세웠다. 그곳에서 그는 예부상서, 병부상서 겸 동각대학사 등을 역임했으나, 나중에 간신 마사영馬士英에게 배척당하자 자청해서 양주 일대로 와 청나라 군대의 침략에 맞서 싸웠다. 1645년 4월, 청나라 군대가 양주성을 포위하고 항복을 권했으나, 그는 끝까지 저항하다가 결국 포로가 되어 처형되었다. 청나라 때 건륭제가 '충정忠正'이라는 시호를 추서했다. 훗날 그의 후손이 그의 글과 관련 자료를 모아 『사충정공문집史忠正公集』을 편찬했다.

** 원주: "先帝待臣以禮, 御將以恩, 一旦變出非常, 在北諸臣死節者寥寥, 在南諸臣討賊者寥寥, 此千古以來所未有之恥也."(110쪽)

*** 원주: "觀近日殉諸公, 其數不及宋萬之一, 其人亦大不伴矣."(「宋陸君實先生遺跡序」, 『魚山剩稿』 권5, 上海古籍出版社, 1986, 438쪽)

숭정 말년에 풍속이 쇠퇴하고 염치의 도리가 사라졌으니 그 또한 천보(742~756) 연간이나 오대 시기와 같지 않은가? 떠도는 도적들이 난리를 일으키고 15년 동안 이어져 갑신년(1644)의 재앙에 이르렀지만 안팎의 여러 신하 가운데 가서한哥舒翰*이나 단응段凝,** 풍도馮道*** 같은 이가 얼마나 많았는가?

崇禎之末, 風俗陵夷, 廉恥道喪, 其亦天寶五代之時乎. 自流賊發難, 十五年間, 以至甲申之禍, 內外諸臣之爲哥舒翰段凝馮道者何其多也.(「保定張氏殉難錄序」,『歸莊集』권3, 175쪽)

귀장은 그들이 "줏대가 없다波靡瀾倒"고 했다.

경사에 있으면서 갑신년의 변고를 몸소 겪은 양사총楊士聰****은『갑신핵진략甲申核眞略』을 써서 당시 '적에게 사로잡힌 관리陷賊官員'와 관련된

---

* 가서한(?~757)은 서돌궐 별부別部인 돌기시突騎施 출신으로 천보天寶 6년(747) 당나라의 대투군부사大鬪軍副使로 기용되어 좌위랑장左衛郞將, 우무위원외장군右武衛員外將軍을 거쳐 개부의동삼사開府儀同三司로 승진했다가 서평군왕西平郡王에 봉해졌고, 이후 태자태보 겸 어사대부를 역임했다. 그러나 안사의 난이 일어났을 때 포로로 잡혀 있다가 살해당했다. 당 대종代宗(재위 762~779)은 그에게 태위太尉 직위를 추증하고 무민武愍이라는 시호를 하사했다.

** 단응(?~927)은 개봉 사람으로 본명은 명원明遠이다. 후량 개평開平 3년(909)에 우위위대장군右威衛大將軍이 된 이후 회주자사懷州刺史, 정주자사鄭州刺史를 역임하다가 후당後唐 장종莊宗(재위 923~926)에게 귀의하여 연주절도사兗州節度使, 등주절도사鄧州節度使를 역임했으나 훗날 사약을 받고 죽었다.

*** 풍도(882~954)는 영주瀛州 경성景城(지금의 허베이 성 창저우滄州에 속함) 사람으로 자는 가도可道이고 호는 장락로長樂老다. 그는 후당後唐, 후진後晉, 후한後漢, 후주後周의 네 왕조에 걸쳐서 10명의 황제를 섬겼으며 그사이에 요遼의 태종太宗(재위 927~947)에게 신하를 자처하기도 했지만 줄곧 장상과 삼공, 삼사三師와 같은 고위 관직을 유지했다. 후주 현덕顯德 1년(954)에 병으로 죽고 나서는 영왕瀛王에 추봉되고 시호로 문의文懿가 내려졌다. 다만 후세의 역사가들은 그가 염치도 모른 채 여러 왕조를 바꿔가며 간사하게 처신했다고 비판하곤 하는데, 사실상 그는 백성을 생각하는 정치와 인재를 아끼는 품성으로 생전에도 많은 이의 추앙을 받았다고 한다.

**** 양사총(1597~1648)은 산동 제령濟寧 사람으로 자는 조철朝徹이고 호는 부수鳧岫다. 동림당 지도자인 주정유周廷儒(1593~1643)의 문생門生인 그는 숭정 4년(1631) 동진사출신同進士出身으로 급제하여 한림원검토를 역임했다. 그러나 이후 이자성 정권에 의지했다가 다시 청나라에서 벼슬살이를 한 이력으로 인해 후세의 평가가 나쁜 편이다. 주요 저작으로『옥당췌기玉堂萃記』가 있다.

가혹한 논의, 이른바 '형욕刑辱'으로 지목되거나 '도망逃'했다는 등의 평가에 대해 일일이 반박했다.

> 상·주 교체기에는 수양산에서 굶어 죽은 백이와 숙제 두 명밖에 없었는데, 북경에서 순절한 이가 거의 스무 명이나 되니 아주 많다고 할 수 있다. 개벽 이래 지금까지 대대로 왕조의 흥망이 계속되었지만 조정의 모든 이가 다 죽어야 한다는 이치는 결코 없었다.
>
> 商周之際, 僅得首陽兩餓夫. 北都殉節, 幾二十人, 可謂盛矣. 自開闢以至於今, 興亡代有, 萬無擧朝盡死之理.(浙江古籍出版社, 1985, 9쪽)

구유병邱維屛*도 명나라 말엽의 절의가 "요·순 이래 이보다 더 극성했던 때가 없었다"**고 했다. 주이존朱彝尊*** 또한 앞서 언급한 시론時論들의 잘못을 지적했다. 그는 당시의 사정을 기록하면서 이렇게 썼다.

> 적병이 경사를 함락했을 때 대학사 범경문 이하 죽은 이가 23명이었다. 이 사실이 강남에 알려지자 강남의 재야인사들이 서로 가

---

* 구유병(1614~1679)은 강서 영도寧都 사람으로 자는 방사邦士이고 호는 송하선생松下先生이다. 명말 청초의 저명한 산문가인 위희魏禧(1624~1680)의 자형이기도 한 그는 명나라가 망한 후 제생 학위를 버리고 취미봉翠微峯에 은거하여 학생들을 가르치며 저술에 전념했고 '역당구자易堂九子' 가운데 한 명으로 꼽힌다. 주요 저작으로 『주역초설周易剿說』『송하집松下集』『방사문집邦士文集』 등이 있다.

** 원주: "自唐虞以來未有盛於此者."(「蔡公防河奏疏後序」, 『邱邦士文鈔』 권1, 『易堂九子文鈔』, 道光丙申刊本)

*** 주이존(1629~1709)은 수수秀水(지금의 저장 성 자싱) 사람으로 자는 석창錫鬯이고 호로 죽타竹垞, 구방驅芳, 소장로조어사小長蘆釣魚師, 금풍정장金風亭長 등을 썼다. 강희 18년(1679) 박학홍사과博學鴻詞科에 천거되어 검토가 되었고, 강희 22년(1683)에는 남서방南書房에 들어가 『명사』 편찬에 참여하기도 했다. 시사詩詞에 모두 뛰어나고 금석문의 역사에도 밝았던 그는 당시 저명한 장서가이기도 했다. 주요 저서로 『폭서정집曝書亭集』『일하구문日下舊聞』『경의고經義考』가 있고 그 외에 『명시종明詩綜』과 『사종詞綜』을 편찬하기도 했다.

슴을 치고 주먹을 불끈 쥐며 300년 동안 선비를 양성한 데에 보
답하려면 순절한 사람이 이처럼 적어서는 안 된다고 하면서, 책에
대한 논의가 나라를 망쳤으니 과거를 폐지해야 한다고 주장했다.
나는 당시 아직 어렸기에 거기에 동조해 분개하며 불평을 토로했
다. 한참 뒤 사방을 여행하며 전쟁이 벌어졌던 옛 보루들을 찾아
보고 원로들을 방문하여 여쭤보니 갑신년(1644) 전후로 재난에
순절한 사대부가 적어도 수백 명인데 개중에 절반 이상은 과거에
급제한 이들임을 알게 되었다. 그리고 신성의 왕 씨 가문에서는
과거에 급제한 이가 가장 많았는데, 순절한 이 또한 가장 많았다.
그런 뒤에야 나라에 보답한 이가 없지 않았으니, 예전에 재야에서
벌어진 논의는 그저 한순간의 과격한 논의였을 뿐 공평하지 못했
음을 알게 되었다.

方賊兵之陷京師也, 大學士范公景文以下死者二十三人. 事聞江南,
江南草野士, 交塡膺扼腕, 謂三百年養士之報, 盡節者不宜寥寥若
是, 遂持論書義誤國, 科擧可廢. 彝尊時尙少, 亦助之憤惋不平. 久而
遊四方, 歷戰爭故壘, 訪問耆老, 則甲申前後, 士大夫殉難者, 不下數
百人, 大都半出科第, 而新城王氏, 科第最盛, 盡節死者亦最多. 然後
知報國未嘗無人, 而往時草野之論, 特一時過激, 未得其平也.(『曝書
亭集』권72, 國學整理社, 1937, 829~830쪽)

더욱 이상한 것은 '절조를 잃은失節' 이들에 대한 평가에서 결코 관
대하지 않고 엄격하기 그지없었던 이로 가장 먼저 청나라 황제들이 꼽
힌다는 사실이다. 건륭제는 명사를 편찬하는 부서에 어명을 내려 투
항한 신하 유양신劉良臣*을 비롯한 120여 명의 전기를 "이신전貳臣傳"
에 포함시키도록 하고 또 거듭 '성유聖諭'를 내렸으니, 마치 '망한 명나

라'를 대신하여 복수라도 해주려는 것 같았다. 그리고 김보金堡**와 굴
대균屈大均,*** 전겸익을 나란히 거론하면서 "불가에 몸을 숨긴 부류逃跡緇
流" "두 왕조를 섬긴 부류身事兩朝"의 사례로 간주하고 "순절하지 못하
며 뻔뻔한 얼굴로 구차하게 살아남은不能死節靦顏苟活" 자들이라고 비판
했는데, 도무지 무슨 근거로 그렇게 평가했는지 모를 일이다. 굴대균의
시와 문장이 '패역'한 것은 사실일 수도 있지만 그에게 '순절하지 못한'
죄를 뒤집어씌운 것은 기실 다른 의도가 있는 것으로 그 논지가 사대
부들에 비해 더욱 가혹할 뿐만 아니라 그 이유도 설명할 수 없다.[34]

'절조를 잃은' 이들을 징치하는 데 결코 관대하지 않았던 것은 당
연히 남명의 작은 정권에서도 마찬가지였다. 그런데 그것은 어떤 도의
적 역량을 갖추고 있었기 때문이라기보다는 '정통'의 소재를 나타내고
또 아직 사람을 죽일 만한 권력을 지니고 있음을 증명하기 위해서였다
고 하는 편이 더 타당하다. 물론 이것도 명대 사람들의 도덕론이 배경
이 되었다. 『남도록南渡錄』 권5에는 홍광제가 "영토를 지키지 못한 신

---

*   유양신(?~1648)은 북직예 사람으로 명나라에서 유격장군遊擊將軍으로서 대릉하大淩河의 수
    비를 담당했으나 청나라 군대에 패하고 투항했다. 1634년에는 청나라에서 삼등경거도위三等輕
    車都尉에 임명되어 한군양황기漢軍鑲黃旗에 편입되었다. 이후 삼등참령三等參領과 감숙총병
    甘肅總兵, 도독동지都督同知를 역임했으나 1648년 회족回族의 반란을 진압하다가 피살되었다.
    1652년에는 우도독右都督에 추증되었다.
** 김보(1614~1681)는 절강 인화仁和(지금의 항저우) 사람으로 자는 위공衛公 또는 도은道隱이다.
    그는 숭정 13년(1640) 진사에 급제하여 임청지현臨淸知縣을 지내다가 파직되어 귀향했다. 훗날
    남명 영력 정권에서 예부급사중을 역임하기도 했고, 1650년에는 계림에서 승려로 지내기도 했다.
    이후 담귀澹歸, 금석今釋 등의 법명과 타석옹舵石翁이라는 호를 쓰면서 30년 가까이 고승으로
    명성을 날렸다. 저작으로 『편행당집遍行堂集』 『영해분여嶺海焚餘』 『천산승인선사어록千山剩人
    禪師語錄』 『단하담귀선사어록丹霞澹歸禪師語錄』 등이 있다.
*** 굴대균(1630~1696)은 광동 번우番禺(지금의 광저우에 속함) 사람으로 원래 이름은 소룡邵
    龍 또는 소룡邵隆이었고 호는 비지非池였다가 이름을 바꾸고 자를 소여騷餘 또는 옹산翁山, 개
    자介子라 하고 호를 채포菜圃라고 했다. 명나라 말엽에 저명한 시인이자 학자였던 그는 반청운
    동을 하다가 잠시 승려로 지내기도 했으나, 나중에 다시 유학자로 돌아왔다. 그의 저작들은 대부
    분 문자옥으로 훼손되었지만 후세 사람들이 엮어 '굴타오서屈沱五書'로 불리는 『옹산시외翁山詩
    外』 『옹산문외翁山文外』 『옹산역외翁山易外』 『광동신어廣東新語』 『사조성인록四朝成仁錄』 등
    이 있다.

하들은 산 자와 죽은 자를 막론하고 모두 사법 기관에서 부류를 나누어 죄를 심의하라고 어명을 내린"* 일을 기록하고 있다. 황종희가 스승으로 모셨던 유종주 역시 '도망치면 처형해도 된다逃則可誅'는 엄격한 주장을 펼쳤다.[35] 숭정제가 반포한 '죄기조罪己詔'에도 "적에게 점령당해 협력하던 무리라 할지라도 역도를 버리고 바른길로 돌아서서 무리를 이끌고 귀순하면 죄를 사면하고 공을 세우도록 허락하고, 이자성이나 장헌충을 사로잡거나 목을 벤 이에게는 통후通侯 작위를 내린다"** 는 등의 내용이 들어 있다. 홍광 정권의 운명이 풍전등화가 되었을 때 '역도를 따른從逆' 무리에 대해서만 죄를 성토하며 징치를 주장한 것은 엄정한 처사인 듯 보인다. 그런데 홍광 정권에서 일어난 주종周鍾의 사건에 대해 명나라가 망한 뒤에도 황종희와 오위업 등의 논의가 끊이지 않았고, 주종은 대의를 빙자한 완대성阮大鍼 등의 복수에 희생되었다는 주장이 제기되었다.[36] 당쟁과 정쟁은 극단적인 도덕화로 나아가고 또한 도덕적 명제의 허위로 이끌린다. 완대성이 '명분을 빌릴借名' 수 있었던 것도 도덕을 명분으로 내세우는 것은 남에게서 쉽게 '빌릴' 수 있었기 때문이다.

또 이상한 것은 절개를 잃은 이가 '충의'를 언급하면서 그렇지 않은 이들과 똑같이 비분강개하여 격앙된 목소리를 내는데, 그것이 단지 죄의식을 씻기 위한 행위가 아닌 것 같다는 사실이다. 다음에서 얘기하게 될 '곧바로 죽지 않음不卽死'이라는 문제에 대해서는 당시의 여론과 별 차이가 없었던 것이다.[37] 오히려 충의를 지킨 것으로 유명한 장황언張煌言의 '이릉론李陵論'이 당시로서는 궤변처럼 보인다.

---

* 원주: "命封疆失事諸臣不分存歿, 俱著法司分別議罪."(『南渡錄』 권5, 235쪽)

** 원주: "卽陷沒脅從之流, 能舍逆反正, 率衆來歸, 準許赦罪立功, 若能擒斬闖獻, 仍予通侯之賞."(『明季北略』 권20, 447쪽)

이릉의 죄는 죽지 못했다는 데에 있을 뿐, 스승을 버리고 나라를 욕보인 이와 조금 차이가 있고, 원수를 섬기며 주인을 욕하는 자와는 더욱 차이가 있다. 그런데 한나라는 많은 대가를 치르도록 연좌했으니 어찌 그가 주서朱序*처럼 되기를 바랄 수 있었겠는가?
夫陵之罪在不能死耳, 與棄師辱國者稍有間, 與事仇嗤主者更有間矣, 而漢連坐之不少貸, 則安望陵之能爲朱序哉.(「李陵論」, 『張蒼水集』, 44쪽)

'절조를 잃은' 것에 관한 논의는 줄곧 극단적으로 민감한 주제였다. 황종희와 오위업 등이 이미 죽은 주종을 위해 억울함을 호소할 수 있었던 것도 물론 당시의 처지 때문일 터이고 또한 시대 환경 때문일 터이다. 당시는 남성뿐만 아니라 여성세계에서도 절개를 잃은 이에 대해서는 가혹하기 그지없어서 조금의 관용도 허락하지 않았다.(황종희의 「桐城方烈婦墓誌銘」 등 참조)

더욱 미묘하면서도 명나라 사람들이 분석에 열중했던 것은 '곧바로 죽지 않음'이라는 문제였다. 사대부들의 가혹한 비판은 이 문제에서도 극도로 발휘되었다. 황종희는 주종을 위해 변호한 것 외에도 늦게 죽어서 당시 여론의 불만을 샀던 위학렴魏學濂**을 위해 변론했는데, 그가 제시한 말들을 보면 이것이 더욱 어려운 화제였던 듯하다. 그는 위

---

* 주서(?~393)는 의양군義陽郡 평씨현平氏縣(지금의 허난 성 통바이桐柏) 사람으로 자는 차륜次倫이다. 당시의 명장으로서 응양장군鷹揚將軍과 강하상江夏相을 역임한 그는 태화太和 1년(366) 사마훈司馬勛의 반란을 평정한 공으로 정로장군征虜將軍으로 승진하여 양평자襄平子에 봉해졌다. 이후 연주자사, 양주자사 등을 역임하다가 태원太元 4년(379) 전진前秦과의 전투에서 패하여 포로가 되었으나 전진의 천왕 부견符堅은 그를 탁지상서度支尚書에 임명했다. 이후 383년 비수淝水의 전투에서 암중에 동진東晉을 도와 전진을 크게 물리치게 한 후 다시 동진에 투항하여 용양장군龍驤將軍과 낭야내사琅邪內史, 예주자사豫州刺史, 옹주자사雍州刺史 등을 역임하며 많은 공을 세웠다. 죽은 뒤 좌장군左將軍 겸 산기상시散騎常侍에 추증되었다.

학렴이 곧바로 죽지 않은 것은 하려는 바가 있었기 때문이라고 했는데, 이것은 상대적으로 유력하기도 하고 당시 여론에 받아들여질 만한 해석이었다.[38] 그러나 위학렴의 무고함을 극력 변호했던 황종희도 그가 곧바로 죽지 않은 데 대해서는 불만을 토로하지 않을 수 없었다. 가령 성대한 명성에 누가 되었다든지 '공리가 그를 망쳤다功利誤之'고 평한 것처럼, 그가 늦게 죽은 것은 비판의 여지가 있다고 여긴 점에서는 당시의 여론과 아무 차이도 없었다. 「한림원서길사 자일 위선생 묘지명翰林院庶吉士子一魏先生墓誌銘」은 문장의 뜻이 완곡하고 대단히 고심하여 쓴 글이지만 더욱 치명적인 어떤 추측은 회피할 수밖에 없었다. '도덕화'는 인성에 대한 이해를 천박하게 만들 수밖에 없지만, 황종희 같은 이는 이미 당시 사람들을 훨씬 넘어서는 정신 현상에 대한 분석력을 보여주었다. 위학렴에 대해 "그 뜻을 이해해야諒其志" 한다고 주장했던 황종희는 진자룡이 쫓길 때 '다급하게 달아나던望門投止' 상황을 언급하면서 광범한 연루를 강조하고, 당시 사람들의 말을 빌려 그 사건을 후한後漢의 장검張儉에 비유했다.(『思舊錄』「陳子龍」, 『黃宗義全集』 제1책) 여기에는 문파의 편견이 섞여 있기는 하지만 그 또한 '가혹함'이 바로 '시론時論'의 성격을 지니고 있었음을 보여준다. 전조망이 충의를 지킨 명대 인사들에 대한 전기를 쓸 때에도 명대 사대부들의 논의에 대해 여러 차례 비판했다. 예를 들어 그는 풍원양馮元颺 등이 "재난에 임해서 죽지 않은 것을 비판하는" 청의에 대해 언급하면서 만약 그들이 죽지 않음으로써 그 뜻을 펼칠 수 있었다면 시대에 더 이로웠을 것이라고

** 위학렴(1608~1644)은 절강 가선嘉善 사람으로 자는 자일子一이고 호는 내재內齋 또는 용재容齋다. 숭정 16년(1643) 진사에 급제하여 서길사庶吉士가 되었지만 명나라가 망하자 이자성에게 투항했다가 얼마 후 수치심에 스스로 목을 매 죽었다. 뛰어난 화가이기도 했던 그는 예수회 선교사 몬테이로孟儒望, J. Monteiro가 저술한 『천학약의天學略義』의 교정에 참여하기도 했다.

했다. "그러므로 논자들이 두 분의 죽음이 조금 늦었다고 애석하게 생각하지만 나는 오히려 두 분의 죽음이 조금 급했다는 아쉬움이 든다"*는 것이었다. 그러나 전조망의 논의도 결국 '일렀느냐早' '늦었느냐遲'와 관련된 논의 환경에서 나온 것이 아니었다. 장황언이 재난에 임했을 때 지은 시에 "사방득謝枋得**은 늦게 죽고 문천상文天祥***은 일찍 죽었다 하지만, 언젠가 역사가 옳고 그름을 판가름해주겠지疊山遲死文山早, 靑史他年任是非"라는 구절이 있으니 '일렀느냐' '늦었느냐'가 당시 상황에서 얼마나 심각하게 받아들여졌는지 알 수 있다.

위학렴은 주종周鍾과는 달리 스스로 목을 맸는데도 죽은 뒤 여파가 이러했던 것이다. 이런 정세 아래에서 '죽지 않음'—유민의 '죽지 않음'을 포함해서—은 필연적으로 비판의 대상이 될 수밖에 없었다. 절조를 잃은 이가 스스로 '죽지 않음'을 이야기하고, '죽지 않음'으로써 '절조를 잃음'을 대신하는 것은 일부러 발언의 의미를 모호하게 만들려는 의도에서 비롯된 것이기 때문에 잠시 논외로 하겠다. 그보다 주목할 만한 것은 유민이 '죽지 않음'을 이야기하는 경우다.

건륭제가 "순절하지 못하고 뻔뻔한 얼굴로 구차하게 살아남았다"고 질책한 굴대균은 "군주와 아비의 복수를 하지 못한다면 하루라도 살아 있어서는 안 된다. 하루라도 더 산다면 그것은 그만큼의 죽음인

---

* 원주: "故論者惜二公之死稍晚, 而予反嫌二公之死稍遽."(「明故太僕寺少卿眉仙馮公神道闕銘」, 『鮚埼亭集』 外編 권5)

** 사방득(1226~1289)은 남송 신주信州 익양弋陽(지금의 장시 성 상라오上饒에 속함) 사람으로 자는 군직君直이고 호는 첩산疊山, 별호는 의재依齋다. 육부시랑을 역임한 그는 의병을 이끌고 원나라에 대항하다가 포로가 되어 순국했다. 저작으로 『첩산집疊山集』을 남겼다.

*** 문천상(1236~1283)은 강서 길주吉州 여릉廬陵(지금의 장시 성 지안吉安에 속함) 사람으로 원래 이름이 운손雲孫이고 자는 송서宋瑞 또는 이선履善이며 자호는 문산文山, 부휴도인浮休道人이다. 보우寶祐 4년(1256) 진사에 장원으로 급제한 뒤 우승상을 역임하고 신국공信國公에 봉해졌으나, 원나라의 포로가 되어 순국했다. 저작으로 『문산시집文山詩集』 『지남록指南錄』 『지남후록指南後錄』 등을 남겼다.

것"이라고 했다. 그러면서 그 자신은 분명히 "참으면서 구차하게 사는 것隱忍偸生"을 자책했다.* 유민이 '죽지 않음'을 부끄럽게 여긴 것은 그와 관련된 수많은 전기와 행장에서 볼 수 있다. 정사초鄭思肖**가 임종할 때 위패에 "위대한 송나라의 불충불효한 자 정사초大宋不忠不孝鄭思肖"라고 쓰라고 부탁한 이래(程敏政 輯, 『宋遺民錄』) 이런 식의 표현은 곧바로 유민들이 따라 배워야 할 것이 되어버렸다. 자살의 뜻을 이루지 못한 김정소金廷韶***는 자기 거처에 "불충불효하며 뻔뻔하게 살고 있는 천지간의 대죄인이라 참으로 부끄러워할 만하다"****라고 쓰고 '치려恥廬'를 자호로 삼았다. 고우태高宇泰*****도 유민이 되고 나서 이렇게 썼다.

내가 뻔뻔한 얼굴로 구차하게 목숨을 유지하고 있는데 비록 문을 걸어 잠그고 사람들과 왕래를 끊고 살지만 (…) 죽은 벗들과 비교하면 부끄러워진다.

予靦顏視息, 雖鍵戶屛絕人事, (…) 然以視亡友, 則可恥也.(「明故兵

---

* 원주: 「順德給事嚴野陳公傳」, 『翁山佚文輯』卷上. *이것은 굴대균이 진방언陳邦彦 (1603~1647, 자는 영빈令斌)의 말을 이용해서 한 것이다.(옮긴이)

** 정사초(1241~1318)는 남송 연강連江(지금의 푸젠 성에 속함) 사람으로 원래 이름은 알 수 없고, 송나라가 망한 뒤 이름을 사초로 바꾸고 자를 억옹憶翁, 호를 소남所南, 국산후인菊山後人, 경정시인景定詩人, 삼외야인三外野人, 삼외노부三外老夫 등을 썼다. 뛰어난 화가이기도 했던 그는 송나라가 망하자 강남의 보국사報國寺에서 지냈는데, 망한 왕조를 애도하기 위해 초목의 잎이 성기고 뿌리가 없는 상태로 그렸다고 한다. 시집 『심사心史』와 『정소남선생문집鄭所南先生文集』 『소남옹일백이십도시집所南翁一百二十圖詩集』 등을 남겼다.

*** 김정소(?~?)는 산음 사람으로 자는 일여一如이며 공현지현贛縣知縣을 지냈다. 『천경당서목千頃堂書目』에는 그가 『치려잉초恥廬賸草』를 썼다고 했다.

**** 원주: 王源, 「金主事傳」, "不忠不孝靦顏天地一大罪人, 良可恥也."(王源, 「金主事傳」, 『居業堂文集』권3, 道光辛卯讀雪山房)

***** 고우태(?~?)는 은현鄞縣 사람으로 자는 부발符發 또는 우존虞尊이고 호는 얼암蘗庵이다. 1645년에 전숙락錢肅樂 등을 따라 의병을 일으켜 청나라에 대항하여 남명 정권에서 병부무선운외랑兵部武選員外郎에 임명되었다. 이후 몇 차례 청나라에 체포되어 옥고를 치르면서 집안이 파탄났다. 저작으로 『설교당집雪交亭集』이 있다.

팽사망彭士望*이 '치궁당恥躬堂'이라는 당호를 썼을 때 '부끄러워한' 것도 이것이었다. 유민이 살아 있는 점을 수치로, 죄악으로 여기게 된 것은 도덕적 자기 심판에서 비롯되었을 뿐 불교나 노장사상과는 아무 관계가 없는 일이었다.

'죽지 않는 것'이 이처럼 비판의 대상이 될 수 있었다면 유민처럼 '살아남는 것'은 그 의의와 가치를 더욱 논증했어야 하리라는 것은 말할 필요도 없다. 이 때문에 사는 것이 죽는 것보다 어렵다는 얘기까지 나왔는데, 명·청 교체기로부터 청대에 이르러서도 이에 대해 논하는 이들은 논의가 중복되는 것도 마다하지 않았다. 유민으로 자처하는 이들도 자신이 아직 죽지 않고 나중에 죽기 위해 여전히 생존해 있는 이유를 스스로 해명하여 논증해야 했다. 부모를 봉양해야 한다든지, 홀로 남은 어린 자녀를 돌봐야 한다든지, 누군가가 남긴 글을 보존해야 한다든지, 나라의 역사를 써서 남겨야 한다든지, 심지어 국권을 회복—이것은 그 의의가 더욱 큰데—하여 훗날의 왕을 기다려야 한다든지 하는 것이었다. 전조망과 같은 청대의 역사가들은 죽는 것과 죽지 않는 것을 가지고 충의를 지킨 이들과 유민에 대해 함부로 우열을 가리는 여론에 대해 계속해서 "굳이 죽어야 중요해지는 것인가?"**고 되묻거나 "선비가 나라에 보답하는 데에는 원래 각자에게 맡겨진 한계가

---

* 팽사망(1610~1683)은 강서 남창 사람으로 원래 성씨는 危였고 자는 궁암躬庵 또는 달생達生이었다. 1650년 청나라 군대가 남창을 공격하자 피란을 가 취미봉에 살면서 위희魏禧 등과 교유하는 가운데 영도寧都의 역당易堂에서 학생들을 가르쳐 '역당구자易堂九子'로 불렸다. 저작으로 『수평통감手評通鑑』 『춘추오전春秋五傳』 『치궁당시문집恥躬堂詩文集』 등이 있다.

** 원주: "何必死乃足重."(「子劉子祠堂配享碑」, 『鮚埼亭集』 권24)

있으니 모조리 죽어야만 했던 적은 없었다"*라고 해명했다. 제복곤諸福坤도 「고사 대운야선생 사당기高士戴耘野先生祠堂記」에서 "자신과 가족을 희생하는 것捐軀湛族"과 "벼슬길에서 멀리 벗어나 은거하는 것遠引高蹈" 사이의 "경중은 쉽게 말하지 못할 것"이라고 했다.(『碑傳集補』 권36)

여자가 '죽어야 마땅'한데도 죽지 않는 경우는 더욱이 누구나 침을 뱉으며 욕할 수 있었다. 일찍이 여자가 재가하지 않고 수절하는 것을 비판한 바 있는 귀장조차 이렇게 말했다.

> 나는 강남의 여자가 군영에서 세수 시중을 들거나 납치당해 팔려
> 서 길을 떠도는 것을 보면 그 사람이 죽지 못하는 것을 한탄했다.
> 吾見江南女子之奉巾櫛營壘之中, 及爲所掠賣而流離道路者, 恨其不
> 能死.(「歸氏二烈婦傳」, 『歸莊集』 권7, 407쪽)

이 또한 '충의를 지킨 이'나 '도적賊' '외적寇'을 막론하고 모두 실패할 무렵에 자기 처자식을 살해한 이유를 설명해준다. 이런 폭행은 '충의를 지킨 이'들의 전기나 행장에서 줄곧 그의 '기개와 절조風節'를 증명하는 행위로 간주되었다.

오직 이런 환경 속에서만 비로소 그 많은 '죽지 않을 수 있었음에도 죽은', 마치 목숨과 원수진 듯한 그런 현상이 설명된다. 또한 오직 이런 상황에서만 타인의 죽음을 기대하는 것이 정당했고, 타인의 죽음을 돕는 것이 의거義擧로 간주되었던 이유가 설명된다.[39] 그리고 이런 상황에서만 이 절의 첫머리에서 제기한 '변경을 지키다가 죽는 것'과 '사직을 위해 죽는 것' 등의 명제 및 명나라가 망할 무렵 '충의를 지킨 이

---

* 원주: "士之報國原自各有分限, 未嘗槪以一死期之."(「移明史館帖子五」, 『鮚埼亭集』 外編 권42)

가 많아서' 죽은 이가 많았던 이유가 설명된다. 또한 이럴 때에야 비로소 명나라 유민들이 생존하기가 특별히 지난했음을 느끼고 이해할 수 있다.

죽음의 도리

명대의 사대부들은 변론을 좋아해서 논리를 세우는 데에 열중했다. 이것은 명나라가 망할 무렵에도 변함없었다는 것이 증명된다. 명나라 말엽의 '충의지사'와 '유민'에 대해 기술한 비문碑文 및 전기들에는 주로 '죽음'과 관련된 화제가 많아서, 거의 그 '죽음'의 행위와 마찬가지로 사람들에게 즐거운 이야깃거리가 되었다. 거기에는 당연히 '절명시絶命詩' 같은 것도 포함되었다. 이런 화제들은 명나라 200년 역사에서 지속된 것과 관련된 표현의 연속으로 간주할 수 있다. 이 또한 명대 사대부들이 자각적으로 진행한 이미지 만들기라는 커다란 프로젝트의 일부분이었고, 바로 명말이었기 때문에 그 만들기 작업에 더 훌륭한 솜씨가 요구되었다. 무엇보다도 대충 만들어서는 안 되었던 것이다. 사대부들의 생존은 원래 끊임없는 반성과 증명에 의존했으며 '증명할 의의'가 없는 인생은 허망한 것이었다.

정호程顥는 이렇게 말했다.

음식과 언어의 도리를 다할 수 있으면 거취의 도리를 다할 수 있고, 거취의 도리를 다할 수 있으면 생사의 도리를 다할 수 있다. 음식과 언어, 거취와 생사는 크고 작은 기세가 일관된 것이다.

能盡飲食言語之道, 則可以盡去就之道. 能盡去就之道, 則可以盡死生之道. 飲食言語去就死生, 小大之勢一也.(『二程集』)

정호의 이 말은 명대 사대부들이 늘 칭송하며 인용하던 것이었다. 명대 사람들이 '죽음'에 대해 우선적으로 관심을 가진 것은 당연히 '도리道'였다. 왕부지의 표현을 빌리자면 그것은 바로 '죽음을 도리로 삼는 것以死爲道'과 '죽음에 처하는 도리所以處死之道'였다.(『讀通鑑論』권23) 왕부지는 이 둘에 대해 모두 별도의 설명을 덧붙였지만 여기서는 아직 거론하지 않겠다. 명대 사람들은 이 '도리'에 대해 지극히 세밀하게 분석하여 공인된 '충의'에 대해서도 구차한 태도를 취하려 하지 않았다. 예를 들어 유명한 동림당 인사인 고반룡高攀龍의 죽음에 대한 것이 그렇다. 왕부지는 그의 죽음을 빌려 '신하의 도리臣道', 즉 존엄의 원칙에 대해 논했다. 그는 고반룡이 "자신을 망치고 부모를 욕되게 하며毀體辱親" "군주와 신하 사이의 도리가 없어지는君臣道喪" 상황을 죽음으로써 피했기 때문에 어떤 면에서는 그의 죽음이 도리에 합치된다고 주장했다. 황종희는 여러 차례 자신의 스승 유종주의 말을 빌려 고반룡이 '명분을 바로잡은 말正命之語', 즉 "마음이 태초의 공허와 같아서 원래 삶도 죽음도 없다心如太虛, 本無生死"는 말이 '불문에 함부로 뛰어드는 것闖入禪門'이라고 했다.[40] 이 화제에서도 각자의 이론적 취향이 드러난다. 이 '고반룡론'은 관을 덮어도 결론을 내지 못하는 예라고 해도 좋을 것이다. 어쩌면 죽느냐 마느냐에 비교해서 명대 사람들은 때로 그가 '죽음에 처한 것處死'이 도리에 맞는지 여부에 더 관심을 기울였다고도 할 수도 있다.

명대의 학자와 사대부들에게 중요한 화제가 되었던 '죽음'은 그들에게 감동적인 담화였지만 그 실체를 따져보면 그저 '이어 말하기'에 지나지 않았을 뿐, 더 높은 이론적 가치를 제시하지는 못했다. 예를 들어 장황언이 "도의상 마땅히 죽어야 한다면 죽는 것이 사는 것보다 현명하고, 마땅히 살아야 한다면 사는 것이 죽는 것보다 현명하다"* 운운한 것은 사대부들이 늘 하던 말에 지나지 않았다. 사람들이 칭송하며 인용하던 오종만吳鍾巒이 "위급한 것을 보고 재난에 임했을 때 위대한 절조는 오직 죽음에만 있을 뿐"이니 "이때가 되면 오직 나라가 위태로울 때 목숨을 바치는 것만이 천하에서 가장 중요한 일이다. 죽음으로 사직을 따르지 않고 성패를 하늘에 맡기는 것은 '입명立命의 학문'**이 아니다"***라고 말한 것 등도 사대부들의 호언일 뿐이다. 다만 이런 때가 되면 이론의 문제도 모두 간략하게 변하는데, 오종만의 이 말이 그것을 증명하는 가장 좋은 예가 될 터이다.

> 물음: 아침에 들었다는 도는 무슨 도인가?
> 답: 그저 다음 구절을 보시게.
> 問: 朝聞道, 所聞何道. 答: 只看下句.(『明儒學案』 권61, 1496쪽)

그래도 유교와 불교 사이의 학문 이치에 대한 논쟁이 명나라가 망할 무렵에도 여전히 관련된 사고를 추진할 수 있는 동력이어서 유종주나 황종희 같은 한 시대의 위대한 학자들도 이에 대해 나름대로 새로운 견해를 제시했다.[41] 『명유학안』에는 다음과 같은 유종주의 말이 기록되어 있다.

---

* 원주: "義所當死, 死賢於生, 義所當生, 生賢於死."(「貽趙廷臣書」, 『張蒼水集』, 41쪽)

** '입명의 학문立命之學'은 원황袁黃(1533~1606)이 쓴 『요범사훈了凡四訓』 제1편의 제목이다.

*** 원주: "見危臨難, 大節所在, 惟有一死. (…) 當此之時, 惟見危授命, 是天下第一等事, 不死以循社稷, 成敗尙聽諸天, 非立命之學也."(「霞舟隨筆」, 『明儒學案』 권61, 1495쪽)

인생에서 최후의 저작 하나는 지극히 중요하다. 평소 성명에 관한 고담준론을 다 했다 하더라도 생사의 갈림길에 서면 종종 그것을 잃어버린다. 그의 병폐는 두 가지가 있다. 첫째는 거짓 학문僞學이다. 명성을 치장해 세상을 속이지만 원래 성현의 뜻을 반드시 실행할 생각이 없었기 때문에 이해득실이 앞에 닥치면 전모가 모두 드러나게 된다. 다른 한 가지는 불학禪學이다. 불가에서는 선도 악도 없음을 종지로 삼는데 윤리강상과 명교, 충효와 절의는 모두 선에 속한다. 그것을 가리켜 사장事障이니 이장理障이니* 하면서 모두 없애버리고 '공空'으로 귀결시켜버린다. 그러므로 세상을 미혹하고 도를 해치는 것으로 불학보다 심한 것이 없다.

「會語」: 人生末後一著, 極是要緊. 儘有平日高談性命, 臨岐往往失之. 其受病有二: 一是僞學, 飾名欺世, 原無必爲聖賢之志, 利害當前, 全體盡露. 又有一種是禪學, 禪家以無善無惡爲宗旨, 凡綱常名敎, 忠孝節義, 都屬善一邊, 指爲事障理障, 一切掃除, 而歸之空. 故惑世害道, 莫甚於禪.(『明儒學案』 권62, 1546쪽)

그는 또 이렇게 말했다.

불교에서는 삶과 죽음을 깨닫는 것을 가장 중시하기 때문에 자신의 이익만을 추구하며 영명한 정신이 오기를 기다릴 뿐 조물주에게 돌아가지 않는다. 그것이 정말 증명될 수 있을까? 보아하니 정

---

* 사장은 탐貪, 진嗔, 만慢, 무명無明, 견見, 의疑 등의 번뇌를 가리키는데, 불가에서 이것들은 삶과 죽음을 이어지게 하여 열반에 드는 데 장애가 된다고 여겨진다. 그에 상대되는 이장은 근본무명根本無明 또는 원품무명元品無明을 가리키는데 이것은 올바른 앎正知과 올바른 식견正見을 방해하여 진여眞如의 이치를 근본적으로 깨닫는 데 장애가 된다고 여겨진다.

신을 농락하는 기량일 뿐이다. 우리 유가는 만물이 모두 내게 갖추어져 있다고 여기거늘 어떻게 자신의 이익만을 추구할 수 있겠는가? 살아 있을 때에도 그러지 못하는데 죽어서 어떻게 그럴 수 있겠는가?

「來學問答」: 禪家以了生死爲第一義, 故自私自利, 留住靈明, 不還造化. 當是其果驗, 看來只是弄精魂伎倆. 吾儒旣云萬物皆備於我, 如何自私自利得. 生旣私不得, 死如何私得.(『明儒學案』 권62, 1557쪽)

양명학과 불학에 대해 절의節義의 측면에서 비판하기 시작한 것은 결코 명나라가 망한 뒤에야 나타난 현상이 아니다. 여기서 주목할 부분은 왕조가 바뀔 무렵에 양명학자나 불교를 좋아하는 인사들 가운데 이미 많은 사람이 명나라를 위해 순국한 뒤에도 이러한 비판적 태도가 여전히 견지되었으며 또한 어느 정도 경계의 의미까지 담겨 있었다는 사실이다. 황종희는 명말 사대부들 가운데 도학을 공부하고도 "무리지어 불교에 들어간類入宗門" 이들이 모두 "충의로써 천지간에 이름을 드리웠지만以忠義垂名天壤" 그렇다고 이 때문에 유가와 불가의 경계를 모호하게 만들어서는 안 된다고 했다.

불가에는 선함도 선하지 않음도 없어서 사물과 이치를 모두 버리고 있음과 없음에 집착하지 않기 때문에 만사가 다 와해되고 만다. 명성을 더럽히고 매몰된 이가 일단 그 안에 들어가면 느긋하게 노닐면서 곧 부끄러움이 없어진다. 여러 어른의 충의는 모두 진실한 정성에서 비롯된 것인데 불교의 기풍을 녹이지 못한다면 성정을 안다고 할 수 없다. 후세 사람들 중 불교를 배우는 이들 가운데 충의를 지키는 자가 나오는 것을 보면 이것이 불학 속에 있

는 것이라고 여기게 될 것이다. 학자들 또한 불교가 충효를 방해하
지 않는다고 생각하는데, 이는 이 기개가 매몰될 수 없음을 모르
는 처사다. 정성은 가려질 수 없다. 우리 유학의 진정한 씨앗을 절
대 (불교를 믿으면서도 충의를 지킨) 여러 어른으로 인해 잘못 알아
서는 안 된다.

「輔臣朱震靑先生天麟」: 夫宗門無善無不善, 事理雙遣, 有無不著,
故萬事瓦裂. 惡名埋沒之夫, 一入其中, 逍遙而便無愧怍. 諸公之忠
義, 總是血心, 未能融化宗風, 未許謂之知性. 後人見學佛之徒, 忠
義出焉, 遂以此爲佛學中所有, 儒者亦遂謂佛學無礙於忠孝, 不知此
血性不可埋沒之處, 誠之不可掩. 吾儒眞種子, 切勿因諸公而誤認也.

(『明儒學案』권57, 1369쪽)

　　진확陳確*은 병들어 죽음을 앞둔 친구에 대해 기록하면서 "여러 아
우와 차분히 담소를 나누고 끊임없이 도에 대해 이야기하면서도 집안
일에 대해서는 전혀 언급하지 않았다"고 했다. 그런데 세속에서 극찬해
마지않는 이 일에 대해 진확은 마뜩잖게 생각해서 "삶과 죽음에 관한
불교의 생각이 그 안에 조금 담겨 있었기 때문"이라고 했다.** 같은 글
에서는 또 송대의 학자들이 즐겨 이야기하던 '증자역책曾子易簀'***에 대

---

* 진확(1604~1677)은 절강 해령海寧 사람으로 원래 이름은 도영道永이고 자는 비현非玄이었으
나 나중에 이름을 확確으로 바꾸고 자를 건초乾初라고 했다. 그는 40세 무렵에 황종희, 축연祝淵
과 함께 유종주에게 학문을 배웠고, 명나라가 망한 뒤에는 20여 년 동안 고향에 은거하며 저술에
전념했다. 그가 남긴 저작들은 1962년 중화서국에서 간행된 『진확집陳確集』모아져 있다.

** 원주: "與群季從容言笑, 談道不輟, 不一及家人事. (…) 釋氏死生之說微有以中之也."(「禪障」,
『陳確集』, 中華書局, 1979, 445쪽)

*** 이것은 『예기』「단궁檀弓 상」에 있는 이야기로서 예법을 지키는 것을 목숨보다 더 중시했던 증
자가 임종 직전에 대부大夫의 신분이 아닌 자신이 대부 전용의 대자리에 누워 있는 것을 발견하
고 즉시 아들을 불러 자리를 바꿨다는 것이다.

해 분석하는 부분에서 학파에 민감했던 유가 학자의 면모를 드러냈다.

불교와 절의의 관계에 대해서는 쉽게 말할 수 없다. '절의'는 불교의 개념 체계에 속하지 않기 때문이다. 그러나 명대 사대부들의 '죽음'에 대한 태도가 불교에서 깊은 영향을 받았다는 것은 사실이었다. 방이지는 이렇게 썼다.

> 세상에는 칼날을 밟을 수는 있어도 부귀빈천에 대한 욕망을 깨지 못한 이가 있고, 부귀빈천에 대한 욕망은 깰 수 있지만 애증의 감정은 깨지 못하는 이도 있으니, 이는 삶과 죽음의 진정한 이유를 모르기 때문이다. 그 이유란 삶이란 원래 사는 게 아니고 죽음이란 원래 죽음이 아니라는 것이다. 그 이유를 알면 무슨 삶과 죽음이니 부귀빈천이니 애증이니 하는 게 있겠는가?
>
> 「生死格」: 世有白刃可蹈, 而富貴貧賤見不破者, 有富貴貧賤可破, 而愛憎不破者, 此非眞知生死之故也. 故也者, 生本不生, 死本不死之故也. 知其故, 有何生死, 有何富貴貧賤, 有何愛憎乎.(『東西均』, 中華書局, 1962, 59쪽)

'원래 삶과 죽음이란 구분은 없다'는 것은 바로 앞서 언급했듯이 유가 학자들이 크게 반대하는 내용이지만, 명대 사람들이 환난에 대처하는 태도는 어느 정도 위에서 설명한 불교의 개념에서 도움을 받았다고 해도 무방하다. 이뿐 아니라 '삶과 죽음'이 문제가 되는 준準철학적 흥취에 대해서도 사대부들은 불교로부터 계시를 받았다. 예를 들어 「종담전鍾譚傳」에서는 종성鍾惺*에 대해 이렇게 기록했다.

(그는) 책을 읽더라도 불경을 읽지 않는다면 마치 거지처럼 얻어

먹으면서 평생 스스로 밥을 지어 먹지 않는 것과 같으니, 남자가 수십 년 동안 세상에 살고도 삶과 죽음이라는 큰일에 대해 이해하지 못한 채 흐리멍덩하게 떠나버린다면 한낱 허망하고 못난 사람일 뿐이라고 했다.

以爲讀書不讀內典, 如乞丐食, 終非自爨, 男子住世數十年, 不明生死大事, 貿貿而去, 一妄庸人耳.(『明季北略』권13, 223쪽)

또 채무덕蔡懋德**에 대해서는 이렇게 썼다.

그분은 삼봉종三峯宗의 창시자인 한월법장漢月法藏(1573~1635)으로부터 정수를 전수받은 제자라고 자칭했기 때문에 성이 위태로운 와중에 사람들에게 이렇게 말했다.

'나는 여러 해 동안 도를 배워서 이미 삶과 죽음을 헤아릴 수 있는데, 오늘이 바로 내 목숨이 다할 날일세.'

公稱漢月師入室弟子, 故在危城中語人曰: 吾學道多年, 已勘了生死, 今日正吾致命時也.(『明季北略』권20, 429쪽)

---

* 종성(1574~1624)은 호광 경릉竟陵(지금의 후베이 성 톈먼天門) 사람으로 자는 백경伯敬 또는 경백景伯이고 호는 퇴곡退穀, 지공거止公居土다. 만력 38년(1610) 진사에 급제하여 봉절사신奉節使臣으로 성도, 산동, 귀주 등지를 순시했고 이후 공부주사, 남경예부의제사낭중南京禮部儀制司郎中, 복건제학첨사福建提學僉事 등을 역임했다. 같은 고향 출신의 담원춘譚元春(1586~1637, 자는 우하友夏)과 함께 당시를 뽑아 평을 붙인 『당시귀唐詩歸』와 같은 방식으로 수나라 이전의 시를 선집한 『고시귀古詩歸』를 편찬했다. 이른바 '경릉파竟陵派' 시풍을 이루어서 둘이 함께 '종담鍾譚'으로 불리며 명성을 날렸다. 그가 남긴 시와 산문은 후세 사람들이 모아 『은수헌집隱秀軒集』으로 간행했다.

** 채무덕(1586~1644)은 소주부 곤산崑山(지금의 장쑤 성 쿤산昆山에 속함) 사람으로 자는 공우公虞이고 호는 운이雲怡다. 만력 47년(1619) 진사에 급제하여 항주추관杭州推官과 사제원외랑, 강서제학부사 등을 역임했고, 백록동서원에서 학생들을 가르치기도 했다. 이후 우첨도어사로 승진하여 산서를 순시하기도 했으나 이자성의 반군이 태원을 점령하자 스스로 목을 맸다. 시호는 충양忠襄이다.

『명계전검불교고明季滇黔佛教考』* 권30에서는 왕석곤王錫袞*이 조동종曹洞宗의 33세世 법통을 계승한 각랑도성覺浪道盛(1592~1659)에게 '도에 대해 물었던問道' 일을 스스로 진술했다.

> 혈육이 혈육의 거처를 모르고 내가 나의 처음과 끝을 모르나니,
> 이것이야말로 정말 오랜 옛날부터 지금까지 함께한 삶과 죽음에
> 대한 커다란 의문이다. 그러니 어찌 의혹이 없을 수 있겠는가?
> 親不知親之去處, 我不知我之始終, 此眞亘古今所共之生死大疑情
> 也. 安得不疑.(136~137쪽)

명대의 사대부들이 삶과 죽음에 대해 그렇듯 소탈하게 대처한 것은 나라가 망할 무렵에만 나타난 현상이 아니었다. 이자명李慈銘**의 『월만당일기越縵堂日記』 갑집甲集에서는 『벽혈록碧血錄』***에 수록된, 천계 연간에 '환관의 재앙'으로 죽은 고대장顧大章****의 「별동지절필別同志絶筆」을 평하면서 이렇게 썼다.

---

* 왕석곤(1598~1647)은 운남 녹풍祿豐 사람으로 자는 용조龍藻이고 호는 곤화崑華, 중산仲山, 염석念昔, 소재素齋다. 천계 2년(1622) 진사에 급제하여 한림원검토, 시독侍讀, 소첨사, 예부시랑, 이부상서 등을 역임했다. 이후 남명 정권에서 동각대학사로서 예부상서 겸 병부우시랑을 역임했으나 운남의 토착민 부족을 이끌고 반란을 일으킨 사정주沙定洲(?~1648)에게 살해당했다. 이후 시호로 충절忠節과 문의文毅가 내려졌다. 저작으로 『진정어람강장晉呈御覽講章』 『경서해이經書解易』 『적계초適溪草』 등이 있다.

** 이자명(1830~1894)은 회계會稽(지금의 저장 성 사오싱) 사람으로 원래 이름은 모模이고 자는 식후式侯였으나 나중에 이름을 바꾸면서 자를 기백炁伯, 호를 순객純客이라고 했으며, 서실 이름이 월만당越縵堂이었기 때문에 만년에 자호를 월만노인越縵老人이라고 했다. 광서光緒 6년(1880) 진사에 급제하여 산서도감찰어사를 역임했다.

*** 『벽혈록』은 정만鄭鄲(1594~1639, 자는 겸지謙止)이 옥중에서 천계 연간 동림당의 참화를 기록한 것으로서, 명나라 때에는 금서로서 필사본만 전해지다가 청나라 때에 저명한 장서가 포정박鮑廷博(1728~1814, 자는 이문以文)의 지부족재知不足齋에서 목판본으로 간행했다.

먼저 운양의 저자에서 휴가를 낸 지 겨우 열흘이 되었을 뿐이라
며 이야기가 농담으로 흘렀는데, 더 일반적인 정서로는 추측하기
어려운 말들이었다. (…) 『벽혈록』에서 고 선생이 부처를 믿었기
때문에 생사의 갈림길에서도 두려워하지 않았다고 칭송했는데,
거짓이 아니다.

首云: 雲陽市告了假, 才十日耳, 辭涉戲笑, 尤非常情所能測. (…) 錄
稱顧公侫佛, 於生死之際了無畏怖, 不虛也.(謝國楨, 『增訂晚明史籍
考』 권4, 上海古籍出版社, 1981, 194쪽 참조)

명대 사람들은 "삶과 죽음을 헤아렸다勘了生死"라는 말을 즐겨 했는
데, 건곤일척의 결단보다 더 가볍게 목숨을 내놓고 재난이 닥칠 무렵
차분하게 죽음을 맞는 자세는 확실히 "본디 삶과 죽음이란 차이가 없
는 것本無生死"이라는 불교의 논리로부터 도움을 받았다. 명나라 말엽
의 충의지사와 유민들이 불교와 맺은 '인연'에 대해서는 천위안陳垣 선
생의 『명계전검불교고』가 권위적인 저작인데, 그 안에는 관련 사료들
이 매우 풍부하게 들어 있다. 그러므로 명나라가 망할 무렵 유가 학자
와 불교 학자의 길이 달라도 결국 귀결점은 같았던 것은 비록 근거가
다르기는 했지만(유가 학자는 살신성인과 사생취의를 추구하고 불교 학자는
"본디 삶과 죽음이란 차이가 없는 것"이라는 입장이었으므로) 양자 모두 명
대의 사상과 학술을 통해 해석 가능하다고 해도 무방할 것이다.

**** 고대장(1567~1625)은 상숙常熟(지금의 장쑤 성에 속함) 사람으로 자는 백흠伯欽이다. 동림당
성원으로 만력 35년(1607) 진사에 급제한 뒤 이후 천주추관泉州推官, 상주교수常州敎授, 형부원
외랑, 예부낭중, 섬서부사 등을 역임했으나 위충현의 음모에 걸려들자 스스로 목을 맸다. 그는 당
시 함께 화를 당한 위대중魏大中(1575~1625, 자는 공시孔時) 등과 더불어 '동림육군자東林六君子'
라고 불리는데, 이 때문인지 이 책에는 '고대중顧大中'으로 이름이 잘못 표기되어서 역자가 바로
잡았다.

양명학이 나라를 그르치고 풍속을 망가뜨렸다는 여러 주장에 대해 청대 사람들 가운데는 당연히 바로잡으려는 이들이 있었고, 명·청 교체기의 유가 학자들 사이에서도 이론이 있었다. 종파의 편견은 논외로 치고 명대 사람들은 여러 경우에 기개와 절조를 학술과 통일시켜서 살펴보았다. "하권은 대부분 동시대 사람들에 대한 기록인데 이들 가운데 태반은 충의로 귀의했으니 이 학술을 증명할 수 있다. 그렇지 않으면 거짓일 뿐이다."* 그러니 이 또한 사대부들의 전통적인 신념의 일종이었던 것이다. '충의'를 기술하면서 종파와 사문師門—종종 가문도 포함되는데—에 그 원인을 돌리는 것도 글을 쓸 때 응당 담아야 할 도의였다.

'도道'와 '학學' 외에 명대의 사대부들이 절조를 헤아리는 근거로 썼던 것으로 '의義'와 '당當'도 있다. "도의상 살아야 한다면 살고 죽어야 한다면 죽는다義當生而生, 義當死而死"는 것도 한때 사대부들이 즐겨 언급했다. 그런데 말할 필요도 없이 자명한 듯한 이 '의'와 무엇을 가리키는지도 모를 '마땅함當'에 대해 왕부지 등의 사상가들은 명나라가 망한 뒤 다시 개념을 정리해야 했다.

기나긴 '사망의식'이 마침내 일단락을 고하자마자 죽은 이들이 '마땅하게當' 죽었는지, '올바름正'을 위해 죽은 것이 '의義'에 부합하는지를 따지는 이들이 나타났다. 명대 사람들의 장점은 이념이 아니라 이처럼 대단히 구체적인 분석에 있었다. 그런데 후세인의 입장에서 흥미로운 것은 오히려 이런 담론의 이면에 자리 잡고 있었던 심리 상태다. '벼슬살이仕'와 '벼슬길에 나아가지 않음不仕'은 중요한 경계로 간주되었다. 명대 (그리고 청대) 사람들이 누군가에 대해 '죽지 않아도 괜찮았다

---

* 원주: "下卷多同時之人, 半歸忠義, 所以證明此學也, 否則爲僞而已."(『明儒學案』 권43, 1044쪽)

可不死'라고 했다면 그것은 그 사람이 벼슬이 없는 포의지사이거나 제
생이었기 때문이다. 그와 동시에 '죽어야 했다當死'라든가 '반드시 살아
서는 안 되었다必不可生'라는 말도 했다. 나중에 다른 견해를 가진 이도
결코 이런 말을 한 적은 없으니, 그들은 그저 척도를 느슨하게 적용했
을 따름이다. 그것을 '절조'와 '도의' '마땅함'의 여부와 비교하는 것은
더욱 곤란했다. 『독통감론』은 전반적으로 선비가 난세에 행해야 할 모
범에 대해 이야기하고 있지만 원칙에 저촉되는 경우가 없을 수 없었다.
예를 들어 마땅히 죽지 않아도 되는데 죽은 경우에는 여러 정황이 있
을 수 있다. 지켜야 할 식읍 혹은 성이 있는 높은 관리가 아니거나 또
는 적절한 장소, 적절한 때에 죽지 못한 것 등이다. 이 또한 애통한 마
음이 가라앉은 뒤에야 자세히 헤아려볼 가능성이 있는 부분이다. 황종
희나 왕부지 등의 논의가 철저하지 못했다 하더라도 명·청 교체기에
극단적으로 발전한 도덕론이 그에 대한 반성을 이끌어냈다고 여겨도
될 것이다. 지극히 민감하고 세밀한 그런 구분—'분수에 맞음分'과 과
분함, '정도에 맞음度'과 과도함 같은—들은 결국 '죽음'과 관련된 합
리적 사고이며, 여기에는 군주와 신하 사이의 윤리 규범에 기반을 둔
도덕적 율령에 대한 회의가 포함되어 있다.

왕부지에게 있어 '죽음'에 대한 분석은 '마땅함'과 '도의'에 부합한지
여부에 한정되지 않았다고 해야 한다. 그가 말한 '죽음에 처하는 도리
所以處死之道'는 심지어 '죽음'의 의경意境 내지 경계에까지 미치는데, 예
를 들어 "차분하게 순절한 것은 고상한 품격"*이었다고 감탄한 점이
그러했다. 그는 '강개慷慨'와 '차분한 순절從容踏義' 가운데 '강개'를 택하
지 않고 그 사람이 분수를 지켜서 '자신을 버리지喪己' 않은 것을, 표정

---

* 원주: "從容就義者大雅之風裁."(『讀通鑑論』 권23)

과 태도가 '기뻐하면서怡然' '진중한端凝尊重' 것을 더 바람직하게 여겼다.(『讀通鑑論』 권17) 명나라가 망할 무렵 사대부들이 '죽음'에 대해 풍부한 의미가 담긴 언어와 완비된 표현 방식을 추구한 것은 또 충의를 지킨 사람, 특히 유민이 정성을 기울여 자신의 장례를 설계한 데에서도 나타나는데, 이에 대해서는 이 책 제6장에서 다시 설명하겠다.

한 시대의 위대한 학자가 죽음에 대처한 것에 대해서는 확실히 '마땅함' '도의'와 관련된 담론으로 다 설명할 수 없는 부분이 있다.

'의리'에 대한 명대 사람들의 취미와 어떤 명제에 대한 정밀한 분석 태도는 유종주의 죽음에서 대단히 희극적으로 나타난다. 그의 자살은 동시에 도학을 논하고 가르치는 것을 사명으로 여긴 위대한 학자가 학리를 탐구하고 해설하는 과정이기도 했다. 즉 죽으면서도 명석한 학자의 면모를 잃지 않았던 것이다. 정사와 연보, 황종희와 같은 제자들이 기록한 그의 죽음에 관한 기록은 그 과정이 길고 지난하여 특히 어떤 잔인한 의미가 담겨 있기 때문에 끝까지 읽기가 매우 어렵다. 그가 제자들과 주고받은 논쟁은 '마땅함宜'과 그렇지 않음, 재난 앞에서 살아야 하느냐 죽어야 하느냐 하는 문제生難死難, '유익'함과 '정도를 지킴守正', 죽음에 대한 대처가 '도의에 부합'하는지 여부 그리고 불교를 배척하고 '양지설良知說'에 대해 비판하는 것까지 거의 한 시대를 풍미한 '죽음'과 관련된 모든 담론을 포괄하는 듯하다. 그의 자살 수단과 과정은 자학에 가깝고 또 고행을 자초하는 명대 사대부의 지나친 버릇을 보여준다. 즉 죽음을 최후의 수련으로, '의젓하게 천하를 대하는風儀天下' 훌륭한 학자의 자각으로 여겼던 것이다.(황종희, 『子劉子行狀』 참조) 유종주에게는 죽음도 도를 전하고 학문을 전하는 행위였다. 그가 '죽음'을 논한 것은 어쩌면 철학적으로 깊은 의미가 전혀 없었을 수도 있지만, 그가 '죽음에 대처한處死' 것은 전형적으로 명석한 유가 학자의 태도요 방식이었다. 황종희는 나라가 망한 것과 성학聖學이 망한 것 가운데 어느 것이 더 중요한지를 따지는 게 도학의 명제라고 했는데, 이는 나라의 멸망과 천하의 멸망을 논한 고염무의 견해와 함께 읽어볼 만하다. '배움學'은 '천하'에서 가장 중요한 것이고, 유가 학자의 거취는 세상사의 도리와 인심뿐만 아니라 현명한 학자의 신념이자 가치관과도 관련 있는 것이었다. 어쩌면 유종주는 자신의 사명감으로 맡은 바를 다해야 한다는 의식 때문에 죽었다고 볼 수도 있다. 타락하지 않은 정신을 유지한 채 죽을 수 있다면, '유익함과 무익함'을 따지는 공리功利에 가까운 논리로 그의 마음을 움직이기는 부족했던 것이다.

명대 학자들의 '죽음'에 관한 담론이 지닌 '악취미'적인 성격은 필자가 보기에 그런 의의와 가치 분석 속에 들어 있다. 명대의 문집과 관련 전기들을 읽어보면 기이한 느낌이 들 것이다. 바로 그 '마땅한지當' 여부를 따지는 것과 같은 담론들이 타인의 생사를 '가능성'과 '타당성'을 따지는 담론의 재료로 삼기 때문이다. 타인의 생사를 결정하는 것이 사대부들에게는 지극히 자연스러운 일이고 익숙한 화법이었다. 다만 수백 년 뒤의 우리는 '선비 여론士論'이 도덕적 역량이 되어 자신 있게 도덕적 판단을 내리는 것에 놀라게 된다. '어렵사리 절조를 지키는 것苦節'과 '죽음'과 관련해서 물리지 않고 세밀하게 분석하며 음미하는 모습에 적응하지 못하고 그 냉정함과 삭막함에 반감이 생길 것이다. 확실히 그것은 잔인할 정도로 냉정하고 삭막한 이성이었다.[42]

황종희는 「증형부시랑 진화 정공 신도비贈刑部侍郎振華鄭公神道碑」에서 이렇게 썼다.

『강목綱目』에는 세 가지 죽음의 예가 기록되어 있으니 '그로 인해 죽는 것死之'과 '전사戰死' 그리고 '패하여 죽는 것敗沒'이다. '그로 인해 죽는 것'은 절조를 지킨 것이고, '전사'한 것은 공적과 죄과가 절반씩이며, '패하여 죽는 것'은 그냥 망친 것일 뿐이다. (⋯) 자신의 뜻에 따라 죽은 이는 죽으려는 의지를 가진 경우에만 '그로 인해 죽었다'고 할 수 있고, 남의 뜻에 의해 죽은 이는 원래 죽으려는 마음이 없었으니 또한 재난을 당했을 뿐이라고 하겠다.

綱目書死之例有三: 曰死之, 曰戰死, 曰敗沒. 死之者, 節之也, 戰死者, 功罪半也, 敗沒, 則直敗之耳. (⋯) 其死操之己者, 是志在於死者也, 方可曰死之. 其死操之人者, 原無欲死之心, 亦曰遇難而已.

　　이것은 역사가의 서술 방법이며 또한 "같은 죽음이지만 (그 의도가) 조금만 차이가 나더라도 (결과는) 천양지차"*라는 식의 가치 평가를 포함하고 있다. 근래의 일과 연계하여 자발적으로 죽는 것과 피동적으로 죽는 것, 자주적인 죽음과 비자주적인 죽음, 예를 들어 갑신년(1644) 무렵에 "군주와 함께 죽은 것君亡與亡"과 '도적'의 형구에 죽는 것은 반드시 엄격하게 구분해야 하며 결코 한데 뒤섞어 얘기해서는 안 된다고 했다. 이 밖에 또 쉽게 죽는 것보다는 어렵게 죽는 것에 더 가치를 부여했다. 벼슬이 없는 포의지사나 제생, '하급 관리末秩'의 신분으로 순절하는 것은 '어려운' 죽음으로 간주되었다. 한때 사대부들은 다투어 그런 어려운 죽음, '더 어려운 죽음尤難'을 추구했다. 태평성대에는 '어렵게 벼슬길에 나아가 쉽게 물러나는 것難進易退'을 칭송했는데, 명나라 말엽과 같은 난세에는 이 '어려운 죽음'과 '더 어려운 죽음'이 어떤 유행이 되었다. 역사의 진행이 명말에 이르렀을 때 사대부들은 진즉에 지극히 엄정한 일련의 행위 규범과 가치 체계를 만들어놓은 상태였고,

_____

* 　원주: "同一死也, 差之毫釐, 相去若天淵矣."(이상의 내용은 『黃宗羲全集』 제10책, 250쪽 참조)

그들의 손으로 쓴 역사 텍스트는 특수한 시대에 처한 그들이 결연하게 삶과 죽음을 선택하는 데 관여했다. 도덕 전통은 상당한 정도로 또 역사학의 규범과 역사 서술의 방식에서 도움을 받아 형성되었다. 앞서 말했듯이 "어디든 사지死地가 아닌 곳이 없었다". '백성'의 생사는 그저 하늘에 맡겨둘 뿐이다. 그러나 사대부는 생사를 선택할 수 있을 듯한 시기에 역사적 상황으로 인해, 또한 앞서 언급한 환경으로 인해 오히려 선택의 여지가 없는 지경에 빠지고 말았다.

유가 학자의 취향이 세상 물정에 어둡고 추악할 정도로 진부하다는 점을 더 잘 보여주는 것은 다음과 같은 장면에 대해 흥미진진한 태도로 얘기하는 부분이다. 『명계북략』에서는 왕위汪偉* 부부가 함께 목을 맨 사건을 기록했다.

> (…) 이에 들보 사이에 두 개의 고리를 만들어 공(왕위)이 오른쪽으로 가고 경 씨가 왼쪽으로 갔다. 그런데 목에 끈을 걸었을 때 경 씨가 다시 손을 내저으며 말했다.
> "잠깐, 잠깐만요! 우리가 비록 죽더라도 부부의 서열을 어겨서는 안 되지요."
> 그러고는 다시 고리를 풀고 좌우의 순서를 바로잡은 후에 죽으니, 사람들이 그것을 빗대어 '차분하게 순절하면서 예법을 지켰다'고 얘기했다고 한다.
> (…) 乃爲兩環於梁間, 公以便就右, 耿氏就左. 旣皆縫, 耿氏復揮曰:

---

* 왕위(?~1644)는 휴령休寧 사람으로 자는 숙도叔度다. 숭정 1년(1628) 진사에 급제하여 자계지현慈溪知縣, 한림원검토 등을 역임했다. 1644년 청나라 군대가 북경을 함락하자 계실과 함께 자살했다. 죽은 뒤 소첨사에 추증되었고 시호는 문열文烈이었는데, 청나라 때에 다시 시호로 문의文毅가 내려졌다.

止, 止. 我輩雖在顚沛, 夫婦之序不可失也. 復解環, 正左右序而死,
人比之‘結纓易簧’云.(권21, 532쪽)

전조망은 장긍당張肯堂*의 신도비를 쓰면서 그의 첩들이 강물에 몸
을 던진 일을 이렇게 기록했다.

> 필 씨가 먼저 (난간에) 올라가자 강 씨가 저지했다.
>
> "죽더라도 서열에 맞춰야 하니 너무 서두르지 말게."
>
> 이에 공(장긍당)이 "좋은 말씀일세!" 하고 말하자, 모두들 서열에
> 따라 올라갔다.
>
> 畢姬先登, 姜姬止之曰: 死亦當以序, 莫匆匆也. 公曰: 善. 乃以序而
> 上.(『鮚埼亭集』 권10)

앞서 설명했듯이 명·청 교체기에는 이미 위에서 설명한 '선비들의
여론'과는 다른 죽음에 관한 담론이 나와 있었다. 왕부지 외에 고염무
도 「여이중부서與李中孚書」에서 이렇게 말했다.

> 세상사에는 목숨을 바쳐 어짊을 이루는 경우에 죽을 수도 죽지
> 않을 수도 있지만, 그것을 위해 죽어도 나의 어짊을 이루지 못하
> 는 경우도 있다.
>
> 天下之事, 有殺身以成仁者, 有可以死, 可以無死, 而死之不足以成我

---

* 장긍당(?~1651)은 송강부 화정華亭(지금의 상하이에 속함) 사람으로 자는 재령載寧이고 호는 예
연鯢淵 또는 곤연鯤淵이다. 천계 5년(1625) 진사에 급제하여 우첨도어사를 역임했고, 명나라가 망
한 뒤에는 남명 정권에서 태자소보 겸 이부상서, 좌도어사, 동각대학사를 역임했다. 이후 청나라
군대가 주산舟山을 합락하자 집안 식구 20여 명이 모두 목을 매 순절했다.

仁者.

그는 또 "시대가 말리면 멈추고 시행하게 하면 행해야지 한 가지에
만 집착에서는 안 된다"*고 하여 '고집불통執一不移'을 비판했다. 그가
이옹李顒**이 스스로 '위험한 곳'에 들어가려 함을 막았던 것은 지극히
현명한 식견을 보여준 일이었다. 장자열張自烈***은 이렇게 말했다.

> 도에 밝은 사람은 자신을 아껴서 죽지 않을 필요도 없고 자신을
> 가벼이 여겨서 반드시 죽을 필요도 없이 그저 어떤 곳에서 죽을
> 것인지를 고려할 따름이다. 대개 '굶어 죽으면 얼마나 가슴 아픈
> 가!'라고 하는데, 반드시 죽지 않아야 할 경우도 있고 죽을 필요
> 가 없는데 죽은 경우도 있다.
> 明道者不必貪其身不死, 不必輕其身必死, 顧死所何如耳. 槪謂餓死
> 何傷, 必有不當死, 不必死而死者.(「復陸縣圖書」, 『芑山文集』 권9, 豫章
> 叢書)

손기봉孫奇逢도 이렇게 말했다.

---

* 원주: "時止則止, 時行則行, 而不膠於一."(顧炎武, 「與李中孚書」, 『顧亭林詩文集』 82쪽)
** 이옹(1627~1705)은 주질盩厔(지금의 산시陝西 성 저우즈周至에 속함) 사람으로 자는 중부中孚
또는 이곡二曲이다. 그는 평생 벼슬길에 나아가지 않고 관중 땅에 이학을 진흥하기 위해 노력하여
존경을 받았다. 강남의 여러 서원에서 학생들을 가르쳐 명망이 높았고 강희 18년(1679)에 박학홍
유博學鴻儒로 천거되었으나 병을 핑계로 귀가했다. 이후 강희 42년(1703) 강희제가 강남을 순시
할 때 아들을 통해 자신이 쓴 『사서복신록四書復身錄』과 『이곡집二曲集』을 바쳤다.
*** 장자열(1597~1673)은 강서 의춘宜春 사람으로 자는 이공爾公이고 호는 기산芑山, 수려거사誰
盧居士다. 숭정 17년(1644) 감생監生이었던 그는 명나라가 망한 뒤 집 안에 칩거하며 저술에 전념
하다가, 만년에는 여산廬山에 은거하여 백록서원의 강의를 주관했다. 저명한 장서가이기도 했던
그는 『정자통正字通』이라는 자전字典을 편찬했고, 그 외에 『사서대전변四書大全辨』 『제가변諸
家辨』 『고금문변古今文辨』 『기산시문집芑山詩文集』 등 40여 종의 저작을 남겼다.

내 생각에 예로부터 순수한 충정과 대의는 길이 하나만 있는 것이 아니었다. 죽어야 해서 죽었다면 그 죽음에 타당한 바가 있고, 피해야 해서 피했다면 그 피함에 타당한 바가 있다. 이것이 바로 미자와 기자, 비간이 모두 어진 사람으로 함께 귀속된 까닭이다.

竊意古來純忠大義不一途, 應死而死, 則死有攸當, 應遯而遯, 則遯有攸當—此微箕比干所以同歸於仁也.(「寄王生洲」, 『夏峯先生集』 권2)

법도를 지키면서 임기응변을 활용해야지 외고집만 내세워서는 안 된다는 게 또한 유가의 원칙이었다.

바로 이때 명대 사람들이 지극히 숭상하던 문천상文天祥에 대해 동의하지 않는다는 평론을 한 이는 한두 명이 아니었다. 손기봉은 이렇게 말했다.

충효와 절의는 도의 한 절목이다. 문천상은 기자로 자처하며 얼마 남지 않은 목숨을 서둘러 끝내려 하지 않았다. 이 몸이 하루라도 죽지 않는다면 대송 왕조의 멸망도 그만큼 늦춰질 터이니, 사는 것은 운명에 순응하기를 중시하므로 살아 있다는 것 때문에 자신을 미워하지 않고, 죽음은 편안한 것을 중시하므로 죽음으로 비난을 막지 않겠다는 것이다.

忠孝節義, 道中之一節一目, 文山以箕子自處, 便不亟亟求畢旦夕之命. 此身一日不死, 便是大宋一日不滅, 生貴乎順, 不以生自嫌, 死貴乎安, 不以死塞責.(『歲寒集』, 『明儒學案』 권57, 1372쪽)

이 또한 비슷한 이론異論이기는 하지만 왕부지의 지론과 완전히 똑같지는 않다.(이에 대해서는 『독통감론』 권30과 『송론宋論』 권14에 들어 있는

문천상에 관한 비평과 비교)

심지어 부인들이 절개를 지키는 데에 대해서도 통달한 논지를 펼친 이가 있었다. 앞서 언급했던 귀장은 확실히 여자가 결혼도 하지 않은 상태에서 남편을 섬기는 것은 "통상적인 정리를 넘어서고 예법에 맞지 않는過情非禮" 일이므로 따라 죽는 것은 "올바른 예법에서 나온 것이 아니고不出於禮之正" 부인이 "정말로 사랑이 돈독해서 올바른 길을 택했다면苟篤於情而得其正" 칭송할 만하지만 "반드시 수절할 필요는 없다不必烈也"고 했다.(『歸莊集』권4 301~302쪽의 「書顧貞女傳後」「書柴集勳顧孺人傳後」 참조)

이때에는 또 '나랏일로 죽은死事'이에 대해 '존신尊身'의 측면에서 비판하기도 했다.(『명유학안』권32, 725쪽 참조) 그 외에 '죽음'으로 그 사람 전체를 개괄할 수 없다는 주장도 있었는데, 예를 들어 고염무는 「독송사진구讀宋史陳遘」에서 '백성을 수탈한剝民' 것은 엄청난 악행이므로 대의를 위해 죽었다고 해서 그 죄를 보상받을 수 없다고 했다.(『顧亭林詩文集』112쪽) 황종희는 진현천陳玄倩이 "고향에서 한 일이 없어서" 선비들로부터 비판을 받자 "스스로 용납할 길이 없어 순절함으로써 스스로 오명을 씻었다"고 했으니,* 이 또한 죽어도 비판을 면치 못하는, '선비 여론'이 사형보다 더 엄격한 예에 해당된다. 황종희는 저명한 충의지사 예원로倪元璐**에 대해 "무식한 과오不學無術之過"를 대놓고 얘기했으며(『明夷待訪錄』, 『黃宗羲全集』제1책, 27쪽), 또 다른 저명한 충의지사 하

---

* 원주: "無鄕里之行 (…) 無以自容, 而以死節自灑之."(『思舊錄』「陸培」, 『黃宗羲全集』제1책, 377쪽)
** 예원로(1593~1644)는 절강 상우上虞(지금의 사오싱紹興에 속함) 사람으로 자는 여옥汝玉 또는 옥여玉汝이고 호는 홍보鴻寶다. 천계 2년(1622) 진사에 급제하여 호부상서와 예부상서를 역임했다. 뛰어난 서예가로서도 명성을 날렸던 그는 이자성의 군대가 북경을 함락하자 스스로 목을 매 순절했다. 남명 왕조에서는 그에게 소보 겸 이부상서를 추증하고 시호로 문정文正을 하사했고, 청대에 시호로 문정文貞이 하사되었다. 저작으로 『예문정집倪文貞集』이 있다.

윤이夏允彝*에 대해서도 그가 재난에 임해 순절한 것이랄지 그 "인품이 길이 남을 것人品將存千秋"이라는 점이 그의 잘못된 언행을 가려주지 못할 것이라고 했다.(『汰存錄』, 『黃宗羲全集』 제1책) 그리고 자신과 함께 유종주의 문하생이었던 진확陳確이 "간사한 도적이 더욱 창궐하는데 함께 절의를 지키는 것"에 대해 불만을 터뜨린 점은 도학적 편견이었으나, 그가 "요즘 사람들은 걸핏하면 최후의 한 수를 칭송한다今人動稱末後一著"고 비판한 것은 여전히 정곡을 찔렀다고 할 수 있다.(이에 대해서는 이 절 말미에 첨부한 「진확의 '절의'론」 참조) 또한 왕부지는 "선비의 불행은 하늘이 완전한 것을 추구하지 않기 때문"이며 "구양수歐陽脩가 오대 시기에 순절한 신하가 없고 자신이 섬기는 군주가 누구인지 헤아리지 않았다고 한 것도 지나친 말"**이었다고 한 것은 더욱 통달한 논의였다. 이와 같이 통달한 논의 역시 명말에 이르러서야 나타난 것은 아니었다. "함부로 불교에 들어가" 순유粹儒들의 불만을 샀던 고반룡은 이렇게 말했다.

> (…) 그러므로 죽음은 도를 다하여 죽는 것이지 위태로운 담장 아래 서 있었기 때문에 죽는 것은 아니다. 무릇 지금의 도리는 지극히 평범하여 조금이라도 죽음을 두려워하는 마음을 드러내서 세상의 가르침을 해치고 세상사를 그르쳐서는 안 된다.
>
> (…) 然即死是盡道而死, 非立巖墙而死也. 大抵現前道理極平常,

---

* 하윤이夏允彝(1596~1645)는 송강 화정 사람으로 자는 이중彝仲이고 호는 원공瑗公이다. 숭정 10년(1637) 진사에 급제하여 복건 장락지현長樂知縣을 역임했고, 남명 복왕은 그를 이부고공사주사吏部考功司主事에 임명했다. 1645년 청나라 군대가 강남으로 쳐들어오자 그는 진자룡陳子龍과 함께 의병을 일으켜 항거하다가 패전하자 강물에 몸을 던져 순절했다. 시호는 충절忠節이며 저작으로 『하문충공집夏文忠公集』『사제책私制策』『행존록幸存錄』 등이 있다.

** 원주: "士之不幸, 天所弗求全也 (…) 歐陽永叔傷五代無死節之臣, 而不念所事之何君也, 亦過矣."(『讀通鑑論』 권10, 409쪽)

不可著一份怕死意思, 以害世教, 不可著一份不怕死意思, 以害世
事.(『論學書』, 『明儒學案』 권58, 1421쪽)

이런 정도의 분석이라면 이미 정묘한 경지에 이르렀다고 할 수 있겠
다. 고반룡의 생각은 유종주가 '핵심을 찌른 말金針見血語'이라고 반복적
으로 칭송하며 인용한 바 있으니, 바로 이것이다.

우리가 아주 조금이라도 죽음을 회피할 마음이 있다면 당연히 도
를 해칠 것이고, 아주 조금이라도 죽음을 추구하는 마음이 있더
라도 역시 도를 해칠 것이다.
吾輩有一毫逃死之心固害道, 有一毫求死之心亦害道.(「書高景逸先生
帖後」, 『劉子全書』 권21)

또 다른 동림당의 일원인 황존소黃尊素*도 빼어난 견해를 제시한 바
있다.[43] 애석하게도 이후의 일정 기간 선비들의 여론은 기풍에 갇혀서
이와 같은 사상을 밝히지 못했다. 그러므로 명대의 사대부들은 포악한
정치 상황에서 생사의 궁극을 탐구했는데, 그것이 심각한 철학적 의미
를 갖추지는 못했지만 사유의 이치는 확실히 투철하고 뛰어난 면이 있
었음을 인정해도 될 듯하다.
절조를 잃은 이에 대해 일관되게 엄격하지만은 않았다. 예를 들어
앞서 설명한 것처럼 황종희가 주종과 위학렴에 대해 언급한 것이나 다

---

* 황존소(1584~1626)는 황종희의 부친으로 원래 이름은 칙찬則燦이었으나 훗날 개명하면서 자
를 진장眞長, 호를 백안白安이라고 했다. 만력 44년(1616) 진사에 급제하여 어사를 역임했으나 위
충현의 눈에 거슬려서 벼슬을 잃고 귀향했다가 얼마 뒤 체포되어 도성의 감옥에서 혹형을 당해
죽었다. 저작으로 『충단공집忠端公集』을 남겼다.

른 이들이 후방역侯方域*에 대해 언급한 것, 그리고 귀장과 주학령 등 연배 높은 유민들이 전겸익에 대해 언급한 것(이에 대해서는 「에필로그2」 참조) 등은 모두 명말 선비들의 여론에 담긴 '활달하고 대범한通脫'한 측면을 보여준다. 그리고 오위업은 청나라 황제의 부름에 응해 벼슬살이한 것을 스스로 평생의 오점이라고 생각하면서도 주종의 일에 대해서는 여전히 객관적이고 공평한 견해를 유지했으니, 그 점은 더욱 가상했다고 할 수 있다. 어쩌면 이것이 사대부의 '성숙도'를 증명하는 게 아닐까?

또 한 가지 주목할 만한 것은 명대의 유학자들이 절조에 대해서는 특별히 엄격한 지론을 유지했지만, 명대 전체와 명·청 교체기까지 바로 이 큰 테마에서 괴상하면서도 지극히 '불경'한 듯한 논의가 많았다는 점이다. 이런 논의들은 마치 일부러 조롱하거나 논쟁을 도발하려는 것 같았다. 예를 들어 풍도馮道에 대한 이지李贄의 논의가 그러하다.(『藏書』 권68에 수록된 馮道 전기 참조) 왕부지는 「악몽噩夢」에서 구준邱濬**이 "진회秦檜에 대해 즐겨 얘기한 사람"이라고 했다.(『船山全書』 제12책, 582쪽)[44] 함께 도학을 공부한 사람들 사이에도 견해의 차이

---

* 후방역(1618~1655)은 귀덕부歸德府(지금의 허난 성 상추商丘) 사람으로 자는 조종朝宗이다. 모양冒襄(1611~1693), 진정혜陳貞慧(1604~1656), 방이지와 더불어 '명말 4공자明末四公子'라고 불리며 복사를 이끌었던 그는 명나라가 망한 뒤 강남을 떠돌며 어렵게 살았다. 순치 2년(1645)에는 100만 명에 이르는 농민반란군 유원군楡園軍의 진압에 공을 세웠으나 보상을 받지 못했고, 이후 불행한 삶을 후회하며 살다가 37세에 죽었다. 저작으로 『장회당문집壯悔堂文集』과 『사억당시집四憶堂詩集』을 남겼다. 한편 그와 진회秦淮의 유명한 기생 이군향李君香 사이의 로맨스는 청나라 초기에 공상임孔尙任(1648~1718)에 의해 『도화선桃花扇』이라는 연극傳奇 극본으로 만들어졌다.

** 구준(1421~1495)은 광동 경산부瓊山府 성하전촌城下田村(지금의 하이난 성 하이커우海口에 속함) 사람으로 자는 중심仲深 또는 경산瓊山이고 호는 심암深庵, 옥봉玉峯, 해산노인海山老人이다. 경태景泰 5년(1454) 진사에 급제하여 예부우시랑, 태자태보 겸 문연각대학사를 역임했고, 죽은 뒤 태부좌주국太傅左柱國에 봉해졌으며 시호로 문장文莊이 내려졌다. 『영종실록』 『헌종실록』 『속통감강목』 등의 편찬에 참여하기도 했던 그는 연극 『오륜전비기五倫全備記』와 『구문장집邱文莊集』을 남겼다.

가 있는 것이다. 기개와 절조로 명성이 높았던 추원표鄒元標*는 "만년에 학문을 강의하면서 융통을 즐기며 절의를 경시했다"**고 한다. 그리고 구준이 "진회에 대해 즐겨 얘기했다"고 비판한 왕부지도 진회의 화친 정책이 악비岳飛의 항전抗戰에 방해가 되지 않았다고 했다.

> 전쟁과 화친은 둘 다 썼을 때 성공할 수 있지만 하나만 쓰면 실패
> 한다. (…) 진회의 계책은 악비와 서로 보조하면 여진을 제압할 수
> 있었다.
> 戰與和, 兩用則成, 偏用則敗. (…) 秦檜之謀, 與岳飛可相輔以制女
> 直.(『讀通鑑論』권20, 742쪽)

청나라가 들어서자 선비들의 여론은 모기령毛奇齡***을 "괴곽함이 이 미 극에 이르러乖張已極""충신은 절개를 지키려고 죽지 않는 것으로 판별한忠臣不死節辨" 인물이라고 주장했다. 이렇게 보건대 훗날 능정감 이 펼친 어떤 괴이한 논지도 뜬금없이 생겨난 것은 아닌 듯하다. 이와 같은 절의에 관한 괴이한 논지들은 명대에 '이단' 사상들이 활개 쳤고,

---

* 추원표(1551~1624)는 강서 길수吉水 사람으로 자는 이첨爾瞻이고 호는 남고南皋다. 동림당의
지도자 가운데 한 명으로 조남성趙南星, 고헌성顧憲成과 함께 '삼군三君으로 불렸다. 만력 5년
(1577) 진사에 급제하여 이부급사중, 남경이부원외랑을 역임한 후 고향에서 30년 가까이 학생들
을 가르쳤다. 천계 1년(1621)에 다시 벼슬길에 나서서 이부좌시랑을 역임했고, 죽은 뒤 태자태보
겸 이부상서에 추증되었으며 시호는 충개忠介다. 저작으로『태평산거소고太平山居疏稿』『일신편
日新篇』『원학집願學集』『예기정의禮記正議』『사서강의四書講義』『공서선요工書選要』『추남고
어의합편鄒南皋語義合編』등 다수가 있다.

** 원주: "晚年講學, 喜通融而輕節義."(『明儒學案』권60, 1469쪽)

*** 모기령(1623~1716)은 소산蕭山 성상城廂(지금의 저장 성 항저우 샤오산蕭山 구에 속함) 사람으로
원래 이름은 신甡 또는 초청初晴이고 자는 대가大可 또는 우일于一, 제우齊於이고 호는 추청秋
晴, 초청初晴, 만청晚晴 등을 썼다. 학자들은 그를 '서하선생西河先生'이라고 불렀다. 명나라 말엽
의 제생으로 청나라 초기에 무장 항거에 참여했다가 강희제 때에 박학홍사과에 천거되어 검토에
임명되어 명사관찬수관明史館纂修官으로 있다가 곧 귀향하여 여생을 마쳤다. 저작으로 400여
권에 이르는 방대한 분량의『서하합집西河合集』을 남겼다.

주류와 정통 및 관방에 반대하는 철학이 있었음을 보여주는 중요한 상징이라고 할 수 있으며, 그 시대의 경박하고 소란스러운 분위기를 느끼게 해준다. 명대의 경우 '절의'에 관한 논의에 여러 이견이 생긴 것은 차라리 군주에 의해 유발되었다고 할 수 있다. 홍무제는 원나라에서 항복한 신하들을 칭찬했는데, 그 논리는 이러했다.

> 천하에 분쟁이 생겼을 때 이른바 호걸은 세 부류가 있다. 난세를 바꾸어 치세로 만드는 이는 최상이다. 백성을 보호하고 사물의 변화에 통달하여 귀의할 바를 아는 이는 그다음이다. 튼튼한 세력을 등에 업고 구차하게 안위를 챙기면서 죽어도 후회하지 않는 자들은 하등급이다.
> 天下分爭, 所謂豪傑有三. 易亂爲治者, 上也. 保民達變, 知所歸者, 次也. 負固偸安, 身死不悔, 斯其下矣.(『明史』권130「列傳」제18「何眞」)

명나라가 망한 뒤에는 전조망 같은 청대 사람들이 명대 사람들의 기개와 절조에 대해 남다른 견해를 제시[45]했을 뿐만 아니라 명나라 유민들 가운데서도 점차 또 다른 '극단적 편견偏至'들이 생겨났다. 예를 들어 황종희는 왕홍업王鴻業*의 전기를 쓰면서 '왕조의 교체鼎革'를 밤낮과 사계절의 변화, 날씨의 흐리고 맑음과 추위와 더위의 변화에 비유하면서 선비도 "각자 그 본분을 다할 뿐各盡其分而已"이니 난세에도 마땅히 평소처럼 지내면서 이전의 행동거지를 바꾸지 말아야 한다고 했다.

---

* 왕홍업(?~?)은 은주현(지금의 저장 성 닝보) 사람으로 자는 군조君調이고 호는 천추千秋다. 명나라 때의 제생이다.

황종희는 만년에 사람과 사건에 따라 논의를 펼쳤기 때문에 이전의 논의와는 괴리가 생길 수밖에 없었다. 이것이 혹시 순간적인 감정의 격화—예를 들어 인물의 흩어짐이나 고관대작 가문의 쇠락, 문화의 황폐화에 대한—일 수도 있지만 그 사고방식의 변화로 말미암은 것이라고 할 수 있으며, 또한 왕조가 바뀐 뒤 생존 환경의 변화에 의한 영향도 은근히 드러내고 있다.[46] 고염무와 황종희, 왕부지 이들 3대가 가운데 황종희가 가장 나중에 죽었는데, 어쩌면 이 또한 그가 청나라 치하의 세상으로 '진입'했다는 증거로 간주할 수 있지 않을까? '죽을죄를 놓고 다투는 것爭死'과 일부러 어렵게 하는 것을 '사람됨'과 '마음 바깥의 이치를 추구하는 것徇外'으로 간주하는 것은 원래 유교와 도학의 명제이지만 이것은 다른 기회에 논하게 될 것이다. 이처럼 훗날을 기약하는 주제로는 또 '도평이道平易'와 '용언庸言' '용행庸行' 같은 것이 있는데, 확실히 여기에 대해서는 다양한 견해가 있다. 그러므로 사실상 도학이 성행하던 명대라 할지라도 '절의'나 '죽음'에 관련된 말들은 그 풍부성을 완전히 잃지 않았다고 할 수 있다. 극단적인 도덕론의 경우에는 필연적으로 그 방면으로 인도하기 마련인데, 확실히 이 또한 일부 명대 유학자들의 소견이 미치지 못했던 부분이다.

부록

진확의
절의론

'절의節義'로 자아의 경계를 정한 유민들 가운데 진확陳確은 응당 식견이 대단히 명석하고 통달한 인물이었다.

명말에 절의를 지극히 중시했던 것은 응당 송·명 이학理學을 통해 해석하는 게 당연하겠지만 그와 관련된 초탈한 식견은 역시 명대 사대부들의 기풍에서 장려되었다. 명대 사대부들의 활발한 언론은 결국 서로 다른 방향의 사유가 나올 수 있도록 고무했다. 강남, 특히 동남南東 지역의 명사 문화名士文化는 유학자들에게 깊은 영향을 주었다. 유종주의 제자들 가운데 진확은 명사 기질을 다분히 지닌 인물이어서 항상 상식을 넘어선 생각을 내놓아 장이상과 같은 동문들이 많은 불만을 갖게 했다. 재미있는 것은 황종희가 세 번이나 원고를 바꾼 「진건초선생묘지명陳乾初先生墓誌銘」의 초고에서 그가 "믿음이 지나치다는 혐의를 벗어나지 못했다未免信心太過"고 했다가 원고를 수정하면서 삭제했다는 사실이다. 사실 유종주 문하의 제자들 가운데 진확은 사상 능력의 측면에서는 황종희와 가까운 인물이라고 해야 마땅하다. 황종희가 쓴 묘지명 및 『사구록思舊錄』에 들어 있는 진확과 관련된 글들은 확실히 총명한 사람끼리 서로 아끼는 성성상석惺惺相惜의 마음을 드러내고 있다. 그가 쓴 진확 묘지명의 2차, 3차, 4차 원고는 모두 명나라가 망할 무렵 사대부들의 순절에 대한 진확의 다음과 같은 비평을 인용했다.

진확은 이렇게 말했다.
"의롭지 못한 의거를 대인은 하지 않는다. 사람이 현명한지 못났는지는 평생에 모두 달려 있으니 공자께서도 '삶을 모르는데 죽음을 어찌 알겠느냐?' 하고 말씀하셨다. 요즘 사람들은 걸핏하면 최후의 한 수를 입에 올리면서 간사한 도적과 배우, 창녀들이 함께 순절하니, 혼탁하고 어지러워서 기강이 없다. 순절 문제는 정말 애통하게 여길 만하다."
진확의 논의는 항상 교화에 도움이 되었다.
乾初曰: 非義之義, 大人弗爲. 人之賢不肖, 生平具在, 故孔子謂: 未知生, 焉知死. 今人動稱末後一著, 遂使奸盜優倡, 同登節義, 濁亂無紀. 死節一案, 眞可痛也. 乾初之論, 未有不補名敎者.(『黃宗羲全集』 제10책)

진확의 이 말은 그의 「사절론死節論」[47]에 들어 있는 것이다. 이 글은 그가 절의에 관해 논한 역작이다. 글 첫머리에서 그는 이렇게 시작한다.

아, 순절을 어찌 쉽게 얘기할 수 있으랴! 죽음이 도의에 부합한다면 순절이지만, 그렇지 않으면 부질없는 죽음일 뿐 순절이 아니다. 사람은 헛되게 살아서도 안 되지만 부질없이 죽어서도 안 된다.
嗟乎, 死絶豈易言哉. 死合於義之爲節, 不然, 則罔死耳, 非節也. 人

不可罔生, 亦不可罔死.(152쪽)

이 글에서 그는 '삼대 이후' 다투어 순절을 표방한 것을 언급하면
서 '저자市'라는 표현을 썼다. '저자'에서 거래한 것은 무엇인가? '순절'
이라는 명성뿐이다. 가혹한 논의라는 비판을 피할 수는 없지만 이것
이 시대의 병폐에 대한 일침이라는 점은 인정하지 않을 수 없다. 그다
음에 그는 굳이 죽을 필요가 없음을 이야기하는데, 이것은 죽음의 조
건에 관한 논의라고 할 수 있다. 죽음의 조건은 또한 '절조節'의 조건이
기도 하다. 그렇지 않다면 죽는 것을 그대로 '절조'와 동등하게 취급하
는 셈이 된다. "간사한 도적이 더욱 창궐하게 해놓고 함께 순절"함으로
써 "혼탁한 난리를 통제하지 못"하게 되는 것은 당연히 등급과 품류品
類에 대한 사대부의 편견에서 비롯된다. 이러한 지적은 또한 당시 사람
들이 보편적으로 소홀히 취급하던 문화, 즉 가치관의 연속성을 강조한
것이다. 황종희가 "교화에 도움이 되었다"고 말한 것은 어쩌면 이런 이
유에서가 아닐까?

'최후의 한 수'가 그 시대에 특히 중시된 이유는 당연히 그 시절이
'나라가 망하고 집안이 몰락하는國亡家破' 시기였기 때문이다. 당시의
위대한 학자들 또한 유행하던 사상의 범위 안에 있었다. 앞서 살펴보
았듯이 진확이 스승으로 섬겼던 유종주도 "인생에서 최후의 한 수는
지극히 중요하다"고 했다. 절의에 관해 상당히 명석하고 통달한 식견
을 지녔던 손기봉도 이렇게 말했다.

(마지막) 한 수 앞에서 얽매임 없이 초탈해야 비로소 성현의 진실
한 학문을 배운 것이다.

臨了一着脫然無累, 方是聖賢眞實學問.(『語錄』, 『夏峯先生集』 권13)

오히려 진환과 동문이면서 논의에서는 항상 틈이 벌어지곤 했던 장이상이 이 문제에서는 견해가 합치되었다.

> 우리가 (…) 어찌 불교도처럼 삶에 연연하지 않고 죽음을 두려워하지 않는 것으로 삶과 죽음이라는 큰일을 마무리하면서 하루 종일 최후의 한 수만을 생각하고 있을 수 있겠는가? 우리 유학자들이 말하는 최후의 한 수는 올바른 명분을 얻어 죽어서 온전하게 돌아가는 것일 뿐이다. 그렇기 때문에 '아침에 도를 들으면 저녁에 죽어도 좋다'고 한 것이고 또 '그 도를 다하여 죽는 것이 목숨을 올바르게 하는 것'이라고 한 것이다.
>
> 吾人 (…) 豈若釋氏只以不貪生不怖死爲了生死大事, 而終日以末後一着爲念哉. 夫吾儒所謂末後一着者, 得正而斃, 全而歸之而己, 故曰: 朝聞道, 夕死可矣. 又曰: 盡其道而死者, 正命也.(「與沈子相」, 『楊園先生全集』 권9)

여기서 당시 유학자들의 들쭉날쭉 차이가 나는 사고방식들을 대략이나마 볼 수 있다.

진환이 펼친 절의론의 깊이는 단순히 세속의 유행에 반대했다는 사실뿐만 아니라 송대 유학자들이 '도학화'한 경전에 대해 의문을 가진 데서 생겨난 것이었다. 예를 들어 그는 '증자가 대자리를 바꾼 일曾子易簀'이 옳기는 했지만 이정과 주희가 '유독' 이 일만을 취한 것은 바로 불교의 가르침이 스며들었기 때문이라고 했다.(「禪障」) '시론時論'과 '유행時尙'의 학술적 배경을 깨끗이 정리한다는 것은 분명히 지난한 작업이다. 예를 들어 '사직을 위해 죽는 것'이 경전을 잘못 읽은 결과라 하고, 백이와 숙제가 굶어 죽은 일에 대해 새롭게 해석하는 데 있어서는, 식견 있는 사대부가 확실히 그런 작업을 진행하고 있다 하더라도 관련된 사상사의 자료가 아직 너무나 미미하게 흩어져 있어 곤란을 피하지 못했을 터다.

진확이 당시 유행하던 절의론에 대해 비판한 바는 '상常'과 '경經'에 대한 이해에 기반을 둔 것이었다. 비판자는 항상 '어리석음庸'(어리석은 말庸言과 어리석은 덕성庸德)이라는 개념으로 기행과 기절奇節에 열광하는 세속에 대항했다. 이런 시기에 '중용'이나 '도평이道平易'의 개념을 제기하는 것은 모두 특수하게 정곡을 찌르는 특징을 지닌 행위이기 때문에 의미심장하다. 유민이 '중용' 즉 기본 의리를 다시 제기하거나 상식— 이른바 '상식'은 때로 보통 사람은 알지만 사대부는 모르는 것이기도 한데—을 제기하는 것은 어떤 열광의 시대에 기형적이고 병적인 역사 분위기와 언론의 환경으로부터 벗어나 '옷과 양식布帛菽粟'이 필요한 일상생활로, '도'와 '배움'을 존재하게 하는 기본적인 생존 환경과 명제로 회귀하고자 하는 것이다. 극단화된 도덕론을 바로잡는 데에는 유가의 '중中'이라는 개념이 확실히 적절했다.

진확은 삶과 죽음에 대해 논하면서 '현명하고 지혜로운 이들의 과오賢知之過'를 따라서는 안 된다고 여러 차례 강조했다. 그는 「답감화의문答龕化疑問」에서 이렇게 말했다.

> 어리석은 이의 모자란 식견으로도 삶을 좋아하고 죽음을 미워한다. (…) 그런데 현명하고 지혜로운 이들의 과오로 또 그것을 되돌리려 한다. 살아 있을 때에는 빨리 죽기를 바라고, 죽으면 빨리 썩기를 바라는데, 늦추고 싶든 빨리 하고 싶든 간에 모두 자연의 이치에 어긋난다는 것을 모르는 처사다. 죽음을 두려워하지 않지만 또한 빨리 죽기는 바라지 않고, 썩는 것을 마다하지는 않지만 또

한 빨리 썩기를 바라지 않는 것이 바로 진정으로 자연을 따르는 것이요 성왕의 가르침을 따르는 것이다.

愚夫罔識, 樂生惡死 (…) 而賢知之過, 又欲反之. 生期速死, 死期速朽. 不知欲遲欲速, 俱違自然之理. (…) 若夫不怖死, 亦不求速死, 不辭朽, 亦不求速朽. 斯則情順自然, 聖王之敎.(373쪽)

'자연'을 따르고 순리에 따르는 것도 '중'이라고 여겨지는 것이다. 시대적 유행이 '중용을 잃었음失中'을 비판한 이는 상당히 많다. 손기봉은 인생에서 가장 중요한 일이 무엇이냐는 손님의 물음에 이렇게 대답했다.

배움을 아는 것이오. 배움을 모른다면 지사는 자신을 위태롭게 하여 절조를 드러내려 하고, 의사는 분연한 용맹으로 명성을 세우기를 좋아하고, 올곧은 선비는 기꺼이 행적을 숨겨 고매한 뜻을 이루려 하고, 물러나 은거한 이는 이름을 숨겨서 허물을 피하려 하오. 그 행실은 다르지만 중용을 잃은 것은 마찬가지지요.

知學. 不知學卽志士求危身以著節, 義士樂奮勇以立聲, 介士甘遁跡以遂高, 退士務匿名以避咎──其行不同, 失中一也.(『語錄』, 『夏峯先生集』 권13)

손기봉은 충절도 '적절한 추세勢會'에 따라야 한다고 강조하면서 "신하가 어찌 충성으로 명성이 드러나는 것을 즐기겠으며"* "사대부가 어찌 절조로 명성이 드러나는 것을 즐기겠는가?"**라고 말했다. "자신을 위태롭게 하여 절의를 드러내려 하는 것"이 중용을 잃은 것이라는 말은 시대적 병폐에 일침을 가한 것이다. 두준杜濬***은 굴대균의 편지에 대한 답장에서 이렇게 썼다.

선비는 뼈대가 있는 것을 중시하지만 식견이 없는 뼈대는 강하더라도 중용을 얻지 못한다. 강하지 않아야 할 때 강한 것이나 강해야 할 때 강하지 않은 것은 모두 세상에 무익하다.
夫士貴有骨耳, 然無識之骨, 剛不得中. 不當剛而剛, 與當剛而不剛, 均之於世無益也.(「復屈翁山」, 『變雅堂遺集』 文集 권4, 光緒 20년 黃岡 沈氏刊本)

서방은 이렇게 말했다.

절조를 지킨다는 것은 죽어야 할 바를 지킨다는 것이다. 마땅한 때가 이르면 차분하게 도를 따르되 때를 놓치고 유약하게 망설여서도 안 되며 때에 앞서서 용기를 상하게 해서도 안 된다. 적절한 때와 장소가 아니면 죽음을 결행하지 않고, 적절한 때와 장소를 만나면 피하지 않는다. 마치 배고프면 먹고 목마르면 마시고, 해가 뜨면 자리에서 일어나고 날이 어두워지면 잠자리에 들어 쉬는 것과 같다.
夫守節者, 守其所以死也. 因時致宜, 從容中道, 不後時而忍濡, 不先

---

* 원주: "夫人臣何樂乎以忠見哉."(「代成有終卷序」, 『夏峯先生集』 권3)
** 원주: "士大夫何樂乎以節見也."(「畿輔人物考序」, 『夏峯先生集』 권4)
*** 두준(1611~1687)은 호북 황강黃岡(지금의 황강 황저우黃州 구에 속함) 사람으로 원래 이름은 조선詔先이고 자는 우황于皇, 호는 다촌茶村이다. 명나라가 망한 뒤 금릉金陵(지금의 난징 시 계명산鷄鳴山 근처)에 은거하여 빈한하게 살다가 생을 마쳤으며, 주요 저작으로 『변아당시문집變雅堂詩文集』이 남아 있다.

時而傷勇. 不得死所而不隨, 得死所而不去. 正如饑之於食, 渴之於

飮, 日出而起, 日晦而息也.(「與葛瑞五書」,『居易堂集』권2, 1919년 上虞

羅氏刻)

한때 식견 있는 유민들은 부질없는 꾸밈과 과장을 힘껏 경계하면서

정상적인 가치 감각을 회복하려고 노력했는데, 이 또한 사대부들의 반

성 능력을 보여주는 증거로 간주할 수 있겠다. 진확이 「여육빙수서與陸

氷修書」에서 '대의'를 행한 육가숙陸嘉淑*에게 충고한 것도 당시의 여론

에는 저촉되는 일이었다. 여기서 학자는 또한 자신이 오랫동안 훈련했

던 민감한 도덕에 기대고 있다. 당시의 역사 분위기에서 시대에 영합하

지 않고 민중의 칭송을 추구하지 않으려면 상당한 도덕적 용기가 필요

할 뿐만 아니라 학자로서 도덕적 원칙과 신념이 더욱 요구되었던 것이

다. 물론 왕조가 바뀐 이후 진확의 태도는 당연히 반성을 거친 다음의

선택이었고, 또한 또 다른 측면으로 말미암아 사대부로서 격정을 쉽게

쏟아낸 예에 해당된다. 젊은 시절 "깃발을 들고 대중에게 호소하는擧幡

號衆"장한 거사를 일으키기도 했던(황종희, 「진건초선생묘지명」 참조) 그

는 "지금 생각해보니 정말 경솔하게 도에 해를 끼친 것이지 의분이라

고 하기에는 부족했다"**고 했다. 손기봉도 그의 벗 녹선계鹿善繼에 대해

기록하면서 이렇게 썼다.

———

* 육가숙(1620~1689)은 절강 해령 사람으로 자는 효가孝可 또는 경운慶雲, 노중路仲, 자유子柔
이고 호는 신재辛齋, 빙수氷修, 사산射山, 사산쇠봉射山衰鳳 등을 썼다. 명나라 말엽 제생이었던
그는 강희 18년 박학굉사과博學宏詞科에 천거되었으나 극구 사양했고, 뛰어난 시인이자 화가, 서
예가로 명성을 날렸다. 『문예당문초問豫堂文鈔』『삼송해三頌解』『번진록藩鎭錄』『경행록景行
錄』『북유일기北遊日記』『신재유고辛齋遺稿』등 많은 저작을 남겼다.
** 원주: "由今思之, 眞是浮氣害道, 未足以云義憤也."(「上閔辰生先生書」, 66쪽)

변방에서 3년을 보내니 인내심이 이미 극에 달했고, 종전에 명예와 절조, 의기로 남보다 뛰어나려 했던 모든 게 여기에 이르러서는 죄다 전체적인 큰 쓰임새로 귀결되었다.

「祭鹿伯順文」: 楡關三年, 動忍己極, 擧從前以名節義氣出人頭地者, 至此渾歸於全體大用.(『夏峯先生集』권10)

이런 '깨달음覺悟'의 의의를 측정하기 쉬웠던 적이 있었던가!

절의에 관한 진확의 논의는 어떤 선비들의 여론뿐만 아니라 그보다 더 광범한 당시의 유행을 겨냥하고 있었다. 참과 거짓에 대한 통찰력 덕분에 그는 온갖 꾸밈과 '연극적'인 것들에 모두 민감할 수 있었다. 「선장禪障」에서는 자신의 벗이 "병으로 죽어가면서 여러 아우와 차분히 담소를 나누고 끊임없이 도에 대해 이야기하면서도 집안일에 대해서는 전혀 언급하지 않았다"[*]고 했다. 이런 일들은 줄곧 세속에서 '통달했다達'라는 칭송을 받았으나 진확은 그 사람이 불교 학설의 영향을 받았으며 그 행위가 자연을 위반한 '현명한 이의 과오賢者之過'라고 했다.

삶과 죽음은 똑같으니 희로애락이 절도에 맞는 것을 조화롭다고 하는 것이다. 어찌 죽을 때에 기쁨과 즐거움만 있고 분노와 슬픔은 없어야 한단 말인가? 그러므로 웃으면서 죽는 것도 가능하지만 통곡하며 죽는 것도 안 될 게 없다. 지팡이 끌며 소요하는 것도 가능하지만 잠 못 이루고 뒤척이며 불안해하는 것도 안 될 게 없다. 오직 그 때에 맞출 따름인 것이다.

---

[*] 원문은 각주 82 참조.

生死一也, 喜怒哀樂中節之謂和, 何以於死時獨有喜樂而不當有怒

哀耶. 故笑而死可也, 雖哭而死, 亦無不可也. 曳杖逍遙可也, 雖反側

不安, 亦無不可也. 惟其時而已矣.(445쪽)

　　진확은 결국 충후한 인물이었던지라 이런 행위가 연극일 가능성에
대해서는 언급하지 않았다. 속세에 초탈한 것과 세속에 아부하는 것은
때로 종이 한 장의 차이만 있을 뿐이다.
　　이런 사고방식을 지녔던 진확은 당연히 세속에서 윤리를 실천하는
과정에서 저질러진 여타의 '잘못된' 행위들—예를 들어 세속에서 즐
겨 이야기하는 '허벅지 살을 베어 부모를 봉양한 일割股'이랄지 '얼음
을 녹여 생선을 구한 일寢氷', 10년 동안 시묘한 일, 식도 올리지 않은
여자가 수절한 일 등—에 감동하지 않고 비평을 하면서도 '본분'과
'정도'를 파악하는 점을 드러냈다. 「양생송사론養生送死論」(문집 권5)에서
그는 '어리석은 덕행庸德之行'에 대해 이야기하면서 초상을 치를 때 "해
서는 안 되는 것을 한不能爲而爲之" 행위를 '어리석다愚'면서, 그와 마찬
가지로 '합리성'에서 비롯된 행위들에도 관심을 나타냈다. 그가 세속
의 이른바 '효도'라는 것이 명예를 추구하는 행위요 절의라는 것도 마
찬가지라고 한 부분은 가혹한 논단이라는 비판을 피할 수 없지만 그
또한 참과 거짓을 통찰한 말로써 세속과 선비들의 기풍에 담긴 병폐를
지적한 것이다. '정성誠'은 정밀하고 미묘한 정도에 달려 있다. 여기서
정성의 의의는 이미 속이지 않는다는 데에서 그치지 않는다. 이러한 관
련 조건들과 상황을 세밀하게 구분하는 것은 원래 유학자들의 장기였
다. 그들은 통상적으로 이런 분석에 기대어 세속에 아부하기를 거절하
고 엘리트로서 품성을 유지했다. 진확에게 일상의 도리를 중시하는 것
은 "지극히 선망할, 고상하기 그지없고 실행하기 어려운 일"*이 아니

었으며, 그가 "혼자의 뜻을 따른用獨" 이유도 위선을 없애고 진정한 정성만을 남겨놓았기 때문이다. 오직 '믿음信心'이 있어야 "혼자의 뜻을 따를" 수 있으니, 청나라에 빌붙지 않을 뿐만 아니라 다른 유민들에게도 빌붙지 않은 채 유민사회에 통용되던 어떤 가치관에 구속되지 않았다.

더욱 훌륭한 점은 그가 여자의 '절개節烈'를 논하면서 절의—이것은 대개 남자들에게 적용되는데—를 논할 때와 마찬가지 논리를 쓰고 여자를 위한 별도의 기준을 내세우지 않았다는 것이다. 그는 일반적인 유학자들이 엽기적인 데에만 관심을 두고 '항상적인 덕恒德'을 소홀히 여기는 데에 불만을 가지면서 "이것이 우리 선생님孔子께서 칼날은 밟을 수 있지만 중용은 불가능하다고 탄식하신 까닭"**이라고 했다. 「서반열부비문후書潘烈婦碑文後」에서는 열부의 죽음이 '바르지 않다非正'고 하면서, "나는 삼대 이후로 배움이 현실에 맞지 않음을 이상하게 여겼나니, 절개를 지키는 행위를 좋아하는 것은 옛 풍속을 없애는 것"***이라고 했다. 이것은 열부가 바로 유행—즉 '기이한 것을 좋아하는 인심—에 의해 살해되었다는 것을 암시한다. 즉 극단적으로 절의를 강조하는 환경은 예로부터 사람을 죽이는 힘을 지니고 있었다는 뜻이다.

'절의'를 이야기하는 것은 곧 생존을, 생명에 대한 태도를 이야기하는 것이다. 그래서 자신의 절의론과 서로 보완관계를 이루는 '몸을 기르는 일養身'을 여러 차례 제기하면서, "몸을 기르는 것이 바로 도道이니, 도 가운데 몸을 기르는 것보다 더 시급한 게 어디 있겠는가?"****라고 했다. 그는 또 "오직 군자에게만 사사로운 마음이 있을 수 있으니, (…)

---

* 　원주: "遠慕高遠難行之事."(「答沈朗思書」)
** 　원주: "此吾夫子所以致嘆於白刃可蹈, 而中庸不可能者也."(「祭查母朱碩人文」, 325쪽)
*** 　원주: "確嘗怪三代以後學不切實, 好爲節烈之行, 浸失古風."(「書潘烈婦碑文後」, 395쪽)
**** 　원주: "養身卽是道, 道又豈有急於養身者邪."(「與吳裒仲書」, 144쪽)

군자가 천하를 사랑하는 것은 틀림없이 나라를 사랑하는 것보다 못하고, 나라를 사랑하는 것은 틀림없이 그 가족과 자신을 사랑하는 것보다 못하다"*고 했던바 이 또한 다른 사람은 할 수 없거나 감히 하지 못하는 말이라 하겠다. 설령 엄혹한 시대였다 할지라도 당시의 통달한 사대부들—유학자를 포함해서—이 '삶生'과 '욕망欲'에 대해 이야기한 것들을 통해 활발하고 생동적인 생명의식과 (사회 및 문화의) 생기에 대한 갈망을, 유행하고 있는 '절의론'에 갇히지 않은 채 '생명'과 '삶과 죽음'에 대해 진행한 체험과 사고를 발견할 수 있다. 진확이 '일신一身'을 가벼이 여기지 않은 것은 그가 말한 '현재의 처지에서 해야 할 행위素位之行'와 응당 호응한다. 이를 통해서 그가 '나라'와 '천하'를 무조건적이고 절대적인 의미의 원천으로 간주하는 것은 거의 불가능해 보이며, 그런 의미에서 '나라'와 '천하'를 위해 죽는 것을 최고의 도덕으로 간주할 가능성도 거의 없었으리라 추측할 수 있겠다.

재난을 겪고 나자 사대부들은 점차 자아를 보전하는 그런 지혜를 중시할 수 있게 되었다. 주학령의 「도잠론陶潛論」은 도잠의 심리 상태를 아주 상세히 분석했는데, 그 가운데 가장 힘을 기울인 것은 바로 도잠의 그런 지혜였다.(『愚庵小集』 권11, 上海古籍出版社, 1979) 『손하봉선생연보孫夏峯先生年譜』(『夏峯先生集』 卷下)에는 그의 병세가 급격히 악화된 사정을 기록했다.

> 손수 『일보日譜』를 썼는데, 그 내용은 이러했다. 학문은 삶과 죽음
> 을 잘 이해하는 것을 최고의 조예로 삼는다. 그러나 세상에서 소

---

* 원주: "惟君子而後能有私, (…) 故君子之愛天下也, 必不如其愛國也, 愛國必不如其愛家與身也."(「私說」, 257쪽)

위 삶과 죽음을 잘 이해한다고 하는 이들은 삶과 죽음을 가벼이 여기니 진정으로 삶과 죽음을 이해할 수 있는 이들이 아니다. 진정으로 삶과 죽음을 이해하려면 살아도 헛되이 살지 않고 세상에서 중시되어야 하며, 죽어도 헛되이 죽지 않고 세상에서 중시되어야 한다. (…) 만약 삶과 죽음을 가벼이 여기는 것을 두고 삶과 죽음을 이해했다고 여긴다면 형가나 섭정 같은 자객도 모두 도를 깨달은 사람이라고 칭송받을 것이다.

手書『日譜』云: 學問以了達生死爲極詣. 然世之所謂了達生死者, 輕生輕死, 非眞能達生達死也. 眞能達生死者, 則生不徒生而生足取重於世, 死不徒死而死足取重於世. (…) 若以輕生死爲達生死, 則荊聶一流人皆稱聞道者矣.

청나라 초기의 당견唐甄*은 고반룡에 대해 이렇게 논했다.

그대가 고군(고반룡)에 대해 어질다고 한 것은 옳소. 그런데 그가 죽음을 두려워하지 않아서 어질다고 여겼다면 잘못이오. 군자의 도리는 먼저 자신을 아끼고 어지러운 조정에서 벼슬살이를 하지 않으며, 어리석은 군주를 섬기지 않는 것이오.

子謂高君之賢, 是也. 以其不畏死也而賢之, 則非也. 君子之道, 先愛其身, 不立亂朝, 不事暗君.(『潛書』上篇「有爲」, 51쪽)

---

* 당견(1630~1704)은 사천 달주達州(지금의 다저우 퉁촨通川 구에 속함) 사람으로 원래 이름은 대도大陶였으며, 자는 주만鑄萬이고 호는 포정圃亭이다. 순치 14년(1657)에 거인이 되어 산서 장자 지현을 지냈으나 열 달 만에 벼슬을 잃고 장사를 하다가 실패하고는 강남을 떠돌았다. 주요 저작으로 『잠서潛書』가 있다.

여기서 '자신을 아끼는' 것도 사대부의 자아 존중, 자신의 가치에 대한 강조로 이해할 수 있을 것이다.

당견의 논의는 여기에서 그치지 않는다. 『잠서』 하편 「이재利才」에서는 '군자가 죽지 않는' 여러 정황을 이야기했다.

> 흥폐와 등용되고 버림받는 것은 안위와 관련된 것이 아니면 다투지 않으며, 대항하여 언쟁을 하면 분노를 살 수도 있다. 이런 때에 군자는 죽지 않는다. (나라의) 큰 운명이 이미 기울어 사람이 버틸 수 없어 군주가 죽고 나라가 망하더라도 측근에서 모시는 신하이거나 변경을 지키는 벼슬 높은 신하가 아니라면 몸을 던져 순절하는 것은 지나치다. 이런 때에 군자는 죽지 않는다.
> 興廢用舍, 非所以安危者則不爭. 抗言爭之, 或以激怒. 當是之時, 君子不死也. 大命旣傾, 人不能支. 君死矣, 國亡矣, 非其股肱之佐, 守疆之重臣, 而委身徇之, 則過矣. 當是之時, 君子不死也.

이런 상황은 바로 명나라 사람들이 되돌아볼 필요도 없이 마땅한 대의라고 생각하는 것이었다. 이에 대해 진확 등은 '마땅'한지 그리고 합리적인지 여부를 따지면서 여전히 이치에 따라 논의했는데, 당견은 여기서 더 나아가 효용성 여부에 착안했으니 일종의 공공연한 공리론功利論이었다. 그는 또 이렇게 말했다.

> 군자는 세 가지 경우에 죽는다. 자신이 죽어서 큰 난리가 평정된다면 그것을 위해 죽는다. 자신이 죽어 나라가 보존된다면 그것을 위해 죽는다. 자신이 죽어 군주가 평안하다면 그것을 위해 죽는다.

君子有三死: 身死而大亂定, 則死之. 身死而國存, 則死之. 身死而君
安, 則死之.(191쪽)

이것을 보면 사대부의 사상과 언론의 공간은 역사 상황에 따라 변동이 생겨난다는 것을 알 수 있다.

진확이 논의한 절의의 조건에는 '희생론'이 포함된다. 「사절론死節論」에서는 바로 그 희생의 조건과 한도에 대해 논했다. 그는 백이와 숙제의 '의로움'은 "단지 굶어 죽었다는 데에 그칠 뿐이며 절조는 이와 같은 데서 그쳐야지 죽음의 쾌락에 연연해서는 안 된다"*고 했다. 그로부터 수백 년 뒤에 루쉰은 「나의 정절관我之節烈觀」에서 조건과 한도―그것(이상과 희망)으로부터 둘 다 이롭다면 당연히 좋겠지만 적어도 자신에게는 유익해야 하는데**―에 대해 얘기했고, 「희생모犧牲謨」에서는 '희생주의자'들의 허위와 속임수를 폭로했는데, 그 철저함은 당연히 진확 등의 논의와 비교할 정도가 아니지만 선현의 논의와 먼 시간을 사이에 두고 호응하고 있음을 어렴풋이 알 수 있다. 진확은 '죽음'에 대해서 '충성'과 관련되었는지 여부뿐만 아니라 "어질다고 할 수 있는지可謂仁乎"에 대한 의문도 제기했으니, 이 또한 세간의 학자들이 미처 제기하지 못했던 것으로서 대단히 유력하게 독자를 일깨워준다. 앞서 1절에서 보았듯이, 왕부지는 이것을 장순과 허원에게 물은 적이 있다. 진확은 사고의 폭넓음이라는 측면에서는 왕부지와 비교할 수 없지만, 생각의 날카로움과 일상적인 것을 답습하지 않는 태도는 그의 '절의론'이 충분히 증명해주고 있다.

---

* "止在窮餓, 節如是止矣, 不必沾沾一死之爲快也."(153쪽)
** "自他兩利固好, 至少也得有益本身."

진확은 "하나의 절조만 고집하는 선비 노릇은 군자가 하지는 않는 것"*이라고 했다. 그는 사람들이 '하나의 절조一節'로 자신의 벗 축연祝淵**에 대해 설명하는 것을 싫어했다.

> 축연 또한 오로지 조심하며 그 본심을 저버리지 않았으니 허물이 적은 학자에 가까우며, 부질없이 이 보잘것없는 절조만을 다투지 않았다.
> 開美亦惟兢兢無負其本心, 以庶幾寡過之學者, 而非徒爭此區區之節者也.(「輯祝子遺書序」, 240쪽)

여기서 '하나의 절조'라고 했을 때 '하나一'는 말할 필요도 없이 그 경계가 협소함을 가리킨다. '하나의 절조'로 일상의 도덕적 실천을 대신하지 말라는 것은 당시에 이미 일부 사대부가 공통되게 인식하고 있던 내용이다. 황종희는 이렇게 말했다.

> 세상 사람들은 하나의 절조로 사람의 평생을 개괄하는 경우가 많고, 또 하나의 절조로 자부하는 사람도 많다.
> 「孟子師說」: 世人多以一節概人生平, 人亦多以一節自恃.(『黃宗羲全集』 제1책, 116쪽)

---

* 원주: "一節之士, 君子不居."(「祭陸伯母裘太孺人文」, 342쪽)

** 축연(1614~1645)은 해령 사람으로 자는 월은月隱이고 호는 개미開美다. 숭정 6년(1633) 거인이 되어 숭정 15년에 회시를 치르러 갔다가 당시 도어사로 있던 유종주의 벼슬이 삭탈되자 그를 변호하는 상소를 올렸다가 하옥되었다. 이듬해에 풀려난 그는 유종주를 스승으로 모셨다. 그러나 얼마 후 항주가 청나라 군대에 함락되자 병든 몸으로 모친의 무덤을 이장하고 나서 스스로 목을 매 순절했다. 뛰어난 서예가이기도 했던 그는 저작으로 『축자유서祝子遺書』 『월은유고초月隱遺稿鈔』 『월은선생유집月隱先生遺集』 외에 『오태상순절실록吳太常殉節實錄』 『심의문답주心意問答注』 『사설師說』 『일성편日省編』 『해창축씨종보海昌祝氏宗譜』 등을 남겼다.

왕부지도 이렇게 말했다.

자살하지 못하고 하나의 지극한 절조를 명예로 여기며 자부하는
것은 부끄러운 것 가운데 가장 부끄러운 것이다.
未能自盡而矜一至之節以爲名, 慙之慙者也.(『船山經義』, 『船山全書』
제10책, 649쪽)

손기봉은 「독김충절문집서후讀金忠節文集書後」에서 김현金鉉*은 '하나
의 절조'로 자신을 드러내려 하지 않았다고 했다.(『夏峯先生集』 권9) 진확
과 동문이면서 항상 의견이 맞지 않았던 장이상도 이렇게 말했다.

근대의 장위**와 왕원공*** 같은 이들은 평생 명예와 절조를 지킨 점
은 칭송할 만하지만, 그 귀결점을 궁구해보면 그저 하나의 절조
를 내세운 선비일 뿐이지 도리를 아는 이는 아니었다. 올바른 사
대부가 몸을 닦고 학문에 힘쓰고도 덕을 온전히 하기를 바랄 줄
모르고 그저 하나의 절조로 그 평생을 개괄했을 뿐이니 또한 애
석한 일이다.
如近代張二無, 王元公諸公, 跡其平生, 操履名節, 非不可稱, 究其

---

* 김현(1610~1644)은 강소 무진武進(지금의 장쑤 성 창저우常州에 속함) 사람으로 자는 백옥伯玉이
다. 숭정 1년(1628) 진사에 급제하여 양주부교수揚州府教授와 국자박사國子博士, 공부주사, 병부
주사를 역임했고, 북경이 함락되자 강물에 몸을 던졌는데 물이 얕아 진흙에 머리가 박힌 채 죽었
다. 당시 여든 살이 넘었던 그의 모친도 소식을 듣고 우물에 몸을 던졌으며, 첩 왕 씨王氏도 그 뒤
를 따랐다. 훗날 남명 정권에서 태복소경太僕少卿에 추증되고 시호로 충절忠節이 내려졌으며, 청
나라 때에 시호로 충결忠潔이 내려졌다.
** 장위張瑋(?~?)는 무진武進 사람으로 자는 석지席之이고 호는 이무二無다. 만력 47년(1619) 진
사에 급제하여 광동제학첨사, 좌부도어사 등을 역임했다. 남명 복왕 때에는 좌도어사에 추증되고
시호로 청혜清惠가 하사되었다.
*** 본명 및 생애에 대해서는 연구가 더 필요하다.

歸, 特亦一節之士, 不知理道者也. 士君子修身力學, 不知求爲全德,
而只以一節槪其生平, 亦可惜矣.(「與沈丹曙」, 『楊園先生全集』 권8)

서방徐枋은 이렇게 말했다.

그리고 평생 기개와 절조를 얘기하는 것을 부끄러워했으니 사실
그것은 내 귀숙처가 아니다. (…) 또한 세상에 제기할 바를 지닐
수 있어서 초목과 함께 썩어지지 않을 사람이 어찌 다만 함께 드
러날 수 있겠는가? 틀림없이 덕을 안으로 숨기고 행하면서 절대
드러내지 않은 채 보이지 않는 곳에서 자신을 연마하면서 들리지
않는 곳에서 본분을 지키고 있을 것이다.
而生平恥語氣節, 實以氣節非吾人歸宿之地, (…) 且人之能有所建明
於世, 不與草木共腐者, 豈獨共可見者乎. 必潛德內行確乎不拔, 砥
於所不見, 守乎所不聞.(「與葛瑞五書」, 『居易堂集』 권3)

위희魏禧는 이렇게 말했다.

그래서 사람을 논평하는 경우 반드시 위대한 절조를 앞세우지만
단지 절조만으로 드러난 이를 더욱 어질다고 여기지는 않는다.
是以論人者必先大節, 而其不徒以節見者爲尤賢.(「李忠毅公年譜序」,
『魏叔子文集』 권8)

왕부지는 이렇게 주장했다.

참혹하게 죽일수록 사람은 더 격해지고 격한 것을 의롭다고 여기

는데, 그것이 반드시 허위에서 나오진 않았지만 의로움은 결국 견고하지 못하게 된다. (…) 격함이 없으면 실행하는 일도 없어진다. 殺愈慘而人愈激, 激以爲義, 非必出於僞, 而義終不固. (…) 無激也, 斯無隨也.(『讀通鑑論』권21, 817쪽)

그런데 진확이 '하나의 절조'를 말한 것은 확실히 명나라가 망한 뒤 자신을 설명하기 위한 선택이었을 가능성이 있다. 스스로 높은 기대를 가지고 삶에 대처하며 자신의 삶을 키웠던 것이 그의 적극적인 인생 태도였다.

그러나 김현은 절의를 드러내고 싶어하지 않았음에도 결국 순절한 것으로 명성을 날렸으니 사람이 자기 뜻대로 할 수 없는 정세를 보여준다. 이를 통해서도 '절의'에 관한 문제가 얼마나 복잡한지 실감할 수 있다. 손기봉의 논의는 또 얼마나 '소탈通脫'했던가! 그는 "충분히 충성한다忠到足色"(「麟書鈔序」, 『夏峯先生集』권4)라고 말하길 좋아하고, "죽음에 잘 대처善處死"해야 "비로소 넘치도록 충분해진다"*고 여겼다. 그런데 이 '충분함'은 바로 순수함(수유粹儒의 수)이니, 그도 여전히 '당시의 여론'에서 벗어나지 못했음을 알 수 있다.

당시에 더욱 민감했던 점은 여전히 벼슬길에 나아가느냐 초야에서 지내느냐의 경계를 정하는 것이었다. 진확은 유민의 신분이었지만 '벼슬길에 나아가는 것出'을 부정하지만은 않았고 심지어 "우리 시대에 이 시대와 이 백성을 자신의 일로 여기는 이가 있다면 나는 그를 위해 절하고 기도하겠다"**고 말하기도 했다. 그가 벼슬길에 나아가느냐 초야에서 지내느냐를 가지고 '도道-속俗'을 따지지 않은 것은 손기봉이 그

---

* 원주: "善處死 (…) 方得淋灘足色."(「賀公景瞻傳」, 『夏峯先生集』권5)

것을 서로 다른 두 길로 여기지 않은 것과 더불어 모두 기존의 편견들을 바로잡으려는 동기에서 나온 생각들이다. 그는 이렇게 말했다.

> 벼슬길에 나아가는 것과 초야에서 지내는 것은 다르지만 도에서
> 는 같다. 그러므로 비록 지금 벼슬길에 나아간다고 해서 대뜸 속
> 되다고 할 수는 없다. 그리고 선비는 항상 거만하게 스스로 초야
> 에서 지내는 것이 도리에 맞고 벼슬길에 나아가는 것을 속되다고
> 여기는데, 그런 이가 어찌 초야에서 지내더라도 속세를 벗어난 적
> 이 없음을 알겠는가?
> 出處不同, 同乎道. 故雖今之出者, 未可遽謂之俗也. 而士恒侈然自
> 以處爲道而出爲俗, 烏知處之未離乎俗也.(「道俗論」 上, 169쪽)

> 손유안이 비록 벼슬길에 나아갔지만, 그가 내놓지 않은 바도 당
> 연히 있다.
> 幼安雖出, 而其所不出者固在也.(「哭孫幼安文」, 320쪽)

그러면서 그는 도리에 맞다면 벼슬길에 나아가든 초야에서 지내든 모두 "내가 나답게 되는吾之爲吾" 데 손해를 끼치지 않는다고 했다.(「出處同異議」, 173쪽) 이런 것들은 모두 당시의 상황에서는 거의 괴론怪論에 가까웠다. 그 자신은 세속에서 일컫는 '절조節'로 자신을 한정시키려 하지 않고 더 높으며 심원한 경계에 세우려고 노력했다. 「기육여경서寄陸麗京書」에서 그는 이렇게 말했다.

***

** 원주: "當吾世而有以斯世斯民爲己事者, 吾拜而禱之."(「送謝浮弟北上序」, 242쪽)

듣자 하니 저번에 영성을 지나다가 과거시험을 보러 나온 벗을 만나면 늘 서로 비방을 했다고 하던데, 아마 어짊은 넘치지만 지혜는 부족한 듯하오!

聞頃過寧城, 遇友人之出試者, 每相非詆. 意者仁有餘而知未足乎.

저는 최근에 뜻을 같이하는 이를 통렬히 경계하면서 하나의 긍지는 버리라고 했습니다. 명예와 절조 따위에는 상관하지 말고 위대한 도리를 추구하는 데에 힘써야 옛 성현들에게 부끄러움이 없을 거라고 했습니다.

弟近痛戒同志, 謂一矜之棄, 何關名節, 力須勉之大道, 以無愧古賢.(이상, 68쪽)

그는 단지 세속에서 인정하는 유민의 표지—과거시험에 응시하지 않고 청나라에서 벼슬살이를 하지 않는 것 등—를 도덕의 마지노선으로 간주했을 뿐 자신은 '유민'으로 한정하려 하지 않았음을 알 수 있다.

이와 관련된 진확의 사고방식은 어떤 변화과정을 겪은 듯하다. 그는 스승 유종주와 같은 정치 경력도 없고, 심지어 동문인 황종희처럼 명나라가 망할 무렵에 의거를 일으키거나 노왕魯王이 국정을 대신 처리할 때 그를 따라 바다로 나가지도 않았다. 명나라가 망하고 얼마 되지 않았을 때 그 또한 죽지 못한 것을 부끄러워한다는 뜻을 나타내기도 했다.(「祭山陰劉先生文」 참조) 사람은 자신을 믿어야 남에게도 믿음을 얻는 법이다. 의리를 탐구하는 데 익숙한 유학자들은 우선 자신을 설복시킬 수 있어야 생존 가능했다. 그런데 이것은 논증하기 어려울 수밖에 없다. 내 어찌 변명하기를 좋아하랴? 다만 어쩔 수 없었을 뿐이다. 이런

점을 잘 아는 진확은 되풀이하여 절의를 논했는데, 어쩌면 그에 대해
한층 더 깊이 이해했을 수도 있지 않을까?

3 절
혼자의 뜻을
따름

명에서 청으로 왕조가 교체됨으로써 어지럽고 시끄럽던 한 시대가 끝나자 요란한 분위기에 익숙해 있던 사대부들은 갑자기 현란한 삶으로부터 평범하고 담담한, 심지어 적막한 삶을 살 수밖에 없었다. 개중에는 운명을 순순히 받아들인 이도 있고, 반성에 기초해서 주체적으로 그런 삶을 선택한 이도 있었다. 후세에 위대한 학자, 위대한 유민으로 추앙받는 이들 가운데 왕부지의 처지는 더욱 보통 사람으로서는 감당하기 어려운 면이 있었던 듯하다. 「선산기船山記」에서 그는 이미 이 거처에서 17년을 보냈고 장차 거기서 '죽을畢命' 거라면서 이렇게 썼다.

> 그 언덕에는 풀과 나무도 없고, 골짝은 말랐으며, 얼마 안 되는 나무는 무성해져 꽃을 피우지도 않고, 그곳 풀은 말라비틀어진 채 어지럽게 널려서 언제나 시든 것처럼 보인다.
> 其岡童, 其溪渴, 其斬有之木不給於榮, 其草腇靡紛披而恒若凋.(『姜齋文集』 권2, 『船山全書』 제15책, 128쪽)

이제부터 이야기하려는 '혼자獨'는 바로 그가 겪은 환경, 그가 주체적으로 선택한 환경이다. 그가 얻은 것은 생전의 크나큰 적막이었다. 당시 왕부지의 학술활동에 대한 관심은 겨우 유헌정劉獻廷*의 『광양잡기廣陽雜記』(中華書局, 1985)에나 보일 뿐이다. 그 책의 권2에는 이렇게 적혀 있다.

> 동정호 남쪽은 천지의 원기가 모인 곳이라 성현의 학맥은 오직 이 일대에서만 이어질 뿐이다.
>
> 洞庭之南, 天地元氣, 聖賢學脈, 僅此一線耳.(57쪽)

'왕조 교체易代'라는 엄청난 사건은 사대부들로 하여금 명대의 문화 분위기와 역사적 정황을 억지로 끌어내게 만들었다. 당시 식견 있는 사람들은 각기 자신의 학문과 하는 일에 따라 시대의 추세에 반응했다. 유종주와 그 제자들은 '깊은 의미가 숨겨진 학문闇然之學'에 종사했고, 시종일관 강학講學과 문인결사에서 활약했던 황종희도 이렇게 말했다.

> 원기는 여러 사람이 아니라 혼자에게, 번화한 곳이 아니라 고요한 곳에 깃드는데 아마 그것을 아는 사람은 드물 것이다.
>
> 元氣不寄於衆而寄於獨, 不寄於繁華而寄於岑寂, 蓋知之者鮮矣.(「呂勝千詩集題辭」, 『黃宗羲全集』 제10책, 103쪽)

---

* 유헌정(1648~1695)은 순천부 대흥大興(지금의 베이징) 사람으로 자는 군현君賢 또는 계장繼莊이고 별호는 광양자廣陽子다. 강희 26년(1687)부터 명사관明史館에서 일하다가 강희 29년에 경사를 떠나 강남으로 돌아갔으며, 2년 뒤 남쪽을 유람하던 중 왕부지와 알게 되었다. 강희 32년(1693)부터는 강서 등지를 여행하다가 서호西湖에서 병으로 죽었다. 그의 저작은 대부분 사라지고 『광양잡기廣陽雜記』만 남아 있다.

고염무는 스스로 "대중의 기호를 따르거나狗衆人之好" "도를 왜곡하여 남을 따르지枉道以從人" 않으며* "올곧게 혼자 길을 가는 사람"**이라고 했다.[48] 북방의 유민 부산傅山***은 이렇게 말했다.

깊은 규방에 홀로 지내야 비로소 미인이 있고, 담백하게 지내야 호걸이 나타난다. 시끄러운 사람은 결국 속된 기질을 가진 사람이다. 幽獨始有美人, 澹泊乃見豪傑. 熱鬧人畢竟俗氣.(「佛經訓」, 『霜紅龕集』 권25, 山西人民出版社, 1985, 686쪽)

그러나 사대부의 정치적 실천과 왕조 교체기에 보여준 태도 및 반성, 선택을 통해서 그의 처지와 운명을 확인할 수 있고, 이에 따라 그의 고독은 철학적 의미를 갖게 된다. 이런 측면에서 필자는 가장 먼저 왕부지를 꼽고 싶다.

왕부지는 "무리의 뜻을 따르느니 혼자의 뜻을 따르는 게 낫다用衆不如用獨"고 했다. 같은 시기에 동남부의 학자 유종주가 끌어들인 '신독愼獨'은 철학 범주에 속하는 것으로서 '이학-심학'의 틀을 벗어나지 못했다. 유종주가 말한 '독체獨體'의 '독'은 '마음心' 혹은 '양지'의 별칭이었다.[49] 그런데 왕부지가 '혼자의 뜻을 따른다用獨'고 했을 때의 '독'이 근대 사상에서 가리키는 '개인'이나 '개체'라는 뜻은 아니지만 '용중用

---

* 원주: "狗衆人之好 (…) 不枉道以從人."(「與友人論門人書」, 『顧亭林詩文集』, 47쪽)

** 원주: "爲踽踽踽踽之人."(「與友人辭往敎書」, 같은 책, 136쪽)

*** 부산(1607~1684)은 산서 태원 사람으로 원래 이름은 정신鼎臣이고 자는 청죽青竹이었으나 나중에 자를 청주青主로 바꿨다. 또 진산眞山, 탁옹濁翁, 석인石人 등의 별명이 있었다. 명나라 때 제생이었던 그는 명나라가 망하자 도사가 되어 흙으로 지은 집에 은거하며 모친을 봉양했다. 강희 연간에 박학홍사과에 천거되었으나 모친의 병을 핑계로 시험에 응하지 않았다. 유가 경전과 역사, 제자백가, 서예, 그림, 의학 등 다방면에 걸쳐 대단히 뛰어난 경지에 이르렀다. 『상홍감집霜紅龕集』 『부청주여과傅青主女科』 『부청주남과傅青主男科』 등을 남겼다.

衆'과 '용독用獨'을 대비하여 거론한 것으로 보건대 틀림없이 왕조 교체기의 어떤 집단 행위나 방향에 대한 반성에서 나온 표현임을 알 수 있다. 만년에 역사 평론을 할 때 왕부지가 긍정했던 것에는 '홀로獨'를 유민생활의 원칙으로 삼는 것도 포괄한다고 할 수 있다. '혼자의 뜻을 따르는' 것은 그가 즐겨 말하는 '자정自靖' 내지 '자진自盡'이라는 표현과도 논리적으로 관통하는 측면이 있다. 『가세절록家世節錄』에서 그는 선친의 말을 인용하여 "다른 사람의 도를 위해 순절하는 것以身殉他人之道"보다는 "자신의 도를 위해 순절하는 것以身殉己之道"이 더 낫다고 했다.[50] '자정' 내지 '자진'에 포함된 사대부의 존엄 원칙과 자아 보존의 원칙은 아직 불명확한 어떤 형식 속에서 사대부의 자주적이고 개인적인 선택을 강조했다. 전례 없이 큰 규모의 강학과 당사黨社 운동이 일어난 뒤에, '의거擧義'와 '대의에의 참여與義'—이 또한 무리의 뜻을 따르는 행위의 일종인데—가 끝난 뒤에 '혼자의 뜻을 따르는用獨' 것에 대해 논하는 게 얼마나 엄중한 일인지는 말할 필요도 없이 자명하다. 당연히 '홀로'를 선택하는 것이 반드시 '무리群'의 가치와 목적에 대한 부정을 의미하진 않으며, '무리' 속에서 개인의 무력함에 대해 체험하고 확인한 데서 비롯된 행위일 것이다. 다음에 논의할 '대의에 참여하는' 행위에 대한 반성 속에서 이러한 관련성이 더 분명하게 나타날 것이다. 이런 반성은 또 사대부가 도의적 역량과 민중 교화 임무에 대해서 갖는 자신감을 간접적으로 지향한다.

왕부지가 '혼자의 뜻을 따른' 것이 곧 '혼자 훌륭하다獨善'는 뜻은 아니었다. 외진 곳에서 궁하게 살더라도 그는 여전히 저술활동을 통해 자신이 인식한 유학자의 사명을 담당하고 있었다. '혼자의 뜻을 따른' 것은 바로 그가 유학자로서 인정한 사회적, 정치적 실천 원칙이자 행위 규범이었다. 이 절을 쓰면서 필자가 더욱 관심을 기울인 것은 그가

"무리의 뜻을 따르느니 혼자의 뜻을 따르는 게 낫다"는 명제에 도달하게 된 논리다. 그것은 주로 왕조가 교체될 무렵 사대부들의 어떤 중요한 경험들, 예를 들어 '선비 기질士氣'이나 '의병義軍', '민중의 칭송民譽'과 '세속의 풍속流俗'에 대한 그의 분석에 포함되어 있다. 왕부지와 같은 반성을 거침으로써 그와 관련된 사대부의 경험이 비로소 그 심각성을 획득하게 되었던 것이다.

'선비 기질'에 대한 논의

청대 사람들은 명대에 '선비 기질이 성행'한 것을 선망하기도 하고 당시에 '선비 기질이 지나쳤음'을 비판하기도 했지만 칭송이든 비판이든 양자 다 자신의 처지에 대한 인식을 기반으로 했다. 그런데 명·청 교체기의 왕부지는 '선비 기질'을 자신이 되풀이하여 비판했던 명대 사대부의 '기개와 긍지氣矜' '기개와 격분氣激' '용감하게 나아가는 의기一往之意氣'와 같은 테마로 넣어서 논의했는데, 이것은 명나라가 망한 뒤 사대부 문화에 대한 반성을 이루는 유기적 요소들이었다. 『송론』의 다음과 같은 논의는 선비 기질을 장려한 일의 정치적 후과後果에 착안한 것이다.

시대가 내려올수록 도가 쇠미해지니 선비 기질에 대한 말들이 나왔다. 누가 그것을 제창했는가? 서로 이끌고 내달리면서 경계할 줄 모르는 것은 천하에 도움이 되지 않고 풍속에 좋을 게 없으며 오히려 선비에게 재앙이 생기도록 자극을 주어 죽거나 모욕을 당하는데, 그 모욕은 또한 죽음보다 더 심하다.

世降道衰, 有士氣之說焉. 誰爲倡之. 相率以趨而不知戒, 於天下無裨也, 於風俗無善也, 反激以啓禍於士, 或死或辱, 而辱且甚於死.(『宋論』 권14, 324~325쪽)

전국시대에 선비 기질이 번성하자 영정이 분서갱유를 일으켰고, 후한 때에 선비 기질이 올라가자 환관들에게 피해를 입었으며, 남송 때에 선비 기질이 요란하자 몽골의 치욕을 초래했다.
戰國之士氣張, 而來嬴政之坑, 東漢之士氣競, 而致奄人之害, 南宋之士氣囂, 而招蒙古之辱.(같은 책, 327쪽)

선비 기질을 제창한 것이 재앙을 초래했다는 말은 당연히 '이해利害'를 따지는 논의에 해당된다. 그러나 왕부지는 단순히 이해에 착안하는 데에서 그치지 않았다는 점을 높이 평가할 만하다. 그는 "이른바 선비 기질이라는 것은 대중의 기질에 부합하는 바를 기질이라고 여기는 것"인데 대중(및 그들의 기질)은 이성적이지 않으니 "어찌 대중의 기질에 부합하는 것을 기질로 여김으로써 그런 이치를 얻을 수 있겠는가?"라고 했다.* 그는 '대중衆人' 뒤에 숨어 있는 '개인'으로서 겁 많은 유학자를 간파했다.

이에 혼자서는 이기지 못할까 걱정해서 대중에게 쌓인 대의를 빌려 그 무리를 자랑하니, 이는 미리 겁을 내는 것이다.
乃憂其獨之不足以勝, 貸於衆以襲義而矜其群, 是先餒也.(『宋論』 권

---

* 원주: "所謂士氣者, 合衆人之氣以爲氣 (…) 其有合衆氣以爲氣而得其理者哉."(『宋論』 권14, 325쪽)

14, 325쪽)

바로 여기에서 (그리고 '의병義軍'에 관해 논할 때) 그는 '혼자의 뜻을 따른다'라는 명제를 발휘했다. "그러므로 기질이라는 것은 혼자의 뜻을 따르는 것이다故氣者, 用獨者也." 의병에 대해서도 마찬가지로 그는 군중이 믿지 못할 존재임을 간파했다. 개중에는 물론 걸출한 선비가 있겠지만 군중을 오합지중으로 간주해도 무방하다.

> 그것을 제창한 사람은 어쩌면 호걸에 가까울 수도 있겠다. 하지만 바람 소리를 듣고 일어나 그림자를 보고 내달리면서 수레를 몰 듯 치달리듯 행렬의 무리를 따르는, 보장할 수 없는 이들이 열에 여덟아홉이다.
> 倡之者, 或庶幾焉. 而聞風而起, 見影而馳, 如駕如奔, 逐行隨隊者之
> 不可保, 十且八九也.(326쪽)

왕부지는 송대와 명대 역사에서 사대부들이 '떠들썩하게哄然' 일어난 (게다가 계속해서 일어난) 사실을 비판했는데, 이것은 고염무가 '사람의 모임人聚'을 논한 것과 견줄 때 그 근거 및 착안점은 다르지만 둘 다 똑같이 '엘리트 의식'에 근원을 두고 있다. 이것은 그의 '품류流品'에 대한 논의로 증명할 수 있다. 왕부지는 기대지 않고 독립적으로 도의를 지키며 운명의 뜻을 따라야 한다고 주장했는데, 이것은 또한 그가 보기에 믿고 의지할 만한 것이 없었기 때문이다. 이런 고비에서는 오직 '자진自盡'할 따름이다. 여기서 그는 자신이 맑은 이성을 기반으로 사대부의 고독한 운명을 책임지겠다고 밝혔다.

왕부지가 논의한 '선비 기질'을 '제창倡'함으로 인한 실제의 정치적 후과는 뜻밖에 루쉰의 '희생론'을, 청원하는 따위의 행동에 대한 그의 평론을 떠올리게 한다.[51] 왕부지가 분명하게 말할 수 없었고 또 그러기에도 불편했던 것은 사대부가 '선비 기질'을 위해 커다란 대가를 치러야 했다는 사실이다. '무리'의 형식으로 나타난 '선비'는 제도에서 용납되지 않았기 때문에 '선비 집단士群體'은 질시를 받을 수밖에 없었다. 그의 '대가론'이 여기까지 이르지는 않았지만 사대부의 정치적 처지가 엄준했다는 점에 대해서는 인식하고 있었음을 보여주었다.[52]

그런데 왕부지가 『독통감론』과 『송론』을 썼을 때에 명나라 식의 선비 기질은 이미 시들어 거의 사라진 상태였다는 사실은 풍자적인 의미가 있다. 명대 사대부들의 기풍과 습속은 '새로운 군주'가 폭력을 빌려 '교정校正'해버렸는데, 이로 인해 왕부지와 같은 방식으로 전개한 심각한 논의를 대할 때면 우리 심정이 복잡해질 수밖에 없다. 황종희는 만년에 명말에서 청초까지 선비 기풍의 변천에 대해 이렇게 썼다.

> 해가 지나면서 드높았던 불평의 기운도 이미 참을 수 없는 허기에 녹아버렸고, (…) 드넓은 천지에 지난날의 면모를 간직한 이가 또 몇이나 될까?
> 年運而往, 突兀不平之氣, 已爲饑火之所銷鑠 (…) 落落寰宇, 守其異時之面目者, 復有幾人.(「壽徐掖靑六十序」, 『黃宗羲全集』 제11책, 64쪽)

선비 기질을 '녹여버린' 것은 당연이 '참을 수 없는 허기饑火'뿐만이 아니다. 후세의 관점에서 돌아보면 확실히 청대 사람들이 명대의 선비 기질을 언급할 때 어느 정도 부러운 심정이었던 것도 당연했다.[53]

'의병義軍'에 대한 논의

'의거擧義' 또는 '대의에 참여하는 것與義'은 명·청 교체기 사대부들의 특수한 경험 가운데 하나였다. 당시 '의병'에 훌륭한 인물과 못된 인물이 뒤섞여 있고 국면이 혼란했던 데에 대해서는 당대 및 사후에 많은 기록이 남겨졌다. 그 일에 직접 참여했던 황종희는 의병에 가담했던 '뭍의 도적陸寇'과 '수적水寇'들이 "야생마처럼 통제를 따르지 않고, 백주에 저자에서 사람을 죽여 관청 대문에 창자를 걸어놓아도 아무도 감히 따져 묻지 못했으며"* "당시 시골의 장정들은 모두 무뢰배여서 의병이 일어났다는 소문을 듣자 무리를 이끌고 모여들어 부귀를 도모했다. 시골 마을에 부자라고 소문난 이에게는 제사를 지낸다는 명분을 내세워 술과 음식을 멋대로 먹었다"**고 했다. 『행조록行朝錄』 권9 「사명산채四明山寨」에서는 '의병義師'이 "근처에서 식량을 구하다가取糧近地" 산골 백성에게 피살된 일을 기록했는데, 같은 글에서는 또 이 산에 모인 이들이 "모두 나귀나 송아지를 훔치는 도적들이어서 그저 백성에게 해를 끼칠 뿐이고, 그 아비는 복수를 한답시고 살인하며 아들은 노략질을 했다"***고 했으니, 이런 '의병'과 '백성'이 어디 있단 말인가! 진확은 「동명사이인기東溟寺異人記」에서 그 지역에서 '대명의 군대大明兵'라고 자칭하는 '백성의 소굴民寨'은 "모조리 도적일 뿐皆賊耳"이라고 했다.(『陳確集』, 214쪽) 또 전징지는 「여개소어사서與開少御史書」에서 자신이 모은 의병들에게 대해 이렇게 썼다.

---

* 원주: "桀驁不聽節制, 白晝殺人市中, 懸其腸於官府之門, 莫敢向問."(『行朝錄』 권2, 『黃宗羲全集』 제2책, 124쪽)

** 원주: "時鄕壯皆民間無賴子弟, 聞義旗起, 皆相率團聚, 以圖富貴. 鄕村坊落, 凡有富名, 輒借名索饗, 恣啖酒食."(같은 책, 권12, 204쪽)

*** 원주: "皆偸驢摸犢之賊, 徒爲民害, 其父殺人報仇, 其子行劫."(『黃宗羲全集』 제2책, 189쪽)

이르는 곳마다 불을 지르고 약탈을 자행하여 닭이며 개가 모조리 남아나질 않으니, 강서의 백성은 그들을 오랑캐보다 더 두려워했다. 어제는 잠깐 떠들썩하는 사이에 급사중 증 아무개의 저택을 훼손해버렸는데, 그 주인이 의병을 모집하려고 논의했다는 이유에서였다.

所至焚掠, 鷄犬俱盡, 贛人畏其來甚於畏虜. 昨一哄而毁曾給諫之宅, 以其主召募之議也.(『藏山閣文存』 권2)

장자열은 「상론좌병횡폭서上論左兵橫暴書」(『芑山文集』 권3)에서 좌양옥左良玉의 군대가 백성을 잔혹하게 학대하는 갖가지 행태에 대해 자신이 직접 경험하고 목격한 바를 설명하는데, 읽는 사람의 머리카락이 곤두서게 만들 정도였다. 오응기吳應箕*는 이렇게 말했다.

그러므로 좌양옥이 장강을 건넌 뒤 강남에는 이미 제대로 된 고을이 없어졌고, 고걸高傑**이 황하를 건넌 뒤 하남과 하북에는 결국 유민이 모두 없어지고 말았다.

故自左良玉渡江之後, 江南已無完邑. 自高傑渡河之後, 河南北卒無

---

* 오응기(1594~1645)는 안휘 귀지貴池 홍효향興孝鄕(지금의 스타이石台 다옌大演에 속함) 사람으로 원래 자는 풍지風之였으나 차미次尾로 고쳤고, 호는 누산樓山이다. 그는 여러 차례 과거에 실패하고 남경에서 '국문광업사國門廣業社'와 같은 사단社團을 결성하여 활동하다가 49세가 된 숭정 15년(1642)에야 향시에 급제했다. 명나라가 망한 뒤 1645년 남명 융무제 때 지주추관池州推官에 임명되어 군사 업무를 감독하면서 몇 차례 공을 세웠으나 결국 청나라 군대에 사로잡혀 처형되었다. 저작으로는 『누산당집樓山堂集』 『성사집盛事集』 『국조기사본말國朝記事本末』 『유도견문록留都見聞錄』 『동림본말東林本末』 등 다수가 있다.

** 고걸(?~1645)은 섬서 미지米脂(지금의 위린楡林에 속함) 사람으로 자는 영오英吾다. 이자성과 동향 출신인 그는 이자성과 함께 반란을 일으켰다가 나중에 명나라에 투항하여 반란군을 소탕한 공적으로 총병관이 되었다. 명나라가 멸망한 뒤에는 남명 복왕 정권에서 흥평백興平伯에 봉해졌으나, 1645년 허정국의 유인책에 걸려들어 피살되었다. 남명 정권에서 태자태보를 추증했다.

遺民.(「客問·原用兵」, 『樓山堂集』 권19)

'의병'의 폐해가 '도적'이나 '오랑캐'보다 더 심했던 것이다. 그러니 이러한 '난민' 속에 섞여 '대의에 참여'한 사대부들의 심정을 알 만하다. 구식사는 「여고옥서수차與顧玉書手箚」에서 이렇게 개탄했다.

> 2년 동안 오랑캐가 아니라 오히려 도적들에게 곤경을 치렀으니 충신에 대한 보답이 정말 이래야 한다면 또 무슨 말을 하겠는가!
> 兩年來不困於虜, 反困於寇, 忠臣之報, 固宜如此, 復夫何言.(『瞿式耜集』 권3, 上海古籍出版社, 1981, 276쪽)[54]

필자는 사대부들이 사후에 자신이 '대의에 참여'하기로 한 선택 자체에 대한 서술 태도에 더 관심이 있다. 황종희는 「모관우해섭군묘지명某官雨垓葉君墓誌銘」에서 이렇게 썼다.

> 동란 와중에 나는 거의 죽을 뻔했는데 섭화자葉華滋*는 옳고 그름을 따지지 않았지만 나는 스스로 무리를 잃고 방황하고 있다고 여기고는 늘 그에게 산에 들어가 속세의 예법에서 벗어나자고 권했다.
> 喪亂之中, 余濱於十死, 雨垓不以爲非是, 然余自以爲迷輪亂軫, 每勸雨垓入山自放.(『黃宗羲全集』 제10책, 502쪽)

그의 아들 황백가黃百家는 「선유헌문효공이주부군행략先遺獻文孝公梨

---

* 섭화자(1611~1658)는 여요 사람으로 자는 우해雨垓이고, 황종희의 처남內弟이다.

洲府君行略」에서 당시 황종희의 심정을 이렇게 기록했다.

> 장검張儉*과 위제魏齊**는 전산을 담으로 삼았고, 소옹少翁***과 난
> 대欒大****는 모두 죽포를 가리켜 봉래라 했다. 부친께서는 이에 불
> 현듯 말씀하셨다.
> "내가 협행으로 강호에서 명성을 추구하겠는가!"
> 이에 조모를 모시고 산중으로 피신하시고는 상자들을 활짝 열어
> 묵묵히 서적들을 두루 연구하셔서 비로소 사문의 학문을 깨닫기
> 시작해 옛 유학자들의 학문을 집대성하셨다.
> 張儉, 魏齊, 遂倚箭山爲複壁. 文成, 五利, 共指竹浦爲蓬萊. 府君乃
> 幡然曰: 我乃以俠名江湖耶. 遂奉王母避之山中, 大發篋衍, 默體遍
> 勘, 始悟師門之學, 爲集儒先之大成.(『黃宗羲全集』 제11책, 422쪽)**55**

황종회黃宗會의 「망제사여황군권조지亡弟司輿黃君權厝志」를 보면 황종
희의 넷째 아우 황종원黃宗轅(1622~?, 자는 사여司輿)이 당시에 "농사에
힘쓰고 모친을 봉양할 것力耕供母"을 주장하며 대의에 참여하는 것을
탐탁지 않게 생각했음을 알 수 있다. 그는 이렇게 말했다.

---

* 장검(115~198)은 산양 고평高平(지금의 산둥 성 쩌우청鄒城) 사람으로 자는 원절元節이며 후한
後漢 시기의 명사다.

** 위제(?~?)는 전국 시기 위나라의 상국을 지낸 인물이며, 진秦나라의 상국이 된 범저范雎와 묵
은 원한을 맺은 일로 결국 핍박을 당하다가 자살했다.

*** 소옹, 즉 이소옹李少翁(?~기원전 119)을 가리킨다. 방사方士였던 그는 난대와 같은 스승에게서
배운 사이이며, 무제에게 악귀를 쫓는 방법을 아뢰어 문성장군文成將軍에 봉해졌으나, 나중에 속
임수가 들통나 처형되었다.

**** 난대(?~기원전 112)는 무제의 신임을 받아 오리장군五利將軍, 천사장군天士將軍, 지사장군地
士將軍, 대통장군大通將軍, 천도장군天道將軍 등을 거쳐 낙통후樂通侯에까지 봉해졌고, 이어서
과부로 있던 위장공주衛長公主와 결혼하기도 했다. 그러나 훗날 그의 신통력이 거짓이라는 사실
이 탄로나 처형당했다.

자꾸 움직이면 실수가 많아지고 (정권을) 만들어내지 못하면 재앙
이 뒤따릅니다. 재앙을 입으면 또 방법을 만들어서 그걸 막아야
하는데, 그러면 위로 가려지고 안으로 장애가 생기며 아울러 초
심도 잃습니다. 그래서 분노가 터져 궤멸하고 거꾸로 행할 염려가
생겨납니다.

屢動則多失, 不創則禍隨之. 至於蒙禍, 而又生術以彌之, 則上蔽而
內障, 幷其初心亦失之矣. 於是憤脹潰裂, 倒行逆施之患生焉.(『縮齋
文集』, 上海古籍出版社, 1983, 119쪽)

　이 말은 전적으로 재앙을 피해 목숨을 온전히 하자는 데에만 착안
한 것이 아니라 "내가 나를 해치는吾喪我" 상황, 즉 자아 상실을 염려
한 것이다. 이것은 다음에 설명할, 왕부지 등이 일이 끝난 뒤에 했던
반성과도 사고방식이 엇갈린다. 황종회는 죽은 아우가 미래를 예측한
식견에 탄복하여 이 글을 쓸 때에는 이미 황종원의 주장을 인정하면
서, 그는 "조용히 있으면서 일의 변화를 종합할 수 있었다靜而能綜事之
變也"(『縮齋文集』, 121쪽)고 했다. 같은 글에서 청나라 군대가 의병의
거점을 소탕할 때와 황종염黃宗炎*이 사로잡힌 일을 기록할 때에는 이
렇게 썼다.

　큰형(황종희)께서는 이에 밖으로 재난을 막고 안으로 문호를 걸어
　잠근 채 초췌한 모습으로 목숨을 버리려 하시니 어쩔 수 없이 모

---

* 황종염(1616~1686)은 황종희의 아우로 자는 회목晦木 또는 입계立溪이고, 학자들은 자고선생
鷓鴣先生이라고 불렸다. 1650년 사명산四明山에서 의병을 이끌고 청나라에 항거하다가 체포되
어 처형될 뻔했으나 황종희가 계책으로 구해냈다. 저작으로『주역상사周易象辭』『심문여론尋門餘
論』『육서회통六書會通』『이회집二晦集』『산서집山棲集』등이 있다.

든 임시방편을 써서 모험을 해야 했다.

伯太沖氏於是外拒患禍, 內鍵門戶, 焦然欲喪其生, 不得不一切權宜
以好險.(120~121쪽)

그 이면에는 더 많은 이야기가 있겠지만 황종원이 "방법을 만들어
그걸 막아야 한다生術以彌之"고 운운한 것에 대한 보충설명이 될 수 있
으니, 명나라가 망할 무렵 황종희의 모습을 고찰하는 데에 중요한 참고
가 될 것이다.

영력 왕조에 참여했던 왕부지는 자신의 「장령부章靈賦」에 대한 주석
에서 대의에 참여하게 된 과정을 돌이켜 서술했다. 이에 따르면 "손바
닥 하나를 쳐서 혼자 소리를 내고 혼자 화답孤掌之拊, 自鳴自和"하자니
의병을 일으키기에 불리하여 "패배하게 되었고至於敗績" 영력제에게 가
서 "한마음으로 군주를 섬기며 도의를 넘어선 다수의 행위를 따르지
않아 고립무원의 처지가 되었다"*고 했으니, 사대부가 자신의 관련 경
력을 돌이켜 생각하는 데 지극히 깊은 심리 상태를 보여주는 문헌이라
하겠다. 이 글에서 그는 이렇게 썼다.

만약 새하얀 자태로 잠시 검고 노란색에 물든다면 중간에 옛일을
바꾼다 해도 결국 말년에 이르러 다시 고치지 못한다. 이것이 바
로 평소 품고 있던 고상하고 담박한 뜻이니 어찌 함부로 시험에
뛰어들겠는가!

使以皓素之姿, 聊且受染於淄黃, 而中變其故, 則終至暮年, 不可復

---

* 원주: "孤掌之拊, 自鳴自和, (…) 至於敗績. (…) 一意事主, 不隨衆狂, 而孤立無援."(『船山全書』
제15책, 186~187쪽)

改. 是則素抱淸虛之志者, 安能妄投於一試耶.(189쪽)

『가세절록家世節錄』에서는 이렇게 썼다.

선친의 가르침이 하늘에 뜬 태양 같으니 만약 내가 잊지 않고 따
른다면 응당 못된 자들과 다투는 지경에 이르지 않고 옷자락을
떨치고 피할 수 있을 것이다. 혹시 풀을 헤쳐 위험에 처한다 할지
라도 혜소嵇紹*처럼 목에서 뿌려진 피로 황제의 옷을 적실지언정,
어찌 갈림길에서 머뭇거리다가 지금에 이르러 깨끗한 죽을 자리
조차 구하지 못하는 신세가 되겠는가!

先君之訓, 如日在天, 使夫之能率若不忘, 當不致與匪人力爭, 拂衣
以遁, 或得披草淩危, 以頸血濺御衣效嵇侍中, 何至棲遲歧路, 至於
今日, 求一片乾淨土以死而不得哉.(『姜齋文集』권10, 『船山全書』제
15책, 219쪽)

그의 역사 평론은 이런 뜻을 더 뚜렷하게 나타냈다.

당세의 안위와 백성의 질고를 마음에 유념하고 시험 삼아 모의에
참여하는 일은 하지 않았다.

當世之安危, 生民之疾苦, 心念之而不嘗試與謀.(『讀通鑑論』권8
338쪽)

---

* 혜소(253~304)는 혜강嵇康의 아들로 자는 연조延祖다. 서진西晉 혜제惠帝가 사마영司馬穎
(279~306)을 토벌하려다 실패했을 때 혜제를 지키려다가 살해당했다. 나중에 태위에 추증되고 익
양후弋陽侯에 봉해졌으며, 시호는 충목忠穆이다.

충심을 품고 종주국의 위기에 분개하여 의병을 일으킨다는 소식을 들으면 기꺼이 달려가지만, 난적에게 함락되지 않은 경우는 드물다.

懷忠而憤宗國之傾沒, 聞有義聲者欣然而就之, 其不爲亂賊所陷者鮮矣.(같은 책, 권13, 469쪽)

손지위孫枝蔚[*]도 왕조 교체기에 행동이 경박했던 것을 후회했다.

내가 젊었을 때 도적들이 병란을 일으켰는데 장량이 하비에 몸을 숨긴 이야기를 보고 속으로 남몰래 기이하게 생각했다. 그리하여 아침이면 개백정들과 어울리고 저녁이면 닭 울음소리나 흉내 내는 하찮은 빈객 노릇을 하며 당당한 병사인 양 북산으로 들어가면서 맹호를 모조리 쏴 죽이고 나서야 집에 돌아가 처자식을 만나겠다고 했으니, 참으로 용감했었다! 그런데 예상치 못한 불상사를 겪고 몰래 도망쳐야 했는데, 다행히 당시에는 진나라 병사들처럼 열흘 동안 수색하는 일이 없었으니 망정이지 만일 온 집안에 위험이 닥쳤더라면 충효를 둘 다 잃고 영원한 죄인이 되었을 것이다. 지금도 그 일을 생각할 때마다 여전히 한심했다고 느껴진다.

吾少年遭闖寇亂, 見張良潛身下邳故事, 心竊奇之, 遂朝友屠狗, 夕客鷄鳴, 短衣匹馬入北山中, 謂當盡射猛虎, 然後歸見妻子, 何其雄也. 旣而幾蹈不測, 潛遁行間, 幸彼時無秦人十日之索耳, 萬一危及闔

* 손지위(1620~1687)는 섬서 삼원三原 사람으로 자는 표인豹人이고 호는 개당漑堂이다. 원래 상인이었는데 명나라가 망한 뒤 학문에 전념하면서 뛰어난 시인으로 명성을 날렸고, 강희 18년 (1679) 박학홍사과에 천거되었으나 연로하다는 평계로 응시하지 않았다. 그러나 특별히 내각중서 內閣中書에 임명되었다. 저작으로 『개당전집漑堂前集』『개당속집漑堂續集』『개당후집漑堂後集』 등이 있다.

門, 忠孝兩失, 永爲罪人矣. 吾至今每思之, 猶可寒心也.(『漑堂集』, 上
海古籍出版社, 1979, 1172~1173쪽)

그러나 이런 진술은 어느 정도 말년의 심경에서 비롯된 것이라고 해
야 할 터이다.

남명 왕조 10여 년 동안 '대의에 참여'했던 사대부들이 경험했던 고
립무원의 감정에 대해서는 황종희의 「병부좌시랑 창수 장공 묘지명兵
部主左侍郎蒼水張公墓誌銘」(『黃宗羲全集』 제10책)과 장황언張煌言의 「나자목
시서羅子木詩序」(『張蒼水集』 제1편)에 생생하게 기록되어 있다. 노왕魯王이
국정을 대리하던 시기에 그를 따라 해상으로 망명한 적이 있는 황종희
는 병란이 끝난 뒤의 상황을 이렇게 회상했다.

해는 지고 파도는 거칠게 몰아치는데 군주와 신하가 마주 보고
있고, 어지러운 암초에 싸인 궁벽한 섬에 벼슬아치들이 모여 이야
기를 나누고 있다. 그러므로 금오산*과 귤화橘火를 피우고** 정처
없이 떠돌았으니, 그 모습을 형용할 수 없었다.
落日狂濤, 君臣相對, 亂礁窮島, 衣冠聚談. 是故金鰲橘火, 零丁飄
絮, 未罄其形容也.(『行朝錄』 권4, 『黃宗羲全集』 제2책, 141쪽)

융무제隆武帝 조정의 대신이었던 황도주는 양정린楊廷麟***에게 보낸
편지에서 이렇게 썼다.

---

* 금오산은 저장 성 린하이林海 동남쪽 바다 한가운데 있는 섬으로서 남송 건염建炎 4년(1130)
에 금나라 병사들이 쳐들어오자 고종高宗은 배를 타고 이곳으로 피신했다.
** 원문의 "金鰲橘火"는 어떤 전고典故가 있는 듯한데, 옮긴이의 지금 역량으로서는 알 수 없다.

제가 혼자 탕산을 지키는 데 성공하면 사람들의 질시를 받을 것
이고 실패하면 사람들이 어리석다고 여길 것입니다.

不肯以孤掌蕩山, 得則爲衆所睨, 失則爲衆所癡.(「與楊機部書」, 『黃漳
浦集』 권15)

영력제 조정에서 벼슬살이를 하면서 서남쪽 외진 곳에 있었던 구식
사가 처했던 절망스러운 처지는 이런 정도에 그치지 않았다. 그의 「유
수지담난이소留守之擔難弛疏」는 계림桂林에 남아 지켜야 한다는 그의 건
의에도 아랑곳하지 않고 영력제가 황급히 '행차를 옮긴移蹕' 뒤에 쓴
것이다.

제가 상소문의 초고를 막 끝냈을 때 재상께서 제게 친히 쓴 쪽지
를 주셔서 폐하께서 이미 15일에 바로 무강으로 행차를 옮기셨다
고 알려주었습니다. 또 폐하께서 제게 두 편의 칙서를 내려 월 땅
을 도모하는 데에 힘쓰라고 격려하셨습니다. 저는 그걸 받들어 재
삼재사 읽으며 하염없이 눈물을 흘렸습니다. 폐하께서는 정녕 월
땅을 버리고 떠나신 것입니까? 정녕 저를 버리고 떠나신 것입니
까? 저번에 제가 머물러 계시라고 상주한 것은 정말 강토를 지키
려는 마음에서 의견을 제시한 것이라 구절구절 피눈물이 배어 있
었는데, 뜻밖에도 폐하께서 제 상소문을 보시기도 전에 먼저 행
차를 출발시켜버리셨습니다. 이제부터 저는 용안과 점점 멀어져서

*** 양정린(?~1646)은 청강淸江(지금의 장시 성 장수樟樹) 사람으로 자는 백상伯祥 또는 기부機
部이고 만년의 자호는 겸산兼山이다. 숭정 4년(1631) 진사에 급제하여 병부직방주사를 역임했고,
명나라가 망한 뒤 남명 왕조에서 병부상서를 역임했다. 1646년 감주贛州를 수비하다가 성이 함락
되자 연못에 몸을 던져 순국했다.

아득히 떨어진 초와 월 땅은 호응하기도 원활하지 않으니……

臣草疏方畢, 見輔臣貽臣手書, 知皇上於十五日卽已移蹕武崗. 又蒙
皇上賜臣勅書二道, 勉臣努力圖粵. 臣捧讀再四, 涕淚交頤, 皇上其
竟舍粵而去乎. 竟舍臣而去乎. 臣前疏留駕, 實從封疆起見, 字字血
淚, 豈知臣疏未入御覽, 聖駕先已啓行. 臣自此漸遠天顔, 楚, 粵遙
隔, 呼應不靈……(『瞿式耜集』권1, 67~68쪽)

'오랑캐'에게 죽기 전에 먼저 '주상'에게 버림을 받았으니 충신의 당
혹감과 난처한 지경이 이보다 더 심한 경우는 없을 것이다. 이 상소와
「변기창촉소變起倉促疏」는 모두 지극히 침통한 내용을 담고 있으니 고립
무원의 신하와 황제의 은총을 잃은 서자庶子의 심경을 남김없이 상세
히 서술하고 있다. 구식사의 「임난유표臨難遺表」에서는 자신이 붙들리
기 전의 상황을 이렇게 서술하고 있다.

당시 제 하인들은 모두 흩어지고 그저 늙은 병사 한 명만 곁에 있
었을 뿐입니다. 밤비는 주룩주룩 내리는데 멀리 성 밖에는 불빛이
하늘을 밝히고 성안은 온통 아무 소리도 없이 고요하기만 했습니
다. 그렇게 닭이 울 때까지 앉아 (…) 큰 건물이 기울어 무너지려
하는데 당연히 나뭇가지 하나로 지탱할 수는 없는 법입니다.
時臣之童僕散盡, 止一老兵尙在身旁. 夜雨淙淙, 遙見城外火光燭
天, 滿城中寂無聲響. 坐至鷄唱 (…) 大廈傾圮, 固非一木所能支
也.(같은 책, 153쪽)

사대부의 고독 체험과 그들이 받은 모욕, 희롱당한 듯한 기분은 또
한 사건 자체가 장엄하지 않기 때문이기도 했다. 이청李淸의 『삼원필

기』하「홍광」에는 홍광제 조정의 의례에 대해 "한때의 엉성한 분위기
는 너무나 상상할 만하다—時草率氣象, 殊可想見"고 했다. 영력제 때에 이
르면 조정의 모습은 울지도 웃지도 못할 지경이라서 거의 아이들 소꿉
장난에 가까웠다.『명계남략』권11 영력제 때에는 '장복章服'*의 착란을
기록하면서 이렇게 썼다.

> 문관과 무관이 패물을 잘못 차고, 지위의 높낮이에 따른 규정이
> 뒤집어져서 온 조정에 지위에 상응하는 위엄이 없어졌다. 소매를
> 걷고 어깨를 드러내며, 소와 말에게 사람의 옷을 입혀놓은 것처럼
> 새 조정은 시골 저자와 같은 꼴이 되어버렸다.
> 文武錯佩, 大小倒置, 滿朝皆無等威. 攘臂脫肩, 牛襟馬裾, 新創朝
> 廷遂成墟市.(368쪽)

더욱 곤란한 것은 영력제가 결국 학영충郝永忠** 즉 이자성 휘하의 학
요기郝搖旗에게 살해당해 "벌거벗겨진 채 성 밖에 내버려진 것裸體置之
城外"이었다.(黃宗羲,『行朝錄』권5, 146 참조) 전징지는「우기유수서又寄留守
書」에서 이렇게 썼다.

> 나랏일이 이 지경에 이르렀으니 더 이상 할 말이 없고, 훗날에 전
> 해진다면 부질없이 웃음거리만 제공할 뿐이오.

---

* 장복은 일월성신 등의 도안을 수놓은 고대의 예복으로 하나의 도안이 한 장章이 되는데, 천자
는 12장이고 신하들은 품계에 따라서 9장, 7장, 5장, 3장 등으로 내려간다.
** 학영충(?~1663)은 원래 이자성의 농민군에서 대기수大旗手를 맡아 '학요기郝搖旗'라는 별명
으로 불렸다. 그러나 이자성이 죽은 뒤 하등교何騰蛟(1592~1649, 자는 운종雲從)에게 투항해 이과
李過(?~1649) 등과 함께 청나라에 대항하는 무장 세력을 이끌며 영충이라는 이름을 하사받았다.
이후 남명 정권에서 남안후南安侯에 봉해져 호남과 광서 지역에서 몇 차례 공을 세우기도 했지
만, 영력제를 살해하고 난 후 중경 무산巫山에서 청나라 군대에 사로잡혀 처형되었다.

國事至此, 無可復言, 傳之異時, 徒資笑柄.(『藏山閣文存』권2)

상황은 갈수록 황당하게 변해서 '대의에 참여'하는 도의적 근거 또한 갈수록 박약해졌다. 한때 전기나 행장에서는 '충신의 말로'가 얼마나 처량했는지를 얘기하는 것이 유행이었는데, 그 심층적 원인 또한 여기에 있다고 해야 할 것이다.

사대부와 소위 '의병'의 관계는 시대적 추세의 압박에 의해 이루어진 것으로서 시작하자마자 이미 심각한 위기가 미리 잠복해 있었다. 장황언은 의거에 참여했던 당시에 동지에게 이렇게 말했다.

> 제위를 찬탈하여 신을 세운 왕망이나 하북의 도적 떼는 모두 한 왕실의 부흥을 명분으로 내세웠소. 지금 산중의 의병들도 대부분 이와 비슷하오. 그러므로 그대도 서신을 보내 그들을 불러올 수 있을 것이오. 불효의 원래 모습은 어떠하오? 또한 이런 술수로 농락하려는 것일 게요.
> 新莽僭號, 河北群盜, 皆以興復漢室爲名. 今日山中義師, 大率類此, 故足下得以折簡招之. 不孝本來面目何如. 亦欲以此術相籠絡矣.(「復田提督雄張鎭傑王道爾祿書」, 『張蒼水集』제1편, 3쪽)

'의병'의 노략질이 도적과 오랑캐보다 더 심한 것을 대의에 참여한 사대부들은 절실히 느꼈지만, 결국 서생의 무력함만을 확인할 수 있을 뿐이었다. '오합지졸' 가운데 사대부의 거동은 해학성을 드러낼 수밖에 없었다. 황종희는 풍경제馮京第*가 "산채에 있으면서도 여전히 조정의 법규로 그 오합지졸을 묶어두려 했다"**고 기록했다. 풍경제 같은 이는 명·청 교체기의 돈키호테라고 할 수 있을 것이다. 물론 돈키호테처럼 되는 것도 명대 사대부가 심취했던 '장엄'한 행동이었고, 바로 '해학'에서 나타난 현상이었다. 300년 후에도 의사義士들의 이런 처경이 얼마나 난감했는지, 도의를 다하려는 그의 마음이 어떻게 희롱당했는지 어렵지 않게 상상할 수 있다.

사실 당시에 '의병을 믿을 수 없음'을 인식한 사람은 이미 적지 않았다. 진자룡은 하윤이夏允彝에게 이렇게 말했다.

> 각 지역에서 의병이 일어나 뜻을 같이하는 선비들이 분분이 기치를 세우고 있지만 그대는 결단코 그들을 믿어서는 안 되오.
> 各郡義兵起, 同志之士紛紛建旗鼓, 足下斷其不可恃.(「報夏考功書」,
> 『陳忠裕全集』 권27)

황육기黃毓祺***가 남긴 시에는 이런 구절이 들어 있다.

> 제일 내력 없는 것은 사람들 집단
> 모이는 것은 그야말로 우연한 일이지.
> 最無根蒂是人群, 會合眞成偶然文.(『明季南略』 권4, 252쪽)

---

* 풍경제(?~1654)는 절강 영파 자계慈溪 사람으로 자는 제중躋仲이고 호는 점계簪溪다. 명나라 말엽 복사의 성원이었던 그는 청나라 군대가 남하하자 절동浙東의 의병에 참여했고, 남명 융무제 정권에서 감군어사에 임명되었다. 훗날 일본에 구원병을 요청하러 다녀오기도 했으나 실패했고, 사명산四明山에 영채를 세우고 의병을 지휘하며 병부시랑에 임명되었다. 훗날 부하의 배신으로 포로가 되어 처형당했다. 주요 저작으로 『제성소帝城嘯』 『삼산음三山吟』 『점계집簪溪集』 등 다수가 있다.

** 원주: "卽在山寨, 尙欲以朝典繩其烏合."(「御史中丞馮公墓誌銘」, 『黃宗羲全集』 제11책, 88쪽)

*** 황육기(1579~1648)는 강소 강음江陰 사람으로 자는 개지介之이고 호는 대우大愚다. 천계 연간에 공생貢生이 된 그는 명나라가 망하자 의병에 참가하여 항거하다가 붙잡혀 남경의 감옥에서 스스로 목을 매 순국했다. 저작으로 『대우노인집大愚老人集』 등이 남아 있다.

명대 사대부들에게 송나라에 대해 이야기하는 것은 일종의 버릇이었다. 명나라가 망할 무렵 '송'에 대해 이야기하는 것은 때로는 직접적으로 '명'의 인물들과 사건을 가리키는 것이었고, 어찌할 수 없는 '추세勢'와 '운명命'에 대해 말하는 것이었다. 왕부지의 『송론』은 가장 적합한 예에 해당된다. 의병의 신화 가운데는 송·원 교체기 사람들을 대상으로 한 작품들이 있다. 왕부지는 송나라를 논하면서 바로 이 신화 중에서 특히 사람들이 즐겨 말하는 악비와 이른바 '양하의 충의兩河忠義'에 대해 언급하면서 남들과는 확연히 다른 결론을 제시했다.

> 악비는 '양하의 충의'를 믿고 금을 정벌했는데 설령 금패를 철회하지 않았다 하더라도 함께 궤멸당하지 않도록 보장할 수 없었다. 岳侯恃兩河忠義以伐金, 使無金牌之撤, 亦莫保其不與俱潰也.(『讀通鑑論』권10, 382쪽)

의병을 믿을 수 없는 것은 또한 '무리群'를 믿을 수 없기 때문이기도 한데, 이것은 선비 기질에 대한 설명과 상통한다.

> 의병을 일으킬 때 고국이 망한 것을 애통해하고, 벼슬아치들이 멸렬한 것을 슬퍼하며, 백성이 도탄에 빠진 것을 염려하여, 마음에서 애상이 피어나 구족이 죽임 당하는 것을 아까워하지 않는 이는 몇 명뿐이다. 의로운 명성이 알려지면 그것을 선망하여 기의하고, 공을 세우기를 바라지만 요행으로 얻은 몇몇만 있을 뿐이다. 그다음은 나서기 좋아하는 백성이 사건이 일어나는 것을 좋아해서 껑충거리며 의병을 일으키는 것이다. 그다음은 요행으로 노략질을 하고 그 틈을 타서 이득을 챙기려는 자들이다. 또 그다음은

자기 주관이 없이 허약해서 여러 사람의 핍박에 떠밀려 일으켰다가 스스로 그만두지 못하는 이들이다. 또 그다음은 소작농이나 하인들이 가장 및 장자의 명에 따라 일으켜서 스스로 벗어나지 못하는 경우다. 1만 명이라고 내세우지만 실은 그 절반도 되지 않고, 설령 정말로 1만 명이라 하더라도 개중에 전투가 가능한 이는 1000명도 되지 않는다. (…) 막대기를 치켜들고 깃발로 여기며, 호미를 휘두르며 병사라 여기고, 들에서 먹고 노숙하면서 주둔했다고 하니, 이는 양 떼가 호랑이에게 대드는 형상이다. 그러니 어찌 믿을 수 있겠는가? (…) 문천상이 믿을 수 없는 상황인데도 의병을 믿은 것은 어쩔 수 없는 극단적인 상황의 선택이었지, 마땅히 믿을 만한 것이 있어서 그런 것은 아니었다.

義軍之興也, 痛故國之淪亡, 悲衣冠之滅裂, 念生民之塗炭, 惻怛發中而不惜九族之肝腦者, 數人而已. 有聞義之名, 而羨之以起者焉. 有希功之成, 而幾幸其得者焉. 其次, 則有好動之民, 喜於有事, 而且蹢躅以興者焉. 其次, 則有徼幸掠獲, 而乘之以規利者焉. 又其次, 則有弱不能自主, 爲衆所迫, 不能自已者焉. 又其次, 則佃客廝養, 聽命於主伯, 弗能自免焉. 其名曰萬, 而實不得半也. 卽其實有萬, 而可戰者不得千也. (…) 揭竿以爲幟, 揮鋤以爲兵, 野食鶉棲以爲屯聚, 此群羊距虎之形也, 而安可恃也. (…) 文信國無可恃而後恃之, 不得己之極思, 非有可恃者之所宜恃也.(『宋論』 권10, 246~248쪽)

이것은 직접적인 정치적 경험에서 얻은 깨달음이기 때문에 말투가 냉혹함에 가까울 정도로 준엄하다. 『독통감론』에도 이와 유사한 내용이 들어 있다.

개중에 정말로 충심에 찬 울분을 품은 이는 한두 명에 지나지
않으며, 나머지는 모두 요행으로 이득을 챙기려는 생각만 있지
항상된 마음은 없으며, 모이기는 했으되 서로 지켜주지는 않는
자들이다.

其果懷忠憤者, 一二人耳, 其他皆徼利無恒, 相聚而不相攝者也.(권10,
382쪽)

　의병에 대한 이러한 논의는 유민 방식의 기대를 버리고 명나라의 멸
망이 돌이킬 수 없는 과정이었음을 인정하는 바였으니, 당연히 절대적
인 용기가 필요한 것이었다. 왕부지는 (설령 그저 자신에게 한정될 뿐이라
해도) 사실을 말할 용기가 있었던 것이다.
　'무리의 뜻을 따르느냐用衆' '혼자의 뜻을 따르느냐用獨' 하는 명제
도 자연히 여기에서 나타났다. 즉 "무리의 뜻을 따르느니 혼자의 뜻을
따르는 게 낫다"(『송론』 권10, 247쪽)는 것이다.[56] 다음에서 필자는 명나
라 말엽의 충의지사와 유민들이 겪은 세상인심의 엄혹함에 대한 경험
을 논의할 것이다. 그러한 엄혹함을 경험한 이들 가운데 왕부지처럼 선
비 기질이 믿을 게 못 될 뿐만 아니라 의병도, 비분강개의 의기도, '낭
랑琅琅한' 직언讜論도 믿을 게 아니라고 대놓고 말할 수 있는 이들이 얼
마나 되었던가! 앞서 설명한 의병에 관한 논의가 희귀하고 탁월한 견해
는 아니었다 할지라도 왕부지처럼 '철저'하게 논의한 이는 그 짝을 찾
기 어렵다. 고염무는 학자의 방식으로 민간 전설을 읽었기 때문에 이
따금 세상 물정을 모르는 답답한 말을 할 수밖에 없었지만,[57] 왕부지
가 학자의 방식으로 역사와 신화를 읽은 것은 맑게 깨어 있는 현실감
에서 비롯된 것이었다. 유민 방식의 기대를 버리고 어디에서도 자기기
만을 하지 않았기 때문에 이것은 적막 속에서 내뱉은 독백일 수밖에

없었으며, 당시 사람들의 귀에는 불길한 올빼미 울음소리처럼 들릴 수밖에 없었을 것이다.

문제는 여기에서 그치지 않는다. "나아가고 물러남進退出處"은 원래 사대부들이 늘 안고 있는 과제인데, 명·청 교체기라는 특정한 역사 상황에서 사대부들은 선택의 어려움을 겪을 수밖에 없었다. 왕부지의 심각한 면도 여기에 있었으니, 그는 전혀 존재하지도 않는 "틀림없이 훌륭한必美無惡" 선택을 인정했다. 자신의 「장령부」에 대한 주석에서 그는 하늘의 이치라는 것은 일정함이 없이 옮겨다니기 때문에 "옛날에 가능했던 것이 지금은 어쩌면 불가능할 수도 있으니昔之所可, 今或否矣" 벼슬길에 나아가든 그러지 않든 간에 모두 병폐가 있을 수밖에 없다고 했다.

> 머물러 있자니 산하를 잃게 될 것이요 (남명 왕조의) 벼슬길에 나아가자니 한없이 순리를 어기는 일인지라 깨끗한 몸으로 군주에게 보답하기를 바라는 것은 쭉정이를 캐서 쩧을 쌀을 얻으려 하는 것과 마찬가지로 또한 이미 어려운 일이다.
> 留則河山非有, 往則逆順無垠, 求以潔身而報主者, 如鑿秕求精, 亦已難矣.(『船山全書』 제15책, 195쪽)

같은 글에서 그는 '후회悔'에 대해 얘기하는데, 말의 의미가 복잡하기 그지없다.(92쪽 참조) 그는 또 「강재육십자정고자서姜齋六十自定稿自敍」에서 이렇게 썼다.

> 초나라 사람들이 섭공자고에게 어떤 이는 왜 갑옷을 입었느냐고 하고 어떤 이는 왜 입지 않았느냐고 했는데, 이들은 모두 군주를

생각하는 정이 지극했기 때문이다. 이런 상황에서 섭공자고는 아마 대답하기 어려웠을 것이다. 갑인년(1674) 이래 뜻밖에 내가 그런 상황을 만나서 누군가는 왜 갑옷을 입었느냐고 하고 또 누군가는 왜 입지 않았느냐고 하는데, 모두 나를 아끼기 때문이겠지만 내 심정을 아는 이 누구이겠는가? 나 스스로도 말할 수 없거늘 하물며 그것을 알아줄 이를 바라겠는가!

楚人之謂葉公子高, 一曰君胡胄, 一曰君胡不胄, 云胄云不胄, 皆情之至者也. 葉公子高處此, 殆有難言者. 甲寅以還, 不期身遇之, 或謂予胡胄, 或謂予胡不胄, 皆愛我者, 誰知予情. 予且不能自言, 況望知者哉!"(같은 책, 331쪽)

왕부지는 만년의 역사 평론에서 반복적으로 "나아가고 물러남"을 논의하면서 번거로움을 마다하지 않고 자세히 분석했으며, 또한 계속해서 '존엄 원칙'을 강조했다. 이것들은 모두 '대의에 참여한' 경력이 그에게 얼마나 깊은 자극을 주었는지 감지하게 해준다.

'백성의 칭송'과 '세속의 유행'

'선비 기질'에 대한 논의가 '선비론士論'이라면 '의병'에 대한 논의에는 이미 '백성론民論'이 포함되어 있었다. 바로 명나라가 망할 무렵이 되자 사대부들의 논의에서 늘 추상성으로부터 벗어나지 못하던 '백성民'의 개념이 갑자기 구체적으로 변했다. 명말에 봉기한 '민변民變' '노변奴變'과 같이 왕조 교체기 민간 정서의 순역順逆과 민심의 향배를 보여준 사건들은 틀림없이 사대부들에게 전례 없이 심각하고 절실한 교훈을

주었을 것이다. 대명세는 「유공휘전劉孔暉傳」에서 유공휘劉孔暉*가 신정
新鄭 현을 지킬 때 "현의 백성이 모두 도망치자 유공휘는 백성에게 싸
워서 적을 죽이라고 소리쳤지만 호응하는 이가 하나도 없었다"**고 했
다. 『명사』 권263에서는 주지풍朱之馮***이 선부宣府를 수비할 당시 좌우
의 부하들에게 포를 쏘라고 했을 때의 상황을 이렇게 기록했다.

> 묵묵부답이었다. 그가 몸소 불을 붙이자 포의 구멍을 막거나 뒤에
> 서 그의 팔을 붙들었다. 이에 그가 가슴을 치며 '인심이 이 지경에
> 이를 줄이야!' 하고 탄식하면서 하늘을 우러러 대성통곡했다.
> 默無應者. 自起爇火, 則炮孔丁塞, 或從後掣其肘. 之馮撫膺嘆曰: 不
> 意人心至此. 仰天大哭.

『명계북략』 권11에서는 윤몽오尹夢鰲****에 대해 이렇게 기록했다.

> 백성이 기세를 견뎌낼 수 없다는 것을 알고 모두 도망쳐 피하자
> 윤몽오가 무릎 꿇고 성을 지키자고 호소했다. 하지만 백성은 그
> 말을 따르지 않고 어지럽게 흩어졌다. (…) 적군의 부대가 다 올라

---

* 유공휘(1592~1642)는 강서 여릉廬陵 사람으로 자는 묵암默庵이다. 숭정 14년(1641) 신정현령
新鄭縣令에 부임했다가 이듬해 의병들의 공격으로부터 성을 지키려다 순직했다.

** 원주: "縣人皆走, 孔暉大呼百姓巷戰殺賊, 莫有應者."(『戴名世集』 권6, 中華書局, 1986, 164쪽)

*** 주지풍(?~1644)은 대흥(지금의 베이징) 사람으로 자는 낙삼樂三이다. 천계 5년 진사에 급제하여
호부주사와 원외랑 등을 거쳐 숭정 16년(1643) 우첨도어사로서 선부宣府를 순무했다. 이듬해 이
자성의 군대가 성을 함락하자 유서를 남기고 스스로 목을 매 순절했다. 남명 복왕 때에 병부상서
를 추증하고 시호로 충장忠壯을 하사했다.

**** 윤몽오(?~1635)는 운남 태화太和(지금의 다리大理 시저우喜洲) 사람이다. 만력 43년(1615)에 거인
이 되어 사천 순경부順慶府 서충지현西充知縣과 안휘 봉양부鳳陽府 영주지주潁州知州를 역임
했다. 숭정 8년(1635)에 봉양의 상관을 방문했다가 통판通判 조사관趙士寬과 함께 농민군에게 포
위되어 고전하던 중 성이 함락될 무렵 성 아래 연못에 몸을 던져 순절했다.

오자 윤몽오가 사방을 둘러보니 함께하는 이가 아무도 없는지라 즉시 오룡담에 몸을 던져 익사했다.

百姓見勢不支, 咸奔避, 夢鰲長跪求固守, 百姓不從, 竟潰散 (…) 賊大隊畢登, 夢鰲四顧, 竟無一人共事者, 卽投烏龍潭淹死.(172쪽)

황종희는 『홍광실록초弘光實錄鈔』 권2에서 왕가언王家彦*에 대해 이렇게 기록했다.

적이 쳐들어오자 왕가언은 싸우려 했으나 호응하는 병졸이 아무도 없었다. 이에 그는 대궐을 향해 머리를 조아리며 통곡했다.
"저는 폐하의 은혜에 보답할 길이 없습니다!"
그리고 성 위에서 몸을 던져 떨어졌다.

賊入, 家彦欲戰, 而士卒無應者, 乃望闕叩頭哭曰: 臣無以報皇上矣. 從城上擲身而下.(『黃宗羲全集』 제2책, 38쪽)

같은 책에 기록된 시방요施邦耀**의 절망적인 처지는 이보다 더 심했다.

시방요가 성을 지킬 때 적이 침입했지만 길이 막혀 거처로 돌아갈

---

* 왕가언(1588~1644)은 복건 포전莆田 사람으로 자는 개미開美이고 호는 존오尊五다. 천계 2년(1622) 진사에 급제하여 병부우시랑까지 지내다가 명나라가 망하자 순국했다. 남명 홍광 정권에서 태자태보 겸 병부상서에 추증하고 시호로 충단忠端을 내렸는데, 훗날 '충의忠毅'로 바뀌었다. 저작으로 『왕충단공문집王忠端公文集』 등이 남아 있다.

** 시방요(?~1644)는 절강 여요 사람으로 자는 이온邇韞이다. 진사에 급제하여 순천무학교수順天武學敎授와 공부영선주사工部營繕主事, 장주지부樟州知府, 양경광록시경兩京光祿寺卿, 통정사通政使, 형부시랑, 좌부도어사 등을 역임했으며, 북경이 함락되고 숭정제가 죽은 뒤 순절했다. 훗날 남명 정권에서 태사소보 및 좌도어사에 추증되고 시호를 충개忠介라 했으며, 청나라 때에 시호를 충민忠愍으로 고쳤다.

수 없어 민가로 가서 스스로 목을 맸다. 그런데 그곳 백성이 연루될까 염려하여 매달려 있는 그를 풀어주었다. 다른 집으로 가서 다시 목을 맸지만, 그곳 백성이 또 풀어주었다. 이에 그는 소주에 비상을 타서 마시고 죽었다. 그가 죽으려 해도 뜻을 이루지 못했을 때 이렇게 탄식했다고 한다.

"충신 노릇이란 게 원래 쉽지 않은 것이었구나!"

邦耀守城, 賊入, 道梗不得還寓, 入民舍自縊. 居民恐累之, 解其懸, 入他舍又縊, 他舍民又解之. 邦耀取砒投燒酒飮之, 乃死 (…) 當邦耀求死不得時, 嘆曰: 忠臣固不易做. (39쪽)

이 또한 명나라가 망할 무렵에 일어난 일들 가운데 가장 침통하고 차마 말로 표현하기 어려운 경우에 해당된다.[58]

상황의 엄혹함과 풍자성은 대국大局이 정해지자 남명 왕조 및 그 신하들의 운명은 이미 다수의 사람과 아무 상관이 없는 듯한 처지가 되어버렸다는 데서도 발견된다. 고립무원의 신하들과 황제의 은총을 잃은 서자들이 의지할 데 없이 서로 위로할 수밖에 없는 상황이 된 것이다.[59] '민간'에 흩어진 이들은 곧 적의敵意에 포위되어버렸다.[60] 황종희는 '원독怨毒'과 '보복報復'에 대해 말했는데, 곳곳에서 세상사의 험난함과 살길의 비좁은 현실을 목격할 수 있다. 그는 장황언의 묘지명에 이렇게 썼다.

간혹 공(장황언)을 문천상과 함께 거론하곤 하는데, 모두 잿더미속의 식은 불꽃을 불어대는 것으로서 한 사람이 기대어 살 만한 좁은 땅도 없으며 그저 이것을 빙자하여 아직 죽지 않은 사람의 마음을 격동시키려는 것일 뿐이다. 그러나 형세는 환히 드러나고 사람의 마음은 헤아릴 수 없는 것이다. 환히 드러난 것은 통제할 수 없고, 헤아릴 수 없는 것도 따라서 변하게 된다.

間嘗以公與文山幷提而論, 皆吹冷焰於灰燼之中, 無尺地一民可據, 止憑此一線未死之人心以爲鼓盪. 然而形勢昭然者也, 人心莫測者 也. 其昭然者不足以制, 其莫測則亦從而轉矣.(「兵部左侍郎蒼水張公 墓誌銘」,『黃宗羲全集』제10책, 286쪽)

명말의 충의지사와 유민들이 더욱 깊이 체험한 것은 바로 이 '인심' 의 '헤아릴 수 없음'과 쉽게 '변하는' 것이 아닐까?『홍광실록초』권2에 기록된 진양모陳良謨*의 시에는 다음과 같은 구절이 들어 있다.

배를 타도 뒤집어지나니
고금이 같은 길을 가는 것.
순종하는 백성이 곧 거역하는 백성이니
그걸 본 것이 하루 이틀이 아니지.
載舟亦覆舟, 古今同一轍.
順民卽逆民, 參觀非一日.(『黃宗羲全集』제2책, 42쪽)

이런 시기에 불가능함을 알면서도 할 수밖에 없는 사대부들의 절망 적 반항과 쉽게 변하는 인심이 절묘한 대비를 이루고 있다.

경험의 심각성은 반성의 깊이를 더하는 데 도움을 준다. 부산은 누

---

* 진양모(1589~1644)는 절강 은현 사람으로 자는 사량士亮 또는 빈일賓日이고 원래 이름은 천 공天工이다. 숭정 4년(1631) 진사에 급제하여 대리추관大理推官과 어사를 역임했고, 숭정 12년 (1639) 사천도감찰어사로 나가서 장헌충 부대의 공격을 막아냈다. 그러나 조정으로 돌아오고 얼마 뒤 북경이 함락되자 스스로 목을 매 순절했다. 나중에 남명 정권에서 태복경太僕卿에 추증되고 시호로 공민恭愍이 내려졌으며, 청나라 때에 시호로 공결恭潔이 내려졌다.

차 "선비는 무리들 속에 있음土在衆人中"을 언급했으니, 이것은 사대부가 시세에도 영합하지 못하고 세속과 어울리지 못하기 때문이었다. 도학이 말세末世와 말속末俗에 처해 있었으니 특히 그가 잘 묘사한 풍자적인 정경이었다.(『霜紅龕集』 권15 「巡撫蔡公傳」 참조) 이 또한 부산이 관심을 기울인 '주제' 가운데 하나였다. 「분이자전汾二子傳」에서 그는 왕여금王如金(?~1649, 자는 자견子堅)과 설종주薛宗周(?~1649, 자는 문백文伯)가 사람들에게 질책을 받은 일을 기록하고 있다.

> 분주의 풍속은 재빨리 손익을 따지는 데에 익숙해서 사대부에서부터 제생에 이르기까지 모두 이문을 계산하는 데 익숙하고 비용을 아까워했다. 그런데 두 분만은 교유를 좋아하고 활달했으며, 자잘한 쌀값이나 소금 값 등의 비용을 따지는 것을 부끄럽게 여겨서 날마다 드는 비용이 여러 재산가의 몇 배가 넘어 나날이 가난해졌다. 이에 분주 사람들은 모두 그분들을 비웃었다. (그리고 두 분이 대의에 참여하여) 어떻게 죽었는지도 알 수 없었다. 어떤 이는 왕여금이 화살 두 대를 맞았으며 진사 남쪽의 성루에 불이 났을 때 설종주가 불길 속으로 몸을 던졌다고 했고, 또 어떤 이는 그런 일이 없었다고 했다. 그러자 분주 사람들은 모두 그들을 더욱 비웃었다.
>
> 汾俗繕橾機, 自搢紳以至諸生皆習計子錢, 惜費用, 二子者獨喜交遊, 豁達, 恥瑣碎米鹽計, 日費殆數倍過諸財虜家, 而日益貧. 汾之人皆笑之. (…) 不知所終, 或傳王中兩箭, 晉祠南城樓火發, 見薛上投烈焰中, 或又曰未也. 而汾之人皆益笑之.(권15, 447쪽 및 450쪽)

그는 또 조롱하듯이 이렇게 말했다.

나는 예전에 승려들이 걸핏하면 부처가 중생을 위한다고 말하는 것을 비웃었는데 그럴 수도 있겠다. 하지만 부처가 중생을 위하는 지는 몰라도 중생은 전혀 부처를 위하지 않고 부처로 하여금 혼자 전란 속에서 바빠하다가 압살당하게 한다. 그런 일이 닥쳤을 때에도 여전히 부처를 욕할 이가 얼마나 많을지 모르겠다. 장저나 걸닉 같은 은사의 말에 가까워서 공자와 맹자의 가르침에는 위배되는 듯하다.

吾嘗笑僧家動言佛爲衆生, 似矣, 卻不知佛爲衆生. 衆生全不爲佛, 敎佛獨自一個忙亂個整死, 臨了不知罵佛者尙有多多大少也. 我此語近於沮溺一流, 背孔孟之敎矣.(같은 책, 권25, 「仕訓」, 680~681쪽)

이런 진술은 모두 '중생'에 대한 깊은 실망에서 나온 것이다. 황종회는 「기유서당소장평진후인記劉瑞當所藏平津侯印」에서 유웅기가 "시대의 변화를 이해하지 못하고不通時變" 세속의 유행을 따르지 않아서 마을 사람들에게 비웃음을 당했다고 기록했는데, 이 또한 부산이 기록한 '분주의 두 분渺二子'과 마찬가지 상황이었다.

(위에서 언급한 '분주 사람들'과 같은) '무리衆人'가 이러하다면 그들의 비방도 믿을 게 못 된다는 사실은 말할 필요도 없다. 부산은 계속해서 '무리'의 말에 대한 심각한 회의를 나타냈다. 왕부지는 악비와 '양하兩河의 충의'에 대해 언급할 때 '선비 기질'을 제창하는 것이 선비들을 죽이기에 충분한 것과 마찬가지로 '백성의 칭송'이 사람을 죽이기에 충분하다고 했다.

악비를 칭송한 사람들은 그를 죽이기에 알맞았고, (…) 오랫동안 이어온 칭송의 노래는 비방보다 더 지독했다.

譽岳侯者之適以殺岳侯也, (…) 悠悠之歌誦, 毒於謗訕.(『宋論』 권10,
245쪽)

　　이것은 마치 일부러 주의를 끌기 위해 깜짝 놀랄 만한 이야기를 한
것 같다. 루쉰이 얘기했던 '봉살捧殺', 즉 지나치게 치켜세워 자만에 빠
지게 함으로써 장래를 망치는 행위가 이것과 약간 비슷한 의미라고 할
수 있겠다. 왕부지는 「사해俟解」에서 직접적으로 "남에게 이구동성으로
칭찬받는 것은 바로 대단히 불행한 일"*이라고 했다. 그는 청렴하고 훌
륭한 관리를 논할 때에도 백성의 칭송이 가혹한 정치를 하도록 독려한
다고 여러 차례 얘기했다. 여기서는 그가 단순히 진위—즉 백성의 칭
송이 믿을 만한지 여부—를 구별하는 데 그치지 않고 청의의 정치적
기능에 더 주목했다는 점이 중요하다.[61]
　　명나라가 망하는 과정에서 민감한 사대부들은 '중론衆論'의 맹목
성과 허망함을 계속해서 간파했다. 왕부지는 '백성의 칭송'에 대한 논
의로 그와 관련된 경험들을 끌어올렸다.『독통감론』 권3과 권4에서
는 이광李廣**과 조광한趙廣漢***이 영예를 얻는 것은 "세속에서 충동질하
고流俗之簧鼓 " "세속에서 비방하고 칭송했기流俗之毁譽 " 때문이라면서
(161~162쪽 참조), 가혹한 관리는 백성을 모질게 대해서 백성의 칭송을
얻지만, "그 효험은 일시적일 뿐이고 백성의 마음을 해친다"****고 했

---

* 　원주: "翕然而爲人所推奬, 乃大不幸事."(「俟解」, 『船山全書』 제12책, 488쪽)
** 　이광(?~기원전 119)은 전한 시대 농서 성기成紀(지금의 간쑤 성 톈수이天水 친안秦安) 사람이다.
'비장군飛將軍'이라 불리며 흉노들에게 두려움의 대상이었던 그는 막북의 전투에서 선봉부대를
이끌었으나 길을 잃는 바람에 전투에 참여하지 못한 것을 수치스러워하다가 자살해버렸다. 송나
라 휘종徽宗(재위 1100~1126) 때 회유백懷柔伯에 봉해졌다.
*** 　조광한(?~?)은 전한 탁군 여오蠡吾(지금의 허베이 성 보예博野) 사람이다. 수경조윤守京兆尹과
영천군수潁川郡守를 비롯한 여러 지방의 지방관을 역임했던 그는 토호와 권문세가의 비리를 척
결하는 데 앞장서서 존경을 받았으나 결국 요참형腰斬刑에 처해졌다.

다. 여기서는 그도 고염무와 마찬가지로 '대중에게 떠들썩하게 사랑을 받는' 문사文士와 식견이 천박한 대신들에 비해 심원하고 근본적인 데까지 생각이 미치며 또한 더욱 철저한 유학자임을 보여주었다. 유학자의 질서의식과 '중화中和'의 경지를 선망하는 마음에서 그는 (아랫사람들과) 다투어서도 안 되고 그들의 원망을 사서도 안 되는데, "명성을 추구하는干聲譽" 혹리와 "백성의 칭송을 바라는邀民譽" 문사들은 이에 반하는 행위를 한다고 주장했다. 『독통감론』의 말미에 수록한 "서론敍論 2"에서 그는 세속의 유행과 '정론定論'에 얽매이지 않는 것을 역사를 다루는 원칙으로 삼았으며 특히 "하찮은 백성이 이미 정해놓은 칭찬과 비판匹夫匹婦已有定論之褒貶"에 얽매이지 않겠다고 했다. 사실 그의 이런 논의 자체가 이미 세속의 유행과 정론에서 벗어난 것이었다.

백성의 칭송에 관한 지금까지의 논의는 또 난세의 정치적 경험에서 나온 것이다. 명·청 교체기의 사대부들은 명나라 말엽의 양대 억울한 재판, 즉 원숭환 사건과 정만 사건에 대해 즐겨 이야기했다. 이 양대 사건은 다 '청의'가 사람을 살리고 죽이는 위력을 지님을 보여주었다. 『명계북략』 권2에서는 왕화정王化貞*****과 웅정필의 사건을 기록하고 있다.

> 왕화정이 혼자 말을 타고 가서 체포되자 백성이 길을 막고 통곡하며 세 차례 함성을 질렀다. 웅정필이 경사로 돌아와 심문을 받으려고 홀로 말을 타고 밤길을 갔지만, 백성은 마치 듣지 못했다는 듯이 전송하는 이가 하나도 없었다.

**** 원주: "效在一時, 而害中於人心."(『讀通鑑論』, 168쪽)

***** 왕화정(?~1632)은 산동 제성諸城 사람으로 자는 초간肖幹이다. 만력 41년(1613) 진사에 급제하여 호부주사와 우참의, 우첨도어사를 역임했다. 그러나 1622년 광녕廣寧의 전투에서 후금 군대에게 대패하는 바람에 그를 보호해주려는 위충현의 온갖 노력에도 옥에 갇혔다가 결국 처형당했다.

化貞匹馬就逮, 百姓遮道而哭, 吶喊三聲, 廷弼回京聽勘, 單騎夜行,

百姓若罔聞知, 絕無一送.(35쪽)

그 외에도 "조정과 재야 안팎에서 모든 이가 한목소리로" 주연유周
延儒*를 비판한 일이나,[62] 남명 홍광제 정권에서 이른바 '가짜 태자' 사
건에서 나타난 군중의 흉흉한 말들은 모두 사대부들에게 난세의 인심
이 얼마나 광포하고 조급하며 '중론'이란 것이 얼마나 맹목적인가를 체
험하게 해주었다.

왕부지가 '백성의 칭송民譽'이라고 했을 때 '백성'은 주로 '일반 백성
草民'을 가리키겠지만 또한 '벼슬官守'이 없는 사대부도 포함시켜야 할
것이다. 그는 '학사와 대부들의 칭송'은 믿을 만한 것이 못 된다고 했
다.(『讀通鑑論』 권7) 진확도 선비들의 논의는 '옳고 그름을 판단하는 공
정성是非之公'을 잃었다고 지적했다.(『陳確集』 文集 권5 「柳柳州論」) 사실상
세속 대중의 여론은 종종 '선비들의 논의'나 '청의'에서 비롯되며, 심지
어 민간의 속문화俗文化도 종종 세속화된 사대부 문화인 경우가 많다.
명대 200여 년 동안 일반 백성과 세속 대중은 전통적인 형식—예를
들어 대궐 앞에 엎드려 억울함을 호소하거나 민요와 속담을 만드는 것
—으로 조정에 관여하면서 언제나 선비들의 논의 및 청의와 호응했다.
소주蘇州 시민들이 엄당閹黨에 반대한 것은 뚜렷한 사례다. 청의가 일종
의 '중론'이 되었기 때문에 그 기능은 더욱 논의할 가치가 있다. 이 또
한 '무리群'에 대한 논의에서 다뤄야 할 주제들이 응당 담고 있어야 할

---

* 주연유(1593~1643)는 의흥宜興 사람으로 자는 옥승玉繩이고 호는 읍재挹齋다. 만력 41년
(1613) 진사에 장원급제하여 한림원수찬, 우중윤右中允, 소첨사, 예부우시랑 겸 동각대학사, 태자
태보 겸 문연각대학사를 거쳐 숭정 3년(1630)에 수보首輔까지 지냈으나 1643년 청나라 군대가 쳐
들어왔을 때 거짓 보고를 올린 죄로 탄핵을 당해 변방으로 유배되었고, 얼마 후 황제는 그에게 자
살을 명령하고 재산을 몰수했다. 저작으로 『주읍재고周挹齋稿』 『편야당시片野堂詩』 등이 있다.

의의인 것이다.(명·청 교체기 청의에 관한 사대부들의 반성에 대해서는 이 책 제4장 "언론에 관한 언론" 참조)

'백성의 칭송'도 세속에 유행하는 일종의 '풍속流俗'이다. 왕부지는 "세속의 인정은 얄팍하다俗情膚淺"라는 저무량褚無量*의 말을 인용하면서 이렇게 말했다.

세상에서 인심을 가둬두고 하늘의 이치를 벗어나는 것은 세속만큼 심한 것이 없고 얄팍한 것만큼 가증스러운 것이 없다.
天下之錮人心, 悖天理者, 莫甚於俗, 莫惡於膚淺.(『讀通鑑論』 권22, 836쪽)

그는 또 "세속 풍속에서 비난하는 바이지만 거기에는 크나큰 아름다움이 들어 있다"**고 했다. 그러므로 그의 다음과 같은 말은 그저 혼잣말이 아닌 것이다.

단지 세속의 풍속과 달라 세속에서 경탄하며 칭송하는 것은 모두 피상적으로 드러난 조악한 흔적일 뿐이며 심원한 뜻을 세운 이는 이로 인해 자신의 명성이 드러나는 것을 대수롭지 않게 생각한다.
凡但異於流俗, 爲流俗所驚歎而艷稱者, 皆皮膚上一重粗跡, 立志深遠者不屑以此自見.(「俟解」, 『船山全書』 제12책, 485쪽)

---

* 저무량(646~720)은 항주 사람으로 자는 홍도弘度다. 명경과에 천거되어 국자박사에 임명되었다가 좌산기상시左散騎常侍 겸 국자좨주, 국자사업國子司業 겸 수문관학사修文館學士, 은청광록대부銀靑光祿大夫 등을 역임하고 서국공舒國公에 봉해졌다. 죽은 뒤에는 예부상서에 추증되고 시호로 '문文'을 하사받았다. 저작으로 『익선기翼善記』 『사기지언史記至言』 『제왕요람帝王要覽』 등 다수가 있다.

** 원주: "流俗之所非, 而大美存焉."(『讀通鑑論』, 卷末, 1176쪽)

왕부지가 세속에 유행하는 풍속에 대해 논하면서 제시하고자 한 것은 차라리 '백성의 성격民性'에 대한 자신의 관점이었다고 할 수 있다. 그는 이렇게 말했다.

> 사람이 금수와 다른 까닭을 군자는 지니고 있지만 소인은 없애버린다. '소인'을 이야기하지 않고 '서민'을 이야기하는 것은 폐해가 소인이 아니라 서민에게 있기 때문이다.
>
> 人之所以異於禽獸者, 君子存之, 則小人去之矣. 不言小人而言庶民, 害不在小人而在庶民也.(「俟解」, 478쪽)

여기서 '서민'이 바로 '민중'이다. 그가 착안한 것은 여전히 사람들이 '무리群'를 이루는 것이며, 세속의 '풍속' 또한 '무리衆'로 말미암아 만들어진다. 이어서 그는 이렇게 말했다.

> 소인이 금수가 되면 사람이 잡아서 처벌할 수 있다. 서민이 금수가 되면 일일이 다 처벌할 수도 없을 뿐만 아니라 자신이 악행을 저질렀음을 알 수 있는 이도 없다. (…) 학자들이 그저 여러 사람의 언행을 놓고 헤아려보면 금수와 다른 이가 백에 하나도 되지 않을 것이다. (…) (그들은) 먹을 것과 배필과 편안한 거처를 구한다. 그렇지 않으면 서로 싸울 뿐이고, 그게 아니면 죽음이 두려워 떨 뿐이다. 서민이 종일 분주하게 쫓아다니는 것 가운데 이렇지 않은 것이 있는가? (…) 서민이란 세속이고, 세속이란 금수다.
>
> 小人之爲禽獸, 人得而誅之. 庶民之爲禽獸, 不但不可勝誅, 且無能知其爲惡者 (…) 學者但取十姓百家之言行而勘之, 其異於禽獸者, 百不得一也. (…) 求食, 求匹偶, 求安居. 不則相鬪已而, 不則畏死而

震懾已而. 庶民之終日營營, 有不如此者乎. (…) 庶民者, 流俗也. 流
俗者, 禽獸也.(「俟解」, 478쪽)

이상의 논증이 바로 그의 '의병'론 등과 서로 보완관계에 있다. 의병
이 난세의 서민이라면 여기서 논의한 서민의 범위에는 평화로운 시대
의 서민도 포함될 것이다. 그리고 '군자'(우수하고 고독한 개인)와 '서민'
(비이성적인 군중)은 바로 그가 특별히 설정한 대립 항목이다. 한편 그는
이렇게 말했다.

소민은 무지해서 가난하면 부자를 질시하고 약자는 강자를 질시
하며 남들이 잘되는 것을 시기하고 남의 재앙을 즐거워하니, 옛날
에는 그런 이들을 '파민罷民', 즉 교화를 따르지 않고 힘써 일하지
않는 백성이라고 했다.
小民之無知也, 貧疾富, 弱疾強, 忌人之盈而樂其禍, 古者謂之罷
民.(『讀通鑑論』 권4, 161쪽)

'빈부'의 충돌 속에서 '백성의 성격'을 읽어낸 것인데, 말할 필요도
없이 이것은 왕조 교체기에 남북에 두루 퍼져 있던 '가난한 이'들의
'부유한 이'들에 대한 약탈 행위를 배경으로 했다. 그리고 한때 민간에
성행했던 '고발告訐'과 '보복'은 더욱 어렵지 않게 백성이 피를 좋아하
는 듯한 인상을 한층 더 심화시킬 수 있었다.
양명학이 유행한 뒤에 이와 같은 '서민'에 대한 인식은 의심할 여지
없이 의도적인 반발인 듯 보인다. 명말 동남 지역의 위대한 유학자 유
종주는 이렇게 말했다.

세상 사람들은 하루라도 금수 속에서 살아가지 않는 날이 없는
데도 저들은 자각하지 못하는데, '도의 눈道眼'으로 바라보는 것이
나 '차가운 눈冷眼'으로 바라보는 것이나 모두 감당하지 못한다. 이
제는 시정 사람들의 입장에서 시정 사람들을 보니 피차가 깨닫지
못할 따름이다.

世人無日不在禽獸中生活, 彼不自覺, 不堪當道眼觀, 幷不堪當冷
眼觀. 今以市井人觀市井人, 彼此不覺耳.(「會語」, 『明儒學案』 권62,
1539쪽)

그의 제자인 장이상도 이렇게 말했다.

천하에서 인위적인 행위를 하지 말아야 할 것은 군중밖에 없다.
날이 새면 일어나서 열심히 선을 행하고 열심히 이익을 챙기면서
마음을 깊이 쓰고 힘을 다하여 모두 극한까지 이르지 않으면 멈
추지 않을 기세다. (…) 도척의 무리가 애석하게 이익에 탐닉했을
뿐이지 그것으로 선을 행했다면 또한 호걸이라고 칭송할 만했을
터인데, 군중을 보면 헛되게 태어나 헛되게 죽는 이가 어찌 단지
천이나 천만 명뿐이랴!

天下無足有爲, 衆人而已. 鷄鳴而起, 孳孳爲善, 孳孳爲利, 深心猛
力, 俱有不極不止之勢 (…) 夫蹠之徒惜溺於利耳, 以之爲善, 抑亦可
稱豪傑之士矣, 視衆人虛生虛死, 何啻什百與千萬耶.(「問目」, 『楊園先
生全集』 권25)

어쩌면 이것들은 모두 명말 사대부들의 특수한 경험과 연계된 주
장일 텐데, 그 논의에 담긴 극단적인 치우침偏至은 한눈에 알 수 있다.

'막대기로 깨우치는警策' 것이 오히려 '극단적인 치우침' 속에 담겨 있다. 왕부지는 '소박함樸'과 '올곧음直'을 이야기하면서 그것들을 통해 '군자-야만인野人' '사람-짐승'의 차이를 논하고 기존의 선입견이 편파적이어서 가려진 진실이 있다고 지적했는데, 이 또한 뛰어난 분석이다.[63] 그는 사람이 사람인 까닭은 마땅히 "배고프면 먹지 않을 수 없고" "추우면 옷을 입지 않을 수 없는" 데서 찾아야 한다고 했으니, 이 또한 '서민'과 '세속의 풍속'에 대한 그의 논의에 대해 스스로 주석을 붙인 것이다.(「俟解」 참조)[64] 이에 따라 왕부지가 '세속의 풍속'에 반대한 것과 더불어 어짊과 포악함, 사람과 금수를 변별한 것은 논리적으로 관통되는 일이었다. 바로 이런 부분에서 명·청 교체기 위대한 학자의 사상이 얼마나 철저한지 알 수 있으며, 또한 그것이 얼마나 저 '극단적인 치우침'에서 비롯되었는지도 알 수 있다. 대진이 『원선原善』 하권에서 제시한 다음과 같은 논의는 비교적 공평하면서도 더욱 일상적인 이야기였다.

> 이런 것들은 백성의 성격이 그러하기 때문이 아니라 관직에 있는 이들이 탐욕과 포악함으로 그 백성을 해쳤기 때문에 생겨난 것이다. 혼란의 뿌리는 위에서 이루어지지 않는 경우가 드물며, 그런 뒤에 백성이 받아서 아래로 전한다. 하지만 아무도 그것을 깨닫지 못하고 백성의 행위가 선하지 못하다면 그것을 내세워 백성을 원수처럼 대하니, 이 또한 크나큰 의문이라 하겠다.
>
> 凡此非民性然也, 職由於貪暴以賊其民所致. 亂之本鮮不成於上, 然後民受轉移於下, 莫之或覺也. 乃曰民之所爲不善, 用是而讐民, 亦大惑矣.(戴震, 『孟子字義疏證』, 中華書局, 1961, 78쪽)

명·청 교체기의 사대부들은 선비도 '무리' 가운데서 나왔고, '의병'도 '무리' 가운데서 나왔으며, '유민'의 처경도 '엘리트 의식'을 장려한다고 생각했는데, 이런 자각은 그와 동시에 '고독'에 대한 위로와 보상이 되었다. 선비도 예로부터 이런 보상이 필요했던 것이다. 한때 왕부지처럼 격정적인 논의가 나온 것도 당연히 이런 상황 속에서 이해해야 한다. 그 외에 고염무가 강학과 사당社黨에 대해 비판한 것이랄지 장이상이 당시의 '기세를 추구하는 습속聲氣之習'에 대해 비판한 것, 손기봉이 '은거隱'와 '잠적潛' '칩거蟄'에 대해 분석한 것, 진확이 스승의 가르침을 이어받아 '신독愼獨'을 강조한 것 등은 모두 같은 환경 속에 놓고 이해할 수 있다.[65] 명대의 사대부 기풍이 소란스럽고 경박하여 강학을 하거나 사당의 모임이 항상 '시끄러운 저자一哄之市' 같았다는 점을 고려하면 이러한 반성이 얼마나 엄준한 것이었는지 어렵지 않게 짐작할 수 있다.

'유민'의 역할을 선택하는 것은 원래 고독—자신이 (지금) 세상을 버렸거나 세상에 버림받았거나 상관없이—을 선택하는 것이었다. 그러나 유민의 수가 많아졌을 때(즉, 공동으로 남겨졌을 때) 진정으로 고독한 이는 개중에 뛰어난 이들뿐이다. 이미 '순종하는 백성順民'이기를 거부한 몸으로서, 또 '유민사회'의 그 개념과 관념을 완전히 인정하지는 않는 상태에서 사대부는 '선비'로서 그의 역할에 대해 체득하고 인식함으로써 비로소 고독을 느끼며, 나아가 피동적으로 운명을 받아들이는 데 그치지 않게 된다. 왕부지의 경우는 '선비 기질'과 '의병' '백성의 칭송' '세속의 풍속' 등에 대한 제반 논의로 이른바 '혼자의 뜻을 따르는用獨' 이유를 설명했으며, 나아가 이런 고독의 경계로 시적 의미에 호소하는 묘사를 해낼 수 있었다.

그래서 독실한 광휘가 마치 태산처럼 여러 봉우리 위에 우뚝 서니 당세의 시비 및 비방과 칭송, 거취, 은혜와 원한이 무심하게 자신한테 아무 상관이 없어진다. 그런 뒤에 더러워진 세속의 풍속 앞에 서서 내려다보아도 그를 묶어놓을 수 있는 것은 아무것도 없다.

是以篤實之光輝, 如泰山喬岳屹立群峯之表, 當世之是非, 毁譽, 去就, 恩怨漠然於己無與, 而後俯臨乎流俗汙世而物莫能攖.(「俟解」, 481쪽)

이러한 경계를 부여받은 이는 당연히 구체적인 역사의 시공에 갇힐 수도 없고 '당세'에 의해 범위가 제한될 수도 없다. 그가 "자신에게서 구하지 사물에게 기대하지 않는다求諸己而無待於物"고 했을 때의 이른바 '사물'이라는 것에는 응당 '유민사회'에 통용되던 규범도 포함되었을 것이다. 그러므로 왕부지와 같은 유민을 단지 '유민'이라는 명목으로 부를 수는 없다는 점을 어렵지 않게 깨달을 수 있을 것이다.

'혼자의 뜻을 따라야用獨' 한다는 왕부지의 주장은 그것이 관방의 이데올로기나 혹은 이전부터 있었던 명제—예를 들어 "무리를 이루되 당파는 만들지 않는다群而不黨"와 같은—에서 출발한 것이 아니라 자신의 존재에 대한 사대부의 인식에서 비롯되었다는 데에 중요한 의미가 있다. 또한 그것은 명백히 명나라가 망할 무렵 정치적 관찰과 직접적인 정치적 실천에서 깨달은 인식이기 때문에 그 명제 안에는 여전히 생생하게 '살아 있는 역사'가 담겨 있다. '혼자의 뜻을 따라야' 한다는 주장은 명대 사대부 사회의 기풍에 대한 반성을 담고 있어 사대부의 엄숙한 자아비판을 나타내고 있으며, 그와 관련된 사대부의 반성 능력과 반성의 깊이 또한 사대부의 성숙성을 어느 정도 증명한다고 할 수 있다.[66] '선비 기질' 및 '의병' 등에 관한 신화가 깨진 뒤의 환멸과 절망 속에서 비로소 그는 더욱 확실한 바탕 위에 목표를 선택하고 사명을 받아들였으니, 그 또한 한 시대의 위대한 학자로서 이룩한 인생의 경지라고 하기에 충분하지 않겠는가?

왕부지는 자신의 「구소九昭」에 대해 이렇게 서술했다.

> 내가 생각하는 '혼자의 마음'을 품는다는 것이 어찌 다시 범위가 정해진 지식 안에 존재하겠는가!
> 僕以爲抱獨心者, 豈復存於形埒之知哉.(『船山全書』 제15책, 147쪽)

> 슬프다, 고독한 마음 혼자 품고 있나니 기나긴 천년의 세월 속에서도 함께할 이 없구나.
> 옛일을 도모하려 했으나 얻은 게 없나니, 지금의 모든 일을 어디에 호소할 수 있으랴?
> 悲孤緒之獨縈兮, 曠千秋而無與. 晉謀古而不獲兮, 奚凡今之可訴.(같은 책, 154쪽)

이 절의 첫머리에서 왕부지의 '고독한' 처지에 대해 설명한 바 있다. 이제 그가 '혼자의 뜻을 따른' 것은 바로 '믿음信心'에 가까운 일종의 정신적 품성으로서 자신이 즐겨 말한 '자정' 및 '자진'의 의미를 보충해 설명해준다는 것을 알 수 있다. 그리고 '대방待訪'에 대한 논의(이 책의 제5장 2절 참조)를 통해 그가 '혼자의 뜻을 따른' 더 깊은 바탕이 바로 유학자들이 말하는 '자신을 위한 학문爲己之學'에 있음을 알 수 있게 되었다. 그가 외진 산에서 궁색하게 살았던 것을 '혼자의 뜻을 따른 것'이라고 여긴다면 지나치게 형적形跡에 얽매여 그 의의를 천박하게 설명한 셈이 되는 것이다. 그러나 저 숲이 없는 언덕童崗이나 물 없는 시내渴溪는 결국 일종의 상징이다. 마치 고염무가 떠돌이 생활을 선택한 것이 자아 상징의 선택인 것처럼, 왕부지가 외딴 고독에 가까운 거처를 선택한 것도 자아 상징의 선택이었다. 왕부지가 자신의 주장을 몸소 실천했다는 사실을 통해 우리는 호남湖南 사람의 굽히지 않는 강인함과 침착하고 굳센 성품을 느낄 수 있으며, 황량한 땅에 외로이 살면서도 어떤 태연함을 지니고 있었음을 믿을 수 있다.

오늘날 혼자의 심정을 안고 사는 것이 어찌 불가능하겠는가?
居今之日, 抱獨之情, 奚爲而不可也.(「船山記」, 『船山全書』 제15책, 128쪽)

제 2 장

왕조 교체기의
문화 현상

1절

남과
북

남북을 구분하고 피부색 등을 구분하는 것은 모두 오랜 역사를 지니고 있어서 조물주가 인류를 위해 설치해준 생존의 상황에 속한다. 그러나 남북이라는 화제는 고대 중국의 환경에서 줄곧 모호한 영향을 끼쳤다는 병폐를 안고 있어, 설사 성현이라도 반드시 여기에서 벗어날 수는 없었다. 경전의 서술에서 남과 북은 명확한 경계선이 없다. 이 책에서 논의하고 있는 이 시기에는 모호한 영향이 어쩌면 더 심했는지도 모르겠다. 그러므로 이 절에서는 관련된 화제를 분석하면서도 그와 관련된 지역의 개념에 대해서는 일일이 따져 밝히지 않을 것이다.

남북과 조정의 정치

명대의 조정에서 일어난 남북의 논쟁에 대해서는 천룬쉬陳綸緒의 「명 천순 성화 연간 대신들 사이의 남북 논쟁에 대한 기록記明天順成化間大臣南北之爭」에 자세하게 설명되어 있다.[1] 조정 정치에서 남북의 대립은 당연히 명대에만 나타난 특수한 풍경이 아니다. 사대부들이 사람—여기서는 정치가를 가리키는데—의 '남북'을 따지는 시각도 그 유래가 있으니, 이것은 고대 중국 정치사의 변천 형세와 밀접한 관계가 있다. 명대 사대부들이 남북에 대해 즐겨 이야기한 것도 당연히 명대 정치에서 '남북'의 주제와 상당히 깊은 관계가 있다. 조정의 논의가 사대부의 여론에 영향을 주는 것도 고대 정치계에서 흔히 보이는 풍경이다.

명대의 황제는 조정에서 일어나는 남북 간의 논쟁에 직접적으로 관여했고 그것은 특히 천순天順(1457~1464) 연간과 성화成化(1465~1487) 연간에 두드러졌는데, 이에 대해서는 천문쉬의 글에 상세히 설명되어 있다. 이 또한 황제 개인의 호오가 조정 정치에 영향을 준 사례다. 이런 것이 명대에만 보이는 것은 아니지만 영종과 같은 명대의 황제는 그야말로 솔직하고 기분 내키는 대로 관여했기 때문에 충분히 희극적인 모습을 보였다. 『명사』 권176에 수록된 악정岳正*의 전기에 따르면 영종은 악정에게 이렇게 말한 바 있다.

> 그대는 이제 막 마흔 살이고 우리 북방 사람인 데다 짐이 선발한 인재로다. 이제 그대를 내각에 임용하고자 하니 전심전력으로 짐을 보좌하도록 하라.
> 爾年正强仕, 吾北人, 又吾所取士, 今用爾內閣, 其盡力輔朕.

같은 권에 수록된 팽시彭時**의 전기에는 또 이렇게 기록되어 있다.

---

* 악정(1418~1472)은 직예 곽현郭縣(지금의 베이징 퉁저우通州) 사람으로 자는 계방季方이고 호는 몽천蒙泉이다. 정통正統 13년(1448) 진사에 급제하여 한림원편수, 수찬을 역임했고 시호는 문숙文肅이다. 저작으로 『유박고類博稿』 『유박잡언類博雜言』 등이 있다.

황제께서는 팽시의 풍도를 좋아하셔서 그를 서길사로 선발하셨다. 그리고 이현에게 어명을 내려 모두 북방 사람을 기용하게 하고, 남방 사람이라면 반드시 팽시와 같은 인물이어야 된다고 하셨다.

帝愛時風度, 選庶吉士. 命賢盡用北人, 商人必若時者方可.

『명사』권177에 수록된 왕고王翱***의 전기에는 그가 천성적으로 남쪽 출신의 선비를 싫어했다고 하면서 이렇게 기록했다.

영종은 이렇게 말한 적이 있다.

"북방 사람들은 남방 사람들보다 더 세련되고 고상하지는 못하지만 바탕이 곧고 뛰어나기 때문에 긴급한 때에 마땅히 힘이 되어줄 것이오."

이에 왕고는 북방 출신을 더 많이 기용했다.

英宗嘗言: 北人文雅不及南人, 顧質直雄偉, 緩急當得力. 翱由是益多引北人.

이야말로 윗사람이 좋아하는 바를 나타내면 아랫사람은 틀림없이 그보다 더 심한 경향을 보이는 경우다. 군주가 호오에 따라 인재를 등용해 행정을 펼치면 대신들도 당연히 꺼리는 바가 없어진다.

** 팽시(1416~1475)는 여릉廬陵 안복安福(지금의 장시 성 지안吉安에 속함) 사람으로 자는 순도純道 또는 굉도宏道이고 호는 가재可齋다. 정통 13년(1448) 장원으로 진사에 급제하여 한림원수찬, 태학시소경 겸 시독, 이부우시랑, 병부상서, 태자태보 겸 문연각대학사를 거쳐 내각수보內閣首輔를 역임했다. 죽은 뒤에는 광록대부 겸 좌주국, 태사에 추증되었고 시호는 문헌文憲이다. 저작으로 『팽문헌공필기彭文憲公筆記』『팽문헌공문집彭文憲公文集』『가재잡기可齋雜記』 등이 있다.

*** 왕고(1384~1467)는 염산鹽山(지금의 허베이 성 창저우滄州에 속함) 사람으로 자는 구고九皐다. 영락 13년(1415) 진사에 급제하여 항인行人, 우첨도어사, 이부상서, 태자태보 등을 역임했고 죽은 뒤 태보에 추증되었으며 시호는 충숙忠肅이다. 저작으로 『왕충숙공주소王忠肅公奏疏』가 있다.

영종의 이러한 발언들은 결코 '조종의 법祖宗法'에 어긋나는 것이 아니었다. 군주가 남과 북 출신의 신하들에 대한 권력의 분배에 대해 간섭을 강행하고 아울러 이를 통해 인위적으로 조정 내의 남북 분쟁을 조장하며 강화시킨 것은 바로 '이조二祖'에게서 시작되었던 것이다. 명대의 정쟁과 당쟁에서 다음의 사건은 중대한 의미를 담은 하나의 상징으로서 유의하여 살펴볼 만했다.

처음 제도가 만들어졌을 때는 예부에서 인재를 선발하면서 출신의 남북을 가리지 않았다. 홍무 30년(1397)에 시험관 유삼오와 백신도가 선발한 송종 등 52명이 모두 남쪽 출신이었다. 3월 정시에서는 진안이 장원으로 뽑혔다. 황제께서 편파적인 선발에 진노하여 시독 장신 등 12명에게 답안지를 다시 검토하라고 분부하셨고, 진안도 거기에 참여했다. 그런데 황제의 분노가 끝나지 않아 백신도와 장신, 진안 등을 처형하고 유삼오는 변방의 수자리를 보도록 유배를 보낸 뒤 몸소 답안지를 살펴 임백안 등 61명을 선발하셨다. 6월에 다시 정시를 처러 한극충이 장원으로 뽑혔는데, 이들 모두가 북쪽 출신이었다.

初制, 禮闈取士, 不分南北. 自洪武丁丑, 考官劉三吾, 白信蹈所取宋琮等五十二人, 皆南士. 三月, 廷試, 擢陳䢀爲第一. 帝怒所取之偏, 命侍讀張信等十二人覆閱, 䢀亦與焉. 帝猶怒不已, 悉誅信蹈及信, 䢀等, 戌三吾於邊, 親自閱卷, 取任伯安等六十一人. 六月復廷試, 以韓克忠爲第一. 皆北士也.(『明史』 권70)

당시에는 그것을 '남북방南北榜'이라 불렀다. 이후에 남북이라는 출신지로 인재를 선발하는 항목으로 삼아 과거시험을 남권南卷과 북권北

卷, 중권中卷으로 나눈 것도 여기에서 비롯되었다. 그 사이에는 또 권력을 쥔 재상이나 환관이 멋대로 인원을 늘리거나 줄여서 "각자 사리사욕에 사로잡혀 불법을 저지르는各徇其私" 일도 있었다. 그러다가 성조成祖 때에 이르러서는 북방에서 가업을 일으켰기 때문에 폐단을 '뿌리 뽑는革除' 마당에 어쩔 수 없이 남쪽 출신을 등용하기도 했지만 그래도 "북쪽 출신을 구해 등용하려는 생각思得北土用之"(『明史』권177, "王翱")을 했다. 그러나 성조 그리고 특히 태조의 경우는 그것이 단순히 개인의 호오에 따른 행위였다고 보기 어려우며, 오히려 권력의 균형을 맞추려는 군주의 전략에서 비롯된 듯 보인다.

이와 같은 정치 행위는 단순한 제시가 아니며 시범이기도 한데, 그 효과 또한 권력과 이익의 분배에 그치지 않고 인재를 기용하여 행정을 펼치는 행위를 통해 남북의 인문적인 면모와 문화적 생태에 영향을 주었다. 관료를 선발하고 임용하며 탄핵하는 등 왕조의 정무政務는 줄곧 이런 기능을 해왔던 것이다. 이를 통해서도 명대 제왕들의 특출한 성격 표현을 알 수 있으며, 특히 명 태조는 '포의천자布衣天子'로 과장된 권력 의지를 드러냈다. '남쪽 출신'이나 '북쪽 출신'을 따지는 군주의 심리는 그 자신의 경력과도 관련이 있다. 천룬쉬의 글에서는 인종仁宗이 "남경에 있을 때 날마다 남쪽 출신의 대신들과 어울려서 '영락없는 남방 출신儼然南人'" 같았으며 "선종宣宗은 더욱 그러했다"고 했다. 앞서 영종은 '북방 출신'으로 자처했다는 기록을 인용한 바 있는데, 이 것은 당연히 성조의 천도로 인해 조성된 형세였다. 폐단의 '뿌리 뽑기'로 인해 유발된 남북의 정치적 기울어짐—사대부들이 누차 비판했던 것들, 즉 어사를 임명하는 데 남북 출신으로 제한함으로써 경중을 뚜렷이 나누고, 과거시험에서 선발된 곳이 남경이냐 북경이냐에 따라 경중을 나누고, 국자감도 남경이냐 북경이냐에 따라 경중을 나누는 것 등은 아직 중요한 사안이 아니었음에도—은 명대 정치의 기본 면모를 규정했다. 당시 연왕燕王이 '정난靖難'의 거사를 일으킨 것이 명대 역사에 얼마나 큰 영향을 주었는지는 이와 같은 구체적인 부분을 통해서도 알 수 있다.

관료 임용 정책과 관련하여 명대 정치에서 주목할 만한 부분은 관료가 '벼슬살이官'를 하는 부분에 대한 어떤 특수한 규정이 있었다는 점이다. '남북 출신의 임용을 조절하는 것南北更調'은 당연히 명 황실의 조상이 제정한 규정에 속하므로, 자신의 고향에서 벼슬살이를 할 수 없게 하는 것도 딱히 특출한 발상이라고 할 수 없다. 그보다 재미있는 것으로 강소江蘇와 절강浙江 출신은 호부戶部의 관료가 될 수 없고 여요餘姚 출신은 경사京師에서 벼슬살이를 할 수 없다는 식의 동남쪽 인사들에 대한 제한적인 규정들이 있었다는 사실이다. 여기서는 명확히 설명할 근거도 있고 또 군주의 복잡한 심리적 배경도 깔려 있지만, 이것은 나중 일이다. 어쨌든 명나라가 망할 때까지 군주가 관료를 임명하는 데에는 여전히 '남북'을 나누어 얘기했다. 『삼원필기』 「부식附識」 중中「숭정崇禎」에는 도적(청나라 군대—옮긴이)이 평양平陽을 함락하자 숭정제가 직접 군대를 지휘하려 한 일을 기록하고 있다. 당시에 "수보首輔 진연陳演이 그 일을 대신하겠다고 청하자 황제는 '남쪽 출신은 안 된다'고 했다. (…) 이건태李建泰*가 대신하겠다고 청하자 황제는 '그대는 서쪽 출신이니 서쪽 땅을 평정하길 바라노라'라고 말했다."** 하지만 진연

---

* 이건태(?~1649)는 산서 곡옥 사람으로 자는 복여復餘이고 호는 괄창括蒼이다. 천계 5년(1625) 진사에 급제하여 숭정 16년(1643)에는 이부우시랑 겸 동각대학사에 발탁되었다. 이후 청나라 내각에 불려가 대학사로 있었으나 얼마 후 사건에 연루되어 파직되었고, 이후 태평太平에서 반란을 일으켰다가 체포되어 처형당했다.

** 원주: "陳輔演請代, 上曰南人不可. (…) 至李建泰請代, 上曰卿以西人平西地, 朕願也."(『三垣筆記』, 221~222쪽)

과 이건태 모두 일이 끝난 뒤 비판이 끊이지 않았던 인물들이었다. 이와 마찬가지로 흥미로운 것은 명나라가 망할 무렵 동남 지역의 사대부와 백성이 보여준 태도였다. 논자들은 명나라 때에 선비를 양성한 은혜가 커서 명말에 충의지사가 많았다고 설명하기를 좋아하는데, 적어도 명나라가 망할 무렵 동남 지역의 부세賦稅가 무거웠고 조정에서 정치적으로 동남 지역 출신 사대부들에 대해 어떤 억압을 해왔다는 점을 고려하면, 선비 양성의 은혜라는 것은 동남 지역─예를 들어 절동浙東과 같은 ─에서 충의지사가 끊임없이 나왔던 사실을 해명하기에 부족하다.

당쟁黨爭 또한 명대에만 있었던 특별한 일이 아니지만, 그 격렬함과 엄혹함의 측면에서 명나라 말엽의 상황과 비견될 수 있는 것은 후한後漢이 유일할 것이다. 명대의 당쟁은 그 이유가 하나에 그치지 않는다. 정치적 견해─예를 들어 가정제 때의 '대례의大禮儀'와 같은─나 정치적 관계─조정 신하와 환관 사이의 관계와 같은─를 제외하고도 인재의 선발─갑을과甲乙科 내지 과거시험과 관련된 좌주座主와 문생門生의 관계 등─과 (문파를 포함한) 학술, 그 사람의 소속 지역 등이 모두 당쟁의 구실이 되었던 것이다. 심지어 조정 신하의 발음까지도 당론을 형성하는 근거가 되었다. 『명사』 권197에 기록된 황관黃綰*의 전기에 따르면, 양일청楊一淸**은 황관이 '남방 발음南音'을 하기 때문에 경연에 참석하지 못하게 했다고 한다.(양일청은 조적祖籍이 운남 안녕安寧이었다가 가족이 파릉巴陵으로 이주했으며, 황관은 절강 황암黃巖 사람이다.) 그보다 더 차별을 받았던 '남방 발음'은 강소와 절강보다 개화가 늦은 민월

---

* 황관(1477~1551)은 절강 황암黃巖(지금의 원링溫嶺에 속함) 사람으로 자는 종현宗賢 또는 숙현叔賢이고 호는 구함九庵, 석룡石龍을 썼다. 정덕 5년(1510)에 왕수인의 문인이 되어 가정 1년(1522)에 남경도찰원南京都察院 경력經歷이 되었으며 이후 '의례議禮'에 대해 논한 공로로 남경 예부우시랑, 남경예부상서 겸 한림학사 등을 역임했다. 주요 저작으로 『명도편明道編』 『석룡집石龍集』 『묘제고의廟制考義』 『중용고금주中庸古今注』 『사고당필기思古堂筆記』 등 다수가 있다.

閩粵 즉 복건과 광동 등지의 발음이었다. 같은 책에 수록된 곽도霍韜***의 전기에는 (남해 사람인) 그가 남방 발음 때문에 일강日講을 극구 사양했다고 기록되어 있으니, 이 또한 보조적인 증거가 될 수 있겠다. 같은 책 권217에 수록된 이정기李廷機****의 전기에는 이런 기록이 있다.

> 복건 사람이 내각에 들어가는 것은 양영과 진산陳山***** 이후로 말을 알아듣기 힘들어 200년 동안 유례가 없다가 이정기가 처음으로 섭향고葉向高******와 함께 임명되었다.
>
> 閩人入閣, 自楊榮, 陳山後, 以語言難曉, 垂二百年無人, 廷機始與葉向高幷命.

이 또한 '발음'이 벼슬길에 영향을 준 사례였다.[2]

** 양일청(1454~1530)은 강소 진강鎭江 사람으로 자는 응녕應寧이고 호는 수암邃庵, 별호는 석종石淙이다. 성화成化 8년(1472) 진사에 급제하여 이후 남경태상시경도찰원좌부도어사南京太常寺卿都察院左副都御史, 삼변총제三邊總制 등을 거쳐 가정제 때에는 내각 수보까지 역임했다. 주요 저작으로 『관중주의關中奏議』『독부주의督府奏議』『이부제고吏部題稿』『문양석종집文襄石淙集』『석종시고石淙詩稿』등 다수가 있다.

*** 곽도霍韜(1487~1540)는 남해南海(지금의 광둥 성 포산佛山에 속함) 사람으로 자는 위선渭先이고 호는 올애兀崖이다. 정덕 9년(1514) 진사에 급제하여 가정 15년(1536)에 예부상서 겸 태자소보에 발탁되었고, 죽은 뒤 태사태보에 추증되었으며 시호는 문민文敏이다. 주요 저작으로 『시경해詩經解』『상산학변象山學辨』『정주훈석程朱訓釋』『위애집渭涯集』등이 있다.

**** 이정기(1542~1616)는 복건 진강晉江(지금의 취안저우泉州에 속함) 사람으로 만력 11년(1583) 진사에 급제하여 예부상서 겸 동각대학사까지 지내고, 태자태보로 승진하면서 사직한 뒤 고향으로 돌아갔다. 죽은 뒤 소보少保에 추증되었고 시호는 문절文節이다. 저작으로 『사서억설四書臆說』『춘추강장春秋講章』『이문절문집李文節文集』등이 있다.

***** 진산(1362~1434)은 복건 사현沙縣(지금의 싼밍三明에 속함) 사람으로 자는 여정汝靜 또는 백고伯高다. 홍무 27년(1394) 진사에 급제하여 봉화교유奉化敎諭, 호부상서 겸 근신전대학사謹身殿大學士, 문연각직각사, 영문학사공직문화전령文學士供職文華殿까지 역임하고 『양조실록兩朝實錄』 총재관에 임명되었으며, 『영락대전』 편찬에 참여했다.

****** 섭향고(1559~1627)는 복건 복청福淸 사람으로 자는 진경進卿이고 호는 대산臺山, 복려산인福廬山人이다. 만력 11년(1583) 진사에 급제하여 천계 연간에 내각 수보까지 지냈으며, 죽은 뒤 태사에 추증되고 시호는 문충文忠이다. 저작으로 『복려영암지福廬靈巖志』『옥당강감玉堂綱鑑』『창하여초蒼霞餘草』『궁사宮詞』등이 있다.

당쟁은 종종 군주의 직접적인 관여에 의해 부추겨지기도 한다. '대례의'가 두드러진 사례다. 앞서 언급했던 남북의 분쟁도 그런 예다. 여기서 아직 언급하지 않은 것은 명말에 대단히 활발했던 당사黨社운동이다. 『일지록』 권13 "송세풍속宋世風俗" 조목에는 육유가 쓴 「세모감회歲暮感懷」*가 수록되어 있다.

옛날 조상님 시절에는
풍속이 지극히 순수하고 아름다웠지.
인재는 남북을 겸하였고
논의에서도 피차의 구별을 잊었지.
누가 각기 당파를 결성하게 했는가?
상대를 바꿔가며 계속 일어났지.
도중에 전쟁의 재앙 겪었지만
이런 풍속은 아직 사라지지 않았지.(이하 생략)
在昔祖宗時, 風俗極粹美.
人材兼南北, 議論忘彼此.
誰令各植黨, 更僕而迭起.
中更兵革禍, 此風猶未己.(下略)

'남북'이 당파를 결성하는 근거가 된 것도 응당 정치사, 특히 송·원이래 정치사의 결과일 것이다. 명나라 말엽과 같은 격렬한 대결 상황에서는 역사의 진행 과정에서 누적된 각종 대립 형식들을 충분히 수집하

---

* 원제는 「歲暮感懷以餘年諒無幾休日愴已迫爲韻」이다.

고 강화할 수 있었을 것이다. 『명사』 권168에 수록된 만안萬安*의 전기에는 다음과 같은 내용이 들어 있다.

> 그런데 만안이 수보가 되어 남쪽 출신들과 당파를 결성하자 유후劉珝**와 상서 윤민尹旻*** 및 왕월王越****이 또 북쪽 출신들과 당파를 결성하여 서로 간에 알력이 생겼다.
>
> 而安爲首輔, 與南人相黨附, 珝與尙書尹旻, 王越又以北人爲黨, 互相傾軋.

이것은 성화 연간의 일인데, 천순 연간에는 또 이런 일이 있었다.

> 왕고가 이부상서가 되어 오로지 남쪽 출신들만 억압하니 북쪽 출신들이 좋아했다. 그러다가 요기姚夔*****에 이르러 남쪽 출신들을 많

---

* 만안(1417~1488)은 사천 미주眉州 사람으로 자는 순길循吉이다. 정통 13년(1448) 진사에 급제하여 성화제가 총애하던 만귀비萬貴妃의 후원을 입어 내각 수보에까지 올라 10년 동안 권력을 휘둘렀으나 홍치제弘治帝 때 파직되었다.

** 유후(1426~1490)는 산동 청주靑州 사람으로 자는 숙온叔溫이고 호는 고직古直이다. 정통 13년(1448) 진사에 급제하여 이후 태상경 겸 시독학사까지 지냈다. 저작으로 『고직문집古直文集』 『청궁강의靑宮講義』 등이 있으며, 2005년에는 그의 후손에 의해 『유후시문집劉珝詩文集』이 간행되기도 했다.

*** 윤민(1423~1505)은 산동 역성歷城(지금의 지난濟南에 속함) 사람으로 자는 동인同仁이다. 정통 13년(1448) 진사에 급제하여 이부상서 겸 태자태부, 광록대부, 주국柱國까지 지냈으며, 시호는 공의恭毅다.

**** 왕월(1426~1499)은 준현浚縣(지금의 허난 성 허비鶴壁에 속함) 사람으로 처음 이름은 왕열王悅이었고 자는 세창世昌이다. 경태景泰 2년(1451) 진사에 급제하여 우부도어사, 병부상서 등을 역임하고 위녕백威寧伯에 봉해지기도 했다. 성화 19년에 관직을 삭탈당하고 안륙安陸으로 폄적되기도 했으나 홍치 연간에 사면되어 소보 겸 태자태부까지 역임했다. 시호는 양민襄敏이다. 저작으로 『왕양민집王襄敏集』 『왕위녕문집王威寧文集』 등이 있다.

***** 요기(1414~1473)는 절강 동려桐廬(지금의 항저우에 속함) 사람으로 자는 대장大章이다. 정통 7년(1442) 진사에 급제하여 예부상서 겸 태자소보를 역임했으며 시호는 문민文敏이다. 저작으로 『요문민집姚文敏集』이 있다.

이 도와주니……

王翺爲吏部, 專抑南人, 北人喜之. 至夔, 頗右南人……(『明史』권
177 "姚夔")

이러한 대립은 천계 연간에 일어난 잔혹한 당쟁을 예비한 것이라
고 할 수 있다. 당파를 이루어 다른 무리를 공격하는 것은 '남과 북으
로 싸잡아 편을 가르는 데에 그치지 않았다. 홍치 연간에 초방焦芳*은
사천謝遷** 및 팽화彭華***와 맺은 옛 원한과 그들이 여요, 강서 사람이라
는 이유로 그들을 언급할 때마다 '함부로 비방했으며肆口謗詈' 여요 출
신으로 경사에서 벼슬살이를 하고 있는 이들을 축출해야 한다는 방
문을 붙이면서 왕안석은 송나라에 재앙을 일으켰고 오징吳澄****은 원나
라에서 벼슬살이를 했다는 이유를 내워 강서 출신을 배척했다.(『明史』
권306 "焦芳" 참조)³ 유정섭兪正爕*****은 『계사존고癸巳存稿』(商務印書館,
1957) 보유 「웅정필옥론熊廷弼獄論」에서 웅정필이 옥에 갇히고 양연楊漣
이 죽게 된 데에 대한 추원표鄒元標의 책임을 언급하면서 그것이 호광

---

* 초방(1434~1517)은 비양泌陽(지금의 허난 성에 속함) 사람으로 자는 맹양孟陽이다. 천순天順
8년(1464) 진사에 급제하여 사천제학부사, 예부우시랑, 이부상서 겸 문연각대학사, 태자태보무영
이부좌시랑대학사太子太保武英吏部左侍郎大學士, 소사 겸 태자태사화개전대학사太子太師華蓋
殿大學士를 역임했다.

** 사천(1449~1531)은 절강 여요 사람으로 자는 우고於喬이고 호는 목재木齋다. 성화 11년(1475)
장원으로 진사에 급제하여 이후 소부 겸 태자태보를 역임했다. 죽은 뒤 태부에 추증되었고 시호
는 문정文正이다. 저작으로 『귀전고歸田稿』가 있다.

*** 팽화(?~?)는 강서 안복安福(지금의 지안吉安에 속함) 사람으로 경태 5년(1454) 진사에 급제 이후
문연각대학사를 지냈다.

**** 오징(1249~1333)은 숭인崇仁(지금의 장시 성 러안樂安에 속함) 사람으로 자는 유청幼淸 또는 백
청伯淸이다. 지대至大 1년(1308) 조정의 부름을 받아 국자감승國子監丞이 된 이후 한림학사, 경
연강관 등을 역임하여 『영종실록』의 편찬을 주관했다. 죽은 뒤 임천군공臨川郡公에 봉해졌고, 시
호는 문정文正이다. 저작으로 『오문정공전집吳文正公全集』이 있다.

***** 유정섭(1775~1840)은 안휘 황산黃山 사람으로 자는 이초理初다. 뛰어난 학자이자 역사가인 그
는 『계사유고癸巳類稿』『계사존고癸巳存稿』 등의 저작을 남겼다.

湖廣 출신 인사들에 대한 추원표의 악감정 때문이라고 결론지었다. 명나라 말엽의 당쟁에서 소위 제당齊黨과 초당楚黨, 절당浙黨은 당연히 이렇게 나날이 세밀해지는 지역 배척 경향을 토대로 만들어졌다. 초방은 『명사』의 「엄당閹黨」 전기에 수록된 인물이다. 왕부지는 명나라가 망한 뒤에 쓴 『독통감론』에서 "석경당石敬瑭*은 거란에 국토를 할양했고 송나라는 여진에게 국토를 버림으로써 하북河北에 있는 요순의 유민들은 금수의 풍속을 갖게 되었다"고 하면서 북방 사람들이 이른바 "사악한 무리가 당파를 이루어 정직한 이를 해치고, 환관과 결탁하여 천하를 어지럽히는" 이유를 해석했으니,** 이것만으로도 남북 출신에 대한 선입견이 대단히 깊고 단단했음을 충분히 증명할 수 있겠다.⁴ '정도'로 보면 명대 정치사에서 남북의 대치는 또 확실히 특수했다고 할 만했다.

가장 심각한 문화적 편견은 통상적으로 '정치'를 통해 나타난다. 명·청 교체기에 가장 격렬했던 남북론, 즉 왕부지가 '이하夷夏-남북'에서 논의한 것은 어떤 지연에 의한 정치적 시야에 비친 남북이었다. 명·청 교체기를 살았던 왕부지는 강남으로 건너간 뒤의 송나라 사람들의 경우처럼 현실 정치가 북부 중국(황하 이북)에 대한 문화적 감정에 영향을 주었던 것이다. 그는 "삼대 이전에는 중화와 오랑캐의 구분이 연산燕山을 경계로 했지만 삼대 이후에는 황하를 경계로 했다"***고 하고

---

* 석경당(892~942)은 5대 10국 시대 후진後晉의 개국황제인 고조高祖를 가리킨다. 후당後唐의 말제末帝 이종가李從珂(885~936)가 제위에 올랐을 때 하동절도사로 있던 그는 936년에 반란을 일으켰다. 그런데 후당의 군대가 태원을 포위하자 석경당은 거란에 구원을 요청하면서 유운幽雲 36주를 할양했다. 이후 거란의 도움으로 후당을 멸망시키고 변량汴梁(지금의 카이펑開封)에 도읍을 정한 후 국호를 진晉으로 바꿨다.

** 원주: "石敬瑭割土於契丹, 宋人棄地於女直, 冀州堯舜之餘民, 化爲禽俗, (…) 黨邪醜正, 與宮奄比以亂天下."(『讀通鑑論』권3, 139쪽)

*** 원주: "三代以上, 華夷之分在燕山, 三代以後在大河."(『讀通鑑論』권12, 454쪽)

"황하 이북에서는 사람들이 북방 이민족과 친하게 지낸다"*고도 했다. 심지어 그 지역을 '오랑캐夷' 땅으로 취급하고 거기 사는 사람들을 금수로 취급하면서 하북 땅은 "수천 리의 구역에 선비와 백성에게 맑고 또렷한 기운이 없으니 군부君父와 아비를 등지고, 도적을 떠받들고, 비빈과 결탁하고, 환관을 섬기고, 권세와 이익을 다투고 포악한 무력을 과시하는 행위들을 하는 것은 모두 그런 자들을 서로 영웅이라 숭상하면서 전혀 부끄러움을 모르는 것이 습관이 되었기 때문"**이라고 했다. 이처럼 정서情緖로 변한 표현은 오로지 당쟁의 분위기 속에 놓고 보았을 때에만 해석할 수 있을 것이다. 이와 같은 왕부지의 논의들도 확실히 당시의 남북론 가운데 가장 극단적인 예라고 할 수 있다. 이것은 지역 개념을 빌려 민족 정서를 나타낸 것인데, 당시 황종희가 '남북-이하'를 논한 것도 마치 왕부지와 약속이나 한 듯했다. 황종희는 이렇게 말했다.

> 유주와 기주, 양하 지역에서는 (…) 춘추시대부터 이미 오랑캐들이 전쟁을 일으키는 것을 선망하는 풍속이 있었고, 당나라 이후로는 중국을 떠나 오랑캐 땅으로 들어가는 이들이 나날이 많아졌기 때문에 그 언어와 예물, 복장에 익숙해져 이상하게 여기지 않았고, 군주와 아비를 저버리는 일도 별것 아닌 것으로 간주했다.
> 幽冀兩河之地, (…) 自春秋時已有慕夷卽戎之風, 由唐而後, 卽離中國而入夷戎者日多, 故其言語, 贄幣, 服用, 習之恬不爲怪, 視畔君父如置突然.(「地氣」, 『縮齋文集』, 8~9쪽)

---

* 원주: "大河以北, 人狎於羈胡."(『讀通鑑論』 권17, 638쪽)
** 원주: "數千裏之區, 士民無淸醒之氣, 凡背君父, 戴夷盜, 結宮闈, 事奄宦, 爭權利, 誇武虓者, 皆其相尙以雄, 恬不知恥之習也."(『讀通鑑論』 권26, 974쪽)

다만 결론은 비슷하게 이르렀지만 판단의 전제는 전혀 일치하지 않았다.[5]

천계 연간에 거대한 폭발을 일으킨 당쟁은 남명에 이르러서도 끝나지 않았고, 청나라 초기의 정치계와 사대부들의 언론에서도 여전히 그와 관련된 정보를 발견할 수 있다. 명·청 교체기의 정세는 남북의 선입견을 없애기에도 부족했을 뿐만 아니라 오히려 그런 대치를 위해 새로운 조건과 근거를 제공한 것 같았다. 앞서 언급한 왕부지의 '이하-남북'론이 근거로 삼은 것은 바로 근래의 일이었다. 당시 남북론을 펼치던 이들이 증거로 인용한 것에는 또한 갑신년(1644)과 을유년(1645) 사이에 절조와 관련된 사실들이 있었다. 『명계북략』 권21에는 시방요施邦曜에 대해 이렇게 기록했다.

> 선제(숭정제)께서 승하하시자 구경의 반열에 있던 이들 가운데 가장 먼저 자진한 분들은 문정공 예원로와 시방요 선생인데, 모두 월 땅 사람들이다. 나중에는 또 주봉상周鳳翔*이 있었다. 21명 가운데 소흥 출신이 3명이었다. 그 뒤에는 좌도어사를 지낸 유종주와 우첨도어사를 지낸 기표가, 좌서자를 지낸 여공황余公煌** 등이 계속해서 나타났다. 절동의 여러 지역 가운데 소흥의 사대부들은 더욱 문장과 절개로 자부했다고 한다. 건문제 때의 변란에서 순절한 여러 신하 가운데 대다수가 강서 땅에서 나왔고, 근래 몇 년

---

* 주봉상(?~1644)은 절강 산음 사람으로 자는 의백儀伯이고 호는 소헌巢軒이다. 숭정 1년(1628) 진사에 급제하여 한림원수찬과 남경국자사업을 역임했던 그는 숭정제가 자진한 직후 따라서 순국했다. 훗날 남명 정권에서 예부우시랑에 추증되었고 시호는 문절文節이었는데, 청나라 때에 시호로 문충文忠이 하사되었다.

** 여공황(?~1644)은 소흥 사람으로 자는 무정武貞이다. 천계 5년(1625) 장원으로 진사에 급제하여 한림원수찬기거주, 중윤中允과 유덕諭德을 거쳐 좌서자까지 지냈고, 노왕魯王 정권에서 병부상서에 임명되었다가 청나라 군대가 쳐들어오자 강물에 몸을 던져 순국했다.

동안도 다시 그런 양상이었다. 그다음이 절강越州이고, 강소吳와 광동閩이 또 그다음이다. 아아, 성대하도다!

先帝昇遐, 九列中最先自盡者倪文正與公, 皆越人. 後又得一周文節. 二十有一人之中, 而紹興乃三人. 其後則劉都憲, 祁僉都, 餘庶子等, 不絶書也. 蓋浙東諸郡中, 紹興士大夫尤以文章氣節自負雲. 建文死 難諸臣多出江西, 數年來亦復然, 而越州次之, 吳及閩又次之. 嗚呼, 盛矣.(511쪽)

같은 권에는 또 북경의 문신들 가운데 갑신년에 순절하여 시호를 받은 이들의 '관적籍'에 대한 통계도 들어 있다. 명·청 교체기 강남(특히 동남)의 저항력과 청나라 초기 청 정부가 강남 사대부들에 대해 행한 보복들은 모두 '북방인'이라는 개념이 남방 사람들에게 더 복잡한 의미를 지니게 만들기에 충분했다. 이 점은 오히려 확실하게 남송 말년과 비교할 수 있다. 정원우鄭元祐*는 「수창산인잡록遂昌山人雜錄」에서 송나라가 망한 후 정사초鄭思肖가 "북쪽 출신과는 교유하거나 만나지 않겠다고 맹서하고, 벗들과 함께 한자리에서 발음이 이상한 이를 보면 바로 끌고 일어났다"(括蒼叢書)**고 기록했다. 『송시기사宋詩紀事』(上海古籍出版社, 1983)에서는 왕원량이 원나라 군대가 도성으로 들어온 뒤 쓴 시에 "남방 사람 눈물 흘릴 때 북방 사람이 비웃었지南人墮淚北人笑"(1888쪽)라는 구절이 들어 있다고 했다. '남·북'이 '역사'에 의해 얼마나 엄중한 테마가 되어버렸는가!

---

* 정원우(1292~1364)는 절강 수창遂昌 항두航頭(지금의 리수이麗水 먀오가오妙高 가도) 사람으로 송말·원초에 전당錢塘(지금의 항저우)으로 이사했다가 나중에 오중吳中에서 40년 가까이 살면서 많은 학생을 가르치고 서예가로서도 명성을 날렸다. 저작으로 『교오집僑吳集』이 있다.
** 원주: "矢不與北人交接. 於友朋坐間見語音異者輒引起."

북경 천도에 대한 비판: 동남-서북

  명·청 교체기 사대부(특히 유민)들의 남북론은 종종 명대의 정치와 역사에 대한 비평을 빌려 전개되었으며, 그 가운데는 상당히 집중적인 화제도 있었다. 예를 들어 성조가 북경으로 천도한 데에 대한 논의는 한때 지극히 민감한 화제였다. 영락 18년(1420)에 "대전에 화재가 나서 직간하라는 어명이 내려오자 여러 신하는 대다수가 북경이 편하지 않다고 했다. 이에 진노한 영락제가 주사主事 소의蕭儀*를 처형했다."** 영락 15년(1417)에는 진조陳祚***와 주문포周文褒,**** 왕문진王文振이 "함께 상소를 올려 북경에 도읍을 세우는 것이 불편하다고 했다가 모두 균주均州 태화산太和山의 전호佃戶로 폄적되었다."***** 영락 19년에는 추집鄒緝******이 상소를 올려 천도의 폐해를 설명하면서 "남경으로 도읍을 되돌려야還都南京"(『명사』 권164, "鄒緝") 한다고 주장했다. 심지어 인종이 즉위했을 때에도 호영胡濙*******은 북경에 도읍을 세우는 것은 불편하므로 남경으로 돌아가야 한다고 극력 간언했는데, 그 이유는 명·청 교체

---

* 소의(1384~1423)는 강서 낙안樂安(지금의 푸저우撫州에 속함) 사람으로 자는 덕용德容이고 호는 얼암糵庵이다. 영락 13년(1415) 진사에 급제하여 이부문선주사, 호부주사를 역임했으나 직간을 하다가 하옥되어 옥중에서 병사했다. 저작으로 『말선집襪線集』 『남행기영南行記詠』 등이 있다.

** 원주: "以殿災詔求直言, 群臣多言都北京非便. 帝怒, 殺主事蕭儀."(『明史』 권149, "夏原吉")

*** 진조(1382~1456)는 소주 오현吳縣 사람으로 자는 영석永錫이다. 영락 9년(1411) 진사에 급제하여 하남참의河南參議에 발탁되었다가 북경 천도에 반대하는 상소를 올려서 균주均州로 폄적되었다. 인종 즉위 후 감찰어사로 복건을 순안하기도 했으나 선종에게 학문에 힘쓰라고 권하는 바람에 다시 5년간 하옥되었다. 영종 즉위 후 복건안찰첨사에 임명되었다. 저작으로 『소학변혹小學辨惑』이 있다.

**** 주문포(?~?)는 영가永嘉(지금의 저장 성 원저우溫州) 사람으로 영락 9년(1411) 진사에 급제하여 하남포정사河南左布政를 지냈으나, 북경 천도에 반대하는 상소를 올려 균주로 폄적되었다.

***** 원주: "合疏言建都主主非便, 幷謫均州太和山佃戶."(『明史』 권162, "陳祚")

****** 추집(?~?)은 길수吉水(지금의 장시 성에 속함) 사람으로 자는 중희仲熙이고 자호는 소암素庵이다. 건문建文 2년(1400) 진사에 급제하여 영락제가 등극한 후 한림원검토가 되었고, 이후 좌춘방 좌서자左春坊左庶子를 역임했다.

기 논자들과 마찬가지로 "남북으로 세수 물자를 운송하여 공급하는
번거로움을 덜기"********* 위해서라고 했다. 가정제 때에 이르러 근학안靳
學顔*********이 어명을 받아 궁중 재물의 처리에 대해 설명할 때 논한 것
은 비록 북경에 도읍을 정한 일이 아니었지만, 북방의 인문 조건에 관
한 그의 관점은 훗날 북경에 도읍을 정하는 일을 비판한 이들의 그것
과 합치한다.

> 나라가 유연, 즉 하북 북부와 요령 일대에 도읍을 세우면 북쪽으
> 로 군현이나 번국의 호위가 없어서 심복이자 팔다리처럼 믿어야
> 할 것은 하남과 산동, 강북 및 경기 안쪽 8부의 인심밖에 없습니
> 다. 그곳 사람들은 대개 흉맹하고 사나워서 생명을 경시하고, 쉽
> 게 행동하지만 멈추게 하기는 어려우며, 이리저리 떠돌며 밥벌이
> 를 하면서 모아놓은 재산도 적습니다. 그리고 일단 뜻대로 되지
> 않으면 바로 고향을 떠나버리는데, 종종 한 사람이 문제를 일으키
> 면 천 명이 호응하여……
> 國家建都幽燕, 北無郡國之衛, 所恃爲腹心股肱者, 河南, 山東, 江
> 北及畿內八府之人心耳. 其人率鷙悍而輕生, 易動而難戢, 遊食而寡
> 積者也. 一不如意, 則輕去其鄉, 往往一夫作難, 千人響應……(『明
> 史』 권214, "靳學顔")

******* 호영(1375~1463)은 무진武進(지금의 장쑤 성에 속함) 사람으로 자는 원결源潔이고 호는
결암潔庵이다. 건문 2년(1400) 진사에 급제하여 병과와 호과 급사중, 예부상서, 태자태사를 역임했
으며, 죽은 뒤 태보에 추증되었고 시호는 충안忠安이다. 저작으로 『위생이간방衛生易簡方』『지헌
집芝軒集』『율신규감律身規鑑』 등이 있다.

******** 원주: "省南北轉運供抑之煩."(『明史』 권169, "胡濙")

********* 근학안(?~?)은 제령濟寧(지금의 산동 성에 속함) 사람으로 자는 자우子愚다. 가정 14년
(1535) 진사에 급제하여 남양추관, 길안지부, 좌포정사, 광록시경, 우부도어사, 공부우시랑, 이부좌
시랑 등을 역임했다. 저작으로 『양성집兩城集』『간존집間存集』이 남아 있다.

이런 것은 모두 선비의 언론이 얼마나 완강했는지, 사대부들이 이 문제에 대해 얼마나 집착했는지를 보여준다. 이 화제는 결국 명 왕조가 망했다는 사실로 인해 이전에 지니고 있던 위험성을 잃게 되었다. 다만 명·청 교체기에 옛 화제가 다시 제기되었을 때 상황은 이미 무척 복잡해져 있었다. 관련 문헌을 읽어보면 명대의 사대부, 특히 강남과 동남쪽 사대부들이 오랫동안 쌓아온 원한과 분노를 또렷이 느낄 수 있다. 그 원한과 분노는 발언의 금기에 대한 것일 뿐만 아니라 이후로 우리가 논의할 정치적·경제적 사실에 대한 것이었다. 그뿐 아니라 그사이에는 또한 사대부들이 명대의 '세운승강世運昇降'을 결정했다고 여겼던 연왕의 찬탈에 대한 인식과 감정적 태도가, 사대부들의 운명을 의지했던 명 왕조의 정치에 대한 심각한 실망이 담겨 있었다. 그러므로 명조 200여 년 동안 갇혀 있던 사상이 명·청 교체기의 사대부들을 통해 표출되었다고 해도 무방할 것이다.

명·청 교체기 사대부가 '북경에 도읍을 세우는 것都燕'에 대해 비판한 것은 우선 경제적 사실 때문이고, 그다음은 인문 환경 때문이었다. 이 두 가지 사유 방식이 모두 이 시기에 시작된 것은 아니며, 단지 관련된 문제에 대해 시대 추세의 엄중성을 부여했을 따름이다. 특히 명 왕조의 멸망 원인을 규명하려는 상황에서는 더욱 그러했다. 황종희의 『명이대방록明夷待訪錄』「건도建都」에서는 "도읍을 잘못 정한 것建都失算"을 '망하는 길亡之道' 가운데 하나로 들면서 금릉金陵, 즉 남경에 도읍을 정한 것은 명확하게 '왕 노릇 하는 사람王者'의 현명하고 지혜로운 선택이었다라고 설명했다. 여기서 "최초의 계획이 잘못되었"다거나 "도읍을 잘못 정했"다거나 하는 등의 문장이 나타내는 주어는 모두 성조 영락제였다. 고염무는 홍무제와 영락제 사이를 "세도가 올라갔다 내려온 한 기간世道昇降之一會"(『日知錄』 권18 "書傳會選" 조목)이라고 했는데,

이것은 황종희의 사유 방식과 연관이 없다고 할 수 없다.[6]

논자들의 관련 비판들은 어쩌면 명대 초기의 문헌에 대해 제대로 살피지 못했기 때문에 생겨났을 수도 있다. 반정장潘檉章*의 『국사고이國史考異』 권3 「고황제하高皇帝下」(5)에는 이렇게 기록되어 있다.

> 정효의 『금언』에 따르면 우리 명나라가 금릉에 도읍을 정했는데, 그곳은 원래 왕이 일어날 땅이었다. 그러나 강남의 형세는 결국 서북 지역을 통제하지 못했기 때문에 태조 때에 변량이나 관중으로 도읍을 옮기려고 생각하기도 했다. 방효유의 「의문태자懿文太子**만시懿文太子挽詩」에는 "재상 댁에서 지도를 막 바쳤는데, 경사로 돌아오니 갑자기 병이 드셨도다. 관중의 여러 원로는 아직도 수레 타고 왕림해주시길 고대하고 있거늘!"이라는 구절이 들어 있다. 관중에 도읍을 세우자는 논의는 태자의 죽음으로 중지되었던 것이다. 요복姚福(?~?, 자는 세창世昌, 호는 수소도인守素道人)의 『청계가필靑溪暇筆』에서도 명나라 초기 관중에 도읍을 세우려 의문태자에게 그곳 지리를 살펴보라고 분부했지만 결국 천도하지 못했다고 기록되어 있다. 『실록』을 살펴보면 홍무 9년(1376) 6월에 감찰어사 호수창胡壽昌(?~?, 자는 자기子祺, 연평지부延平知府를 역임하여 호연평胡延平이라고도 불림)이 관중에 도읍을 세울 것을 건의했는

---

* 반정장(1626~1663)은 강소 오강 사람으로 자는 성목聖木이고 호는 역전力田이다. 명나라가 망한 후 유민으로 지내다 강희 2년(1663) 절강 남심南潯(지금의 후저우湖州)의 장정룡莊廷鑨(1585~1655)이 사적으로 『명사』를 편찬한 사건에 연루되어 오염吳炎(1624~1663, 자는 적명赤溟, 호는 적민赤民)과 함께 항주에서 능지형에 처해졌다. 저작으로 『국사고이國史考異』 『송릉문헌松陵文獻』이 남아 있다.

** 의문태자 주표朱標(1355~1392)는 주원장의 큰아들이며 혜종惠宗 주윤문朱允炆의 친부다. 홍무 25년(1392)에 병사했으며, 건문 1년(1399)에 효강황제孝康皇帝에 추존되었다. 묘호는 흥종興宗이다.

데, 황제가 그 상소문을 읽어보고는 훌륭하다고 칭찬했다고 했다. 그러니 홍무제가 장안으로 천도하려는 마음을 가진 게 하루 이틀이 아니지만 당시에는 아직 불가능했을 뿐이다. (…) 주국정朱國禎(1559~1632, 자는 문녕文寧, 호는 평함平涵)의 『대정기大政記』에서는 태조가 관중으로 천도하려 하자 진왕이 그 소식을 듣고 원망했다. 이에 그를 경사로 불러들여 가둬두고 (의문)태자에게 그곳을 순시하여 민심을 무마하게 하니 그곳 원로들이 환영하며, '산하가 험준하고 견고하니 다시 황실의 성대한 의례를 볼 수 있게 되겠습니다!' 하고 말했다. 이에 태자가 돌아가 보고하자 주장(홍무제)도 무척 기뻐하셨다. 계획이 정해지자 진왕을 사면하고 다른 지역에 봉해주려 했다. 그런데 겨우 5개월 후에 태자가 죽었다. (…) 태조 말년에는 정치적으로 중요한 사안을 모두 태자에게 맡겼고 태손도 결정에 참여했지만 국사에서는 그 사실을 삭제하여 기록하지 않음으로써 천도논의 또한 거의 묻혀버리고 말았으니, 애석한 일이다!

鄭曉今言云: 鄭曉『今言』雲: 國朝定鼎金陵, 本興王之地, 然江南形勢, 終不能控制西北, 故高皇時, 有都汴都關中之意. 方希古懿文太子挽詩曰: '相宅圖方獻, 還京疾遽侵. 關中諸父老, 猶望翠華臨.' 蓋有都關中之議, 以東宮薨而中止也. 姚福『青溪暇筆』亦云: 國初欲都關中, 嘗命懿文太子往相其地, 不果遷也. 考『實錄』洪武九年六月, 監察御史胡子祺請都關中, 上覽奏稱善. 則聖心之欲遷長安, 非一日矣, 顧時未可耳 (…) 朱國禎『大政記』謂: 太祖將徙都關中, 秦王聞之, 有怨言, 召入京錮之. 命太子巡撫, 父老歡迎曰: 山河百二, 復見漢官威儀矣. 太子悅, 還奏, 上亦甚喜. 計定, 赦秦王, 將改封, 僅五閱月, 太子薨 (…) 太祖末年, 大政大議, 悉付太子, 暨太孫參決, 國史概削不紀, 卽遷都之議, 亦幾於湮沒, 可嘆也.(包遵彭 主編, 『明史考

證抉微』, 臺灣學生書局, 1968, 97쪽)[7]

그러므로 의문태자가 그때 죽지 않았더라면 명대의 역사가 어떻게 되었을지 상상할 만하다. 다만 이와 같은 자료를 통해 또한 '서북'을 축樞軸으로 삼고자 하는 것이 한때는 얼마나 완강한 신념이었는지 짐작할 수 있겠다.

북경에 도읍을 정하는 것이 "세수 물자를 운송하여 공급하는 번거로움"을 초래한다는 것은 시종일관 비판론자들이 내세운 중요한 이유였으며, 이와 관련된 것이 "동남 지역의 부세가 무겁다"는 사실이었다. 이 또한 명대 조야의 논의 가운데 한 가지 민감한 화제였다. 만력 연간 공과급사중工科給事中 서정명徐貞明*은 수리水利와 군반軍班에 관해 논한 상소문에서 이렇게 썼다.

> 도읍이 위쪽에 웅거하고 있으니 병사들의 식량도 경기 지역에서 취해야 하는데 지금은 모두 동남 지역만 바라보고 있습니다. 서북 쪽은 예로부터 부강한 땅인데 어찌 식량을 확보해 병사를 훈련시키기 부족하겠습니까? (…) 동남 지역의 힘이 고갈될 것입니다.
> 神京雄據上遊, 兵食宜取之畿甸, 今皆仰給東南. 豈西北古稱富強地, 不足以食廩而練卒乎 (…) 東南之力竭矣.

그는 이런 뜻을 자신의 저서 『노수객담潞水客談』에서 발휘했다.

---

* 서정명(1530?~1590)은 강서 귀계貴溪 사람으로 자는 유동孺東이다. 융경 5년(1571) 진사에 급제하여 산음지현과 공과급사중, 태평부동지, 상보사소경 등을 역임했다. 저작으로 수리에 관해 전문적으로 다룬 『노수객담潞水客談』이 있다.

나라의 전반적인 번영을 오로지 동남 지역의 식량에 의존한다면
어찌 계책이 성공하겠는가?

以國家之全盛獨待哺於東南, 豈計之得哉.(『明史』 권223, "徐貞明")

이것은 비록 북경에 도읍을 정하는 데 대한 직접적인 비판은 아니지
만 어떤 인식의 누적 과정과 사대부들의 관련 문제에 대한 대책이 형
성되는 과정, 명나라가 망한 뒤 사대부들이 추구했던 사유 방식이 명
대의 정치에서 형성된 과정을 보여준다. 만력 연간에 서정명이 서북쪽
수리를 개발해야 한다고 주장한 것 또한 '남북'의 '당론黨見'에 막혀버
리는 것을 피하지 못했다.[8] 그러나 이것이 '서북의 수리' 문제가 사대부
들이 중복해서 논의를 아끼지 않게 되는 것을 막지는 못했다.[9] 명·청
교체기에 이르러 유헌정劉獻廷은 『광양잡기廣陽雜記』에서 서북 지역의
수리를 개발하는 것이 '천하를 다스리는經理天下' 시발점이라고 명쾌하
게 지적했다. 바로 이런 화제들은 '동남-서북'의 비교가 통상적인 남북
문화에 대한 비교가 담보해본 적이 없는 엄중성을 획득하게 해주었다.

"동남 지역의 힘이 고갈될 것東南之力竭矣"이라는 말은 탄식이자 원망
으로서 명나라가 망할 무렵에 수시로 들을 수 있는 것이었다. 『일지록』
권10 "소송이부전부지중蘇松二府田賦之重" 조목에서는 구준邱濬의 『대학
연의보大學衍義補』에 들어 있는 다음과 같은 내용을 수록했다.

한유는, 부세는 천하에서 나오지만 강남이 열에 아홉을 차지한다
고 했다. 지금 살펴보니 절동과 절서가 또 강남의 열에 아홉을 차
지하고 있으며, 소주부와 송강부, 상주부, 가흥부, 호주부가 또 양
절 지역의 열에 아홉을 차지하고 있다.

韓愈謂賦出天下, 而江南居十九. 以今觀之, 浙東西又居江南十九,而蘇松常嘉湖五府, 又居兩浙之十九也.

문헌에 보이는 이런 논의의 예는 이루 다 열거할 수 없을 정도다. 앞서 인용했던 "북경에 도읍을 정하는 것의 해로움"에 대한 황종희의 논의에서도 "강남 백성의 목숨은 물자를 수송하느라 고갈되고 큰 지역府의 금전은 운하로 쏠리는江南之民命竭於輸挽, 大府之金錢靡於河道" 현상을 내세웠다. 왕부지의 역사 비평은 그 기원을 당나라까지 거슬러 올라가서 그것이 천 년의 역사를 지닌 정치적 폐단이라고 지적하면서 자신이 생각하는 서북 지역 백성의 나쁜 풍속이 "삼오의 재화를 바닥내 서북 지역을 봉양하는데 서북 지역은 앉아서 그걸 먹기만 하는"* 결과를 야기했다고 주장하는바, 분노의 감정이 행간에 넘치고 있다.[10] 또한 '서북 지역의 수리'와 관련된 '동남 지역의 과중한 부세'에 대한 사대부들의 논의는 청나라 때에 이르러서도 여전히 그치지 않았다.

국가의 정치-경제생활에 나타난 이와 같은 편중 현상은 그 유래가 이미 오래되었는데, 이 중에도 역시 군주 개인의 호오(또는 은원)가 정치에 영향을 준 사례들이 있다. 『위원집魏源集』 「서명사고書明史稿·2」에서는 명나라 초기의 정치에 대해 이렇게 설명했다.

> 또한 명 태조가 장사성張士誠(1321~1367)을 평정할 때 소주 백성이 장사성을 위해 성을 지키면서 항복하지 않은 것을 미워하여 소주와 송강의 전답은 모두 개별적으로 소작세를 거둬들인 장부에 따라 세금을 부과하게 했으며, 회수 지역의 모든 장사성의 문무 친척 및 훗날 적몰된 부민의 전답을 모조리 관전으로 만들어

---

* 원주: "竭三吳以奉西北, 而西北坐食之."(『讀通鑑論』 권23)

버렸다.

且明太祖平張士誠, 惡蘇民爲士誠守城不下, 命蘇, 松田畝悉照私租
起賦, 凡淮張文武親戚及後日籍沒富民之田, 悉爲官田.[11]

　　명대 정치에서 이것은 어쩌면 일종의 '공공연한 비밀'이었을 수도 있
다. 청나라 초기에 이르러 강남 사대부들의 운명은 또 한 차례 윤회를
겪는 듯했다. 그런데 청나라 초기에 군주가 동남 지역 사대부들을 징치
한 것도 결국 그들의 저항이 완강했기 때문에, 즉 대국이 이미 정해진
뒤에도 질질 끌며 귀의하려 하지 않았기 때문이라는 사실은 풍자성을
지니고 있다. 강남 사대부들에게 큰 고역을 치르게 했던 '과장안科場
案'과 '주소안奏銷案' '곡묘안哭廟案' 및 장정룡莊廷鑨의 사적인 역사 편찬
사건은 모두 군주의 복수욕을 드러내는데, 이 또한 이른바 '공공연한
비밀'이었다. 량치차오는 『중국근삼백년학술사』(12)에서 옹정제가 절강
사람들을 싫어했다는 사실을 언급했다.

　　옹정제는 여유량呂留良* 때문에 절강 사람들을 지독히 싫어하여
　　이렇게 말했다고 한다.
　　"짐은 줄곧 절강의 풍속이 천박하고 사람들의 마음씨가 못됐다
　　고 생각했다. 예를 들어 왕경기汪景祺(1672~1726, 원래 이름은 일기

---

* 여유량(1629~1683)은 절강 숭덕崇德(지금의 통상桐鄉에 속함) 사람으로 이름을 광륜光輪 또는
광륜光綸이라고도 하며 자는 장생莊生 또는 용회用晦, 호는 만촌晩村, 별호로 치옹恥翁, 남양포
의南陽布衣, 여의산인呂醫山人 등을 썼다. 만년에는 승려가 되어 법명을 내가耐可라고 하고 자는
불매不昧, 호는 하구노인何求老人이라고 했다. 순치 10년(1653) 제생이 되었지만 은거하여 벼슬길
에 나가지 않았고, 강희 연간에는 박학홍사에 천거되었지만 거부했다가 나중에 승려가 되었다. 그
러나 옹정 10년(1732) 문자옥에 걸려 부관참시를 당했으며, 그 자손과 제자들이 광범하게 피해를
입었다. 이로 인해 그의 저서는 대부분 훼손되어 지금은 『여만촌선생문집呂晩村先生文集』『동장
시존東莊詩存』 정도만이 남아 있다.

日祺. 자는 무기無己, 호는 성당星堂)나 사사정查嗣庭(?~1727, 자는 윤목
潤木. 호는 횡포橫浦) 같은 무리들이 모두 패역한 비방을 일삼을 뿐
아니라, 심지어 민간의 일반 백성도 말을 지어내고 문제를 일으키
길 좋아하니, 이 모두가 여유량이 남긴 폐해다."
雍正因晩村之故痛恨浙江人, 說道: 朕向來謂浙江風俗澆灘, 人懷
不逞, 如汪景祺, 査嗣庭之流, 皆誹訕悖逆, 甚至民間氓庶, 亦喜造
言生事, 皆呂留良之遺害也.(『梁啓超論淸學史二種』, 復旦大學出版社,
1985, 292쪽)

**오위업은 청나라 초기의 인재 선발과 과거제도를 통해 증거를 제공
했다.**

이 왕조가 설립되었을 초기로 거슬러 올라가보면 시세를 만나 재
상 자리까지 올라간 이들은 대부분 황하 이북 사람들이었고, 우
리 동남쪽 사람들 가운데 과거시험을 통해 벼슬길에 들어선 이들
은 선후로 탁월하게 두각을 나타냈지만 그 친척이 남아 있는 이
들은 한두 사람에 지나지 않는다.
溯國家天造之初, 遭風雲致公輔者, 多在大河以北, 我東南之人由制
科進者, 先後袞然爲擧首, 然及其親之存者, 不過一二人而已.(『吳梅
村全集』 권4, 886에 수록된 秦重采의 神道碑銘)

나는 우리 지역의 오래된 가문에 뛰어난 인재가 적은 것을 개탄
한다. 해가 갈수록 점점 학문에 게을러빠지고 심지어 학업을 버
리고는 다른 일에 종사하는 이도 있다. (…) 나라에서 인재를 선발
하는 것 가운데 태반은 당나라 때의 제도에 가까운데, 우리 남쪽

의 선비들은 또 과거시험 준비에 시달려 의기소침해지고 학업도
나날이 황폐해지고 있다.

餘竊慨吾郡舊門少俊, 比年漸惰窳於學, 甚有棄而從它業者. (…) 蓋
國家選衆大半近於唐制, 吾南士又爲科徭所累, 志氣沮退, 學殖日
荒.(『吳梅村全集』권45, 945쪽에 수록된 徐開法의 墓誌銘)

서북-동남·서북

'동남-서북'의 정치적 편중은 자연히 유구한 역사 과정에서 형성된
것이다. 『일지록』에 따르면 춘추시대에 초와 오 지역은 아직 "좀스럽게
그 이름을 함께하려 하지 않았다."* 후한 갈홍葛洪이 『포박자抱樸子』를
지을 때 오 지역 사람들 가운데는 아직 '중국의 책을 공부'할 뿐만 아
니라 "북방의 말을 흉내 내고效北語" 심지어 "중국의 곡소리를 배우려
는學中國哭" 이들도 있었다.(『抱樸子』外篇「譏惑」) 그러나 그 책이 "동남
지역 유가 학업이 옛날보다 쇠퇴해서東南儒業, 衰於在昔" 불평의 소리를
낸 것이라는 관점에서 보면 당시의 강남은 이미 상당히 개화되어 있었
다.[12] 명·청 교체기에 이르러 북방의 쇠락은 이미 논쟁의 여지가 없는
사실이 되어 있었다. 고염무는 세족世族의 흥성과 쇠락을 통해 세도世道
의 오르내림을 이야기하면서 감개무량한 심정을 나타냈다.

오늘날 중원 북방에서는 큰 세가라고 해도 인구가 1000정에 이르
는 이가 없으니 호구도 적고 동성의 친척도 쇠락하여 강남과는 아

---

* 원주: "春秋之於楚吳, (…) 斤斤焉不欲以其名與之也."(『日知錄』권4, "楚吳書君書大夫")

주 큰 차이가 난다. 그들은 일단 과거에 급제하면 곧 한 지역의 수
장이 되지만 동성의 친척들은 그들의 종복이 되니, 이 또한 풍속
의 폐단이다. 금나라와 원나라 이래로 지금까지 쇠퇴해왔으니, 하
루 이틀의 일이 아니다.

今日中原北方雖號甲族, 無有至千丁者, 戶口之寡, 族姓之衰, 與江南
相去復絶. 其一登科第, 則爲一方之雄長, 而同譜之人, 至爲之僕役,
此又風俗之敝, 自金元以來, 凌夷至今, 非一日矣.(『日知錄』 권23 "北
方門族"條)

그러니 서북 지역의 쇠락은 정도가 심했음을 알 수 있다. 같은 책 권
22 "구주九州" 조목에는 '천지의 기운'이 어째서 "서북쪽에서 동남쪽으
로 옮겨가 나날이 황폐해져 지금도 아직 끝나지 않고"* 있는지 그 원
인을 고찰했다. 고염무가 화하華下(지금의 산시陝西 성 웨이난渭南 화저우華
州 구)에 거처를 정하고 목격한 것은 바로 이런 풍경이었다.

관중과 삼보는 황량하여 더 이상 10년 전의 풍경이 아닐세.
關輔荒涼, 非復十年以前風景.(「答徐甥公肅書」, 『顧亭林詩文集』,
138쪽)

이곳은 특히 황량하구려.
此中荒涼特甚.(「與人書」, 같은 책, 99쪽)

이 때문에 그는 거처를 정하면서 망설일 수밖에 없었다.

---

* 원주: "自西北而趨東南, 日荒日辟, 而今猶未已."

삼봉 아래(즉 화주)는 제가 노닐며 쉬다가 여생을 마치고 싶은 곳
인데, 토지는 척박함에도 요역은 번잡하게 많고 지리는 요충지에
처해 있지만 백성은 가난하니 후손을 위한 계책을 세울 곳이 아
닙니다.

三峯之下, 弟所願棲遲以卒歲者, 而土瘠差煩, 地衝民貧, 非所以爲
後人計.(「與熊耐茶」, 같은 책, 192쪽)

당시 양빈梁份*과 염이매閻爾梅**는 모두 서북쪽과 변방을 친히 둘러
보고 대단히 생동적인 기록을 남겼는데, 그것들은 위에 서술한 고염무
의 느낌을 보충 설명해줄 것이다.

　고염무와 동시대 사람들은 같은 사실을 논하면서도 때로는 그 태도
가 더욱 격렬했다. 황종희는 응당 '금릉에 도읍을 세워야' 한다고 단언
할 때 '동남-서북'의 비교를 논거로 내세웠다.

누군가가 물었다.

"옛날에 빼어난 형세를 얘기할 때 관중을 최고로 꼽고 금릉은 거
기에 포함시키지 않았는데, 왜 그렇습니까?"

"시대가 달랐기 때문이다. 진·한 시대에 관중 지역에는 기풍이 모

---

* 양빈(1641~1729)은 강서 남풍南豊 사람으로 자는 질인質人이다. 과거시험에 연연하지 않고 사
문천謝文洊(1615~1681, 자는 추수秋水, 호는 약제約齋 또는 정산程山)의 제자 소예명邵睿明의 문하
에서 이학을 공부했다. 50세 전후에 섬서와 영하寧夏, 청해에서 운남, 귀주를 두루 여행하고 이
후 10년에 걸쳐서 『서우해보西陲亥步』『도설圖說』『서우금약西陲今略』을 저술했으며, 강희 42년
(1703)에는 일흔셋의 나이로 창평昌平의 명 13릉을 둘러보고 『제릉도설帝陵圖說』을 편찬했다. 그
외의 저작으로 『회갈당문집懷葛堂文集』이 있다.

** 염이매(1603~1679)는 강소 패현沛縣 사람으로 자는 용경用卿이고 호는 고고古古, 백탑산인白
塔山人, 도동화상蹈東和尚이다. 명나라 말엽 복사의 지도자 가운데 한 명이었던 그는 숭정 3년
(1630) 거인이 되었다. 청나라 때에는 벼슬살이를 거부하고 유민으로 지내면서 10여 년 동안 초楚,
진秦, 진晉, 촉蜀 등지를 유랑했다. 저작으로 『백탑산인집白塔山人集』을 남겼다.

이고 전답을 개척하여 인물이 많았다. 그에 비해 오·초 지역은 막 오랑캐라는 호칭을 벗고 기풍이 소략했기 때문에 금릉은 관중과 비교가 되지 못했다. 이제 관중 땅의 인물이 오·월 지역에 미치지 못한 게 오래되었고 또 도적들의 병란을 겪어서 마을들이 열에 한두 개도 남아 있지 않으니 군민이 한마음으로 힘을 모아 치욕을 씻으려 해도 당연히 하루 이틀에 해낼 수 있는 상황이 아니다."

或曰: 古之言形勝者, 以關中爲上, 金陵不與焉, 何也. 曰: 時不同 也. 秦漢之時, 關中風氣會聚, 田野開闢, 人物殷盛. 吳楚方脫蠻夷 之號, 風氣樸略, 故金陵不能與之爭勝. 今關中人物不及吳, 會久矣, 又經流寇之亂, 煙火聚落, 十無二三, 生聚敎訓, 故非一日之所能移 也.(『明夷待訪錄』「建都」, 『黃宗羲全集』제1책, 21쪽)[13]

여기서는 경제(곡식과 비단粟帛)뿐만 아니라 문화—사대부들이 줄곧 문화를 헤아리는 중요한 표지로 삼았던 '인물'—에 착안하여 비교를 진행했다. 오위업은 "진秦·예豫 지방은 토지도 거칠고疏 백성도 게으르다慢"(『崇禎九年湖廣鄕試程錄』「第三問」, 『吳梅村全集』권56, 1121쪽)고 했는데, 청대에 이르러 피석서皮錫瑞*는 경학의 역사를 통해 북방은 정치로 '통일'했고 남방은 문화로 '통일'했다고 설명했다.

더욱 특이한 것은 수나라가 진나라를 평정하여 남방이 북방에 병탄되었지만 경학은 북방이 오히려 남방에 병합되었고, 원나라가

---

* 피석서(1850~1908)는 호남 선화善化(지금의 창사長沙) 사람으로 자는 녹문鹿門 또는 녹운麓雲이다. 거인 출신으로 세 차례 진사시험에 응시했다가 낙방하자 강학과 저술에 전념했다. 주요 저작으로 『경학역사經學歷史』『경학통론經學通論』『금문상서고증今文尚書考證』을 포함한 『사복당총서師伏堂叢書』등이 있다.

송나라를 평정하여 남방이 북방에 병탄되었지만 경학은 북방이 오히려 남방에 병합되었다는 사실이다. 병력의 강함은 북방이 항상 남방보다 뛰어났지만, 학력의 흥성함은 남방이 북방보다 뛰어났다. 수나라에서 원나라까지 앞뒤로 기나긴 역사에서 똑같은 길을 걸었으니 이게 어찌 우월하고 졸렬함의 이치가 그러하기 때문이겠는가? 혹시 되갚고 순환하는 도리가 이와 같은 것인가?

尤可異者, 隋平陳而南幷於北, 經學乃北反幷於南. 元平宋而南幷於北, 經學亦北反幷於南. 論兵力之强, 北常勝南, 論學力之盛, 南乃勝北. 隋元前後遙遙一轍, 是豈優勝劣敗之理然歟. 抑報復循環之道如是歟.(『經學歷史』, 中華書局, 1959, 282쪽)

이로 보건대 남방 출신들의 문화적 우월감은 이미 숨길 수 없게 되었음을 알게 된다. 이에 앞서서 왕부지는, "한나라 이래 장안은 황폐하여 복지腹地가 될 수 없었던 것이 오래되었다"[*]고 했다. 심지어 그는 지나치다 싶을 정도로 어휘를 아끼지 않고 '황폐했다蕪曠'고 하면서 이렇게 썼다.

> 그곳 야인들은 악에 받쳐 무례하고 중상하는 말로 유약하며 착한 백성을 위협하고, 그곳 사대부들은 버럭 화를 내며 대담해져서 공갈로 점잖은 선비를 능멸한다.
>
> 其野人恣舌唁嗯, 以脇羸懦之馴民, 其士大夫氣湧膽張, 恫喝以凌衣冠之雅士.(『讀通鑑論』 권23, 862쪽)

---

[*] 원주: "長安自漢以來, 蕪曠而不可爲奧區久矣."(『讀通鑑論』 권12, 457쪽)

이렇게 보면 강남의 사대부들은 엄연한 피해자다. 이와 같이 대단히 감정적인 서술은 또한 문제 자체가 지닌 격정적 성격에서 비롯된 것이기도 하다.

그러나 이것은 여전히 부분적인 사실일 뿐이다. '서북'에 대한 역사적·문화적 감정은 이때에도 사대부들의 마음에 깊이 뿌리를 내리고 있었다. 전겸익은 "평생 은혜를 입은 가문과 좋은 벗들은 대부분 관중 지역에 있다."고 하면서 좌사座師** 손승종에 대해서는 더욱 지극한 공경심을 갖고 있었다. 그는 손승종의 행장에서 이렇게 썼다.

> 선생께서는 북방에서 나고 자라셨으며 변경에 유학하여 공동산과 북방의 기운을 모으시고 연·조 지역의 비장한 절개를 짊어지셨다.
> 公生長北方, 遊學塞下, 鍾崆峒戴斗之氣, 負燕, 趙悲歌之節.(『牧齋有學集』 권47, 1235쪽)

부산은 이른바 '서북의 글'이라는 것이 "침울하여 바삭하게 입맛에 맞지 않을 따름이다. 그래서 독자들이 죄다 난해한 것으로 치부하여 글이 아니라고 여긴다"***고 하면서, 그 글의 말미에 '서북의 서북 출신 노인 부산 씀西北之西北老人傳山題'이라고 서명했다.

부산은 진晉 땅, 즉 산서山西 사람이니, 그의 서북론에는 응당 이런 이야기가 들어 있기 마련이다. 더 주목할 만한 점은 당시의 남방과 동남쪽 인사들이 서북 지방에 대해 지니고 있던 감정과 태도다. 설령 지

---

* 원주: "生平恩門良友, 多在關中."(「復李叔則書」, 『牧齋有學集』 권39, 1346쪽)

** 명·청 시기 과거시험을 주관한 관리인 총재總裁를 좌주座主 또는 좌사라고 불렀다.

*** 원주: "其文沈鬱, 不膚脆利口耳. 讀者率佶倔之, 以爲非文."(「序西北之文」, 『霜紅龕集』 권16, 465쪽)

금까지 설명한 정치적 편중 현상이 있었다 하더라도 역사 및 문화적 의의에서 '서북'의 매력을 없애지는 못한다. 이 시기 사대부들이 서북의 문화적 성격과 분위기에 대해 묘사한 것은 자신들이 견지하는 일종의 정신적 가치를 나타낸 것이며, 그 특수한 시대에 그것은 또한 민족적 동질감에 대한 표현이기도 했다. 남방의 사대부와 유민들 가운데 서북에 대한 사랑이 남달랐던 이는 바로 굴대균이었다. 월 땅, 즉 광동 사람인 그는 서북 문화에 대한 흠모의 마음을 여러 차례 나타냈다. 그는 「등화기登華記」에서 이렇게 썼다.

> 별 가운데 북두성이 있고 산악 가운데 화산이 있으며 황도가 선 땅으로 관중이 있으니, 이들은 모두 하늘과 땅의 지도리요 나라의 뿌리와 꼭지다. 하늘은 북두성을 중심으로 삼고 땅은 화산을 중심으로 삼으니, 왕 노릇 하는 이가 도읍을 세우려면 마땅히 위로는 북두성을 본받고 아래로는 화산을 스승으로 삼아 천지의 중심에 거처해야 한다.
> 蓋星有北辰, 嶽有太華, 皇都有關中, 皆天之樞地之紐, 國家之根蒂也. 天以北辰爲心, 地以太華爲腹, 王者建京, 當上法北辰, 下師太華, 以居天地之心腹也.(『翁山文鈔』 권2, 商務印書館, 1946)

그리고 같은 글의 끝부분에 실린 논의에서 서북의 빼어난 형세에 담긴 문화적 의미를 설명했는데, 이 또한 서북 지역에 대한 그의 감정을 잘 보여준다.

> 이러니 천하를 채우는 것은 모두 화산의 웅장한 기세일 것이다. 그러므로 천지가 개벽한 이래 화산이 자리를 잡음으로써 천하의

형세도 정해졌으니, 진실로 화산은 천하 명산의 대종이요, 사악은 모두 그 방계 지류일 뿐이다. 그러니 군자가 거기에 거처하면 천하의 올바른 방위를 세우는 것이니, 여기를 버리고 어디로 간단 말인가?

是則盈天下皆太華之所磅礴矣. 故自天地初辟, 太華定而天下之形勢以定, 太華誠天下名山之大宗, 而四嶽皆其支庶者也. 然則君子居之以立天下之正位, 舍此其又何之焉.(같은 글)

그는 또 이렇게 썼다.

예전에 나는 관중에 가서 화음과 삼원, 부평에 상당히 오랫동안 머물렀다. (…) 20년 이래 항상 그리워해왔고 자나 깨나 가고 싶었던 곳은 언제나 태화산과 소화산 자락이요, 칠수와 저수 강가의 언덕,* 자아산(즉 차아산嵳峨山)과 청욕하에 둘러싸인 관중 땅이었다. 그곳은 땅이 두텁고 물이 깊으며 풍속도 강인하고 사람도 교만하거나 게으른 이가 드물어 나라가 쉽게 부강해지니 두렵고도 사랑스러운 곳이다. (그곳 사람들은) 강인하고 과감하여 산동의 여러 나라 백성이 미치지 못하는 바다.

予曩至關中, 於華陰, 三原, 富平留連頗久 (…) 二十年來, 神思之所注, 夢寐之所之, 未嘗不營營於二華之麓, 漆沮之墟, 慈峨淸峪之際. 其地土厚水深, 風俗剛厲, 人鮮驕惰, 國易富強, 爲可畏而可愛也 (…) (其人)強毅果敢, 爲山東諸國所不及也.(「關中王子詩集序」, 『翁山文外』 권2, 宣統二年上海國學扶輪社校刊發行)

---

* 지금의 산시陝西 성 푸핑富平 스촨 강石川河 유역에 해당된다.

이런 생각은 다음에 설명하게 될 고염무의 견해와도 합치된다. 서북 지역에 대한 굴대균의 애착에는 지극히 개인적인 이유가 있었다. 즉 그가 사랑했던 계실繼室 왕화강王華姜이 바로 진秦 지역인 섬서陝西 출신이었다. 그렇기 때문에 같은 글에서 그는 이렇게 썼다.

　　또한 내 아내는 섬서 북부의 유림 출신이니, 내가 비록 북방 판잣
　　집 출신의 군자는 아니지만 아내는 진나라의 딸인 것이다.
　　且吾嘗娶於楡林, 吾雖非板屋之君子, 而室人則小戎之女子也.

　진유숭陳維崧은 오 땅 출신으로서 손지위의 시집에 서문을 써주면서 '진풍秦風'이라는 테마 위에서 한없이 맴돌다가 결국 오 지역 인문人文에 대한 반성으로 결론을 맺었다.

　　나는 어린 시절 『시경』을 읽을 때 「진풍」을 좋아했다. 나른하고 무
　　료할 때면 항상 「사철」*을 노래하며 스스로 호기를 부렸다. 그런
　　다음에는 또 저절로 슬퍼져서 술잔을 놓고 마는 지경에 이르렀다.
　　(…) 나는 대대로 오 지역에 살았는데 이 지역 마을들의 아이들은
　　'서곡가西曲歌'의 「심양악尋陽樂」** 같은 민요만 부를 줄 알았다. 오
　　의항烏衣巷***이나 청계淸溪****에서 가벼운 비단옷을 입고 방중의 노

---

* 들판에서 사냥하는 모습을 노래한 것으로 흔히 진秦 양공襄公을 찬미하는 소리라고 알려져 있다.

** 「서곡가」는 『악부시집樂府詩集』 "청상곡사淸商曲辭"에 수록된 민요 가락으로 주로 장강과 한수漢水 유역의 강릉江陵을 중심으로 한 지역에서 유행하던 것이다. 「심양악」은 「강릉악江陵樂」 등과 더불어 이 곡조에 속한 노래다.

*** 오의항은 지금의 난징南京 친화이 강秦淮河 남쪽에 해당된다.

**** 청계는 삼국시대 오나라 건업성業城 동남쪽에 파놓은 해자다.

래를 부르는 이들은 그 소리가 유약해서 들을 만하지 않다.

餘少讀詩, 則喜秦風. 每當困頓無聊時, 輒歌「駟鐵」以自豪也. 繼又自悲, 悲而至於罷酒. (…) 餘世家吳中, 吳中諸里兒第能歌「西曲」, 「尋陽」諸樂府耳. 烏衣, 靑溪之地, 被輕紈而謳房中曲者, 其聲靡靡不足聽.(「孫豹人詩集序」, 『湖海樓全集』 文集 권1)

위희魏禧는 증원曾畹*에 대해 이렇게 썼다.

증원은 최근 20년 동안은 서북쪽 변방을 드나들었는데, 예전에는 혼자 미녀를 데리고 말을 탄 채 만 리도 넘는 길을 갔다. 그는 섬서의 풍토를 좋아해서 영하에 이르러 거처를 마련했다. 그런데 그가 서북쪽에서 이름을 날리면서 글의 기풍이 또 한 번 변했다. 간혹 돌아와서 나와 산중에서 만나곤 했는데 털옷에 가죽옷을 입고 수건 같은 허리띠에 단도와 숫돌 등을 잡다하게 걸치고 있었으며, 얼굴색도 고동색으로 그을렸고 수염과 눈썹도 황량한 것이 영락없는 변방의 이방인이었다. 옛날에 나와 함께 소리 내어 글을 읽고 글씨를 쓰고 또 세련된 옷차림에 허리띠 느슨하게 차고 오 지역에서 명사 노릇 하던 시절을 돌이켜보면 마치 다른 세상의 인물인 것 같았다. 아, 증원의 글에는 진나라의 기개가 많으니 얼마나 기이한가!

近二十年則出入西北塞外, 嘗獨身攜美人騎馬行萬餘里. 最好秦中風

---

* 증원(1621~1677)은 강서 영도寧都 사람으로 보명은 전등傳燈 또는 예구裔球이고 자는 정문庭聞이다. 숭정 16년(1644) 향시에 낙제한 후 변방을 유랑하다가 서안西安에 정착했고, 순치 11년(1654) 섬서의 향시에 급제하여 뛰어난 시와 문장으로 명성을 날렸다. 저작으로 『금석당집金石堂集』이 있다.

土, 至以寧夏爲家. 而庭聞名在西北, 其文又一變. 庭聞間歸, 相見予
於山中, 毛衣革鞜, 雜佩帨帶刀礪, 面目色黃黝, 鬚眉蒼涼, 儼然邊
塞外人. 回視向者與予呫嗶筆硏間, 及細服緩帶爲三吳名士時, 若隔
世人物. 嗚呼, 庭聞之文多秦氣, 何足異也.(「曾庭聞文集序」, 『魏叔子文
集』 권8)

증원은 강서 사람이었는데 거처하는 곳에 따라 그 사람과 문장 풍
격까지 변했으니 '진 지역 풍토秦中風土'의 감염력을 알 만하다.

고염무는 더 잘 알려진 예다. 그는 이렇게 말했다.

관중 땅에는 호걸이 많아서 개중에 집안을 일으키고 상업으로 권
리를 추구하는 이들은 대개 효도와 의리를 숭상하고 절개를 높이
사서 옛날 군자의 풍모를 지니고 있으며, 선비들은 특히 옛날 유
학자들의 말씀을 잘 따라 지키면서 감히 어기지 않는다.

關中故多豪傑之士, 其起家商賈爲權利者, 大抵崇孝義, 尚節槪, 有
古君子之風, 而士人獨循循守先儒之說不敢倍.(「富平李君墓誌銘」, 『顧
亭林詩文集』, 118쪽)

진 땅 사람들은 경학을 흠모하고 처사를 중시하며 청의를 견지하
여 정말 여느 지역 사람들과는 다르다.

秦人慕經學, 重處士, 持淸議, 實與他省不同.(「與三姪書」, 같은 책,
87쪽)

고염무는 당시의 '관중삼이關中三李'라고 일컬어지던 인사들 가운데
이인독李因篤* 및 이옹李顒과 두루 교유했다. 그는 이옹을 찾아가 장편

시「재동편梓潼篇」을 지어 증정했는데, 거기서 이옹을 『후한서』「독행전獨行傳」에 수록된 이업李業**에 비유했다. 서북 지역의 '황량함'을 직접 목격했음에도 고염무는 "건도建都"라는 제목에서 여전히 관중 땅의 중요성에 대한 자신의 주장을 견지했다. 그는 자신과 황종희의 지론 사이에 어떤 차이가 있는지에 대해 스스로 이렇게 말했다.

> 제가 좁은 소견으로 『일지록』을 썼는데 다행히 거기서 논의한 것들 가운데 선생과 견해가 같은 것이 열에 예닐곱은 됩니다. 다만 봉춘군 유경劉敬(?~?, 본명은 누경婁敬)의 주장처럼 도읍은 반드시 관중 땅에 세워야 하며 말릉(남경)은 한쪽에 치우친 지방의 왕조에나 적합할 뿐이니, 이것은 직접 가본 사람이 아니면 알 수 없는 사실입니다.
>
> 炎武以管見爲『日知錄』一書, 竊自幸其中所論, 同於先生者十之六七. 惟奉春一策必在關中, 而秣陵僅足偏方之業, 非身歷者不能知也.(黃宗羲, 『思舊錄』「顧炎武」, 『黃宗羲全集』제1책, 391쪽)

'서북'과 관련된 남방 사대부들의 신념은 확실히 고염무만의 것은 아니었다. 유헌정劉獻廷과 고조우顧祖禹***, 양빈에서 위원에 이르기까지 서북 지방의 역사를 연구한 이들은 모두 은밀히 혹은 드러내놓고 이런

---

* 이인독(1632~1692)은 섬서 부평富平 사람으로 자는 자덕子德 또는 공덕孔德이고 호는 천생天生이다. 박학다식한 사상가이자 교육자, 학자, 시인이었던 그는 벼슬길에 뜻을 두지 않은 중원의 '사포의四布衣' 가운데 한 명으로 명성을 날렸으며, 강희 18년(1679)에 박학홍사과에 천거되어 한림원검토에 제수되었다. 주요 저작으로 『시설詩說』『춘추설春秋說』『한시음주漢詩音注』『한시평漢詩評』『고금운고古今韻考』『수기당시문受祺堂詩文集』등이 있다.

** 이업(?~?)은 사천 재동梓潼 사람으로 박사 허황許晃을 스승으로 모시고 『노시魯詩』를 공부했다. 원시元始(1~5) 연간에 낭관郎官으로 임명되었으나 왕망이 찬탈하여 신정권을 세우자 벼슬을 버리고 귀향하여 두문불출했다. 이후 공손술公孫述(?~36)이 촉에서 성가成家 정권을 세우고 황제를 자칭할 때 그의 명성을 듣고 회유하려 했으나 실패하자 독살해버렸다.

신념에 뿌리를 두고 있었다. 비록 그 전에 『초씨필승焦氏筆乘』**** 에서 이미 진인자陳仁子*****의 말을 인용했으니, 즉 사마천이 "일을 일으키는 것은 반드시 동남 지방이지만 실질적인 공을 거두는 것은 늘 서북 지방이었다作事者必於東南, 收功實者常在西北"라고 한 것은 '정확한 평가篤論'가 아니라는 것이다.[14]

동남: 오·월

문화 비교에서 남북과 대조되는 또 하나의 극단적인 설정은 앞서 살펴본 바와 같이 통상적으로 동남이라고 하는 것, 바로 오·월이다. 특이한 것은 명대에는 동남 지역의 우세가 경제와 문화에만 그치지 않았다는 사실이다. 평소 유약하기로 유명한 오·월 사람들이 명대에는 군사의 역사에서도 찬란한 기록을 남겼으니, 대표적인 것이 바로 척계광戚繼光의 '절군浙軍'이다. 『명사』 권222에 수록된 담륜譚綸*****의 전기에 실린 그의 상소문에는 다음과 같은 말이 들어 있다.

　연·조 병졸들의 예기는 변경을 방어하면서 다해버렸으니 오·월

*** 고조우(1631~1692)는 강소 무석 사람으로 자는 복초復初 또는 경범景範—일설에는 자가 서오瑞五이고 호가 경범이라고도 함—이며, 흔히 완계선생宛溪先生이라고도 불렸다. 그는 무려 30년 가까운 작업 끝에 130권 분량의 『독사방여기요讀史方輿紀要』를 편찬하여 역사 및 군사와 관련된 지리 연혁을 정리했다.

**** 『초씨필승』은 초횡焦竑(1540~1620, 자는 약후弱侯, 호는 의원漪園 또는 담원澹園)이 편찬한 것으로 경학과 역사, 문학, 의학을 두루 포괄한 책인데, 청나라 때에 금서로 지정되었다.

***** 진인자(?~?)는 다릉茶陵(지금의 후난 성 동부 주저우株洲에 속함) 사람으로 자는 동보同俌이고 호는 고우古迂다. 함순咸淳 10년(1274) 조시漕試에 1등으로 합격했으나 송나라가 망한 뒤 벼슬길에 나아가지 않고 동산東山의 별장에 은거했다. 저작으로 『목래좌어牧萊脞語』 『문선보유文選補遺』 등이 있다.

지역에서 전투에 익숙한 병졸 1만2000명을 모집하여 그들과 섞어서 훈련시키지 않으면 일이 성공하지 못할 게 분명합니다.

燕趙之士銳氣盡於防邊, 非募吳越習戰卒萬二千人雜敎之, 事必無成.

『명사』권91 「병지兵志·3」에서는 척계광이 계薊(지금의 톈진天津 북부)와 요遼의 군사 업무를 총괄할 때 "절강의 병사 3000명을 파견하여 병졸들의 용맹을 이끌도록 해달라고 요청한" 일을 기록하고 있다. 우신행于愼行(1545~1607)의 『곡산필진穀山筆塵』권12 「형세形勢」에서는 바로 이 사실에 대한 놀라움을 나타냈다.

후한 광무제가 거야에서 왕랑*******과 전투를 벌일 때, 경단景丹(?~26, 자는 손경孫卿)이 상곡과 어양의 '돌격 기병'을 이끌고 왕랑의 군대를 크게 격파하자 광무제가 이렇게 말했다.

"듣자 하니 돌격 기병은 천하의 정예병이라던데, 이제 그들이 전투하는 모습을 보니 과연 그렇구려!"

곧 두 지역 돌격 기병으로 왕랑의 부대를 쳐서 멸살하고 대업을 이루었다. 옛사람들은 걸핏하면 유주와 병주의 젊은이들이 고약하다고 했는데, 그들의 용맹함이 이와 같았다. 어양은 지금의 경사(북경)이고 상곡은 지금의 선부다. 선부의 병졸이 어떤 상황이

****** 담륜(1520~1577)은 강서 의황宜黃 사람으로 자는 자리子理이고 호는 이화二華다. 가정 29년(1551) 태주台州(지금의 린하이臨海) 지부에 임명되어 절강의 해안을 어지럽히는 왜구를 막아내는 것을 시작으로 여러 차례 공을 세워 병부상서 겸 태자소보까지 역임했다. 죽은 뒤 태자태보에 추증되었고 시호는 양민襄敏이다. 저작으로 『설물우무說物寓武』가 있다.

******* 왕랑(?~24)은 한단邯鄲(지금의 허베이 성에 속함) 사람으로 왕창王昌이라고도 쓴다. 무예와 천문, 역법, 관상, 점 등에 능했던 그는 23년 12월에 한나라의 황제를 자칭하며 한단에 도읍을 세웠으나, 이듬해 유수劉秀, 즉 훗날의 광무제에 의해 성이 함락되면서 처형되었다. 묘호는 한漢 흥종興宗이고 시호는 조한趙漢 민황제愍皇帝다.

었는지는 모르지만 10만 명의 금군은 모두 어양 돌격 기병의 후
예들이다. 그런데 어떻게 전투를 감당하지 못할 정도로 유약해졌
단 말인가? 어양의 군대를 쓸 수 없어서 남쪽 병졸을 파견해 대
신 수비하게 하는 지경에 이르렀으니, 남쪽 군자들이 어찌 돌격
기병들보다 뛰어날 수 있겠는가?

光武戰王郎于鉅野, 景丹以上谷, 漁陽突騎大敗郎兵, 光武曰: 吾
聞突騎天下精兵, 今見其戰, 樂可言耶. 遂以二郡突騎擊滅王郎, 立
成大業. 古人動稱幽, 幷惡少, 其精如此. 漁陽卽今京師, 上谷卽今宣
府. 宣府之兵, 正不知何狀, 卽如禁旅十萬, 皆漁陽突騎之餘, 何乃柔
脆綿弱不任刀鎧. 漁陽甲不可用, 至調南兵代守, 豈越之君子反出突
騎上耶.(135~136쪽)

명대 조정의 논의에서 '오 지역 백성이 혼란을 즐긴다吳民喜亂'는 견
해는 천계 연간 소주 시민들이 환관에 대항하여 대규모 시위를 벌인
것과 명말 동남 지역에서 벌 떼처럼 일어난 농민 반란, 노비 반란으로
만 증명되는 것이 아니다.[15] 동남 지역 인사들이 청나라에 반대하면서
치른 엄청난 희생 또한 일종의 지역적 자부심을 고취했다. 황종회가 강
남의 충의를 이야기할 때에도 '중원'과 '제왕의 도읍 및 경기王都帝畿'와
대비하는 가운데 일종의 문화적 자부심을 나타내고자 했다.

중원의 사대부들이 모두 없어지고 예악이 붕괴되었을 때 강남은
낮고 물기가 많아 조각배나 지나갈 만한 땅에 이미 무너진 상도
가 남겨져 있었고 또한 금오산과 애산崖山*에서 나라가 망한 뒤에
도 그곳 사람들의 충정과 분노는 바람과 파도를 끼고 천고에 길이
장엄하게 드리워졌다. 제왕의 도읍 및 경기 지역에 비바람이 닥쳐

고, 백성의 재물이 모이며, 천혜의 튼튼한 요새라 하더라도 반역
을 저지른 신하들과 투항한 장수들이 갑옷을 가다듬고 무기를 버
린 것을 보면 (…) 그 땅도 수치스러워해야 마땅할 것이다.
當中原衣冠胥靡, 禮崩樂弛之時, 江左以沮洳一葦可杭之地, 留旣
毀之彝倫, 且也金鰲厓山敗亡漚沫之餘, 其忠憤挾風濤以壯於千古,
視夫王都帝畿, 風雨所會, 民物財貨所聚, 金湯天險百二之雄, 叛臣
降將之所袵甲而投戈 (…) 宜其地亦與有耻焉.(「地氣」, 『縮齋文集』,
9~10쪽)

만사동의 『석원문집石園文集』과 전조망의 『길기정집鮚埼亭集』 등 명·
청 교체기 동남 지역 인사들의 저작에는 이러한 자부심이 곳곳에 넘쳐
난다. 주이존의 시에서 "이곳은 예로부터 열사가 많아, 천고의 애절한
원망 절강 동쪽에 가득하지此地由來多烈士, 千秋哀怨浙江東"**라고 한 게 확
실히 지나친 찬미가 아니었던 것이다. 남명의 대세가 이미 기운 뒤에
도 오·월 지역은 여전히 오래도록 동란이 그치지 않아 전겸익은 그
지역에 "풍파가 거세게 몰아쳐서 물고기와 용이 소란을 피우고風波鼓
怒, 魚龍攪擾" "군사 문서가 곳곳에 나도는羽書旁午" 상황을 견디기 어
려워 두보처럼 "늙어가니 비참한 전쟁의 북소리 듣기 싫어진다垂老惡
聞戰鼓悲"***고 했다.(「黃子羽六十壽序」, 『牧齋有學集』 권23, 924쪽)

예로부터 사대부의 '문화적 자부심'은 인지—그 사람에 대한 그리
고 그 사람과 그 지역의 관계에 대한—를 토대로 한 문화적 자각에서

---

* 애산은 애산崖山이라고도 쓰며 광둥 성 신후이新會에서 남쪽으로 50킬로미터 떨어진 곳을
가리킨다. 이곳에서 남송과 몽골의 최후 해전이 벌어져 결국 남송의 멸망으로 끝난다.

** 이것은 주이존이 순절한 유교柳橋(?~?)를 추모하여 쓴 시로 전문은 다음과 같다. "中丞弟子舊
家風, 杖履追隨誓始終. 閉戶坐憂天下事, 臨危眞與古人同. 短書燕市投丞相, 餘恨平陵哭義公.
此地由來多烈士, 千秋哀怨浙江東."

비롯되었다. 그러므로 위·진 시기와 남송에서 명대에 이르기까지 강남 사대부들은 나날이 문화적 자부심을 발전시켰으며, 지역 문화에 대한 논의에서 '강남 문화론'이 특히 뛰어난 것은 주목할 만한 현상이라고 하겠다. 청나라 초기에 명사관明史館을 열었을 때 쓴 글들—예를 들어 왕홍서王鴻緒****가 쓴 역사 원고—은 "오 지역 인사들에 대해 늘 '칭송하는 전기佳傳'를 썼으며 태창太倉의 인사에 대해서는 더했지만, 다른 지역 인사에 대해서는 칭송보다 비판이 더 많았"*****으니, 이런 점은 후세 사람들에 의해 병폐로 지적되었다. 그러나 이와 유사한 방포方苞의 비판에 대한 만사동의 회답에서 오 지역 인물의 우세를 강조한 것은 확실히 유력한 해석이라고 할 수 있다.[16] 이와 같은 서술과 해석에서 남북의 차이는 명·청 교체기에 이르러서는 이미 돌이키기 어려운 상황이 되어 있었던 듯하다. 강남, 특히 동남 지역 인문의 번성은 동남 지역 문화의 자아 서술을 고취했으며, 나아가 서술이 누적되면서 다시 문화적 우월감의 근거가 되었다. '편중'은 경제적 과정뿐만 아니라 서술 행위를 통해서도 실현되었던 것이다.

　강남의 사대부, 특히 동남 지역 인사들이 고향에 대해 '우리 오 지역吾吳'이니 '우리 월 지역吾越'이니 하는 표현을 즐겨 썼다는 것을 증명할 자료는 아주 많다. 임시대林時對******는 『하삽총담荷牐叢談』에서 '양절 지

***　이것은 두보의 시 「소단설부연간설화취가蘇端薛復筵簡薛華醉歌」에 들어 있는 구절이다.

****　왕홍서(1645~1723)는 화정 사람으로 원래 이름은 탁심度心이었으나 진사에 급제한 후 이름을 바꾸고 자는 계우季友, 호는 엄재儼齋, 별호는 횡운산인橫雲山人이라고 했다. 강희 12년(1673) 진사에 급제하여 일강기거주관日講起居注官과 찬선贊善, 시독을 거쳐 『명사』 총재관으로서 열전을 집필했다. 저작으로 『횡운산인집橫雲山人集』 등을 남겼다.

*****　원주: "於吳人每得佳傳, 於太倉人尤甚, 而於他省人輒多否少可."

******　임시대(1623~1664)는 절강 은현 사람으로 자는 전양殿揚이고 호는 견암繭庵이다. 숭정 13년 (1640) 18세로 과거에 급제하여 항인사항行人司行人을 역임하고 부친상을 당해 귀향했다가, 남명 왕조에서 태상시경 등을 지냈다. 이후 은거하여 평생을 마쳤으며 저작으로 『견암일사繭庵逸史』『하삽총담荷牐叢談』 등을 남겼다.

역의 사람들'에 대해 이야기하면서 전혀 겸손을 떨지 않고, "우리 왕조 (명)의 위인들은 모두 우리 양절 출신"이라고 했다.(권2) 그다음에도 인물들을 나열하며 칭송하는 가운데 아낌없이 꾸며 서술했다. 학술 문화에 더 관심이 많았던 황종희는 "우리 월 땅에서는 예로부터 시대 풍속이나 대중의 추세에 물들지 않았다"*고 하면서 왕수인과 서위徐渭, 양가楊珂**를 예로 들었다. 또 사곡詞曲에 대해 이야기하면서 "정통의 법 正法眼藏은 우리 월 땅에 있는 것 같다"고 했고(「胡子藏院本序」, 『黃宗羲全集』 제11책), "요강姚江, 즉 영파寧波에서 학교의 성쇠는 천하의 성쇠와 관련이 있고" 요강 지역에 인재가 많은 것은 "우리 요강 학교의 공"이라고 했다.(「餘姚縣重修儒學記」, 『黃宗羲全集』 제10책) 또 그는 더욱 자부심에 차서 이렇게 말하기도 했다.

예전에 요강 지역이 없었더라면 학맥이 중간에 끊어졌을 것이요, 예전에 즙산이 없었더라면 폐단이 가득 찼을 것이다. 무릇 천하에서 학문을 아는 이들은 모두 절동의 은택을 입었다.
向無姚江, 則學脈中絕, 向無蕺山, 則流弊充塞. 凡海內之知學者, 要皆東浙之所衣被也.(「移史館論不宜立理學傳書」, 『黃宗羲全集』 제10책)

과장된 감이 없지는 않지만 특정 지역을 통해 한 시대의 학술과 문화를 논하다보니 치우친 면이 없을 수 없다. 다만 이 또한 일종의

---

* 원주: "吾越自來不爲時風衆勢所染."(「姜山啓彭山詩稿序」, 『黃宗羲全集』 제10책)
** 양가(?~?)는 절강 여요 사람으로 자는 여명汝鳴이고 명나라 제생이다. 양명학을 공부한 그는 은거하면서 모친을 봉양한 효자로 이름이 높았고, 시인이자 서예에도 뛰어나서 그 지역에서는 '오늘날의 왕희지今之右軍'로 불렸다고 한다.

학술사에 대한 서술이다. 황종희와 같은 인물에게 이것은 자신에 대한 해설이며, 자신의 학문적 소양과 이어받은 학맥에 대한 고백이기도 하다.

오 지역의 고상한 기풍에 대해 주이존은 여러 차례 역사시史詩를 통해 입증하려 했으니, 예를 들어 「장군시서張君詩序」에서는 이렇게 말했다.

옛날 노래를 채집하던 이들은 패, 용, 조, 회 지역의 노래를 버리지 않았는데 오·초는 큰 지역이면서도 천자가 파견한 사신에게 기록되지 못했다. 그로부터 160년 뒤에 굴원과 송옥, 당륵, 경차에 의해 초 지역 기풍이 대대로 흥성했다. 만약 오 지역이 음악을 잘 알았던 계찰과 문학에 뛰어난 자유를 내세운다면 마땅히 그들의 시가 있어야 하는데 시가 없으니, 어찌 산천의 맑고 정숙한 기운이 때맞춰 피어나 앞뒤가 원래 억지로 되는 것이 아닌 경우가 아니겠는가? 한나라 때의 「오희가五噫歌」*와 진나라 때의 오성 10곡이 있었고 송나라에 이르러 신곡 36편이 있었다. 당시에는 지극히 그것을 위하여, "강남의 음악은 한 곡에 천금의 값어치가 있으니, 다른 지역에서 흉내 낼 수 없기 때문이다"라는 말이 있었다. 북송이 장강 이남으로 건너오자 문인 결사의 시집과 재야 인사들의 시집이 선비들 사이에 전해져 낭송되었고, 그 후에 고영

---

* 「오희가」는 『후한서』 「양홍전梁鴻傳」에 수록된 노래로, 양홍이 함곡관을 나서서 가는 길에 경사인 낙양에 들러 북망산에 올랐다가 화려한 궁궐을 보고 백성의 고난을 동정하여 노래를 지었다고 한다. 원작은 다음과 같다. "저 북망산에 올라 허! 멀리 황제의 도읍 돌아보니 허! 궁궐들은 높고 크구나 허! 백성은 너무 고생하는데 허! 아득히 끝도 없이 넓구나 허!陟彼北芒兮, 噫. 顧瞻帝京兮, 噫. 宮闕崔嵬兮, 噫. 民之劬勞兮, 噫. 遼遼未央兮, 噫."

顧瑛**과 우환偶桓,*** 서용徐庸****이 채집한 시들 가운데 태반이 오 지역 사람들의 작품이었다. 북곽십우北郭十友*****와 오중사걸中吳四 傑******은 시로써 한 시대를 오시했다. 그 아래로 내려와서 서정경 徐禎卿*******이 하경명 및 이몽양과 우열을 가리기 어려웠으며, 황보 사걸皇甫四傑********은 후칠자 앞에서 탁월한 성취를 보였다. 그러므 로 천하에서 시를 논하는 이들은 오 지역에서 유독 흥성했던 것 이다.

昔之采風者, 不遺邶, 鄘, 曹, 檜, 而吳楚大邦, 不見錄於輶軒之使. 後

** 고영(1310~1369)은 곤산崑山(지금의 장쑤 성 쿤산昆山) 사람으로 이름을 아영阿瑛 또는 덕휘 德輝라고도 하고 자는 중영仲瑛이다. 집안이 부유했던 그는 옥산초당玉山草堂을 지어놓고 많은 명사와 시인을 초청하여 풍류를 즐겼으며, 재산을 탕진하고 나자 머리를 깎고 재가승이 되어 자칭 금속도인金粟道人이라고 했다. 저작으로『옥산박고玉山璞稿』『옥산일고玉山逸稿』등을 남겼다.

*** 우환(?~?)은 강소 태창 사람으로 자가 무맹武孟이고 호는 해옹海翁, 자호는 할우瞎牛다. 홍무 24년(1391)에 수재秀才가 되어 광서 계림하백대사桂林河伯大使, 형문주이목荊門州吏目을 역임 했다. 원대元代의 시를 모아 체제별로 나누어『건곤청기집乾坤淸氣集』을 편찬했고, 그 외의 저작 으로『강우헌시집江雨軒詩集』『취음록醉吟錄』등을 남겼다.

**** 서용(?~?)은 강소 오군吳郡 사람이며 자는 용리用理다. 영락에서 정통 연간에 이르기까지 주 요 시인들의 작품을 모아『호해기영집湖海耆英集』을 편찬했고, 그 외에『남주집존南州集存』『고 태사전집高太史大全集』등을 남겼다.

***** 북곽십우는 오吳(지금의 쑤저우蘇州 북쪽) 성 외곽에 살았던 고계高啓(1336~1373)와 서분徐 賁(1335~1380, 자는 유문幼文), 고손지高遜志(?~?, 자는 사민士敏), 당숙唐肅(1318~1371/1321~1374, 자는 건경虔敬), 송극宋克(1327~1380, 자는 중온仲溫 또는 극온克溫), 여요신餘堯臣(?~?), 장우張羽 (1333~1385, 자는 내의來儀 또는 부봉附鳳), 여민呂敏(?~?), 진칙陳則(?~?)을 아울러 부르는 호칭이다.

****** 오중사걸은 고계高啓와 양기楊基(1326~1378, 자는 맹재孟載), 장우張羽, 서분徐賁을 아울러 부르는 호칭이다.

******* 서정경(1479~1511)은 오현 사람으로 자는 창곡昌穀 또는 창국昌國이다. 이몽양李夢陽 (1473~1530, 자는 헌길獻吉)과 하경명何景明(1483~1521, 자는 중묵仲默), 강해康海(1475~1540, 자는 덕함德涵), 왕구사王九思(1468~1551, 자는 경부敬夫), 변공邊貢(1476~1532, 자는 정실廷實), 왕정상王 廷相(1474~1544, 자는 자형子衡)과 더불어 명나라 문단에서 '전칠자前七子'로 꼽히면서 문장에서 는 진·한을, 고시古詩는 한·위를, 근체시는 성당을 본받아야 한다고 주장했다. 또 그는 당인唐寅 (1470~1524, 자는 백호伯虎 또는 자외子畏), 문징명文徵明(1470~1559, 원명은 벽壁 또는 벽璧), 축윤명 祝允明(1460~1526, 자는 희철希哲)과 더불어 '오중사재자吳中四才子'로 불리기도 했다. 주요 저작 으로『적공집迪功集』『담예록談藝錄』『전승야문翦勝野聞』『이림異林』등이 있다.

******** 황보사걸은 명나라 때 장주長洲(지금의 쑤저우)의 시인 황보충皇甫沖(1490~1558, 자는 자준子 俊)과 황보효皇甫涍(1497~1546, 자는 자안子安), 황보방皇甫汸(1497~1582, 자는 자순子循), 황보렴皇 甫濂(1508~1546, 자는 도륭道隆)을 아울러 부르는 호칭이다.

百六十年, 屈, 宋, 唐, 景, 楚風代興. 若夫吳以延州來季子之知樂,
子言子之文學, 宜其有詩, 而無詩, 豈非山川淸淑之氣, 以時而發, 後
先固不可强邪. 漢之五噫, 晉之吳聲十曲, 迨宋而益以新歌三十六.
當時至爲之語曰: 江南音, 一唱直千金, 蓋非列國之所能擬矣. 汴宋
南渡, 蓮社之集, 江湖之編, 傳誦於士林, 其後顧瑛, 偶桓, 徐庸所
采, 大半吳人之作. 至於北郭十友, 中吳四傑, 以能詩雄視一世. 降而
徐迪功頡頑於何李, 四皇甫藉甚七子之前. 海內之言詩者, 於吳獨盛
焉.(『曝書亭集』권38, 471쪽)

오위업과 전겸익도 각기 '우리 오 지역'의 문화사에 대한 서술을 제
공했다. 예를 들어 오위업은 "삼오 지역은 민간의 시와 문장, 인물이 모
두 아름답고三吳閭閻詩書人物都麗"(「白林九古柏堂詩序」, 『吳梅村全集』권29,
690쪽) "우리 오 지역의 시인은 원나라 말엽에 가장 흥성했으며吾吳詩
人, 以元末爲最盛"(「宋轅生詩序」, 같은 책, 686쪽) "우리 오 지역은 태산에서
구름이 나오듯이 순식간에 천하에 은택을 베풀어 당세에 명성을 날리
는 현명한 이들이 연이어 무성하게 나타났고" "우리 오 지역은 서리가
내려 샘물이 마르듯이 구체적으로 재목을 취했지만, 권세 높은 가문이
쇠락하여 덕망 높은 이들이 시들어갔다"*고 하여 운세의 흥성과 쇠망
을 얘기했으며, 그 외에 태창太倉과 운간雲間 지역의 인문에 대해 언급
한 부분도 많다. 명·청 교체기의 전겸익 또한 이렇게 회고했다.

만력 말엽부터 지금까지 50년 동안 오 지역 사대부들은 서로 화

---

* 원주: "吾吳如泰山出雲, 不崇朝而雨天下, 命世名賢, 接踵林立 (…) 吾吳如霜降水涸, 落實取
材, 高門式微, 宿素凋謝."(「申少觀六十序」, 『吳梅村全集』권37, 783쪽)

려한 문장을 가벼이 여기고 명성과 품행을 닦는 데에 힘써서 도의
를 품어 교화를 일으키며 경건하게 예법을 지켜 서로를 우러렀다.

自萬曆末造迄今五十年, 吳中士大夫相率薄文藻, 厲名行, 蘊義生風,
壇堳相望.(「鄭士敬孝廉六十壽序」, 『牧齋有學集』 권24, 958쪽)[17]

그 가운데 특히 문헌적 가치를 지니는 것은 강남의 저명한 문인이
'강남의 풍류'에 대해 묘사한 것이라고 생각한다. 오위업은 당시 교유
했던 진자룡과 오계선 등 지조와 절개를 지닌 선비 및 후방역과 진정
혜陳貞慧* 등 복사復社의 재자才子들에 대해 대단히 상세하게 기록했다.
그 사이를 장식하는 인물로 유경정柳敬亭**과 왕자가王紫稼,*** 소곤생蘇崑生
****과 같은 기예인과 변옥경卞玉京,***** 황원개黃媛介****** 등 유명한 기
생들이 있다. 이런 것들은 잡다하게 모아 합칠 필요도 없이 그대로 명
말 강남 문인들의 생활을 보여주는 두루마리長卷라고 하겠다. 원말과
명말에 강남 문인들이 흥성했던 것은 또한 문화 '기풍風會'과 정치 정
세가 서로 어긋나는 예 가운데 하나로서,[18] 이를 토대로 문화(특히 문인
문화)가 흥성하고 쇠락하는 조건을 살펴볼 수 있다.

오·월 지역 사대부들의 이와 같은 문화적 자부심에는 당연히 충분

---

* 진정혜(1604~1656)는 의흥(지금의 장쑤 성에 속함) 사람으로 자는 정생定生이다. 명나라 말엽의
제생인 그는 좌도어사를 지낸 부친 진우정陳於廷의 뒤를 이어 복사의 성원으로 활동하면서 후방
역 등과 더불어 '명말사공자明末四公子'로 불렸다. 저작으로 『설잠집雪岑集』 『황명어림皇明語林』
『산양록山陽錄』 『서사칠칙書事七則』 『추원잡패秋園雜佩』 등이 있다. 이 가운데 뒤쪽의 3편은
『태창선철유서太倉先哲遺書』에 수록되어 있다.

** 유경정(1587~1670)은 남통주南通州 여서장餘西場(지금의 장쑤 성 난퉁南通 퉁저우通州 구에 속
함) 사람으로 원래 이름은 조영창曹永昌이고 호는 봉춘逢春이다. 명말·청초의 유명한 평화評話
예술가로서 얼굴에 곰보 자국이 많아 '유마자柳麻子'라고도 불렸다.

*** 왕자가(1625~1656)는 강소 소주 사람으로 원래 이름은 가稼이고 자는 자가紫稼 또는 자개子
玠, 자가子嘉라고 했다. 명말·청초에 유명한 곤곡崑曲의 단旦 배역을 연기한 연기자였으나, 강남
순안江南巡按 이삼선李森先(?~1660)에 의해 '음종불법淫縱不法'이라는 죄명을 뒤집어쓰고 혹형
에 처해져 그 후유증으로 죽었다.

한 근거가 있다. 명대 200년 동안은 명나라가 망할 무렵까지 동남 지역 사대부들이 충의를 다하면서 '풍아風雅'의 기풍이 없어지지 않아 명사와 재능 있는 기녀 사이의 풍류 이야기가 감칠맛 나게 전개되었을 뿐만 아니라 절개와 의리를 지킨 이야기 또한 생생하고 흥미롭게 펼쳐졌으며, 심지어 유민의 이야기 내지 절조를 잃은 이들에 대한 이야기도 마찬가지였다. 그 와중에 만들어진 풍부한 정경情境과 의경意境, 인생의 면모는 명대의 시문보다 어쩌면 더 빛나는 측면이 있었다. 오·월 지역에 '충의'가 넘쳐난 일과 그곳 유민사회의 고상한 소질은 또한 사대부 문화가 발달했음을 여실히 증명했다. 명·청 교체기 강남의 반청反淸 운동은 그 기본 동력이 사대부들의 운동이라고 할 수 있다. 그것은 사대부의 정치적 선택과 의지에서 시작되어 그곳 사대부들의 정신적 품질과 문화적 수준을 구현한 것이었다. 역사가들이 즐겨 이야기하는 명·청 교체기라는 이 거대한 무대는 강남 사대부들의 빼어난 연기가 있었기에 비로소 지속적인 매력을 담보할 수 있었던 것이다.

오·월 지역 인사들이 그 지역에 대해 이야기한 것에는 또한 그 지역 문화의 부정적인 가치에 대한 비판이 포함된다. 그러한 부정적인 비판

**** 소곤생(1600~1679)은 하남 고시固始 사람으로 말년에는 금릉에 살았다. 그는 본명이 주여송周如松인데, 명나라 말엽에 '남곡천하제일南曲天下第一'이라고 칭송받던 가수였다.

***** 변옥경(1623?~1665)은 응천부 상원上元(지금의 난징에 속함) 사람으로 원래 이름은 변새卞賽이고 자는 운장雲裝이며, 자호는 옥경도인玉京道人이라고 했다. 그녀는 마상란馬湘蘭(1548~1604), 고횡파顧橫波(1619~1664, 자는 미생眉生, 또는 후생後生, 호는 횡파橫波), 이향군李香君(1624~1653, 호는 향선추香扇墜), 동소완董小宛(1624~1651, 자는 소완小宛, 호는 청련青蓮), 구백문寇白門(1624~?, 자는 백문白門), 유여시柳如是(1618~1664, 자는 여시如是), 진원원陳圓圓(1623~1695, 자는 원원圓圓 또는 원방畹芳)과 더불어 '진회팔염秦淮八艷'으로 명성을 날린 기생이다.

****** 황원개(1620?~1635)는 절강 수수秀水(지금의 자싱嘉興) 사람으로 자는 개령皆令이다. 사대부 가문의 딸이었던 그녀는 명·청 교체기의 전란 속에서 어린 시절 정혼한 양세공楊世功과 결혼하여 궁핍한 삶을 살다가 서로 이사하여 그녀가 직접 그린 글자와 그림을 팔아 생계를 유지했다. 평생 『남화관고문시집南華館古文詩集』을 비롯한 많은 저작을 지었으나 지금은 대부분 없어지고 호문해胡文楷가 편찬한 『역대부녀저작고歷代婦女著作考』에 총 71수의 작품이 모아져 있을 뿐이다.

은 어쩌면 그 지역 인문정신의 발달을 더욱 잘 증명해줄 수도 있겠다. 예를 들어 전겸익은 오 지역 문인들이 독자적으로 절조를 지키는 것이 부족하다면서, "속세의 유행에 동화되기를 좋아해 특출하게 분발하지 못한다"*고 했다. 또 황종희는 강남 사대부들이 벼슬길에 들어서려고 열심이어서 명나라가 망할 무렵에도 "때를 이용해 명성과 지위를 얻으려 하는 것"**을 잊지 않았다고 했다. 절 지역의 풍속을 이야기할 때 황종희는 더욱 격렬했다.

> 풍속이 무너진 것은 절 지역이 더욱 심하여 대체로 유연하고 온순한 태도와 빌붙어 순종하는 말을 익히고, 옳고 그름을 구분하지 않고 잘잘못을 가리지 않는 것을 성공의 지름길이라고 여기면서 더 이상 충의나 명예, 절조가 귀중한 것인지 모른다.
> 風俗頹弊, 浙中爲尤甚, 大率習軟美之態, 依阿之言, 而以不分是非, 不辨曲直爲得計, 不復知有忠義, 名節之可貴.**19**

강남 인문의 성격에 관해서 "오 지역 인사들은 경솔하게 화려한 것만 추구하여 꾸밈文과 바탕質에 뿌리가 없다"***고 한 전겸익의 말은 이미 일상적인 설명에 가까웠다. 장이상은 자신의 제자가 "동남 지역에서 태어났는데, 그 지역은 무예에 익숙하지 않으니 하늘이 힘을 주지 않았기 때문"****이라고 하면서 또 "남방의 학문은 결국 바탕보다 꾸밈이 더 많은데, 그 또한 그곳 기풍이 그렇게 만든 것이어서 비록 현자가 있

---

* 원주: "好隨俗尙同, 不能踔厲特出."(「孫子長詩引」, 『牧齋有學集』 권40, 1086쪽)

** 원주: "乘時獵取名位."(「萬懷庵先生墓誌銘」, 『黃宗羲全集』 제10책)

*** 원주: "吳中人士輕心務華, 文質無所根抵."(「張子石六十壽序」, 『牧齋有學集』 권23, 929쪽)

**** 원주: "生於東南, 地不嫺弓馬, 天不授膂力."(「祭張言雅文」, 『楊園先生全集』 권22)

다 할지라도 벗어나기 어렵다. 그에 앞서서 독실하게 실천한다면 잘못될 염려가 없을 것이다"*라고 했다. 오 지역의 사치스러운 풍속은 평소 선비들의 논의에서 불만을 나타내던 부분이었다. 『안씨가훈顏氏家訓』「치가治家」에서는 '북방北土 풍속'의 '근검절약躬儉節用'을 '강남의 사치'와 대비시켰다. 명나라 초기에 태조는 "참람되게 사치스러운 오 지역 풍속을 법으로 엄히 통제하고자"**했다. 만력 연간의 맹일맥孟一脈***은 상소문에서 "동남 지역의 부유한 곳들은 쓸데없이 지나친 기교에 빠져 있고"" 민간에서는 습관적으로 화려하게 사치를 부린다"고 했다.**** 오 지역의 현령을 역임한 원굉도袁宏道는 『금범집錦帆集』「세시기이歲時紀異」에서 이렇게 썼다.

> 내가 우연히 옛 기록을 읽다가 범공과 왕공이 오 지역 세시 풍속을 기록한 것을 보고 그 사치스러움이 날이 갈수록 더 심해지는 데에 탄식하지 않은 적이 없었으니, (…) 사회의 도덕과 풍속을 담당하는 관리가 남모르는 근심이 없을 수 없겠다.
>
> 余偶閱舊志, 見範王二公書吳中歲時, 未嘗不嘆俗之侈靡, 日漸而月盛也. (…) 司世道者, 不能無隱憂矣.(『袁宏道集箋校』, 上海古籍出版社, 1981, 182쪽 및 184쪽)

---

* 원주: "南方之學, 終是文勝其質, 亦風氣使然, 雖有賢者, 亦不能免. 先之以篤行, 乃無流失之患."(「願學記二」, 『楊園先生全集』 권27)

** 원주: "吳俗奢僭, 欲重繩以法."(『明史』 권142 "姚善"의 전기)

*** 맹일맥(1535~1616)은 평음平陰 동아진東阿鎭(지금의 산둥 성 지난濟南에 속함) 사람으로 자는 숙공淑孔이고 별호는 연주連珠다. 융경 5년(1571) 진사에 급제하여 산서 평요지현, 남경어사, 건창추관建昌推官, 남경우통정, 우첨도어사 등을 역임했고, 죽은 뒤 부도어사에 추증되었다.

**** 원주: "東南財賦之區, 靡於淫巧, (…) 民間習爲麗侈."(『明史』 권235 "孟一脈"의 전기)

명·청 교체기에 이르러서도 귀장은 "오늘날 오 지역 풍속은 이미 지나치게 사치스럽다"*고 개탄했다. 주이존이 「강남을 순무하러 가시는 탕빈湯斌** 선생을 전송하며送湯潛庵先生巡撫江南序」에서 말한 '장강 이남'은 의심할 바 없이 오 지역을 포괄한다.

> 장강 이남은 사민의 직업에 종사하는 이들이 열에 겨우 다섯밖에 안 되고 놀고 있는 백성이 절반을 차지한다. 편안히 노래하고 춤추며 좋은 옷과 음식을 즐기고 산수를 유람하며 노니나니, 그곳을 지나는 이들은 번화하고 아름다운 곳이라며 가리켜 칭송하는데, 이는 백성이 피폐하여 겨나 싸라기조차 배불리 먹지 못하는 이들이 있음을 모르는 처사다.
> 大江之南, 職四民之業者, 十僅得五, 而遊民居其半焉. 安歌便舞, 襜衣甘食, 山邀而水嬉, 經過者指爲繁華佳麗之地, 不知四民敝迤, 有糠秕不充者.(『曝書亭集』 권41, 497쪽)

필자는 다른 곳에서 자세히 논할 생각인데, '사치汰侈' 역시 '강남 풍류'와 명·청 교체기 강남의 문인 문화를 유지하는 기본 조건이었음을 있는 그대로 간주해야 한다.

명·청 교체기 오·월 지역 사대부의 그 지역에 대한 비판은 복잡한 감정에서 비롯되었다. 황종희가 "강동에서 사대부의 도의가 다했다江東衣冠道盡"고 했을 때 말하고자 한 것은 강남 사대부의 처지뿐만 아니

---

* 원주: "今日吳風汰侈已甚."(「太倉顧氏宅記」, 『歸莊集』 권6, 351쪽)

** 탕빈(1627~1687)은 하남 수주睢州(지금의 허난 성 쑤이睢 현) 사람으로 자는 공백孔伯이고 호는 형현荊峴, 만년의 호는 잠암潛庵이다. 순치 9년(1652) 진사에 급제하여 국사원검토, 한림원시강, 『명사』 총재 등을 역임했다. 주요 저작으로 『잠암어록潛庵語錄』『잠암문초潛庵文鈔』『춘추증주春秋增注』 등이 있다.

라 인정이 험악함을 지적하기 위함이었다. 그와 오위업 등이 침통하게 언급했던 강남 문화의 쇠락은 비록 개인적 경험에 국한된 것이기는 하지만 그 안에서도 강남 사대부들의 지극히 섬세하고 민감한 문화적 감성을 발견할 수 있다. 예를 들어 기개와 품위, 격조, 경지境界에 대한, 그리고 사회적 지위 내지 품류流品와 같은 부류의 기질氣類에 대한 문화적 감성이 그것이다. 이 또한 위·진과 북송, 남송에서 명대에 이르기까지 강남 경제의 발전과 사대부 세족들의 번성, 문인 문화의 세련화에 의해 훈련된 일종의 문화적 안목이었다. 이러한 섬세하고도 '심미적'인 문화 감각은 필연적으로 황종희나 오위업 같은 인물들로 하여금 왕조 교체기의 문화 변천에 대해 한층 더 깊은 고통을 느끼도록 만들었다. 예를 들어 황종희 등의 상처감傷處感과 문화적 우려는 또한 동남 지역 인사들의 사명에 대한 자각을 토대로 한 것이었다. 동남 지역 문화를 존속시킴으로써 '명 왕조'를 존속시킬 뿐만 아니라 나아가 그 지역에서 '유가의 고상한 문화斯文'와 한족 사대부 문화를 존속시킴으로써 화하 문명을 존속시키자는 것이었다. 이러한 우려는 바로 문화적 자부심과 표리관계를 이루는 것이었다. 그들이 동남 지역 사대부 문화를 화하 문명의 존망과 연계시킨 것도 나름대로 근거가 있었다. 설령 바로 이러한 '선비 문화士文化'의 안목이 오랜 기간에 걸친 문화사에 대한 인식을 '편향적偏'이고 '기형적畸'으로 만들었다 할지라도.

송·원 교체기와 명·청 교체기에 동남 지역 문인 문화가 전쟁으로 난세에도 번영했던 것은 당연히 연구해볼 만한 현상이다. 명·청 교체기에 발생한 그것은 고대사회에서 이러한 문화가 누린 최후의 번영이었다. 그로부터 수십 년 뒤에 그런 성황이 더 이상 나타나지 않음을 개탄한 이가 있었다. 김식金埴*은 『불하대편不下帶編』 권1에서 오 지역의 담연談筵에 대해 기록했다.

30년 전에 오 지역의 이런 풍속은 주이존과 조집신趙執信** 두 분이 오래전에 선후로 종적을 남기셔서 예전에는 훌륭한 빈객이 많았다. (…) 지금은 담연을 마련하는 것이 번성한 오 지역일지라도 역시 쇠퇴하여 손님을 따뜻하게 대하던 풍속이 장차 냉대하는 쪽으로 바뀔 지경이다. 심지어 대문에 빗장을 걸고 거절하는 경우도 있다. 아! 처음에는 세상 풍속이 이런 지경까지 변할 줄 생각지도 못했다. 어떤 이가 시를 지어 개탄했다. '담연은 이제 소주에서도 끝났으니, 손님을 환대하는 일은 늘 드물고 냉대하는 일만 무성하구나. 차 한잔 대접하고 바로 작별하면서도, 그것(담연)이 동진의 풍류인 줄 모르는구나!' 이것은 당연히 풍속의 자연스러운 성쇠를 나타낸 것이겠지만 또한 우리의 도가 더욱 쇠미해졌다!

卅載前, 吳門此風, 以竹垞, 秋谷二太史先後遊踐之久, 向盛好客 (…) 今則談筵之設, 雖吳門盛地, 亦就衰歇, 暖客且爲冷客矣. 甚有 扃戶以拒者. 噫, 初不意世風之變至此. 有題詩以慨之云: '談筵今 亦罷蘇州, 暖客常稀冷客稠. 茗進一杯旋取別, 不知若個晉風流.' 斯 固風會之盛衰, 亦微吾道之益窮矣.(『不下帶編』 권1, 中華書局, 1982, 9쪽)

---

* 김식(1663~1704)은 절강 산음 사람으로 자는 원손苑孫 또는 소담小郯이고 호는 환환자鰥鰥子, 용옹聾翁, 천인淺人, 학문堅門 등을 썼다. 그의 생애에 대해서는 자세히 알려진 바가 없으며, 다만 부친 김욱金煜이 순치 10년(1653) 진사에 급제하여 산동 담현郯縣의 지현에 임명되어 강희 9년(1670) 파직될 때까지 오랜 기간 산동에서 살았던 것으로 보인다. 김식은 누차 시험에 응시했으나 수재에도 급제하지 못하고 주로 막료생활을 했는데, 말년에는 그나마도 구하지 못해 어렵게 살았던 듯하다. 저작으로 자신의 견문을 기록한 『불하대편』 『건상설巾箱說』 등을 남겼다.

** 조집신(1662~1744)은 청주부 악도益都(지금의 산동 성 쯔보淄博에 속함) 사람으로 자는 신부伸符이고 호는 추곡秋谷이며 만년에는 이산노인飴山老人, 지여노인知如老人 등의 호를 썼다. 18세에 진사에 급제한 그는 우춘방우찬선右春坊右贊善 겸 한림원검토를 역임했으나 28세 때 동황후佟皇後의 국상 기간에 홍승洪昇이 지은 『장생전長生殿』의 공연을 관람한 일로 탄핵을 받아 파직되었고, 이후 생을 마칠 때까지 50년 동안 벼슬길에 나아가지 않았다. 주요 저작으로는 『이산시문집飴山詩文集』 『담룡록談龍錄』 『성조보聲調譜』 『예속권형禮俗權衡』 등이 있다.

오·월 이외의 남방

남북은 아주 오래된 공간-방위 개념이다. 이 절에서 논의하는 이 시기에 이르러 사람들은 경험과 지식의 축적에 힘입어 자신들의 생존 공간에 대해 감지하는 능력이 이미 지극히 풍부해졌다. 사대부들이 평소 관심을 가지던 것은 또 종종 '지역'이 인문 환경을 만들어내는 데에서, 인격을 구성하는 데에서 발휘하는 역할이었다. 이와 관련된 인식은 인간에 대한 관찰에서 얻어졌다. 산천에 대한 역사지리학적 연구와 여행가의 기록은 보통 인문지리에 관한 사대부들의 경험을 표현하는 형식이었다.

앞서 설명한 발음에 대한 차별의 예에서도 알 수 있듯이, 당시 남북의 비교에서 '동남'은 종종 예전부터 존재했던 지리 개념을 계승한 것일 뿐, 민閩(복건)이나 월粵(광동) 등지는 포괄하지 않았다. '남북'뿐만 아니라, 똑같은 남방 사람이라 하더라도 그 지역의 개발 시기와 개화의 정도, 문명 발전의 수준이 여전히 '차별'의 근거가 되었다.[20] '정치'에서는 여전히 더욱 심각한 지역적 편견과 차별이 있었다. 홍무 13년(1380)에 주원장은 "몸소 전국을 나누어 지방관을 임용할 3대 상호변조구역互調區域을 정했다. (…) 심사에 떨어진 자들과 폄적된 이들은 남북을 가리지 않고 모조리 광동과 광서, 복건 정주汀州, 강서 용남龍南과 안원安遠, 호광 침주郴州 등지에 임용하여 상벌의 엄명함을 보여주었다."* 하지만 사람들의 지리 개념은 결국 계속해서 변할 수밖에 없다. 『광양잡기』에서 "서북쪽의 끝과 동남쪽의 끝에서 호걸들이 모두 때맞춰 나왔다"**

---

* 원주: "親自把全國裁定爲地方官任用三大互調區域 (…) 考核不稱及降謫者, 不分南北, 悉於廣東西, 福建汀州, 江西龍南安遠, 湖廣郴州之地任用, 以示勸懲."(關文發, 顔廣文, 『明代政治制度研究』, 中國社會科學出版社, 1995, 214쪽)

고 했을 때 '서북쪽의 끝'과 '동남쪽의 끝'은 각기 진秦(섬서)과 민(복건)을 가리킨다. 그런데 사실 이 책에서 논의하는 이 시기에 이르면 오·월과 호湖·상湘 외에 민, 월, 전滇(운남), 검黔(귀주) 등지의 개발 양상이 대단히 볼만했다. 그 이전에 사대부의 이하론夷夏論은 더 이상 남만과 북적을 똑같이 간주하지 않았으니, 『금언』에서는 이렇게 말했다.

> 예로부터 남만과 북적은 달랐다. 사방 오랑캐 가운데 경전에 보이는 것은 삼묘에서부터 비로소 계단 앞에서 문무의 춤을 추었으니, 지금도 살펴볼 수 있다.
> 自古南蠻與北狄不同. 四夷經見者, 自三苗始, 干羽兩階, 今可鑑也.(권3, 193조)

명·청 교체기에 왕부지는 이른바 '천지의 추세天地之勢'라는 것으로 북적과 서이西夷가 "중국과 합쳐질 수 없음不可合於中國"을 증명하고, 동시에 "귀양貴陽의 귀축貴築과 운남의 곤명崑明은 지금에 이르러 예의를 갖춘 나라가 되었으며"**** 팔민八閩과 동월東粵은 "'고상한 교화가 펼쳐진 지역文敎之邦'으로 변했고"(『讀通鑑論』 권21, 793쪽) "강소와 절강, 복건, 사천 지역은 고상한 교화가 나날이 일어나서 남해 바닷가나 운남 땅에까지 이학理學과 절의節義, 문장, 공적에 따라 인재로 선발되기를 다투어 바라고 있다"****고 했다. 이것들은 관련 지역을 "중원의 문화로 오랑캐를 변화시킨用夏變夷" 표본으로 삼고 있다.

** 원주: "極西北與極東南, 豪傑皆爲時出."(『廣陽雜記』 권3, 146쪽)

*** 원주: "貴築崑明垂及於今而爲冠帶之國."(『讀通鑑論』 권3, 138쪽)

**** 원주: "江, 浙, 閩, 楚文敎日興, 迄於南海之濱, 滇雲之壤, 理學節義文章事功之選, 肩踵相望."(『讀通鑑論』 권3, 138~139쪽)

명·청 교체기의 정치 투쟁에는 당연히 엄청난 파괴가 있었지만 건설적인 부분도 있었다. 천위안은『명계전검불교고』에서 명 말엽의 승려들이 남서 지역을 개발하는 데 공헌한 사실을 자세히 서술하며 칭송했다. 짧은 영력 정권의 존재는 그래도 운남과 귀주의 인문 환경에 심원한 영향을 주었다. 지리학을 공부하며 그 지역을 답사한 적이 있는 양빈은 이렇게 말했다.

> 운남은 송나라 이후로 기풍이 점차 열리기 시작했다. 또 이전에 40, 50년 동안 일어난 엄청난 사변은 사방 만국의 오랜 역사에서 여태 없었던 일들인데 운남에서는 모두 일어났다.
> 滇自宋而後, 風氣漸開. 又先是四五十年間, 事變之大, 極四方萬國千百世所未有者, 滇皆有之.(「滇遊詩序」,『懷葛堂集』권2, 民國胡思敬校刊本)

명·청 교체기의 역사가 그 지역의 발전에 미친 긍정적인 자극과 지속적인 영향은 운남과 귀주 외에도 동남 지역—천인커陳寅恪가 이야기한 '민해동남閩海東南'—을 예로 들 수 있다. 천인커는 이렇게 말했다.

> 정지룡鄭芝龍[*]과 정성공鄭成功[**] 부자 이후로 복건과 동해 동남부 지역은 지금까지 200여 년 동안 인간사의 변천을 겪어왔지만 사실 한 모퉁이로 전국의 무게에 연관시켰을 뿐이다.
> 自飛黃大木父子之後, 閩海東南之地, 至今二百餘年, 雖累經人事之遷易, 然實以一隅繫全國之輕重.(『柳如是別傳別傳』, 上海古籍出版社, 1982, 727쪽)

또『광양잡기』권4에는 이렇게 적혀 있다.

천하에는 네 군데 모이는 곳이 있다. 북쪽으로는 경사인 북경이 있고 남쪽으로는 불산, 동쪽은 소주, 서쪽은 한구다. 그러나 동해 바닷가에서는 소주 외에 또 무호와 양주, 강녕, 항주가 있어 그 세력을 나누고 있지만 서쪽에는 한구뿐이다.

天下有四聚: 北則京師, 南則佛山, 東則蘇州, 西則漢口. 然東海之 濱, 蘇州而外, 更有蕪湖, 揚州, 江寧, 杭州以分其勢, 西則惟漢口 耳.(193쪽)

여러분은 어렵지 않게 이 지도 위의 불산에 주목할 것이다. 위례魏 禮***는 「제자 양경이 혜주에서 광주까지 여행한 일에 대하여爲門人楊京遊 惠州至廣州序」에서 이렇게 썼다.

그러나 지금의 영남은 옛날의 이른바 영남이 아니다. 한유가 조주

---

* 정지룡(1604~1661)은 복건 천주泉州 사람으로 자는 비황飛黃 또는 비룡飛龍이고, 천주교 세 례명은 니콜라스Nicolas, 尼古拉이며 유럽 문헌에는 그의 어릴 적 이름인 이콴一官, Iquan과 합 쳐져서 니콜라스 이콴Nicholas Iquan, 尼古拉 一官으로 알려져 있다. 명말 동남 연해와 타이완, 일본 등지를 기반으로 한 해상海商 겸 해도海盜로서 강력한 해상 무장 세력을 거느렸다. 1628년 에는 명나라 조정으로부터 도독동지都督同知에 임명되었고, 얼마 후 청나라에 투항하여 베이징 에 연금되어 그의 아들 정성공鄭成功을 투항시키려는 인질 역할을 하다가 결국 그 일이 실패하자 1655년에 투옥되었고, 끝내 처형되었다.

** 정성공(1624~1662)은 정지룡의 아들이며 본명은 삼森 또는 복송福松이고 자는 명엄明儼 또 는 대목大木이다. 남명 융무제가 황실의 성인 '주朱' 씨와 '성공成功'이라는 이름을 하사했다. 1645년 청나라 군대가 강남을 공격하고 나서 얼마 후 정지룡이 청나라에 투항하고 모친이 자살 하자 그는 부친이 이끌던 부대를 인솔하여 동남 연해에서 항청抗淸운동을 계속했다. 1661년에는 타이완 해협으로 건너가 이듬해에 타이완을 점거하고 있던 네덜란드 동인도회사의 병력을 격파하 고 타이완을 거점으로 활동하다가 병사했다. 저작으로 『연평왕집延平王集』이 있다.

*** 위례(1628~1639)는 강서 영도寧都 사람으로 자는 화공和公이며, 위희魏禧(1624~1680)의 동생이 다. 누차 과거에 급제하지 못하자 제생의 신분을 버리고 전국을 유람하며 저명한 은사들과 교유하다 가 50세 이후 고향으로 돌아가 은거했다. 주요 저작으로 『위계자시문집魏季子詩文集』이 있다.

에 폄적되었을 때에는 두려워하며 죽음에 임박했다고 걱정했지만 지금의 사대부들은 열심히 일하며 마음에 드는 지역이라고 여길 것이다. 소식이 폄적되었을 때에는 혜주에 있었는데, 지금은 혜주도 좋은 곳이 되었다. 그러므로 지역이라는 것은 시대에 따라 바뀌고 사람은 지역에 따라 변하는 것이니 또 어찌 억측할 수 있겠는가?

然而今之嶺南, 非昔之所謂嶺南矣. 愈之貶潮州也, 凜然有愁迫死亡之憂, 而今之士大夫營爲而樂得其地者矣. 軾之貶, 猶在惠州, 今惠州亦爲善士矣. 然則地與時遷, 人從地變, 又惡可測哉.(『魏季子文集』 권7)

왕원王源＊은 「영상풍물기서潁上風物紀序」에서, "강남은 옛날에는 황량한 변방이었는데 동진 때에 사대부들이 강남으로 건너오면서 인문이 흥성하기 시작했다. 복건과 광동은 외진 곳이었는데, 남송 이래로 강소 및 사천 지역과 경중을 겨루게 되었다"고 하여 "사방의 기풍이 변천하는 것은 원래 시대의 흐름으로 인한 것인데 그것을 사람 탓으로 돌리려 한다"는 것을 증명하려 했다.＊＊ 황종회도 「지기地氣」에서 이렇게 썼다.

기풍이 열리고 닫히거나 통하고 막히는 것은 대개 시대에 따르는 바인데 폐단을 바로잡고 풍속을 개선하는 것은 사실 사람으로 인

＊ 왕원(1648~1710)은 직예 대흥大興(지금의 베이징에 속함) 사람으로 자는 곤승崑繩 또는 혹암或庵이다. 명나라가 망한 후 벼슬길에 나아가지 않고 주로 강회 지역에서 학술활동을 했는데, 대명세의 『남산집南山集』 사건으로 인해 참수형에 처해졌다. 주요 저작으로 『평서不書』 『거업당문집居業堂文集』 등이 있다.

＊＊ 원주: "江左古屬荒徼, 東晉衣冠南渡, 人文始盛. 閩, 粵尤僻遠, 南宋來與吳, 蜀爭衡 (…) 四方風氣變遷, 固由世運, 要其轉移在人."(『居業堂文集』 권13)

해 진행되는 것이다.

風氣之開闔通塞, 蓋隨於時, 而其釐弊改俗, 實因人以驅之.(『縮齋文集』, 7쪽)

이 시기에 굴대균과 같은 광동 사람들은 강렬한 지역의식을 드러냈다.

광동은 내 고향이다. 내 고향에 대해 서술하지 못하면 천하에 대해 서술할 수 없다. 문화가 내 고향에 있었기에 천하에도 있게 된 것이다.

廣東者, 吾之鄕也. 不能述吾之鄕, 不可以述天下. 文在於吾之鄕, 斯在於天下矣.(「廣東文選自序」, 『翁山文外』 권2)

아! 광동의 문헌은 한나라 이래 흥성함이 이와 같았던바 옛사람들은 축융의 언덕이니 일남日南의 땅*이니 하며 밝게 빛나는 그곳의 햇볕과 품고 있는 불의 덕이 대부분 보배로운 구슬과 단사, 종유석, 가남伽倆**등 여러 사물에 모이지만 사람에게는 별로 모이지 않는다고 함부로 말했는데, 어찌 그렇겠는가!

噫嘻, 百粵之文獻, 自漢以來, 其盛遂有如此, 而昔人猥謂祝融之墟, 日南之地, 其陽德之所炳耀, 炎精之所孕含, 多鍾于珠璣, 丹砂, 石乳, 伽倆諸物, 而罕鍾於人; 夫豈其然乎哉.(「廣東文選序代」, 『翁山文外』 권2)

---

* '일남의 땅'은 지금의 베트남 중부 지역을 가리킨다. 『삼국지』 「오지吳志」 권8에서는 이 지역 사람들이 "남녀가 벌거벗고 지내면서도 부끄럽게 여기지 않는다日南郡男女裸體, 不以爲羞"고 했다.
** 가남은 기남奇南이라고도 하며 침향沈香을 만드는 재료가 되는 나무다.

부모의 고을을 천하의 근본으로 삼는 것이니 그래서 『춘추』는 노나라 역사에서 비롯되었고, 「비서」가 『서경』에 들어 있고, 「노송」이 『시경』에 들어 있는 것이다.

以父母之邦爲天下之本, 此春秋之所以因乎魯史, 而費誓之所以殿乎書, 魯頌之所以殿乎詩也.(「嶺南詩紀序」, 『翁山文外』 권2)

굴대균의 고향에 대한 감정은 그의 저서 『광동신어』에서 더욱 집중적으로 나타난다. 그가 말한 '우리 월吾粵'은 황종희가 말한 '우리 월吾越'과 마찬가지로 지역 문화에 대한 자부심과 인문적 관심을 수시로 글 속에 표현한 증거였다. 그가 『광동문집廣東文集』을 편찬하고 『광동문선廣東文選』을 간행한 것도 모두 문화를 건설하겠다는 명확한 동기가 있어서였다.[21]

굴대균은 또 일반적인 선비들이 경험할 수 없는 해남海南에 대해서도 기술했다. 그의 「오단열선생애사吳端烈先生哀辭」는 송대 말엽 이래 명대에 이르기까지 교화에 성공한 경주瓊州의 인문 풍경을 이렇게 서술했다.

명나라가 일어나면서 인재가 대대적으로 나왔다. 구준과 해서는 문장과 도덕, 훌륭한 계책과 치국 계획으로 성대하게 저명한 재상들 가운데 으뜸이 되었다. 성화 2년(1466) 가을에는 설원(1414~1495, 자는 계원繼遠)이 호부상서로 승진했고, 형유(1416~1481, 자는 극관克寬)는 도어사로 승진했으며, 구준은 한림학사로 승진했으니, 모두 한 달 사이에 일어난 일이다. 비록 천하에서 명망 높은 지역이라 할지라도 사대부들의 경사가 경주와 같은 곳은 드물다. 경주는 원래 바다 가운데 있는 큰 섬이라 경기 지역과는 지극히 멀리 떨어져 있다. 태조께서 '남쪽 먼 바다의 빼어난 지역南溟奇甸'이라고 칭한 이래 100년도 되지 않아서 어진 인재들이 계속해서 분분하게 일어나 3000리가 넘는 오지산五指山을 둘러싸서 드디어 명신名臣이 많이 나오는 지역이 되었다.

明興, 人才大起. 丘文莊海忠介以文章道德嘉謨嘉猷, 鬱爲名卿大夫之冠. 當成化二年秋, 薛公遠進戶部尙書, 邢公宥進都御史, 而文莊進翰林學士, 皆在一月之內, 雖天下望郡亦罕有衣冠勝事如瓊者. 瓊本海中一大洲, 去畿輔絶遠. 自孝陵稱爲南溟奇甸, 未百年而人賢奮興, 肩背相望, 環五指之山三千餘里, 遂爲名臣之淵藪.(『翁山文外』권14)

역당易堂의 여러 학자 가운데 팽사망彭士望과 위례魏禮는 영남嶺南과 경주까지 여행의 발길이 닿은 적이 있다. 팽사망은 경주의 개발을 통해서 "산천은 나라의 운세에 따라 변한다山川以國運昇降"고 이야기했으니 유민의 취향이 뚜렷하다.

내 생각에 경주는 한나라와 수나라 때에는 반란을 일으키고 순복하는 것이 일정하지 않아서 자주 정벌에 힘썼지만 금방 다시 버림을 받아 결국 중국에 별로 중요한 의미를 지니지 못했다. 당·송에 이르러 저명한 신하들이 내침을 당했을 때 이 지역으로 폄적당하면서 비로소 그 이름이 세상에 널리 알려졌다. 남송 시기에 '애문의 해전'이 일어났을 때 장세걸(?~1279)과 육수부(1236~1279, 자는 군실君實 또는 연옹宴翁)가 동시대에 있었고 군주와 신하가 익사하는 지경에 이르도록 항복한 이가 하나도 없었으니, 중원의 정기가 오지산에서 드높아 드디어 고금을 지탱하는 기둥이 되었다.

竊按瓊自漢隋時, 叛服不常, 時勤戰伐, 旋復棄捐, 了不爲中國輕重.
逮唐宋諸名臣遭擯斥, 遷謫茲土, 而其名始大著於天下. 南宋崖門之
役, 張陸同時, 主臣及溺, 無一人降者, 中原正氣高於五指, 遂爲古今
楷柱.(「瓊島行詩序」, 『樹廬文鈔』 권6)

여전히 오·월 지역 인사들의 차별로부터 벗어나지 못하고 있던 '초'
지역에도 이 책에서 논의하고 있는 이 시기에는 왕부지와 같은 인물이
있었다. 왕부지와 동시대 위대한 유학자들 사이에 나타난 글의 이치
및 사유 방식의 차이는 어쩌면 그가 가진 초 문화라는 배경을 통해서
도 해석할 수 있을 것이다.[22] 그의 아들 왕어王敔*는 「대행부군행술大行
府君行述」에서 부친에 대해 이렇게 썼다.

　　또 문장의 변화는 『장자』보다 더 오묘한 것이 없고, 사부의 원류
　　는 굴원과 송옥보다 높은 것이 없다. 『장자』에서 성스러운 유교의
　　오류를 비판하는 「외편」과 「잡편」을 제외하면 그것이 나타내는 도
　　는 여전히 높고 먼 곳을 지향하면서도 소탈하게 처신하는 예에
　　속한다. 굴원은 애통한 원한을 지니고 상수에 몸을 던져 고금의
　　역사에 길이 남을 충정에 대한 애통함을 껴안았지만, 그의 숨겨
　　진 정황은 전해지는 것이 없다. 이에 그것을 위해 모두 주석을 붙
　　여서 『장자연』과 『초사통석』이라고 하셨다. 또 별도로 『장자통』을
　　지어 장주의 뜻을 올바른 곳으로 인도하셨고, 스스로 『구소』를

---

* 왕어(1656~1730)는 호남 형양衡陽 사람으로 자가 호지虎止이고 호는 초휴蕉畦다. 왕부지의
둘째 아들로 강희 25년에 수재가 되었고, 이후 학생들을 가르치다가 64세에야 향시에 응시하여
공생貢生이 되었다. 주요 저작으로 『초휴자소蕉畦字溯』 『초휴존고蕉畦存稿』 『급급초笈笈草』 등
이 있다.

지어 삼려대부 굴원의 뜻을 밝히셨다.

又以文章之變化莫妙於南華, 詞賦之源流莫高於屈宋, 南華去其外
篇, 雜篇訶斥聖門之誣妄, 其見道尙在狂簡之列, 屈子以哀怨沉湘,
抱今古忠貞之慟, 其隱情莫有傳者. 因俱爲之注, 名曰『莊子衍』, 『楚
詞通釋』. 更別作『莊子通』, 以引漆園之旨於正. 自作『九昭』以旌三閭
之志.(『船山全書』 제13책, 484쪽)

　왕부지 본인의 사상이 활발하고 언어의 재료가 풍부—또한 '잡박
雜駁'하다고도 할 수 있는데—하며 글을 쓸 때 격식에 얽매이지 않았
던 것도 당연히 앞서 설명한 배경과 관련이 있을 것이다. 설령 그가 논
한 『장자』가 여전히 당시 유학의 언어 환경에서 이루어진 것이라 할지
라도 말이다.[23] 그가 '초'와 '상湘'에 대해 칭송한 것은 여러 시에 나타
나 있으니 일일이 예를 들 수 없을 정도다. 두준杜濬은 초 지역 사람인
데, 비록 타향인 금릉에서 오래 지내면서 고향으로 돌아가지 못했지만
초 지역에 대해 즐겨 이야기했다.

　200년 이래 천하의 시는 대부분 우리 초 지역이 옮겨간 것으로
　간주한다. 그것은 장사(즉 이동양李東陽)*에서 시작되어 공안과 경
　릉으로 이어졌는데, 비록 각자 수법을 따로 내놓아서 서로 차이가
　있지만 천하의 호걸들을 구속하여 우리 뜻대로 몰고 다닐 수 있

─────────

* 이동양(1447~1516)은 호남 다릉茶陵 사람으로 자는 빈지賓之이고 호는 서애西涯다. 명나라 때
다릉은 장사부長沙府 관할이었기 때문에 이다릉 또는 이장사라 불리기도 했다. 그는 천순天順
8년(1464) 진사에 급제하여 4명의 황제를 섬기면서 광록대부 겸 좌주국左柱國, 소사 겸 태자태사,
이부상서 겸 화개전대학사華蓋殿大學士를 지냈고 죽은 뒤 태사에 추증되었으며 시호는 문정文
正이다. 주요 저작으로 『회록당고懷麓堂稿』 『회록당시화懷麓堂詩話』 『연대록燕對錄』 등 다수가
있다.

었으니 어찌 한때의 극성함이 아니었겠는가!

二百年來, 海內之詩, 大都視吾楚爲轉移, 始之爲長沙, 繼之爲公安, 又
繼之爲竟陵, 雖各出手眼, 互有異同, 然能拘束天下豪傑之士, 受我馳
驅, 豈非極一時之盛哉.(「跋袁中郎遺墨後」, 『變雅堂遺集』文集 권3)

초 지역은 허접한 수레를 몰고 헤진 옷을 입은 채 산림을 개척한
고을이지만, 초사의 작가로 굴원과 송옥이 있었고 시인으로 두보
와 맹호연이 있어서 고금의 으뜸으로 칭송된다. 우리 명대의 시를
대대로 일으킨 이는 넷인데 초 지역 출신이 그 가운데 셋을 차지
한다. 하경명과 이봉양의 앞길을 연 이가 또 이동양이니 가히 시
의 고장이라 할 만하지 않은가? (⋯) 그런데 기피하는 이들은 초
지역을 원망하는 지경에 이르렀으니, 다만 중인 이하의 인정은 당
연히 그럴 것이다.

楚, 蓽路藍縷之鄕也, 然而騷有屈宋, 詩有杜孟, 稱古今之冠, 國朝
之詩代興者四, 而楚居其三, 其開何, 李之先者, 又長沙也, 卽亦可
稱詩國耶? (⋯) 而忌者至於詛楚, 抑中人以下之人情宜然也.(「楚遊草
序」, 『變雅堂遺集』文集 권1)

그다음에 이어지는 내용은 그 지역 인문이 변란 이후에 쇠락하고
있는 데 대한 개탄이다.

지역과 관련된 사대부들의 경험은 넓어진 문화적 시야와 관련이 있
다. 오위업은 「정곤륜문집서程崑崙文集序」에서 산우山右, 즉 산서성의 인
물들에 대해 이렇게 설명했다.

듣자 하니 산서는 풍속이 훌륭하고 기질이 치밀해서 견고하고 훌

륭한 인재들이 우뚝 자라나 북산의 빼어난 재목과 기북 들판의 뛰어난 말처럼 엄혹한 서리에도 나뭇가지가 변하지 않고 긴 비탈을 치달려도 걸음을 잘못 내딛지 않는다. (…) 그 얼마나 장한가! 吾聞山右風完氣密,* 人材之挺生者堅良廉悍, 譬之北山之異材, 冀野之上駟, 嚴霜零不易其柯, 修阪騁不失其步, (…) 抑何其壯也.(『吳梅村全集』 권29, 683쪽)

당시 저명한 산서의 인물인 부산의 문집을 보면 도처에서 자신이 진晉 땅 사람이라는 데에 대한 자부심이 느껴진다.[24] 부산은 '빈한한 기질寒骨'을 지니고 있어 '얼음과 눈 같은 성격氷雪氣味'에 대해 확실히 각별한 애정을 보였다고 한다.(『霜紅龕集』 권14에 수록된 傅庚의 「冷雲齋氷燈詩序」와 권16의 「敍楓林一枝」 참조) 유헌정은 강서와 강남의 풍토를 비교하면서 이렇게 썼다.

강서의 풍토는 강남과 무척 다르다. 강남은 산수와 수목이 비록 아름답지만 부귀한 집의 부녀자 같은 기질이 있어서 우리와는 성정이 맞지 않는다. 강서는 모두 빼어나게 우뚝 솟아 있어 초연하게 높이 나는 정취가 있다.
江西風土, 與江南迥異. 江南山水樹木雖美麗而有富貴閨閣氣, 與吾輩性情不相浹洽, 江西則皆森秀竦揷, 有超然遠擧之致.(『廣陽雜記』권4, 188쪽)

이것은 강남의 산수에 담긴 정신을 읽어내면서 또한 강남 문화에 대

---

* 원서에는 이 부분을 "風氣完密"로 인용했으나, 옮긴이가 확인을 거쳐 수정했다.

한 은근한 비판을 담고 있다. 전겸익도 '강남江右 사대부'와 '강남 인물' '강남의 어조聲氣' '강남 사대부의 기질' 등에 대해 여러 차례 언급했다.(예를 들어 『牧齋有學集』 권35에 수록된 「雲南按察司僉事陳君墓表」 참조) 『금언』 권1 제53조에 제시된 명나라 초기부터 가정 연간까지 조정 내각 신하들의 출신지 통계에 따르면 강남 인물과 명대의 정치적 관계를 어렵지 않게 알 수 있다. 대명세가 안휘 사람으로서 그 지역의 풍습과 휘상徽商에 대해 이야기한 데에도 당연히 친근감이 있다.[25]

지역이 멀리 떨어져 있으면 풍속이 다를 수밖에 없다. 개발이 빨리 되느냐 늦게 되느냐 하는 차이가 있고 토속적인 것과 외부에서 들어온 것이 공존함으로 인해 남중국 문화의 융합과 특화 과정은 동시에 추진되었다. 그리고 북중국에 비해 그것은 더 작은 구역으로 나뉘어 진행되었다. 이 시기 남방 사대부들의 남방 인문에 대한 해석에서도 더욱 세밀한 지역 의식과 사대부들의 '인문지리'에 대한 경험이 나타났다. 사대부들의 지역 의식이 세밀화된 것은 당연히 경제 발전과 정치 변혁, 행정구역 획정의 결과로서 사대부들이 심각하게 바라던 전통과 관련 있다. 앞서 설명한 요소들은 말할 필요 없이 모두 '향토사회'의 구조 안에서 영향을 주는데, 이것은 다음과 같은 더욱 기본적인 사실을 근거로 한다. 이 무렵에 지리학이 흥성한 것도 당시의 특수한 상황 덕분이었다. 고염무의 『천하군국리병서天下郡國利病書』에 모아진 '천하 군국'의 산천 형세와 물산, 기후, 풍토, 인문지리 분야의 문헌 역시 그 시기 '남북론'과 관련된 지식적 배경을 어렵지 않게 엿보게 해준다.

학자와 남북의 관계

위·진 이래 남북의 학술과 문화를 비교할 때 통상적인 논의는 종종
학자의 태도, 학자에 의해 부여된 '객관성'에서 비롯된다. 예를 들어 이
미 고전적인 의미를 지니는 말들, 즉 "북방 사람의 학문은 깊고 넓은淵
綜廣博"데 비해 "남방 사람의 학문은 맑고 간략하여淸通簡要""중인 이
상의 사람들 가운데 북방 사람은 훤한 곳에서 달구경을 하듯 책을 읽
고, 남방 사람의 학문은 창문으로 해를 엿보는 것 같다"*거나 "남방
사람들은 간략하지만 그 정화를 얻고, 북방 사람들은 난잡하지만 그
잔가지와 잎까지 궁구한다"**는 것 등이 있다. 그런데 이미 누군가가 지
적했듯이, 이런 논리 속의 '남'과 '북'이 가리키는 것은 거의 시대마다
달랐다. 이 시기에 고염무는 북방의 학자들은 "종일 배불리 먹고 아무
데도 신경 쓰지 않지만"***남방의 학자들은 "종일 무리 지어 지내면서
의로움義에 대해서는 언급하지 않고 자잘한 지혜小慧를 실행하길 좋아
한다"****고 했는데, 이 또한 남북을 비교한 말 가운데 고전적인 주장이
다. 량치차오가 『중국근삼백년학술사』에서 "북방은 실질적인 해석을
존중하고 남방은 공허한 담론을 숭상한다北尊實詁, 南尙空談"고 했을 때
에는 육조 시대 경학에서 남북의 차이를 말한 것이다. 그는 『청대학술
개론淸代學術槪論』에서 이렇게 썼다.

---

* 원주: "自中人以還, 北人看書如顯處視月, 南人學問如牖中窺日."(『世說新語』 「文學」)

** 원주: "南人約簡, 得其精華, 北人深蕪, 窮其枝葉."(『隋書』 「儒林傳」)

*** 원주: "終日飽食, 無所用心."(『日知錄』 권13 「南北學者之病」)

**** 이 말은 원래 『논어』 「위영공」에 있는 것으로 원문은 "羣居終日, 言不及義, 好行小慧"다. 또한
원문의 뒤편에는 "덕행德行에 들어가기 어렵다難矣哉"라는 말이 덧붙여져 있다.

남방 사람들은 명석하고 민첩하며 조리가 많기 때문에 저작 분야에서 발전했고, 북방 사람들은 소박하고 성실하면서 탁월했기 때문에 역행 분야에서 발전했다.

南人明敏多條理, 故向著作方面發展. 北人樸慤堅卓, 故向力行方面發展.

이 말은 명말에 이르러서 그 실마리가 드러났다. 그리고 "지방의 학풍을 양성하는 것은 실학계에 있어 튼실한 기초 가운데 하나였다"*고 한 말은 주로 명·청 교체기 및 그 뒤의 사실에 의거한 것인데,[26] 이는 명·청 시기에 이르러 지역 문화에 대한 사대부들의 자각이 강화되었음을 증명해준다.

더욱 흥미로운 사실은 당쟁이 격렬해지고 문화적 편견이 심화된 명·청 교체기에 남방 인사들은 북방의 기상을 흠모하고 북방 학자들은 남방의 학술과 문화적 흡인력으로부터 영향을 받았다는 것이다. 이것은 어쩌면 보편적인 문화적 편견에 얽매이지 않는 학자의 태도를 보여주는 충분한 예인 것 같다. 『오등회원五燈會元』 권1에는 5조 홍인대만선사弘忍大滿禪師와 노혜능盧慧能의 문답이 기록되어 있다.**

"너는 어디서 왔느냐?"

"영남에서 왔습니다."

"무슨 일로 왔느냐?"

"오로지 부처가 되고 싶을 뿐입니다."

---

* 원주: "地方的學風之養成, 實學界一堅實之基礎."
** 원주: 이하의 내용은 『五燈會元』 권1, 中華書局, 1984, 51쪽을 참조할 것

"영남 사람들에게는 불성이 없는데 어떻게 부처가 될 수 있겠느냐?"

"사람에게야 남북의 차이가 있다지만 불성에 어찌 그런 게 있겠습니까?"

혜능의 대답은 당연히 영민한 것이었다. 불성에 남북의 차이가 없다는 것은 의심할 바 없이 통달한 주장이며, '배움學'에 대해서도 적용할 수 있는 것이다. 학자에게는 남북의 차이가 있을 수 있겠지만 학술에는 그런 차이가 없으며, 학술을 비평하는 안목은 더욱이 남북이라는 틀에 한정되어서는 안 되는 것이다. 지역 문화 성격의 발견과 해설자로서 사대부들은 원래 넓게 열린 문화적 안목을 지니고 있어야 한다.

이 시기에 이르러 남방 사대부들의 이상 속에서 바라던 '북방의 기상'은 '남방의 강함'이니 '북방의 강함'이라는 고전적인 어법의 영향과 관련 있음을 뚜렷이 감지할 수 있다. 『중용』에는 다음과 같은 내용이 들어 있다.

자로(중유)가 강함에 대해 묻자 선생님께서 말씀하셨다.

"남방의 강함이냐 북방의 강함이냐? 아니면 너의 강함이냐? 관대함과 부드러움으로 가르치고 무도한 자에게 보복하지 않는 것이 남방의 강함이며, 군자는 그것을 지킨다. 잠자리에서도 무기를 들고 갑옷을 입으며 죽어도 마다하지 않는 것은 북방의 강함이며, 강인한 자가 그것을 지킨다."

子路問強. 子曰: 南方之強與, 北方之強與, 抑而強與. 寬柔以敎, 不報無道, 南方之強也, 君子居之. 衽金革, 死而不厭, 北方之強也, 而強者居之.

이에 대해 주희는 이렇게 주석을 달았다.

> 남방은 기풍이 유약해서 참아내는 힘이 남보다 뛰어난 것을 강하
> 다고 여겼으니, 군자의 도다. (⋯) 북방은 강경하여 과감한 힘이 남
> 보다 뛰어난 것을 강하다고 여겼으니, 강한 자의 일이다.
> 南方風氣柔弱, 故以含忍之力勝人爲強, 君子之道也 (⋯) 北方風氣
> 剛勁, 故以果敢之力勝人爲強, 強者之事也.

이것은 의심할 바 없이 고대 중국에서 비교문화학의 남상濫觴이라고
할 수 있다. '남방의 강함'에 대한 고염무의 다음과 같은 평론은 남북
사이에서 본인의 선택에 대한 해설이라고 할 수 있다. 「답장직약서答張
稷若書」에서 그는 이렇게 썼다.

> 공자께서는 올바름으로 원망에 보답하되 무도한 이에게 보복하
> 지 않는 것은 남방의 강함에 그치는 것일 뿐 군자의 중용이 아니
> 라고 하셨다. 만약 우나라와 예나라의 군주들 가운데 한 명이 양
> 보하고 한 명은 양보하지 않았는데 문왕이 그것을 허락했다면, 이
> 는 혼란을 조장하고 겁탈을 시행하는 것이다.
> 孔子曰: 以直報怨, 而不報無道, 止於南方之強, 非君子之中也. 使
> 虞·芮之君一讓一不讓, 而文王許之, 是長亂而施奪也.(『顧亭林詩文
> 集』, 184쪽)

이에 비해 이공李塨*은 이렇게 설명했다.

> 생각해보니 북방 사람들은 거스름이 많다. 거스름은 강한 형상이

지만 흩어져서 통일되지 않기 때문에 그 기세가 항상 약하다. 남
방 사람들은 구하기를 잘한다. 구하는 것은 약한 형상이지만 모
여서 무리를 이루니 그 기세가 항상 강하다.

思北人多忮, 忮, 强象也, 然散而不一, 其勢常弱. 南人善求, 求, 弱
象也, 然集而爲黨, 其勢常强.[27]

이것은 이공이 읽어낸 '남북-강약'의 관계인데, 그 속에는 명·청 교
체기 남방의 당사黨社 운동에 대한 북방 사대부의 반응이 담겨 있다.

고대 중국인들은 엄혹한 자연 조건과 물질생활의 결핍이 사람의 성
격을 만드는 데 적극적인 영향을 준다고 믿었는데, 앞서 설명한 '엄혹
함'과 '결핍'은 인성의 순정함과 강인함을 다지는 데 도움이 된다고 여
겨졌다.

이 시기 북방 학자들이 남방 사대부들로부터 흠모를 받은 이유는
확실히 그들의 덕행과 실천 때문이기도 하고(그러나 반드시 그들의 재능
과 지혜 때문은 아닌데) 성격상의 매력 때문이기도 하며(그러나 반드시 그
들의 학술적 조예 때문은 아닌데) 또한 그들의 실천 능력 때문이기도 하
다.(하지만 반드시 그들의 이론적인 공헌 때문은 아니다.) 『명유학안』 「삼원
학안三原學安」에서는 '관학關學'**에 대해 이렇게 평가했다.

---

* 이공(1659~1733)은 직예 여현蠡縣(지금의 허베이 성 바오딩保定에 속함) 사람으로 자는 강주剛主
이고 호는 서곡恕谷이다. 안원顔元(1635~1704)의 학문을 계승하여 발전시킨 것으로 평가되며 저
작으로 『사서전주四書傳注』 『주역전주周易傳注』 등이 있다.

** '관학'은 예전에 '관중關中'이라 불리던 함곡관 서쪽, 대산관 동쪽 지역 출신의 학자들로 구성
된 이학理學을 아울러 부르는 호칭이다. 이 학파는 장재張載(1020~1077)를 정점으로 그 이전의
신안申顔과 후가侯可, 그 이후의 여대균 형제와 이복李復, 범육范育, 유사웅遊師雄, 종사도種師
道, 그리고 금·원·명·청 시기의 양환楊奐, 양공의楊恭懿, 설경지薛敬之, 여남呂柟, 풍종오馮從
吾, 이이곡李二曲, 이인독李因篤, 이설목李雪木, 유고우劉古愚 등을 포괄한다.

관학은 대개 설씨를 종주로 삼으며 삼원三原*은 또 그 별도의 유파다. 그 문하에는 기개와 절조가 두드러지고 풍토가 순후하며 거기에 학문을 더한 이가 많다.

關學大槪宗薛氏, 三原又其別派也. 其門下多以氣節著, 風土之厚, 而又加之學問者也.(권9, 158쪽. 원주: 왕서王恕는 삼원 사람)

손기봉을 논할 때에는 이렇게 썼다.

정권을 농락하는 환관 무리의 불꽃이 들판의 불길처럼 번질 때 선생은 대단히 낭패한 상황이 되어서 돌아보지 않고 앞으로 나아가기만 했다. 연·조 지역에 비분강개하는 기풍은 오래 전해 모두 사라져버렸는데, 사람들은 선생으로부터 다시 나타났다고 얘기한다. (…) 북방의 학자들은 대개 그 문하에서 나왔다.

逆奄之焰, 如火之燎原, 先生焦頭爛額, 赴之不顧也. 燕趙悲歌慷慨之風久湮, 人謂自先生而再見 (…) 北方之學者, 大槪出於其門.(권57, 1371쪽)

이공의 연보에는 비밀費密**이 그에게 보낸 답장이 수록되어 있는데 거기에는 이렇게 적혀 있다.

---

* 삼원은 섬서 관중평원 중부에 위치하며 경내에 맹후원孟候原, 풍원豐原, 백록원白鹿原이 포함되어 있어 생긴 명칭이다.

** 비밀(1623~1699)은 사천 신번新繁 사람으로 자는 차도此度이고 호는 연봉燕峯이다. 그는 명나라의 유민으로 살면서 벼슬을 거부하고 강학과 저술에 전념했다. 저작으로 『중전정기中傳正記』 『홍도서弘道書』 『고금독론古今篤論』 『중지정록中旨定錄』 『상서설尙書說』 『주관주론周官注論』 『이남우설二南偶說』 『사례보편四禮補篇』 『고사정古史正』 『역대공거합의歷代貢擧合議』 『비씨가훈費氏家訓』 등 다수가 있다.

옛날의 훌륭한 학자는 대부분 북방에 많았는데 성실하고 힘이 있어서 성현의 도를 담당할 수 있었다.

古之名儒, 多在北方, 以誠實有力, 能任聖道也.(『李塨年譜』, 39쪽)

난세에 태어나 살면서 사람들이 '북방'을 흠모하게 된 것은 틀림없이 '호걸'과 같은 '강함强' 때문이었을 것이다.[28]

이에 상응하는 것은 바로 북방 사대부의 '북방 기상'에 대한 자각적 추구와 고심에 찬 건조建造다. 부산은 "영웅의 정서는 호방하고 소탈하여 일정하지 않다"*고 했다. 안원은 '왕교 교체'라는 중대한 사실로부터 계시를 받아 옛 학문의 활쏘기謝와 승마御 등을 부활시켜 사대부의 성격을 새로 만들어내기 위한 출발점으로 삼자고 주장했다. 「곡탕음이영거哭湯陰李寧居」에서 그는 자신이 기대하는 것은 "오직 성현과 호걸뿐"이라고 했다. 손기봉 및 안원과 모두 교유했던 북방의 저명한 유민 왕여우王餘佑**는 바로 그 시기의 호걸이었다. 왕원王源은 「오공산인전五公山人傳」(『居業堂文集』 권4)에서 왕여우에 대해 이렇게 기록했다.

갑신년(1644)에 나라의 변고가 일어나자 은거하여 다시 징군(손기봉)과 왕래하며 강학하고 경서와 역사를 연구하면서 학생들에게 학문을 전수하여 충효를 가르치고 실학에 힘썼다. 문무를 겸비

---

* 원주: "英雄之情, 磊砢不常.(『鈔高士傳題辭』, 『霜紅龕集』 권16, 473쪽)

** 왕여우(?~?)는 보정 신성新城 사람으로 자는 개기介祺다. 부친 왕연선王延善은 읍제생邑諸生이었으나 기개를 숭상하는 까닭에 명말에 재산을 털어 빈객을 초빙하여 교유했고, 명나라가 망하자 왕여우와 그의 형 왕여각王餘恪, 아우 왕여엄王餘嚴까지 세 아들을 이끌고 웅현雄縣으로 가서 의병을 일으켜 청나라 군대에 저항했다. 이후 왕연선이 원수의 음모로 사로잡혀 경사로 압송되자 왕여각은 두 아우에게 복수를 맡기고 경사로 가서 부친과 함께 처형되었다. 왕여엄은 밤중에 장정들을 이끌고 원수의 집으로 쳐들어가 원수를 갚았고, 왕여우는 역주易州(지금의 허베이 성 이易 현) 오공산五公山에 은거하여 손기봉에게 전수받은 학문을 연마하며 학생들을 가르쳤다.

하여 원근 지역에서 따라 어울리는 이가 수백 명에 이르렀다. (…)
(그는) 남들과 편하게 어울리면서 차분하고 소박하며 정직했지만,
충효와 중대한 절조를 논하거나 병법에 대해 이야기하고 지난 일
을 서술할 때에는 눈동자에 번개가 치듯이 형형하고 목소리가 마
치 큰 종이 울리는 듯했다. 간혹 무기를 들고 지도할 때에는 창을
들고 쪼그렸다가 한 길 남짓 뛰어오르며, 말을 치달리며 활을 당
겨 쏘는데 과녁에 맞지 않는 화살이 없어서 구경하는 이들은 누
구나 놀라 떨면서 표정이 변했다.

甲申國變, 歸隱, 更與徵君往來講學, 究經史, 授生徒, 教以忠孝, 務
實學, 兼文武, 遠近從遊至數百人 (…) 與人和易, 從容簡諒, 至論忠
孝大節, 談兵述往事, 目炯炯如電, 聲若洪鍾. 或持兵指畫, 須戟張,
蹲身一躍丈許, 馳馬彎弓, 矢無虛發, 觀者莫不震慄色動.

이러한 인문 환경 역시 안원과 이공의 학문이 흥기하게 된 조건을
제공했을 것이다.[29] 안원과 왕원이 북방의 유학자와 학생들을 기록하
는 데에 인색하지 않았던 것에는 당연히 명확한 목적이 있었다. 왕원
은 「이효각선생전李孝慤先生傳」에서 이렇게 썼다.

북방의 학자들은 대부분 잘 알려지지 않고 교유도 적어서 저술
또한 천하에 전해지지 않았다. 내가 명성을 들은 것은 손기봉 외
에는 산서의 부산과 관중의 이옹을 비롯한 몇 분밖에 없다. (…)
그러므로 연·조 지역에 고매한 절조를 견지하며 세상을 경륜할
원대한 책략을 품은 채 뛰어난 학문을 자부하며 통달한 학자에
부끄럽지 않지만 명성이 고을을 벗어나지 못한 분이 당연히 많을
텐데, 어찌하여 이름이 묻혀 세상에 전해지지 않는단 말인가!

北方學者多闇晦, 寡交遊, 著述亦不傳於天下. 以予所聞, 孫徵君而
外, 不過山右傅靑主, 關中李中孚數先生而已 (…) 然則燕趙之士之
持高節, 抱經世大略, 負絶學, 不愧通儒而名不出鄕裏者固多也, 豈
遂湮沒而無傳乎.(『居業堂文集』권4)

손기봉과 안원, 이옹 등은 북방의 학술을 진흥해야 한다는 자각을
더욱 분명하게 나타냈다. 손기봉과 안원은 북방 학술이 황폐해진 데
대해 계속해서 개탄하면서 스스로 '북학北學' 진흥의 사명을 맡겠다고
나섰다.[30] 『손하봉선생연보』에는 위일오魏一鰲*가 손기봉의 분부에 따
라 『북학편北學編』을 편찬했다고 기록되어 있고, 손기봉에게서 배운 탕
빈은 『낙학편洛學編』을 써서 중주학파中州學派에 대해 종합적으로 서술
했으며, 그의 동문인 경개耿介**는 『중주도학편中州道學編』을 편찬했으니,
이런 예들을 보면 손기봉과 그 문인들의 의향을 짐작할 만하다.[31] 그런
데 경기 지역의 명나라 유민들도 스승을 모시고 벗을 사귀면서 손기봉
과 왕여우 등에게 배운 이가 아주 많았으며, 손기봉 문하에는 사람이
더 많아서 확실히 북학의 주요 거점이라고 할 만했다. 관중 땅의 이옹
은 여남呂柟***과 풍종오馮從吾****를 즐겨 언급했고, 그와 마찬가지로 손
기봉도 양계성楊繼盛*****과 유인劉因****** 등을 자주 칭송했으니, 모두
가 먼저 전형을 바로 세워서 지방 인문의 흥쇠에 연계시키려고 한 것이

---

* 위일오(?~?)는 신안 사람으로 자는 연륙蓮六이다. 명나라 숭정 연간에 거인이 되어 산서 흔주
지주忻州知州를 역임했다. 저작으로 『설정시초雪亭詩草』 『충음蟲音』 『북학편』 등이 있다.

** 경개(1622~1693)는 하남 등봉登封 사람으로 원래 이름은 충벽衝壁이며 자는 개석介石, 호는
일암逸庵이다. 순치 9년(1652) 진사에 급제하여 한림원검토가 되어 『명사』와 『대청회전大淸會典』
편찬에 참여했고 이후 복건순해도안찰부사, 강서호동도안찰부사, 하남안찰사 등을 역임하고 귀향
하여 숭양서원, 대량서원 등지에서 학생들을 가르쳤다. 강희 25년(1686)에는 탕빈湯斌의 추천으
로 소첨사가 되어 태자 윤잉允礽에게 서예를 가르치다가 이듬해 병을 핑계로 귀향했다. 저작으로
『중주도학편』 『성학요지性學要旨』 『효경이지孝經易知』 『이학정종理學正宗』 『경서당존고敬恕堂
存稿』 등이 있다.

었다. 이 가운데 풍종오는 만력 연간에 관중서원關中書院에서 강의했고, 『관학편關學編』이라는 저작을 남겼다. 이옹은 '관학일맥關學一脈'을 설명하면서 장재張載가 앞길을 열고 여남이 뒤를 이었으며 풍종오가 집대성하여 "종사宗師의 기풍이 그에 의지해 크게 진작되었다"*******고 했다. 그 자신이 관중서원에서 강의하는 일을 사양하지 않은 것도 지방 인문의 부흥에 대한 책임을 다하기 위함이었다.

남북 간의 학술 교류는 오래전부터 있었다. 손기봉은 「원유조강한태극서원고元儒趙江漢太極書院考」(『夏峯先生集』 권9)에서 이렇게 썼다.

북방 사람들 가운데 학문이 있음을 알아서 요추********는 조

*** 여남(1479~1542)은 섬서 고릉高陵(지금의 시안西安에 속함) 사람으로 원래 자는 대동大棟이었으나 나중에 중목仲木으로 바꿨고, 호는 경야涇野다. 그는 정덕 연간 진사에 급제하여 한림원수찬 등을 역임했고, 가정 연간에는 남경이부고공낭중, 남경태상시소경, 국자좨주, 남경예부시랑 등으로 일하면서 장강 남북으로 1000여 명의 문인을 양성했다. 주요 저작으로 『주역설익周易說翼』 『상서설요尙書說要』 『모시설서毛詩說序』 『춘추설지春秋說志』 『사서인문四書因問』 『한서경도해寒暑經圖解』 『사관헌납史館獻納』 『경야시문집涇野詩文集』 『경야자내편涇野子內篇』 등 다수가 있다.

**** 풍종오(1557~1627)는 섬서 서안西安 사람으로 자는 중호仲好이고 호는 소허少墟다. 만력 17년(1589) 진사에 급제하여 어사를 역임했으나 환관들과 갈등을 일으키고 황제에게 직간하여 노여움을 사자 벼슬을 버리고 귀향하여 25년 동안 두문불출한 채 학업에 전념했다. 이후 공부상서까지 지냈으며, 시호는 공정恭定이다. 주요 저작으로 『풍소허집馮少墟集』 『원유고략元儒考略』 『풍자절요馮子節要』 등이 있다.

***** 양계성(1516~1555)은 용성容城(지금의 허베이 성에 속함) 사람으로 자는 중방仲芳이고 호는 초산椒山이다. 가정 26년(1547) 진사에 급제하여 남경이부주사를 시작으로 병부문선사원외랑兵部武選司員外郞까지 역임했으나, 가정 32년(1553) 엄숭嚴嵩의 '5간 10대죄五奸十大罪'에 관한 상소를 올렸다가 무고를 당해 고문 끝에 죽었다. 훗날 태상소경太常少卿에 추증되었고, 시호는 충민忠愍이다. 저작으로 『양충민문집楊忠愍文集』이 남아 있다.

****** 유인(1249~1293)은 용성 사람으로 자는 몽길夢吉이고 호는 정수靜修다. 지원至元 19년(1282) 조정의 부름을 받고 들어가 승덕랑承德郞 겸 우찬선대부右贊善大夫가 되었고, 얼마 후 모친의 병을 핑계로 사직한 뒤에는 더 이상 조정의 부름에 응하지 않았다. 원나라 초기 이학의 대표적 학자로 평가받는다. 저작으로 『사서정요四書精要』 『역계사설易繫辭說』 『정수집靜修集』 등이 있다.

******* 원주: "宗風賴以大振."(「答董郡伯」, 『二曲集』 권17, 光緒 3年 信述堂刊本)

복*********의 힘을 얻었다. 아! 조복의 학문은 요추와 허형*********
의 경지에 나아갔을 뿐만 아니라 몽매한 북방을 개화시켜주었다.
北人知有學, 則樞得復之力也. 嗚呼. 江漢之學不獨有造於姚許, 而
開北方之草昧.

명·청 교체기에 고염무와 이공은 바로 남북의 학술과 문화를 소통
시키고 융합한 인물이었다. 첸무는 『중국근삼백년학술사』 제4장에서
이렇게 썼다.

> 고염무의 학문적 벗들 가운데 남쪽에 있는 이들은 대부분 화려
> 한 문채를 숭상하며 지금 시대에 통용되는 것을 중시하지만 북
> 쪽에 있는 이들은 대부분 소박하고 사실적인 것을 중시하면서
> 옛것을 널리 아는 데에 힘썼다. 고염무는 45세부터 북방을 여행

******** 요추姚樞(1201~1278)는 원적이 영주 유성柳城(지금의 랴오닝 성 차오양朝陽)이지만 나중에 낙양으로 옮겼으며, 자는 공무公茂이고 호는 설재雪齋 또는 경재敬齋다. 금나라 말엽에 녹사판관록사判官으로 부임하는 부친을 따라 허주許州(지금의 허난 성 쉬창許昌)로 갔는데, 1232년 몽골군이 허주를 점령하자 연경(지금의 베이징)으로 가서 당대의 명신 양유중楊惟中(1205~1259)의 추천을 받아 오고타이(1186~1241)를 알현하고 신임을 받았다. 1235년 황자 활출闊出이 남송을 공격하여 덕안德安을 점령했을 때 그는 저명한 유학자 조복趙復을 찾아가 북방에 이학을 전파하도록 설득했고, 1241년 연경행대낭중을 지내다가 곧 사직한 뒤 휘주 소문蘇門에 은거했다. 1250년에는 쿠빌라이의 부름을 받고 이후 동편선무사, 대사농, 하남행성첨사, 소문관대학사, 한림학사승지 등을 역임했으며, 죽은 뒤에는 노국공魯國公에 봉해졌다. 시호는 문헌文獻이다.

********* 조복趙復(?~?)은 덕안德安(지금의 후베이 성 안루安陸) 사람으로 자는 인보仁甫이며, 학자들은 그들 강한선생江漢先生이라 불렀다. 1235년 몽골군이 덕안을 점령했을 때 요추의 설득에 따라 북방에 이학을 전파하는 데에 전념했다. 주요 저작으로 『전도도傳道圖』『이락발휘伊洛發揮』『사우도師友圖』『희현록希賢錄』 등이 있다.

********** 허형許衡(1209~1281)은 회경로懷慶路 하내(지금의 허난 성 자오쭤焦作에 속함) 사람으로 자는 중평仲平이고 호는 노재魯齋다. 1254년 쿠빌라이의 부름을 받고 벼슬살이를 시작해 경조제학, 국자좨주, 집현대학사 겸 국자좨주를 역임하고 곽수경郭守敬과 더불어 『수시력授時曆』을 제정하기도 했다. 죽은 뒤 영록대부 겸 사도司徒에 추증되었고 시호는 문정文正이다. 이후 위국공에 봉해졌다. 황경皇慶 2년(1313)에는 공묘에 위패가 모셔져 함께 제사를 받았다. 저작으로 『독역사언讀易私言』『노재유서魯齋遺書』 등이 있다.

하며 노, 연, 진秦, 진쯥 지역을 25년 동안 왕래했고, 일찍이 자신의 천성은 뱃길로 다니면서 쌀밥을 먹는 것은 하지 못하지만 밀로 만든 것을 먹으면서 말을 타고 다니는 것은 좋아한다고 했다. 그러나 어찌 배 타고 말 타는 것과 쌀밥 먹고 밀로 만든 것을 먹는 차이에 그치겠는가? 그 학문 또한 북학이었다. 비록 그가 천성적으로 좋아했지만 교유를 통한 훈도도 거기에 도움을 주었을 것이다.

是亭林學侶, 在南者多尙藻彩而貴通今, 在北者多重質實而務博古. 亭林自四十五北遊, 往來魯燕秦晉二十五年. 嘗自謂性不能舟行食稻而喜餐麥跨鞍.(「漢學師承記」) 然豈止舟鞍稻麥之辨哉, 其學亦北學也. 雖其天性所喜, 亦交遊濡染有以助之矣.(152쪽)

고염무는 강을 건너 북쪽으로 가서 장이기와 마숙馬驌* 등과 교류하면서 예전에 화려한 시문을 쓰던 습관을 고쳐 깊이 조사하여 연구하는 쪽으로 바뀌었다. 그러니 고염무가 오히려 북방의 학자들에게 깊은 영향을 받았다고 할 수 있다.

亭林渡江而北, 歷交嵩庵宛斯諸人, 乃一變往昔詩文華藻之習, 而轉歸於考索. 則無寧謂亭林之熏染於北學者深也.(156쪽)[32]

고염무가 「광사廣師」(『亭林文集』 권6)에서 자신이 미치지 못하는 북방의 학자라고 언급한 이들로는 바로 장이기(자는 직약)와 부산(자는 청

---

* 마숙(?~?)은 산동 추평鄒平(지금의 빈저우濱州에 속함) 사람으로 자는 완사宛斯 또는 총어聰御다. 순치 16년(1659) 진사에 급제하여 회안淮安(지금의 장쑤 성 화이안淮安) 추관과 영벽靈璧(지금의 안후이 성에 속함) 지현을 역임했다. 저작으로 『좌전사위左傳事緯』가 있고, 『십삼대괴서十三代瑰書』 『역사繹史』 160권을 편찬했다.

주), 이옹(자는 중부), 노택농路澤農(자는 안경安卿),* 왕홍찬王弘撰(자는 산사
山史)**이었다. 고염무는 그러한 자질과 성품으로 청대 학술의 앞길을 열
었으니, 당시 청대 학술에서 남북의 융합 상황을 짐작할 수 있다.

같은 시기에 이공李塨은 북방의 학자가 남방의 학술과 문화를 흡수
한 하나의 예를 보여주었다. 그는 을해년(1695) 남쪽으로 가서 왕복례
王復禮(호는 초당草堂)***와 학문에 관해 논했는데, 그때의 사고방식이 이미
남방의 경학과 근접해 있었다. 그가 『태극도太極圖』에 대해 설명한 것은
바로 '경전을 의심하는疑經' 당시의 기풍에서 나온 것으로 스승인 안원
顔元은 꿈에도 생각할 수 없는 바였다. 그 뒤에는 모기령과 논의를 주고
받았다. 이 기간 그가 '학습'과 '고증 수정考訂'을 아울러 중시한 것은
이미 사문의 종지를 벗어난 것이었다. 그의 학술적·문화적 선택은 당
연히 자신의 기질에 바탕을 두고 있다. 그가 안원의 제자로서 남방의
고거학考據學과 연결된 근거 역시 그가 처음에 정한 학문의 방향 속에
담겨 있었다.[33]

이 시기에 이옹은 동남 지역에 대해 이야기하면서 18년 동안이나 비
릉毗陵(지금의 장쑤 성 창저우 일대)에 머물렀다. 『상홍감집霜紅龕集』에 따
르면 청대 초기에 부산이 교유하던 이들 가운데는 남방의 저명한 인

---

* 노택농(1631~1685)은 곡주曲周(지금의 허베이 성에 속함) 사람으로 자는 오징吾徵 또는 안경이
다. 숭정 말년에 우첨도어사를 지낸 노진비路振飛(1590~1647)의 아들로서, 명나라가 망한 뒤 벼
슬살이에 대한 뜻을 접고 유민으로 평생을 마쳤다. 저작으로 『의헌시宜軒詩』『초당잡저草堂雜著』
『금보琴譜』를 남겼다.

** 왕홍찬(1622~1702)은 화음華陰(지금의 산시陝西 성에 속함) 사람으로 자는 문수文修 또는 무이
無異이고 호는 태화산사太華山史다. 명나라 말엽 감생監生이었던 그는 강희 17년(1678) 박학홍사
과에 천거되었으나 응하지 않고 화산에 살면서 『역상도술易象圖述』『산지山志』『지재집砥齋集』
『지재제발砥齋題跋』『대암일찰待庵日箚』『북행일찰北行日箚』『서귀일찰西歸日箚』 등의 저작을
남겼다.

*** 왕복례(?~?)는 전당錢塘(지금의 항저우) 사람으로 자는 수인需人이고 호는 초당이다. 그의 자세
한 생애는 알려져 있지 않으며 저작으로 『가례변정家禮辨定』『계한오지季漢五志』『무이구곡지
武夷九曲志』『삼자정론三子定論』 등이 있다.

사가 상당히 많았음을 알 수 있다. 남방의 선비 비밀費密이 손기봉에게 학문에 대해 묻고, 유종주의 문인 강희철姜希轍(호는 정암定庵)*이 그의 아들을 손기봉에게 보내 학문에 대해 문의한 것(손기봉『연보』하권 참조), 이공이 경사에서 만사동과 교유하며 학문을 논한 것과 같이 사대부들이 남북에서 학문에 대해 묻는 것은 모두 남북 학자들의 교류와 상호 작용을 보여준다. '융합'과 '지방 학풍'의 형성은 서로 반대되는 것 같지만 사실 보조적인 현상이며, 학술 변천의 논리는 결국 정치사 일반 역사와는 다를 수밖에 없다.

이상을 통해 비록 선비들이 문화적 편견을 많이 드러내기는 했지만 이런 편견을 넘어서는 안목 또한 선비들, 특히 매 시기의 박학한 인사들에게서 찾을 수 있다는 것을 알 수 있다. '학술'은 원래 지역적 성격을 띠지만 또한 예로부터 지역의 한계를 극복하는 역량을 지니고 있었다. 그리고 소위 '남학'이나 '북학'은 주로 학술로 구분하는 것이지 사람으로 구분하는 게 아니니, 이 또한 학자가 지역적 한계에 얽매이지 않는다는 하나의 증거라고 할 수 있다. 살다보면 도처에서 거주지로 인해 사람이 바뀌고, 그와 동시에 사람이 그 거주지를 개조하는 과정이 발생한다. 하지만 오직 사대부만이 주체적으로 선택할 역량을 지니며 문화 성격에 대해 능동적으로 추구하고 그것을 만들어낸다. 설령 그 지역에 따라 만들어낼 수밖에 없다 할지라도. 그들이 공부한 것도 종종 '시대'와 관계될 때가 많고 '지역'과는 그다지 관련이 없다. 예를 들어 명·청 교체기에 북학은 당연히 자체의 전통을 지니고 있었지만 한때 저명한 북방 학자인 손기봉과 이옹은 모두 양명학파에 속해 있었

---

* 강희철(?~1698)은 절강 회계 사람으로 자는 이빈李濱이고 호는 정암定庵이다. 명나라 숭정 연간에 거인이었던 그는 청나라에 들어서서 온주교수溫州敎授, 원성지현元城知縣, 호과도급사중戶科都給事中, 봉천부승奉天府丞 등을 역임했다.

다. 이에 대해 방포는 이렇게 말했다.

> 명나라 말엽부터 지금에 이르기까지 연남과 하북, 관서의 학자
> 들 가운데 스스로 설 수 있어서 지조와 절개, 공적으로 한 시대에
> 출중하게 나타난 이들은 대개 양명학의 기풍을 듣고 일어났다.
> 自明之季以至於今, 燕南河北關西之學者, 能自竪立, 而以志節事功
> 振拔於一時, 大抵聞陽明氏之風而興起者也.(「鹿忠節公神堂記」,『方苞
> 集』권14, 413쪽)

비록 량치차오가 말한 것처럼 바로 양명학이 북방 학자들에 의해
'북방'과 관련된 인격적 색채를 부여받기는 했지만 말이다.

이상에서 설명한 현상의 배후에 희미하게 드러난 배경은 유구한 시
간 속에서 발생한 남북—내지 화이華夷—의 융합 과정이다. 배척과 문
화적 비교에서 나타난 편견과 인간사에서 지역과 관련된 편당偏黨은
더 넓게 보면 모두가 '융합'이라는 실제 과정에서 일어난 반응이었다.
『금언今言』에서는 "옛날에는 오랑캐가 중원으로 들어왔지만 지금은 중
국인이 바깥 오랑캐의 땅으로 들어간다"*고 했다. 또『일지록』권5 '악
장樂章' 조목에는 이렇게 적혀 있다.

> 위·진 시기로 내려오면 오랑캐 문화가 잡다하게 어지럽혀서 지방
> 의 소리가 변하고 남북이 각기 달라져 문인의 작품에 음이 어울
> 리지 못하는 경우가 많아졌다.

---

* 원주: "昔也夷人入中華, 今也華人入外夷也."(『今言』, 권4, 338쪽)

降及魏晉, 羌戎雜擾, 方音遞變, 南北各殊, 故文人之作, 多不可以協
之音.

이보다 앞서 안지추顏之推가 이미 음조와 가사의 순수성은 오래전에
상실됐다고 언급한 바 있다.

남쪽은 오·월에 물들고 북쪽은 오랑캐와 뒤섞여 모두 깊은 폐단
이 있으니 자세히 논할 수 없다.
南染吳越, 北雜夷虜, 皆有深弊, 不可具論.(『顏氏家訓』「音辭」)

명·청 교체기에 이르면 예를 들어『광양잡기』에서는 이렇게 썼다.

월왕 구천은 원래 우禹의 후손이다. 대개 오·월은 중원에 있으니
모두 중국 땅이지만 그 후예들이 오랑캐의 풍속을 쓰는 데 익숙
해져서 상·주 교체기에 오랑캐로 변해버린 것이지 어찌 정말 오
랑캐였겠는가! 광대한 우주에서 천지가 개벽한 이래 점차 중원과
오랑캐가 나뉘었는데 변화가 몇 차례나 일어났는지 모른다. 예를
들어 유연의 옛 땅은 오랑캐에게 넘어간 지 200년도 채 되지 않
았는데 이미 더 이상 중국이라고 부르지 않게 되었다. 그리고 복
건과 광동 및 광서, 섬서, 사천은 군현의 자리에 올라 있지만 또한
진·한 무렵에는 모두 오랑캐였음을 어찌 알겠는가!
越王句踐, 本禹之後. 蓋吳越在夏皆中國地, 其後習於用夷, 故商周
之間, 變而爲夷, 豈眞夷狄也哉. 六合之大, 自開闢以來, 迭爲華夷,
不知其幾變. 如幽燕故壤, 淪陷不滿二百年, 已不復名爲中國矣. 而
閩廣隴蜀, 列爲郡縣者, 亦安知秦漢之間皆夷狄耶.(권5, 233쪽)

이 또한 당시로서는 통달한 논의라고 하겠다.

이 과정은 불가피하게 사대부의 공간 경험에 영향을 주어 문화를 보는 시야를 넓혀주었다. 손기봉은 어느 시에서 이렇게 읊었다.

위대한 도에는 남북의 차이가 없거늘
우리 무리에는 같고 다른 것이 뒤섞여 있구나.
大道無南北, 吾徒渾異同.(『孫夏峯先生年譜』卷下)

또 주이존은 「보이천생서報李天生書」에서 이렇게 썼다.

문장의 근본은 도를 전달해야 한다는 것일 뿐이다. 그런데 도에는 차이가 없거늘 문장에 어찌 다름이 있을 수 있겠는가! 그대는 남북의 길이 달라 각기 뜻에 따라 행한다고 하셨는데, 어찌 이반룡李攀龍은 북쪽이고, 왕신중王愼中(1509~1559)과 당순지唐順之(1507~1560), 귀유광歸有光 등 몇 분은 남쪽이겠소이까? (…) 그대는 옛사람을 예로 들어 그 주장을 신성하게 하려고 하셨으나 그 자구만 모방하지 말고 지론을 내세워 세도와 인심에 큰 도움이 되기를 바라되 헛되이 하지 않아야 합니다. 그대가 말씀하신 나눔은 처음부터 합쳐지지 않은 적이 없습니다. 도는 하나일 따름이니 어찌 남북의 길이 다르겠습니까!
文章之本, 期於載道而已. 道無不同, 則文章何殊之有. 足下乃云: 南北分鑣, 各行其志. 豈非以於麟爲北, 而道思應德熙甫數子爲南乎. (…) 足下試取古人而神明之, 勿規仿其字句, 抗言持論, 期大裨於世道人心, 而不爲虛發, 將足下所謂分者, 未始不合也. 道一而已, 何南北之殊途哉.(『曝書亭集』권31, 396쪽)

그는 또 「어계장사서魚計莊詞序」에서 문학에 나타난 지역 현상에 대해 언급했다.

옛날 파양 땅의 강석추姜石帚*와 장집張輯,** 변양의 주밀周密,*** 서진의 장염張炎****은 모두 절강 출신이 아니지만 절강의 사를 이야기하는 이들은 반드시 그들을 거론한다. 그렇다면 절강의 사가 흥성한 것도 이곳에 옮겨와 살았던 이들이 도왔기 때문일 것이다. 마치 예장의 시파가 모두 강서(지금의 장시 성 난창南昌) 출신이 아닌 것처럼 또한 그와 같은 격조를 취한 것일 따름이다.

在昔鄱陽姜石帚, 張東澤, 弁陽周草窗, 西秦張玉田, 皆非浙産, 然言浙詞者必稱焉. 是則浙詞之盛, 亦由僑居者爲之助, 猶夫豫章詩派, 不必皆江西人, 亦取其同調焉爾矣.(『曝書亭集』 권40, 490쪽)

---

* 『백향사보전白香詞譜箋』에 따르면 강기姜夔(1154~1221)는 자가 요장堯章이고 호는 백석도인白石道人, 석추라고 했다. 그러나 왕궈웨이王國維에서 량치차오를 거쳐 현대에 이르기까지 강석추(?~?)는 별개의 인물이라고 주장하는 이들도 있다. 다만 후자의 경우 그의 생애에 대해 자세히 알 수 없다고만 설명하고 있다.

** 장집(?~?)은 강서 파양鄱陽 사람으로 자는 종서宗瑞이고 호는 동택東澤이다. 그는 강기姜夔에게 시를 배우고 그의 전기를 쓰기도 했다. 저작으로 『관내집欵乃集』(또는 『청강어보淸江漁譜』라고도 함)과 『동택기어채東澤綺語債』를 남겼다.

*** 주밀(1232~1298)은 오흥吳興(지금의 저장 성 후저우湖州) 사람으로 호주湖州의 변산弁山 남쪽에 살았다. 자가 공근公謹이고 호는 초창草窗, 소재霄齋, 빈주蘋洲, 소재蕭齋, 변양노인弁陽老人, 사수잠부四水潛夫, 화불주산인華不注山人 등을 사용했다. 송나라 보우(1253~1258) 연간에 절강 의오령義烏令을 지냈으나 송나라가 망한 뒤로는 벼슬길에 들어가지 않았다. 남송 시대를 대표하는 사詞 작가이자 문학가인 그는 『초창구사草窗舊事』『빈주어적보萍洲漁笛譜』『운연과안록雲煙過眼錄』『호연재아담浩然齋雅談』 등의 사집詞集과 『절묘호사絶妙好詞』를 편찬했고, 필기집으로 『무림구사武林舊事』『제동야어齊東野語』『계신잡지癸辛雜識』 등을 남겼다.

**** 장염(1248~1320?)은 진주秦州 성기成紀(지금의 간쑤 성 톈수이天水) 사람인데 임안臨安(지금의 항저우)에 살았으며 자는 숙하叔夏이고 호는 옥전玉田 또는 낙소옹樂笑翁이다. 1276년 남송이 망하면서 조부 장유張濡가 원나라 군대에 의해 처형되고 재산이 몰수된 이후 전국을 유랑하며 어려운 삶을 살다가 생을 마쳤다. 남송의 저명한 격률파格律派 사詞 작가로 『산중백운사山中白雲詞』라는 사집과 이론서인 『사원詞源』이 남아 있다.

이 책에서 논하고 있는 이 시기에 이르면 사대부들이 남북의 타향에 살면서 벼슬을 버리고 고향으로 돌아가지 않음으로써 고향과는 소원해지고 객지의 문화에 공감하는 이가 곳곳에 많았다. 두준은 초 땅 출신으로 오랫동안 금릉에 살았고, 장자열 또한 강서 사람이지만 '금릉에서 20년 동안 객지생활'(「芑山自傳」, 『芑山文集』 권17)을 했으며, 유헌정은 순천부 대흥(지금의 베이징에 속함) 사람인데 오 땅에서 30년을 살았고 "늘그막에 비로소 북으로 돌아가다가 결국 오 땅으로 돌아가 거기에서 죽었다."* 손지위는 오랫동안 양주에 살다보니 자신의 고향에 대해 낯선 기분이 생겼다고 했다.[34] 이공이 강남으로 이사하려 했던 점은 더욱 강렬한 문화적 취향을 드러낸 것인데, 결국 그 일이 성사되지 않자 통곡하며, "하늘의 뜻이 남쪽으로 가지 못하게 하니, 틀렸구나!"** 라며 탄식했다고 한다. 장자열은 "세상에서 지역으로 사람을 논하는 것을 싫어한다疾夫世之以地論人"고 하고, 「기산설」에서 자신의 별호인 '기산'에 대해 설명할 때 "그 지명이 실제 있는 것이 아니기" 때문에 (그의 고향인) 원주袁州 대신 기산을 내세웠다고 했다.(『기산문집』 권20) 다른 곳에서 다시 얘기하겠지만, 필자가 보기에 왕조 교체기의 '파천播遷'은 주체적인 문화적 선택이었으므로 싸잡아서 '부정적'으로만 봐서는 안 될 듯하다.

북방의 소수민족이 '중원으로 들어와 주인 노릇을 하는 것'과 내부의 이동이 조성해낸 민족의 융합 및 문화적 결과에 대해 쑨룽지孫隆基는 「중국 지역 발전의 차이: 남과 북」***에서 근대 중국 및 외국에서 논의된 많은 자료를 인용하여 설명했다. 예를 들어 일본의 구와바라 지

---

* 원주: "垂老始北歸, 竟反吳卒焉."(「劉繼莊傳」, 『鮐埼亭集』 권28)

** 원주: "天意不使南也, 已矣."(『李塨年譜』, 177쪽)

*** 홍콩 중문대 중국문화연구소, 『21세기』, 總第10期

쓰조桑原隲藏가 논의한 중국 남북의 차이는 이미 왕부지의 역사 평론에서도 언급한 것이지만 양자의 논지와 '의도用心'가 다를 뿐이다. 명나라가 망한 뒤 유민들은 명 정부의 실책을 돌이켜 연구하면서 북방 소수민족이 중원으로 들어온 것을 대단히 걱정했는데, 이것은 바로 '융합'의 과정을 막기 어렵고 그 결과가 심각하다는 것을 인식했기 때문이다.[35] 명·청 교체기에 이르러 '이하夷夏'에 대한 중대한 방비는 이미 그 사실적 기초를 잃어버린 상태였고, 앞서 설명한 바 있는 왕부지와 전겸익 등의 '이하-남북론'은 그저 당시의 '인문지리' 지식으로 정론政論, 즉 반청론反淸論을 보조하는 용도로만 쓰였을 뿐이다.

명대와 청대에는 비단 '오랑캐를 무력으로 내몰았을徙戎' 뿐만 아니라 관방에서 조직적으로 이주를 시행하기도 했다. 예를 들어 명나라 초기에는 남북의 부유한 백성과 수공업 장인들을 경사로 이주시켰고, 나중에는 남방의 부유한 상인들에게 변경을 개간하도록 장려하기도 했다. 이런 과정은 말할 필요도 없이 문화적 후과를 낳았다. 유동성이 풍부한 공업 및 상업활동은 지역사회에서 문화 교류라는 적극적인 역량을 발휘한다. 왕부지는 영가永嘉 연간에 정권이 장강 이남으로 옮겨간 뒤의 일에 대해 논하면서 이렇게 썼다.

> 중원에서 남쪽으로 옮겨간 무리에는 특히 늠름하고 영명한 이들이 많아서 중용했는데, 초 지역 사람들이 경박하기 그지없는 데에 비해 훨씬 더 훌륭했다.
> 中原南徙之衆, 尤多磊落英多之士, 重用之, 以較楚人之僄而可蕩者相什百也.(『讀通鑑論』 권14, 513쪽)

명대에 북쪽으로 이주한 남방 사람들이 북방의 개발에 미친 영향도

군이 논증할 필요가 없을 것이다.

그런데 이 명·청 교체기에 학자들이 '오랑캐 풍속夷俗'을 언급한 것도 문화 비교의 관점에서 나온 공평한 논의였다는 점은 언급할 필요가 있다. 예를 들어 『일지록』 권10 '후위전제後魏田制'에서는 후위가 "전답을 개간하여 균전제를 시행한 것은 후세에서 충분히 본받을 만했다"고 했고, 권29 '외국풍속'에서는 오랑캐의 풍속이 '간편簡易'하고 '소박하고 후덕樸厚'하며 "정치 정세도 깔끔하다政情清簡"고 한 것 등은 분명히 '비교'를 통해 명나라가 망한 원인을 규명하고자 하는 사고방식 안에서 이루어진 것이다. 오랑캐와 중원을 구별하는 태도가 가장 격렬했던 왕부지조차도 "오랑캐 지도자들 가운데 도를 아는 이들이 있었다"*고 했다. 오위업은 군사軍事에 대한 상소문에서 이렇게 썼다.

> 저들의 음식과 장기는 모두 군대와 적합하지만, 우리의 음식과 장기는 모두 군대와 상반됩니다.
> 彼飲食長技, 皆與兵合, 我之飲食長技, 皆與兵反.(『國榷』 권97, 중화
> 서국, 1958, 5831쪽)

명대의 정치가 이른바 '전시 체제'였다면 이러한 차이는 예사롭게 경시할 수 있는 것이 아니었다. 명·청 교체기에 정치경제적 정세에 따라 추진된 북방 소수민족에 대한 연구는 비록 뚜렷한 문화적 편견과 민족 정서를 드러내기는 하지만 개중에는 예민한 통찰과 반성을 담고 있는 것도 있다. 그리고 그 문화 비교를 오랑캐와 중원, 중국과 외국으로 확장함으로써 명·청 교체기 사대부들의 확장된 문화적 시야와 변

---

* 원주: "蠻夷之長有知道者."(『讀通鑑論』 권15, 554쪽)

화된 공간의식 그리고 세계와 인류에 대한 누적된 인식을 드러냈다. 이 또한 고대 중국 사대부 계층에서 완만하게 진행되고 있던 '세계상世界像, Weltbild'*의 생성 과정에 해당된다.

챈무는 일찍이 북방 학자들이 그 '순수'함을 잃어버린 데 대한 유감을 표명한 적이 있다.** 시대와 조류, 유행은 결국 더욱 큰 역량을 지닌다. 지역 문화에 대한 자각을 가장 잘 갖춘 학자로서 남북의 소통에 종사한 이라면 '융합'의 추세가 필연적이라는 것을 증명하기에 충분할 터이다. 넓은 시각에서 이와 같은 추세의 적극적인 의미 역시 군이 증명할 필요가 없을 것이다.

---

* '세계상'은 세계관世界觀, Weltanschauung과는 다른 것으로 세계를 어떤 이론이나 입장으로 대하는 것을 가리킨다. 가령 세계의 모습을 물리학적 입장에서 보느냐 생물학적 입장에서 보느냐에 따라 다른 세계상이 성립된다.
** 錢穆, 『中國近三百年學術史』 제5장 참조.

2 절
세족世族

명·청 교체기에 이르러 사대부들의 담론이 제도의 구성 요소로서 '세족'을 내세웠을 때, 엄격한 의미의 세족은 이미 새벽별처럼 흐릿해진 상황이었다. 세족의 지위를 대신한 것은 권문세가 및 벼슬아치의 집안 그리고 당시의 부유한 백성이었다. 그렇기 때문에 한때 비문 등에서 일컬은 '망족望族'이나 '세가世家'는 그 실질을 고찰해봐야 한다. 하지만 세족이 쇠락했다는 사실은 사대부들이 '제도적'인 의미의 세족에 대해 논한 데에는 전혀 지장을 주지 않았다. 오히려 '세족'이 그 존재 조건을 잃었을 때 일어난 세족에 대한 논의가 더욱 의미 깊을 수 있다. 사대부의 '세족론'은 통상 그들의 '종법론' 가운데 일부분으로 '봉건론'이나 '종실론宗室論' 등과 논리적 일치성을 보인다. 여기서 세족론자들은 제도적 토대의 재구축—고염무 등 유학자들은 특히 여기에 관심을 보였는데—에 착안했다. 예를 들어 고염무는 「배촌기裵村記」(『亭林文集』 권5)에서 '나라를 세우는 일'과 관련해 '종족을 강화하는 일强宗'의 의미를 강조했다. 그의 세족론은 봉건론과 마찬가지로 그 지향점이 '실천성'에 있다기보다는 '이론적 원칙'에 있었으며, 이로 인해 그의 주장은 북방의 이공이 보여주는 사유 방식과는 달랐다. 고대사 후기에 제도의 토대를 다시 구축하기 위한 일환으로 명·청 교체가 이루어진 뒤 '오랑캐'가 그 제도의 기초를 대대로 존속시켰는데(이것은 또한 "천하를 존속"시키기 위한 것이기도 했음) 문제는 여기서 대단히 엄중해진다.

난세의 세족

제도사制度史가 보여준 사실은 '세족'이라는 제도가 수·당 시기의 중대한 파괴를 겪은 뒤 명대에 이르러서는 그 형태가 더욱 쇠락했다는 것이다. 이 점에 대해 한때 사대부들이 많은 논의를 펼쳤다. 장이상은 『근감近鑑』이라는 제목 아래 근세의 오래된 가문 및 부유한 지방 호족의 패망과 관련된 많은 사실을 기록했는데, 이를 통해 명·청 교체기 역사 과정에서 사회적 재화와 부의 재분배 상황을 대략적으로 엿볼 수 있다.

> 숭정 연간에 송강의 풍속은 대단히 호사스러웠다. 가난한 집안의 인재가 처음 진사에 급제하면 바로 수십 경의 전답과 여러 채의 저택, 수백 명의 하인을 두고 음식과 기거하는 모습이 바로 왕후를 흉내 냈으니, 높은 벼슬아치 및 대대로 작록을 받는 귀족은 물론이오 삼오三吳의 모든 지역에서도 그에 미치지 못했다. 을유년(1645) 이후로 도적이 횡행하고 대규모 옥사가 자주 일어났는데, 또한 송강 지역이 유독 심했다. 그렇게 20년 남짓 지나고 전쟁의 도탄에 빠지면서 부역이 더욱 가혹해지니, 예전의 귀족 대가문 가운데 망하지 않은 데가 없어져 (그 참상을) 차마 말할 수 없다.

崇禎間, 松江風俗最豪奢. 寒畯初擧進士, 卽有田數十頃, 宅數區, 家童數百指, 飮食起處動擬王侯, 其宦成及世祿者毋論, 三吳諸郡俱弗及也. 乙酉以後, 盜賊橫行, 大獄數起, 亦惟松江爲甚. 二十餘年, 兵戈塗炭, 賦役繁苛, 向之貴室巨家, 無不覆敗, 不忍言矣.(『楊園先生全集』권38)

유종주는 '종법'과 '봉건'이 표리를 이룬다는 점을 통해 위와 같은 과정을 언급했다.

세대가 내려오면서 봉건이 폐지되는 까닭에 천하에 잘 다스려짐이 없어졌고, 종법이 없어지면서 천하에는 세가가 없어진 지 오래되었다! 대대로 저명한 재상들이 천운에 따라 일어나 5등급의 작록에 봉해져서 조세로 먹고살았는데, 봉건이 달라지면서 법으로 막으니 혹자는 자기 세대에서 폐해지기도 하고 혹자는 아들, 손자까지 전해졌다가 폐해지니 방현령이나 두여회처럼 겨우 문호를 세운 이들만 하더라도 얼마나 그 수가 제한적인가! (세가 가운데 조금 현저한 이들로) 당나라 때는 장 씨, 송나라 때는 진 씨, 우리 명나라 때는 정 씨가 있는데, (⋯) (이들 몇몇 가문 또한) 간신히 체면치레만 할 뿐이다.

世之降也, 封建廢而天下無善治, 宗法亡而天下無世家久矣. 代不乏名卿碩輔應運而起, 猶得列五等之封, 食租衣稅, 而建制旣殊, 扞以文網, 或及身而廢矣, 或及子孫一再傳而廢矣, 若房杜之僅立門戶者何限 (⋯) 在唐爲張氏, 在宋爲陳氏, 在我明爲鄭氏 (⋯) 僅表風義而已.(「石吳公家廟記」, 『劉子全書』권21)

또 전겸익은 이렇게 썼다.

> 종법이 없어지자 근세의 사대부들은 선왕께서 설립하신 대종과
> 소종의 의미를 강구하지 않아 집에 있는 사당만 챙기면서 왕실의
> 종묘는 무시하게 되었다.
> 宗法之亡也, 以近世士大夫不講先王大宗小宗之義, 有家祠而無宗
> 廟.(「王氏杖陰樓祠堂記」, 『牧齋有學集』권27, 1029쪽)

황종희는 이 과정을 과거제도 때문으로 돌렸다.

> 대개 전대에서 전해진 기풍과 훌륭한 정치는 오래된 가문에 보존
> 되어 있으니 소홀히 대해서는 안 된다. 진나라 때의 왕 씨 가문과
> 사 씨 가문에는 아직 이런 기풍이 있었다. 당나라는 비록 씨족을
> 중시했지만 과거제도를 이길 수 없었으니 이런 의미가 소멸되어버
> 렸다.
> 蓋流風善政, 存於故家, 不可忽也. 晉之王謝, 尙有此風. 唐雖重氏
> 族, 然不能勝科擧, 而此意蕩然矣.(「孟子師說」, 『黃宗羲全集』제1책,
> 91쪽)

진자룡은 '나라에 세가가 없는 것'을 명대의 특수한 사실로 간주했다.

> 육조 이전에는 논의할 게 없다. 당·송대에 과거로 선비를 선발하
> 면서 세가와 망족이 조정에서 서로 마주 보며 가문의 시문집과
> 종족의 공적을 조상의 사당에 보관했다. 지금은 높은 벼슬아치들
> 가운데 가난한 집안 출신의 인재가 많고 공경 가운데 성현의 후

손이 드물어 서적을 부엌의 하녀에게 주고 시장의 아이와 책을 교
역하는 지경에 이르렀으니…….

六季以前無論矣. 唐宋以科擧取士, 而世家鼎族相望於朝, 家集宗功
藏之祖廟. 今者貴仕多寒畯, 公卿鮮賢裔, 至有給簡冊於竈婢, 易紬
素於市兒者……. (「經世編序」, 『陳忠裕全集』 권26)

이것은 황종희의 관점과도 차이가 있다.[36]
종법제의 점차적인 쇠퇴와 관련 문화의 황폐화에 관해서는 단지 조
악한 보학譜學의 성과만이 이에 관한 정보를 드러낼 뿐이다. 오위업은
형문단荊文端(1564~1649, 자는 숙지叔之, 호는 현초玄初)의 묘지명에서 이렇
게 썼다.

천하에 종법이 시행되지 않은 지 오래되었다. (…) 전쟁이 일어난
이래 보첩이 흩어져 사라지니 몇 세대 뒤에는 그 조부와 부친이
누구인지도 모르게 될 터다. 이는 정말 개탄할 일이다.

宗法之不行於天下久矣. (…) 兵興以來, 譜牒散失, 數傳之後, 將視
其祖, 父不知誰何之人, 此可爲歎息者也. (「鴻臚寺序班封兵部武庫司主
事丹陽荊公墓誌銘」, 『吳梅村全集』 권43, 文集 21, 900쪽)[37]

그런데 설령 보편적으로 쇠락하고 있었다 해도 남북의 차이는 여전
히 존재했다. 『곡산필진穀山筆塵』 권12 「부폐賦幣」에는 다음과 같이 기록
되어 있다.

원나라가 강남을 평정하자 정령이 느슨해지고 부세도 관대하며
간략해져서 그곳 백성은 그저 토지세만 낼 뿐 다른 것엔 징발되

지 않았기 때문에 부유하고 권세 있는 큰 가문에서 일반 백성을 부리는 것이 여차하면 수천수만 명에 이르렀고, 지금은 소작농과 노복을 수천수만 명이나 가진 이들이 있으니 그 유래가 하루아침 저녁으로 짧은 것이 아니다. 강북의 선비 가문은 지위가 재상에 이르렀어도 거둬들여 데리고 있는 이가 몇 명 되지 않고 재산으로 천금을 넘기는 곳이 100리에 하나 정도에 불과하다. 땅이 척박하고 이득이 적으며 백성이 게으르고 요역이 번거로우니, 이런 지경에 이른 것은 한 가지 이유에서만이 아니다.

元平江南, 政令疏闊, 賦稅寬簡, 其民止輸地稅, 他無徵發, 以故富家大族役使小民, 動至千百, 至今佃戶, 蒼頭有至千百者, 其來非一朝夕也. 江北士族位至卿相, 臧獲廝養不盈數人, 産至千金以上, 百里比肩, 地瘠利尠, 民惰差煩, 致此非一道也. (139쪽)

『일지록』권23 '북방문족北方門族' 조목에서는 문헌—두우의 『통전』과 『북사北史』—의 비교를 통해 북방 세족이 남방에 비해 더욱 심하게 쇠락했음을 지적했다.

오늘날 중원에서 북방이 비록 세가대족이라 불리지만 호구가 1000정에 이른 가문은 없다. 호구가 적으니 가문이 쇠락하여 강남과는 아주 큰 차이가 난다. 그들은 일단 과거에 급제하면 바로 한 지역의 우두머리가 되어 보첩에 함께 오른 친척들이 찾아와 노비처럼 봉사하니, 이 또한 풍속의 병폐다. 그런데 금·원 이래로 계속 쇠락하여 지금에 이르렀으니, 하루아침에 그리된 것이 아니다.

今日中原, 北方雖號甲族, 無有至千丁者. 戶口之寡, 族姓之衰, 與江南相去復絕. 其一登科第, 則爲一方之雄長, 而同譜之人, 至爲之僕役, 此又風俗之敝, 自金元以來, 凌夷至今, 非一日矣.

이 또한 유구한 시간 속에서 경제적 차등이 지속된 결과다.[38] 명·청 교체기 세족에 대한 논의에서 가장 유력했던 논자들 가운데는 확실히 남방의 인사가 많았다. 그러나 한때 유민들이 재난 이후 동남 지역의 인문에 대해 언급할 때도 쇠락에 대한 적막감을 주체하지 못했다. 황종희는 보학이 사라진 현실적 배경으로 "공경은 노예로 강등되고 사대부는 씨가 말랐기"[*] 때문이라고 했다.

명대 세족의 쇠락이 부분적으로 부유한 백성을 수탈—역사서에서는 "빈민을 돕고 부자를 억제했다右貧抑富"고 표현했는데—한 정책의 부작용 때문이라는 것은 이미 정론이다.[39] 왕부지는 『황서黃書』「대정大正 6」에서 '사나운 매鷹鷙', 즉 탐관오리가 부유한 백성을 착취하는 것을 날카롭게 비판했다. 그러나 청렴하고 훌륭한 관리이든 탐관오리든 간에 그들이 토호를 착취한 것은 모두 명말에 일반 백성의 '방화와 약탈焚掠'이 더욱 직접적이고 치명적인 타격을 주었던 데에는 비할 수 없다. 『명계남략』에는 다음과 같이 기록되어 있다.

이현과 휴령은 모두 휘주부 소속이다. 을유년(1645) 4월 청나라 군대가 아직 이르지 않았을 때 읍의 노복들이 12채를 결성하고 주인의 문서를 수색했는데, 조금이라도 그들의 뜻을 거스르면 즉시 불태워 죽이면서 이렇게 말했다. "황제도 이미 바뀌었으니 주인도 마땅히 노복이 돼서 우리를 섬겨야지!" 주인과 노복이 모두 서로 형제라고 불렀다.

---

[*] 원주: "公卿降爲皁隸, 讀書種絶."(「曹氏家錄續略序」, 『黃宗羲全集』 제10책, 99쪽)

黟縣與休寧俱屬徽州府. 乙酉四月, 清兵猶未至也, 邑之奴僕結十二
寨, 索家主文書, 稍拂其意, 卽焚殺之, 皆云: 皇帝已換, 家主亦應作
僕事我輩矣. 主僕俱兄弟相稱.(권4, 270쪽)

두준의 「예로복골지명瘞老僕骨志銘」에서는 그 집안의 주인과 노복에
대해 이렇게 기록했다.

갑신년(1644)과 을유년(1645) 사이에 나라가 망하고 집안이 무너
져 우리 형제는 돌아가신 부모님을 모시고 온 집안이 금릉으로
옮겨가 살았다. 하인 10여 무리는 대부분 처자식을 데리고 떠나
부락의 영채로 가서 군대로 숨어들었다. 며칠 뒤 주인집 대문에
말을 세우더니 채찍을 들어 이리저리 가리키고 아무 거리낌 없이
말을 내뱉으며 뜻을 이루었음을 밝혔다. 심한 경우는 칼로 뜰의
기둥을 베며 술과 안주를 내놓으라고 고함을 지르고, 뜻대로 되
지 않으면 방자하게 욕을 퍼부어서 시원하게 분풀이를 하고 나서
야 말을 몰고 떠났다.
甲申乙酉間, 國破家毀, 餘兄弟隨侍先君, 先夫人, 盡室居金陵. 童
僕十餘輩, 多挈妻子叛去, 走部落營伍, 竄入兵籍中. 不數日, 立馬主
人門, 擧鞭指畫, 放言無忌, 以明得意, 甚者拔刀斫庭柱, 叫呼索酒
食, 不得則恣意大罵, 極快暢然後馳去.(『變變雅堂遺集』文集 권6)

오위업은 장부張溥와 그 집안 노복들 사이의 충돌을 기록했는데, 이
또한 당시 주인과 노복 사이의 충돌 상황을 보여주는 전형적인 사건이
라 할 수 있다.(『吳梅村全集』권24「淸河家法述」참조. 이 글에서 장부 가문
이 노복에게 대처한 방식 역시 동남 지역 주인과 노복의 관계 및 사대부의 권

한을 보여주는 뚜렷한 예라고 할 수 있다.) 오위업의 이 글은 문체가 장엄하고 어휘의 의미가 매우 침통하여 마치 닭 잡는 데 소 잡는 칼을 쓴 것 같다. 다만 기록 가운데 노복 하나를 징계하기 위해 펼친 진용은 관련된 형세가 얼마나 엄준했는지 알게 해준다. 그것은 당시 '세족-품류' 관계를 논할 때 적용했던 지극히 현실적인 근거였다. 기표가가 '부유한 백성을 편안하게 해줄 것安富'를 외칠 무렵 부유한 백성은 이미 평안한 나날을 보내기 힘든 상황이었다. 심지어 기 씨 가문 역시 당국의 보호를 요청해야 할 지경이었다. 동남 지역에서는 왕조 교체 과정에서 일어난 '방화와 약탈'에서부터 청대 초기의 '주소안奏銷案' 등의 사건에 이르기까지 연속적인 파괴 과정이 진행되었다. 그 사이에 일어난 사대부 및 세족의 지위 상실 문제는 상당 기간 사대부들 사이에서 화제가 되었다.[40]

왕조 교체기에 부귀한 가문에서 "국난을 구제하기 위해 재산을 헌납하고毀家紓難" 또 '대의에 참여與義'하거나 '고발'을 당해 쇠락하는 현상을 한때의 논자들은 '권문세가故家'와 '고국故國'은 존망을 함께한다는 증거로 간주하기도 했다. 왕보인王寶仁(1789~1852, 자는 연운硏雲 또는 동벽東璧)의 책에 수록된 당손화唐孫華*의 글은 당시 '고발의 재앙告訐之禍'에 대해 이렇게 썼다.

군읍에서 화려한 집과 많은 재물을 지닌 이들은 대부분 반군과 내통했다는 무고를 당해 그 재산을 몰수당해서, 망한 집안이 수

---

* 당손화(1634~1723)는 강소 태창太倉(지금의 쑤저우에 속함) 사람으로 자는 실군實君 또는 동강東江이다. 강희 27년(1688) 진사에 급제하여 섬서 조읍지현朝邑知縣과 예부주사를 역임했으나 훗날 절강향시부고관이 되었다가 일에 연루되어 직위를 잃고 귀향했다. 저작으로 『동강시초東江詩鈔』가 있다.

천 곳이나 된다.

凡郡邑中豐屋高貲, 多誣以通叛而攫取其財, 所摧敗者數十百家.(「勅
授文林郎廣東增城縣知縣書城王公墓誌銘」, 『蒙水文徵』 권63, 도광 11년,
閑有餘齋刊本)

장이상의 「구평숙전邱平叔傳」에서는 이렇게 썼다.

전쟁 후 서로 노려보며 해치니, 평소 점잖은 사대부들이 거의 맹
수처럼 물어뜯었다.

戎馬之後, 睚眥相賊殺. 平日衣冠之族, 胥豺虎噬也.(『楊園先生全集』
권21)

황종희는 육여화陸汝和가 "혼란의 와중에 다른 이의 군대에 참여했
다가" "빈손으로 돌아와 전답을 모두 잃었으니, 5년 동안 객지에서 고
생만 하다가 가난뱅이가 되고 말았다"고 했는데,* 바로 '대의에 참여'
한 대가였다. 그리고 부유한 가문이 반란을 일으킨 백성에 의해 '부역
附逆'의 명목으로 징치를 당하거나 '의병'에게 강제 헌납勒輸을 하는 과
정에서 탈취를 당하고 '처형刑死'되는 지경에 이른 것은 더욱 풍자적 성
격을 지닌 엄혹한 사실이었다.(황종희의 「전충개공전錢忠介公傳」에 인용된,
홍광 조정에 올린 전숙락錢肅樂의 상소문 참조) 『명계북략』 권19에서는 당
시 상황을 이렇게 기록했다.

---

* 원주: "板蕩之際, 曾參人軍事, (…) 徒手歸來, 盡喪其田土, 五載間關, 成一窶人."(「陸汝和七十
壽序」, 『黃宗羲全集』 제10책, 658쪽)

허기를 채운 이들은 길을 갈 때에는 흩어져서 살인과 약탈을 자행하고, 사대부를 만나면 횃불을 들고 포위하여 즉시 모든 것을 빼앗고 반드시 사지를 찢어 죽였다.

藉口恢復者, 沿途則散行殺掠, 遇衣冠則火圍之, 卽得全, 必支解.(407쪽)

이렇듯 명말 강남 사대부의 '의거'는 때로 노복들의 변란 때문에 격발되기도 했다.

이 시기 세족을 논한 이들이 의도적으로 소홀히 한 또 하나의 사실은 명대에 엄중한 사회 문제가 되었던 토지 겸병과 권세 있는 가문이 백성의 토지를 침탈해 차지한 일, 동남 지역 호족들이 노복을 거느린 일—이것은 또한 명말 '노복 변란'의 배경이 되기도 하는데—과 같은 것이다. 호족 세가와 조정이 이익을 다툰 것, 달리 말해서 '권리'를 나눈 것은 명대의 경제생활에서 엄중한 사실로서, 마땅히 제도의 토대를 침식한 사건이자 '종법-세족'의 관계가 제도적 고질병이 되었음을 보여주는 예다. 저명한 동림당 인사 고반룡의 가보에는 당시의 '도학자'인 황관黃綰이 "고향에서 횡포를 부린 일居鄕豪橫"을 기록하고 있다.(『명유학안』 권13 참조) 왕부지의 말처럼 "권문세가와 명망 높은 가문, 공경 및 공신의 자손"들이 "해를 끼쳐 원망의 기운이 뭉치고 고이도록"* 만든 것이 바로 자신들의 운명을 결정하는 배경이 되어버렸던 것이다.

세가 및 거대 가문이 내부로부터 붕괴되었다는 사실은 이미 그 유래가 오래되었다. 나진옥羅振玉**은 오 지역 명숙名宿인 서방徐枋의 연보인 『서사재선생연보徐俟齋先生年譜』를 편찬하면서 그 가족관계에 대

---

* 원주: "賊害怨咨之氣偏結凝滯."(『黃書』 「大正」 제6, 『船山全書』 제12책, 528쪽)

해 개탄을 금치 못했다. 명·청 교체기에 종법에 대해 논한 이들 가운데 가장 유력했던 인물인 고염무도 자신의 가족을 언급할 때는 뼈저린 슬픔을 이기지 못했다.(「答再從兄書」, 『蔣山傭殘稿』 권1 참조) 그리고 정원천丁元薦***이 목격한 명대 양장제糧長制****의 전후 변화 역시 '거대가문大家巨室'의 정신적 품격이 갈수록 하락한 사실을 보여주는 하나의 예다.[41] 부잣집 자제들이 스스로 그 가문을 망치는 일은 평소에도 적지 않게 볼 수 있지만 '말세'는 이런 이야기가 더 많이 만들어질 수 있는 훌륭한 무대가 되지 않겠는가? 장이상은 「여주명고與周鳴皋」에서 이렇게 썼다.

> 10여 년 동안 마을 자제들 가운데 사대부의 후손이거나 벼슬이 없어도 제후에 버금가는 부자의 후손이거나 간에 조상들이 남겨준 재산이 아주 풍족했지만 얼마 지나지 않아 집이며 전답이 모조리 남의 손에 들어가버리고, 더불어 처자식도 간수하지 못한 채 형장에서 처형되는 경우를 많이 보았다!

** 나진옥(1866~1940)은 절강 상우上虞 사람으로 자는 식여式如 또는 숙온叔蘊, 숙언叔言이고 호는 설당雪堂 또는 영풍향인永豐鄉人, 정송노인貞松老人, 송옹松翁 등을 썼다. 청나라 말엽 조정의 부름을 받고 북경에 간 그는 학부이등자의관學部二等諮議官을 맡았고, 이후 참사관 후보 겸 경사대학당 농과감독農科監督을 역임했다. 신해혁명이 일어난 뒤에는 일본으로 망명했다가 만주국 정권에도 참여한 바 있다. 주요 저작으로 『정송당역대명인법서貞松堂歷代名人法書』 『고창벽화정화高昌壁畫精華』 『은허서계殷墟書契』 『삼대길금문존三代吉金文存』 등 방대한 저작과 편찬서를 남겼다.

*** 정원천(1560~1625)은 절강 장흥 사람으로 자는 장유長孺이고 호는 신소愼所다. 만력 14년(1586) 진사에 급제하여 형부검교, 상보사소경을 역임했다. 저작으로 『서산일기西山日記』 『존졸당문집尊拙堂文集』 『정주도명록程朱道命錄』 『명산언해인보名山言海印譜』 등을 남겼다.

**** 양장제는 각 주현에 설치한 '양장'을 통해 세량의 징수와 운송을 책임지게 하는 제도로 홍무 4년(1371)에 처음 시행되었다. 처음에 '양장'은 해당 구역에서 가장 많은 곡식을 납부하는 대호大戶 가운데 공개적인 추천을 통해 뽑았으나 나중에는 정부에서 직접 지목하거나 파견했다. 이 제도는 원래 관리들의 수탈을 방지하고 백성이 해당 지역에서 조세를 납부하기에 편하도록 마련되었으나, 나중에는 '양장'들이 비리를 통해 자신의 배를 불리면서 오히려 빈민에게 세금을 떠맡기는 구실로 변질되었다.

十餘年來, 里中子弟, 或衣冠之後, 或素封之餘, 祖父所遺非不豐也,
未幾室廬田畝, 盡屬他人, 并妻子非其有, 以身陷於刑戮者, 多見
矣.(『楊園先生全集』 권7)

「연당견문잡록研堂見聞雜錄」에서는 누동婁東, 즉 태창太倉 지역의 세
가 자제들이 "사치가 습관이 되어 있고 멋대로 주색에 젖어 조상이 남
긴 재산을 남김없이 탕진했으며" 심지어 형옥을 담당한 사구의 후손
이 배우가 되어 "가무로 생계를 꾸리는以歌舞自活" 경우도 있어 그 조상
의 은택이 모두 사라져버렸다고 했다.* 유종주는 「의흥도씨가승서宜興堵
氏家乘序」에서 직접적으로 이렇게 말했다.

(조상의) 덕이 황량해지는 것은 공경의 집안이 노예 집안보다 못하
니, 비록 100년을 유지한다 해도 그 뒤의 자손들 가운데는 감히
그 씨족으로 자처하지 못하는 이가 있을 것이다. 세자가 어찌 문
벌에 달렸겠는가?
德之涼, 公卿不如輿隷, 雖百世而後, 子孫有不敢居其氏族者矣. 世
家豈在門第乎.(『劉子全書』 권21)

"이전의 영광을 싹 틔우면胚胎前光" "반드시 처음으로 돌아갈 것必復
其始"이라지만, 그게 말로야 얼마나 쉬운가! 오히려 군자의 은택이 5세
대를 지나면 끊어진다는 사실이 반복적으로 증명되었을 따름인 것이다.
명·청 교체기의 사대부들도 바로 이러한 풍경에 직면했으니, 귀장은

---

* 원주: "習爲侈汰, 恣聲色, 先世業蕩盡無餘, (…) 而司寇之德澤盡矣."(「研堂見聞雜錄」, 『烈皇小
識』, 中國書店, 1982, 299쪽)

이렇게 말했다.

세상사가 변한(명나라가 망한) 뒤로 권문세가 가운데 무너진 곳이
열에 예닐곱이다.
自陵穀變遷以來, 世家巨族, 破者十六七.(「王奉常煙客先生七十壽序」,
『歸莊集』 권3, 251쪽)

또 장이상은 이렇게 말했다.

생각건대 상란 이래 원근의 사대부 가문으로서 높고 웅장한 건물
들과 깊은 담에 둘러싸여 옛날에 가무와 연회로써 고을의 장관
을 자랑하여 빛내던 곳들은 대개 이미 폐허가 되어 황량하게 잡
목과 자갈만 널려 있고, 간혹 남아 있는 것들도 주인이 이미 여러
번 바뀌어 옛 자손들의 행방은 대개 물어볼 수도 없게 되었다.
予維喪亂以來, 遠近士大夫家, 棟宇崇深, 墉垣窅邃, 昔爲歌舞燕樂
誇耀里閭之觀者, 槪已廢爲荒榛野礫, 間有存者, 姓已一易再易, 子
孫多不可問.(『楊園先生全集』 권17 「遺安堂記」)

그리고 하완순夏完淳*은 「옥중상모서獄中上母書」에서 이렇게 썼다.

회계 지역의 명망 높은 큰 가문은 이제 너무나 쇠락해버렸습니다.

---

* 하완순(1631~1647)은 송강 화정 사람으로 어릴 적 이름은 단가端哥이고 별명은 복復이며 자
는 존고存古, 호는 소은小隱 또는 영수靈首다. 하윤이夏允彛(1596~1646)의 아들이자 진자룡의
제자인 그는 14세 때에 부친을 따라 항청운동에 참여했다. 이후 부친이 순국하자 진자룡과 함께
항쟁을 계속하다가 포로로 잡혀 순국했다. 그가 남긴 글은 『하완순집夏完淳集』(中華書局, 1959)에
모아져 있다.

會稽大望, 至今而零極矣.(『夏完淳集箋校』권9, 上海古籍出版社, 1991, 413~414쪽)

명문세가를 통해 나라와 시대의 운세를 엿보는 데 익숙해 있던 사대부들이 격세지감을 느낄 수밖에 없지 않았겠는가![42]

세족: 종법의 재건

망국의 재앙은 사대부들의 사고를 하나의 오래된 명제, 즉 종법과 국운의 관계로 돌아가게 했으니, 고염무는 이렇게 말했다.

> 다스림의 도리가 갈수록 하락하여 나라에 강력한 종법이 없다. 강
> 력한 종법이 없으면 나라를 세울 수 없고, 나라를 세우지 못하면
> 안에서 붕괴되고 밖에서 반역하여 결국 멸망에 이른다. 그러므로
> 종법을 존속시키는 것이 바로 인륜의 기강을 도우면서 나라의 위
> 세를 확장하는 길이 아니겠는가?
> 自治道愈下而國無強宗, 無強宗, 是以無立國, 無立國, 是以內潰外
> 畔而卒至於亡. 然則宗法之存, 非所以扶人紀而張國勢者乎.

나아가 그는 "씨족을 중시重氏族"하는 것이야말로 봉건을 회복할 수 없는 역사적 상황에서 나라를 세우는 중요한 조건이라고 설명했다. 그가 "가문을 지키고 종족을 보호하여保家亢宗"" "갑자기 다급한 상황이 닥쳤을 때 스스로 지키게以自衛於一旦倉黃之際" 하자는 것도 당연히 왕조 교체기에 절실하게 겪은 경험에서 비롯된 주장이다.(이상 고염무, 「裵村

記」, 『顧亭林詩文集』, 100~102쪽 참조)[43] 이러한 역사 상황에서 '사당祠堂'
과 '가보家譜'같은 실물들은 어떤 상징으로서 반복적으로 해석될 뿐
만 아니라 또한 '종족을 거둬들이는收族' 구체적인 수단이 된다.[44]

이때 논자들은 마치 약속이나 한 듯 '종족-권력'의 관계에 관심을
집중시켰다. 황종희는 『자유자행장』 권하에서 유종주가 자신의 종족을
정돈한 일을 자세히 기록했다.

> 처음에 유 씨 집안의 사당에서는 모두 세속의 예법을 시행했다.
> 선생이 그것을 일일이 바로잡아 사전을 두고 종보를 편찬했다. 그
> 리고 종장 1명을 세워 종중의 업무를 총괄하게 하고, 종익 2명이
> 보좌하게 하며, 나이에 따라 종로 1명을 뽑고, 종간 1명으로 하여
> 금 재정을 담당하게 하고, 종규 1명으로 하여금 상벌을 담당하게
> 했다. 종장에게 알리지 않고 관청에 투서한 자는 처벌했다.
> 初, 劉氏家廟所行, 皆世俗之禮. 先生一一正之, 置祀田, 輯宗譜. 乃
> 立宗長一人, 總宗敎, 宗翼二人佐之, 宗老一人以齒, 宗干一人司錢
> 穀, 宗紏一人司賞罰. 擧宗之事, 皆質成於宗長. 宗長未聽, 而投蝶於
> 官者, 罪之.(『黃宗羲全集』 제1책, 257쪽)

유종주는 명나라 말엽의 명신이라서 행정의 방식으로 종족을 경영
했던 것이다. 물론 그에게도 근거가 있었으니, 「석오공가묘기石吳公家廟
記」에서 그는 '우리 월 땅'의 세가인 주산州山 오 씨吳氏에 대해 이렇게
썼다.

---

* 원서에는 "保甲亢宗"이라고 했으나 고염무의 원문을 찾아 교정함.

내가 일찍이 어른께 들었는데 오 씨 세가에는 가법이 있어서 종로 1명이 집안일을 감독하고 종리를 세워 법을 어긴 자들을 다스렸다고 한다. 자손 가운데 법을 어긴 자가 있으면 즉시 사당에 알리고 북을 울려 사람을 모은 뒤 곤장을 쳐서 깨닫게 한다. 그래도 깨닫지 못하면 종족으로 취급하지 않고 죽어도 사당에 위패가 들어오지 못하게 한다. 큰 잘못이 아니라면 끝내 관청에 알리지 않으니, 그 지역 장리長吏*가 의아하게 여기자 이렇게 해명했다. "다른 집안은 관청의 법으로 다스려도 부족하지만, 우리 오 씨 가문은 가법으로 다스려도 충분하고도 남습니다." 고을에서는 지금도 그 가문을 칭송하고 있다.

予嘗聞之長老, 言吳世有家法, 以宗老一人董家政, 又立宗理二人以懲不法. 子孫有犯, 則告廟伐鼓而杖之, 俟其悛也. 不悛則不齒於宗, 死而不入於廟, 非有大故, 終不致於官, 至爲邑長吏所詫, 曰: 他姓治以官法而不足, 獨吳氏治以家法而有餘. 里中至今稱之.(『劉子全書』 권21)

여기서 유종주가 강조하는 것은 기층 권력 기구로서의 종족의 기능이다. 그것은 심지어 법을 제정하고 집행하는 기구로서 관청의 직권을 대신하고 있으니 엄연히 완벽하고 자족적인 소규모 사회다.(같은 글에서는 또 "당·송을 거쳐 지금까지 주산 고을은 마치 나라를 세운 것 같았다"**고 했다.) 다른 글에서 그는 또 진 씨陳氏와 정 씨鄭氏 등의 거대 종족에 대해서, "그 집안에 인구가 700~800명이나 되는데 한 사람이 다스릴 수

* 장리는 지방에서 지위가 상당히 높은 관리라는 뜻인데, 대개 지주知州나 지현知縣의 보좌관을 가리킨다.
** 원주: "歷唐宋迄今, 州山之墟若建國然."

있다"*고 했다. 통치권이 통일되는 것이야말로 거대 종족을 유지할 수 있는 조건이니, 가족 정치라는 것 또한 국가 정치의 축소판이기 때문이다. 유종주는 이와 같은 '제도적 실천'의 의의를 설명했으며, 심지어 하나의 가족에 '삼대三代'의 정치와 '정전井田'을 시행해야 한다고 주장하기도 했다.

> 선왕의 가르침이 비록 후세에 다시 시행되지 않는다 하더라도 세족이나 큰 종족 가운데 옛 도를 행하는 곳이 있다면 선왕의 뜻을 본받아 그 씨족을 다스리고 사람들이 일을 잃지 않고 틈틈이 시서예악을 수련하게 하기가 어렵지 않다. 그것을 오래 전하면 또한 한 가문의 삼대인 것이다.
> 先王之敎, 雖不復行於後世, 而世族大家之中, 苟有行古之道者, 不難法先王之意, 以經紀其氏族, 使人不失業, 暇修其詩書禮樂, 傳之長久, 亦一家之三代也.(「劉氏義田權輿說」, 『劉子全書』 권25)

유학자에게 이것은 거의 최고의 의의를 지닌 목표일 것이다. 종족 조직의 이와 같은 기능에 대해 위희도 긍정적으로 평가했다.

> 나는 일찍이 천하를 다스리는 것은 반드시 소학을 일으키고 종족의 법을 중시해야 한다고 생각했다. 이른바 '종족의 법'이라는 것은 단지 혈연의 계통과 위아래를 구별하는 것뿐만이 아니라 흩어진 종족을 거둬들이고 소원한 관계를 합치는 것이다. 대개 종족에는 반드시 스승이 있어야 하고, 종묘에는 반드시 어른이 있어야

---

* 원주: "其家積七八百口, 而可一人使."(劉宗周, 「劉氏義田權輿說」, 『劉子全書』 권25)

하니, 어른은 나이에 맞게 행하고 스승은 현명함으로 가르치는 것
이다. 종족의 자손들은 반드시 한두 명의 분부를 들어야 한다. 혹
시 다툼이 있으면 반드시 종족에게 판결을 받아야 하며, 종족이
판단할 수 없는 경우에만 관청에 소송을 걸어야 한다. 큰 잘못을
저질러 패륜을 범하거나 교화를 해치면 종족의 스승이 대중에게
공표하여 죽이더라도 죄가 없다. 우리 영녕寧의 북쪽 고을은 같은
성씨가 모여 사는데, 그 종족의 법이 아직 남아 있다. 자제들이 도
둑질을 하면 종족의 우두머리가 종묘에서 북을 울리고, 여러 사
람이 도둑질한 자를 잡아 삼태기에 집어넣고 강물에 던진다.

禧嘗以爲天下之治必興小學而重族法, 所謂族法者, 非徒別其昭穆
尊卑, 收其散, 合其疎也. 蓋族必有師, 而宗必有長, 長以齒與行, 而
師以賢. 族之子姓畢聽命於一二人. 其或有爭, 必聽斷於族, 族不能
斷, 然後訟於官. 大不率至敗倫傷化者, 則族師聲衆而殺之, 無罪. 吾
寧之北鄕, 姓聚族而居, 其族法尙有存者. 子弟爲盜, 則族長鳴鼓於
宗廟, 衆執而納諸籠中, 以投於河.(「萬氏宗譜序」, 『魏叔子文集』 권8)

그는 여기에서 종법의 권력을 긍정했으며, 그것으로 기층 권력의 비
어 있는 부분을 보충할 수 있다고 생각했다. 즉 "작게는 지방의 소송을
간소화할 수 있고, 크게는 점차 지방의 인재를 천거하는 정책을 시행
할 수 있다"*는 것이다. 유헌정도 이와 유사한 실제 사례를 제공한다.
『광양잡기』 권4에서는 진강부의 거대 가문인 조 씨의 가족 조직에 대
해 이렇게 기록했다.

---

* 원주: "小可以簡郡縣之訟, 大可漸次行鄕擧裏選之政."(「萬氏宗譜序」, 『魏叔子文集』 권8)

총사 1명과 족장 8명이 그것을 담당한다. 모든 종족 가운데 총명하고 정직한 사람 4명이 평사가 되고, 다시 체포하고 곤장을 치는 임무를 맡은 이들이 또한 8명이다. 사당에는 사장이 있고, 지파房*에는 방장이 있다. 종족 가운데 소송이 걸리면 관청에 알리지 않고 사당에 알리는데, 평사들이 논의하고 족장이 판결하여 관장을 치는 임무를 맡은 이가 형을 집행한다. 명교를 해치거나 윤리강상을 범한 자는 오라에 묶어 강에 던지고 관청에 보고한다.

有總祠一人, 族長八人職之. 擧族人之聰明正直者四人爲評事, 復有職勾攝行杖之役者亦八人. 祠有祠長, 房有房長. 族人有訟, 不鳴之官而鳴之祠, 評事議之, 族長判之, 行杖者決之, 有干名敎, 犯倫理者縛而沈之江中以呈官.(215쪽)

『일지록』 권8 '향정지직鄕亭之職'에는 다음과 같이 기록되어 있다.

지금 시대에는 현청 대문 앞에 대부분 "무고하는 자는 3등급을 가중처벌하고, 월소하는 자는 곤장 50대를 친다"는 방이 붙어 있다. (…) 지금 사람들은 현청을 거치지 않고 상부의 부서에 고소하는 것을 일컬어 월소越訴라고 하는데, 사실은 그렇지 않다. 『태조실록』에 따르면 홍무 27년 4월 임오에 담당 부서에 명을 내려 민간의 나이 많은 노인들 가운데 공정하게 일을 맡을 수 있는 이를 골라 그 고을의 소송을 처리하게 하라고 했다. (…) 만약 고을 노인의 처분을 거치지 않고 곧바로 현청에 고소하면, 이것을 월소라고 한다.

---

* '방房'은 종족의 지파支派를 나누는 단위다.

今代縣門之前, 多有牓曰: 誣告加三等, 越訴笞五十. (…) 今人謂不經
縣官, 而上訴司府, 謂之越訴, 是不然. 『太祖實録』洪武二十七年, 四
月壬午, 命有司擇民間高年老人, 公正可任事者, 理其鄉之詞訟. (…)
若不由里老處分, 而徑訴縣官, 此之謂越訴也.

이로써 보건대 앞서 설명한 것과 같은 유학자들의 주장은 습속뿐만
아니라 제도에도 근거를 두고 있음을 알 수 있다. 종법제 아래의 고을
에서는 종종 이른바 '민간의 나이 많은 노인'이 종족의 우두머리가 된
다. 가장이 행사하는 것은 그야말로 조정이 부여한 권력이라고 할 수
있다. 이런 의미에서 종족 조직도 '기층 권력'과 유사하다.[45]

이상에서 설명한 것과 같은 '자족自足'이 왕조 교체기에 지니는 중요
성은 어렵지 않게 짐작할 수 있을 것이다. 이 시기에 종법에 대해 논한
이들은 가족의 상대적 독립성을 강조했는데, 그 자족과 준정치적인 실
체는 당연히 깊은 의의가 있으니 바로 오랑캐들의 세상에서 화하문명
을 보전하는 것이었다. 유종주는 이것을 "나라는 무너져도 가문은 무
너지지 않는다國壞而家弗壞"고 명확하게 표현하면서 그것을 '반석이 되
는 종묘磐石之宗'라고 여겼다.(「劉氏義田權興說」)[46] 손기봉이 역주易州 오공
산五公山에 건립한 것과 장이상이 「보취사의保聚事宜」에서 설계한 것, 그
리고 같은 시기에 세상을 피해 은거한 다른 이들이 세운 도화원桃花源
같이 폐쇄적이거나 반半 폐쇄적인 소규모 사회는 비록 대부분 임시방
편적인 계책에서 나왔지만, 이상과 같은 의미에서 이것들도 역시 종법
을 재건하기 위한 실천으로 간주할 수 있을 것이다. 이것은 확실히 '나
라 안의 나라國中之國'와 같다. 심지어 장이상은 "모여 지키기가 행해졌
으니 더불어 그것을 지키면 100년이 지나도 변하지 않을 것"*이라고
기대했다. 물론 청나라가 이미 들어섰으니 '모여 지키기保聚'가 존재한

다 해도 성격이 변하는 것을 피할 수는 없었을 터이다.

명·청 교체기 사대부들의 이와 같은 세족에 대한 논의에서 언급한 '포스트 봉건' 사회의 제도적 토대라는 문제는 '봉건 이후'의 제도적 결함에 대한 보충의 사안과 연관되어 있다. 고대사 후기에 발생한 이와 같은 토대의 재건에 대한 필요성은 확실히 그 기초의 파괴 정도를 보여준다. 종법의 재건은 유학자들이 제도를 치유하기 위해 제시한 처방이다. 여기서 종족은 사회와 정치를 안정시킬 조건일 뿐만 아니라 구체적이면서 작은 (그리고 중앙 권력과 상호 보조적인) 권력 기구로 간주되었다. 이것은 당연히 '향약鄕約'이나 '족규族規', 주자의 '사창법社倉法'**과 같은 그 이전의 관련된 제도적 실천 및 사상적 자원으로부터 도움을 받은 것이었다. 『일지록』 권6 '애백성고형벌중愛百姓故刑罰中' 조목에서는 자신의 이른바 '대중통치衆治'—수백 년 뒤의 량치차오가 말한 '군치群治'와는 당연히 다른 개념 체계에 속하지만—를 이야기하면서 이렇게 썼다.

> 군주는 천하를 혼자 다스릴 수 없다. (…) 천하의 종손이 각기 그 종족을 다스려 군주의 정치를 보좌하는 것이다.
>
> 人君之於天下, 不能以獨治也. (…) 天下之宗子各治其族, 以輔人君之治.

---

* 원주: "保聚旣行, 相與守之, 百年不變."(「保聚附論」, 『楊園先生全集』 권19)

** '오부사창五夫社倉'을 가리킨다. 이것은 남송 건도乾道 7년(1171)에 주희가 숭안崇安 오부리五夫裏에서 처음 조직한 민간 사회 조직이다. 여기서 '사창'은 기본적으로 재난이 닥쳤을 때 긴급 구제를 위해 곡식을 비축하는 곳인데, 재난이 없더라도 매년 의무적으로 시행하여 새로 수확한 곡식을 저장할 수 있게 했다. 또한 「창규倉規」를 제정하고 그 지역의 덕망 있는 인사들이 공동으로 관리하게 했는데, 당시 복주지부福州知府 진준경陳俊卿도 이를 지원했고, 이후 다른 지역에도 앞다투어 설립되었다.

그러니까 이것은 제도의 토대로서 가족을 기본 단위로 하는 종법사회의 구조적 모델을 이야기하고 있는 것이다. 고염무는 '종번宗藩'에 대한 논의와 '세관世官'에 대한 설명* 그리고 앞서 언급한 세족 및 종족에 대한 논의를 통해 완전한 구조적 설계를 제시하고, 나아가 그의 종법사상이 철저하다는 것을 증명했다. 이런 상황에서 사대부는 자신이 군주에 비해 현존 질서와 기성 제도를 더욱 자각적으로 수호하는 존재임을, 자신들이 왕조의 근본적인 이익을 위해 고민하며 심원한 계획을 세우는 존재임을 계속해서 증명했다. 그러나 종법제의 온갖 폐단이 드러나는 시점에서 종법을 복구한다는 것은 불가피하게 공상적 성격을 띨 수밖에 없었고, 종법으로 종법제도의 병을 치유하려 했던 것 또한 제도에 대한 당시 사대부들의 사유가 지니는 한계를 드러낸 것이었다.

유학자들은 더욱이 예제를 수복하는 것이 전통적인 소임이라고 생각했다. 이 때문에 왕조 교체기에 '삼례지학三禮之學'은 가장 현실적인 동력을 획득했다. 그리고 바로 이 점을 통해 '유민의 경학'과 청대 학문의 근거가 다르다는 것을 알 수 있다. 고염무는 '망국'과 '망천하'를 이야기하면서, 천자를 존속시킬 중요한 길은 바로 예교를 추진해 실행하는 것이라고 했다.

나라가 위에서 어지러워지면 교화가 아래에서 밝아진다. 『주역』에서도 "마을은 바뀌어도 우물은 그대로 있다"고 했다. 이것은 일상의 도리가 군자에 의지해서 존속한다는 뜻이다.
國亂於上而教明於下. 『易』曰: 改邑不改井. 言經常之道, 賴君子而存也.(「華陰王氏宗祠記」, 『顧亭林詩文集』, 109쪽)

---

* 원주: 이에 대해서는 고염무의 「군현론郡縣論」을 참조할 것.

의식(특히 장례의식) 행위를 통해서 "종족을 공경하여 거둬들이는敬族收宗"일을 실현하고, 그에 따라 인심을 수습하고 종법의 질서를 회복하는 것 또한 유학자들에게는 일종의 실천이다. 진원룡陳元龍*은 「진씨이학건초선생전陳氏理學乾初先生傳」에서 진확陳確이 "가학을 제창하고 종족의 법규를 제정하고 종법을 명확히 설명했으며" 옛날의 가족장族葬 방법을 모방하여 "지파도 근본이 하나이고 혈맥이 서로 이어져 있으니, 살아서는 부락에 모여 살고 죽으면 공동 구역에 묻게 했다"라고 썼다.** 그리고 '백성을 교화하고 풍속을 이루는化民成俗' 측면에서 세족은 여전히 특수한 문화적 기능을 지닌 것으로 여겨졌다.

세족과 문화 전승

상징적 차원에서 '세족'의 의의는 무엇보다도 역사와 문화의 연속이라는 점에 있는데, 하물며 명·청 교체기와 같은 시기에는 어떠했겠는가!

> 나라는 10대 조상의 기반에 의지하고, 가문은 100년의 사업을 계승하며, 선비는 조상의 옛 은덕에 먹고살고, 농민은 조상이 남긴 땅의 전답에서 먹고산다.

---

* 진원룡(1652~1736)은 절강 해령 사람으로 자는 광릉廣陵이고 호는 건재乾齋다. 강희 24년(1685) 진사에 급제하여 한림원편수, 일강기거주관日講起居注官, 한림원장원학사 등을 거쳐 문연각대학사, 문화전대학사文華殿大學士 겸 예부상서를 역임했다. 저작으로 『애일당시문집愛日堂詩文集』이 있고 대형 백과전서인 『격치경원格致鏡原』을 편찬하기도 했다.

** 원주: "表章家學, 酌立族規, 講明宗法. (…) 以爲支分本一, 血脈相聯, 生則聚廬而處, 沒則共域而葬."(『陳確集』, 10쪽)

國藉十世之基, 家承百年之業, 士食舊德之名氏, 農服先疇之畎
畝.(班固,「西都賦」)

　　이와 같이 '연속'은 무언가에 의지해서 실현되는 것이다. 이 시기에
방이지와 부산 같은 이는 모두 세가의 자제들로서 가학을 계승하여
박학하고 고상하다는 명성을 날린 이들이다. 전조망은 「양곡부선생사
략陽曲傅先生事略」에서 부산의 가학이 "황하 이북에서 아무도 그 영역
을 엿보지 못할大河以北, 莫能窺其藩者" 정도라고 했다. 방이지와 부산의
학문적 소양은 특수한 가족 문화의 재산이며, 또한 세족이 문화적 기
능이 계속된다는 것을 증명한다. 동남 지역 유민인 진확은 황종희에게
칭송을 받을 만큼 재능을 타고났는데(황종희가 쓴 그의 묘지명을 참조할
것), 의심할 바 없이 그 또한 유년 시절의 생활 환경을 통해 습득한 것
이었다. 엄청난 파괴 속에서도 '권문세가故家가 남긴 풍속과 풍류風流,
선정善政'이 여전히 남아 있다는 것은 고국이 여전히 존재함을 증명하
는 사실 가운데 하나로 간주되었다.

　　예로부터 공후의 자손은 교육의 은택을 입어 성실하게 『시경』을
　　배우고 『예기』를 익혀 천하의 모범이 되었으며, 그런 뒤에 먼 변방
　　에서 떠돌며 뜻을 펼치지 못한 학자가 비로소 그 지혜와 능력을
　　떨쳐 당세를 기쁘게 살아갈 수 있게 된다.
　　自古公侯之子孫, 涵濡敎澤, 敦詩習禮, 爲天下先, 而後遲陬蓬蔚之
　　儒, 始得奮其智能以鳴躍乎當世.(「蘇小眉山水音序」, 『吳梅村全集』 권
　　29, 692쪽)

　　그러나 오랜 세월 침식을 겪고 나서 이 시기에 이르러 세족은 이미

학술과 문화가 모인 곳이라는 특성을 잃어버렸다. 세족이 문화적 지위를 상실한 것에 대해 논자들은 통상적으로 과거제도의 부작용이라고 결론 짓는다. 이러한 '평등'이 야기한 '평균화'—여기서 평등과 평균은 모두 차용한 것—의 문화적 의미는 아직 충분히 해명되지 않았지만, 사대부들은 예로부터 그와 관련해서 민감한 반응을 보여왔다. 황종희는 관각체館閣體와 한 시대의 문사文事를 통해 '문장의 권리'가 아래로 옮겨가고 귀족 문화의 정신이 실추된 모습을 묘사했다.[47]

세족의 쇠락은 식견 있는 이들로 하여금 더욱 통절한 슬픔을 느끼게 만들었으니, 바로 '문화 정신'으로서 '귀족'의 위상이 실추되었던 것이다. 앞서 인용한 황종희의 「조씨가록속약서」는 명대에 세가들이 쇠락한 모습에 대해 이렇게 썼다.

> 내가 보기에 육 씨 세가는 그 후인들이 성숙할 때가 되면 조상의 모습을 밭에 퍼뜨려 오사모에 붉은 관복을 입고 무지한 자들을 내쫓을 것이다. 응평중이라는 분은 명대 초기의 문인인데, 몇 세대가 전해진 뒤로 문집이 거의 없어져 후손들은 그걸 남겨두는 것이 불경이라고 생각해서 지전과 섞어 불태워버렸다.
> 以余所見言之, 陸氏世家, 其後人當麥熟之時, 則張祖宗影像於中田, 烏絲絳袍以驅鹿豕. 應平仲者, 明初文人也, 數傳之後, 文集零落. 子姓以爲留之不敬, 雜紙錢焚之.(『黃宗羲全集』 제10책, 99쪽)

왕부지는 "귀족 후손의 자제들이 모두 뜻을 바꾸어 농사나 장사를 하고" "권문세가가 오랑캐처럼 되어 야인野人으로 변한"* 엄청난 변화의 국면 속에서 세족 및 그 문화의 쇠락 기미를 읽어냈다. 왕조 교체기에 권문세가가 쇠락한 것은 앞서 설명한 사실들을 더욱 보편적인 사실로 만들었다. 상란喪亂 속에서 유실된 것은 바로 권문세가에 의지해 유지되는 것으로 여겨진 그 문화의 품질과 의경意境이었다. 황종희는 이러한 유실에 대해 누차 개탄했다.

> 상란이 일어난 이래 백성의 삶은 나날이 곤란해져서 그 쇠약함이 이미 심해졌다. 사대부들은 걱정스러운 표정을 지은 채 관대한 말도 없어졌고, 조회나 여럿이 모인 자리에서 오가는 말들이 골목의 거간꾼이나 주방 아낙들이 하는 말에 지나지 않는데도 뻔뻔하게 이상하다고 여기지 않으니, 명사의 풍류와 왕손의 옛 모습이 모두 다시 볼 수 없게 되었다.
> 喪亂以來, 民生日蹙, 其細己甚. 士大夫有憂色, 無寬言, 朝會廣衆之中, 所道者不過委巷牙郎竈婦之語, 靦然不以爲異, 而名士之風流, 王孫之故態, 兩者不可復見矣.(「黃復仲墓表」, 『黃宗羲全集』 제10책, 262쪽)

방이지는 난리의 와중에 그 가족이 생활하던 모습을 회고하면서 말할 수 없이 그리워했다.

> 가족과 스승, 벗이 무리 지어 살면서 유익한 교류를 나누고, 온 가족이 즐거워하며 『시경』과 『서경』을 공부하여 옛날과 교통하고 성품에 어울리는 산천에 살며 글을 써서 주거니 받거니 노래했다.
> 天倫師友, 群居麗澤, 一室自娛, 詩書交古, 山川適性, 筆墨唱酬.[48]

---

* 원주: "華冑之子弟皆移志於耕商, (…) 故家大族, 夷爲野人."(『周易內傳』 권3, 『船山全書』 제1책, 391쪽)

한때 사대부들 사이에 화제가 되었던 '서적의 재난載籍之厄'은 선비와 세족의 운명에 직접적인 영향을 주었다. 황종희의 「천일각장서기天一閣藏書記」에서 난리의 와중에 선비들이 빈곤해진 결과 "근래 서적의 재앙은 반드시 전란 때문만이 아니다. 힘 없는 이들은 서적을 모을 수도 없을 뿐만 아니라 모아놓은 것도 힘이 없어서 흩어짐으로써" "(서적이) 있을 곳이 텅 비는" 상황에 이르렀다고 개탄했다.* 전조망은 「기륙공자묘갈명祁六公子墓碣銘」에서 기표가의 후손인 기이손祁理孫과 기반손祁班孫에 대해 기록하면서 이렇게 썼다.

> 아아! 공자(기이손) 형제가 죽은 뒤로 담생당의 서적들이 흩어졌으니, 이 어찌 기표가의 집안만의 쇠락이겠는가? 또한 강동 문헌의 크나큰 액운인 것이다.
> 嗚呼, 自公子兄弟死, 澹生堂書星散, 豈特梅墅一門之衰, 抑亦江東文獻大厄運也.(『鮚埼亭集』 권13)

한때 사대부들(특히 유민들)은 '예법의 상실'을 중대한 위기로 여겼다. 진확은 「도속론道俗論」(『진확집』 권5)에서 흉례凶禮를 통해 '고을 풍속'의 역량을 언급하면서 사대부들이 '세속과 뒤섞이니溷俗' 속세가 그것을 따른다고 하면서 '예법의 상실', 즉 사대부들의 문화적 품격 상실을 심각하게 염려했다. '예법'을 '가르침'으로 삼아 풍속을 바꾸는 것 또한 사대부들이 그 문화적 우세를 재건하는 과정이었다. 즉 "선비는 (조상의) 옛 은덕으로 먹고산다士服舊德"는 것이다. 오랑캐들의 세상에서 화

---

* 원주: "近來書籍之厄不必兵火, 無力者旣不能聚, 聚者亦以無力而散, (…) 所在空虛."(『黃宗羲全集』 제10책, 114쪽)

하문명을 보존하고 "권문세가의 옛 은덕故家舊德"에 기대어 "시서예악과 옷차림, 문물"을 보존하는 주체로서 세족은 스스로 '교화'를 실시하는 민간의 기초라고 간주했다. 당시 오위업 같은 이는 강남 권문세가의 의례 장면을 자주 기록했는데, 장엄한 기술을 통해 이 행위의 의례적 기능을 강조했다.

> 권문세가는 지방의 버팀목이요 고을의 모범이니, 그들이 경사가
> 있어 연회를 열면 온 백성이 여기서 예법을 구경하고, 사방에서
> 이 풍속에 대해 묻는다.
> 世家大族, 邦之楨幹, 里之儀型, 其有嘉好燕樂, 國人於此觀禮焉,
> 四方於此問俗焉.(「顧母施太恭人七十序」, 『吳梅村全集』 권38, 811쪽)

육세의陸世儀*도 이렇게 말했다.

> 무릇 풍속의 순후함은 반드시 모두가 윗자리에 있는 이들이 교화
> 로 장려함으로써 생겨나는 것은 아니다. 한 고을에 한두 곳의 권
> 문세가가 있어서 예의와 염치로 집안을 다스리면 그것을 보고 잘
> 연마하여 일으키는 이가 많아지는 것이다.
> 夫風俗之淳厚, 非必盡由在上之人有以風厲之也. 一邑之中有一二世
> 家大族, 以禮義廉恥治其家, 則相觀而善磨勵而興起者多矣.(「龍城
> 郝氏宗譜序」, 『桴亭先生遺書』 권4, 光緒乙亥刊本)

---

* 육세의(1611~1672)는 강소 태창 사람으로 자는 도위道威이고 호는 강재剛齋, 부정桴亭, 미사씨
眉史氏를 사용했다. 명나라가 망한 뒤 은거하여 학생들을 가르쳤으며, 경세를 중시하는 이학을 바
탕으로 다양한 분야에 두루 정통했다. 저작으로 『사변록思辨錄』 『논학수답論學酬答』 『성선도설
性善圖說』 『회운문답淮雲問答』을 비롯 많은 시문과 잡저를 남겼다.

여기서 '예법'은 그 효능이 "종족을 거둬들이는" 데에 그치지 않는다. 그런 의식적 행위는 평화로운 시기보다 훨씬 더 복잡한 의미를 지니는 것이다.

그 외에 유학자들은 '재부—도덕'이라는 관계를 정면으로 서술하는 것을 회피하지만, 세족에 대한 그들의 논의는 재부가 인재를 양성하고 인성을 완비하며, 문화를 전승하는 데에 기여한다는 사실을 제기하고 있다는 점은 응당 짚고 넘어가야 한다. 앞서 언급한 '서적의 재앙'도 사대부들의 경제적 지위가 상실되면서 나타난 직접적인 결과가 아니었던가? 가난하면 질병이 생기고 인성도 망가진다는 왕부지의 말과 세가 자제의 문화적 풍모에 관한 황종희의 서술에는 모두 '물질적 전제'라는 명제를 은밀히 내포하고 있으니, 이것은 유학자들의 안빈론安貧論을 보충하는 중요한 부분이다.

세족의 문화적 기능 가운데 하나인 '인재 양성'은 자연히 다음 절에서 논의할 사대부의 사회적 지위, 즉 '품류流品'에 대한 논의와 통한다. 손기봉은 이렇게 말했다.

> 듣자 하니 동진 때 왕 씨 가문과 사 씨 가문의 자제들에 대해 다른 가문에서 함부로 혼례나 교류를 논할 수 없었다고 하니, 대개 가문이 고귀하여 온 세상이 높이 받들기 때문이다. 또 당나라 때에 『세족지』에 수록된 고귀한 사대부들은 천하의 영예를 누렸다. 그러니 조상의 은덕이 후손에게 의지가 되어 감싸주는 것은 예로부터 그러했다. 그러나 후손 역시 그 은덕을 대대로 물려주면서 세상 물정에 냉담해야 하고 풍속을 유지하거나 바꾸는 권한을 쥐고 있어야 된다. 그러면 현량한 자제들이 세상 운세를 유지하면서 선비들이 수오지심의 맥을 지니고 청탁의 길을 판가름하게 해주

니, 그 관계는 원래 경미하지 않았다.

聞之王謝子弟, 他氏不敢輕與之議婚論交, 蓋門庭淸貴, 擧世所宗.
又如唐『世族志』雅重士流, 爲天下榮. 則祖德之爲後人倚庇也, 從古
然矣. 然亦爲後人者能世其德, 冷然於世故物情之外, 提維風易俗之
權, 則賢子弟之撑持世運, 爲士人留羞惡一脈, 而判淸濁之途, 其關
係原非淺鮮.(「贈楊郎念祖序」, 『夏峯先生集』 권3)

'가문의 기풍'의 도덕적·정신적 유지력 역시 일종의 경험을 토대로
한 사대부들의 신념이지만, 이 시기에 이르면 이러한 신념의 근거가 되
는 경험은 이미 나날이 희박해지고 있었다.

벼슬아치와 민간 정치

명대 사대부들의 이익은 민간 집단黨社을 통해 '청의淸議' 등의 형식
으로 나타나 사대부들이 자신의 역할에 대한 인식을 고무시킴으로써
다스림에 관여하고, '조정 밖 정치'에 종사하는 열정을 펼치도록 해주
었다. 명나라 유민들은 민간 사무에서 다음에 설명할 것과 같은 적극
적인 모습을 보여주는데, 그것은 응당 그들이 계승한 '선비 기풍士風'을
통해 해석해야 할 것이다.

이 절의 첫머리에서 이미 밝혔듯이 한, 위, 육조 때와 같은 '세족'이
쇠락하고 세족의 제도적 존재가 점차 당·송 이래의 역사 과정에서 부
정되었을 때 나타난 '세족론'은 대략이나마 '정전론'이나 '봉건론'에 비
견되는 것으로 제도에 대한 토론을 전개하기 위해 빌려 쓴 형식이었다.
명분과 실질의 부합 여부를 따지자면 이번 절의 논의는 대부분 '준準

세족'이나 '유사 세족'이며 더욱이 '호족' 내지 '권문세가右姓' '거족巨族' '갑족甲族' 등으로 부르는 것이 더 적합한 대상들이다. 제도로서 세족이 쇠락한 뒤에 그 자리를 대신 차지한 것은 관료와 전·현직 벼슬아치縉紳들이었다. 이 때문에 여기서 설명하는 '세족론'은 '선비 여론士論'의 측면에서 사회 및 정치생활에서 '사대부士'가 차지하는 지위와 관련된 사유와 고찰을 포함한다. 이런 사유와 고찰에서 '사대부'는 종종 '벼슬아치'를 통해 대표되며, 특히 명·청 교체기와 같은 정세에서는 더욱 그러하다. 민간에서 사대부의 역할로 이른바 '향선생鄕先生'이라는 것도 있으니, 염약거閻若璩는 『잠구차기潛邱箚記』에서, "향선생이란 지방의 대부 가운데 벼슬길에 오른 사람"이라고 했다. 당시의 세족론에서 특별히 심각한 의미가 담겼던 곳은 바로 '종법세족'의 재건, 즉 사대부의 지위 확인과 사대부 문화의 재건이었다. 종법의 재건에서 벼슬아치들의 역할에 대한 강조는 심모원려가 내포된 것이었다.

유학자들의 교화가 성하고 쇠하는 것을 통해 세상 운세의 오르내림을 살필 때에는, '역사'를 어느 정도 유가 윤리 실천의 역사로 간주한다. 여기에는 유학자의 자기 기대와 사명의식이 포함되어 있다. 이 시기에 앞서 서술했던 위대한 학자들이 그 책임을 벼슬아치들에게 돌린 것은 바로 직능과 사대부의 사명에 대한 새로운 체험적 인식이 있었기 때문이다. 유학자들은 천하의 흥망이 명교名敎와 관련되어 있을 뿐만 아니라 명교의 공을 세우는 것이 바로 천하를 존속시키는 길이라고 여겼다. 그리고 여기서 개인의 행위는 충분한 의의를 지닌다는 것이 확인된다. 이를 기반으로 하면 설령 나라가 망해서 섬길 군주가 없어진다 하더라도 여전히 그들이 '사대부士'이고 '유학자儒'라는 명분을 유지할 수 있는 것이다. 바로 이런 의미에서 위희는 이렇게 말했다.

선비의 지위는 시대에 따라 달라지지만 천하의 민생은 요순 삼대
이래 지금까지 한결같았다.

士時位有不同, 天下民生則自唐虞三代以迄於今, 一也.(「贈宋員外權
觀贛州敍」, 『魏叔子文集』 권10)

그리고 종법가족이라는 제도의 형식을 빌려 '인륜'을 통해 '풍속'과
'정사政事'에 영향을 미치는 것을 '유학자의 효능'이라고 인정하며, '교
화'는 바로 그 현실적 조건이라고 했다. 고염무는 "교화의 권리는 항상
위가 아니라 아래에 있었다. 양한 이래 유학자의 효능 또한 고찰할 수
있다."*고 하면서 그 자신도 "장재張載가 남전藍田에서 ('사려四呂**'와 같은
후학을 양성한) 뜻을 본떠 관중에서 예법으로 교화했다."***송·원을 거
쳐 명대에 이르기까지 유학자들은 도학의 훈련과 관련하여 자신들이
장악한 '교화의 권리'에 대해 상당한 자신감을 갖고 있었으니, 손기봉
은 이렇게 말했다.

한 집안이 어질면 한 나라의 어짊이 흥성하고, 한 집안이 겸양하
면 한 나라의 겸양이 흥성한다. 모든 사람을 부모나 어른처럼 아
끼고 공경하면 천하가 평온해진다.

一家仁, 一國興仁, 一家讓, 一國興讓. 人人親長而天下平.(「與杜君
異」, 『夏峯先生集』 권2)

---

* 원주: "敎化之權常不在上而在下. 兩漢以來, 儒者之效亦可得而考."(「華陰王氏宗祠記」, 『顧亭林
詩文集』, 109쪽)

** 남전사려藍田四呂는 북송 시기 섬서 남전藍田의 여대충呂大忠(1020~1096), 여대방呂大防
(1027~1097), 여대균呂大鈞(1029~1080), 여대림呂大臨(1040~1092) 4형제를 가리킨다. 이 중 여대
방을 제외한 3형제는 모두 장재를 스승으로 모셨다.

*** 원주: "略仿橫渠藍田之意, 以禮爲敎."(「與毛錦銜」, 『顧亭林詩文集』, 141쪽)

그런데 왕조 교체기의 벼슬아치들은 종족의 자치와 자위自衛를 빌려 신사紳士로서 그 시기에 져야 할 전통적인 책임을 계승해서 짊어졌지만, 특정한 역사적 정세 아래에서 그것은 또한 '제도의 실천'이라는 의미를 지녔다. 장이상은 이렇게 말했다.

백성을 모으면 모두가 조정의 적자요 토지와 전답을 보호하면 모두가 조정의 재산이요 부세이니, 그것은 벼슬길에 나아가 일하는 것과 같은 의미다.
聚人民, 無非朝廷赤子, 保土田, 無非朝廷財賦, 其與出而有爲者, 其義一也.(「保聚附論」,『楊園先生全集』권19)

진호陳瑚*도 울촌蔚村에 살 때 "효제와 농사에 힘쓰기力田 그리고 선행爲善이라는 세 가지를 행하기로 그 마을 사람들과 약속했다."(『離憂集』卷上「滇南先生」참조) 벼슬아치의 민간 정치는 당연히 '이익관계'를 배경으로 했다. 사창社倉이나 의창義倉 등은 통상적인 계획 속에서는 질서를 안정시키고 동란을 예방하는 것을 목표로 하며, '향약'과 '보갑'은 특히 난세에 벼슬아치들이 내세우는 '(변방 등을) 아무 탈 없이 안정시키는 계책固圉之策'이 되었다. 그리고 유종주가 「보민훈요保民訓要」와 「향약사의鄕約事宜」(『劉子全書』권24)를 쓰고, 장이상이 「보취부론」을 쓴 것처럼 벼슬아치들은 이런 조치 속에서 집행자일 뿐만 아니라 입법

---

* 진호(1613~1675)는 강소 태창 사람으로 자는 언하言夏이고 호는 확암確庵, 무민도인無悶道人, 칠십이담어부七十二潭漁父 등을 썼다. 숭정 16년(1643) 거인이 되었으나 명나라가 망한 뒤 벼슬길에 대한 뜻을 접고 곤산 울촌蔚村에서 부친을 모시고 은거하여 학문에 전념했다. 주요 저작으로 『조교조교條敎』『조의條議』『개강서開江書』『축제서築堤書』『황정전서荒政全書』『회운문답淮雲問答』『동선회어同善會語』『확암일기確庵日記』『사학사의社學事宜』『전례통회典禮通會』『천문서변의天文書辨疑』『초유일기楚遊日記』『안도유서安道遺書』『이우집離憂集』『완담시화頑潭詩話』등 다수가 있다.

자의 역할을 수행했다. 그러나 명·청 교체기라는 특수한 역사적 상황에서 벼슬아치와 일반 백성은 또한 이해를 함께했다. '보취保聚'를 "정전제가 남긴 뜻井田遺意"으로 여기는 것은 유학자들이 기대하는 특유의 의의다.[49]

손기봉이 "여러 현의 주민 수천 명"을 이끌고 다른 지역으로 성공적으로 옮겨간 것은 확실히 전주田疇*(『삼국지』 권11)나 조적祖逖**(『진서晉書』 권62)에게 비견될 만한 일로서, 왕조 교체기에 성공적으로 도화원 이야기를 실현한 예다. 그들은 규모가 작지만 구체적인 부분은 두루 갖춰진 '건국 신화'를 연출함으로써 당시 민간 인물의 지도자로서의 재능과 민간사회가 도달할 수 있는 조직의 수준을 증명했다. 앞서 설명한 것과 같은 말세의 기이한 영웅 전기는 당시 호걸들의 탁월한 정치적 재능과 도의적 감화력을 충분히 보여준다. 조직의 엄밀성으로 말하자면, 거기에 비견될 만한 것으로 영도甯都의 역당구자易堂九子가 금정산金精山에 설립한 작은 사회를 들 수 있다.[50] 육세의도 자신과 뜻을 같이하는 이들을 강촌에 초청하여 모이게 하려 한 적이 있다. 이와 같은 유민 또는 준유민 집단은 그 이전 사대부들의 결사와 형식적·성격적으로 구별될

---

* 전주(169~214)는 지금의 허베이 성 위톈玉田 사람으로 자는 자태子泰다. 유주목 유우劉虞의 종사로 있던 그는 초평初平 4년(193)에 유우를 살해한 공손찬公孫瓚에게 붙들려 죽을 위기에 처해 있다가 간신히 풀려났고, 그 즉시 일족과 다른 곳에서 귀의한 백성 수백 명을 이끌고 서무산徐無山의 험지 가운데 넓은 공터를 조성하여 몸소 농사를 지으며 부모를 모셨고, 몇 년 사이에 자신하여 그곳으로 들어온 백성이 5000호가 넘었다고 한다. 이후 건안 12년(207)에 조조曹操에게 투신하여 사공호조연司空戶曹掾에 임명되었고, 오환을 평정하는 데에 공을 세워 정후亭侯에 봉해주려 했으나 사양했다. 나중에 형주를 정벌하는 데에 공을 세워 다시 정후에 봉해주려 했으나 역시 사양했고, 결국 의랑議郞에 임명되었다.

** 조적(266~321)은 범양 주현遒縣(지금의 허베이 성 라이수이淶水) 사람으로 자는 사치士稚다. 그는 태자중사인, 예주자사, 진서장군鎭西將軍 등을 역임했고, 죽은 뒤에는 거기장군에 추증되었다. 영가永嘉 5년(311) 반란군에게 낙양이 함락되자 친족과 마을 주민 수백 호를 이끌고 남쪽으로 내려가 회수와 사수 사이로 향했다. 사구泗口(지금의 장쑤 성 쉬저우徐州)에 도착하여 자리를 잡았고, 얼마 후 낭야왕 사마예司馬睿(276~323)가 서주자사徐州刺史로 임명한 일이 있다.

뿐만 아니라 생활과 방위 기능까지 겸하고 있어 어떤 의미에서는 제도의 실천이라고 볼 수도 있다. 바로 '왕조 교체'라는 이 엄중한 사건으로 인해 사대부들은 명 왕조 내내 장려되었던 정치 참여에의 열정과 유학자로서 지녀야 할 실천 정신을 극도로 발휘하게 되었다고 해도 무방할 것이다.

앞서 설명한 손기봉의 이야기에 대해서는 몇 가지 더 설명할 필요가 있다. 이 절의 첫머리에서 필자는 이미 남북 세족의 서로 다른 상황에 대해 언급한 적이 있다. 그러나 세족의 쇠락이 곧 종법의 쇠퇴를 의미하진 않았다. 진자룡은 이렇게 기록했다.

> 북방에는 넓은 들판이 있는데 늘 100리 간격으로 백성이 모여 하나의 마을을 이루며, 같은 성씨이거나 아니면 친척들이기 때문에 쉽고 친숙하게 결집하고 서로 도울 때에는 반드시 힘을 다한다. 강남의 백성은 들판에 흩어져 사는데, 한 마을이라 해도 가구 수가 겨우 몇 개밖에 되지 않고 이웃인데도 서로 모르고 지낸다.
> 北方曠野, 常百里民聚族於一村, 非其同姓, 卽其親戚, 故相結易親, 相助必力. 江南之民, 散居於野, 或一村不及數家, 而比鄰乃不相識.(「江南鄕兵議」, 『陳忠裕全集』 권22)

이러한 상황의 유래는 이미 오래된 것이었다. 그러므로 손기봉이 이끈 대규모 이주와 '사회 재건' 같은 것은 오직 종법사회가 비교적 완전하게 보존된 북방에서만 가능했다고 할 수 있겠다. 이러한 이야기가 명나라가 망하기 전에 일어났다는 것은 당시에 원래부터 있었던 사회 조직의 파괴 정도—황제의 힘은 경기 지역에도 미치지 못했음—를 증명하는데, 이 또한 호걸과 벼슬아치들이 민간 정치에 종사하기에 적합한 무대를 제공해주었다. 앞서 거론한 '도화원'들은 여기서 그저 한정적인 이미지라는 의미만 지닐 뿐이다. 가령 손기봉과 그의 동지들이 역주 오공산에 건립한 예악사회가 명대 유학자의 작품이라는 데는 의심의 여지가 없다. 손기봉과 그의 동지들은 '사대부'로서 져야 할 사회적 책임감을 잊지 않았을 뿐만 아니라 '유학자'로서 지녀야 할 사명도 잊지 않았던 것이다.[51]

평화로운 시대에 벼슬아치들이 '기아를 구제하는 정치荒政'에 참여한 것도 결코 우한吳晗이 묘사한 것과 같이 벼슬아치들과 관부 사이의 '이윤 나누기分潤'가 아니었다.[52] 그 사이에서는 확실히 "만민과 일체 사물을 사랑하는民胞物與" 사대부, 특히 유학자들의 어진 마음이 느껴지기 때문이다. 장이상은 기표가가 기아를 구제한 일에 대해 이렇게 기록했다.

> 인시(오전 3~5시)에 나가서 유시(오후 5~7시)에 귀가했는데, 죽을 담은 그릇을 짊어진 하인과 의사가 스스로 따랐다. 군에 구휼할 방도를 세우고 궁벽한 고을과 깊은 골짝을 빠짐없이 다니면서 굶주린 사람을 만나면 먼저 죽을 주고, 병자를 만나면 약을 주고, 상황에 따라서 쌀과 보리, 은화를 주는 것이 달랐다. 죽은 자를 위해서는 관을 만들어주었다. 하루에 수십 리를 다녀도 피곤한 줄을 몰랐다. 비록 지저분하고 악취가 풍기는 죽은 이의 곁이라도 반드시 몸소 찾아갔고, 힘이 부칠 때는 제자와 자제들에게 나누어 일을 맡겼다.
>
> 寅而出, 酉而入, 以粥擔醫生自隨. 郡中旣設法賑濟, 窮鄕深穀無不至, 遇饑者先與之粥, 病者與之藥, 因與之米麥銀錢有差, 死者爲之棺, 日行數十里不知倦, 雖汙穢臭惡死人之旁必躬親, 力有不及, 以

門人子弟分任之.(『楊園先生全集』권31 「言行見聞錄1」)

기표가 본인이 쓴 『시약연기施藥緣起』에는 차마 "동포를 막 바깥으로 밀어내지" 못하고 "예전에는 그저 기근만 걱정했는데 지금은 전란을 걱정하고 있다"*는 등의 말이 적혀 있다. 그 외에도 숭정 8년(1635)과 10년에 유종주가 문하생들을 파견하여 기아를 구휼하게 한 적이 있고, 숭정 3년에 가선嘉善에서는 진용정陳龍正** 부자가 구황활동을 하기도 했다.[53] 모양冒襄은 명나라가 망하기 전후에 여러 차례 구휼활동을 보좌했는데, 그의 「답정함생순회생서答丁菡生詢回生書」(『巢民文集』권3, 如皋冒氏叢書)에서는 자신이 을유년(1645) 이후 기근 구휼에 종사하다가 과로로 병이 난 과정을 상세히 기록했기 때문에, 당시 벼슬아치들이 기근 구휼에서 실제로 어떤 일을 했는지 고찰하는 데 요긴한 자료를 제공해 그 가치가 크다. 유종주와 기표가 등이 주도하여 약을 베풀고 재난에 맞닥뜨려 구휼활동을 한 일들이 글로 기록되어 깊은 인상을 남긴 것은 모두 그 조직이 엄밀하고 계획이 치밀하기 때문인데, 여기서 그들의 숙련된 정치 기술이 드러난다. 기근 구휼은 원래 사대부들의 일상적인 과제로 이른바 '구황책'은 거의 모든 사대부의 문집에 들어 있다. 예를 들어 위희의 「구황책」(『魏叔子文集』권3)은 재야인사로서 자신의 기근 구휼 정책이 시행되기를 간절히 바라는 내용을 담고 있는데, 이 또한 제도의 설계 능력을 보여준다. 사대부와 벼슬아치들이

---

* 원주: "推同胞於膜外 (…) 昔止憂荒, 今乃憂亂."(『祁彪佳集』권2, 32쪽)

** 진용정(?~1634)은 원래 이름이 용치龍致였고 자는 척룡惕龍, 호는 기정幾亭이다. 고반룡高攀龍에게서 이학을 배워 숭정 7년(1634) 진사에 급제하여 중서사인中書舍人에 임명되었다. 숭정 15년(1642)에는 모함을 받아 남감승南監丞으로 강등되었으나, 부임하지 않고 고향으로 돌아갔다. 이후 청나라 군대가 남경을 점령하자 병을 앓던 그는 약을 끊고 순국했다. 사후에 제자들이 '문법文法'이라는 시호를 올렸다. 그의 수많은 저작은 아들인 진규陳揆(?~?)가 모아서 『기정전집幾亭全集』으로 간행했다.

정부의 기능을 대행하는 것은 당국에서 특별히 허가한 일이다. 물론 동남 지역 벼슬아치들이 지방 정치에 효율적으로 관여한 것은 바로 자신들의 경영 및 구제 능력을 바탕으로 한 것으로서, 다시 말해서 재부에 대한 지배를 통해 권력을 지배했던 것이다. 일본의 어느 학자는 명대 강남의 향신鄕紳과 사대부들이 재난 구휼에서 "국가가 직접 지주와 소작농佃戶의 관계에 개입하는 것"을 억제했다고 설명했는데[54] 이 또한 사대부와 향신이 자신들의 이익 및 기능, 지위에 대해 자각하고 있었음을 증명한다. 다만 이와 같은 상황에서 벼슬아치들이 권력 기구와 일반 백성 사이의 중개자 역할을 했고, 유학자와 사대부의 민간 정치가 관방 정치와 권력 기구의 기능을 효율적으로 보충했다는 사실은 인정할 수 있을 것이다.

그뿐만이 아니다. 명대 후기의 사대부들(특히 동림당 일파의 인물들)의 '균전'—당연히 농민들이 말하는 '고름均'과는 다른 것으로서, 여기서는 '똑같이均' 부역하는 전담을 가리킴—과 '균역'에 관련된 주장들은 모두 '사적 이익' 차원을 넘어서고 있는데, 이 또한 "어짊을 자신의 소임으로 여기고仁以爲己任" 천하의 흥망을 책임지는 중요한 소명을 자임하는 사대부의 본색이다.[55] 장이상은 나아가 소작租佃을 공평하게 해야 한다고 외치면서 노복을 석방하기까지 했다. 강남 지역에서 노복을 많이 두었던 엄중한 사실을 고려할 때 이러한 유학자들의 장엄하고 절실한 실천은 감동적일 수밖에 없다.[56] 당연히 이와 같은 '민간 정치'의 작용을 과장해서는 안 될 것이다. 유종주는 일찍이 남전藍田의 여 씨呂氏 가문이나 관중의 장재 가문도 "도량이 넓지 않게 보이는示人以不廣" 상황을 면치 못했으니 "그들이 개인적으로만 행했을 뿐 계승되기가 어려웠기" 때문이라고 했다.(「昌安社倉記」, 『劉子全書』 권24) 비록 특정한 사람을 두고 한 논의이지만 그래도 '민간 정치'의 한도와 성사 조건을 제시하고 있다.

벼슬길에 나아가거나 고향에 거주하는 관리들이 지방 행정에 관여하는 것은 '바른 인물正人'들의 전기나 행장에 항상 나타나는 사실이다.[57] 그러나 이는 당시의 커다란 공해公害로 벼슬아치들이 지방에 해를 끼치는 것—이것은 통상적으로 관부와 결탁하고, 소송을 멋대로 좌우하며, 백성의 전답을 침탈하고, 건장한 노복들로 하여금 고을에서 행패를 부리도록 종용한다는 식으로 나타나는데—과 동전의 양면에 해당된다.[58] 명대 강남은 재부가 고도로 집중되어 있었고 동남 지역은 사치를 더욱 일삼는 풍습이 있어서 예원로倪元璐나 기표가같이 저명한 '충의지사'도 명나라가 망하기 전에는 "저택 건물이 모두 천하의 으뜸宮室皆甲於天下"(「董太夫人七十壽序」, 『黃宗羲全集』 제11책)이었으니, '벼슬아치 정치'의 긍정적 효과와 부정적 효과가 모두 여기에 기반을 두고 있었다.

또 한 가지 짚고 넘어가야 할 것은 명대에 활약했던 조정 밖 민간의 정치는 강학과 당사黨社의 형식으로 전개되었다는 점이다. '학통'이나 '도통' 같은 개념은 줄곧 유학자 및 사대부들이 신념을 기탁하던 것이었다. 왕조 교체가 이뤄진 뒤에는 동림당처럼 강학과 청의로 정치에 영향을 주는 것이 이미 불가능해졌지만, '예법을 익히고習禮' '과오를 반성하는省過' 것 등을 종지로 삼는 결사들—예를 들어 장이상 등은 여전히 '장친사葬親社'와 같은 것을 유지하고 있었으니—은 세상사의 흐름과 인심을 만회하자고 호소하면서 청대 초기에도 여전히 어느 정도 활약하고 있었다. 다만 글의 분량과 주제의 제약으로 인해 여기서는 이 부분에 대한 논의를 생략한다.

품류品流

『주례周禮』의 요점은 '구분區分'에 있으며, 구분은 또한 그 시대 문명의 정도를 나타내는 표지다. 사회적 지위, 즉 '품류'는 사대부들에게 일종의 구분 개념으로 사용되었다. 사회적 지위에 관한 이들의 논의에는 등급론이 포함되지만, 그 '사회적 지위'라는 것은 또 '등급等第'보다 애매모호한 개념이었다. 사대부들은 사회적 지위에 관한 논의를 통해 스스로 경계를 정했다. 사회적 지위를 엄격하게 구별해야 한다는 요구는 명·청 교체기라는 특수한 상황에서 사대부들이 스스로의 엘리트적 품성을 보존하려는 외침으로서 대단히 중요한 의미를 부여받았다.

사회적 지위: 계급론 및 등급론

유가의 무리는 질서의 파괴—그것이 구체적으로 표현된 것이 바로 등급의 '쇠락陵夷'인데—에 대해 예로부터 특별히 민감하게 반응했다. 왕부지는 같음同과 다름異, 신분의 높음貴과 낮음賤, 차이差, 구별辨

을 "성왕이 천하의 품성을 바로잡은 수단으로서, 음양의 자리를 본뜬 것"*이라고 했다. 사회적 지위에 관한 유학자의 논의는 일반적으로 '질서'의 유지 또는 재건으로 귀결되는데, 그것은 "위아래가 구분되어 서로 떨어짐으로써 쇠락할 수 없고"** "위아래가 뚜렷이 구별되어 군자와 소인이 분명하게 차이가 나도록"*** 해준다고 했다. 명·청 교체기 사대부들의 사회적 지위에 관한 논의에 포함된 '질서' 개념은 특정한 상황에서는 또한 집단 이익에서 출발한 정치적 순수성에 대한 요구를 나타내기도 한다. 왕부지도 '사회적 지위'를 '하늘의 질서天秩'로 귀결시키면서, "빼어난 이는 반드시 선비가 되고, 소박한 이는 반드시 농부가 되며, 사나운 이는 반드시 병사가 되는 것처럼 하늘이 부여한 재능을 익혀서 성품이 되면 바꿀 수 없으니, 이것을 일컬어 '하늘의 질서' '인간 세상의 관리人官'라고 하는 것"****이라면서 "선비의 자식은 항상 선비가 되고 농부의 자식은 항상 농부가 된다"*****고 주장했다. 안원도 "다른 부류와 어울리는 것非類相從"은 "몸을 망치는 것失身"(『顔習齋先生言行録』 卷上, 『顔元集』, 622쪽)이라고 했다. 이렇듯 논지는 달랐지만 사회적 지위를 구별하는 것이 '선비들士類'의 존망과 관계된 중대한 문제라는 것은 사대부 집단에 속한 모든 이가 공통적으로 인식하고 있었다. 왕부지가 조정에서 인재를 기용할 때도 "귀족의 자제나 고결한 선비華胄之子, 淸流之士" 가운데서 뽑아야 한다고 주장한 것(『讀通鑑論』 권10, 375쪽)은 또한 '선비들' 자체에서도 등급이 구분된다는 점을 언급한 것이다. 이러

---

*   원주: "聖王所以正天下之性, 效陰陽之位."(『黃書』『船山全書』 제12책, 520쪽)

**   원주: "上下之分相絶而無能陵."(『讀通鑑論』 권7, 288쪽)

***   원주: "上下有其大辨, 君子小人有其大閑."(『讀通鑑論』 권8, 314쪽)

****   원주: "秀者必士, 樸者必農, 而慓悍者必兵, 天與之才, 習成其性, 不可移也, 此之謂天秩, 此之謂人官."(『讀通鑑論』 권22, 853쪽)

*****   원주: "士之子恒爲士, 農之子恒爲農."(『讀通鑑論』 권10, 375쪽)

한 구분은 다음에서 다룰 문제, 즉 명대에 극도로 발달한 '군자와 소인'의 구분과 잣대는 다르지만 양자 모두 권력 기구의 품질과 관련이 있다고 여겨졌다. 사대부의 '사회적 지위와 정치의 관계'에 대한 논의에는 명대의 정치를 통해 더욱 엄중한 의미가 부여되었다.

상인은 '사회적 지위'의 구별에서 줄곧 민감한 영역이었다. 상업 및 그와 관련된 문화에서 이미 상당한 역량을 지니고 있던 명대에도 왕조 정치와 재야의 선비들이 '상인을 곤욕스럽게 해야 한다'고 주장한 사실은 전통 관념의 견고함을 새삼 확인시켜준다. 왕부지는 이렇게 말했다.

> 한 고조가 처음 천하를 평정했을 때 상인들이 비단옷을 입거나 무기를 들고 다니는 것, 말을 타고 다니는 것을 금지했으니, 그야말로 정치의 근본을 알았다고 하겠다.
>
> 高帝初定天下, 禁賈人衣錦綺, 操兵, 乘馬, 可謂知政本矣.(『讀通鑑論』 권2, 89쪽)

> 군주가 상인에게 마음을 주면 나라의 근본이 쇠퇴하고, 사대부가 상인에게 마음을 주면 염치가 사라진다.
>
> 人主移於賈而國本凋, 士大夫移於賈而廉恥喪.(같은 책 권3, 123쪽)

'농업'과 '상업'에 관련된 등급론에는 원래 사회사 내지 사상사의 근거가 있지만, 이른바 '사민四民'은 결코 법적인 의미에서 규정된 신분의 등급이 아니었다. 이것은 사실상 그와 관련된 가치관을 조정하기 위해 미리 준비된 조건이었다.[59] 송대와 명대에 이르러서는 그런 조정에 참여한 것이 도학적인 '평등론'—즉, '도' 앞에서는 누구나 평등하다는—을 제외하고도 상업경제가 이끌어낸 가치 충격으로 인해 상인의 문화적 지위가 천천히 변했다.[60] 그러나 이 시기에도 아직 등급 개념을 전복할 만한 사회적 기초와 사상적 자원이 부족했다는 사실은 응당 지적해야 한다. 량치차오는 대진의 『맹자자의소증孟子字義疏證』을 "300년 사이 가장 가치 있는 뛰어난 책奇書"이고 "거기서 존비尊卑와 순역順逆을 논의한 부분은 사실상 평등정신이니 윤리학의 일대 혁명"이었다고 하면서도 "대진학파가 비록 한 시대를 풍미했지만 유독 이 책의 영향은 극히 적었다"라는 사실을 지적했다.(『淸代學術槪論』, 『梁啓超論淸學史二種』, 35쪽) 그러니 여기에 또 '사상'의 운명이 담겨 있었던 것이다.

그러나 송대와 명대의 이학이 '도는 공평하고 쉽다道平易'는 점을 설명한 것은 결국 그와 관련된 사상의 논리를 복잡하게 만들었다. 사대부는 교유에서 '준령峻嶺'을 넘지 않았으며(준령을 넘는 것은 '사람들과 교유를 끊는 것絶物'으로 간주했음), "벼랑이나 물가에 서지 않고不立崖岸" "다른 사람과 경계町畦가 없는" 것을 문화적인 태도로 간주하고 긍정했다. 양명학파는 도학의 평등론을 더욱 발휘하여 그 실천—강학과 같은—으로 관련된 태도를 상징화했다.[61] 『전습록傳習錄』 하권에는 이렇게 기록되어 있다.

> 어리석은 백성과 같은 것을 일컬어 동덕同德이라 하고, 어리석은 백성과 다른 것을 일컬어 이단異端이라 한다.
> 與愚夫愚婦同的, 是謂同德. 與愚夫愚婦異的, 是謂異端.

이러한 태도와 높은 담장 및 대문을 세우고 사회적 지위를 엄격히 구별하는 것은 유학자가 떠맡은 소임이 다른 데에서 비롯된다. 전자는 도를 전하는 것을 자신의 소임으로 여기기 때문에 대략 '선교사'—종교철학자가 아닌—에 비유할 수 있다. 여기서 '평등'은 '도가 같은 것을 전제로 한다. 이 또한 도학적 평등의 한계다. 평이하기는 하지만 결코 '상응하는 위의威儀'를 없애지는 않으니, 이른바 "신분이 높은 이는 낮은 이와 같이할 수 있지만, 신분이 낮은 이는 높은 이를 흉내 내서는 안 된다貴可同賤, 賤不可擬貴"는 것이다. 안원은 자신과 품팔이꾼의 문답을 이렇게 기록했다.

> 팽조언이 말했다. "저는 품팔이꾼인데 유학자와 같은 도가 어디 있겠습니까?"
> 내가 대답했다. "선비나 농부 같은 것을 말하는 게 아닐세. 선한 데에 뜻을 두고 있다는 것이 같다는 것일 뿐이지 어찌 행적에 같은 것이 있겠는가?"
> 彦曰: 我傭夫也, 何道之同儒. 某曰: 非士農謂也, 志善同耳, 奚有於跡.(「傭者彭朝彦傳」, 『習齋記餘』 권5, 『顔元集』, 479쪽)⁶²

이 시기에도 이와 같은 도학적 평등론의 제약을 받지 않은 사유 방식의 소유자들이 있었다. 동남 지역의 진확이나 장이상 같은 유학자들은 주인과 노복, 권세가와 소작농 사이의 관계를 논하면서 '가난한 백성貧戶'을 위해 '공정한 도리公道'에 호소했는데, 이것은 더욱 '만물을 일체로 보는' 어진 이의 마음을 나타낸 것이었다. 진확의 「복설僕說」(『陳確集』 권11)과 장이상이 소작농의 관계를 논한 「임경말의賃耕末議」 및 주인과 노복의 관계를 다룬 「의남부義男婦」(『楊園先生全集』 권19) 등은 사회적 불평등에 대한 예리한 통찰력을 보여준다. 유학자로서 그들은 이러한 관계 속에서 '옳음是'을, '도리理'에 합당한 것을 추구했으니, 그들은 왕부지나 고염무 등이 이야기할 수 없는 부분을 이야기했던 것이다. 장이

상의 두 글은 당시로서는 더욱 빼어난 문장이다. 「임경말의」에서는 '경지를 빌려주는 것賃耕'은 '상호 교역相貿'이기 때문에 가난한 이와 부자의 관계는 '군주와 백성·신하의 의리君民臣庶之義'를 흉내 내서는 안 된다고 하면서 이렇게 설명했다.

> 누구는 힘들여 들에서 농사를 지어야 마땅하고 누구는 편안히 집에서 누려야 마땅한가? 단지 요행으로 재산이 있느냐 아니면 불행히도 재산이 없느냐 하는 사실 때문에 힘들여 일하는 이는 굶주림과 추위에서 벗어나지 못하고 편히 노는 이는 마음껏 즐긴다면 이것이 도의에 맞는 것인가? 하물며 은덕이 반드시 그것을 넘어설 수 있는 것도 아닌데, 어찌 누리기만 하면서 부끄러워하지 않을 수 있단 말인가!
> 孰宜勞而耕於野, 孰宜逸而享於家, 特以幸而有産不幸無産之故, 使勞者不免饑寒, 逸者肆其衍樂, 義乎不義乎. 矧德未必果能過之, 惡能享而弗怍也.

> 선비가 개간하지 못하면 가난한 백성이 그를 위해 개간하는데, 개간하면 부역을 낼 수 있고 먹고살 것을 공급할 수 있지만, 개간하지 않으면 부역도 내지 못하고 먹고살 것도 공급하지 못한다. 부역을 내지 못하면 처벌을 받고 먹고살 것이 떨어지면 추위와 굶주림이 이른다. 이러니 부자의 운명은 가난한 백성보다 더 위험하다.
> 有土不能墾, 貧戶爲之墾, 墾則賦役足供, 衣食足給, 不墾賦役不能供, 衣食不能給. 賦役闕則刑戮加, 衣食匱則寒餓至. 則是豪家之命, 懸於貧戶也.[63]

이와 더불어 황종희의 「원군原君」과 「학교學校」(『明夷待訪錄』) 등도 모두 사상사에서 주요한 자료다.

명사 혹은 명사 기질을 가진 이가 세속과 차별 없이 소탈하게 어울린 데에는 노장 및 불교 사상이라는 배경도 있는데, 그 문화적 태도는 직접적이든 간접적이든 간에 사대부의 평민화, 종교의 세속화 과정과 연관되어 있었다. 송·원 이래 유학자와 도학가, 문인, 명사들은 심지어 그 태도가 점차 근사近似해지는 경향이 있었다.[64] 추원표의 「회어會語」에는 "노복이 바로 친구"이고 "늙고 병든 이들疲癃도 모두 우리 동포"라며, "어부나 나무꾼, 농부, 목동도 모두 세상사를 깨달은 사람들"이라는 등의 주장이 들어 있고(『明儒學案』 권23, 536쪽 및 542쪽), 심지어 원굉도는 "시정에서 도축하고 술 파는 사람이나 산야의 사슴 노루 같은 천한 사람들이 거리나 저자에서 말을 주고받으며 함께 다녀도 모두가 더러워질 수 없는데" 그것을 '병폐'로 여긴다고 하면서 아예 "함께 하더라도 청결한 것이 더러운 것을 방해하지 않고 마귀가 부처를 방해하지 않는다. 만약 합쳐진다면 멀쩡한 나 원중랑袁中郎을 드넓은 바다에 던져버렸을 때 모두가 하나의 탁한 덩어리로 뒤섞여버릴 것"이라고 했다.* 명대, 특히 명말은 시대가 쇠락하고 있었음에도 '문인 문화'가 번성했다. 황종희는 오위업이 원예가인 장련張漣이나 예인 유경정柳敬亭의 전기를 쓴 것과 왕세정이 전각공 장운章鎭에 대해 기록한 것을 비판했으니(『黃宗羲全集』 제10책의 「柳敬亭傳」 「論文管見」 참조), 이것은 바로 문인 문화에 대한 유학자의 비판적 태도에서 비롯된 것이었다. 심지어 진자룡도 "근세에 글을 짓는 이들이 사회적 지위를 구별하지 않아서" "서

---

* 원주: "市井屠沽, 山鹿野獐, 街談市語, 皆同得去, 然尙不能合汚 (…) 蓋同只見得淨不妨穢, 魔不礙佛, 若合則活將個袁中郎拋入東洋大海, 大家渾淪作一團去."(『解脫集』 四 「尺牘」 "朱司理", 『袁宏道集箋校』, 508쪽)

촉西蜀의 부자나 양적陽翟의 상인들이 오색 옷을 입고 서책을 화려하게 장식한"것에 불만을 나타냈다.* '왕조 교체'라는 이 엄청난 사건은 사대부들의 생존 조건에 변화를 일으키는 것을 강행하고, 희망을 회복시키고, 더욱이 문인이나 명사 방식의 소탈함을 장려했다. 명 왕조를 회복시키려는 목표를 지니고 있던 팽사망이나 위희는 "노름꾼이나 백정, 술장수, 심부름꾼, 하인들漿博屠沽, 下走廝養" 속에서도 인재를 찾는 일을 마다하지 않았고, 전조망은 기표가의 두 아들이 "고국의 대들보로 자임하면서 백정이나 술장수, 저자의 거간꾼들 같은 부류라도 모두 거둬들여 양성했다"**고 기록했다. 명·청 교체기 사대부들의 사회적 지위에 관한 논의는 이러한 사태에 대한 반응이기 때문에 담긴 의미가 심각할 수밖에 없었다.

당시 여론이 칭송하던 '화이和易'에 대한 왕부지의 비평(「소수문搔首問」참조)은 사대부 문화의 순수성과 엘리트 품성에 대한 그의 관심이 반영된 것이라고 할 수 있다. '이윤伊尹의 농사일'이나 '순舜의 밭이랑畎畝 사이에서 태어난 일'과 같은 역사 속의 신화에 대한 그의 해석은 경전에 대한 오독誤讀의 예를 제시한다.

> 이윤이 농사일을 했다든가 부열傳說의 성벽 쌓은 공사장에서 일했다든가 교격膠鬲이 장사를 했다는 것은 빗대어서 뜻을 숨긴 것일 따름이다.
>
> 伊尹之耕, 傳說之築, 膠鬲之賈, 托以隱耳.(『讀通鑑論』 권10, 375쪽)

---

* 원주: "近世綴文不別流品, (…) 西蜀富人陽翟商賈, 玄黃所至, 緗素斐然."(「應本序」, 『陳忠裕全集』 권25)

** 원주: "自任以故國之喬木, 而屠沽市販之流亦兼收幷蓄."(「祁六公子墓碣銘」, 『鮚埼亭集』 권13)

그러면서 그는 이에 대한 일반적인 해석은 '등급'—왕부지가 '하늘의 질서天秩'라고 부르기도 했던—과 '하는 일所事'을 혼동시킨다고 했다. "몸소 농사일을 한 것이 하우夏禹와 후직後稷이 스스로 흥성한 이유라면 스스로 농사일하는 것도 '펼치기 위해 먼저 접는欲張固翕' 기술인 셈"*이라고 한 그의 말은 특히 예리한 정치적 통찰에서 나온 것이다.

권력 기구에서 사회적 지위의 문제는 줄곧 특별히 첨예하게 다뤄졌다. 선비들士類이 아전들吏胥을 차별하는 것은 명대의 정치활동에 영향을 주었다. 환관이나 황제의 총애를 받는 이들과 관련된 사회적 지위 문제에는 사대부들이 가장 절실하게 느끼는 굴욕감이 담겨 있다. 환관과 총애받는 이들이 궁정을 문란하게 하고 대신들을 능멸하는 일은 어느 왕조에나 있었다. 그림이나 바둑, 거문고, 의술, 점복 등의 기술로 벼슬을 얻는 것도 명대부터 시작된 일은 아니었다. 그러나 명대 정치의 특수성, 특히 이른바 '환관의 재앙閹禍'은 여전히 그와 관련된 사대부들의 경험을 심각하게 만들었다. 사대부들은 그릇이 작다는 이유로 서로를 경시하여 사대부에 대한 공공연한 경시 풍조를 만들었고, 사회적 지위가 뒤섞인 결과는 물론 정치를 망치게 된 것도 있지만 그보다 더 심각한 것은 등급 질서와 사대부의 품질을 파괴했다는 것이다. '환관의 재앙' 와중에 일어난 선비 기풍의 파괴에 대한 식견 있는 이들의 비판은 '환관'에 대한 공격보다 더 심도가 있었다. 그 가운데 가장 유력한 예로는 황종희의 이와 같은 지적을 들 수 있다.

한 시대의 인심과 학술이 노비에게 돌아가버렸다.

---

* 원주: "以躬稼爲禹稷之所自興, 則躬稼亦欲張固翕之術也."(『船山全書』 제13책, 656쪽 *여기서 '欲張固翕'은 『道德經』 제36장의 "將欲翕之, 必固張之"를 비틀어서 표현한 것이다.)

一世之人心學術爲奴婢之歸.(『明夷待訪錄』「奄宦上」,『黃宗羲全集』제
1책, 45쪽)

『일지록』권13 "유품流品" 조목에는 이렇게 기록되어 있다.

만력 말년부터 사대부들이 예법으로 자신을 경계할 줄 모르고, 말
투가 소인배에 가깝고, 시를 써서 하인들에게 주며, 공경의 생일을
축하하고 국정을 담당하는 중신에게 양아들을 자처하니, 중원이 오
랑캐에 점령되어 도탄에 빠진 것도 이런 것 때문에 생겨났다.
自萬歷季年, 搢紳之士, 不知以禮飭躬, 而聲氣及於宵人, 詩字頒於
輿皁, 至於公卿上壽, 宰執稱兒, 而神州陸沈, 中原塗炭, 夫有以致
之矣.

명대 중엽부터 조정에서 공식적으로 시행한 '관직 매매販鬻'는 사회
적 지위의 혼란을 초래한 엄청난 실정으로 지탄받았다. 『명사』권69
「선거지選擧志」에서는 "납속의 사례를 시작하고부터 사회적 지위가 점
차 뒤섞였다追開納粟之例, 則流品漸淆"고 했다.[65] 왕부지는 「악몽噩夢」(『船山
全書』제12책)에서 명 왕조의 '벼슬을 판鬻官' 행위가 '선비를 파는鬻士'
지경에 이르렀다고 엄하게 비판했다. 즉 "납마納馬나 납속納粟으로 태
학에 들어가고" "천자가 스스로 국자감 학생의 신분을 파니" "아래에
서는 향시와 회시의 합격증을 팔고 제자원弟子員(즉 태학생太學生)의 신분
을 팔게" 되었다는 것이다. 상업 행위에 준하는 이러한 관직 매매는 일
시적인 방편이었다고는 하지만, 식견 있는 사대부들은 그로 인한 장기
적인 영향에 모두 관심을 기울였다. 예를 들어 왕부지는 '천한 선비賤
士'들이 "사람들의 염치를 없애서 나라의 기강을 망칠 것滅裂人廉恥以敗國

之綱維"이라고 했다.[66] 남명에 이르면 사태는 더욱 감당할 수 없는 지경
이 되었다. 당시의 기록에 따르면 기회를 틈타 공명을 얻으려는 자들이
분분하게 나타나서 벼슬과 작위를 받으니, 아무 상관없는 이들이 남의
공적을 약탈하고 노비나 심부름꾼 같은 이들이 높은 벼슬자리에 앉기
도 했다. 『명계북략』 권19에서는 좌양옥左良玉의 군대에 대해 이렇게 기
록했다.

> 건장하고 날랜 노복이라도 일단 그 (군대) 안에 숨어들면 즉시 그
> 주인을 억누르고, 시정의 무뢰배 중에도 황족을 호위하며 죄인을
> 잡는 쇠사슬을 지니고 있는 이들이 교외에 널리 퍼져 있었다.
> 健奴悍僕, 一竄名其中, 卽割制其主, 市井無賴, 擁黃蓋, 持鐵鎖者
> 遍郊野.(407쪽)

이것은 영력 조정에서 벼슬을 남발했던 것을 설명하는데, 그런 상황
을 직접 보고 들은 전징지는 이렇게 썼다.

> 문객이었다가 어사에 임명된 이도 있고 서리였다가 재상이 된 자
> 도 있으며 심지어 내력도 모르는데 복건 지역에서 예전에 관료로
> 있었다고 거짓말해서 즉시 그 자리에 임명된 이도 있었다. 온 조
> 정의 절반이 가짜이니 벼슬을 받는 것이 어린애들 장난과 같았다.
> 有門客而授御史者, 有胥役而躋卿寺者, 甚有不知來歷, 詭稱閩中舊
> 僚, 卽授以其職. 滿朝半是子虛, 銓司等諸兒戲.(「端州擬上第二疏」,
> 『藏山閣文存』 권1)

관직 매매만 공공연하게 행해진 것이 아니라 선비들 또한 가련하고

비천한 배우처럼 어린애들 연극 무대 같은 곳에 분장을 하고 등장했다. 유경정 같은 무리들이 황금 허리띠를 차고 '군사 업무를 관리典兵'하는 것에 대해 오위업은 웃음거리도 안 된다고 치부했다.(「冒辟疆五十壽序」, 『吳梅村全集』 권36)

왕부지나 고염무 등 위대한 학자들은 이와 같은 사회적 지위 문제를 질서 파괴와 아래로 향한 권력 이동이라는 정치사의 과정에 놓고 파악 했기 때문에 제도적 위기를 발견할 수밖에 없었다.

> 삼대가 흥성한 것은 대권이 천자에게 있었기 때문이다. 그런데 얼마 후 그것이 제후에게 가고, 얼마 후에는 다시 대부에게 갔으며, 또 얼마 후에는 중신에게 가서 점차 아래로 옮겨가 서인에게 주어졌다. 군현제로 다스리는 천하에서 제후는 봉토가 없어졌고 대부는 대대로 지위가 세습되지 않으며 천자는 서인과 아주 가까워졌다.
> 三代之盛, 大權在天子也. 已而在諸侯矣, 已而在大夫矣, 已而在陪臣矣, 浸而下移而在庶人矣. 郡縣之天下, 諸侯無土, 大夫不世, 天子與庶人密邇.(『讀通鑑論』 권7, 288쪽)

> 봉건이 폐지되자 권력이 아래로 옮겨갔고 천자 아래에서 서인에 이르기까지 신분의 차이가 없어졌다. 이에 서인이 천자를 능멸하여 뛰어넘을 수 있게 되고 도적이 일어났다.
> 封建廢而權下移, 天子之下至於庶人, 無堂陛之差也, 於是乎庶人可淩躐乎天子, 而盜賊起.(같은 책, 권8, 328쪽)

사대부들은 예로부터 이런 것을 통해 위기와 혼란의 조짐을 어렵지 않게 간파했다. 만력 연간의 여계등余繼登*은 이렇게 지적했다.

구릉과 골짝이 변천하여 높고 낮은 자리가 뒤바뀌니, 이는 음이
양을 이기고 간사한 것이 올바른 것을 범하고 아래가 위를 향해
반란을 일으킬 징조입니다.
陵谷變遷, 高卑易位, 是爲陰乘陽, 邪幹正, 下叛上之象.(『明史』 권
216)

비록 질서의 최종적인 전복을 이루기에는 아직 까마득한 시간이 필
요했지만, 이러한 예감은 명말에 이르러 대대적으로 일어난 민변民變과
노변奴變을 통해 사실로 증명되었다.

그럼에도 '왕조 교체'라는 이 엄청난 사건은 사회적 지위와 관련된
통상적인 사고방식이 '역사적 사실'—예를 들어 벼슬아치들이 군주를
따라 죽거나 '노비'가 주인을 따라 죽거나 주인의 목숨을 구해준 사실
이나 '배우 내지 심부름꾼'에 해당하는 무리가 '절의'를 지킨 사실들—
에 의해 흔들리게 되었다. 어쩌면 명사 방식의 '평등론'도 바로 이런 사
실에 기대어 대대적으로 강조될 수 있었을 것이다. 『길기정집鮚埼亭集』
권27 「모호부전毛戶部傳」에는 모취규毛聚奎**가 '의거에 참가赴義'한 가마
꾼과 하인, 거지들의 전기를 썼다고 하면서, 다음과 같은 그의 말을 기
록했다.

---

* 본문에는 김계등金繼登으로 되어 있으나, 오류이기 때문에 바로잡는다. 여계등(1544~1600)은
교하交河(지금의 허베이 성 보터우泊頭) 사람으로 자는 세용世用이고 호는 운구雲衢다. 만력 5년
(1577) 진사에 급제한 뒤 예부좌시랑까지 지냈으며, 죽은 뒤 태자소보에 추증되었고, 시호는 문각
文恪이다. 저작으로 『전고기문典故紀聞』『담연헌집澹然軒集』이 있다.

** 모취규(?~?)는 절강 영파 사람으로 자는 상래象來 또는 문원文垣이고 자호는 탄월자吞月子다.
1645년에 청나라 군대가 남하하자 왕가근王家勤(?~1648) 등과 함께 항청운동을 벌였다. 저작으
로 『탄월자집吞月子集』이 있다.

그러니 또한 사람이면서 가마꾼, 하인, 거지가 아닌 이가 누구인가? 사람이면서 가마꾼, 하인, 거지가 아닌 이는 많지만 가마꾼, 하인, 거지가 아니면서 사람인 이를 나는 자주 보지 못했다. 내가 이들 세 사람의 전기를 써서 「여공과 조공, 개공 세 선생의 전기輿公皂公丐公三先生傳」라고 다른 전기의 제목을 본떠서 붙였는데, 생각해보니 오늘날 이른바 공公이나 선생으로 불리는 이들은 모두 가마꾼, 하인, 거지가 아니다. 그런데 가마꾼, 하인, 거지에게 공이나 선생이라고 부르는 것은 사람으로 간주하지 않는다는 것이다. 그러므로 그들을 '사람人'이라고 불렀다. 사람으로 부른 것은 그들을 사람으로 간주하기 때문이다.

則亦有人而不輿人皂人丐人者乎. 夫人而不輿人皂人丐人者多矣, 不輿人皂人丐人而人者, 吾未數數見也. 予之爲三人者立傳, 擬曰輿公皂公丐公三先生傳, 旣而思之, 今所謂公之, 先生之者, 皆其不輿人皂人丐人者, 擧輿人皂人丐人而公之, 先生之, 是不以人目之也, 故從而人之. 人之者, 人也.

문인은 본디 이런 식의 논의를 어렵지 않게 할 수 있다. 전겸익은 「석의사애사石義士哀辭」에서 '거지'를 '의사'라 부른 이유를 설명하고 있는데, 그 또한 감격할 만하다. 즉 "조정에서 공명을 구걸하고 저자에서 이익을 구걸하니 사람은 모두가 거지인데", 이 거지는 "살아서 반 통의 실도 구걸하지 않고 죽어서 7척의 몸뚱이도 구걸하지 않으니"* 그가 거지라고 해서 천대해서는 안 된다는 것이다.[67] 그러나 문인 방식의

---

* 원주: "丐名於朝, 丐利於市, 人盡丐也 (…) 生不丐半通之綸, 死不丐七尺之軀."(『牧齋初學集』권78, 1684~1685쪽)

소탈함은 당연히 한계가 있다. '거지'는 물론 의거를 통해서 '의사'라는 명성을 얻을 수 있으며, 거지가 천민이라는 사실에는 아무 문제가 없다. 같은 글에서 전겸익은 또 이렇게 썼다.

> 몽골은 백성을 10호로 나누었는데, 이른바 개호라는 것을 오 지역 사람들은 오늘날 더욱 천대하여 고을의 오장伍長도 그들과 같은 자리에 앉지 않는다.
> 蒙古分民爲十戶, 所謂丐戶者, 吳人至今尤賤之, 里巷伍伯, 莫與之接席而坐.

기생도 마찬가지였다. 『길기정집』 외편 권12 「심은전沈隱傳」에서는 남방과 오 지역 및 회수淮水, 양주揚州의 가기歌妓 가운데 절개를 지킨 이에 대해 언급하면서 전광수錢光繡의 다음과 같은 시를 인용했다.

> 누가 신하가 충성한다고 하는가?
> 그런 이는 바로 나무꾼과 목동 사이에 있는 것을!
> 누가 아낙이 정절을 지킨다고 하는가?
> 그런 이는 바로 기생집에 있는 것을!
> 誰謂臣能忠, 乃在樵與牧.
> 誰謂婦能貞, 乃在桑與濮.

세속에 대한 이러한 분노와 질시의 말은 예로부터 선비 무리에 대한 독려의 의미를 강하게 띠었다.

사회적 지위라는 문제는 항상 '왕조 교체'와 같은 사건에 의해 격화되곤 했다. 용을 따른 (그래서 왕업을 일으킨) 사람은 본디 잡다한 신분

출신이지만, 패망한 쪽에서도 비천한 이들은 '도의'에 의해 격발되니 그 성분 또한 잡다함을 벗어나지 못한다. 명나라가 망할 무렵 '사회적 지위'가 문제시된 것은 부분적으로 문인과 명사 문화에 대한 명대 유학자들의 연속된 비판으로 간주할 수도 있다. 진확이 "지금 선비들은 걸핏하면 최후의 한 수를 얘기하곤 해서 간사한 도적이나 배우, 창기들과 똑같이 절의를 나타내니, 순절보다는 혼탁하고 어지러워 기강이 없는 사안이 없다"*고 한 것은 편파적이고 은폐된 당시의 논의에 대한 폭로이자 교정校正이라고 할 수 있다. 황종희는 이 논의를 '명교名教'의 보충물로 삼으려 했다.(「陳乾初先生墓誌銘」, 『黃宗羲全集』 제10책 참조) 하지만 동시대의 위대한 학자들이라 해도 유사한 현상에 대한 반응은 달랐다. 손기봉은 '조정 신하內臣'의 '순절'을 '순수한 충정이자 위대한 도의純忠大義'라고 칭송했다. 심지어 고염무는 「복암기復庵記」에서 '환관中涓'을 유민으로 간주하고 "현량한 사대부 가운데 그와 교유한 이가 많았다"**고 했는데, 어쨌든 그 말의 의미 역시 "충신과 의사를 위해 권고하는 것爲忠臣義士者勸"이었다.[68]

사회적 지위: 도덕론, 군자·소인론

사대부들이 평소 관심을 기울이던 사회적 지위 구별은 바로 군자와 소인의 구별이었다. '선비 무리士類'는 예로부터 그 자신의 전통과 도덕률을 생존 조건으로 삼았다. 사회적 지위를 없애는 것도 이런 의미에서

---

* 원주: "今士動稱末後一著, 遂使奸盜優倡同登節義, 濁亂無紀末有若死節一案者."(「死節論」, 『陳確集』, 154쪽)

** 원주: "賢士大夫多與之遊."(『顧亭林詩文集』, 106쪽)

는 사대부들의 생사와 관련되는 것으로 여겨져, 오랑캐와 중국 민족을 구별하는 것과 마찬가지로 '천하에서 중대한 방책天下之大防'으로 간주되었다.(『讀通鑑論』 권14 참조)

왕부지는 사회적 지위를 나누는 근거로 '종류種' '질質' '풍습習'을 내세웠으니 이른바 "태어난 종류가 다르고所生異種" "낳은 부류가 다르다所産殊類"는 것이다.(같은 책) 그가 말한 '소인'은 어휘의 원시적인 의미에 가까우니, "군자가 아니면 소인을 다스릴 수 없고, 소인이 아니면 군자를 봉양할 수 없다"*고 할 때의 '소인'이다. 여기에는 상인뿐만 아니라[69] '농부農圃'도 포함된다. 왕부지는 '농부'와 관련해서 사대부들이 일반적으로 지녔던 태도에 구애되지 않고 '농부'는 소인 가운데 '졸렬拙'한 사람이며 장인商賈은 소인 가운데 '영리巧'한 사람이라고 하면서 "한나라는 밭일力田을 효제와 동등하게 취급하여 인재를 등용했으나 예교는 쇠퇴했다"**고 했고, '농사에 힘쓰는 것'을 "다급히 이익을 구하는 일皇皇求利之事"이라 여기고 "군자와 소인은 도의와 이익으로 경계가 나뉘기 때문에 혼란을 일으켜서는 안 되고"*** '관전' '학전學田' '번왕·훈척의 장전莊田'을 제도적 병폐라고 여겼다. 또한 「사해俟解」에서도 "농사일과 작은 이익에 세월과 정력을 소비하여 더불어 사는 이치를 황폐화하는 것"****은 '비천한 이鄙者'의 행위라고 했다. 당연히 이런 것들은 모두 당시의 '괴상한 논의'였다. 편견은 당연히 쉽게 드러나지만 이것이 오히려 사대부의 품성을 보존하기 위한 왕부지의 특이한 사고방식

---

* 원주: "非君子無以治小人, 非小人無以養君子." *전한 시기 환관桓寬의 『염철론鹽鐵論』 권5 「상자相刺·20」에 "非君子莫治小人, 非小人無以養君子"라는 구절이 있다.

** 원주: "漢等力田於孝弟以取士, 而禮敎淩遲."(『讀通鑑論』 권14, 503쪽)

*** 원주: "君子與小人義利之畛域, 不可亂也."(『讀通鑑論』 권19, 712쪽)

**** 원주: "銷磨歲月精力於農圃簞豆之中, 而荒廢其與生俱生之理."(「俟解」, 『船山全書』 제12책, 484쪽)

과 세밀한 착상을 잘 보여준다고 하겠다. '농부'뿐만 아니라 '의사'에 대해서도 당시의 유가들 가운데는 구별하려는 생각을 견지한 이들이 있었다.(제6장 4절 참조) 한때 극단화된 것처럼 보이는 논자들의 '엘리트의식'은 오랜 기간 세속으로 들어가는 쪽으로 전향한 종교와 도학적 평등론, 사대부의 세속화 내지 '평민화' 조류에 대한 반발로 볼 수 있을 것이다. 그것은 왕조 교체기 무렵에 발생했기 때문에 더욱 심각한 위기의식—사대부 및 화하문명의 몰락에 대한 깊은 우려—을 기반으로 하고 있었다. 그러한 편견 가운데는 유가 특유의 문화적 민감성과 예견이 담겨 있었다.

'사민' 가운데 '선비'와 '농민'의 관계는 상당히 복잡하다. 앞서 왕부지가 비판했던 한나라의 '효제孝悌와 역전力田'은 확실히 그의 말처럼 사대부의 가치와 태도에 지극히 큰 영향을 주었다. 명나라 때의 오여필吳與弼*은 "빗속에 도롱이 입고 삿갓을 쓴 채 쟁기를 지고 학생들과 함께 밭을 갈았으며,『주역』8괘를 밭을 간 쟁기에서 볼 수 있다"고 설명했다.** 진확은 '농사일 걱정憫農'에 그치지 않고 더 나아가 '농업'의 가치에 대해 평가했다.

> 삼대 이래로 자주 큰 난리를 만났는데 살아남은 무리는 모두 금수였다. 그런데 인류가 아직 죄다 멸절하지 않은 것은 농사가 보존해주었기 때문이다. 이것은 하늘이 특별히 모아준 원기인 것이다.

---

* 오여필(1391~1469)은 숭인崇仁(지금의 장시 성 푸저우撫州에 속함) 사람으로 원래 이름은 몽상夢祥 또는 장필長弼이었다고 하며 자는 자부子傅 또는 자전子傳이고 호는 강재康齋다. 평생 벼슬길에 들어서지 않고 고향에서 강학하면서 이학을 연구하여 훗날 '숭인학파崇仁學派'라 불리는 뛰어난 영역을 개척했다. 저작으로 『일록日錄』『강재문집康齋文集』 등이 있다.

** 원주: "雨中被蓑笠, 負耒耜, 與諸生幷耕, 談乾坤及坎離艮震兌翼於所耕之耒耜可見."(『明儒學案』권1, 15쪽)

三代以還, 頻遇大亂, 有生之倫, 胥爲禽獸, 而人類猶未盡滅絶者,

農之所留也. 此天所特鍾之元氣也.(「古農説」, 『陳確集』, 269쪽)[70]

　　유학자들이 '농사'를 '배움'이자 도덕의 실천으로 간주한 것도 사대
부의 생활 방식과 인생의 선택에 영향을 줄 수밖에 없었다. 『명사』 권
179에는 장무章懋*가 "아들 셋을 낳았는데 농업을 겸하게 했다. 현령이
그곳을 들르자 아들들이 쟁기를 내려놓고 무릎을 꿇어 맞이하니, 사람
들은 그들이 귀족의 자제인 줄 몰랐다"**고 했다. 또 권209에는 송방보
宋邦輔***가 파직되어 고향으로 돌아간 뒤에 "몸소 농사를 지어 어버이를
섬겼고, 아내는 직접 살림살이를 했으며, 아들은 나무하고 소를 쳤다.
세시歲時가 되면 농부들과 모여서 술을 마시고, 취하면 곧 노래를 지어
서로 화창和唱했다"****고 기록했다. 이 또한 명사에 준하는 행위로서 거
의 '농사'를 '고상한 풍류風雅'로 간주한 것이었다고 하겠다. 이들은 농
사일을 하며 은거했던 도잠陶潛을 본받았으나, 여전히 '밭일'과 관련된
가치관 내지 감정에 기반을 두고 있었다고 하겠다. 명·청 교체기에 이
르러 '밭일'은 유민들이 더욱더 보편적으로 택한 생활 방식이자 자기
상징이 되었다. 그리고 '밭일'을 정치적 표상으로 간주하는 일의 유래
도 이미 오래되었지만, 단지 왕조 교체기에는 그 의미가 더 엄중해졌을

---

* 　장무(1436~1521)는 절강 난계蘭溪 사람으로 자는 덕무德懋이고 호는 암연옹闇然翁이며, 만년
의 호는 곡빈유로灘濱遺老다. 성화 2년(1466) 진사에 급제하여 한림원편수에 임명되었으나 직간
때문에 벼슬길이 순조롭지 못했고, 남경예부상서 등을 역임했다. 죽은 뒤 태자소보에 추증되었고
시호는 문의文懿다. 저작으로 『풍산어록楓山語錄』 『풍산집』 등이 있다.

** 　원주: "生三子, 兼令業農. 縣令過之, 諸子釋耒跪迎, 人不知其貴公子也."

*** 송방보(1484~1545)는 안휘 동류東流(지금의 안후이성 둥즈東至) 사람으로 자는 자상子相이고
호는 국강菊江, 별호는 풍갱楓坑이다. 1506년 공생으로 국자감에 들어갔으나 회시에서 누차 낙제
하다가 가정 5년(1526) 동진사출신同進士出身이 되어 향인사항인과 도찰원어사 등을 역임했으나
술자리에서 조정 대신들을 비판한 일에 연루되어 조장朝杖 30대를 맞고 파직되었다.

**** 원주: "躬耕養親, 妻操井臼, 子樵牧. 歲時與田夫會飲, 醉卽作歌相和."

따름이었다. 천계 연간 '환관의 재앙'으로 죽은 이응승李應昇*은 아들에게 유서를 남겨 경계했는데 거기에는 "아이들에게 붓과 벼루를 태워버리고 쟁기와 송아지를 끌며 꾀꼬리 소리나 들으라고 전해라"**라는 등의 말이 들어 있다. 장이상처럼 정밀하고 자세하게 분석할 줄 아는 학자들만이 이런 사고방식을 보존하고 있었다. 즉 '공부'가 '농사'보다 낫고, '밭일'을 하더라도 '선비'의 품성을 잃어서는 안 된다는 것이다.[71]

'군자'와 '소인'의 구분은 다른 사회적 지위를 구분하는 상황에서도 이용되었다. 『일지록』 권24 "한림翰林" 조목에는 다음과 같은 내용이 들어 있다.

> 당나라 제도에 따르면 황제가 행차하는 곳에는 반드시 문사와 경학에 뛰어난 선비가 있고, 아래로 점복과 의술, 기예를 갖춘 무리들은 모두 황제가 부를 때에 대비하여 별원에 대기했다.
> 唐制乘輿所在, 必有文辭經學之士, 下至蔔醫伎術之流, 皆直於別院, 以備燕見.

> 옛날 책(『직관지職官志』―옮긴이)에 따르면 한림원에서는 승려와 도사, 점술가, 무당, 기술자, 예인, 서예가, 바둑 고수 등을 함께 훈련시켰는데, 각기 다른 건물에 모여 있게 했다고 한다.
> 舊書言翰林院, 有合練僧道蔔祝, 術藝書奕, 各別院以廩之.

---

* 이응승(1593~1626)은 강소 강음江陰 사람으로 자는 중달仲達이고 호는 차견次見이다. 만력 44년(1616) 진사에 급제하여 남강추관, 복건도어사 등을 역임했으나 1625년에 환관 위충현을 탄핵하다가 오히려 파직되어 고향으로 돌아갔다. 그러나 이듬해 동창東廠에 체포되어 옥중에서 피살당했다. 훗날 태복시경에 추증되었고 시호는 충의忠毅다. 저작으로 그의 아들 이손지李遜之가 편집한 『낙락재유고落落齋遺稿』가 있다.

** 원주: "寄語兒曹焚筆硯, 好將犁犢聽黃鸝."(『明季北略』 권2, 66쪽)

그러나 여전히 '어명을 기다린다待詔'는 명목으로 그들을 구분하고 있었다. 그리고 그 조목에는 조린趙璘*이 『인화록因話錄』에 썼다는 이런 내용을 수록했다.

> 문종이 한림학사의 예복을 하사하려 하는데 계속해서 어명을 기다리는 이들이 있어 먼저 하사하려 했다. 이에 본 부서에서 명단을 올리자 주장께서는 이렇게 말씀하셨다.
> "군자와 소인은 다른 날에 하사해야 하니, 잠시 다른 날을 기다리도록 하라!"
> 文宗賜翰林學士章服, 續有待詔欲先賜, 本司以名上, 上曰: 賜君子小人不同日, 且待別日.

앞서 이미 언급했듯이 벼슬을 신중하게 내리는 것이 사대부들에게는 줄곧 중대한 정치적 원칙으로 여겨졌다. 이렇듯 권력 기구 안에서 군자와 소인을 구분하는 것은 사대부의 정치적 존엄과 직접적으로 관련이 있으며, 특히 명대에는 그것에 극도로 민감했다. 그 외에 무인武人을 소인으로 간주한 것과 같은 일은 문인정치 체제 아래에서 생겨난 특수한 편견일 뿐이었다. 『명이대방록』 「병제兵制·2」에는 이렇게 적혀 있다.

> 국가를 안정시키고 사직을 보전하는 것은 군자의 일이요, 지휘에 따르고 힘쓰는 것은 소인의 일이다.

---

* 조린(?~?)은 하남 남양南陽 사람으로 자는 택장澤章이다. 당나라 대화大和 8년(834) 진사에 급제하고 개성開成 3년(838) 박학홍사과에 올라 좌보궐左補闕, 구주자사衢州刺史를 역임했다. 저작으로 『인화록』 6권이 있다.

安國家, 全社稷, 君子之事也. 供指使, 用氣力, 小人之事也.(『黃宗羲
全集』 제1책, 33쪽)

조정 신하-내관 사이의 정치적 관계에서 이렇듯 명확한 구별은 사대
부들의 자존심이 나타난 것으로 여겨졌다.

군자는 등급을 깔끔하게 구별하고 교유에 신중해야 하며 바쁘게
소문만 쫓아다니는 천한 사람을 멀리하여 군주로 하여금 경중을
알게 해주어야 한다.
爲君子者, 淸品類, 愼交遊, 遠挾策趨風之賤士, 以使人主知所重輕
焉.(『讀通鑑論』 권3, 122쪽)

명대에 이르면 '군자'와 '소인'은 거의 당쟁의 와중에 사용되는 특수
한 지칭을 의미했으니, 군자는 바로 동림당의 성원을 가리켰고 소인은
바로 '엄당閹黨'을 가리켰다. 이와 같은 현실 정치에 이용되던 '사회적
지위에 대한 논의'는 극단적으로 첨예하게 다뤄졌다. 원래 사대부들이
이야기하던 군자와 소인, '바른 사람正人' '간사한 자邪慝'라는 구별은
도덕적 기분에 따른 것이지 정치적 견해를 일컫는 것은 아니었으며,
개인의 품격에 관한 것이지 정치적 행위를 일컫는 것은 아니었다. 그런
데 여기에 이르면 도덕을 정치적 견해와 관련짓고, 정치를 정사正邪를
가르는 유일한 기준으로 귀속시켜버리게 된다. 당시 위대한 학자이자
명망 높은 신하였던 유종주의 다음과 같은 비평은 핵심을 찌르는 것
이었다.

그런데 지금 남을 공격하는 것은 종종 사회적 지위가 아니라 그

의 (정치적) 의견에 대한 것이다. 의견으로 문호를 나누면 곧 문
호로 사회적 지위를 나누게 되는데, 그것은 의견과 같아질 따름
이다.

乃今之攻人, 往往不於流品而於其意見. 以意見分門戶, 卽以門戶分
流品, 如意見而已.(「修正學以淑人心以培國家元氣疏」, 『劉子全書』 권14)

"벼슬아치에게 중요한 것은 직무 장악을 위주로 하고 사회적 지위를
거기에 합치시키는 것"*이라는 유종주의 말은 지극히 이성적인 주장
이지만 애석하게도 충분히 발휘되지 못했다.

왕조 교체기 무렵에 이러한 '군자'와 '소인'의 구분 역시 결국 사회적
지위의 혼란을 초래했다.

주지기周之夔**는 소주추관을 지냈는데 예전에 동림당과 사이가 나
빴다. 지금에 이르러 집 안에 있다가 의병을 일으켜 대단히 용감
하게 나라의 은혜에 보답했다.

周公之夔, 則故蘇推官, 舊與東林有隙者. 至是, 家居起兵, 報國甚
勇.(『鮚埼亭集』 권10 「明太傅吏部尙書文淵閣大學士華亭張公神道碑銘」)

『명사』 「충의전」에도 한때 '환관에게 빌붙었다가附奄' 결국 순국한 이
들—예를 들어 송학주宋學朱*와 양소수楊所修** 등—이 기록되어 있다.

---

* 원주: "官人之要, 職掌爲主, 流品合之."(「學言」 上, 『劉子全書』 권10)
** 주지기(1586~1648?)는 민현閩縣(지금의 푸저우) 사람으로 자는 장보章甫다. 숭정 4년(1631) 진
사에 급제하여 소주추관에 임명되었으나 곧 사직하고 고향으로 돌아갔다. 한때 복사의 성원이었
던 그는 곧 그 결사의 영도자였던 장부張溥와 원한이 생겨서 그들을 멀리했다. 남명 왕조에서는
병과급사중 등을 역임하다가 남명이 망하자 승려가 되어 글씨와 그림을 팔아 연명했다. 일설에는
1648년에 청나라 군대에게 피살되었다고도 한다.

어쩌면 부분적으로는 이상에서 설명한 사실들에 바탕을 두었을 수도 있겠지만, 왕조 교체기에 사대부들이 명대의 정치 문화에 대해 비판한 것은 명대 사람들에게 특별히 중시되었던 군자와 소인의 구별 행위에 대한 보편적인 반성이었을 수도 있다. 이러한 비판이 '확실한 구별別白'에 집중되었던 것은 정치적 책략의 실수라고 하겠다. 『일지록』 권17 "통경위리通經爲吏" 조목에는 다음과 같은 내용이 들어 있다.

> 육구연陸九淵(1139~1193, 자는 자청子靜, 호는 상산象山)은 이렇게 말한 적이 있다.
>
> "옛날에는 사회적 지위를 나누지 않고 현량한 사람과 못난 사람만을 엄격히 구분했다. 후세에 품류를 나누자 현량한 사람과 못난 사람에 대한 구별이 허술해졌다. 분별하는 와중에 그렇게 한 의미를 담을 수 있다면 아마 제대로 되지 않겠는가?"
>
> 陸子靜嘗言: 古者無流品之分, 而賢不肖之辨嚴. 後世有流品之分, 而賢不肖之辨略. 能於分別之中, 而寓作成之意, 庶乎其得之矣.

방이지의 '체體-용用'에 대한 논의도 정치적 기술과 관련이 있다. 『동서균東西均』 「전도顚倒」에서 그는 이렇게 썼다.

> 본체를 중시하고 쓰임을 경시하지만 쓰임새가 없는 본체는 없다.

---

* 송학주(?~1639)는 소주 사람으로 자는 용회用晦이고 호는 욱초旭初다. 숭정 4년(1631) 진사에 급제하여 남공부주사南工部主事를 역임했고, 1639년에 청나라 군대의 공격을 막다가 전사했다. 일설에는 몰래 도망쳐서 승려가 되었다고도 한다.

** 양소수(?~1644?)는 하남 상성商城 사람이다. 만력 38년(1610) 진사에 급제하여 천계 연간에 위충현에게 빌붙어 급사중, 도찰원부도어사 등을 역임했으며, 숭정 연간에 당쟁에 연루되어 하옥되었다. 숭정 말년에는 상성을 점령한 농민군에게 붙잡혔으니 그들을 꾸짖다가 피살되었다고 한다.

양을 중시하고 음을 경시하지만 반드시 음을 써야 하고, 군주는 존엄하고 신하는 비천하지만 반드시 신하를 부려야 하며, 선을 중시하고 악을 천시하지만 반드시 악을 이용해야 하나니, 군자를 중시하고 소인을 경시하지만 반드시 소인을 이용해야 하는 것과 마찬가지다. 통제하지 않고 쓴다면 악한 이가 이미 악한 짓을 할 뿐만 아니라 선한 이도 악행을 하게 되니, 쓰임새에 따라 쓰면 도가 어찌 줄어들겠는가!

重體賤用, 而無不用之體. 重陽賤陰, 而必用陰, 君尊臣卑, 而必使臣, 重善賤惡, 而必用惡, 猶重君子賤小人, 而必用小人. 不統而用之, 則惡旣爲惡, 而善亦爲惡, 以用救用, 道豈可少哉.(53쪽)

한때 책략을 논의했던 이들의 견해는 대부분 여기에서 벗어나지 않았다.

그러나 당시에도 확실히 또 다른 비판의 시각이 있었으니, 왕부지는 직접적으로 이렇게 지적했다.

군자라는 것은 공기일 뿐이고 소인이라는 것은 독일 뿐이다. 공기와 독은 얼마나 다른가? 군자와 소인 사이의 차이도 얼마 되지 않을 따름이다.

其君子, 氣而已矣. 其小人, 毒而已矣. 氣之與毒, 相去幾何. 君子小人之相去, 亦尋丈之間而已矣.(『宋論』 권3, 103쪽)

아울러 그는 앞서 설명한 바와 같은 선비 기풍과 유행으로 비판을 확장했다. 즉 "그들이 다투는 것은 정의正義인데, 정의를 가지고 다투는 것이 유행이 되면서 다툼을 정의로 여기고", 이렇게 해서 동일한 기풍 안에 있는 "군자와 소인은 곧 뒤섞여서 아무도 서로 추궁할 수 없게" 된다는 것이다.* 이것은 다툼의 대상뿐만 아니라 다툼의 수단에까지 관심을 두는 것이며, 이를 통해 '다툼'의 장기적인 효과에 주목하게 된다. 즉 다툼이 올바른 방법으로 진행되지 않으면 세상사와 인심에 해를 끼친다는 것이니, 이 또한 유학자 특유의 문화적 민감성에서 비롯된 통찰이다. 왕부지는 송나라의 당쟁을 이야기하면서 소성紹聖(1094~1097) 연간에 원우元祐(1086~1093) 연간의 기풍을 반대했지만 사실은 그것을 본받았고, 원우 연간에는 희령熙寧(1068~1077) 연간과 원풍元豐(1078~1085) 연간의 잘못을 바로잡는다고 했지만 사실은 항상 그 시절을 모방했다고 했다.(권7) 나아가 같은 책 권13에서는 서로 억누르는 '상승相勝'은 올바름을 고수하여 모든 변화를 다 이겨내는 '정승貞勝'과는 달라서, '상승'에서는 피차가 동일한 체계 속에 있는 것이 가능하지만(이것은 '한 가지 사건의 양단一事之兩端'에서 서로 억누르는 것임), '정승'은 상대의 잘못을 핑계로 이쪽의 올바름을 내세우지 않고 '대항'이라는 조건에 의존하지 않는다—그 대신 모두가 정치적 경험에 의존하는데—고 했다. 이것은 현실 정치에 대한 예리한 통찰을 보여줄 뿐만 아니라 인식론적인 의미를 지니고 있기 때문에 명·청 교체기 사대부들이 이 구체적인 분야에서 도달할 수 있었던 반성의 깊이가 어느 정도인지를 나타낸다.[72] 이를 기반으로 왕부지가 주장한 피쟁避爭—이것은 바로 그가 혼란과 멸망을 피하는 길이라고 여겼던 것인데—의 원칙은 책략적인 비교에 그치지 않고 명대의 정치 문화에 대한 그의 비판에서 중요한 부분을 차지하게 된다.(제1장 1절 참조)

---

* 원주: "其所爭者正也, 乃以正而爭者成乎風尙, 而以爭爲正 (…) 君子小人遂雜揉而莫能致詰." (『讀通鑑論』 권6, 171~172쪽)

‘군자-소인’과 관련된 사회적 지위의 논의는 명대의 정치와 사대부 기풍—악을 엄격히 미워하고 뚜렷한 구분을 중시하며 극단적인 차이를 강조하는—을 배경으로 한다. 이 부분에서 ‘동림당’은 중요한 상징이라고 할 수 있다. 주이존이 「사관상총재제류서」(『曝書亭集』 권32)에서 했던 ‘동림 비판’은 바로 명대의 선비 기풍에 대한 비판이었다. 명나라가 망한 뒤에도 ‘군자-소인’에 대한 논의는 결코 끝나지 않는 중요한 화제였다. 하윤이夏允彝의 『행존록幸存錄』에 관한 논의[73]와 동림당 및 엄당閹黨에 대한 논의는 그 문제가 여전히 첨예했음을 증명하고 있으며, ‘명대의 문제’는 청초의 언론 및 정치에서도 연속되었다.[74] 청대의 역사 저작에서 명대 사람들의 시시비비를 문제 삼으면서 마치 그 저자가 해당 국면 가운데 있는 듯한 정서를 보여주는 것은 흥미로운 현상 가운데 하나다. 그것은 명대 사대부들의 논의가 지니는 감염력을 증명할 뿐만 아니라 사대부들의 사유 방식과 논리가 연이어 계승되었다는 것을 증명한다. 명대 역사와 관련된 논의가 ‘당파적 경향’을 띠고 명대 역사의 상황과 환경이 ‘후대로 이어진後延’ 것은 청대의 관청에서 편찬한 정사正史와 개인의 저술을 통해서, 그리고 청대로부터 지금에 이르는 수많은 글에서 증명되고 있으니, 이런 문화 현상이 더욱 의미심장하지 않은가?

사회적 지위: 인성론, 사회적 지위와 정치적·문화적 품위

의심할 바 없이 사회적 지위에 관한 더욱 정밀한 논의 자체도 일종의 특수한 ‘선비 여론’이다.

앞에서 이미 사대부 부류와 관련된 왕부지의 사회적 지위에 대한 논의를 설명한 바 있다. '사회적 지위流品'는 왕부지의 역사 평론(그리고 정치 평론)에서 중요한 위도緯度였으며, '사회적 지위-정치'나 '사회적 지위-정치가'에 대한 그의 논의는 명나라 말엽의 복잡한 정치적 경험을 근거로 한 것이었기 때문에 '흥망'에 대해 관심을 가짐으로써 심각한 정치적 화제를 형성했다. 왕부지가 '한미寒微'한 인물들이 대두하는 모습에서 간파한 것은 존비 질서의 문란이며 '권력 하향 이동權移於下'의 역사였다. 그는 "사대부의 사회적 지위와 제왕의 세계世系는 병행하기 때문에 저절로 흥성과 패망을 이룬다"*고 하면서, 이런 맥락에서 그의 역사 평론에서는 세족世族의 흥망성쇠와 관련된 정치사를 그려냈다.(『讀通鑑論』 권15) 바로 여기서 '사회적 지위에 관한 논의'는 가장 심각한 의미에서 '세족론'과 상통한다.

왕부지가 한 고조와 후한 광무제, 송 태조에 대해 논한 것은 더욱 의미심장하다.

> 한 고조는 농부 출신이고 소하蕭何와 조참曹參은 하급 관리 가운데서 선발하여 위쪽의 뜻이 옮겨가니 아래의 풍속이 문란해졌다.
> 漢高起自田間, 蕭曹拔於掾吏, 上意移而下俗亂.(『讀通鑑論』 권15, 566쪽)

> (광무제는) 학사, 대부 출신이기 때문에 그가 실시한 정책은 초야에서 일어난 영웅들과는 달랐다.
> 起於學士大夫 (…) 故其設施與英雄之起於草澤者有異.(같은 책 권6,

---

* 원주: "士大夫之流品與帝王之統緒幷行, 而自爲興廢."(『讀通鑑論』 권15, 565쪽)

229쪽)

명나라가 망하고 얼마 되지 않은 상황에서 이런 진술 속에 담긴 행간의 의미를 알아듣지 못한 이가 어디 있었겠는가![75] 심지어 왕조 교체기에 사대부들이 명나라 '초기의 역사國初史'에 흥미를 느낀 동기에도 의심할 만한 구석이 없지 않다. 예를 들어 태조 때의 역사를 규명하여 감춰진 사실들을 폭로한 전겸익의 행위에는 문인 특유의 교활함이 내재해 있었던 것이다! 사회적 지위에 대한 이런 특수한 논의 가운데에는 운명에 대한 사대부들의 심각한 감각이 깃들어 있다. 저 '포의천자布衣天子'는 사대부에 대한 살육과 모욕으로, 사대부는 앞서 설명한 바와 같은 논의—비록 그것은 명나라의 멸망을 전후로 나왔지만—로 각자의 마음속 은밀한 생각을 완곡하게 나타냈던 것이다. 그러므로 여기에는 명대의 군주와 신하가 분명히 말하기에 불편했던 어떤 비밀이 내재되어 있다.

독특한 식견 가운데는 종종 특별한 편견이 담겨 있다. 왕부지의 역사 평론은 뚜렷한 편견 속에 인성에 대한 예리한 통찰을 담았다.

비천한 출신에서 일어난 선비는 흉흉한 시절에 냉정하게 급변하는 세속과 어울리면서 추위와 굶주림을 견디며 떠돌다가 격발되어 특별히 출세하게 되었기 때문에 평생의 고난을 기억하면서 은혜와 원망을 가슴에 품고 잊지 않는다. 주보언主父偃(?~기원전 126)은 '날은 저무는데 갈 길이 머니 거꾸로 돌아가 상리常理를 거슬러 시행한다'고 했다.* 밥 한 그릇에 천금의 값어치가 있고, 질시한 이들에게 대해서는 반드시 보복한다. 소진과 유목지劉穆

之,** 원재元載***는 큰 죄악을 저질러 천고 역사에서 처벌을 받아 모두들 무척 미워했지만 오히려 격분하여 거침없는 횡포를 더욱 심하게 저질렀다.

士起孤寒之族, 際荒亂之世, 與炎寒之流俗相周旋, 凍餒飄搖, 激而特起, 念平生之坎坷, 懷恩怨以不忘. 主父偃曰: 日暮途遠, 倒行而逆施之. 一飯千金, 睚眥必報. 蘇秦, 劉穆之, 元載身陷大惡, 爲千古戮, 皆疢疾之深, 反激而益增其狂戾也.(『讀通鑑論』 권23, 877쪽)

이런 이유로 '대대로 녹을 먹은' 벼슬아치 집안의 자제는 당연히 농부 출신의 선비보다 훌륭하다.

아아! 농부 출신의 선비는 간소하게 먹고 투박한 옷을 입는 것이 원래 평소에도 그랬던 바일 것이다. 그런데 대대로 녹을 먹은 벼슬아치의 자제는 먹고살 수 있는 조상의 은덕은 있을지라도 서로 책망할 염려는 없으니 옛 성현의 책을 읽고 사민四民의 윗자리에 올라 있어서 스스로 창칼에 찔리고 베어 벌거벗은 몸으로 피비린내 속을 뒹굴 수도 있다는 것 따위는 거들떠보지도 않는다.

嗚呼. 士起田間, 食淡衣粗, 固其所素然矣. 若其爲世祿之子, 則抑有

---

* 『사기』 「오자서열전伍子胥列傳」, "吾日暮途遠, 吾故倒行而逆施之."

** 유목지(360~417)는 동관東莞 거현莒縣(지금의 산둥 성에 속함) 사람으로 자는 도화道和다. 동진東晉 왕조에서 상서좌복야까지 지낸 그는 유유劉裕(363~422)의 신임을 받았고, 유유가 제위를 찬탈하여 송을 건국한 뒤에는 그를 남강군공南康郡公에 추봉하고 시호로 문선文宣을 하사했다.

*** 원재(?~777)는 당나라 봉상부鳳祥府 기산岐山(지금의 산시陝西 성에 속함) 사람으로 자는 공보公輔다. 진사 출신으로 신평위新平尉 등을 역임했던 그는 조정 정권을 장악한 환관 이보국李輔國(704~762)과 어조은魚朝恩(722~770)을 처단함으로써 대종代宗의 신임을 얻어 중서시랑동평장사中書侍郞同平章事에 오르고 허창현자許昌縣子에 봉해지기도 했으나 지나치게 사리사욕을 챙기다가 결국 처형당하고 재산이 몰수되었다.

舊德之可食, 而無交謫之憂, 讀先聖之書, 登四民之上, 則不屑以身
心陷錐刀膻羶穢之中.(『讀通鑑論』 권22, 832쪽)

이러한 왕부지의 논의에서 '세족'과 '사회적 지위'는 하나의 문제에
서 서로 인과관계를 맺고 있는 두 가지 측면이다. 그는 사회적 지위를
세족 해체라는 배경에 놓고 고찰하면서 아울러 '사회적 지위의 상황'을
그 해체 과정의 결과라고 간주했다. 황종희가 정치가들의 청탁清濁을
논한 것은 이와 같은 왕부지의 논의에 대한 보충이라고 할 수 있다.

> 육조 시대에는 가문을 내세워 서로 높여주었고 인물들도 옛 모습
> 에 대단히 가까웠다. 대개 부형父兄의 연원이랄지 스승과 벗이 설
> 명한 내용, 조정의 의례와 옛날의 학술 및 문화, 옳고 그름과 정사
> 正邪 등이 모두 마음속에 이미 정해진 방안을 갖추고 있다. (…)
> 미천한 출신의 선비는 아는 것이 겨우 공문서와 탁상의 일밖에
> 없으니 일단 책임질 일이 생기면 동문들을 두루 불러 모으지만
> 자기도 모르게 동서의 방향을 뒤바꿔놓고 있다.
> 六朝以門第相高, 人物最爲近古. 蓋父兄之淵源, 師友之講說, 朝典
> 國故, 是非邪正, 皆有成案具於胸中 (…) 單門寒士, 所識不過朱墨
> 幾案間事, 一當責任, 網羅衣鉢之下, 不覺東西易置.(「五軍都督府都事
> 佩於李君墓誌銘」, 『黃宗羲全集』 제10책, 298쪽)

사회적 지위에 관한 이와 같은 논의는 바로 출신론이자 일종의 극단
적인 등급론이다. 그러나 여기에서도 그가 이상적 인격을 만들기 위한
조건에 대해 탐구하고 있음을 읽어낼 수 있다. 고대사 후기에 귀족 정
치와 문재를 재건하자는 주장은 비록 전혀 실천적 의미가 없었지만 한

때 위대한 학자들이 실제의 정치 경험을 기반으로 인성에 대해 통찰한 것은 나름대로 가치가 있다. 하물며 왕부지는 결코 '가세家世'-'선비 품질'이라는 관계를 절대화하지 않았고, 사회적 지위에 관한 그의 논의는 '관계'의 복잡성에 대한 인식을 포함하고 있지 않았던가![76]

이와 같은 이치가 원시 유가의 문헌에 원래부터 있었던 것은 결코 아니다. 오히려 『맹자』「고자告子 하」의 다음 논의는 줄곧 빈한한 선비나 근심에 쌓인 사대부를 격려하는 데에 활용되었다.

> 순임금은 농사꾼 출신이고 부열은 성벽 쌓는 일을 하다가 천거되었다. (…) 그러므로 하늘이 장차 이 사람에게 큰 임무를 내리려 하면 반드시 먼저 그의 심지를 괴롭히고 근골을 피곤하게 하며 몸을 굶주리게 하고 몸을 텅 비게 한다.
>
> 舜發於畎畝之中, 傅說擧於版築之間. (…) 故天將降大任於是人也, 必先苦其心志, 勞其筋骨, 餓其體膚, 空乏其身.

앞서 설명한 왕부지의 맥락과 더욱 직접적으로 대립된다고 볼 수 있는 것은 다음과 같은 구절이다.

> 덕과 지혜, 기술, 지식을 가진 사람은 항상 우환에 시달리지만, 오직 외로운 신하와 첩의 자식은 마음 쓰는 것이 위태롭고 우환을 염려하는 것이 깊기 때문에 사리에 통달한다.
>
> 人之有德慧術知者, 恒存乎疢疾. 獨孤臣孼子, 其操心也危, 其慮患也深, 故達.(『孟子』「盡心上」)

선진 이래로 위·진의 구품중정제九品中正制가 있기는 했지만 혈통론은 계속해서 강력한 도전을 받았다. 중장통仲長統*은 "선비를 선발하는 데 가문이나 문벌을 따지는 것"**은 속되다고 지적했고, 왕부王符***도 "족벌을 내세워 음덕으로 등용하고, 지위 때문에 어질다고 하는 것"은 '속된 선비들의 논리'라고 비판했다.**** 수·당 이래의 과거제는 세족 정치의 제도적 기초를 더욱 파괴해버렸다. 왕부지는 일찍이 "과거가 외따로 시행되어 문벌이 뽑히지 않는"***** 폐해를 언급했다. 진자룡도 이렇게 지적했다.

> 내가 보기에 지금 세상은 과거에 급제한 이들을 특히 중시하고 음서蔭敍로 벼슬을 받는 것을 부끄러워하니 씨족은 등급 대접을 받지 못하고 맑은 것과 혼탁한 것이 뒤섞여버렸다. (…) 어진 이를 세우는 데에 방책이 없는 것이 지금보다 더 성행한 적이 없다.
> 我觀今世, 介重科名, 羞稱蔭藉, 氏族無等, 淸濁混升. (…) 立賢無方, 莫今爲盛.(「江南民族論論」, 『陳忠裕全集』 권22)

고대 중국의 관료제가 인재의 유동流動을 위해 일정한 조건을 제공했다는 것은 이미 상식에 가까운 사실이지만, 왕부지는 제도의 이점과 병폐에 대해 또 다른 시각의 관찰을 보여주었다.

---

* 중장통(179~220)은 산양 고평高平(지금의 산둥 성 쩌우청鄒城에 속함) 사람으로 자는 공리公理다. 후한 말엽에 상서랑을 지냈으나 당시의 승상 조조에게 중용되지 못했다.

** 원주: "選士而論族姓閥閱."(『昌言』)

*** 왕부(85?~163?)는 안정安定 임경臨涇(지금의 간쑤 성 전위안鎭原) 사람으로 자는 절신節信이다. 평생 은거하여 저술에 전념했는데, 모두 『잠부론潛夫論』에 모아져 있다.

**** 원주: "以族舉德, 以位命賢 (…) 俗士之論."(『潛夫論』 「論榮」)

***** 원주: "過擧孤行, 門閥不擇."(『讀通鑑論』 권15)

족벌을 통해 인재를 등용하면 그 길이 좁고, 이것을 버리고 널리 구하면 길이 넓다. 하지만 옛날의 제왕들이 결국 넓은 것을 좁은 것과 바꾸지 않은 것은 백성의 마음이 좇는 바가 곧 하늘이 안배한 질서가 나타나는 바이기 때문이다.

以族用人者, 其途隘, 舍此而博求之, 其道廣, 然而古帝王終不以廣易隘者, 人心之所趨, 卽天敍天秩之所顯也.(『讀通鑑論』, 565쪽)

이러한 논리의 연속으로 왕부지의 '인재론'—제도의 '인성적 측면'까지 포함한—은 문화 체계 내부에 대한 고찰에서 나온 것이므로 국외자로서는 절대 깊이 알 수 없는 것이었다.

고대 중국의 정치가 '초기에 조숙'한 것은 선진 시기가 제공한 사상 자원이 풍부하여 서로 다른 가치 취향이 공존함으로써 이데올로기의 다양한 틈을 형성했고, 그럼으로써 서로 다른 이익에 대한 요구가 표현될 수 있었기 때문이다. 그런 의미에서 '귀족 정치'와 '귀족 문화'를 재건하자는 것이 당시 사대부들의 공통된 인식은 아니었다. 예를 들어 북방의 유학자 이공의 논지는 상당히 달랐다.(안원의 『존치편存治編』에 대한 이공의 「서후書後」 참조) 이 또한 당연히 북방 세족의 쇠락과 유학자의 빈곤화와 관련이 있을 것이다.

왕부지와 고염무 등의 '세족-사회적 지위'에 관한 논의는 반드시 '봉건-군현'의 관계에 대한 논의와 함께 읽어야 그 종지를 파악할 수 있다. 왕부지는 이렇게 주장했다.

천지가 기왕 나를 사람이 되라고 운명지어주었으니 마음이 아직 죽지 않았다면 또한 반드시 굶주려 먹지도 못하고 추위에 옷도 입을 수 없는 상황에서 내 뜻을 남겨둘 것이다.

天地旣命我爲人, 寸心未死, 亦必於饑不可得而食, 寒不可得而衣者
留吾意焉.(「俟解」, 『船山全書』 제12책, 488쪽)

그러니까 사대부는 응당 먹지도 입지도 못하는 상황에서 존재의 의
미를 찾아야 한다는 것이다. 그에 비해 진확은 이렇게 주장했다.

그러므로 선비는 선비로 여겨지는 까닭이 있고 농부는 농부로 여
겨지는 까닭, 상인은 상인으로 여겨지는 까닭이 있다. 그리고 선
비가 선비로 여겨지는 까닭은 또 책을 읽어서 가문을 일으킨다는
데에만 그치지 않는다.
故士有所以爲士, 農有所以爲農, 商有所以爲商. 而士之所以爲士者,
又非止讀書作家而已也.(「與吳仲木書」, 『陳確集』, 83쪽)

이런 주장은 모두 당시 사대부들의 종교적 정신을 느끼게 해준다. 하
지만 그것은 민간 신앙이나 세속의 종교와는 다른 것이었으며, 어쩌면
바로 종교의 세속화와 사대부의 '평민화'라는 조류에 대한 반발이었을
수도 있다. 왕부지에게도 '정론定論'은 상대의 오류로 인해 성립되는 것
이 아니며 '나' 또한 단지 세속과의 차이를 통해서만 경계를 정하는 것
이 아니니, "내가 태어나서 단지 저들과 다르기만 하겠는가!"*라는 말
에서도 그의 논의가 의미심장한 경계를 담고 있음을 느낄 수 있다. 그
외에 고염무는 어록語錄 문장이 '천박하고 이치에 어긋난鄙倍' 것에 불
만을 표시했고(『일지록』 권19, "수사修辭"), 황종희는 불교 문장의 '조야'
하고 '천박하며鄙俚凡近' 고상한 것과 속된 것이 어지럽게 뒤섞인雅俗相

---

* 원주: "吾之生也而僅異於彼乎."(王夫之, 「俟解」, 『船山全書』, 493쪽)

亂'점을 지적하고(『황종희전집』제10책, 「천악선사칠십수서天嶽禪師七十壽序」 및 「산옹선사문집서山翁禪師文集序」참조), 상란의 와중에 사대부들이 왜소해지고 비속해진 상황에 대해 개탄했다. 또 진확은 "도인과 속인이 어울리는調停道俗" 짓을 하지 않은 것을 칭송하여(「치사정생서」, 문집 권 1)[77] '속'—습속이나 속학 등을 포함한—의 '폐단'을 경계하면서 속세를 거슬러 벗의 기분을 상하게 하는 일도 마다하지 않았고, 전겸익은 '초 지역 사람들의 시'가 "세간의 크나큰 재앙世間大妖孽"(『황종희전집』 제11책, 「남뢰선생시문집부록·교유척독南雷先生詩文集附錄·交遊尺牘」참조)이라고 했다. 이런 지적들은 모두 다음과 같은 측면에서 이해할 수 있다. 즉 비록 '추세'는 언론으로 역전시킬 수 없는 것이지만, 이것들은 모두 문화의 엘리트적인 품성을 상실하고 사대부가 결국 그 '품격'을 상실하는 것을 걱정하고 두려워하면서 아울러 이미 무너진 상황에서 극렬한 사회적 변동을 돌이키려는 의지를 표현한 것이었다. 예를 들어 앞서 언급한바 진확이 "간사한 도적과 배우, 창녀, 배우들이 함께 순절하는奸盜優倡, 同登節義" 상황을 비판한 것도 장기적인 장래에 미칠 영향에 착안한 것으로서, 극렬한 격동의 시기에 원칙經-임시변통權, 정상常-변화變의 관계를 제시함으로써 가치관의 연속성을 중시하고 당시 여론의 편향성을 조금이나마 보완하고자 했던 것이다. 이 또한 '선비 문화'와 어떤 '귀족 문화'가 상대적으로 발달한 동남 지역 사대부들의 태도였다.

　'의기투합하는 부류氣類' 내지 '풍도風味'로 사회적 지위를 나누는 것은 더욱 세밀하고 개인화된 분석으로서 성정과 타고난 자질 등의 측면에 착안한 것이다. 명·청 교체기의 위대한 학자들 가운데 비교적 문인 기질이 풍부한 황종희가 쓴 비문碑文 등에서는 이러한 분석을 더욱 중시했다. 이런 분석은 사대부 집단이 역사 속에서 형성한 인간에 대한 지각이자 미적 성찰 능력에 힘입은 것이다. 사대부들은 여기에서 역사의 변천을 느끼고 인문의 변동 속에서 사대부들의 운명을 파악했다. 황종희는 상란의 와중에 사대부들이 원래의 풍도를 상실하고 사람들의 '기상'이 변하는 것을 개탄하면서 이러한 문화의 유실에 대해 대단히 애석해했다. "공경과 노비가 순식간에 자리를 바꾸는"* 시기에 이러한 구분을 강조하는 것은 더욱 사대부 특유의 문화적 민감성 때문일 터다. 그러므로 이러한 구분은 앞서 설명한 여러 종류의 구분을 위한 내재적 근거가 되었다고도 할 수 있다.

이상을 통해서 우리는 사회적 지위에 관한 이 시기 사대부들의 논의가 상대적으로 심각한 의미에서 '선비'들의 여론이었으며, 거기에는 선비들이 자신의 생존 및 역사적 처지에 대해 감지한 것과 자기 보존의 요구를 바탕으로 한 자기 경계 설정을 포함하고 있었음을 알 수 있다. 그것들은 당연히 특정한 역사 환경 속에서 사대부들이 보여준 반응으로 해석할 수 있으며, 그들이 근거로 삼은 논리 역시 역사 문화에 깊이 뿌리를 내리고 있었다.

* 원주: "公卿皁隷, 俄頃易位."(『黃宗羲全集』 제10책, 「旌表節孝馮母政太安人墓誌銘」)

제 3 장

화제가 된
'건문제 사건'

1 절

사건에서 빌린
주장

단옥재의 『명사십이론明史十二論』(소대총서昭代叢書) 가운데 하나가 「삼대

안론三大案論」이다. 이 '3가지 사건三大案'은 『삼조요전三朝要典』*에서 논의

했던 '홍환紅丸'**과 '정격挺擊'*** '이궁移宮'**** 등을 가리키는 것이 아니라

---

* 『삼조요전』 24권은 명말 엄당의 수괴 위충현이 동림당 탄압을 가속화하기 위해 내각대학사
고병겸顧秉謙(1550~?, 자는 익암益庵)과 풍전馮銓(1595~1627, 자는 진로振鷺) 등에게 지시하
여 편찬한 것으로 원래 명칭이 『종신홍편從信鴻編』이었으며 『삼대정기三大政紀』라고도 불렸다.

**　홍환안紅丸案은 태창泰昌 1년(1620) 중병에 걸려 있던 광종光宗이 '선단仙丹'이라면서 이가
작李可灼이 진상한 붉은 단환紅丸을 복용하고 사망하자, 그 원흉을 색출하기 위해 대대적인 조
사가 벌어지고 수많은 이가 연루되어 죽은 사건이다.

*** 정격안挺擊案은 만력 43년(1615)에 태자 책봉을 둘러싸고 논쟁이 벌어져서, 결국 동림당의 반
대에 부딪힌 신종은 정귀비鄭貴妃 소생의 주상순朱常洵을 태자로 책봉하려던 뜻을 접고 왕공비
王恭妃 소생의 주상락朱常洛을 태자로 책봉했다. 그런데 당시 장차張差라는 이가 태자의 거처인
자경궁慈慶宮에 몽둥이를 들고 난입하여 수문태감守門太監을 때린 사건이 발생했으나, 신종은
장차를 정신병자로 몰아 공개적으로 처형하고 정귀비 휘하의 태감 방보龐保와 유성劉成을 암살
하는 것으로 사건을 덮어버렸다.

****　만력 48년(1620) 7월 광종이 즉위하여 태창 1년이 되자 광종의 총비 이선시李選侍가 황제 장
자 주유교朱由校를 보살피기 위해 건청궁乾淸宮으로 거처를 옮겼다. 그런데 한 달도 되지 않아
광종이 죽고 어린 희종熹宗이 즉위했으며, 정귀비와 위충현의 비호를 받은 이선시는 계속해서 희
종을 모시려고 했다. 이에 급사중 양련楊漣(1572~1625)과 어사 좌광두左光斗(1575~1625)는 이선
시가 정사에 관여하는 것을 방비하기 위해 인수전仁壽殿 홰란궁噦鸞宮으로 그녀의 거처를 옮기
게 했는데, 이 과정에서 격렬한 당파 싸움이 벌어졌다. 이것이 바로 이궁안移宮案이다.

'정난靖難'과 '탈문奪門'[*] 그리고 '대례의大禮儀' 사건을 가리킨다. 명대 역사의 큰 사건 가운데 건문제가 "나라를 양보한遜國" 사건은 사료가 없어지고 사건 자체가 불분명한 부분이 있어서 가장 의혹이 많은 사건으로 일컬어지는데, 부분적으로는 또한 이로 인해서 오랜 기간 담론의 열정을 자극하기도 했다.

연왕燕王이 군대를 일으켜 "변란을 평정靖難"하고 건문제가 "나라를 양보한" 이래로 홍광 조정에 이르러 건문제의 시호와 묘호를 추증하기까지, 명 왕조 초기에 발생한 이 사건은 기나긴 세월을 거쳤지만, '언론'에서 거친 시간은 그보다 더 길었다. 이번 장에서는 바로 언론의 화제가 된 명·청 교체기의 건문제 사건에 대해, 그 가운데 이와 관련된 언론 행위의 동기와 취지 및 심리 상태 등을 논의하고자 한다.

화제의 해금

정효鄭曉의 『오학편吾學編』 「손국신기遜國臣記」에는 건문제와 관련된 화제의 '해금' 과정이 자세히 서술되어 있는데, 그것은 또한 영락제로부터 가정제에 이르는 동안 나타난 이 문제에 관한 태도의 변화 과정이기도 하다. 그 가운데 주목을 끄는 것은 다음과 같은 내용이다.

가정 14년(1535) 운남 출신의 급사중 양선楊僎(?~?, 자는 숙암肅庵)

---

[*] 1449년에 명나라 영종 정통제가 친히 오이라트Oirat, 瓦剌를 정벌하러 나섰다가 패전하여 포로가 되자 그의 아우가 제위를 계승하여 대종 경태제景泰帝가 되었다. 경태제는 즉시 오이라트와 화친하여 정통제가 북경으로 돌아왔지만, 경태제는 그를 남궁南宮에 머물게 하면서 알현을 허락하지 않았다. 그러다가 경태 8년(1457)에 석형石亨(?~1460)과 서유정徐有貞(1407~1472) 등이 군대를 이끌고 영종을 옹위하여 궁궐 대문을 부수고 들어가 영종이 복벽하게 되었다.

이 건문제 때의 여러 충신을 드러내 칭송해야 한다고 건의하자 황제가 예부에서 상의해보라고 했는데 결론을 보고하지 않았다. 이제 황제가 예관을 불러 물었다.

"저번에 급사중이 건문제 때의 신하들에 대해 이야기한 일은 어찌 되었소?"

그러자 하언夏言*이 아뢰었다.

"당시 신하들은 군주를 망치고 나라를 어지럽혀 선제께서 극형에 처하셨거늘 어찌 기려서 수록할 수 있겠습니까?"

이에 황제가 안색이 변하여 물었다.

"그렇다면 언관이 짐을 책망한 게 아니오?"

"언관은 원래 서생이고 처음 벼슬길에 들어섰는데, 건문제 때의 신하들이 대단히 장렬하게 죽었다고 하는 얘기를 듣고 갑자기 그렇게 아뢴 것일 따름입니다."

이에 황제의 안색이 펴졌고, 다음 날 예부에서 올라온 보고에서도 양선의 죄를 거론하지 않았다.

嘉靖十四年. 給事中雲南楊僎請表揚建文諸忠臣, 下禮部議, 未上. 今皇帝因召對禮官問曰: 昨給事中言建文諸臣事云何. 夏言對曰: 諸臣誤君亂國, 先朝誅殛, 豈宜褒錄. 今皇帝色變, 曰: 言官得無誚朕. 言對曰: 言官本書生, 初入仕, 聞人言建文諸臣死事甚烈, 以故輒爲陳說耳. 今皇帝色霽. 明日上議亦不罪僎.

---

* 하언(1492~1548)은 귀계貴溪(지금의 장시 성에 속함) 사람으로 자는 공근公謹이고 호는 계주桂州다. 정덕 12년(1517) 진사에 급제하여 항인, 병과급사중 등을 거쳐 예부상서, 무영전대학사, 상주국을 역임했으나 엄숭 등에게 모함을 당해 기시형에 처해졌다. 시호는 문민文愍이고, 저작으로 『계주집桂洲集』『남궁주고南宮奏稿』 등이 있다.

반정장潘檉章의 『국사고이國史考異』에서는 정효의 「손국기」와 「손국신기」가 믿을 만하다고 하지 않았지만, 위의 기록이 보여주는 관련 언론의 환경과 심리적 분위기, 예를 들어 위로 군주에서 아래로 여러 신하까지 이 화제에 대해 보여준 심리적 긴장의 정도는 사실과 큰 차이가 없을 것이다. 『서산일기西山日記』 권상 「상업相業」에도 "세종 초기에 순절했지만 기록에서 삭제된 이들을 긍휼히 여겨서 그 공을 기록하려 했으나 하언이 은밀히 막아서 그 일은 곧 중지되어버렸다"*는 주장이 들어 있다. 바로 이처럼 언론의 금제가 조성한 억압이 명대 사대부들의 지극한 아픔을 내재화하고 또 첨예하게 만들었다고 할 수도 있겠다. 전겸익은 「주로전朱鷺傳」에서 이렇게 썼다.

> 주로朱鷺(?~?, 자는 백민白民)가 제생이 되었을 때는 만력 연간의 대단히 흥성하던 시절이었는데 건문제 때의 일을 이야기할 때마다 갑자기 눈물을 하염없이 흘리며 슬픔을 가누지 못하니 그 이유를 알지 못했다.
> 鷺爲諸生, 當萬歷全盛之世, 每譚建文朝事, 輒泣下汍瀾, 悲不自勝, 不知其何謂也.(『牧齋初學集』 권71, 1593쪽)

진확은 명나라가 망할 무렵 북방의 어느 의사義士가 "불상佛像을 두루 구경하면서도 절을 하지 않더니, 건문제의 초상을 보자 절을 하며 울었다"**고 기록했다.

이런 과정에 대해 정식 역사에서는 지극히 단편적인 기록만 제공할

---

* 원주: "世廟初年, 有意恤錄革除死節諸臣, 夏桂溪陰阻之, 事遂寢."
** 원주: "徧觀佛像, 不拜. 見建文君像, 拜而泣.(「東溪寺異人傳」, 『陳確集』, 213쪽)

뿐이다. 『명사』에서는 "건문제 때의 충신들에 대한 기록이 있다"고 하면서 성화成化 17년(1481)에 진사 송단의宋端儀*가 『혁제록革除錄』을 편찬한 것을 시작으로(권161), 홍치 연간에는 오세충吳世忠**이 "건문제 때 순국한 여러 신하를 긍휼히 여겨 작위와 시호를 하사하고 사당을 세워 제사를 올림으로써 존중해주며 또한 그 자손들을 등용하여 가문을 회복시킴으로써 충의를 권면해달라고 청한 일을 거론했다. 그의 이런 상소문은 예부로 내려갔지만 중지되어 시행되지 못한"***적이 있고, 홍치 연간에 양순길楊徇吉****은 "건문제의 존호를 회복시켜달라고 서둘러 상소를 올렸지만 황제의 뜻에 저촉되는 바람에 시행되지 못했다"*****고 했다. 또한 세종 가정제 때의 심리沈鯉******는 "건문제의 연호를 회복하고, 『경제실록景帝實錄』을 다시 수정하며 성려왕郕戾王이라는 칭호를 쓰지 못하게 하자고 청했다."*******

조정의 태도가 밝아지기 시작한 것은 만력제 때부터였다. 『명사』 권

---

* 송단의(1447~1501)는 포전莆田 사람으로 자는 공시孔時다. 성화 17년(1481) 진사에 급제하여 광동제학첨사까지 지냈다. 그가 편찬했다는 『혁제록』은 남아 있지 않고, 저작으로 『입재한록立齋閑錄』『고정연원록考亭淵源錄』 정도만 전한다.

** 오세충(1461~1515)은 강서 금계金溪 사람으로 자는 무경懋貞이다. 홍치 3년(1490) 진사에 급제하여 병과급사중과 호광참의 등을 역임했다. 저작으로 『홍범고의洪範考疑』『학용통지시유학용억설學庸通旨施儒學庸臆說』『황극세서내편주皇極世書內篇注』『잠우록蠶遇錄』 등이 있다.

*** 원주: "請恤建文朝殉難諸臣, 乞賜爵諡, 崇廟食, 且錄其子孫, 復其族屬, 爲忠義勸. 章下禮官, 寢不行."(『明史』 권185, "吳世忠")

**** 양순길(1456~1544)은 소주 사람으로 자는 군경君卿 또는 군겸君謙이고 호는 남봉南峯, 안촌거사雁村居士 등을 썼다. 성화 20년(1484) 진사에 급제하여 예부주사를 지냈다. 저작으로 『송주당집松籌堂集』『해낭수경奚囊手鏡』『오중왕철기吳中往哲記』『봉창오기蓬窗吳記』『오읍지吳邑志』『남봉악부南峯樂府』 등 다수가 있다.

***** 원주: "馳疏請復建文帝尊號, 格不行."(『明史』 권286, "文苑·二")

****** 심리(1531~1615)는 귀덕부歸德府(지금의 허난 성 상추商丘) 사람으로 자는 중화仲化다. 가정 44년(1565) 진사에 급제하여 예부상서, 문연각대학사를 역임했다. 죽은 뒤 태사에 추증되었고, 시호는 문단文端이다. 주요 저작으로 『역옥당고亦玉堂稿』『문아사약文雅社約』『남궁초南宮草』 등이 있다.

******* 원주: "請復建文年號, 重定『景帝實錄』, 勿稱郕戾王."(『明史』 권217 "沈鯉")

94 「형법지·2」에는 만력 12년(1584)에 다음과 같은 일이 있었다고 기록했다.

어사 도숙명이 건문제 때 제명된 충신들의 외척들을 석방해달라고 청했다. 황제는 어명을 내려 제태齊泰와 황자징黃子澄 외에 방효유 등 연루된 이들을 모두 조사하여 면제해주었다.
御史屠叔明請釋革除忠臣外親. 命自齊黃外, 方孝孺等連及者俱勘豁.

"건문제 때 충신들을 기록하고 남경에 사당을 지어 제사하게 한 것錄建文忠臣, 廟祀南都"도 만력 연간이었다.(『명사』 권125 "서휘조徐輝祖", 권141 "방효유", 권227 "송의망宋儀望" 참조) 그 외에도 당시에 오도남吳道南(1547~1620, 호는 서곡曙穀)은 "건문제 때의 충신들에게 시호를 추증하자고 청했고"(권217 "오도남"), 양시교楊時喬(1531~1609, 자는 의천宜遷)는 "건문제의 시호에 대해 논의하자고 청했으며"(권224 "양시교"), 소름蕭廩(?~?, 자는 가발可發)은 "건문제 때의 충신 12명에게 제사를 지내고 왕수인을 문묘에 종사하자고 청했고"(권227, "소름"), 만상춘萬象春(?~?, 자는 인보仁甫)은 "건문제의 연호를 회복하고 경제의 묘시廟諡를 추증해야 한다고 청했으며"(권227, "만상춘"), 양천민楊天民(?~?, 자는 정보正甫)도 "건문제의 연호를 회복하자고 청했다."(권233, "양천민") 『명실록』 권289 「명신종실록明神宗實錄」에 따르면 만력 23년(1595) 9월에 예과급사중 양천민이 "삭제된 건문제의 연호를 개정하자고 청하는" 상소문을 올렸고 어사 우응원牛應元(1573~1619, 자는 조곤兆坤)과 예관 범겸范謙(1534~1597, 자는 여익汝益) 등도 그와 관련된 상소를 올리자, 황제가 "어명을 내려서 건문제의 사적을 『태조실록』 말미에 첨부하여 그 연호를 보존하게 했다." 그러나 건문제와 당시의 충신들에게 시호를 추증하는 일은 조정의 앞날이 위태롭기 그지없었던 홍광 연간에 이르러서야 실현되었다.[1] 이청李淸이 기록한 숭정 연간의 일을 보면 숭정제의 복잡 미묘한 심리가 상당히 잘 나타나 있다.

> 부마 공영고鞏永固(?~1644, 자는 굉도宏圖)가 상소를 올려 건문제의 시호를 보완하자고 청하자 황제가 재상들에게 상의해보라고 했다. 이에 재상들이 모두 오신吳甡(1589~1670, 자는 녹우鹿友)을 종용하여 "건문제는 잘못이 없다"는 내용으로 다시 상주하라고 했다. 그러자 황제가 말했다.
>
> "그렇지 않소. 갑자기 선조가 정한 제도를 바꾸고 친왕들을 죽인 것은 모두 잘못이었소. 그리고 이 일은 역대 황제들도 모두 시행하지 못한 것인데, 짐이 시행할 수 있겠소이까?"
>
> 그러다가 얼마 뒤에 이렇게 말했다.
>
> "어쨌든 한집안이지요."
>
> 하지만 군대를 소집하는 일이 급박해서 이 일에 대한 논의를 그만두었다.
>
> *鞏駙馬永固上疏請補建文諡, 上與諸輔臣議, 皆慫恿吳甡更奏, 曰: 建文無過. 上曰: 不然. 渠變祖制, 戕親藩, 皆過也. 又曰: 此事列聖皆未行, 朕可行否. 旣而曰: 畢竟是一家. 會兵事迫, 遂已.(『三垣筆記附識上』「崇禎」, 173쪽)

이청의 『삼원필기』와 『남도록』, 황종희의 「홍광실록초」를 보면 홍광 연간 조정의 신하들이 건문제 때의 충신들에 대해 관직과 시호를 추증하는 일에 대해 논의하는 것을 대단히 시급하게 생각했음을 어렵지 않게 감지할 수 있다.

> 혹자는 이 사건이 너무 함부로 이야기되기 때문에 조금 제재를
> 해야 한다고 했다. 이에 나는, "……이 사건은 이미 오랫동안 막
> 혀서 맺혀 있었으니 인색한 것보다는 차라리 넘치는 게 낫다"라고
> 했다. 이리하여 그런 논의가 멈추었다.[2]
> 或疑此案太濫, 宜稍裁, 予曰: (…)且此案鬱勃已久, 與其嗇也寧濫.
> 遂止.(『三垣筆記』下「弘光」, 103쪽)

명 중엽 이후 사대부들은 늘 나라를 양보한 일이 일어났던 시기의
일에 대해 즐겨 이야기했다. 이 뒤로 역사가들이 원망하며 혼란스러워
하기에 야사들이 대량으로 나왔다. 담천談遷은 역사가로서 재능이 그
다지 훌륭하지는 않았지만『국각國榷』권11과 권12에 모아 기록된 관
련 언론들은 그래도 정식 역사에서 체례體禮의 제약으로 인해 제공하
지 못했던, 건문제 사건이 '화제'가 된 역사와 사건 '이후의 역사'에서
중요한 부분들을 제공하고 있다. 그가 모은 언론들은 거의 사건의 모
든 분야에 걸쳐 있어서, 이를 통해 논자의 다양한 시야와 시각, 각종
판단의 척도, 동일한 화제에 대한 사람들의 중복된 언급, 관련된 사유
와 논의에 나타난 한계를 알 수 있다. 명나라가 망하기 직전에 이르면
건문제가 번왕들을 억압한 일을 비판하는 것이 이미 일상적인 말이 되
었을 뿐만 아니라 그와 상반된 논의, 예를 들어 번왕을 억압한 것은 어

---

* 담천(1594~1657)은 절강 해령 사람으로 원래 이름은 이훈以訓이고 자는 중목仲木, 호는 사보
射父였는데 명나라가 망한 뒤 이름을 천遷으로 고치고 자는 유목孺木, 호는 관약觀若이라고 했
으며 '강좌유민江左遺民'으로 자칭했다. 평생 벼슬살이를 하지 않고 글을 팔거나 막료로 생계를
꾸렸다. 주요 저작으로『국각國榷』『조림잡조棗林雜俎』『북유록北遊錄』등이 있다.

쩔 수 없는 대세였으며 남북의 대항은 이미 불가피했다는 주장(주국정朱國楨)이 있었다. 그 외에도 '제명革除'은 문황제文皇帝(영락제)의 뜻이 아니었다거나(주로朱鷺), 건문제의 연호를 '삭제革除'한 일은 결코 없었다는 주장(왕세정)도 있었다. 심지어 전겸익처럼 건문제와 영락제의 마음을 추론했던 원무겸袁懋謙(?~?, 자는 길경吉卿)이나 고기원顧起元(1565~1628, 자는 태초太初) 같은 이도 이미 있었다. 청초의 명사국明史局에 속했던 사람들로부터 근래에 이르기까지 논쟁이 지속되고 있는데, 모두들 어떤 측면에서는 이미 있었던 논의를 중복하고 있다. 그리고 왕세정에서 전겸익에 이르기까지 허위를 변별하는 논의는 대부분 '정리情理'에 의거하여 추단한 것인데, '정리'는 물론 전설의 과장된 허위를 폭로하기도 하지만 어쨌든 정론이 되기는 어렵다. 이런 고찰들은 그야말로 문헌의 결핍으로 인한 치명적인 부작용이라고 할 수 있다.

하지만 바로 명나라가 망할 무렵이 되면 사대부와 민간에서 진행된 건문제와 관련된 담론에는 시대 정세의 낙인이 찍혀 있을 뿐만 아니라 안목과 식견, 관점의 차이가 나타났다. 이것은 부분적으로 논자들이 처한 위치(한 왕조의 마지막) 때문이기도 하고 그 당시 걸출한 사대부의 식별력(예를 들어 성조의 '역사적 역할'에 대한 평가와 같은) 때문이기도 하다. 물론 제왕의 통치 기강이 해이해짐으로 인해 조성된 언론 환경 덕분이기도 하다. 이와 관련된 당시의 논의는 주로 개인이 편찬한 역사 저작과 문집에 나타난다. 전자의 예로는 사계좌査繼佐*의 『죄유록罪惟錄』과 담천의 『국각』을 들 수 있다. 『죄유록』 열전 부분의 "황절荒節" 항목은 거의 전적으로 '건문제 때의 투항한 신하降臣'를 위해 설정된 것이다. 영락제 때의 뛰어난 신하였던 해진解縉, **삼양三楊***, 하원길夏元吉,**** 김유자金幼孜,***** 건의蹇義****** 등이 「황절열전荒節列傳」에 들어가 있으니, 확실히 독특한 판단이라 하겠다. 『국각』 저자의 마음 씀씀이는 이보다 더하다. 우한吳晗은 「담천과 『국각』」이라는 글에서 "『국각』은 건문제의 연호를 회복했을 뿐만 아니라 사건도 건문제의 입장에서 기록했다. 영락제가 군대를 일으키기 전에는 영락제를 연왕으로 칭했고, 군대를 일으킨 뒤에 건문제는 연왕이라는 호칭을 삭제하고 그를 '연서인燕庶人'이라고 칭했다"라고 강조했다. 우한은 "명나라 인종仁宗으로부터 숭정제에 이르기까지 모두가 영락제의 자손"이라는 데에 주목해야 한다면서 담천이 명나라 유민으로서 이와 같은 태도로 글을 쓴

---

* 사계좌(1601~1676)는 절강 해령 사람으로 자는 삼수三秀에서 우삼友三으로 고쳤다가 또 이황伊璜을 쓰기도 했는데, 명나라가 망한 뒤에는 이름을 좌윤左尹으로 바꾸고 자를 비인非人, 호를 동산조사東山釣史라고 했다. 그 외에 여재與齋, 좌은左隱, 조옥釣玉, 홍재興齋 등의 호를 쓰기도 했다. 숭정 6년(1633) 거인이 되었고, 명나라가 망한 뒤 남명 정권에서 병부직방에 임명되어 군대를 이끌고 청나라에 대항했다. 1646년에 청나라 군대가 소흥을 점령하자 그는 해령 협석동산硤石東山에 은거했다가 1652년에는 서호 각각당覺覺堂과 항주 경수당敬修堂 등지에서 학생들을 가르쳤다. 1661년에는 장정롱이 개인적으로 『명사』를 편찬한 사건에 연루되어 사형을 선고받았으나 나중에 구제되었다. 주요 저작으로 『죄유록』『국수록國壽錄』『노춘추魯春秋』『동산국어東山國語』『반한사론班漢史論』『속서상續西廂』 등 다수가 있다.

** 해진(1369~1415)은 길수吉水(지금의 장시 성에 속함) 사람으로 자는 대신大紳 또는 진신縉紳이고 호는 춘우春雨, 희이喜易다. 홍무 21년(1388) 진사에 급제하여 내각수보內閣首輔이자 우춘방대학사右春坊大學士까지 역임했으나, 결국 영락제 때 "신하로서 예의를 지키니 않은無人臣禮" 죄로 하옥되었다가 눈더미에 묻혀 죽었다. 훗날 조의대부朝議大夫에 추증되었고, 시호는 문의文毅다. 『태조실록』과 『영락대전』 편찬을 주도했던 그의 저작으로는 『해학사집解學士集』『천황옥첩天潢玉牒』 등이 있다.

*** 양사기楊士奇(1364~1444)와 양영楊榮(1371~1440), 양부楊溥(1372~1446)를 아울러 부르는 호칭이다. 이들은 영락제와 홍희제, 선덕제, 정통제까지 4명의 황제를 섬기며 대각의 중신으로 대단히 큰 영향력을 발휘했다.

**** 하원길(1366~1430)은 호남 상음湘陰(지금의 웨양岳陽에 속함) 사람으로 자는 유칠維喆이다. 태조 때 서사제고書寫制誥로서 신임을 받았던 그는 건문제 때 호부우시랑이 되었고, 영락제 때에도 호부상서 등으로 신임을 받았다. 죽은 뒤 태사에 추증되었고 시호는 충정忠靖이다. 저작으로 『만승조기집萬乘肇基集』『동귀고東歸稿』『하충정공집夏忠靖公集』 등이 있다.

***** 김유자(1368~1432)는 강서 협강峽江(지금의 지안吉安에 속함) 사람으로 이름은 선善이고 자가 유자幼孜인데 보통 자로 불렸고, 호는 퇴암退庵이다. 건문 2년(1400) 진사에 급제하여 호과급사중이 되었고, 영락 1년(1403)에는 한림원검토가 되었으며 이후 홍희 1년(1424)에는 예부상서 겸 대학사를 지냈다. 죽은 뒤에는 소보에 추증되었고, 시호는 문정文靖이다. 저작으로 『북정록北征錄』『후북정록後北征錄』『문정공전집文靖公全集』 등이 있다.

****** 건의(1363~1435)는 파현巴縣(지금의 충칭重慶에 속함) 사람으로 원래 이름은 용塯이고 자는 의지宜之다. 홍무 18년(1385) 진사에 급제하여 중서사인이 된 이후 무려 6명의 황제를 섬기며 이부상서 겸 소사까지 역임했다. 죽은 뒤 태사에 추증되었고, 시호는 충정忠定이다.

것은 '현실 정치'에 대한 '불만과 실망'을 완곡하게 나타낸 것이라고 했다.[3] 이른바 '현실 정치'란 바로 명대의 정치를 가리킨다. 담천이 '건문제의 입장'을 선택한 것은 바로 명대의 역사에 대한 비판적 태도를 선택한 것과 같다. 명나라 유민이 정치 문화를 비판한 사실이 심각한 까닭은 확실히 그것이 '고국'에 대한 비판에 집중되어 있기 때문이었다.

'기존의 판결을 뒤집는翻案' 작업에서 관직과 시호를 추증하는 것보다 훨씬 더 지난했던 것은 사실史實을 말끔하게 정리하는 일이었다. 이것은 또한 누설을 목적으로 하는 '사대부의 여론'이나 '시대의 여론'으로는 완성할 수 없는 것이었다. 명나라 200여 년 동안 조정의 대사 가운데 황족의 싸움으로 인해 가장 민감하게 이야기되는 것이 이른바 '변란의 평정靖難'이고 '탈문奪門'이었던 것이다. 다만 '탈문' 사건에 대한 정리는 비록 명나라가 망했을 때 사대부들 가운데 여전히 의견 차이가 있기는 했지만, 그래도 평소 그다지 큰 저항에 부딪히지는 않았다. 관방에서 편찬한 『명사』가 이 사건에 대해 처리한 것도 상당히 훌륭하다는 평가를 받았다.[4] 건문제가 "나라를 양보한" 사건에 대한 정리는 우여곡절을 두루 겪을 수밖에 없는 운명이었다.(『명신종실록』에 수록된 양천민의 상소문을 참조할 것. 명대의 신하들이 건문제의 일에 대해 논의할 때에는 매번 경태제의 일도 함께 거론되었으니, 전자의 민감성과 엄청난 저항력을 충분히 알 수 있다.) 그래서 '화제'로서 건문제 사건에서 가장 드라마틱한 장면이 바로 청초의 명사관明史館에서 연출된 것도 전혀 이상한 일이 아니었다.

강희 18년에 사관史館이 다시 열렸을 때에도(이진화李晉華, 『명사찬수고明史纂修考』 3, 「찬수중지삼시기纂修中之三時期」 참조) 건문제 사건에 내재된 의혹은 여전했다. 당시 및 사후의 정황으로 보면 주이존이 서가염徐嘉炎* 등을 설복시키기에 부족했을 뿐만 아니라, 역사가로서 뛰어난 재능과 명망을 누리던 만사동 역시 사관 안에서 이견을 제시한 이를 설복시키지 못했으니, 당연히 권력자들이 현실을 고려하여 행한 각종 저울질을 당해낼 수 없었다.[5] 바오쭌펑包遵彭은 「명사편찬고도론明史編纂考導論」에서 왕진화王晉華 등이 고찰한 내용을 근거로 『명사』에서 건문제 관련 부분을 편찬한 경과를 개괄했다.

서가염이 『혜제본기惠帝本紀』를 편찬할 때에 원래 나라를 양보했다는 설에 역점을 두었는데, 주이존은 『문황본기文皇本紀』와 서술 방법이 일치한다는 이유로 극력 반대했다. 만사동은 후자의 주장에 반대했던 듯하다. 그렇기 때문에 왕홍서가 최초로 『명사고明史稿』 열전을 진상했을 때 여전히 정제程濟** 등의 전기가 들어 있어 이 일에 의혹이 있는 것으로 치부했다. 이 부분은 옹정 1년(1723)에 제2차로 『명사고』 300권본을 진상할 때에 비로소 삭제되었다. 장정옥 등이 『명사』 최종본을 편찬할 때에 다시 옛날의 관점을 복구시켰다. 이에 예친왕 소련昭槤은 "역사 편찬을 담당한 신하들이 정제의 전기를 남겨두어 의혹을 보존한" 것이 대단히 합당했다고 극찬했다. 그러나 최종본 『명사』도 그저 '의혹을 남겨두기만' 했을 뿐이었다. 그러다가 건륭 42년(1777) 『명사』 본기를 개정하라는 어명을 내렸을 때에는 더 솔직하게 다시 수정해서, "내관을 시켜 (건문제가) 궁을 나간 뒤에 시신을 불 속에 던지고 황제의 시신이라고

---

* 서가염(1631~1703)은 절강 수수秀水(지금의 자싱嘉興에 속함) 사람으로 자는 승력勝力이고 호는 화은華隱이다. 강희 18년(1679) 진사에 급제하여 훗날 내각학사까지 지냈다. 저작 가운데는 『포경재시집抱經齋詩集』만 남아 있고, 『설경說經』 등 다른 저작은 전하지 않는다.

** 정제(?~?)는 홍무 연간에 한림원편수를 역임하고 사천과 악지岳池의 교수敎授를 지냈다. 알려진 바에 따르면 그는 '정난靖難'이 발생하기 한 해 전에 이미 황실의 변고를 예견했고, 남경이 함락되자 신악관神樂觀의 도사 왕승王升 등과 함께 건문제를 승려로 분장시켜서 함께 탈출했다고 알려져 있다.

거짓말하게 했다"고 썼다. 혜제가 나라를 양보했다는 주장은 여기에 이르러 비로소 대체적으로 시비가 정해졌다.

徐嘉炎撰惠帝本紀時, 原曾力主遜國之說, 朱彝尊因求與文皇本紀書法一致, 曾極力反對. 萬斯同似不致同意後說, 故王鴻緖第一次進呈之明史稿列傳尙有程濟等傳, 置此事於疑似之間. 迨雍正元年第二次進明史稿三百十卷本時, 始刪削. 至張廷玉等撰定本明史時, 又再復舊觀. 禮親王昭槤, 因極稱譽'史臣留程濟一傳以存疑'的得體. 然定本明史, 還只是'存疑'. 到乾隆四十二年詔改明史本紀時, 更率直的予以重定云:'據遣中使出後屍於火, 詭雲帝屍.' 惠帝遜國之說, 到此才算大定.(『明史編纂考』, 6쪽)

이것이 바로 멍썬孟森이 지적한 사고전서본과 통행하는 전본殿本 사이의 차이점이다.[6] 그 사이의 복잡한 우여곡절은 오히려 영락 연간에 『태조실록』을 재삼 수정했던 것에 비견될 수 있다.

흥미로운 것은 청대에서 근래에 이르기까지 건문제와 관련된 사건을 논의하는 사람들의 태도가 때로는 명대 논자들의 그것과 거의 차이가 없다는 사실이다. 예를 들어 이 장의 첫머리에 언급한 단옥재의『명사십이론』「삼대안론」과 멍썬의 「만계야명사고변무萬季野明史稿辨誣」가 그러하다. 이제까지 세대를 뛰어넘어 (심지어 몇 세대를 뛰어넘어) 동의하는 일이 없었던 것은 아니다. 건문제 사건의 경우 어떤 때는 문제가 여전히 옛 사건을 다시 제기하는 시기와 그 당시에 받아들여지기를 바라는 기대에 달려 있었기 때문에, 이에 따라 서술 방식이 결정되었다.

위원魏源이 「서명사고이書明史稿二」에서 진술한 다음 내용은 왕홍서에 대해 논박하는 이들에 의해 자주 인용되었다.

돌아가신 예친왕의 『소정잡록』을 보니 강희 연간에 왕홍서와 규서納蘭揆紋(1674~1717, 자는 개공凱功) 무리가 염친왕*과 작당하여 돌아가신 이친왕**을 모함하려고 했기 때문에 그들이 편찬한 『명사고』에서 건문제 때의 군주와 신하에 대해 지적한 내용이 완비되어 있지 않았고, 영락제 및 '정난'에 참여한 신하들에게 대해서는 관대한 표현을 많이 썼다. 대개 마음속에 몰래 쌓인 것이 자기도 모르게 붓끝으로 흘러나왔을 것이다. 예로부터 간사한 소인은 역사서를 편찬하면 안 되었으니, 도사 왕윤王允(137~192, 자는 자사子師)의 말이 틀리지 않았던 것이다.

嘗讀故禮親王『嘯亭雜錄』曰: 康熙中, 王鴻緒, 揆紋輩黨於廉親王而力陷故理邸, 故其所撰『明史稿』, 於建文君臣指摘無完膚, 而於永樂及靖難諸臣每多恕辭. 蓋心所陰蓄, 不覺流於筆端. 從古僉壬不可修史, 王司徒言未可非也.(『魏源集』, 222쪽)[7]

명·청 인사들에서부터 근래의 인사들까지 건문제 사건을 통해 그와 관련된 서술 행위와 동기—특히 그 '동기'의 예로는 왕홍서에 대해 '간악함을 드러내 굴복시키려는發奸摘伏' 것과 같은 것을 들 수 있는데—를 고찰한 것은 '이야기'로서 건문제 사건 이외의 이야기, 다시 말해서 '이야기'에 관한 이야기라고 여겨도 무방할 것이다. 사건 자체가 이야기

---

* 애신각라·윤사愛新覺羅·胤禩(1681~1726)를 가리킨다. 그는 강희제의 여덟 번째 아들로서 옹정제와는 이복형제다. 17세에 다라패륵多羅貝勒, doro beile에 봉해질 정도로 강희제의 총애를 받았으나, 태자를 폐위한 뒤 야심을 드러냈다가 오히려 강희제의 눈 밖에 났다. 옹정제가 즉위한 후에는 가택에 연금되어 이름이 아기나阿其那로 바뀐 채 죽었으나, 건륭제가 본명과 함께 종실의 지위를 회복시켜주었다.

** 화석이친왕和碩理親王 애신각라·윤잉愛新覺羅·胤礽(1674~1725)을 가리킨다. 강희제의 둘째 아들인 그는 청대 역사상 유일하게 공식적으로 황태자에 책봉되었으나 나중에 사치와 음란에 빠져 결국 폐위와 복위, 폐위를 겪고 51세의 나이로 생을 마쳤다. 시호는 '밀密'이다.

가 되고, 서술과 고증이 사건과 이야기—예를 들어 왕홍서나 만사동의 이야기 같은—가 된다. 이렇게 층층이 쌓인 이야기들은 그와 관련된 담론을 풍부하게 만들기에 충분하다. 이렇게 흥미로운 화제를 제공하고, 이렇게 오래도록 시들지 않는 흥미를 일으키게 될 줄은 재앙을 당한 건문제뿐만 아니라 가해자인 연왕도 모두 처음에는 생각지 못했을 것이다.

이 절의 내용을 계속 읽다보면 심지어 근대에 이르러서도 성조의 '찬탈'이 여전히 청나라 때의 예친왕이나 위원과 유사한 분노를 격발시킬 수 있음을 알게 될 것이다. 멍썬이 「건문손국사고建文遜國事考」에서 왕홍서의 주장에 대해 더 이상 반박의 여지 없이 논박한 것도 이러한 도덕적 의무감에서 비롯된 것이다. 건문제의 출궁과 망명에 관련된 전설들에 대해 장정옥이 수정한 『명사』에서는 여전히 의심을 남겨놓는 데 그쳤지만, 멍썬의 「만계야명사고변무」에서 직접적으로 "건문제가 사실은 죽지 않았다"고 단정했는데, 그 '선입견'의 '꽉 막힘橫梗'은 사실 명사관에 참여한 이들보다 심했다. 어쩌면 예친왕과 마찬가지로 멍썬도 이미 사실史實을 변별하는 데 그치는 것이 아니라 '건문제에 대한 서술 방법'을 통해서 명사관에 참여한 이들의 잘잘못을 변별하려 했는지도 모른다.[8] 상훙쿠이商鴻逵(1907~1983)는 자신의 스승 멍썬의 『명청사강의』 "정난" 부분을 비평하면서 이렇게 썼다.

그분은 연왕 주체가 제위를 찬탈하고 참혹한 살육을 저지른 것을 질책하면서, 더욱이 막북으로 친히 정벌을 나간 것은 군대를 모욕한 일이고, 정화를 해양으로 파견한 사명은 건문제의 흔적을 찾는 것이라고 주장했다. 오늘날 그것을 따져보면 선생은 사실 편견을 지녔으니, 만약에 영락제가 천하를 경영하지 않았더라면 명나라 때에도 통일의 국면을 이루어내기 어려웠을 것이다.

其對朱棣指責奪位之過, 殺戮之慘, 更謂其王征漠北爲黷武, 幷以爲
派鄭和出洋的使命爲尋跡建文. 此於今日論之, 先生實存有偏見, 設
使無永樂之經營, 明代尙難達成統一之局.(「述孟森先生」, 孟森, 『明淸
史論著集刊續編』, 中華書局, 1986)

이것이야말로 차분하고 공평한 논의라 하겠다.

영락제에 대한 비평

건문제 사건이 '화제'가 됨으로써 흥미를 일으키게 된 부분 가운데
하나는 연왕, 즉 성조 영락제와 관련된 과거의 사실을 논의하게 되었다
는 것이다.

명대 사대부들이 '이조열종二祖列宗'이라고 했을 때의 '이조'는 명대
역사의 특수성을 보여주기에 충분하다. 태종을 '성조成祖'라고 바꿔 부
르기 시작한 것은 가정제 때부터였다.[9] 『명사』 권48 「예지禮志·2」에는
가정 9년(1530)에 급사중 하언이 상소를 올려 교묘郊廟의 제사에서 위
패의 자리에 대해 논하면서 "태조와 태종을 나란히 놓는다면 부자를
같은 항렬로 취급하는 것이니 경전의 뜻을 헤아려보면 의혹이 없을 수
없다太祖, 太宗幷配, 父子同列, 稽之經旨, 不能無疑"고 했다. 이러한 '의혹'은
이후에 더 이상 나타날 여지가 없어졌다. 청대에 관방에서 편찬한 『명
사』는 비록 성조에 대해 여러 곳에서 비판하고 있지만 본기에서는 여
전히 성조의 '용맹하고 힘찬 지략雄武之略'이 "고조와 부합同符高祖"한다
고 하여 '이조' 주장을 인정할 토대를 다져놓았다.

성조가 후세의 사대부들에게 가장 큰 비판을 받는 부분 가운데 하나는 바로 역사를 허위로 왜곡纂改했다는 것이었다. 그 가운데 가장 받아들이기 어려운 부분은 『태조실록』을 개정한 사실이 아니라, 양사기楊士奇 등이 개수할 때 근거로 삼은 '삭제', 즉 건문제의 연호를 삭제한 사실이었다.[10] 고염무는 '삭제'를 분석하면서 영락제가 한 일이 아니라고 주장했다.

> 건문제는 성조에 의해서가 아니라 소문에 의해, 황제의 조서를 통해서가 아니라 받들어 시행하는 신하들의 글에 의해 삭제되었다.
> 夫建文不革於成祖, 而革於傳聞, 不革於詔書, 而革於臣下奉行者之文.(「革除辨」, 『顧亭林詩文集』, 10쪽. 그 외에 『日知錄』 권2 "史書一年兩號"條 참조)

반정장의 『국사고이』에서는 '삭제'에 대한 고염무의 주장을 '박학다식辨博'이라고 평가하면서도 이렇게 덧붙였다.

> 성조가 삭제라는 오명을 쓸 일을 저지른 적은 없었다고 할 수 있지만, 지나간 역사를 다시 고치게 한 사실이 없다고 할 수는 없다.[11]
> 謂成祖未嘗有革除之名可也, 謂未嘗有追改之實不可也.

사대부들로 하여금 분개해 마지않게 만들었던 것은 바로 이 '지나간 역사를 다시 고치게追改' 한, 다시 말해서 '삭제革除'하게 한 사실이었다.

심지어 '역사를 허위로 왜곡'한 것은 여기에 그치지 않았다. 왕조 교체기에 이르러 이미 공공연한 비밀이 되어버린 사실은 연왕이 군대를 일으켰을 때 자신이 공비碩妃──그가 공개적으로 밝힌 것처럼 마황후馬皇後가 아니라──에게서 태어났다는 사실을 왜곡했다는 점이었다. 청초에는 심지어 영락제에 대해 옹호하는 입장이었다고 알려진 주이존까지도 경멸조로 이렇게 지적했다.

> 한 문제는 스스로 태조의 측실에게서 태어났다고 말했는데 그것이 대의에 무슨 해가 되겠는가! 그런데 『봉천정난기奉天靖難記』에서는 성조가 궁궐에서 조서를 내릴 때나 신하와 백성에게 유지를 선포할 때마다 "짐은 태조고황제 효자고황후의 적자"임을 밝혔다고 기록했다. 돌아가신 모친에게 제사지낼 때도 반드시 둘에게 나란히 차를 올렸는데, 숨기려 했지만 흔적이 오히려 드러나게 되었다.
> 漢之文帝, 自言朕高皇帝側室之子, 於義何傷. 而奉天靖難記, 每載長陵上闕下書, 及宣諭臣民曰: 朕太祖高皇帝孝慈高皇後嫡子. 考妣必竝擧壺漿, 欲掩而跡反露矣.(「南京太常寺志跋」, 『曝書亭集』권44, 541쪽)

사실 이 일은 '정난' 당시뿐만 아니라 그 후에도 결코 주이존이 말한 것처럼 그렇게 가벼운 게 아니었다. 문제의 엄중성은 모든 역사가가 강조했던 사실, 즉 성조 이후의 명대 제왕들이 모두 성조의 자손이라는 데 있었다. '정난'의 부작용 가운데 하나가 바로 명대 제왕의 세계世系를 수정해버렸다는 것이다.[12]

반정장 등이 영락제에 관해 온화한 논조를 펼친 것은 의심할 바 없이 '유민사학遺民史學'의 특수한 환경을 보여준다. 나라가 망하고 가문이 무너지는 무렵에 태어난 명대의 인사가 이른바 '이조' 가운데 하나인 성조에 대해 언급했을 때의 복잡한 심경은 당연히 어렵지 않게 짐작할 수 있다.[13] 그러나 이 무렵 제왕의 기강이 해이해짐으로써 오랫동안 쌓여 있던 분노와 불만이 결국 터져나왔던 것이다.

고염무는 '홍무, 영락 연간'을 가리켜 "세도가 오르내리는 시기世道昇降之會"(『일지록』 권18 "서전회선書傳會選" 조)라고 했는데, 이것은 당시의 식견 있는 인사들이 거의 공통되게 인식하던 내용으로서 여러 사람이 발언했다. 나라의 운세가 '오르내리는' 것—다시 말해서 세상이 흥성하고 쇠락하는 것—의 근거는 다음과 같은 측면에 더욱 집중되어 있다. 즉, 인재가 쇠락하면 도덕(즉, 충의)이 쇠락하고, 문화와 학술이 쇠락한다는 것이다. 전자의 측면은 바로 고염무가 "10족을 주살하면 신하의 절조가 변한다十族誅而臣節變"고 말한 것이다. 또한 손기봉은 이렇게 썼다.

> 나라를 양보한 때를 돌이켜보니 영락제는 숙부로서 조카의 자리를 대신 차지했는데 기세가 서로 격발되기에 이르렀다. 그리하여 한때 정절을 지킨 신하들 가운데 죽거나 은둔해버린 이가 수백 명이 넘는다. 역적들이 순리를 거슬러 지극히 존엄하신 천자께서 황소의 반란 때보다 더 참혹한 재앙을 당하셨는데도 순절한 신하가 나라를 양보했던 때에 비해 열에 한둘에도 못 미쳤으니, 어찌 그 이전에는 모두가 충성스럽고 현량한 신하였으며 이다음에는 모두가 우둔하고 무지했기 때문이겠는가? 대개 그렇게 한 까닭이 있었다. 나라를 양보했을 때는 태조께서 배양한 날에 모두들 태조께 보답할 길을 생각했던 것인데, 하물며 국운이 막 열려서 아직 상해를 입어보지 못한 때임에랴! 이 이후로 환관의 재앙과 좌절을 몇 번이나 겪어서 사람들이 쇠망을 운운하고 나라가 곤경에 처

해……

憶遜國時, 文皇以叔代侄, 勢成於相激, 而一時靖節之臣, 死者死,
遁者遁, 不下數百人. 逆闖犯順, 至尊龍馭, 禍慘於黃巢, 而殉義之
臣, 不及遜國一二, 豈前此盡忠良, 而後此盡頑冥與. 蓋有所以作之
也. 遜國當高皇培植之日, 人人思所以報高皇, 況値國運初開, 未經
斲喪. 嗣是而後, 幾番瑠禍, 幾番摧折, 人之云亡, 邦國殄瘁……(「大
難錄序」, 『夏峯先生集』권4)

같은 시기에 남방의 위대한 학자 유종주는 절의가 쇠락한 직접적인
원인을 '정난'으로 돌렸다.(『유자전서』 권14 「수정학이숙인심이배국가원기소
修正學以淑人心以培國家元氣疏」 등 참조) 『남도록』에서는 홍광 연간에 만원길
이 상소를 올려 의문태자의 옛 호칭을 회복하고 '정난' 사건으로 희생
된 신하들의 시호를 하사해달라고 청한 일을 기록했는데, 거기에는 이
렇게 적혀 있다.

나라를 양보할 무렵 군주와 신하 사이가 얼마나 돈독했는지 부
러우면서 지금 충의지사가 많이 없어져버린 상황이 부끄럽습니
다. (…) '정난'으로 인해 올바른 기개가 점차 깎였기 때문에 오
늘날 교활하게 역적에게 무릎 꿇고 섬기는 무리를 빚어냈던 것
입니다.
羨遜國之君臣何厚, 愧此時之忠義多虧. (…) 靖難以正氣漸削, 故釀
爲今日獪猾之徒屈膝拜僞.(28쪽)

이 시기에 이르면 이런 논의는 거의 일상적인 담론이 되었다.

내 생각에 영락제는 방효유가 조서의 초고를 쓰지 않았기 때문에 진노하여 그 10족을 멸한 것 같다. 그런데 지금에 이르러서는 주종周鍾과 양정감楊廷鑑[*]은 다투어 조서의 초고를 쓰려고 하니 이는 성조가 충신을 살육한 업보다. 하늘의 마음은 교묘하고도 알 수 없도다!

餘謂文皇怒方正學不肯草詔, 而夷其十族. 至是而周鍾與楊廷鑑爭草詔, 是成祖殺戮忠臣之報也. 天心亦巧矣, 微矣.(『明季北略』권22, 607쪽)

뒤에서 다시 설명하겠지만 이와 같은 응보나 윤회설은 결국 명나라의 멸망에 대한 해석의 일종이 되었다.

문화와 학술의 쇠락은 또 절의의 쇠락과 표리관계를 이루며, 학술과 문화의 존망 및 단속斷續에 관심이 많았던 고염무 같은 이들에게는 더욱 뼈저린 현상이었다. 왕부지가 말한 것처럼 "팔고문이 유행하여 옛 학문이 버려지고" "『성리대전』이 나와서 경전에 대한 해설이 사라진" 결과가 '인재'의 붕괴로 나타났던 것이다.

어찌 강직한 신하가 건문제 시대에 이미 없어지고, 한때의 인사들이 모두 송·원 이래로 전해지던 실학을 버려서, 위아래가 서로 몽롱하게 봉록과 이익을 탐하면서도 아무도 그것을 문제 삼지 않았기 때문이 아니겠는가? 아아, 경학이 없어진 것은 사실 여기서 시작되었다!

---

[*] 양정감(1603~1665)은 강소 무진 사람으로 자는 빙여氷如이고 호는 정산靖山이다. 1643년 8월 진사에 급제했으나 이듬해 3월 이자성의 군대가 북경성을 함락하여 숭정제가 자진하자 구사일생으로 고향으로 돌아갔다. 이후 청 정부에서 여러 차례 관직을 내리려 했지만 사양했다.

豈非骨鯁之臣, 已空於建文之代, 而制義初行, 一時人士, 盡棄宋元
以來所傳之實學, 上下相蒙, 以饕祿利, 而莫之問也. 嗚呼, 經學之
廢, 實自此始.(『日知錄』권18 "四書五經大全"條)

이로 보건대 명 중엽 이후 제의制義 또는 시문時文에 대한 비판과 명
대 전체의 경학에 대한 비판, 그리고 '일괄론一概之論'과 '일정설一定之說'
및 '한 선생의 말씀一先生之言'과 관련된 왕부지와 황종희의 비판에는
모두 홍무 연간 및 영락 연간, 그리고 '세도의 오르내림'과 관련된 주제
가 은밀히 내포되어 있다고 할 수 있다. 그 근거가 무엇이든 간에 이것
은 결국 한 시기 역사의 추세와 한 왕조의 운명에 대한 중대한 판단이
다. 이렇게 명나라 200여 년을 역사적 시각으로 판단하는 것은 앞서
설명했던 것처럼 시대의 추세 덕분이기도 하고 또한 그에 상응하는 식
별력과 재능을 갖춘 이들이 있었기에 가능했다.

이외에도 위희魏禧는 이렇게 말했다.

옛날 명나라 태조황제는 환관에 대해 법을 제정하여 깨우치고 경
계하여 정말 더없이 훌륭했는데, 성조 때에 이르러 그 법이 크게
무너져버렸다.
昔明太祖皇帝於宦官, 法制訓誡, 誠盡美盡善, 及成祖之身而其法大
壞.(「變法下」,『魏叔子文集』권3)

그리고 운일초惲日初*는 성조가 '삼위三衛'**를 버린 것을 비판했으며
(이 장의 미주 27 참조), 왕부지는 "영락제를 위해 나라를 도모한 신하"
들이 "영토를 쪼개서 줌으로써 멸망의 재앙을 남겨놓았다"***고 질책
했다. 장자열도 이렇게 지적했다.

영락제 초기의 정치는 후세의 모범이 될 수 없었다는 게 가슴 아
프다.

竊痛文皇帝初政未可爲後世法也.(「書讓紀後」,『呑山文集』권21)

이러한 비판들은 또 명·청 교체기 사대부들이 참여하여 편찬한『명
사』를 통해 더욱 인정되었다.

처음에 태조는 내관이 정치에 관여하는 것을 금지했으나 영락 연
간 이후로 점차 그들에게 임무를 맡기는 것이 늘어났다.

初, 太祖禁中官預政, 自永樂後, 漸加委寄.(권304, 宦官列傳·1)

내관이 사방으로 파견된 것은 사실상 영락 연간에 시작되었다.

中官四出, 實始永樂時.(권74, 職官志·3)

대개 명나라 때의 환관들이 사신으로 나가거나 정벌을 지휘하고,
군사 업무를 담당하며, 주둔지를 다스리고, 신하와 백성의 숨겨진
일들을 탐문하여 밝히는 등의 중대한 권한을 행사한 것은 모두
영락 연간부터 시작되었다.

---

* 운일초(1582~1659)는 강소 무진 사람으로 자는 중승仲升이고 호는 손암遜庵이다. 숭정 6년
(1633) 진사에 급제했지만 비변오책備邊五策을 상소했다가 받아들여지지 않자 천태산天台山에
은거했다. 이후 남하하는 청나라 군대를 피해 복주, 광주로 피란하다가 결국 승려가 되어 건양으
로 돌아갔다. 저작으로『속증인사약계續證人社約誠』『유자절요劉子節要』『손암문고遜庵文稿』
『견칙당어록見則堂語錄』『불원당시문집不遠堂詩文集』등이 있다.

** 홍무 22년(1389)에 북방의 올량합부락兀良哈部落에 타안위朶顏衛와 태령위泰寧衛, 복여위福
余衛까지 3개의 '위衛'를 설치했다. 나중에는 또 건주建州와 해서海西, 야인野人의 세 곳에도 설
치한 바 있다. 여기서는 전자를 가리킨다.

*** 원주: "永樂謀國之臣, (…) 割版圖以貽覆亡之禍."(『讀通鑑論』권24, 925쪽)

蓋明世宦官出使, 專征, 監軍, 分鎭, 刺臣民隱事諸大權, 皆自永樂間
始.(권304)

(홍무 20년에) 궁 안팎의 옥을 모두 삼법사에 귀속시키고 금의옥
을 없앴는데, 성조 때에 다시 설치했다. 곧이어 북진무사를 증설
하여 조옥을 전담하게 했다.
詔內外獄咸歸三法司, 罷錦衣獄. 成祖時復置. 尋增北鎭撫司, 專治
詔獄.(권76, 職官志·6)

동창을 설치한 것은 성조 때에 시작되었다. 금의위의 옥은 태조도
일찍이 사용했으나 나중에 이미 금지시켰는데, 그것을 다시 사용
한 것도 영락제 때부터다.
東廠之設, 始於成祖. 錦衣衛之獄, 太祖嘗用之, 後已禁止, 其復用
亦自永樂時.(권95, 刑法志·3)

　환관에게 일을 맡기고 동창과 금의위, 조옥을 쓰는 것은 평소 사대
부들이 통절하게 싫어하는 것이어서, 명대의 정치를 더욱 망치고 재앙
을 더욱 극렬하게 만든 주범이라고 여겼다. 명·청 교체기에 성조에 대
한 비판은 또한 다음과 같은 두 가지 상호 관련이 있는 주제―이것
은 특히 동남 지역 인사들이 열중했던 주제이기도 한데―에 집중되었
으니 바로 북방에 도읍을 정한 것都燕과 동남 지역의 과중한 부세였다.
전자는 명나라의 멸망과 관계된다고 여겨져서 끊임없이 논의되었으며,
후자는 청대에 이르러서도 여전히 남방 인사들의 의분을 일으키기에
충분했다.(이와 관련된 언론의 분석은 제2장 1절 참조)
　명·청 교체기 사대부들의 논의 가운데 '정난'은 명나라가 망하게 된

전인前因으로 연구되었다. 그에 따라 그 사건도 가능한 한 가장 '엄중'한 의미를 획득하게 되었다. 여기서도 명대 사대부들의 운명에 대한 심각한 예감을 읽어낼 수 있다. 학술 및 문화의 기운과 국운, 세도의 오르내림은 성쇠를 거듭하고, 사대부의 운명은 바로 그 가운데에 있었다. 그리고 명나라 초기의 역사에서 그 운명은 건문제 사건과 같은 거대한 전환 속에 있었다. 사대부들에게 이것은 '미리 정해진' 것으로서 어쩔 수 없는 '운명命'이자 '운수數'였다. 사대부들이 왕조 초기의 역사에 대한 고찰을 통해 '운명―나라와 세상, 사대부의 운명―'을 탐구하고, 이후의 사태에 대한 해석을 찾고자 했던 것은 이 시기 언론계에서 열중했던 '재앙의 시작'을 거슬러 찾아내고 인과관계를 풀어내려 했던 것과 마찬가지 상황이었다. 남명 조정에서 시호를 하사하고 죽은 이의 관직을 삭탈한 일들은 '통치'의 소재를 증명하고 도의적 역량을 과시하는 것이었을 뿐만 아니라 '역사'에 대해 발언하고 '개국문신開國文臣'들에게 시호를 내리는 것 모두 부분적으로는 '권력'에 직접 빙자한 역사 서술 행위로 간주할 수 있다.[14] 이와 같은 고찰과 논의가 명나라가 망할 무렵에 일어남으로써 사후에 과거를 돌아보게 된 것은 공교롭게도 명 왕조 역사의 특수한 에필로그를 구성한다.

이 무렵 성조에 관한 논의 가운데 숨겨진 가장 놀라운 내용은 바로 '찬탈簒'이다. 이 또한 200여 년 동안 사대부들의 마음에 축적되어 발설되기만을 기다리던 말이었을 것이다.[15] 설령 건문제가 문신과 문사를 우대한 것이 상당히 칭송받았다 하더라도 사대부들이 오랫동안 품고 있던 분개한 심정은 제위에 겨우 4년 동안 있었던 천자에 대한 흠모 때문이라기보다는 연왕의 찬탈에 대한 분개에 바탕을 두고 있었다고 해야 할 것이다. 이 사건의 거대한 그림자는 그 뒤 명대 역사의 거의 전부를 뒤덮었기 때문에, 그것은 근원적인 의미를 지닌 사건으로 여겨졌다. 그것은 비단 한 왕조 '초기 역사'가 이후의 추세를 결정한 셈이 되었을 뿐만 아니라, 아울러 그 비정상적인 성격과 사대부들이 대놓고 말하기 불편해하는 사악한 성격으로 인해 당대사에 대한 사대부들의 사고와 판단에 쐐기를 박고, 그들이 당대사를 느끼는 방식에 영향을 주었다.

멍썬은 "건문제가 나라를 양보했다고 여기는 것은 바로 연왕이 찬탈한 악행을 숨기기 위한 것"이며 "남명에서 (건문제의) 시호를 양황제讓皇帝라고 한 것은 바로 영락제를 위한 여지를 남긴 것일 따름"이라고 했다.* 사실 사람들이 '건문제 때의 충신'과 같은 명목을 사용하고, 나아가 '정난'과 '명의 멸망'이라는 두 가지 사건 속에서 일어난 행위를 (그리고 그에 따라 '정난'과 '명의 멸망' 자체까지) 유형별로 나눔으로써 건문제에게 충성을 바쳐 순절했거나 영락제 밑에서 벼슬살이를 거부한 신하들을 명나라 말엽의 충의지사들과 짝지어 거론하는 것은 연왕이 일으킨 그 정변을 통해 "남의 나라를 멸망시킨 것亡人之國"과 유사하게 중대한 의미를 부여하고자 한 것이다. 다만 이에 대해 논자들이 그다지 깊이 연구하지 않았거나 혹은 탐구 자체를 의식적으로 피했을 따름이다.[16] 그러나 바로 왕조 교체기에는 언론의 금기가 해제됨으로써 감히 말할 수 없었던 것들을 얘기할 수 있게 되었다. 이에 사대부들은 시험 삼아 '찬탈'을 언급했다. 『죄유록』에 실린 방효유의 전기에 대한 논찬에는 이렇게 적혀 있다.

연왕과 그의 아들 한왕 주고후朱高煦(1380~1426)는 비록 성공과

---

* 원주: "謂建文爲遜國, 正是爲燕諱其纂弑之惡. (…) 南都尊諡曰讓皇帝, 正爲文皇留餘地耳."
(孟森, 「建文遜國事考」, 『明淸史論著集刊』, 7쪽)

실패로 나뉘었지만, (제위를) 부자간에 주고받는 것이라면 둘은 관숙선管叔鮮과 채숙도蔡叔度처럼 조카의 자리를 넘보고 반란을 일으켰다는 오명을 씻지 못할 것이다!

燕與子漢煦, 雖成敗分, 要是父子間相授受, 兩不洗管蔡之名哉.(列傳 권9, 1470쪽)

또 장이상은 이렇게 말했다.

연왕은 성공한 관숙과 채숙이고, 관숙과 채숙은 실패한 연왕이다.

燕王是成事之管蔡, 管蔡是不成之燕王.(「願學記 3」, 『楊園先生全集』 권28)

여기서는 비록 끝내 내뱉지는 못했지만, 바로 그 '찬탈'이라는 말이 그대로 입 밖으로 튀어나올 것 같다.

이 무렵에 '찬탈'을 이야기하기 어렵게 만든 장애는 관방의 금제가 아니라 사대부들 자신에게 있었다. '찬탈'이라는 말은 정권의 '합법성'에 대한 의문을 이끌어내기에 충분한데 사대부들의 입신과 출처 또한 이 '합법' 여부—여기서는 또한 '도'에 합치되는지 여부—를 전제로 하기 때문이다. 이른바 "나라에 도가 있으면 벼슬살이를 하고 도가 없으면 은거한다邦有道則仕, 無道則隱"는 것이다. 이 일은 몹시 중대해서 회피가 용납되지 않으며 또한 회피하지 않는 것도 용납되지 않았다. 명대 240년의 역사—연왕의 즉위(1402)에서 갑신년(1644)까지—를 위한 도의적 해석을, 사대부들이 제위를 찬탈한 군주와 그 후손의 통치 아래 200여 년 동안 생존해왔던 사실에 대한 도덕적 해석을 찾는 것은 절대적인 난제가 아닐 수 없다. 이 때문에 이와 관련된 화제에는 사대부들의 심각한 굴욕감이 은폐되어 있다. 이 굴욕은 또한 반쯤은 사대부 자신들에 의해 조성된 것이었다. 즉, 그것은 그들이 오랫동안 쌓아온 도의감과 도덕감, 찬탈과 '시해'에 관한 그들의 정밀한 사상에서 비롯된 것이었다. 어쨌든 이렇게 입 밖으로 나오려고 했던 찬탈이라는 말은 정치적 측면에서 성조에 대한 평가를 방해했다. 도의라는 척도는 영원히 절대적인 척도인 듯했다.

하지만 당시에도 황종희는 성조의 찬탈에 대해 다른 견해를 갖고 있었다.

> 제후를 봉하는 것이 지나쳐서 7개국이 반란을 일으켰으니 이는
> 한 고조가 그렇게 만든 것이고, 성조의 천하는 태조가 준 것인데,
> 한쪽은 성공하고 한쪽은 실패했다. 성조의 지혜와 용맹은 오왕
> 비에 견줘 10배였기 때문이다. 이렇게 보건대 성공과 실패로 왕실
> 을 칭송하거나 허물을 탓해서는 안 된다.
> 夫分封太過, 七國之反, 漢高祖釀之, 成祖之天下, 高皇帝授之, 一
> 成一敗. 成祖之智勇十倍吳王濞, 此不可以成敗而譽咎王室也.(「文正
> 方正學先生孝孺」, 『明儒學案』 권43, 1045쪽)

이것은 고염무가 제후를 봉하는 일에 대해 논한 것과 의미가 비슷한 듯하지만 논의의 목적 및 태도에는 차이가 있다. 황종희의 『명이대방록』 「원군原君」은 그의 이런 논의에 대한 보충 설명이라고 할 수 있다. 왕부지의 역사 비평에서는 '찬탈'과 '시해'를 반복적으로 분석하고 있는데, 그 또한 당시 그 문제와 관련된 인식론적 배경으로 이해해도 될 것이다.[17] 근대의 인사가 건문제의 일에 대해 서술하는 경우라면 '찬탈'이라는 말을 종종 볼 수 있겠지만, 300년 전의 명나라 유민 신분의 학

자가 '찬탈'과 관련해서 이미 다른 사고방식을 지니고 있었으니 이것을 사상사에서 흔히 보이는 '윤회'라고 해석할 수 있을까?

'성조에 대한 평가'라는 주제 아래에서 청대 사람들은 경향의 선명성과 태도의 격정성에서 명대 사람들을 넘어서는 모습을 볼 수 있다. 『명사』에서는 이미 그가 찬탈했다는 사실을 분명히 밝혔다.(권308 「간신열전」 참조) 위원은 「서명사고書明史稿·2」에서 성조에 대해 정리하면서 그가 '찬탈篡立'했다고 했을 뿐만 아니라 소주와 송강 지역의 전부田賦를 통해 직접적으로 "충신을 도륙하고" "친족을 연좌시켜 멸살株連夷滅"했다는 점을 언급했으니, 어휘 사이에 의분이 서려 있음을 알 수 있다. 그보다 앞서 단옥재도 『명사십이론』 「삼대안론」에서 명대 역사에서 중요한 사건들에 대해 판단했는데, 그 문장 역시 울분에 차 있었다.

> 누군가가 단 선생에게 물었다.
> "명나라 연왕이 제위를 찬탈한 일을 역사에서는 어떻게 써야 할까요?"
> "당연히 '6월 을축일에 연왕 주체가 도성에 들어가 군주를 시해하고 기사일에 스스로 제위에 올랐다'라고 써야지요. 『춘추』를 통해 찾아보면 당연히 이렇게 해야 합니다."
> "제위를 찬탈한 것은 거부할 수 없는 사실이지만 황제를 시해했다는 것은 아닌 듯합니다."
> "궁중의 화재는 누가 일으킨 것입니까? 연왕이 아니면 누구겠습니까? 연왕이 역모를 꾸몄다면 도성은 반드시 무너져야 하고 제위도 반드시 찬탈할 수 있어야 했는데, 유독 건문제만은 어떻게 처리해야 했겠습니까? 그를 그대로 두고 보좌하자니 자기 기대에 미치지 못하고, 죽이면 군주를 시해했다는 오명을 피하지 못하니

다. 군주를 시해한 이는 천하가 손가락질하게 됩니다. 그래서 내통한 역신 및 패역한 환관들과 이 거사를 꾸민 것입니다. 그 죄를 묻기 위해 군사를 일으킨 이들은 그들 스스로 불길에 뛰어들었다고 하면 그만인 것입니다. 이 간사한 음모는 아마 미리 예정하고 시행했을 것입니다."

或問於段子曰: 明燕王簒位, 在『春秋』當何以筆之. 曰: 當書六月乙醜, 燕王棣入都城弑帝, 己巳遂自立. 以『春秋經』求之, 當如是也. 曰: 簒國無可辭, 弑帝似未然也. 曰: 宮中之火, 誰則爲之. 非燕王而何. 燕王逆計城之必破, 位之必可簒也, 而獨何以處建文君也. 輔之則有所不及待, 殺之則不免於弑君. 弑君者, 天下之所集矢也. 於是與交通之逆臣逆奄謀爲此擧. 有興問罪之師者, 則彼自火而已矣. 此其奸謀蓋預定而後行之.

연왕의 심리에 대한 단옥재의 이처럼 자세한 추측은 명·청 시대의 누구도 미치지 못한 것이었다. 이같이 대담한 가설은 전혀 학자다운 태도가 아니다. 하지만 시대가 바뀌어도 언어 환경은 바뀌지 않으니, 이 또한 지속적으로 사람의 마음을 뒤흔드는 명대 역사의 특유한 힘이라고 하겠다. 또한 청대의 군주가 여론을 통제하여 본조本朝의 일에 대해서는 건드리지 못하게 했는데, 자신들이 극복한 왕조의 역사를 이처럼 단호하고 통쾌하게 이야기하는 것도 분명히 어떤 쾌감을 발산하는 통로였을 것이다.

같은 글에서 단옥재는 '탈문奪門' 사건에 대해 이렇게 판단했다.

누군가가 물었다.

"'탈문' 사건의 옳고 그름은 무엇을 근거로 판단해야 합니까?"

"그것은 찬탈이라고 해도 됩니다."

問者曰: 奪門之是非何居. 曰: 謂之篡可也.

이하의 논의도 대단히 통쾌하고 흥미롭다. 여기서 말한 '찬탈' 역시 명대 사람들은 설령 그렇게 생각했다 하더라도 반드시 그리 표현하지는 못했던 것이다. 이것은 무척 난감한 화제였다. 단옥재의 말대로라면 명나라 200여 년의 역사에서 결국 두 번의 '찬탈' 행위가 있었다는 것인데,[18] 이런 왕조에서 사대부들은 무슨 심정이었겠는가! 이로 보건대 명나라가 망할 무렵 유민들에게서 나온 명대 정치에 대한 예리하고 통쾌한 비판들의 배후에 어떤 굴욕감과 자신의 운명에 대한 감회가 은폐되어 있음을 어렵지 않게 추측할 수 있을 것이다!

방효유에 대한 논의

우겸于謙이 직간접적으로 '탈문'을 논했다면 방정학方正學(방효유)에 대해 언급하는 것은 사대부들이 '나라를 양보한' 일과 '변란을 평정한靖難' 일에 대해 언급하는 상용의 방식이었다. 사대부들이 '방효유의 죽음'을 통해 이야기한 것은 이뿐만이 아니었다. 방효유는 죽은 뒤 명대 유학자의 모범으로 받들어졌다.

> 왕안석은 가의와 비슷했지만 가의가 정통이었고, 가의와 방효유는 비슷하지만 방효유가 더 순일했다.
> 王安石之於誼, 似矣, 而誼正. 誼之於方正學, 似矣, 而正學醇.(『讀通鑑論』 권2, 101쪽)

이처럼 '정통'이자 '순일'한 인물은 당연히 사대부 및 유학자들의 운명에 대한 상징으로 적합했다. 그러니 성조가 방효유의 10족을 족멸함으로써 사대부들에게 죄를 지은 것은 말할 필요도 없는 일이었다. 그 이전에 태조가 이미 살육을 자행했지만 그 모든 것이 방효유 사건의 피비린내에는 미치지 못하는 듯했다. 이 때문에 명대 사대부들이 방효유에 대해 이야기하는 것은 또한 자신에 대한 진술이기도 했으니, 그것은 그들이 사대부의 운명과 나라의 운명 사이의 상관성을 논하는 방식이기도 했다. 왕부지는 이렇게 탄식했다.

> 아아! 방효유가 죽고 나자 천하에 학자의 씨가 끊어져버렸다!
> 嗚呼! 方正學死, 而讀書之種絶於天下.(『讀通鑑論』 권2, 93쪽)

여기서 '학자의 씨' 운운한 것은 요광효姚廣孝의 말에서 비롯된 것임이 분명하다. 『명사』 권141에 수록된 방효유의 전기에는 다음과 같은 내용이 들어 있다.

> 이보다 앞서 성조가 북평으로 군대를 출병할 때 요광효가 방효유를 부탁했다.
> "성을 함락했을 때 그 사람은 틀림없이 투항하려 하지 않을 테지만 부디 죽이지 마십시오. 방효유를 죽이면 천하에 학자의 씨가 끊어질 것입니다."
> 先是, 成祖發北平, 姚廣孝以孝孺爲托, 曰: 城下之日, 彼必不降, 幸勿殺之. 殺孝孺, 天下讀書種子絶矣.

'국초'에 발생한 방효유의 죽음은 절대적인 그림자를 드리워 명대 사

대부들이 자신의 운명을 체감하는 데에 영향을 주었다.[19]

명대 초기의 위대한 유학자이자 한 시대의 종사인 방효유의 죽음이 상징하는 것은 심지어 여기에 그치지 않는다. 그가 처형된 것은 이후 사대부들이 환난에 처했을 때 행해야 할 고전적인 양식을 제공했다. 당시의 시대와 정세가 모두 달랐음에도 어떤 이는 방효유의 처지를 위징에 비유하기도 했다. 명대 유학자로서 방효유의 모습은 당나라 시기 재능 있는 신하였던 위징과는 다를 수밖에 없었다.[20] 방효유가 당한 참혹한 상황은 안팎의 조건에 의해 미리 결정된 것이었다. 이외에도 사대부들은 종종 그의 죽음을 빌려서 약간의 정치적 화제를 전개했으니, 군주와 신하—특히 유학자인 신하—의 정치적 관계와 정치 구조 속에서 문신과 무신의 관계 등이 그것이다. 건문제는 역사에서 '문을 중시한 군주右文之主'라고 칭하고 있기 때문에 문신과 유가 선비들이 더 큰 상처를 입고 아파했다.

명나라가 망할 무렵 방효유의 죽음과 관련된 사대부들의 논의에도 차이가 있었다. 『명유학안』 권43에서 황종희는 이렇게 썼다.

> 어리석은 자들이 선생에 대해 논한 것으로는 두 가지가 있다. 선생이 자신을 알아주는 군주를 얻었지만 그의 멸망을 구해내지 못했다고 여기고, (…) 또 선생이 너무 격렬해서 10족이 잔혹한 일을 당하게 만들었다고 여긴다.
> 庸人之論先生者有二: 以先生得君而無救於其亡 (…) 又以先生激烈已甚, 致十族之酷.

황종희는 "성조가 천성이 각박하여" 방효유는 반드시 죽을 수밖에 없었으니, "그분이 심했는지 여부와는 상관이 없다"*고 했다. 하지만 손기봉은 직설적으로 방효유가 '지나쳤다過'고 지적했다.

> 내 생각에는 방효유에게도 잘못이 있다. 현명한 군주라면 더불어
> 충성스러운 간언을 해야 하는데 그는 대의를 내세워 질책했으니
> 기세로 보건대 군주가 따를 수 없었을 게 틀림없다. 일찌감치 칼
> 을 내려달라고 청하거나 음식을 끊어서 죽을 일이지 어째서 자기
> 한 사람의 잘못으로 800여 명에게까지 재앙이 미치게 한단 말인
> 가! 칼날은 밟을 수 있어도 중용은 지키기 어렵다. 죽음에 대처하
> 는 도리에 어찌 고집스럽고 오만한 것이 용납되겠는가!
> 予謂正學亦有過焉. 明主可與忠言, 正學以大義責之, 勢必不能從.
> 請早賜一劍, 不食而死, 何至以一身累及八百餘人也. 白刃可蹈, 中
> 庸不可能. 處死之道, 豈容悻悻.(「尙論篇下」, 『夏峯先生集』 권8)

손기봉은 '죽음에 대처하는 도리'에 착안했는데, 고반룡의 화법에 따르자면 "털끝만큼이라도 죽음을 피하려는 마음이 있다면 당연히 도리를 해치는 것이요, 털끝만큼이라도 죽음을 구하는 마음이 있다 하더라도 역시 도리를 해치는 것"**이다. 이것은 어리석은 사람이 자신을 보전하는 방식과는 경지가 다르다.²¹ 장자열도 「손지재집서遜志齋集序」에서 이렇게 썼다.

비록 그러해서 그분이 장렬하게 돌아가셨지만 그것을 최선의 도

---

* 원주: "不關先生之甚不甚也."(『明儒學案』, 1045쪽)
** 원주: "有一毫逃死之心固害道, 有一毫求死之心亦害道." 고반룡의 이 말은 『명유학안』「즙산학안蕺山學案」과 『유자전서劉子全書』 등에 수록되어 있다.

리라고 할 수는 없다.

雖然, 公之死烈矣, 以爲善道則未也.(『芑山文集』 권12)

(방효유가) 조서의 초안을 쓰지 않은 것은 그럴 수도 있지만, 통곡하고 꾸짖었으니 영락제의 처지가 어찌 되었겠는가? 비록 의연하게 책형을 받았으니 충성스러운 기개가 드러나지 않은 것은 아니지만, 어찌 터럭만큼이라도 도움이 되었겠는가!

不草詔可也, 且哭且罵, 置文皇何地 (…) 雖毅然就磔, 忠耿非不著, 豈有毫髮補哉.(「祀黃公逑略」, 『芑山文集』 권22)

방효유의 "충성이 지나쳤다"고 여긴 이들은 그 전에도 있었지만,[22] 손기봉과 같이 특이한 논의는 분명히 '신하의 도리'와 '절의'에 대한 왕조 교체기 사대부들의 반성을 배경으로 하고 있다.『죄유록』의 다음과 같은 논평 또한 차분하고 공평하다고 할 수 있다.

다행히 (하늘이) 방정학(방효유)을 살려주어서, 정난이 일어난 해에도 방효유는 죽지 않았다. 주상(태조 주원장)께서는 (태자에게) 늙어서 일을 하지 못할 때까지 그를 임용하라고 하셨으니, 장차 평온하게 예악 가운데 노닐게 하려는 것일 따름이었다. 만약 (태조 당시에) 갑자기 일을 맡았다면 추세로 보건대 틀림없이 정전제에 대해 논의하다가, 황제와 뜻이 맞지 않아 벼슬을 사직하고 떠났을 것이다. 그렇지 않았더라면 주나라의 예법이 어지럽게 바뀌었을 터이니, 왕망의 신왕조와 별 차이가 없지 않았겠는가? 그러므로 (연왕이) 북평에서 군대를 일으키지 않았더라도 그 형세는 또한 태평을 이룰 수 없었다. 다만 (연왕은) 마땅히 군주를 섬김으로써 신하로서 만세의 준칙이 되었어야 했을 따름이다.

幸而生正學, 靖難之年而孝孺不死. 上曰老其才, 將使雍容禮樂之間
耳. 倘輒受事, 勢必議井田, 不合, 投劾去. 卽否, 諸周官紛更, 去新
莾幾何. 然則北平不起, 勢亦未能成太平, 獨宜事君, 臣爲萬世作則
耳.(列傳 권9 方孝孺傳, 1470쪽)

왕부지는 방효유가 건문제 때에 "명가와 법가를 종합적으로 고찰名
法綜核"했다는 사실에 대해서도 찬성하지 않았다.(『독통감론』 권13 참조)
위희는 조조晁錯를 통해 제태와 황자징을 논의하면서 "나라를 망치면
서 자신을 아낀" 행위는 "마치 한 수레의 바퀴 자국처럼 앞뒤가 비슷
하다"*고 했다.

방효유와 연왕 사이에 오간 저 유명한 대화는 확실히 희극적인 성격
이 다분하다.

(방효유가) 부름을 받고 도착하니 비통한 통곡 소리가 궁중을 울
렸다. 성조가 걸상에서 내려와 그를 위로했다.

"선생, 괴로워하지 마시오. 나는 주공이 성왕을 보좌했던 것을 본
받으려 했을 뿐이외다."

"성왕께서는 어디 계십니까?"

"스스로 불길 속에서 죽었소."

"그렇다면 성왕의 아드님을 제위에 올려야 하지 않겠습니까?"

"나라는 나이 많은 군주에게 맡겨야지요."

"그러면 성왕의 아우님을 제위에 올려야 하지 않겠습니까?"

---

* 원주: "誤國愛身 (…) 前後如出一轍."(「晁錯論」, 『魏叔子文集』 권1)

"이건 짐의 집안일이외다."

召至. 悲慟聲徹殿陛. 成祖降榻勞曰: 先生毋自苦, 予欲法周公輔成

王耳. 孝孺曰: 成王安在. 成祖曰: 彼自焚死. 孝孺曰: 何不立成王之

子. 成祖曰: 國賴長君. 孝孺曰: 何不立成王之弟. 成祖曰: 此朕家

事.(『明史』권141,「方孝孺傳」)

여기에서는 황종희와 왕부지의 논리적인 사고와 논변 능력이 필요
할 테지만, 안타깝게도 그 둘은 200년 남짓 뒤에야 나타났다. 방효유
의 시대에 "이건 짐의 집안일"이라는 말은 아주 깔끔해서 변론의 여지
가 없었다. 다만 이 말은 상황의 풍자적 의미를 온전히 드러낸다. 루쉰
이 방효유에 대해 '세상 물정에 어둡다迂'고 말한 이유도 바로 이 지점
에서 이해할 수 있을 것이다. 방효유 같은 선비의 어리석음은 그가 전
제군주를 질책하여 천하의 '공정함公'을 보존하려 했고, 또한 그 스스
로 이 위대한 '공정함'을 보존하는 것에는 사대부의 책임도 있다고 여
긴 데에 있었다.[23]

명·청 교체기에도 역사가들은 건문제가 '황제'가 된 것을 이야기할
때 점차 더욱 '객관적'인 태도를 취했다. 종실 정책은 명·청 교체기 유
민들의 명대 정치에 대한 비판에서 주요 분야였다. 왕조 교체기에 고염
무 같은 이들이 제기한 종실론은 태조 때에 분봉을 막기 위해 간언했
던 이들과는 이미 사고방식이 다르며, 그들의 관심은 한 왕조의 존망
조건, 즉 "적성嫡姓의 장자는 나라를 지키는 성宗子維城"*이라는 원칙으
로 나라의 멸망을 늦추는 조건에 더욱 집중되었다. 나라가 망한 뒤에

---

* 『시경』「대아大雅·판板」의 구절로, 앞뒤 일부를 함께 보자면 "큰 나라는 울타리요, 큰 종족은
동량棟梁이며, 덕으로 다스리면 나라가 평안하고, 적성의 장자는 나라를 지키는 성大邦維屛, 大
宗維翰, 懷德維寧, 宗子維城"이라고 되어 있다.

남은 인사들의 입장에서 이처럼 명확한 '이익利'은 폐해를 말할 수 없을 정도로 변하게 만드는 것이었다. 이 또한 '번왕의 세력을 깎은削藩' 것을 비판하는 직접적인 배경이 되었다. 통상적인 윤리 원칙으로 '제일의 가족第一家族'을 비판하면서 사대부들도 건문제 사건이 제공하는 가능성을 이용했다. 고염무는 『일지록』 권9 "종실" 조항에서 이렇게 썼다.

> 관숙과 채숙이 도의를 잃었다는 소식을 듣고 「상체常棣」*의 노래를 지어 형제가 화친하게 만들었으니, 이것이 바로 주나라가 흥성한 까닭이다.
>
> 聞管蔡之失道, 而作常棣之詩, 以親兄弟, 此周之所以興.

왕부지는 『송론』에서 "천륜이 중요하지 큰 자리(제위)는 가벼운 것"**이라고 했으니, 이에 따르면 건문제나 성조 모두 허물을 피할 수 없다. 그런데 관련 사건이 일어난 원인에 대해 한때 언론에서는 오히려 전혀 새로운 뜻을 내놓지 못했다. 예를 들어 귀장의 다음과 같은 시 구절 역시 통상적인 화법을 답습한 데 지나지 않는다.

> 조정의 신하들 조조를 따라 나라를 도모했는데
> 번왕들을 가두고 핍박한 것은 정말 큰 잘못이었지.
> 연왕은 그저 그 뒤를 잇게 될까 두려워했을 뿐
> 늙은 나이에 거사 일으키며 뒤를 돌아보지 않았지.

---

* 「상체」는 『시경』 「소아·녹명지십鹿鳴之什」에 있는 노래로 전체 8장이고 각 장은 4구로 이루어져 있다. 일반적으로 이 노래는 "형제만큼 가까운 사이는 없다凡今之人, 莫如兄弟"라는 취지에서 형제간의 친근한 정을 노래한 작품으로 알려져 있다.

** 원주: "天倫爲重, 大位爲輕."(『宋論』 권2, 54쪽)

廷臣謀國效晁錯, 囚逼諸藩眞大誤.

北平只懼爲之續, 白頭擧事不反顧.(「讀國史至建文釐午有作」)

심지어 곡응태谷應泰*의 다음 논의 역시 또 다른 일상적인 담론에 지나지 않았다.

> 논자들이 건문제의 실수가 번왕들의 세력을 깎은 것이라고 하지만, 나는 번왕들이 세력을 깎거나 말거나 상관없이 반란을 일으켰을 것이라고 생각한다. 논자들이 건문제의 실수가 강한 번왕의 세력을 깎은 것이라고 하지만, 나는 강한 번왕의 세력을 깎지 않았다면 가장 강성한 연왕이 가장 먼저 반란을 일으키고 그다음으로 강성한 영왕寧王이 틀림없이 뒤이어 반란을 일으켰으리라고 생각한다.
> 論者以建文之失, 在於削諸藩. 而予則以諸藩者, 削亦反, 不削亦反.
> 論者又以建文之失, 在於削強藩. 而予則以不削強藩者, 燕王最強最先反, 寧王次強必次反.(『明史紀事本末』 권15, 中華書局, 1977, 229쪽)

태조가 생전에 분봉하게 된 동기에 대해서는, 가의가 "제후를 여러 명 세워서 그 세력을 약화시키는 것衆建諸侯而少其力"을 "겉으로 주면서 몰래 빼앗는 술책陽予陰奪之術"으로 삼았던 것에 대한 왕부지의 분석(『독통감론』 권2 참조)을 통해 어느 정도 계시를 얻을 수 있지 않을까?

방효유와 관련된 사료들에 대해서도 의문이 제기되었다. 유종주는

---

* 곡응태(1620~1690)는 풍윤豐潤(지금의 허베이 성 탕산唐山에 속함) 사람으로 자는 갱우賡虞이고 호는 임창霖蒼이다. 순치 4년(1647) 진사에 급제하여 호부주사, 절강제학첨사 등을 역임했다. 저작으로 『축익당집策益堂集』 『명사기사본말明史紀事本末』 『명왜구시말明倭寇始末』 등이 있다.

방효유의 죽음에 대한 정효의 기술에 의문을 제기했는데(「방손지선생사사존의方遜志先生死事存疑」, 『유자전서』 권21), 그의 의혹과는 상관없이 정식 역사인 『명사』와 학술사인 『명유학안』에서는 모두 의심하지 않고 기록했다. 심지어 주이존은 널리 알려진 10족을 멸했다는 설—사실 이것은 방효유와 관련된 전설 가운데 사람들의 마음을 가장 격동시킨 부분이기도 한데—도 긍정하지 않았다.

> 선생이 죽자 조정에서는 (그에 관한) 글을 쓰는 것을 엄하게 금지했는데 정효가 편집한 것의 분량이 모두 4, 5책이나 되고, 나머지는 모두 왕도王稌(?~?, 자는 숙풍叔豐)가 보완했으니, 선생의 글은 결국 그 덕분에 전해졌다. 그렇다면 선생의 벗이거나 문하생인 여러 군자는 당시에 모두 재난을 당하지 않았다는 것이니, 나는 이로써 문하생과 벗들을 포함해 10족을 멸했다는 설은 역시 그 이야기를 전한 사람의 잘못이었음을 알았다.
>
> 公旣死, 朝廷嚴文字之禁, 而鄭氏所緝, 凡四五冊, 餘皆叔豐補完之, 公之文卒賴以傳. 然則諸君子或爲公友, 或在公之門, 當日咸不及於難, 吾是以知合門人故友爲十族之說, 亦傳之者過也.(「遜志齋文鈔序」, 『曝書亭集』 권36, 449쪽)

「사관상총재제사서史館上總裁第四書」에서도 그는 그 설을 "믿을 수 없다不足信"고 했다.

> 세상에서 9족이라고 하는 것은 명분이 아홉일 뿐이지 사실은 본종 하나일 뿐이다. 진·한에 이르러 3족에게 처벌이 미쳐서 모친과 아내의 혈족에게까지 미치게 되었다. 그런데 학식이 천박한 이가

(처벌에서) 9족은 오히려 가볍고 3족이 가장 혹독하다는 것을 모르고 이런 설을 만들어냈다. 만약 문황제가 정말 이 형벌을 시행했다면 그 모친과 아내의 혈족을 내버려두고 갑자기 제자와 벗들을 연좌시켰을 리가 없다.

世之言九族者, 名爲九, 其實本宗一族爾. 迨秦漢誅及三族, 則兼逮母妻之黨. 村夫子不知九族尙輕, 三族爲最酷, 而造爲是說. 使文皇果用是刑, 無舍母妻之族, 而遽株及於弟子友朋者.(같은 책, 권32, 405쪽)

그다음에도 역시 방효유와 "가장 막역한" 벗들 및 제자들이 당시에 모두 재난을 당하지 않았다는 것을 증거로 내세웠다. 비록 사료가 사라져버려 결국 추측과 추론일 뿐이지만, 그 또한 청대 초기의 사대부들이 전설과 소설가들의 말을 깎아내서 '역사'로 환원시키고, 격정의 상태에서 벗어나 상식적 태도를 회복하려고 노력했음을 보여주는 예라 할 수 있다.

이상에서 설명한 것처럼 방효유 사건과 관련된 의문은 이 시기 사대부들의 '절의론'이라는 더 큰 환경에 포함된 것이었다. 이론異論은 아무리 미약하다 할지라도 결국 이론이다. 건문제와 성조, 방효유와 관련된 여러 다른 소리는 당시의 활발했던 사상과 언론을 드러냈다. 이와 같은 언론들은 동시대의 다른 언론들과 함께 사상사의 변동 속으로 방울방울 모여들었다.

2절
'삭제' 이후의
역사

건문 연간 군주와 신하에 관련된 이야기를 만들어내는 것은 '삭제革除'라는 역사적 사건이 일어난 이후의 일이다. 민간과 사대부 사이에서 이 사건에 대해 끊임없이 풀이하고 다시 서술한 것은 지속적인 의미 부여의 과정이었다. 이런 상황에서는 주밀의 『제동야어齊東野語』와 같이 사대부들이 '구석진 골목의 황당무계한 이야기委巷不經之說'라고 비천하게 여기던 것들도 당연히 나름대로 진지한 의미를 지닌다. 야사는 민간의 창작으로서 예로부터 사대부와 백성이 금기의 성격을 띠는 화제를 이야기하기 위해 만든 방식으로서, 금제된 상황에 처했을 때 구사한 서사 전략이었다. 그러므로 그것은 '역사'를 보존하는 수단이라기보다는 '인심'을 보존하는 수단이었다. 그리고 난세에는 상상의 활동을 자극하는 특수한 무언가가 있다. 명·청 교체기에는 남명 왕조에서 일어났던 가짜 태자와 가짜 왕비 내지 가짜 홍광제 사건 등은 모두 당시 사람들의 이야기에 대한 흥미와 상상력을 증명하는 예라고 할 수 있다. 그리고 그 이전의 건문제 사건에 대한 기록들은 사대부와 민간의 서술활동에서 상호 영향을 주고받으며, (정식 역사로 대표되는) 전통적인 역사 서술과 민간 창작이 상호 작용을 일으킨 두드러진 증거였다.

> 무릇 '삭제'의 사적은 고증할 만한 사실의 기록도 없을 뿐만 아니
> 라 야사는 정말 엉터리여서 변별하여 증명할 길이 없다.
> 大抵革除事跡, 旣無實錄可考, 而野史眞贗錯出, 莫可辨證.(「書致身
> 錄考後」, 『牧齋初學集』 권22, 759쪽)

그러나 그 이전에도 왕사정이 이를 변별했고(『엄산당별집弇山堂別集』 권
21, 「야승고오이野乘考誤二」 등을 참조할 것), 그 이후에는 전겸익과 반정장
이 변별을 시도했다.

> 망한 나라를 따라 순절한 신하들 가운데는 사로잡혀 가축처럼 우
> 리에 갇히거나 죽어서 초야에 묻히고, 또는 종적이 사라져 가라앉
> 아버리거나 새나 짐승들처럼 덧없이 모였다가 흩어져버린 이들도
> 있었다. 몸도 집도 떠돌다가 이름도 행적도 아득히 흐려졌으니, 어
> 찌 느긋하게 앉아 미래를 예측하고 차분하게 품평하여 스스로 그
> 릇 수선공이라느니 갈의 입고 떠도는 늙은이라느니 동호의 나무
> 꾼이라느니 하면서 마치 태학의 게시판이나 기문관들의 모임을
> 흉내 낼 수 있었겠는가!
> 從亡徇志之臣, 或生扞牧圉, 或死膏草野, 或湮滅而淵沉, 或鳥集而
> 獸散. 身家漂蕩, 名跡漫漶. 安有宴坐記別, 從容題拂, 曰某爲補鍋
> 匠, 某爲葛衣翁, 某爲東湖樵, 比太學之標榜, 擬期門之會集哉.(「致
> 身錄考」, 『牧齋初學集』 권22, 756쪽)

이것은 바로 상식적인 판단이었다. 멍썬은 전겸익의 「치신록고致身錄

考」와 「서치신록고후書致身錄考後」가 나오고서부터 "만력 이래로 성행하던 위서들이 비로소 없어지기 시작했다. 나중에 이청李淸이 남경에서 죽은 이들에게 시호를 추증하는 일에 대해 논박한 것도 모두 이 주장에 바탕을 두었으며, 주이존도 그것을 인용했다"*고 했다. 그러나 멍썬이 전겸익의 '고찰考'이 미친 영향력을 과장한 것은 뚜렷하다.[24] 명·청교체기 사대부들이 건문제 사건과 관련해서 쓴 글들을 보면 곳곳에서 깊은 매력을 지닌 야사와 전설의 흔적을 느낄 수 있다. 『광양잡기廣陽雜記』 권1에는 다음과 같은 이야기가 수록되어 있다. "운남 무정부武定府의 성 서북쪽에 사자산師子山이 있는데, (…) 그 산에 정속사正續寺라는 절이 있다. 전하는 바에 따르면 건문제가 유랑하다 잠시 쉬었던 곳이라고 한다." 그런데 팽추수彭秋水와 임무랑林武陵이 함께 그곳으로 나들이를 갔다가 시를 창화唱和했는데, 팽추수가 지은 한 연은 이러했다.

이 산에는 천 년 전에 제석천**이 들렀는데
효릉의 무너진 흙은 왕손을 떠올리게 하는구나.
蒙岳千年傳帝釋, 孝陵壞土憶王孫.

임무랑이 지은 한 연은 이러했다.

어찌 오자서처럼 머리 흐트러뜨린 채 오 땅으로 떠났겠는가?
명령 뒤집어 안녕을 함께 누리고자 몸을 버려두고 왔다네.
豈是勾吳披髮去, 翻令同泰舍身來.

---

* 원주: "而萬曆以來盛行之僞書始廢. 後來李映碧南都議駁從亡贈諡, 皆本此說, 竹垞先生亦援引之."(孟森, 『建文遜國事考』, 11쪽)
** 여기서는 연왕燕王을 가리킨다.

이에 대해 유헌정은 "오직 이 연구만이 천고 역사에서 가장 절묘하리라!"라며 감탄했다고 한다.[*] 황종희는 「안화사연기安化寺緣起」에서 "부흡溥洽이 건문제에게 삭발을 해주었다"[**]고 했는데, 어쩌면 이것은 단지 전고를 활용한 묘사에 지나지 않을 수도 있다. 그리고 왕부지도 '손국유신遜國遺臣'이니 '율양사씨溧陽史氏'니 하는 표현을 거듭 내놓았는데(『독통감론』권14·15 참조), 전겸익은 「치신록고」에서 그것이 '틀림없이 없는必無' 것이라고 단정했다. 하지만 사빈史彬[***]의 고향 사람 역시 전겸익의 고찰에 동의하지 않았다. 주학령의 『우암소집愚庵小集』권14 「서원기산사書袁杞山事」와 「서사중빈사書史仲彬事」에도 모두 삭제와 관련된 일화들이 기록되어 있다. 이 가운데 「서사중빈사」에서는 전겸익의 「치신록고」에 대해 다음과 같이 논박했다.

> 우리 고을에서는 200년 이래 어른들이 전하면서 건문제가 사 씨 집에 살았던 적이 있으며, 지금 남아 있는 수월관의 편액은 건문제가 전서로 쓴 것이라고 했다. 그 주장은 반드시 유래가 있으니 허황되게 지어낸 것이 아니다.
>
> 吾邑二百年以來, 父老相傳, 謂建文嘗居史氏, 今所遺水月觀匾額,
> 是建文篆書, 其說必有自來, 非可鑿空爲之者.(691쪽)

---

* 원주: "雲南武定府城西北有師子山 (…) 山有寺曰正續相傳建文帝駐錫處也 (…) 只此一聯妙絕千古矣."(『廣陽雜記』권1, 49~50쪽)

** 원주: "博洽爲建文皇帝剃髮."(「安化寺緣起」, 『黃宗羲全集』제10책, 635쪽)

*** 사빈(?~1427)은 오강 사람으로 자는 중빈이다. 건문 1년(1399)에 한림원시서翰林院侍書, 건문 4년에 시독학사를 역임했고, 정난靖難이 일어나자 건문제를 모시고 궁을 빠져나온 22명 가운데 한 명이 되었다. 이후 강남 일대를 떠돌다가 원수의 고발로 붙들려서 옥에 갇혔다가 죽었다. 그가 남긴 서신들은 아들 사성史晟이 『치신록致身錄』으로 엮어 보존했다고 전해진다.

주학령도 결코 유력한 증거를 제시하지는 못했으며, 그의 설명도 바로 "사리를 따져봤을 때 마땅히 그러하다"는 형식이다. 이것이 결국 명썬에 이르기까지 건문제 사건과 관련된 논변에 상투적으로 쓰이던 방식이라는 점은 다분히 풍자적인 의미를 지닌다.

주이존은 이렇게 주장했다.

> 제후를 봉하여 천자의 권한을 행사한 일 가운데 기록할 만한 훌륭한 정치는 하나도 없고, 다만 임오년(1402) 재난에 순국한 신하들에게 관직을 추증하고 시호를 하사한 것은 그런대로 마음을 후련하게 했다. 다만 시호를 내린 이가 많게는 수십 명에 이르렀으니 남발했다는 비판은 피할 수 없다. 그러나 정제와 사빈은 여기에 미치지 못했는데, 그들은 명나라의 일서를 간행한 이들보다 훨씬 더 뛰어났다.
>
> 福藩稱制, 無一善政可紀, 惟追贈壬午殉難諸臣, 贈官錫諡, 差快人意. 第易名多至口十口人, 未免失之太濫. 然程濟史仲彬不及焉, 其勝於刊勝國逸書者多也.(「姜氏祕史跋」, 『曝書亭集』 권45, 548쪽)

이청의 『남도록』 권3에서는 홍광 조정에서 "건문 연간에 순절한 신하들에게 시호를 추증한" 일을 기록했는데, 확실히 주이존이 말한 것과 같았다. 그리고 황종희의 『홍광실록초』 권2에 수록된, 시호를 추증받은 이들의 명단에서 "황제를 모시고 망명한 신하들從亡諸臣" 항목에는 한림학사 사빈과 정제 등이 모두 포함되어 있고, 심지어 "관직을 알 수 없는官職無考" 이들로 하서용河西傭과 보과장補鍋匠, 풍옹馮翁, 왕공王公, 그리고 동호東湖, 낙청樂淸, 야계耶溪의 세 나무꾼樵夫까지 수록되어 있다. 이청은 홍광 조정의 신하(공과급사중)로서 시호를 추증하는 일에 직접 참여했으니 그의 기록은 당연히 정확하다고 할 수 있다. 그러나 황종희가 '착오'라고 지적한 왕간王艮과 『국사고이』에서 믿을 수 없다고 간주한 '금천문수졸金川門守卒 공익龔翊', 그리고 기타 '허구적 인물들子虛烏有'이 함부로 성대한 예우를 받은 일은 시호를 추증한 여러 예에서 여전히 뚜렷하게 나타났다.[25]

　『명사』에서 건문제를 서술하는 방법은 몇 차례의 변화를 겪었는데, 이것은 그와 관련된 언론의 배후에 강력한 바람과 완강한 의지가 들어 있었음을 반영한다. 전겸익의 「치신록고」와 「서치신록고후」, 왕홍서王鴻緒를 심보 고약한 인물로 간주한 『사례의史例議』, 건문제가 화재 속에서 죽었다고 여기는 주이존과 만사동의 주장이 있었다 하더라도 건문제가 성을 빠져나와 망명한 것과 관련된 민간의 풍부한 상상력이 사관의 역사 편찬에 참여한 여러 학자의 판단에 영향을 준 것은 여전히 불가항력적인 일이었다. 전겸익의 지적처럼 "말은 있지만 세속의 말은 사실에 맞지 않고 이리저리 전해지면서 꾸며졌던"* 것이다. 이것은 전겸익처럼 박학한 인물로서도 어쩔 수 없는 일이었다. 하물며 그 사건은 원래부터 의혹이 있었던 것임에랴! 전겸익 본인도 그야말로 멍썬이 말한 것처럼 비록 사빈과 정제 등의 이야기가 허황된 것이라고 여기면서도 여전히 건문제가 '궁을 빠져나와 망명했다出亡'는 주장을 믿었다. 반정장 역시 일관되게 (또는 차라리) 그 주장을 믿었다. 그의 『국사고이』는 '호형胡濙**'이 파견된 일과 '부흡溥洽이 옥에 갇힌 일'을 근거로 건문제

---

*　원주: "語有之, 俗語不實, 流爲丹靑."(錢謙益, 「致身錄考」)

**　호형(1375~1463)은 무진 사람으로 자는 원결源潔이고 호는 결암潔庵이다. 건문 2년(1400) 진사에 급제하여 병과급사중에 임명되었고, 영락 1년(1403)에 호과도급사중으로 자리를 옮긴 다음, 영락제의 명을 받고 건문제의 행방을 찾아 각지를 돌아다녔다. 이후 예부상서 겸 태자태사까지 역임했으며, 죽은 뒤 태보에 추증되었고 시호는 충안忠安이다. 주요 저작으로 『위생이간방衛生易簡方』『지헌집芝軒集』『율신규감律身規鑑』 등을 남겼다.

가 죽지 않았다는 주장을 증명했으며, 심지어 건문제가 성을 빠져나간 방식에 대해서도 구체적으로 상상했다.

> 아마 이때에 성조(영락제)가 금천에 군대를 주둔하고 사람을 보내 상소문을 바쳤을 터인데, 사실은 혜종(건문제)으로 하여금 스스로 계책을 세우도록 한 것이었다. 그리고 경사는 몹시 넓어서 동남쪽 귀퉁이까지 연왕의 군대가 두루 미치기 어려웠으니, 갑자기 잠행 하면 누가 그들을 찾아낼 수 있었겠는가? 그런데 왜 굳이 땅굴을 빌렸겠는가?
>
> 意是時成祖頓兵金川, 遣人奉章(見長陵碑文), 實欲使惠宗自爲計, 而 京師遼闊, 東南一隅, 燕師勢難遍及, 倉卒潛行, 誰爲物色之者, 而 又何必假途隧中也.(『國史考異』 권4, 131쪽)

반정장은 누구와 함께 계책을 세우고 어느 곳으로 갔는지를 일일이 밝히는 것은 어리석은 일이라고 여기면서 시를 지어 맞이했다는 등의 주장을 결코 믿지 않았다. 그는 이를 일컬어 "의심스러운 일은 그대로 전한다疑卽傳疑"고 했지만 건문제가 궁을 빠져나가 망명한 일을 의심한 것은 결코 아니었으니,[26] 이것은 전겸익의 사고방식과도 부합하는 면이 있다. 건문제가 불길 속에서 죽었다는 주장은 사관의 학자들 사이에서 우세를 점했는데 여기에는 이유가 있었다. 정식 역사는 줄곧 야사와 개인들의 저술을 기본 자료로 의지해왔다. 그런데 정식 역사와 야사, 개인들의 역사 저술은 역사학의 방법상 전혀 근본적인 차이가 없다.[27] 정식 역사의 서사와 (문학 서술을 포함한) 여타 서사 사이에도 역사가의 상상이 섞이거나 '함부로 끼어들어서는闌入' 안 된다는 한계가 있는 것 이 아니다.

전겸익과 반정장 등의 고찰을 통해 우리는 민간의 상상과 야사의 서사가 바로 문헌이 결여되고(또한 종종 일부러 '결여'되어 있음을 내보이고) 서술이 자세하지 않은(역시 종종 일부러 애매모호하게 만든) 데서 전개되며, 그 방향은 바로 빈 것을 채우는 것, 다시 말해서 민간의 창작을 역사 텍스트로 만드는 것이었음을 알 수 있다. 막 그런 사건이 있었는지 의심하다가 갑자기 실제로 그런 사람이 있었다고 사실로 만드는데, "또한 그 사람을 사실로 만드는 것은 그 사건을 빌려 쓰는 데에 불과하니" 이러한 가공과 제작 과정에서 "사건은 더 자세해지고 이름은 더 많아지는" 것이다.* 더욱이 거짓으로 후손임을 내세워 구휼의 은전을 바라는 이들도 있었다. 그러나 냉정하게 보면 이런 이야기의 제작은 유머러스하게 대해도 좋을 것이다. 그런 내용들이 역사 저작에 함부로 들어간 것은 학자들이 제대로 고증하지 못했기 때문이니 야사와 전설의 작자에게만 그 책임을 전가할 수는 없는 일이다.

건문제가 궁을 나와 망명했다는 이야기 가운데는 이미 사대부와 '민간'에서 창작한 부분을 벗겨낼 수 없게 된 것도 있다. 이제까지 '사대부'와 '백성'의 서사활동은 모두 상호 계시를 통해 영감을 나누어 누리는 것이었다. 이 장에서 논의하고 있는 사건의 경우는 설령 '귀문鬼門' 운운한 이야기들이 분명히 날조된 것이고 사빈과 정제의 이야기가 한 번도 '고증'되지 않았다 하더라도 그냥 호형이 파견되고 부흡이 옥에 갇힌 일만 하더라도 사람들의 흥미를 끄는 자연스러운 이야기적 취미가 담겨 있다. 또한 그 애매모호한 부분은 사건에 신비의 색채를 더해주기에 충분하다. '신비 취미'를 좋아하는 것은 사대부들도 결코 하층 백성에게 뒤지지 않으니, 관청에서 편찬한 『명사』가 바로 그 증거다.

---

* 원주: "且實其人, 不過借其事 (…) 事愈詳而名益多."(『國史考異』 권4, 142쪽)

비록 전겸익과 반정장 등이 누차에 걸쳐 '고증'했지만 흠정欽定『명사』(장정옥張廷玉 판본)에는 여전히 정제와 관련된 전설이 수록되어 있다. 왕간의 전기를 쓸 때에는 황종희가 사실이 아니라고 주장한 '음독自瀆'설을 채택했다.(권142) 평안平安*의 죽음을 기록할 때에는 반정장이 믿을 만하다고 여긴『실록』을 채택하지 않고『손국신기遜國臣記』및 기타 '야사의 기록野記'만을 채택했다.(권144,「평안전平安傳」) 심지어 권145에 수록된 요광효姚廣孝의 전기는 전겸익이 "오 땅 어린애들이 골목에서 떠들어댄 헛소리吳兒委巷妄語"라고 한 것을 채택해 '그르치기誤'도 했다.[28] 역사 편찬에 참여한 신하들의 이야기에 대한 기호는 또 고대 중국 역사학 전통 자체를 통해서 해석해야 한다. 여기서는 전겸익이나 반정장, 만사동 같은 이들이 무척 고상해서 그들을 이해할 사람이 드물었던 적막한 분위기를 어렵지 않게 상상할 수 있으며, 또한 이렇게 애매모호한 이야기의 분위기에 뒤덮인 성조와 그 자손들의 난감함도 어렵지 않게 추측할 수 있다.

이러한 기록과 서술이 교화와 관련 있다고 여기는 것은 홍광 조정의 신하와 청대 사국史局에 소속된 사람들(그리고 그 뒤에 강제로 제지된 '당시의 군주時主'), 그리고 민간의 사고방식과 더욱 합치된다. 앞서 인용했던 것처럼 홍광 조정에서 시호를 추증하는 일을 맡았던 이청은 "인색한 것보다는 차라리 넘치는 것이 낫다與其靳也寧濫"고 했다.『명사』권143의 논찬에서는 이렇게 썼다.

---

* 평안(?~1409)은 저滁(지금의 안후이 성 추저우滁州에 속함) 사람으로 어릴 적 자는 보아保兒다. 제령위 지휘첨사指揮僉事 평정平定의 아들이자 명 태조의 양자이기도 한 그는 정난靖難 시기의 전투에서 여러 차례 연왕의 병력을 물리쳤으나, 건문 4년(1402) 포로가 되었고, 영락 7년(1409)에 자살을 강요당했다.

충의와 빼어난 절조는 사람들이 즐겨 이야기하는 것이다. 전하는
바에 따르면 "잘못이 있어서 없애는 것보다는 차라리 잘못이 있
더라도 보존하는 것이 낫다"고 했다. 이 또한 강상을 세우는 것을
돕고 유약한 사람이 뜻을 세울 수 있게 해줄 것이다.
忠義奇節, 人多樂道之者. 傳曰: 與其過而去之, 寧過而存之. 亦足
以扶植綱常, 使懦夫有立志也.

차라리 넘치는 게 낫고, 잘못이 있더라도 보존하는 게 낫다고 한 것
은 조정에서 시호를 하사하는 일이 아무리 장엄하고 역사를 기록하는
일이 아무리 엄숙하다고 해도 여전히 도덕적 목표와 현실 정치의 이익
을 위해 봉사하지 않을 수 없다는 것을 의미한다. 이것은 당시 역사학
이 처한 진정한 위치를 설명하는 적절한 예라고 할 수 있다. 이 화제를
빌려서 당시의 상황을 제시하고 망한 나라를 위해 통곡함으로써 논자
의 심리가 대단히 명확하게 나타난다. 전겸익의 「건문연보서建文年譜序」
에는 이런 내용이 들어 있다.

천하의 강산이 바뀌어 망한 옛 나라를 돌아본 뒤 낡은 종이에 남
아 있는 글들로 300년 동안 죽지 않고 있는 인심을 억지로 남기
고자 한다.
當滄海貿易禾黍顧瞻之後, 欲以殘編故紙, 愁遺三百年未死之人
心.(『牧齋有學集』 권14, 685쪽)

멍쏜의 「건문손국사고建文遜國事考」에서도 이렇게 썼다.

특히 당시에는 이미 명나라가 망했는데, 왕조가 바뀐 뒤에 명나라

때 일을 서술한다는 것은 신뢰성 여부를 떠나서 모두 고국을 그
리워하는 마음이 담겨 있었다고 하겠다.

特當時明亦已亡, 述明事於易代之後, 無論信否, 皆有故國之思雲
爾.(『明淸史論著集刊』, 9~10쪽)

심지어 "신뢰할 만한 것이든 의심스러운 것이든 그대로 전하는信以傳
信, 疑以傳疑" 데에 주력하면서 "차라리 잘못이 있더라도 보존하는 것이
낫다"는 데 동의하지 않았던 전겸익도(「서치신록고후」 참조) 결국 '학술
적 태도'를 끝까지 견지하지 못했다. 왕조가 바뀐 뒤에 그가 쓴 「건문
연보서」는 건문제가 '불에 타 죽지 않았고不焚' 부흡이 건문제의 '머리
를 깎고 승복을 입혔으며剃染' '노년에 아득히 먼 황야에 은거했고耄遜
遁荒' '행각승으로 동냥한頭陀乞食' 일 등을 모두 '사실'로 간주하여 언급
함으로써 건문제가 궁을 빠져나가 망명했다는 것과 관련된 야사와 전
설을 거의 전반적으로 인정하고 있으니, 이로써 그가 『치신록』과 『종망
수필從亡隨筆』을 고증하던 마음과는 괴리가 생기는 것을 피할 수 없다.
같은 글에서 그는 건문제가 궁을 빠져나갔다는 이야기를 만들게 된 사
회의 심리적 분위기를 이렇게 묘사했다.

200년 동안 신하들은 말하지 못하거나 말을 하더라도 다 하지 못
했다. 그리고 그들이 알 수 없고 모두 말하지 못한 까닭은 너무
나 크게 막혀 있었지만 결국 이 사람들과 이 세상에서 완전히 없
애지 못했기 때문이다. 그래서 원한이 번갈아 일어나고 새것과 옛
것이 뒤섞여 실록이 없어지면 초야의 책들을 모으고, 전해지는 이
야기가 다르면 어른들의 말씀에 따라 결정하며, 불교 사원의 전
장轉藏*이나 기방의 서적, 여관이나 저자의 품팔이들이 남겨놓은

짤막한 구절까지 가리지 않고 채집하여 해석했으니, 또한 충분히 숨겨진 도리를 밝히고 충효를 권장할 수 있을 것이다. 그러니 이 사람들의 마음은 끝난 것이 아니다. 이에 40여 년에 걸친 망명의 유적과 왕조가 바뀐 이후 유골이 돌아간 이야기에 대해 자취를 묻고 탐방하여 편찬할 수 있는 길을 열었다.

二百年之臣子不能言, 言之不盡矣. 而其所以不能知, 不盡言者, 輪困 苞塞, 終不能泯滅於斯人斯世, 於是乎憤盈交作, 新舊錯互, 實錄廢 則取征草野之書, 傳聞異則占決父老之口, 梵宮之轉藏, 敎坊之冊籍, 旅店市傭之留題斷句, 無不采集, 無不詮表, 亦足以闡幽潛, 勸忠孝 矣. 而斯人之心, 不但已也. 於是乎四十餘年出亡之遺跡, 易代已後 歸骨之故事, 問影訪求, 鑿空排纘.(684쪽)

그는 스스로 조사철趙士喆이 편찬한 건문제의 연보가 차마 "역시 기록을 인용해 증명하고 직설적으로 논박하지" 못했을 뿐만 아니라 끝까지 읽기도 전에 "눈물이 가슴을 적시고 종이에 스며들어 탄식하며 취한 듯 격동이 일어나서 벗어날 수 없다"고 했다.[**] 이 또한 역사를 쓰는 일이 정치 정세와 사회 심리 같은 제반 조건에 의해 제약을 받은 예다. 이와 관련된 '화제'는 확실히 역사학의 범주를 넘어선 사회 심리 현상이 되어서 여러 측면을 포괄하는 의미를 획득했다.

청대 사람들이 건문제 사건을 '빌린借' 것—예를 들어 예친왕이 왕홍서에 대해 얘기할 때처럼—이 '부류類'의 유사성을 토대로 삼았던 것처럼, 사대부와 민간에서도 '빌리는' 방식이 있었다. 즉 '유사함'을 이

* 전장은 '윤장輪藏'이라고도 한다. 불경을 꽂아두거나 새겨놓은 일종의 서가書架로, 돌리면서 복을 기원하는 용도로 쓰이곤 한다.
** 원주: "援據史乘, 抗詞駁正 (…) 淚流臆而涕漬紙, 欷歔煩酲, 不能解免."(685쪽)

용해서 '정난'이 명나라를 망하게 한 '이전의 요인前因'이라는 논의를 진행하는 것이었다.

> 건문제가 죽었을 때 위로 황태후 여 씨가 있었는데 지금도 위에
> 의안황후가 있고, 건문제가 죽었을 때 3명의 형제가 있었는데 지
> 금도 그러하며, 건문제가 죽었을 때 황후 마 씨는 순절했는데 지
> 금 황후 주 씨도 순절했다. 또한 묘호를 바치고 시호를 추증하는
> 데 두 황제와 두 황후, 태자와 여러 제후에서부터 전후로 순국한
> 여러 충신까지 모두 홍광 연간에 모여 있어서 마치 하나의 사건처
> 럼 보이니 더욱 기이하게 여길 만하다.
> 惠宗之亡, 有皇太後呂氏在上, 今亦有懿安皇後在上, 惠宗之亡, 有
> 三皇弟, 今亦有三皇子, 惠宗之亡, 後馬氏殉, 今後周氏亦殉. 且廟號
> 之上, 與諡贈之加, 自二帝二後以及東宮諸王曁前後殉國諸忠, 皆駢
> 集弘光時, 若一案然, 尤可異也.(『三垣筆記』上,「崇禎」, 87쪽)[29]

건문제가 스스로 불길에 뛰어들어 죽었다는 주장이 성립한다면 그의 죽음과 200년 뒤 숭정제의 죽음은 확실히 전후로 유사성이 있어서 한 번의 윤회를 완성한다. 건문제가 "나라를 양보"한 것과 명나라가 망한 것, 이 두 가지 큰 사건은 명대 역사의 두 극단에서 따로 발생했지만, 이와 같은 연상 속에서 건문제 사건은 바로 명나라 역사와 시종始終의 관계를 지녔고, 아울러 왕조의 운명에 나쁜 징조가 되었다. 시간상 200여 년이나 떨어진 두 사건에서 이와 같은 '관련'을 발견했으니, 그와 관련해서 사대부들에게 오래도록 시들지 않는 흥미를 통한 새로운 자극을 주었을 수밖에![30]

사대부 및 민간에서 말하는 '윤회'의 '자원資源'이 불교 사상이라는 점

은 의심의 여지가 없다. 그런데 민간에서는 '인과응보果報'를 더욱 구체화 시켰다. 『삼원필기』에서는 시인寺人* 왕착王著의 『종실록從實錄』에서 일부를 인용했는데, 여기서는 명말 사람들이 갑신년(1644)의 변란을 '건문제 때의 옛 충신들'이 일으킨 것이라고 생각했다는 사실을 기록했다.

> 숭정 초년에 우리 고을의 생원 원정이 어느 산 아래에서 승려 독고를 만났는데 그가 천문을 가리키며 이렇게 말했다.
> "하늘에서 제태와 황자징 무리를 인간 세상으로 내려 보냈으니 머지않아 변란이 일어나겠구려."
> "그분들은 모두 건문제 때의 충신들인데, 어찌 옛날에는 충성을 바치다가 이제 변란을 일으킨다는 말씀입니까?"
> "저들이 이미 오랫동안 분노와 원한을 쌓아왔으니 일단 내려오면 큰 도적이 되거나 아니면 틀림없이 반란을 일으키는 신하가 될 텐데, 어느 쪽이든 마다하지 않을 것이외다."
> 그런데 갑신년의 변란이 일어나 결국 그 말이 증명되었다.
> 崇禎初, 吾邑子衿袁靖, 遇禪僧毒鼓於某山下, 指天象語曰: 天遣齊, 黃輩下界, 不久將亂矣. 靖曰: 此皆建文故忠, 詎昔忠今亂者. 毒鼓曰: 彼積憤怨已久, 一朝下降, 不爲巨寇, 必爲叛臣, 皆所不辭耳. 至甲申之變, 乃驗.(245쪽)

이런 식의 인과응보설을 나라가 망할 무렵에 듣게 된다면 그야말로 '불길한 징조梟鳴'로 들리지 않겠는가!

---

* 시인은 고대 궁중에서 황실 가족을 가까이서 모시던 신하를 가리키며, 대부분 환관이 임명되었다.

제 4 장

'언론'에 관한
언론

명대와 청대의 언론과 관련된 제도에 대해서는 많은 연구자가 이미 다방면에 걸쳐 연구한 바 있다. 그런데 언론과 관련된 제도보다 더 흥미로운 것은 그와 관련된 제도가 한 시대 사대부들의 정치적 행위 및 그들의 인문적 면모에 미치는 영향을 고찰하는 일이다. 이 장에서 다루고자 하는 것은 언론이 행해지던 구역으로서 명대의 조정과 재야 및 거기에서 행해진 언론이며, 특히 명·청 교체기 사대부들이 '언론'에 관해 내놓은 언론에 주목하고자 한다. 이런 언론들은 명대의 '언로言路'와 '청의清議'에 관한 비평 및 '청의'와 관련된 학술 비평을 가리킨다. 우리의 관심에는 이와 같은 비평 속에서 사대부들이 보여준 언론에 대한 이해, 그리고 그들의 자기 기대와 자기 경계 설정이 포함된다. 필자는 이미 명·청 교체기 사대부들의 몇 가지 화제에 대해 논의한 바 있다. 그러므로 여기서는 '언론'을 화제로 삼았다고 여겨도 괜찮을 것이다. '언론'에 관한 언론에는 당연히 사대부들의 생존 환경과 존재 상태에 관한 더욱 직접적인 묘사가 포함되어 있다.

1절

언로

당시 환경에서 '언로'는 넓은 의미와 좁은 의미로 구분된다. 좁은 의미의 언로는 이른바 '언관言官'의 직무에 의해 열린 언론의 통로를 가리킨다. 이 장에서는 특별한 경우를 제외하고 언로라는 개념을 이 좁은 의미로 사용할 것이다. 명대에는 전문적인 '간관諫官'이 없었기 때문에 이른바 '언관'이라는 것은 '말로 질책할言責' 권한을 부여받은 관리, 즉 어사御史나 급사중給事中 —대臺, 성省 또는 과科, 도道라고도 불렀음— 을 가리킨다. 『명사』 권180의 '논찬에는 이렇게 적혀 있다.

> 어사는 조정의 귀와 눈이요 급사중은 황제에게 보고되는 문서들章奏을 주관하며 조정에서 시비에 대한 논쟁을 벌일 수 있으니 모두 간언할 수 있는 관직, 즉 '언로'라고 부른다.
> 御史爲朝廷耳目, 而給事中典章奏, 得爭是非於廷陛間, 皆號稱言路.

관원파關文發와 옌광원顏廣文의 『명대정치제도연구』에서는 '과科'와 '도道'의 직무를 각각 '언관의 직책言官之職'과 '탄핵의 직제糾彈之制'로 구분하여 자세히 설명하고 있다.(148~149쪽 참조) 어사와 급사중의 직책 및 권한은 건의하는 것보다 범위가 훨씬 더 넓은데, 그들을 '언관'이라고 칭하는 것은 어쩌면 그들의 직무 가운데 이 부분에 중점을 두었기 때문일 수도 있다. 명대의 대간臺諫에 대한 평가가 어떠하든 간에 언로—넓은 의미를 포함해서—가 사대부들에게 얼마나 중시되었는지는 의문의 여지가 없는 듯하다.

> 그러므로 언로라는 것은 나라의 운명을 좌우하는 것이다.
>
> 故言路者, 國之命也.(『讀通鑑論』 권14, 522쪽)

언관의 '강직한 품격'

명대 정치에서 '대간'의 역할은 역사가들로부터 줄곧 칭송을 받아 왔다. 명대 사대부들의 정치적 능동성은 건의하는 행위 가운데 확실히 두드러지게 나타났다. 이른바 '언관의 강직한 품격風裁'은 명대 사대부들의 정신적 풍모에 대한 일종의 상징이 되었는데, 이러한 평가는 이미 직능의 관점에 국한되지 않았다. 이제부터 논의하겠지만 언로와 언관에 대한 평가는 통상적으로 실제 정치의 관점에서 출발하지 않았다. 언관의 상황과 처지를 선비 기질의 성쇠 및 세운世運의 오르내림을 측정하는 저울로 간주하는 더욱 심각한 근거는 바로 사대부들이 언론에 대해 가치를 부여하는 태도 및 정치를 평가하는 정통적인 사고방식 안에서 찾을 수 있다. 정식 역사에서 황제에게 보고되는 문서들을 대량으로 채택하여 수록하는 것도 이와 연관된 가치 부여의 태도에서 비롯되었다.

명대의 이른바 '언관의 강직한 품격'에 관해서는 근대의 인물들도 즐겨 언급하면서, 그것을 명나라가 망할 무렵 선비들이 죽음으로 절개를 지킨 일과 함께 명대 역사의 장관으로 간주하곤 했다.[1] 역사가들이 흔히 쓰는 묘사로는 "직언하는 목소리가 천하를 뒤흔들었다直聲震天下"거나 "온 조정이 그의 풍채를 꺼렸고擧朝憚其風采" "옛날의 올곧은 유풍을 이어받았古之遺直"다거나 "과감하게 직언했고謇諤" "기탄없이 바른 말을 했으며諤諤敢言" "울컥하여 과감하게 간언했다負氣敢言" 등등이 있었다. 명대에 과감한 간언으로 칭송을 들었던 이로는 바로 성조 때의 경통耿通*과 진악陳諤**이 있었고(『명사』권162), 영종 때에는 모홍毛弘***과 구홍丘弘****이 있었으며(같은 책, 권180), 세종 때에는 '사철어사四鐵御史'로 불리며 칭송받던 풍은馮恩*****과 양작楊爵,****** 주이周怡******* 등이 있었다.(같은 책, 권209) 천계(1621~1627) 연간에 이르러서는 좌광두 같은 인물들이 더욱 충신의 모범적인 모습으로 여겨졌다.

'강직한 품격'은 천자와 대면했을 때 더욱 잘 나타났다. 『명사』권258에는 첨이선詹爾選********에 대해 다음과 같이 기록하고 있다.

당시 황제(숭정제)께서는 목소리와 표정이 모두 사나워져서 좌우 신하들이 다 놀라 두려워했지만 첨이선은 어조를 굽히지 않

---

* 경통(?~?)은 제동齊東 사람으로 영락 연간에 형과급사중에 발탁되었는데 강직하고 과감한 간언으로 도어사 진영陳瑛을 탄핵하기도 했다. 이후 대리시우승을 역임했다.

** 진악(?~?)은 번우番禺(지금의 광저우廣州에 속함) 사람으로 자는 극충克忠이다. 영락 연간에 형과급사중에 발탁되어 거침없는 직언으로 유명했다. 이후 순천부윤과 호광안찰사, 산서안찰사 등을 역임했다.

*** 모홍(?~?)은 은현鄞縣 사람으로 자는 사광士廣이다. 천순 초년에 진사에 급제한 후 형과급사중에 임명되어 과감한 간언으로 유명했다. 이후 도급사중으로 승진했으나 갑작스러운 질환으로 죽었다.

**** 구홍(?~?)은 복건 상항上杭 사람으로 자는 관숙寬叔이고 호는 난재蘭齋다. 천순 8년(1464) 진사에 급제하여 호과급사중, 도급사중을 역임했다.

있다.

時帝聲色俱厲, 左右皆震懾, 而爾選詞氣不撓.

사람들이 칭송하던 '논쟁爭'은 우선 군주를 향한 것이고 그다음이 측근에서 보좌하는 재상들을 향한 것이다. 『명사』 권236에 수록된 왕원한王元翰*********의 전기에는 다음과 같은 내용이 들어 있다.

왕원한은 4년 동안 간관으로 있으면서 당시의 정치에 대한 논평을 힘써 견지했다. 군주의 잘못을 바로잡고 황제를 가까이서 모시는 지위 높은 신하들에게 반박하니 세상 사람들이 그의 과감한 간언에 감복했다. 그러나 예리하게 공격하고 작은 일에도 사납게 달려들어 놀라게 하니, 조정의 모든 이가 그의 입을 두려워했다.

***** 풍은(1496?~1576)은 송강 화정 사람으로 자는 자인子仁이고 호는 남강南江이다. 가정 5년(1526) 진사에 급제하여 남경어사에 발탁되었는데 간신들의 죄상을 직간하다가 사형을 당할 위기를 겪기도 했으며, 이후 대리시승을 역임했다. 저작으로 『추요집芻蕘集』이 있다. 그의 별명 '사철四鐵'은 입과 무릎, 담력, 뼈가 무쇠처럼 단단하여 고문과 죽음을 두려워하지 않았다는 뜻이다.

****** 양작(1493~1549)은 섬서 부평富平 사람으로 자는 백수伯修이고 호는 곡산斛山이다. 가정 8년(1529) 진사에 급제하여 항인을 거쳐 어사에 발탁되었다. 이후 전국적인 가뭄이 들었을 때 가정제가 하늘에 제사를 올린다는 핑계로 한 해가 넘도록 조정에 나오지 않자 상소를 올려 극언했고, 이로 인해 옥고를 치르다 죽었다. 시호는 충개忠介다. 저작으로 『양충개집楊忠介集』 『주역변록周易辨錄』 『곡산유고斛山遺稿』 등이 있다.

******* 주이(1505~1569)는 선원仙源(지금의 안후이 성 황산黃山에 속함) 사람으로 자는 순지順之이고 호는 눌계訥溪다. 가정 17년(1538) 진사에 급제하여 순덕추관, 이부급사중을 역임하다가 당시 대학사 엄숭에 대한 탄핵과 관련하여 상소를 올렸는데 황제의 노여움을 사서 곤장을 맞고 금의위옥에 갇혔다. 이후 1567년 목종이 즉위하면서 태상소경에 발탁되었다. 시호는 공절恭節이고 저작으로 『눌계문집訥溪文集』이 있다.

******** 첨이선(?~?)은 무안撫安 사람으로 자는 사길思吉이다. 숭정 4년(1631) 진사에 급제하여 태상박사太常博士에 임명되었고, 숭정 8년에는 어사에 발탁되었다.

********* 왕원한(1565~1633)은 안휘 봉양鳳陽 사람으로 자는 백거伯擧이고 호는 취주聚洲다. 그는 만력 29년(1601) 진사에 급제한 이래 이과급사중, 형부주사 등을 역임했으나 위충현을 탄핵하다 파직되었다. 저작으로 『응취집凝翠集』 『왕간의전집王諫議全集』 『미분초未焚草』 등이 남아 있다.

元翰居諫垣四年, 力持淸議. 摩主闕, 扺貴近, 世服其敢言. 然銳意搏

擊, 毛擧鷹驚, 擧朝咸畏其口.

명대에는 언관이 대놓고 황제를 비판하여 "황제가 감당하지 못하帝
不能堪"거나 "황제가 이를 견디지 못한帝滋不能堪" 지경에 이른 사례가
언관과 관련된 『명사』의 기록에 자주 보인다. 이런 분위기는 반항을 장
려하여 심지어 "군주의 기쁨을 치욕으로 여기고, 군주의 노여움을 영
예로 여길"* 정도였다.

언로에 대한 통상적인 평가는 조정의 정치적 기준과 '선비 기풍土風'
및 '선비 기질土氣'에 얼마나 영향을 주는지를 따지는 기준에 의해 이루
어지는 관례가 있었다. 그러나 사대부의 평가 기준이 더욱 중요했으며,
관심은 그 사람이 선비로서 지니고 있는 정신적 풍모와 그의 건의 행
위가 사회적으로 미치는 효과에 있었다. 언관의 직무는 확실히 사대부
의 언론권과 관련이 있었다. 이 책에서 논의하는 이 시기에 이르면 언
로가 열리고 막히는 것은 '선비 기질'과 상관이 있다는 게 이미 말이
필요 없이 분명한 사실로 간주되었다. 사대부들은 분명히 언관의 행위
와 조정의 언론 기풍이 한 시대의 세속 풍속과 사대부들의 습성을 바
꿀 수 있다고 생각했다.[2] 청대부터 근래에 이르기까지 명대의 선비 기
질이 왕성했음을 언급하는 이들은 역시 언로의 측면에서 해석하는 것
이 관행이 되어 있었다. 이런 상황은 오랜 역사 속의 삶에서 형성된 것
이며, (신하를 포함한) 선비들의 자아의 역할에 대한 복잡한 인식을 반
영한다. 그리고 사실상 사대부에게 '언론言'은 의미가 깊은 것이기 때문
에 사대부의 입언立言 행위 자체는 당연히 이른바 '선비 기풍'이나 '선비

---

* 원주: "以君父之喜爲辱, 而以君父之怒爲榮."(『曲山筆塵』 권16 「珤言」, 184쪽)

의 습속'에 속했다. 또한 '선비 기풍'이나 '선비의 습속'은 상당 정도 당시 사대부들의 언론활동을 통해 구성되며, 아울러 그것을 표지標識로 삼는다. 『명사』의 편찬자가 명대 언로의 변천 궤적을 그려내려고 시도했을 때에는 언로가 선비 기질과 더불어 흥성하고 쇠락한다는 것을 전제로 하고 있었다.[3]

'언로-선비 기질'의 관계에 관한 평론들에서는 "평소에 황제의 심기를 거슬러 과감하게 간언하는 신하가 없으면 재난이 닥쳤을 때 틀림없이 절조와 대의를 지켜 순절하는 선비가 없을 것"[*]이라는 송나라 사람들의 말을 다시 인용하면서 그것이 명나라가 망할 무렵 실제 사실로 검증되었다고 여겼다. 그렇기 때문에 "언관으로서 과감히 간언할 수 있는 기개를 갖는 것作言官敢諫之氣"은 중요한 일이었다.

> 선비의 기개와 절조가 흥성하고 쇠망하는 것도 때가 있는 것인가! (…) 우리 명나라에서 가령 정난 사건이 일어났을 때 순절한 이가 1000명이 넘었는데, 영종이 오이라트(몽골 서부 옛 부족—옮긴이)에게 포로로 잡힌 토목土木의 재난이 일어났을 때에는 적막하게 한두 명에 지나지 않았다. 가정 연간의 대례를 놓고 온 조정이 쟁론을 벌일 때 죽거나 귀양을 떠난 이는 수십 명이 넘었는데, 왕조가 바뀐 뒤에 사당廟祧을 옮기고 두 황후를 높이 받드는 일 또한 대단히 중대한 일이었음에도 적막하게 아무도 그에 대해 이야기하지 않으니, 무엇 때문인가?
>
> 士之氣節盛衰亦有時哉 (…) 本朝如靖難之擧, 死者不下十百, 至於土木之難, 寂然不過一二. 如嘉靖大禮, 擧朝爭之, 死且竄者, 不下

---

[*] 원주: "平居無犯顔敢諫之臣, 則臨難必無仗節死義之士."

數十, 至於易世之後, 如廟祧之遞遷, 兩宮之推崇, 亦有許大事體, 復
寂然無一人言者, 何也.(『穀山筆塵』「璅言」, 183~184쪽)

　　왕부지는 명대의 언관과 기타 언론 행위에 대해 엄격하게 비판적인
태도를 견지했으며, "대신과 언관이 침묵으로 아첨하면" "온 나라가
마비되어 살아 있는 사람의 기운이 없어진다"고 여기면서 "현량한 이
들과 어리석고 악한 이들이 모두 막힌 조정은 물과 불이 번갈아 다투
는 선비의 기질보다 못하다"고 했다.* 그리고 언로에 대한 평가가 도덕
화되는 것은 다음에서 설명할 제도의 설계와 직접적으로 관계되어 있
었다.

　　언로의 평가에서 상투적으로 쓰이던 '과감히 말하는 것敢言'과 '직
언하는 것直'이라는 표현은 상당히 모호하여 '천성적으로 잔인한' 이
가 모함에 빠뜨리는 것과 구별할 방도가 없다.[4] 그럼에도 그것은 줄곧
지극히 높은 칭찬으로 간주되어 '바른말直聲'을 하기 위해서는 목숨조
차 아까워하지 않았다. 군주가 언로를 억압할 때는 항상 "명성을 얻으
려고 강직한 척한다沽名賣直"고 이유를 내세웠는데 그것이 오히려 명
대 정치의 일대 장관을 이룬 논쟁을 장려함으로써 "논쟁 외에 또 논쟁
이 생기게爭之外又復有爭"[5] 만들었다. 『명사』 편찬자들도 "신하들이 얼마
나 논쟁을 좋아했던가!諸臣何其好爭也"(권233)라며 탄식을 금치 못했다.
청나라 초기에 이르러 당견唐甄은 '강직한 신하直臣'에 대해 언급하면서
이렇게 덧붙였다.

---

* 원주: "大臣諫官緘默取容 (…) 通國痿痺, 無生人之氣 (…) 薰蕕幷御之朝廷, 不如水火交爭之
士氣."(『讀通鑑論』권23, 881~882쪽)

직언은 나라를 위한 훌륭한 약이요, 직언하는 신하는 나라의 훌륭한 의사다. (…) 강직한 신하가 중시하는 일로 가장 높은 것은 군주의 허물을 공격하는 것이고 그다음이 후비의 허물을 공격하는 것이다. 그보다 아래에 있는 것은 황제의 친척과 후비의 친척, 황제가 총애하는 이들을 공격하는 것이다. (…) 그러므로 나라에 강직한 신하가 있으면 문무백관과 형법을 담당하는 이들이 모두 두려워하는데, 그를 두려워하는 것은 천자로부터 시작된다.

直言者, 國之良藥也; 直言之臣, 國之良醫也 (…) 所貴乎直臣者, 其上, 攻君之過; 其次, 攻宮闈之過. 其下焉者, 攻帝族, 攻後族, 攻寵貴 (…) 是故國有直臣, 百官有司莫不畏之; 畏之自天子始.(『潛書』上篇, 「抑尊」, 68쪽)

뒤에서 다시 설명하겠지만, 이 '강직함直'은 바로 이자명 무리가 올곧지 않다고 여기던 것이었다.

그런데 '강직한 품격'으로 칭송받던 언관도 결국 '말言'에 의해 살상되는 것을 피하지 못했다는 사실은 풍자적이다. 조금 전에 언급했던 왕원한이 바로 불행하게 이 윤회에 떨어진 인물이다. 전겸익에 따르면 왕원한은 "천재성이 피어나고 말솜씨가 천하에서 꼽을 정도로 오묘하여 정치에 대한 탄핵이 살 속의 결을 쪼개니 스스로 거기에서 벗어날 사람이 없었고, 또 사건의 실정을 환히 알아서 참과 거짓을 가려내고 매처럼 강력하며 정확하게 공격함으로써 내쏜 화살이 모두 적중하니, (…) 언관으로 있었던 5년 동안 조정 대신들은 모두 편히 지낼 수 없었지만"* 그 자신이 오히려 언관에 의해 '불법적인 뇌물을 받았다奸贓'고 탄핵을 당해서 스스로 해명할 길이 없었다. 더욱이 유종주의 기록에 따르면 왕원한이 '뇌물贓'을 받았다는 누명을 써서 벼슬을 사직하고 떠났지만 언관들의 탄핵이 그치지 않았다고 했다.

> 일종의 끝없이 이어지는 논의가 선생이 죽을 때까지 천하에 유포
> 되었다. 왕조가 바뀔 때마다 이야기가 선생에게 미치면 여러 가지
> 로 다시 생각하게 되었는데, '분수를 지키다가 헐뜯음을 당했다'
> 거나 아니면 '성격이 가까이하기 어렵다'고 했다. (⋯) (그 바람에 선
> 생은) 사방을 떠돌며 고생하다가 황량한 초야에서 생을 마치셨다.
> 一種悠悠之論, 終其身流布海內. 每當鼎革之際, 語及公便費推敲,
> 不日持守有訾, 則日性氣難近 (⋯) 躑躅於東西南北, 荒嵐野水之間
> 以死.(「諫議大夫原任工科右給事中聚洲王公墓誌銘」, 『劉子全書』 권22)

이것이야말로 '말'의 치명적 성격을 잘 보여주는 예 가운데 하나라
고 하겠다.

명대 사대부들의 언론 방식을 통해 당시 이학理學의 분위기를 어렵
지 않게 감지할 수 있다. 한때 위대한 유학자로 불리던 이들은 '사유師
儒'**라는 전통적인 역할을 극도로 발휘했다. 유학자들은 '군주의 마음
을 연구하는 것格君心'이 성학을 실천하는 길이라고 여겼다. 명말에 위
대한 유학자로 여겨졌던 유종주나 황도주黃道周는 조정이 경전을 강론
하는 자리라 여기고 황제를 가르쳤는데, 그때 활용했던 명분이 바로
'성학'이었다.(『명사』의 「유종주전」 「황도주전」 및 황종희의 『자류자행장子留子
行狀』, 『소전기전少腆紀傳』의 「황도주전」 등 참조)[6] 하지만 앞서 언급했던, '강

---

* 원주: "天才穎發, 言語妙天下, 所彈治皆劈肌中理, 人無以自解免. 又能曉暢事幾, 鉤索情僞,
鷹擊毛摯, 所發必中 (⋯) 在諫垣五年, 朝右皆不能帖席."(『牧齋初學集』 권66, 1526쪽)

** 『주례』 「지관」 "대사도大司徒"에 "四曰聯師儒, 五曰聯朋友"라고 했는데, 이에 대한 정현의 주
석에서 "사유는 고을에서 도예를 가르치는 사람師儒, 鄕里敎以道藝者"이라고 했다.

직한 신하'를 칭송했던 당견은 그러한 성학 논리에 동의하지 않았다.

> 예전에 숭정제께서 이렇게 말씀하셨다.
> "내 어찌 유종주가 충신임을 모르겠는가? 틀림없이 나를 요순처
> 럼 만들려 했을 것이다. 하지만 지금 이 시대에 내가 어떻게 요순
> 처럼 될 수 있겠는가?"
> 참으로 옳은 말씀이로다!
> 昔者莊烈帝嘗曰: 我豈不知劉宗周之爲忠臣哉. 必欲我爲堯舜. 當此
> 之時, 我何以爲堯舜. 誠哉斯言.(『潛書』上篇,「良功」, 52쪽)

명대 사람들이 황제에게 올린 문서들을 보면 도처에서 비분강개한
어조로 기세등등하게 늘어놓는 훈계를 발견할 수 있다. 그런데 '사유師
儒'를 자처하는 이들이 단지 도학가들뿐만은 아니었다. 웅개원은 숭정
연간에 하급 신하의 신분으로 국가 대사에 대해 간언했다가 죄를 얻었
는데, 첫 심문初讞에서 그는 마치 '사유'와 같은 말투로 자신이 천하의
중대한 사명을 맡았다고 진술했다. 그 일이 마무리된 뒤에도 그는 이렇
게 말했다.

> 정말 신하를 가르치는 것은 좋아하면서도 신하가 가르치는 것을
> 싫어하는 게 군주의 일반적인 병폐다.
> 良以好敎臣而不好臣敎, 是人主之通病.(「與馮漸卿徵君」,『魚山剩稿』
> 권2, 248쪽)

한 시대의 보편적인 가치관은 간언하는 이들의 태도와 기대에 강력
한 영향을 미친다. '말'은 원래 사대부의 생존 방식이자 그들이 자아를

확인하는 수단이다. 사대부의 역할에 대한 인식, 그들의 '입언' 충동과 정치를 논의하는 전통은 모두 사대부들의 건의 행위에서 영향력을 일으킨다. '신하'와 '선비'라는 이중 역할의 충돌로 인해 이른바 '언로'에 있는 사람은 그와는 다른 언론 행위를 하는 이들에 비해 더 격렬할 수밖에 없으며, 이로 인해 문헌—황제에게 올린 문서와 기타 의론문—을 통해, '입장'을 통해 언관의 말과 여타 '선비의 언론'을 구분해내기는 어렵다. 이것은 사대부로서 정치를 비평할 때 '간언'과 통상적인 선비의 언론 사이에는 아무런 태도나 방식의 차이가 없기 때문이다. 당연하지만 이 역시 그 사람이 논의를 전개할 때 신하의 '직무'와 사대부의 사명을 전혀 구분할 수 없기 때문이다. 황제에게 올린 문서만 보더라도 언관의 간언은 군주와 조정 신하를 대상으로 할 뿐만 아니라 분명히 전체 사대부 집단에게 호소하려 하고 있음을 어렵지 않게 간파할 수 있다. 이것은 또 조정 언론의 발표와 유포 경로—사관에 조서를 교부하거나 저보邸報에 기재하는 데서 개인의 문집에 수록되는 데까지—와도 관련이 있다. 이와 같은 역할의 충돌은 어쩌면 명대의 황권과 신권 사이의 다툼이라는 거대한 배경 위에서 이해해야 할지도 모르겠다. 즉 언관의 태도는 그 배후의 이익과 이익집단을 통해 해석되어야 한다는 것이다. 당연히 '언로'의 자리에 있거나 '간원諫垣'에 있는 이들이 건의하는 것은 청의나 '처사들의 논의'와는 달리 윤리적으로 제도의 보장을 받는 언론 행위이며, 더욱이 당대 정치에 직접적으로 작용할 가능성이 있다.(그래서 더욱 위험성을 내포하고 있기도 하다.)

이제부터는 조정에 설치된 각종 기구들 가운데 감찰 기구가 건의를 할 수 있는 직권이 부여됨으로써 사대부의 의향을 가장 잘 나타내고 그들의 의지를 구현할 부서가 될 수 있었음을 논의해보고자 한다. '말하기'가 직능이 되고 건의가 목적성을 띰으로써 '언관 형상'에 대한 의

식적인 조형造形이 촉진되었다. 그러나 언론과 임무 사이의 어떤 대립, 언관과 업무 담당자 사이의 '전통의 충돌' 역시 관련 제도를 통해 이해할 수 있다. 언론의 기능에 대한 사대부의 헤아림과 수용에 대한 기대는 명대 언관의 간언에 내재된 완강성, 즉 '의사 표현'을 위해 죽음도 불사하는 태도를 이해하는 데에 필요한 한 가지 측면을 제공한다. 앞서 설명한 갖가지 양태를 통해 알 수 있듯이 언관의 운명에 대해 고찰함으로써 당시 사대부들의 역할과 그 한계를 대략적으로나마 추측하는 일이 가능하다는 것을 알 수 있다.

언론이라는 것은 관련 언론의 기능과 효용에 대한 기대—또한 사대부 자신에 대한 평가와 기대—에 의지해야 하지만 신종神宗의 '깊은 침묵九重淵默'도 입언의 열정을 무너뜨리기에는 부족해 법을 넘어선 징계 역시 언론의 가치를 올린 것 같았다. 더 특이한 것은 일을 할 수 없는 때가 될수록 언론의 형태는 더 활발해지고 논쟁도 더 격렬해졌다는 사실이다. 이 또한 사대부들이 이해하는 ('시행' 여부와는 상관없는) '말하기' 자체의 가치를 통해 이해할 수 있다. 황종희는 시방요施邦曜에 대해 이렇게 기록했다.

> 학사 황 선생이 직언을 올려 주상의 노여움을 사자 제생 도중길涂
> 仲吉*이 상소를 올려 칭송했다. 선생(시방요)은 그 상소문에 "이 논
> 의는 남겨놓을 만하다"라고 비답을 써놓고 황제에게 올리지는 않
> 았다. 도중길이 언로를 막았다고 탄핵하자 선생은 원래의 문서를

---

* 도중길(?~1649)은 복건 장주漳州 사람으로 자는 덕공德公이다. 그는 만력 연간에 태학에 들어가 황도주黃道周를 스승으로 모셨다가 황도주가 억울하게 옥에 갇히자 상소를 올려 항의하던 가운데 조정에서 곤장을 맞고 금의옥에 갇혔다. 명나라가 망하고 나서 남명의 당왕唐王이 그를 어사에 임명했다. 이후 융무 2년(1646)에 머리를 깎고 승려가 되어 하문廈門에서 지냈으며 영력 3년(1649)에 울화병이 악화되어 피를 토하고 죽었다고 한다.

올렸는데, 주상께서 그 비답을 보고 크게 진노하시어 벼슬을 내놓고 고향으로 돌아가게 하셨다.

學士黃公以直言觸上怒, 諸生涂仲吉上書頌之, 公批只可存此一段議論, 不爲封進. 仲吉劾公阻言路, 公繳原疏, 上見其批, 大怒, 開住回籍.(「左副都御史贈太子少保諡忠介四明施公神道碑銘」, 『黃宗羲全集』 제10책, 232~233쪽)

벼슬살이를 해본 적이 없는 손기봉도 이렇게 썼다.

재상은 일을 시행하는 사람이고 대간은 말을 시행하는 사람이다. 일은 오히려 황제의 뜻에 막혀서 시행되지 못할 때도 있지만 말은 방해받아 간언하지 못할 때가 없다. 말이 행해지면 뜻은 이미 행해지게 되고, 혹시 말이 시행되지 못하더라도 발언한 이치만은 천지와 고금의 역사에서 홀로 돌아다닐 것이니, 뉘라서 그것을 막을 수 있겠는가!

宰相, 行其事者也. 臺諫, 行其言者也. 事猶有格而不得行之會, 言則無閒而不得言之時. 言行而志已行矣, 言或有時不行, 而所言之理已獨行於天地古今之間, 夫孰得而塞之哉.(「賀梁如星侍御序」, 『夏峯先生集』 권2)

'채용用' 여부를 뛰어넘어 '말하기'를 의지의 표현으로 여기고 여론에 영향을 주기를 기대하는 것이다. 바로 여기서 말하기는 '입언'을 불후의 대업으로 간주했던 전통 사상과 상통하지만, 그것은 또한 조정 정치에서 일을 맡는 것과 논의를 제기하는 것이 별개가 되고 논의를 정치 행위로 간주하는 폐단과도 무관할 수 없었다.[7] 이로 보건대 '언관과 '언책言責'의 개념은 언론의 기능을 규정하는 데 아무 도움이 되지 않으며, 또한 그와 관련된 벼슬아치의 직능을 확립하는 데 방해만 되었다고 할 수 있겠다. 시방요가 "이 논의는 남겨놓을 만하다"고 한 것은 물론 조정 정치에 대한 심각한 실망에서 나온 말이니 확실히 조정에서 간언하는 것과 일반 언론 사이의 경계를 혼란스럽게 만들어버렸다. 그러나 왕성한 '기개氣'만을 추구하고 효용을 따지지 않는 간언의 태도 역시 이런 관점에서 이해해야 할 것이다.

명대의 언론에 대해서는 당시에도 비판이 있었는데, 이런 비판들에도 역시 왕조 정치의 관점과 사대부 문화의 관점이 뒤섞여 있었다. 전자의 관심은 정치의 효능에 집중되어 있었고, 후자는 선비의 기개와 사대부 집단의 정신 상태에 집중되어 있었다.[8] 명말에 유종주가 올린 상소문들에서는 대성臺省의 현 상태에 대한 비판이 많이 담겨 있다.(『유자전서』 권17 참조) 명나라가 망할 무렵에는 일을 '논의하는' 이들과 '맡은' 이들 사이의 전통적인 갈등이 더욱 격렬해졌다. 『명계북략』 권1에 수록된 웅정필의 「교대소交代疏」에서는 "조정의 논의廟堂議論"가 "세상 물정에 어두워 아무 쓸모도 없는 말들만 주워서 사람들의 마음을 부질없이 어지럽힌다拾帖括語, 徒亂人意"고 비판했고(25쪽), 또 다른 명장名將 노상승盧象昇도 "장안의 말들이 바람 같다長安口舌如風"(같은 책, 246쪽)고 했다. 언론이 '일을 망친僨事' 것을 비판하면서 고생하는 신하들이나 일을 담당한 이들이 언론의 견제 때문에 공을 세우기 어려웠던 것을 지적한 것은 숭정제 때부터 남명 때까지 계속되었다. 『명사』 권278에 수록된 만원길의 전기에는 그가 홍광 연간에 올린 상소문이 수록되어 있는데, 거기서 그는 "논의를 채택하는 방법이 너무 기형적任議之途太畸"임을 지적했다.

이에 논의하는 이들이 이치만 따져서 이기려 하고 형세의 경중은 헤아리지 않으며, 자기 말만 늘어놓길 좋아하고 일에 대한 손익은 고려하지 않는다. 대전에서 저들은 날마다 논쟁하면서, 대궐 밖에서 따르거나 거스르는 것을 멀리서 통제하여 결국 일을 하는 사람은 하나인데 논의하는 이들은 여럿이다.

乃議者求勝於理, 卽不審勢之重輕, 好伸其言, 多不顧事之損益. 殿上之彼已日爭, 閫外之從違遙制, 一人任事, 眾口議之.

이 역시 지나치게 비대한 언론의 폐해를 지적한 것이라 하겠다. 황종희는 주천린朱天麟*의 묘지명에서 영력 연간의 상황에 대해 이렇게 서술했다.

조정에 위기가 닥쳐 구할 겨를이 없었다. 그런데 군대의 식량이나 수비 대책에서 치밀하게 협조해야 하는 중대한 계책들은 모두 제쳐두고 이야기하지 않았다.

廟堂之上, 流矢影風, 救過不遑. 而於兵食戰守綢繆呼吸之大計, 一切置之不講.(『黃宗羲全集』 제10책, 496쪽)

군사적 실패는 '일을 망친' 실제 사례로 거론되었으며(『명사』의 웅정필, 노상승盧象昇, 손전정孫傳庭의 전기 참조), 명나라가 망할 무렵 식견 있는

---

* 주천린(?~1652)은 소주 사람으로 자는 유초遊初이고 호는 진청震靑이다. 숭정 1년(1628) 진사에 급제하여 강서 요주추관을 지냈고, 명나라가 망한 뒤에는 당왕 정권에서 소첨사로서 국자감 일을 관장했다. 이후 예부상서 겸 동각대학사를 지내다가 당쟁이 심해지자 사직했고, 이후 청나라 군대가 남녕을 압박하자 계왕桂王을 따라 피란하는 도중 병이 심해져 이듬해에 광서 서판촌西阪村에서 죽었다. 주요 저작으로 『도통록道統錄』 『치통록治統錄』 『역정삼연易鼎三然』 『천문환도변天文圜度辨』 『육도찬술六韜纂述』 『칠관재집七觀齋集』 『일현초一弦草』 『무자기편毋自欺編』 등이 있다.

이들이 가장 통한으로 여겼던 것으로는 또한 전형적으로 잘못 이해되는 '사직을 위해 죽어야 한다死社稷'는 설과 명나라가 망할 무렵 남경으로 천도하는 것을 신하들의 간언으로 막은 일이었다.(이와 관련된 언론의 비판은 이미 이 책 제1장 2절에서 다룬 바 있다.)

명대의 언론에 대해 더 깊은 성찰은 명나라가 망한 뒤 주로 유민들에 의해 진행되었다. 유민에게서 나온 반성은 당대에 어떤 유효성을 기대하지 않았기 때문에 명대의 정치와 사대부 문화에 대한 더 심각한 비판을 포함할 수 있었다. 이 가운데 후자는 또한 한때 사대부들의 자기반성 가운데 일부분이었다. 그 가운데 많은 분량을 차지한 것은 왕부지 만년의 역사 비평에 담긴 언로와 언론에 관한 논술이다.(이 가운데 제도와 관련된 것은 뒤쪽에서 자세히 다룬다.) 앞서 이미 언급했듯이 언로를 조명하는 것은 위치와 시각에 따라 각기 다르다. 왕부지의 언로 비판은 종종 '국체國體'와 '대체大體'를 통해 언급되었으니, 그 비판의 입장을 짐작할 만하다. 역사 비평에서 왕부지는 언관들이 '대체를 견지'하지 못하고 "자잘한 일을 들어 사납게 공격하며毛擧驚擊" "번잡하게 둘러말하는繁稱曲說" 것에 대해 여러 차례 비판했다. 『독통감론』에서 그는 나름대로 간언의 원칙을 제시했다.

> 도로써 간언하면 자잘한 일들을 거론하지 않고, 일로써 간언하면 다른 곳에 함부로 미쳐서는 안 된다.
> 以道諫者, 不毛擧其事, 以事諫者, 不淫及於他.(권25, 955쪽)

> 격분하여 다투면 작은 것은 자세히 따지지만 큰 것은 소홀히 한다.
> 激而爭者, 詳於小而略於大.(권8, 301쪽)

비록 군주의 도리에서 반드시 잘 알아야 하는 바이지만 그 원천
을 정리해보면 시비가 드러나서 논의하게 되고, 그 부류를 놓고
다투면 논의가 번잡해지고 붕당이 일어난다.
雖君道之所必詳, 而淸諸其源, 則是非著而議論, 爭於其流, 則議論
繁而朋黨興.(권11, 418쪽)

왕부지는 조정 정치에서 '남의 비밀이나 과실을 들춰내 비방하고訐
謗''옳고 그름' 이외의 '비방毀譽''국계國計''제왕에 대한 관리들의 권
계官箴''백성의 고통民瘼''관리들의 다스림吏治' 등과 무관한 헐뜯기를
더욱 통렬하게 증오했고, 특히 "남에게 애매한 죄를 뒤집어씌우는以曖
昧之罪加人"것을 싫어했다.⁹ 여기서 그는 정치의 흑막에 대해 환히 알고
있다는 사실과 정치 행위에 대한 통찰력을 보여주었다. 사회 인심에 미
치는 영향이 가혹한 그의 설명은 더욱이 유학자의 문화적 민감성에서
비롯된 것이었다.

그러므로 군자는 강직한 이가 불만에 차서 당금의 세상을 미워함
으로써 천하의 마음을 모질게 억누르려 하는 것을 무척 걱정한다.
故君子甚患夫剛直者之婞婞以忿疾當世, 而欲以刻核重抑天下之心
也.(『讀通鑑論』권11, 428쪽)

그는 이를 바탕으로 격분에 찬 논의가 '지독한 미움戾氣'을 만연시켜
서 '자연스러운 조화天和'를 어지럽힌다고 했다.

뻣뻣하게 자존심을 내세우며 비방하는 것을 올곧다 여기고 노래
로 풍자하는 것을 글쓰기의 즐거움이라 여겨서 말이 나오면 서로

번갈아 퍼뜨림으로써 백성이 분노하도록 미혹하여 차마 그 아비와 같은 군주를 저주하게 하니, 이리하여 양자 사이에 뒤틀린 기운이 가득 차며, 이로써 자연스러운 조화를 어지럽히고 반역을 부추긴다. 그러면서도 나쁜 말이 입에서 나와 윤리강상을 무너뜨리고 아무렇게나 쓰러진 시체들이 흘리는 피가 100년이 지나도록 멈출 줄 모른다.

翹然自好者, 以詆訐爲直, 以歌謠諷刺爲文章之樂事, 言出而遞相流傳, 蠱斯民之忿忍以詛呪其君父, 於是乎乖戾之氣充塞乎兩間, 以幹天和而獎逆叛, 曾不知莠言自口而彝倫攸斁, 橫屍流血百年而不息.(『讀通鑑論』권27, 1048쪽)[10]

왕조 정치를 비판하는 입장은 결코 정치 행위에 대한 그의 통찰에 장애가 되지 않았다. 더욱 훌륭한 점은 그가 '논쟁'이 목적으로 변했음을 지적한 사실이다. 즉 "올바른 것을 다투는所爭者正"데에서 "다툼을 올바르다고 여기는以爭爲正" 것으로, 옳고 그름을 다투는 데에서 의기를 다투는 것으로 변하면서 '군자'의 도덕적 수준을 낮춰버림으로써 '다툼'이라는 행위 속에서 군자와 소인이 구별되지 않게 뒤섞였다는 것이다.(『송론』권6, 171~172쪽)

지나치게 확장된 선비 여론—또한 지나치게 흥성한 사대부의 의기意氣—에 대한 이와 같은 비판적 태도를 바탕으로 왕부지는 언론이 활발했다고 여겨지는 송나라의 정치에 대해 평가했는데, 그것은 당연히 당시의 일반적인 논의와는 달랐다. 예를 들면 간언을 장려하고 조정에 올바른 사람正人이 가득했다는 진종眞宗(재위 998~1022)과 인종仁宗(재위 1023~1063)의 시대에 대한 평가가 그러하다.

송나라 중엽에 상소를 올려 연혁을 얘기하는 문서들이 관부에 가득했지만 정부 명령이 자주 바뀌고 당파 싸움이 벌어져서 신종의 희령(1068~1077), 원풍(1078~1085), 철종의 원우(1086~1093), 소성(1094~1097) 연간은 엉킨 실타래처럼 어지러워 나라도 그에 따라 피폐해졌다.

宋之中葉, 上書言因革者, 牘滿公府, 而政令數易, 朋黨爭衡, 熙豐元紹之間, 棼如亂絲, 而國隨以敝.(『讀通鑑論』 권10, 412쪽)

천하에 언론이 가득하여 무성하게 장관을 이루어서 거리낌이 없는 조대였다고 전해진다. 그러므로 당시 선비와 백성, 그리고 후세에 그런 풍속에 대해 들은 이들은 인종을 몹시 우러렀지만, 그것은 모두 인종의 잘못이었다. (…) 기울어가는 천하에서는 언론이 커질수록 다툼이 심해지고 관청의 못된 자가 갈수록 많아지며 백성의 재앙도 갈수록 깊어지고 변방도 갈수록 위태로워지지만 오로지 정부와 간원만이 서로 양보하지 않는 기세로 그것을 격발한다. 인종이 정한 법령의 실망스러움은 500년이나 영향을 미치며 종식되지 않았다.

言滿天下, 鬱然可觀, 相傳爲不諱之朝. 故當時士民與後世之聞其風者, 所甚歆仰於仁宗, 皆仁宗之失也 (…) 季世之天下, 言愈長, 爭愈甚, 官邪愈侈, 民害愈深, 封疆愈危, 則唯政府諫垣不相下之勢激之也. 仁宗作法之涼, 延及五百年而不息.(『宋論』 권4, 119, 125쪽)

이 시기에 이르면 송나라 역사를 빌려 당시의 정치를 비판하는 것이 이미 통상적인 비평 전략이 되어 있었다.

명대에는 각기 다른 관점에서 언로를 비평하던 이들도 거의 공통되게 말—어떤 의미에서는 사대부—이 조정 정치에서 수행하는 역할을 과장했다. 그리고 명나라가 망할 무렵 과거를 거슬러 논의할 때도 이런 사고방식을 답습했다. 왕부지처럼 대단히 심도 있는 평론가일지라도 사대부의 자기 평가에 대한 반성은 포함하지 않았다. 바로 여기에 사대부의 완강하게 정형화된 사유思惟가 들어 있다. 그리고 언론으로 언론을 비평하는 것도 논리적 모순을 피하기 어렵다. '송나라'를 빌려 '명나라'를 이야기하면서 언론이 정치를 병들게 하고 지나치게 많은 논의가 일을 그르쳤다는 주장 자체가 시론時論이나 일상적인 담론이 되어감에 따라 반성의 깊이도 상실되었다. 바로 이런 때에 다른 방향으로 사고를 전환하는 것은 신선한 일이다.

명대 사람 및 유민들의 비평에 관해 참조가 될 수 있는 것으로 그와 관련된 청대 사람들의 비평이 있다. 청대에는 문헌 자료를 근거로 '지난 왕조勝國'의 인물과 정치를 살핀다 하더라도 이미 당시의 환경과 문화적 분위기에서 벗어나 있었기 때문에 그 비평이 완전하게 핵심을 찌르지는 못할 수도 있었지만, 오히려 그것을 통해 명대 사람이나 유민들이 보지 못했던 것을 발견할 수도 있었다. 예를 들어 당견은 간언 행위와 관련된 '기개와 절조氣節'에 대해 분석했고, 장감張鑑*의『동청관을집冬靑館乙集』권7 제발에서는 언론을 펼치는 이들이 간사한 이를 탄핵하는 것은 "임기응변의 면모를 벗어나지 못했다不脫占風望氣之面目"고 지적했다.[11] 이외에도 관청이 주관해 여러 사람의 손으로 편찬된『명사』

---

* 장감(1768~1850)은 절강 귀안歸安 사람으로 자는 추수秋水이고 호는 춘야春冶다. 그는 가경 9년(1804) 부공생副貢生이 되어 무의현교유武義縣敎諭를 역임했는데, 당시 절강순무로 있던 완원阮元(1764~1849)이 서호에 고경정사詁經精舍를 건립하고 석학을 초빙하여 강학하게 하면서 그도 초빙되었다. 주요 저작으로『동청관갑을집冬靑館甲乙集』『화잉시휘滕詩』『추수사秋水詞』『추수문총秋水文叢』『승수관시화蠅鬚館詩話』『항수록杭漱錄』『서하기사본말西夏紀事本末』등 다수가 있다.

는 명대의 언로—제도와 언관의 행위 등—를 평가할 때 사용한 기준
이 결코 시종일관되지 않지만, 오히려 그 때문에 다양한 비평의 관점과
사고방식을 포괄하고 있다. 그러나 청대 사람들의 비평에도 청대의 특
수한 편견이 들어 있어서 청대와 명대 사람들의 정신적 의기가 달랐다
는 간접적인 증거가 될 수 있다. 예를 들어 당견은 '군주人君'에게 '당파
의 영웅黨人之雄'을 없애달라고 건의했다.[12] 이자명은 명대의 언론에 대
해 기탄없이 비판했는데, 왕부지의 논지와 합치되는 부분도 있지만 군
주에 대한 입장은 또 명대 사람들보다 '후퇴'한 듯하다.[13]

명대의 언론 분위기와 환경을 조성한 것은 부분적으로 제도에 따른
부작용이었는데, 이런 분위기와 환경은 또 당시의 정치 행위와 제도의
실천에도 영향을 주었다. 언론의 구역으로서 명대에서 사대부들의 언
론 방식과 언론의 기능에 대해 이해하기 위해서는 당연히 전통적 연원
을 고려해야 하며, 또한 '제도'의 조건 아래에서 해석해야 하는데, 이제
부터는 바로 이 점에 대해 논의하고자 한다.

제도에 대한 평가

일찍이 우한은 「황권론論皇權」에서 이렇게 지적했다.

> 수·당 이래의 문하봉박제도門下封駁制度와 대간 제도는 관료 기구
> 안에서 관료 대표가 황제의 조령에 대해 동의하고 서명함으로써
> 황권의 남용 현상을 방지했다. 그런데 황제가 내린 일체의 명령이
> 반드시 중서성에서 초안을 쓰고 문하성에서 심사하여 봉박封駁*
> 하는 절차를 거치고 나서 상서尙書가 시행하는 연쇄 행정 제도는

오로지 정치 이론이나 개별적인 사례에만 존재할 따름이다.**

이에 대해서는 위덩于登의 『명대감찰제도개술明代監察制度槪述』에서 도표로 제시된, 명대의 일부 어사가 "탄핵한 각종 사건 및 비교적 중요한 기타 탄핵 사건"과 그 결과를 증거로 삼을 수 있을 것이다.[14] 이처럼 '제도'는 여전히 고찰의 근거가 될 수 있는 '물질적 형태'를 제공하고 한 시대의 정치 행위가 이뤄지는 토대를 구성한다. 앞서 언급한 위덩의 글에서도 "명대의 어사가 보장받는 것은 군주가 정권을 쥔 환관이나 간사한 측근에 의해 이목이 가려진 경우를 제외하면 그 직위와 임용 등 여러 관점에서 볼 때 여전히 고대로부터 전해지는 의의를 지니고 있었다"***고 했다. 여기서 정말 문제가 되는 것은 어쩌면 바로 제도를 평가하는 데 응당 견지해야 할 기준일 것이다.

명대의 감찰 제도에 관해서는 이미 많은 연구 성과가 나와 있다. 다만 이번 절의 주제와 관련해서 필자는 제도의 기능에 대한 평가에 관심을 더 집중하고자 한다.

명대의 제도를 고찰하려는 이에게는 손승택孫承澤****의 『춘명몽여록春

---

* 봉박은 황제의 잘못된 조령을 봉환封還하거나 신하가 올린 주장奏章의 오류를 반박하여 바로잡는 일을 가리킨다.

** 원주: "如隋唐以來的門下封駁制度, 臺諫制度, 在官僚機構裏, 用官僚代表對皇帝詔令的同意副署, 來完成防止皇權濫用的現象, 一切皇帝的命令都必需經過中書起草, 門下審核封駁, 尚書施行的連鎖行政制度, 只存在於政治理論上, 存在於個別事例上."(吳晗·費孝通 等, 『皇權與紳權』, 天津人民出版社, 1988, 46~47쪽)

*** 원주: "明代御史之保障, 除君主爲權璫奸倖所蒙蔽外, 從其職位及除任諸點觀之, 猶有古代之遺意焉."(위의 책, 137쪽)

**** 손승택(1593~1676)은 산둥 익도益都(지금의 산둥 성 칭저우靑州) 사람으로 자는 이북耳北 또는 이백耳伯이고 호는 북해北海 또는 퇴곡退穀, 퇴곡일수退穀逸叟, 퇴곡노인退穀老人, 퇴옹退翁, 퇴도인退道人 등을 썼다. 숭정 4년(1631) 진사에 급제하여 형과급사중을 역임했고, 청나라 순치 1년(1644)에 이과급사중으로 기용되어 병부시랑과 이부우시랑 등을 역임했다. 장서가이자 서예와 그림에 대해 뛰어난 감별력을 가졌다. 저작으로 『춘명몽여록』 『천부광기天府廣記』 『경자소하기庚子消夏記』 『구주산수고九州山水考』 『소회집溯洄集』 『연산재집硏山齋集』 등이 있다.

『明夢餘錄』에 담긴 관련 기록들도 중시되고 있다. 이 책의 권25「육과六科」에서는 관련 제도들의 연혁을 이렇게 서술하고 있다.

> 황제에게 올라온 문서들은 모두 반드시 (육과를) 경유하여 빠지거나 잘못된 부분, 바뀌어 어지러워진 것들은 봉박할 수 있었다. 관련된 일이 있으면 문서를 베껴 부서에 보내면서 간략하게 참조할 말參語*을 적어 보내는데, 이것을 초참抄參이라고 하며, 중앙 부서의 회답部覆은 상소문에 기록한다. 조정의 잘잘못과 문무백관의 현량함이나 바르지 못함에 대한 평가는 모두 (육과가) 연합 서명을 하여 공포할 수 있도록 허락했으니, 사실상 이전 왕조의 간의와 보궐이 맡았던 직무를 겸하는 셈이다.
>
> 凡章奏出入, 咸必經由, 有所遺失牴牾更易紊亂, 皆得封駁. 事有關系, 抄發過部, 略用參語, 謂之抄參, 部覆錄入疏中. 凡朝政之得失, 百官之賢佞, 皆許聯署以聞, 實兼前代諫議補闕之職也.

육과는 당나라 때의 보궐과 습유에 해당하는데 송나라 때에는 보궐을 사간으로, 습유를 정언으로 바꾸었다. 당나라 제도에서는 간관이 재상을 따라 내각에 들어갔는데 이것은 정치의 요점을 가장 잘 파악한 것이었다. 명나라에 이르러 중서성을 없애고 간관을 아울러 결정하게 했는데, 다만 육과를 설치하여 봉박을 담당하게 했다. 선덕(1426~1435) 연간에는 조정 신하들이 간관을 두도록 청원했으나 황제가 윤허하지 않았다. 이에 간언을 하는 전문적인

---

* '참어參語'는 원래 세 사람이 나눈 말이라는 뜻이지만, 여기서는 어떤 사안에 대해 관련 인원들이 협의한 내용을 참조하도록 적은 짧막한 글을 가리킨다.

직책이 없어졌으니, 이는 제도적인 결함이었다.

六科卽唐之補闕拾遺, 宋改補闕爲司諫, 拾遺爲正言. 唐制, 諫官隨
宰相入閣, 此最得爲政之要. 至明, 革中書省, 乃幷諫官裁之, 惟設六
科以掌封駁. 宣德中, 廷臣請設諫官, 不允. 於是諫無專職, 此爲缺
典.

옛날에는 언관과 찰관이 확실히 달랐고 송나라 때까지도 그러했
다. 감찰어사도 초기에는 사안에 대해 간언하기도 했으나 나중에
는 오로지 감찰만 담당했다. 간원은 간의대부와 좌우 사간, 좌우
정언은 전적으로 (옛날의) 습유나 보궐에 해당하는 일을 맡은 관
직이었다. 무릇 상소에 누구를 탄핵하거나 공격하는 내용이 들어
있으면 주상께서 즉시 훈계하시며 받아들이지 않으셨다. 그러므
로 당·송 시대 언관의 상소를 보면 볼만한 내용이 많다. 후세에
는 규탄하기만 하고 잘못을 바로잡아주는 내용은 없으니 아마도
어관과 찰관이 하나로 뒤섞였기 때문일 것이다.

昔言官, 察官, 截然二項, 如宋時亦尙如此. 監察御史初亦言事, 後惟
察事. 至諫院左右諫議大夫, 左右司諫, 左右正言, 此專爲拾遺補闕
之官. 凡奏疏涉彈擊, 上卽戒諭而不納. 故觀唐宋言官奏疏, 綽有可
觀. 後世有糾彈而鮮糾正, 蓋以言官, 察官渾之爲一也.

고염무는 명대 감찰 기구의 '초참'과 '봉박' 기능에 대해 다음과 같
이 평가했는데, 이것은 명대의 제도를 논하는 이들이 종종 인용하는
것이다.

명대에는 비록 문하성 장관을 없앴지만 유독 육과 급사중은 남겨

두어 봉박의 임무를 관장하게 했다. 어지御듭는 반드시 과로 내려 가서 마땅하지 않은 곳이 있으면 급사중이 바로잡아 부서로 보내 는데, 그것을 일컬어 '과참科參'이라고 한다. 육부의 관리들은 감 히 과참에 항거하여 마음대로 시행하지 못했기 때문에 급사중은 품계가 낮아도 권한은 특별히 중대했다. 만력 연간에는 황궁에서 침묵을 지켰고, 태창 연간 이후로 국론이 어지럽게 일어났는데 그 것을 계속 금지시키기 위해서는 종종 초참의 힘을 빌렸다. 하지만 요즘 사람들은 이 사실을 모른다.

明代雖罷門下省長官, 而獨存六科給事中, 以掌封駁之任. 旨必下科, 其有不便, 給事中駁正到部, 謂之科參. 六部之官, 無敢抗科參而自 行者. 故給事中之品卑而權特重. 萬曆之時, 九重淵黙, 泰昌以後, 國 論紛紜, 而維持禁止, 往往賴抄參之力. 今人所不知矣.

이렇게 보면 명대에 설계한 관련 제도에는 그 자체에 이미 언관의 봉박에 대해 모순적인 태도가 포함되어 있었다고 할 수 있다. 급사중 이 '품계는 낮아도 권한은 중대했던' 것은 바로 '벼슬 서열官秩-일의 권 한事權'의 관계가 일치하지 않는 것이니 통상적으로 이어지던 설명—그 관직을 맡은 이로 하여금 자신을 아끼지 말도록 하려는 것이었다는— 은 의심할 바 없이 제도를 설계한 이의 깊은 마음을 나타내기에는 턱 없이 부족했음을 알 수 있다.[15] 명대에 있었던 사실을 통해 보건대, 언 관의 안전을 보장한다는 승낙은 이런 제도적 틀 안에서는 실현 불가능 한 일이었다. 언관에게 가해진 정장廷杖과 조옥詔獄은 언관이 과감하게 직언하더라도 사법적인 보호를 받지 못했다는 사실을 증명한다. 물론 황제 권력의 통치 아래에서 제도적으로 인정된 어떤 정치 행위도 모두 사법의 절대적인 보호를 받을 수는 없었지만, 관련 제도가 있었는지 여부는 여전히 중요한 경계로 간주할 수 있을 것이다.

근원은 여전히 권력의 분배에 있었다. 언관의 '품계'를 억제한 것은 권력의 균형을 유지할 필요성에서 비롯되었다. 당시의 제도에 대한 명대 사람들의 해석은 사상을 설계한 이와 크게 합치했다. 이청의 『남도록』 권2에는 숭정 17년(1644) 7월에 이유월李維樾*이 한 말을 기록하고 있는데, 그 가운데 이런 내용이 들어 있다.

> 우리 조상께서 옛날을 참조하여 법칙을 드리우셨으니 그 뜻이 웅대하고 심오하여, 정치는 크고 작은 관리들이 서로 받쳐주고 내각의 부서들이 함부로 처리하지 못하도록 하셨다. 사람들이 서로 논의하면 대성臺省에서는 모두 보고할 수 있었기 때문에 표의票擬**는 중서성에서 담당하여 권세를 믿고 농간 부릴 생각을 잊게 했으며, 봉박은 문하성에 맡겨서 옳고 그름에 대한 판단을 보존하게 했다.
>
> 我祖宗鑑古垂憲, 立意宏深, 政以大小相維, 閣部不得專擅. 人以甲乙相議, 臺省皆得與聞, 故票擬在中書, 忘其威福. 封駁在左掖, 存其是非.(68쪽)

같은 책 권4에는 홍광 1년(1645)에 오적吳適(?~?)의 말을 기록했다.

---

* 이유월(?~1654)은 절강 서안瑞安 사람으로 호는 음창蔭昌, 민소원노인民素園老人이다. 만력 43년(1615) 거인이 되었고, 숭정 7년(1634)에 강포현령에 임명되어 이후 8년 남짓 그곳에서 치적을 쌓고 장헌충의 대군을 막아냈으며, 그사이에 『격언찬요格言纂要』 『서봉당강록瑞鳳堂講錄』을 쓰고 『강포현지』의 편찬을 주관했다. 숭정 14년(1641)에는 호부급사중으로 승진했다. 명나라가 망한 뒤에는 복왕 정권에서 태복소경을 지냈으며, 1646년부터는 고향으로 돌아가 유민으로 지내다가 생을 마쳤다. 그가 임증지林增志(1593~1667)와 함께 편찬한 『충정록忠貞錄』은 청나라 건륭 연간에 편찬된 『사고전서』에 수록되었다. 그 외에 다수의 저작이 있었다고 하나 대부분 유실되고 『간원주의諫垣奏議』만 남아 있다.

** 명·청대에는 내각에서 황제를 대신하여 신하들이 올린 주장에 비답했는데, 먼저 첨부할 문서에 초안을 써서 부본을 황제에게 올려 결재를 받았다. 이런 절차를 '표의' '표지票旨' '조지條旨'라고 한다. 청대 후기에는 군기처를 설치하여 중요한 보고는 주절奏折을 이용하여 올리게 함으로써 '표의' 제도는 폐지되었다.

조상들이 관직을 설치하실 때 밖으로는 육조가 있고 안으로는 육원六垣이 있어 안팎이 서로 받쳐주고 크고 작은 관리들이 서로 견제하게 하셨다. 이 때문에 탄핵하는 것 외에 또 '초참'이 있게 되었다.

祖宗設官, 外有六曹, 內有六垣, 俾表裏相維, 大小相制. 是故糾彈之外, 復有抄參.(197쪽)

여기서 말하는 것은 또 감찰 기구들 간의 제약이다. 비평가들이 늘 언급했던 사실, 즉 "언로의 기세가 확장되고" "선비의 기세가 커진" 것과 군주가 언로를 압제한 것은 모두 이와 같은 '제도'를 통해 해석할 수 있다. '올바른 사람正人'이 말로써 '간사한 자邪慝'를 내쫓을 수도 있었지만 그 반대 상황도 가능했는데 이 모두가 합법적인 경로를 통해서, 동일한 제도의 허락에 의지해서 이루어졌다. 역사가들이 즐겨 말하는 언로의 '열리고 막힘'으로는 관련 제도의 형평성을 측량하기에 부족하다.

앞에서 이미 언급했듯이 '언로'와 '언관' '대간臺諫' 등의 호칭은 감찰 기구와 관리의 직능만을 일방적으로 강조한 것이다. 사실상 감찰을 담당한 관리의 직무는 '간언'에만 한정되지 않았으며, 관련 기구와 관리들의 직능은 '간언'보다 훨씬 더 광범했다. 하지만 이와 같은 보편적인 호칭은 가장 눈에 띄는 일부 직능을 나타낸 것이기도 하다. 이 분야의 직능에 대해 『명사』 권73 「직관·2」에서는 이렇게 기록했다.

모든 정치의 잘잘못과 군대와 백성의 이득 및 고생을 회피하지 않고 직접적으로 간언할 수 있었다. 중대한 정치 행위를 해야 할 때에는 조정에 모여서 미리 그에 대해 의논했다.

凡政事得失, 軍民利病, 皆得直言無避. 有大政, 集闕廷預議焉.

더 눈길을 끄는 것은 급사중이 관장했던 '봉박'이다. 그가 '봉박'한 것은 황제의 어명에서 신하들이 올린 문서까지, 이론적으로는 조정에 드나드는 모든 언론을 포괄한다. 근대적인 관점에서 보면 이 직능은 마치 여과기와 같았다. 언론에 대한 '감찰' 권한은 현대에도 지극히 큰 권력이다. 급사중의 '봉박' 가운데 사람들로부터 가장 칭송을 받았던 것은 바로 군주의 권력에 제한된 제약을 가할 수 있었다는 것으로서, 신유학 신봉자들은 그것을 '민주주의 제도'의 요소라고 주장한다. 하지만 바로 여기에서 논쟁도 발생한다. 명대의 급사중은 과연 천자를 경계하여 간언하고 조서를 봉환封還할 권리를 가지고 있었는가? 다시 말해 앞서 설명한 '봉박'에 확실한 제도적 근거가 있는가? 이것은 두 가지 서로 다른 측면의 문제다. 즉 명대의 관련 제도가 규정하는 언관의 권한에서 '언관'이 군주에게 간언할 권리를 포괄하는지 여부와 당시 언관들이 자신의 직무에 대해 이해하고 구체적으로 행사했는지 여부─실제로 군주에게 간언했는지 여부─가 그것이다. 여기서 강조하는 것은 제도의 내용과 실천─후자는 언관 개인의 정치 행위와 정치적 실천을 포괄하는데─의 구분, 그리고 개인적 행위로서 군주의 심기를 거스르며 극렬하게 간언하는 것과 제도에서 보장하는 권한 사이의 구분이다. 이와 관계될 수밖에 없는 문제는 또한 개인의 도덕적 실천으로서 언관의 말과 다른 조정 신하의 간언 사이에 어떤 차이가 있느냐는 것이다. 언관의 말과 대신의 말, 그리고 기타 관리들의 말은 과연 제도적 의미에서 구별되는 것이었는가?

관원파關文發 등의 『명대정치제도연구』에서는 장진젠張金鑑의 다음과 같은 주장에 동의하지 않는다. 즉 명대의 언관은 결코 천자에게 간언하고 조정을 규찰할 권한이 없었기 때문에 "명대에서는 언관 제도에 대해 논할 수 없다"는 것이다. 장진젠은 『중국문관제도사中國文官制度史』에서 이렇게 주장했다.

> 급사중은 언관으로서 천자에게 간언하고 조정을 규찰함으로써 군주의 권력 남용을 방비하고 정부의 직능이 손상되는 것을 막는다. 그런데 명대의 급사중은 봉박하는 것이 여러 부처에서 올린 주장들이고 그가 바로잡은 것은 각 부서의 신하들에게 내려가지만, 직접적으로 황제의 조서를 봉환할 권력도, 황제의 면전에서 과감하게 직간할 위세도 없었다. 간언하던 급사중의 직무는 점차 규찰하는 것으로 바뀌었다. 이른바 봉박이나 주소注銷,* 주문奏聞, 탄핵은 다 천자를 대신하여 모든 일을 규찰하는 것이니, 급사중은 바로 천자의 눈과 귀, 손발일 뿐이지 결코 천자에게 간언하고 조정을 규찰하는 벼슬이 아니었다.**

관원파 등에 따르면, "국내의 많은 학자가 명대 감찰 제도의 역할에 대해 언급할 때 이와 같은 견해를 견지"한다고 했다. 이에 대해 반박하는 관원파 등의 근거는 바로 명대 언관이 황제의 면전에서 과감하게 논쟁한 사례인데, 사실 이것은 장진젠의 주장에 대한 긍정으로 이해해도 될 듯하다.

이를 통해서 비로소 우리는 언관이 '사나운 공격毛鷙攻擊'[16]에 열중

---

* 기록된 사안을 최소하여 지우는 것을 가리킨다.
** 원주: "給事中, 言官也, 所以諫天子, 糾朝廷, 防君主之濫權, 杜政府之瘝職. 而明之給事中, 封駁者百司奏章, 參正者下於部臣, 無經行封還詔書之權力, 無面折廷諍之威風. 由言諫之職, 漸變爲糾察之官, 所謂封駁, 注銷, 奏聞, 糾彈者均不過代天子以察百事, 乃其耳目手足耳, 決不是以言諫天子, 糾朝廷也."(關文發 等, 『明代政治制度研究』, 236쪽 재인용)

한 이유와 그들이 황제의 밀명을 받아 탄핵한 일을 쉽게 이해할 수 있다. 섭성葉盛*의 『수동일기水東日記』 권27 「규핵다출상지糾劾多出上旨」에는 이렇게 기록되어 있다.

> 예전에 병과급사중을 지낸 산서참정 손경이 말하기를, 천순 (1457~1464) 연간에 과도科道**에서 탄핵한 것은 대부분 주상의 어지에서 나왔는데, 어떤 경우는 직접 면전에 불러놓고 분부하면서 누설하지 말라고 주의를 주기도 했다.
> 山西參議孫敬, 前兵科給事中雲: 天順中, 科道糾劾, 多出上旨, 或召 對面諭, 且戒以勿泄.(『水東日記』, 中華書局, 1980)

관원파 등의 저작에서도 "명대에는 황제의 권력이 지극히 커서 감찰원의 주요 직능은 황제의 눈과 귀 노릇을 하며 황제의 심복이 되는 데 치중했기 때문에 그들의 역할은 제한적이었다"***고 주장했다. 사람들이 즐겨 말하는 명대 언로(및 언로에만 한정되지 않은 관리)가 용감하게 군주의 잘못을 지적하여 심기를 거스른 것은 더욱 유학자의 도덕적 신념과 (제도에 의해 부여된 권력에 의지하지 않는) 직능에 대한 인식 및 '간언의 전통'에 기반을 둔 행위였다. 하지만 언론을 전개한 사람의 개인적

---

* 섭성(1420~1474)은 강소 곤산 사람으로 자는 여중與中이고 호는 태암蛻庵, 백천白泉, 경동도인涇東道人, 정동로어瀔東老漁 등을 썼다. 정통 10년(1445) 진사에 급제하여 병과급사중, 산서우참정, 예부우시랑, 이부좌시랑 등을 역임했고 시호는 문장文莊이다. 저작으로 『수동일기水東日記』 『수동시문고水東詩文稿』 『문장주소文莊奏疏』 『추대시화秋臺詩話』 『위족고衞族考』 등이 있고, 그 외에 『녹중당서목菉竹堂書目』 『양광주초兩廣奏草』 『녹중당고菉竹堂稿』 등을 편찬했다.

** 과도는 명·청대 육과급사중과 도찰원 소속 13도 감찰어사를 아울러 부르는 호칭으로 속칭 '양아문兩衙門'이라고도 한다.

*** 원주: "明代皇權至重, 明代監察官員的主要職能偏重於作爲皇帝耳目, 皇帝心腹, 故他們的作用是有限的."(關文發 等, 『明代政治制度硏究』, 170쪽)

행위는 황제가 언로를 조종했다는 사실을 바꾸지 못한다. 말의 권력은 우선 황권에 의해 부여된 것이며, '말'의 위력 또한 이를 통해 해석되어야 한다.

사실상 명대에 칭송받았던 활발한 언론이라는 것은 단지 언관에 의해서만 만들어진 게 아니었다. 조정에서 당당하고 차분하게 논의를 진행한 이들은 위로 대신으로부터 아래로 '소신小臣'에 이르는 관리들이었다. 오유作瑜*는 이렇게 말했다.

> 정덕(1506~1521) 연간에 급사중과 어사들이 권세를 믿고 남을 멸시하며 권력을 좇아 편리한 길을 택하니, 무릇 조정이 큰 잘못을 저지르고 신하들 가운데 엄청나게 간악한 짓을 저지른 이가 있어도 입을 닫고 간언하지 않았다. 한때 황제의 심기를 거스르며 과감하게 간쟁하면서 죽음을 마치 고향으로 돌아가는 듯이 여기다가 궁정에서 고문을 당해 죽기도 하고 변방으로 유배되기도 한 이들은 모두가 낭중이나 원외, 주사, 평사, 항인, 조마照磨,** 서길사들인데, 그들은 모두 간언하는 직책에 있는 이들이 아니다.
> 正德間, 給事, 御史挾勢淩人, 趨權擇便, 凡朝廷大闕失, 群臣大奸惡, 緘口不言. 一時犯顔敢諍, 視死如歸, 或拷死闕廷, 或流竄邊塞, 皆郎中, 員外, 主事, 評事, 行人, 照磨, 庶吉士, 非有言責者.

---

* 오유(1477~1524)는 호북 포기蒲圻(지금의 후베이 성 츠비赤壁) 사람으로 자는 충보忠父다. 정덕 12년(1517) 진사에 급제하여 예부주사를 역임했으나 대례의 사건에서 세종의 뜻에 반대하다가 장형을 당해 죽었다.

** 조마는 '조쇄마감照刷磨勘'을 줄여 부른 것이다. 이것은 청나라가 건립된 뒤 중서성에 설치한 정8품의 관직으로서 일을 마무리하고 회계를 감사하는 직무를 담당한다. 그 외에 숙정렴방사肅政廉訪司에서 감찰을 담당하는 관리를 '조마'라 부르기도 한다.

같은 책에 수록된 나륜羅倫[*] 등의 전기 뒤에는 다음과 같은 논찬이
붙어 있다.

> 문사文詞를 다루는 신하는 문학으로 황제를 모시는 것이 직책이
> 지 간언해야 하는 책임은 없다. 그런데 명성과 도의에 자극을 받
> 아 당당하게 조정에서 논쟁하다가 죄를 저질러 폄적되더라도 후회
> 하지 않으니 어찌 고결하고 지조 있는 선비가 아니겠는가!
> 詞臣以文學侍從爲職, 非有言責也. 激於名義, 侃侃廷諍, 抵罪謫而
> 不悔, 豈非皦然志節之士歟.(『明史』 권179)

조정의 신하들에게는 '간언의 책임言責'이 있고 없고가 구분되어 있
지 않아 무리를 지어 일어나 상소를 올리며 논쟁하는 일도 기록에 자
주 나타난다. 예를 들어 정덕 연간에는 무종武宗이 지방을 순시하려
는 것을 간언을 통해 저지했고, 세종 때에도 대례에 대한 논쟁이 있었
다.(같은 책 권189 「하량승전夏良勝傳」, 권190 「양정화전楊廷和傳」 등 참조) 언
관이 아닌 신분으로 간언하는 것에 대해 통상적으로 끌어다 쓰는 근
거는 바로 선조祖宗의 조정에서 언론을 장려했다는 것이다. 언로를 개
방하는 것과 관련된 명대의 제도 규정은 『대명회전』과 『대명률』 「예율
禮律」 "상서진언上書陳言", 그리고 명 태조의 「와비문臥碑文」 등에서 볼 수
있다. 선비들이 언로가 막혔음을 비판할 때 '선조의 제도祖制'는 바로

---

[*] 나륜(1431~1478)은 강서 길안吉安 사람으로 자는 응괴應魁 또는 이정彝正이고 호는 일봉一峯
이다. 성화 2년(1466) 진사에 급제하여 한림원수찬에 제수되었으나 대학사 이현李賢(1408~1467)
이 부친상을 마치기 전에 복직하는 것에 반대하는 상소를 올린 일로 천주시박사제거泉州市舶司
提擧로 좌천되었다가 이듬해 복권되어 남경 한림원수찬이 되었고, 2년 후 병을 핑계로 사직하고
금우산金牛山에 은거하여 학생들을 가르쳤다. 저작으로 『일봉집一峯集』 『오경소의五經疏義』 등
이 있다.

그가 이용할 수 있는 무기였다.[17]

명 태조가 언론을 장려한 듯한 와비臥碑(옆으로 누인 형태의 비석)를 언론 공간에 있는 사대부들이 누차 근거로 끌어다 쓰긴 했지만, '직무 범위를 벗어나거나出位' '직위를 넘어서는越位' 언론 행위에 대한 비판도 시종 끊이지 않았다. 또한 군주가 간언한 사람이 언관이 아니라는 이유로 소청所請을 거절한 사례도 자주 있었다. 『명사』 권258에 수록된 첨이선詹爾選의 전기에는 그가 숭정제와 나눈 대화가 기록되어 있다.

> 숭정제가 말했다.
> "건의하는 것은 간관의 일인데 대신이 왜 나서는 것이오?"
> "대신은 비록 폐하의 마음이 올바로 돌아가게 하는 직책에 있지만 말씀을 올리지 않으면 그 일을 할 방법이 없습니다. 대신이 중대한 사실만 건의한다 하지만 말씀을 올리지 않을 도리가 없습니다. 대신이 말씀을 올리지 않으면 누가 올려야 하겠습니까?"
> 帝曰: 建言乃諫官事, 大臣何建言. 對曰: 大臣雖在格心, 然非言亦無由格. 大臣止言其大者, 決無不言之理. 大臣不言, 誰當言者.

확실히 숭정제는 직무의 범주 안에 들어가는 언론과 일반 언론을 일부러 뒤섞어버렸다. 건의하는 일이 전문적인 직책을 가진 이의 몫이라는 것을 강조하는 숭정제의 의도는 신하의 언론권을 약화시키려는 데에 있었다.[18] 명나라가 망할 때까지 언론을 억압할 때는 여전히 이런 구실을 답습해서 사용했다. 옹개원은 항인사行人司 사부司副의 신분으로 황제의 면전에서 간언하게 해달라고 청했다가 죄를 얻었는데, 『초얼공사初讞供詞』에는 다음과 같은 문답이 기록되어 있다.

대금오가 (…) 물었다.

"항인은 언관이 아닌데 왜 직무 범위를 벗어나 함부로 간언을 했는가?"

옹개원이 대답했다.

"황상께서 언로를 널리 열어놓으셔서 잡다한 하류배라 할지라도 모두 지존을 뵐 수 있으니……"

大金吾 (…) 問云: 行人司不是言路, 如何出位妄言. 開元云: 皇上廣開言路, 雖雜流廢弁, 皆得見至尊……(『魚山剩稿』, 265쪽)

하지만 아무리 억압해도 명말에 이르면 오위업의 말처럼 "필부가 상소를 올려 황제의 측근을 비판하고 처사가 감찰 권한을 가진 공경에게 반론을 제기하여 점점 후한 때의 상황으로 빠져들어서"* 결국 금제를 통해 '논의를 줄일 것省議論'을 호소하는 사람이 나타났다.

언론과 관련된 명대의 제도와 정치 행위 가운데 또 하나 흥미로운 것은 한도가 있는 '공개성'을 강조했다는 사실이다. 이와 관련된 사고 방식은 당연히 제도적 전통에 근원을 두고 있다. 『명사』권73 「직관·2」에서는 이렇게 기록하고 있다.

13도 가찰어사는 궁정 안팎 여러 부서에 소속된 관리들의 비리를 규찰하여 조정에서 공개적으로 탄핵하거나 밀봉된 상소를 올려 탄핵하기도 한다.

十三道監察御史, 主察糾內外百司之官邪, 或露章面劾, 或封章奏劾.

---

* 원주: "匹夫上書詆訶禁近, 處士抗論裁核公卿, 浸尋乎東漢."(「何季穆文集序」, 『吳梅村全集』 권27, 654쪽)

'공개露章'와 '밀봉 상소封章'는 바로 전통적인 정치적 언론의 형식이었던 것이다.

명대의 문헌에 나타난 바에 따르면 청한請閒(남몰래 상주하는 것)과 비밀 상주密揭 등은 조정 정치에서 극단적으로 민감한 행위였다. 황제가 특별히 불러서 남몰래 대면하거나 가까이 불러 분부하는 것은 설령 그 대상이 대신일지라도 '부적절非體'하다고 여기는 이들이 있었다. 『명사』 권182에 수록된 유대하劉大夏*의 전기에는 다음과 같은 내용이 들어 있다.

> 황제가 일찍이 유대하에게 분부했다.
>
> "일이 임박해서 갑자기 그대를 부르려고 생각했지만 직무 범위를 넘어설까 염려하여 그만두었소. 이후에는 시행하거나 파면해야 할 사안이 있으면 기밀문건인 게첩을 작성하여 제출하시오."
>
> 이에 유대하가 머리를 조아리며 아뢰었다.
>
> "사안의 가부라면 밖으로는 관부의 부서에 맡기고 안으로는 내각의 신하들에게 자문을 구하면 될 것입니다. 게첩을 올리는 것은 폐단이 너무 많이 생기니, 후세에서 본받지 않도록 해야 합니다."
>
> "훌륭한 말씀이오!"[19]
>
> 帝嘗諭大夏曰: 臨事輒思召卿, 慮越職而止. 後有當行罷者, 具揭帖以進. 大夏頓首曰: 事之可否, 外付府部, 內咨閣臣可矣. 揭帖滋弊, 不可爲後世法. 帝稱善.

---

* 유대하(1436~1516)는 호광 화용華容(지금의 후난 성 어저우鄂州에 속함) 사람으로 자는 시옹時雍이고 호는 동산東山이다. 천순 8년(1464) 진사에 급제하여 한림원서길사, 병부직방사의 주사와 낭중을 역임하고 1506년 고향으로 돌아갔다. 죽은 뒤 태보에 추증되었고 시호는 충선忠宣이다. 저작으로 『동산시집東山詩集』 『유충선공집劉忠宣公集』 등이 있다.

『남도록』권2에는 숭정 17년(1644) 8월 예과도급사중 심윤배沈胤培*
가 한 말을 기록하고 있다.

밀봉한 상소문이 은대사銀臺司**를 거치지 않으면 담당자를 속이는 일
이고, 익명으로 자주 거리에 기밀을 폭로하면 풍속을 속이는 일이다.
封事不由銀臺, 則蒙於職掌, 匿名屢揭街衢, 則蒙於風俗.(73쪽)

『춘명몽여록』권25에는 형과급사중 좌무제左懋第가 '은밀한 임용密封'
에 대해 감찰한 내용을 보고하면서 황제에게 그 사안을 베껴서 관련
부서에 발송하게 해달라고 청한 일이 기록되어 있다.

제 생각에는 반드시 비밀로 해야 할 게 있고 굳이 그럴 필요가 없
는 것이 있으며, 사전에는 비밀로 할 수 있지만 사후에는 그럴 필
요가 없는 것, 오늘은 비밀로 해야 하지만 내일은 그럴 필요가 없
는 것이 있습니다. (…) 하물며 저보를 베껴 전하는 것은 정해진
사실이 있지만 길거리에서 와전된 이야기에는 근거가 없습니다.
의혹이 점점 더 심해지면 과장도 아주 많아질 것입니다. 만약 조
정의 신하들이 무슨 소문을 듣는다면 그로 인해 입을 다무는 일
을 피하지 못할 것입니다. 그러니 어찌 비밀로 할 수 있겠습니까!
(…) 제가 지금 이야기하지 않게 되면 조정에서 잠시 신중하게 비
밀리에 일을 처리하는 것이 답습되어 관례가 되어버릴 테고, 심지

---

* 심윤배(1599~1656)는 절강 호주湖州 사람으로 원래 이름은 준경俊卿이고 자는 군후君厚, 호는
창서蒼嶼다. 숭정 4년(1631) 진사에 급제하여 공과와 예과 급사중을 거쳐 형과좌급사중, 예과도급
사중, 태상시소경, 대리시경까지 역임했다.
** 은대사는 문하성 관할의 관서로 황제에게 올라오는 모든 문서를 관장하는 일을 담당한다.

어 각 관서의 기록을 담당하는 이들과 사관에서도 모두 겹겹으로 싸놓은 포대를 열어 기록할 수 없게 될 터이니, 잠시의 의심은 오히려 별게 아니고 후세의 역사에서는 무엇을 취해 기록할 수 있겠습니까?

臣愚以爲, 有必當密者, 有不必密者, 有可密於事先而不必密於事後者, 有當密於今日而不必密於明日者. (…) 況邸報之抄傳有定, 道路之訛言無端. 疑揣轉甚, 張皇孔多. 廷臣縱有所聞, 未免因而箝口. 何可密也. (…) 臣今日不言, 而使朝廷一時愼密之事, 因循沿爲故例, 甚至科錄史館, 皆不能啓什襲之藏而筆之, 而一時之疑信猶其小者, 後世之信史何所取裁.

너무나 희극적인 사실은 앞서 언급했던 숭정제 때의 웅개원 사건에서는 형부의 취조문讞詞에서 그가 언론을 행한 방식에서 '죄'가 있다고 했다는 것이다. 즉 이른바 "교활하게 기밀을 빙자해서狡托機密" "비밀도 아닌 것에 비밀이 있다고 함부로 말했다非密而妄言有密"는 것이다.[20] 이것은 숭정제가 강채姜埰와 웅개원에게 진노하여 기필코 그들을 죽이려 했던 최초의 마음과 반드시 부합하는 것은 아니었지만 그래도 '언사言事'의 원칙과 관련된 또 하나의 이해 방법을 이야기한 것이라 하겠다.[21] '정치'와 '학문'은 여기서 원칙이 상통한다. 왕부지는 이렇게 말했다.

배움을 이야기하면서 비전이나 밀어를 운운한다면 더 물어볼 필요도 없이 그것은 그릇된 주장이다. (…) 밀실에서 마음을 전하는 방법은 바로 도가와 불가에서 자기를 속이고 남을 속이는 일이다.

語學而有云祕傳密語者, 不必更問而卽知其爲邪說. (…) 密室傳心之法, 乃玄, 禪兩家自欺欺人事.(「俟解」, 『船山全書』 제12책, 488쪽)

이 또한 유학자의 도덕적 민감성에서 비롯된 지적일 터다.

이에 대해서는 일반적으로 '공공성公'과 관련된 정치 이념을 근거로 비판한다. 만력 연간의 전일본錢一本*은 상소에서 다음과 같이 주장했다.

주상께서 친필로 어지를 써서 내리시더라도 담당 부서를 거치지 않고 편법으로 직접 하달되는 것은 이전 왕조에서 염려하던 바이며, 비밀리에 상소를 올려 사안에 대해 간언하는 일을 이전의 신하들은 하지 않았습니다. 이제 내각의 내신들이 구제하려는 행동을 하기도 하고 비밀스러운 계책을 세우고는 다들 비슷하게 게첩을 작성하여 바칩니다. 개중에는 비록 격언으로 삼을 것들과 공정한 논의, 올바른 견해와 충심에서 나온 계책도 들어 있겠지만, 비밀스러운 어명과 비밀리에 진상되는 상주는 이미 비슷하기 때문에 공개적이고 공정한 청문과 심사 절차가 없습니다. 하물며 언급한 바가 공적인 일이라면 마땅히 천하에 공개적으로 이야기해야 하고, 사적인 일이라면 충신은 사적인 마음을 가져서는 안 되는 법이니 불가합니다.

墨勅斜封. 前代所患, 密啓言事, 先臣弗爲. 今閣臣或有救援之擧, 或有密勿之謀, 類具揭帖以進, 雖格言正論, 讜議忠謀, 已類斜封密啓之爲, 非有公聽幷觀之正. 況所言公, 當與天下公言之, 所言私, 忠臣不私.(『明史』 권231, 錢一本傳)

---

* 전일본(1546~1617)은 무진 사람으로 자는 국서國瑞이고 호는 계신啓新이다. 만력 11년(1583) 진사에 급제하여 여릉지현, 복건도어사를 역임했으나, 장거정이 어명을 빙자, 언론을 막았다고 탄핵했다가 노여움을 사서 벼슬을 잃고 평민이 되었다. 이후 경정당經正堂을 지어 고헌성과 더불어 동림서원東林書院에서 학생들을 가르쳤다. 사후에 태복시경에 추증되었다. 저작으로 『상상관견像象管見』『상초像抄』『속상초續像抄』『사성일심록四聖一心錄』『범연範衍』『둔세편遯世編』 등이 있다.

앞서 언급했던 좌무제의 상소에서도 이렇게 지적했다.

> 대개 신하가 군주를 섬길 때에는 원래 천하가 함께 알게 하지 못
> 할 말은 하지 말아야 하고, 조정의 행사는 더욱이 천하가 함께 알
> 지 못하게 하는 일이 없어야 한다.
> 蓋人臣事君, 原無不可使天下共知之言, 而朝廷行事, 更無不可使天
> 下共知之事.

대중과 공유하는 것이 바로 '공공성'이다. '간언의 내용을 공개하는
것露章'과 '사본을 발행하는 것發鈔', 그리고 사관에게 맡기거나 저보에
게재하는 것은 바로 이 '공공성'을 구현하는 형식인 것이다. 보아하니
신하의 이로움은 바로 이 '공공성'에 있는 듯하지만 사실은 음모를 방
비한다는 점에 있으니, 예로부터 '주상'과 '신하'의 이해관계는 일치됨
이 있었다.

앞서 이미 언급했던 언로 비판과 비교했을 때, 어쩌면 이제부터 다
루게 될 제도와 직무, 그리고 정치활동 분야에 대한 비평은 사대부들
의 정치 비평이 도달한 수준을 더욱 잘 나타내줄 것이다.

식견 있는 사대부는 원래 제도의 폐단과 허점을 통찰하는 능력을
지니고 있기 마련이다. 융경(1567~1572) 연간의 왕문휘汪文輝*가 바로 그
런 인물로 상소문에서 이렇게 지적했다.

> 언관은 군주에게 잘못을 바로잡도록 권하고 대신을 규찰하여 탄

---

* 왕문휘(1534~1593)는 무원婺源 사람으로 자는 덕충德充이고 호는 도산都山이다. 가정 44년
(1565) 진사에 급제하여 공부주사, 어사, 영하첨사 등을 역임했다.

핵할 수 있다. 하지만 언관의 단점에 대해서는 누가 지적할 것인가?

言官能糾切人主, 糾彈大臣. 至言官之短, 誰爲指之者.(『明史』 권215, 汪文輝傳)

제도 비평은 필연적으로 제도의 역사에 대한 생각을 불러일으킨다. 왕부지는 관련 제도의 병폐를 탐구하면서 '말하기'가 직무가 되고 '말하기'가 목적으로 변하는 폐해를 여러 차례 언급했다.[22] 비평하는 이들의 관심은 여전히 제도 속에서 언관의 구조-기능 관계를 설정하고 제도 내부의 균형을 잡는 문제에 집중되어 있었다. 왕부지는 남조 양梁나라 때 '전문적으로 간언하는 벼슬'이 생겨난 사실로부터 송나라 때에 간관을 재상에 예속되도록 바꾼 과정을 탐구한 후, 권력 균형의 파괴에 대해 이렇게 지적했다.

재상의 등용 여부는 천자의 뜻에 따르고, 간관에게 권한을 주어야 하는지 여부는 재상의 뜻에 따르며, 천자의 잘잘못은 가져다가 간관의 판단을 따른다. 이렇게 순환하며 다스리니 말하는 것이 바로 공을 세우는 것이다.

宰相之用舍聽之天子, 諫官之予奪聽之宰相, 天子之得失則擧而聽之諫官. 環相爲治, 而言乃爲功.(『宋論』 권4, 122쪽)

정치를 해본 경력이 있어 정치 행위에 대해 잘 알았던 왕부지가 관심을 가졌던 것은 언론의 긍정적 기능을 보장해주는 조건이었다. 하지만 애석하게도 이와 같은 체제 내의 사고로 인해 그는 결국 병폐의 근원을 발견하는 데까지 나아갈 수 없었다.

말하기가 '권력'이 되는 측면에 대한 비판을 통해 우리는 명대의 강화된 군주의 권력이 사대부의 사상에 미친 영향을 볼 수 있다. 명대의 주장奏章과 책론策論 가운데에는 말하기의 권력이 위에서 행사되는지 아니면 아래에서 행사되는지—그것은 가령 "지위가 낮은 신하가 대신의 명령을 통제할 수 있고小臣得以制大臣之命" "하급 관료가 오히려 상관의 잘잘못을 강제한다下僚反挾持上官之得失"는 식으로 표현되기도 하며, 또한 나중에 언급하게 될 '청의淸議' 등의 형식으로 표현되기도 하는데—에 대한 담론이 많았다. 전겸익은 '논의와 조령' 사이—즉 말의 권한이 위에 있는지 아래에 있는지—의 제약에 대해 이렇게 말했다.

> 논의가 퍼지고 들끓는 것은 아래에서 일어나지만 그 기세를 관리하고 그 비결을 결정하는 것은 위에 속한다. 그러므로 아래에서 형성되지만 아래에서는 조정할 수 없는 것이 논의다.
> 議論之播騰也在下, 而所以司其氣機, 決其關窺者, 則屬之於上. 故有形在下而下不得衡操者, 議論也.(「制科一」, 『牧齋初學集』 권88, 1838쪽)

그러므로 왕부지가 만년에 유민의 신분으로 역사를 논할 때에도 결코 순수한 '민간의 입장'에서 논의를 전개한 것이 아니었으며, 군주가 "중요한 병권을 장악하여 가벼운 정권을 통제함으로써居重馭輕" 권력은 위에서 장악해야 한다고 확실히 주장했다.

> 근래에는 간언의 직무를 대성으로 나눠주어서 (⋯) 육과는 문서의 사본을 발송하는 일을 담당하고 13도에서는 감찰의 권한을 감독하니, 규찰과 탄핵의 권한이 아래로 옮겨감으로써 군주의 덕

은 독자적으로 맡은 것이 아니게 되었다. 그러므로 속임수가 분노
와 원한을 따르면서 번갈아 나아가고 물러나니, 나라는 크게 어지
러워진다.

近者分諫職於臺省（…）而六科司抄發之任, 十三道司督察之權,
糾劾移於下, 而君德非所獨任, 故詭隨忿戾, 迭相進退, 而國是大
亂.(『讀通鑑論』 권11, 418쪽)

　　그는 "군주의 덕은 독자적으로 맡아서君德獨任" 조정 신하들의 건의
기능을 습유와 보궐의 범위에 제한—하지만 정책의 결정권은 없이—
해야 한다고 주장했다.[23] 뒤에서 지적하겠지만, 말하기가 '권력'이 되는
문제는 특히 민간의 성격을 지닌 언론—청의와 선비들의 지론, 그리고
'백성의 여론民論'—에 논의가 미쳤을 때 현저하게 민감해진다. 세상이
쇠락하고 위태로운 때에 언론을 개방하여 낮은 곳에 있는 이들이 지위
높은 이들을 비판하도록 장려—'품계는 낮지만 권한은 중대한品卑權重'
언관의 상황은 중요한 의미를 시사하는데—하는 것도 확실히 왕조 정
치 윤리의 심각한 모순을 폭로함으로써 위아래 신분질서가 침식되거
나 파괴당하는 상황을 야기한다. 고염무 등 민감한 유학자들이 발견한
신분질서의 쇠락은 당연히 그 제도적 근원이 있다. 하지만 이런 모순은
분명히 체제 안에서는 해결할 수 없는 것이었다. 이런 체제하에서는 언
로를 억압하든 개방하든 모두 폐단이 없을 수 없다. 그러니 이에 대해
유학자들이 느낀 우려는 한이 없는 것이었다.

　　언로와 관련된 제도에 대한 비판 역시 언론의 역할에 대해 과장하
는 것을 피하지 못한다. '말하기'와 관련된 사대부들의 신념은 오랫동
안 누적된 문화적 역량에 기대어 형성된 것이었다. "언관이 천하의 옳
고 그름을 조종한다言官操天下之是非"는 고헌성顧憲成의 말[24]은 바로 언

론의 기능에 대한 전통적인 이해 방식을 나타낸다. 또한 그렇기 때문에 왕부지는 이렇게 말할 수 있었다.

> 신종 희령(1068~1077), 원풍(1078~1085) 이래 논의가 번잡하게
> 일어나 천하에 해를 끼침으로써 도적이 일어나도록 자극하고 오
> 랑캐를 불러들였다.
>
> 熙豐以後議論繁興, 毒痡四海, 激盜賊, 召夷狄.(『宋論』 권4, 139쪽)

이것은 언론과 치도治道 사이의 관계, 그리고 언론의 유효성과 효용적 한계에 대한 고민을 담고 있다는 점에서 대단히 훌륭한 지적이다. 이를 통해 그는 '언론'과 관련해서 깊이 뿌리박힌 정치적 신화에 대해 의문을 제기하고, 언론의 기능을 과장한 사대부들의 편견에 대해 반발했다.

그러나 어쨌든 간에 '말하기'의 효용에 대한 사대부들의 이해는 언론의 공간을 확대하려는 그들의 노력을 지지하는 힘이 되어주었다. 그리고 이것은 다음에 논의할 '청의'에서 더욱 뚜렷하게 나타난다. 말하기가 '권력'이 되었다는 사대부들의 인식은 또한 그들이 언론을 통해 정치에 관여할 수 있는 기본 동력이었다. 사대부가 자신들의 집단적 존재에 대한 자각을 바탕으로 당파적 언론활동을 한 것은 거의 그들이 정치-문화 권력의 관계를 극한에 가깝게 운용한 것으로 간주할 수 있다. 근래에는 명·청 두 왕조를 비교하면서 명대의 관련 제도들이 선비들의 기풍과 습속에 미친 영향에 대해 기꺼이 적극적인 평가를 하곤 한다. 멍썬은 명·청의 감찰 제도와 직무를 비교함으로써 두 왕조의 '선비 기질'에 나타난 차이를 해석하고, 명대에는 급사중이 봉박을 관장하여 "과초科鈔"를 통해 부서에서 다시 보고하게 하지 않으면 비록 어

명을 받았다 하더라도 효과가 없게 함으로써 역대로 변칙적인 방법으로 관료를 임명하던 폐해를 완전히 근절했으니, 그것을 일컬어 간관諫官이라고 한다. 사대부 가운데는 이 직권을 갖기만 하면 비록 황제의 심기를 거스르는 한이 있더라도 끝내 이 직무를 수행한 이들이 있었다. 명대에 선비 기질이 왕성하고 순절한 이가 많았던 근본적인 이유는 여기에 있었다"고 했다. 그런데 청대에는 "과초는 있었지만 봉박은 없어서 일단 어명이 내려오면 바로 시행에 부쳐졌다. 또 간관의 직책을 내각 대신과 혼합하여 풍문이나 사안에 대해 간언하게 했으니, 바로 신하와 백성의 간특한 허물을 채집하는 조정의 눈과 귀가 되게 한 것이었다. 군주의 덕이 올라가거나 내려가는 것이랄지 군왕의 발언에 잘잘못이 있더라도 사대부는 규찰하여 바로잡을 책임이 없었다"고 했다.**
물론 정치 제도는 ('선비 기질'을 대표적인 징표로 하는) 한 시대의 인문 풍모에 영향을 주며, 그 사이의 관계는 여전히 이처럼 간단하게 결론짓기 어렵다.

---

* 과초는 문서를 처리하는 제도다. 명·청대에는 문서에 비답을 적은 다음 육과六科의 치일급사중値日給事中이 내각에서 그것을 수령해 나와서 별도로 사본을 적어 관련 아문에 보내 집행하게 했는데, 이런 절차가 바로 '과초'다.

** 원주: "不經科鈔令部再覆, 則雖奉旨無效, 盡絶歷代斜封墨勅之弊, 謂之諫官. 士大夫惟有此職權, 雖或觸忤, 終必有踐此職者. 明一代士氣之盛, 死節之多, 其根本在是 (…) 淸代有科鈔而無封駁. 一次奉依議之旨, 卽付施行. 又使諫臣之職混合於臺臣, 所許風聞事, 乃撫拾臣民惷願以爲朝廷耳目. 其於主德之汙隆, 王言之得失, 士大夫無糾繩之責."(「崇禎存實疏鈔跋」, 『明淸史論著集刊』, 135~136쪽)

2절
청의

'청의淸議'는 경계를 규정하기 쉽지 않은 개념이다. 그것은 언론이 도덕성에 부합—말 그대로 '청결淸'—할 것을 강조하기 때문에 '선비 여론士論'도 아니고 '중론衆論'도 아니다. 그래서 정원천의 『서산일기西山日記』권하 「청의」에서는 한 명의 석공이나 서리, 여자라 할지라도 광란의 파도가 뒤집어지는 때에 올바른 논의를 견지한다면 그곳에 바로 청의가 존재한다고 했다. 그러나 일반적으로 '청의'라는 어휘는 확실히 '선비 여론'과 어느 정도 가까운 의미로 쓰이며, 도덕성 외에도 종종 비관방非官方적인 성격이 두드러진다. 청의에서 '논의議'하는 것이 정치에 국한되지는 않지만, 정치와 관련된 논의가 중요한 부분을 차지하는 것도 사실이다. 어쩌면 청의는 당시에 공정하게 정치를 논의하고 인물을 평가한 언론—문자로 된 것과 그렇지 않은 것을 포함해서—이라고 해야 옳을 수도 있다. 이 장에서 논의하는 이 시기에 이르면 조정 외에 서원과 강학회처럼 사대부들이 모이는 장소는 자연히 청의가 형성되는 곳이 되었지만, 청의는 서원과 강학회에만 국한되지 않고 사대부들의 각종 정론문政論文에도 나타나며, 또한 거기에는 개인적인 역사 서술—엄숙한 역사 저작에서 야사나 일화, 소설가의 말까지 아우르는—도 포함된다. 그러므로 어쩌면 '청의'는 사대부들—이미 벼슬살이를 하고 있는 이와 아직 벼슬길에 오르지 않은 이들을 포함한—의 논의로 구성된 일종의 언론 마당이라고 해야 마땅할 것이다.

청의의 의의는 사대부의 역사 속에서 쌓여왔다. 청의에 대한 사대부들의 평가에는 언론의 효용에 대한 그들의 예측과 자기 예측이 담겨 있다. 일반적인 의미에서 청의는 권력의 중추에 있지 않은 사대부가 조정 정치에 간여하는 언론 형식을 가리키는 경우가 더 많다. 그것이 나타내는 것은 모호한 '민간의 뜻'이 아니라 사대부 집단의 의지와 바람이라고 할 수 있다. 어떤 경우 '청의'는 특별히 민간인의 신분으로 있는 사대부들—및 민간에 섞여 있는 선비들—이 정치를 논의하고 인물을 품평하는 언론으로서, 주로 관방에서 벼슬살이를 하는 사대부에게 영향을 줌으로써 조정의 논의에 간접적으로 진입하여 정치에 간여하게 된다. 어떤 지역에서 청의를 주도하는 이는 종종 폄적을 당했거나 혹은 사직하고 고향에서 살고 있는 저명한 벼슬아치다. '청의를 주도하는 것'은 심지어 '올바른 사람'으로서 벼슬아치가 사직하고 고향에서 살게 된 뒤에 수행해야 할 정치적 의무로 여겨지기도 했다. 『명사』권231에 수록된 설부교薛敷教*의 전기에서는 그가 "20년 동안 고향에 살면서 청의를 주도하는 데 힘썼으며, 높은 관리들이 무슨 일을 하려 할 때 그의 말로 저지한 경우가 많았다"**고 했다. 이런 상황에서 '청의'는 바로 사대부가 민간인의 신분으로 발표한 정치적 논의였던 셈이다.

---

* 설부교(1554~1610)는 무진 사람으로 자는 이신以身이고 호는 현대玄臺다. 만력 17년(1589) 진사에 급제했으나 황제의 심기를 거슬러 고향으로 쫓겨났다. 이후 봉상교수, 국자감조교, 광주학정 등을 역임했고, 1604년에는 동림서원에서 가르쳤다. 저작으로 『속헌장록續憲章錄』『계사록癸巳錄』『주소奏疏』『천상잡지泉上雜識』『진정명眞正銘』『부벌집浮戈集』등이 있다.

** 원주: "家居二十年, 力持淸議, 大吏有舉動, 多用敷教言而止."

그러나 '청의'는 또한 사대부가 '원외院外'에서 진행한 논의에만 국한되었던 것은 아니다. 청의의 귀결처로 알려진 '동림東林'은 현직 버슬아치뿐만 아니라 (조남성趙南星*과 같이) 상당한 요직에 있는 이들도 있었다. 바로 이 사실은 조정 안팎이 언론 분야에서 상호 작용을 주고받는 관계에 있었음을 가장 뚜렷하게 설명해준다. 조정 안팎의 논의는 원래 경계를 나눌 수 없으며, 그 사이에는 언론이 '마당場'이 되는 연결뿐만 아니라 앞서 설명한 바와 같은 조정 신하들이 기대고 있던 사대부 근성이 있었다. 그러므로 예를 들어 조정 신하가 주장奏章에서 정계의 인물을 품평하는 것이 조정 밖에서 이루어진 '초하루 품평月旦評'과 비록 상황은 다르지만 둘 다 문인의 습성에 뿌리박고 있는 것은 마찬가지다. 이를 근거로 또 청의를 사대부들과 조정 정치가 관계를 맺는 일종의 형식이자 사대부들이 언론을 통해 정치에 참여하고 간여하는 전통적인 형식이라고 규정할 수 있다.

『서산일기』「청의」에 기록된 고헌성과 왕석작王錫爵**의 다음과 같은 대화는 명 중엽 이후 청의의 활발한 양상과 그 정치적 기능을 실감하게 해준다.

경양선생 고헌성이 태창공 왕석작을 뵙자, 왕석작이 말했다.

"근래에 한 가지 이상한 일이 있소. 내각에서 옳다고 하는 것을

---

* 조남성(1550~1627)은 고읍高邑(지금의 허베이 성에 속함) 사람으로 자는 몽백夢白이고 호는 제학儕鶴, 별호는 청도산객淸都散客이다. 만력 2년(1574) 진사에 급제하여 여령추관, 호부주사, 이부고공낭중, 이부문선원외랑 등을 거쳐 이부상서까지 역임했다. 동림당 지도자 가운데 한 명인 그는 희곡작품인『방여원악부芳茹園樂府』를 지었고, 그 외에『조충의공문집趙忠毅公文集』『미벽재문집味檗齋文集』『사운史韻』『학용정설學庸正說』 등을 남겼다.

** 왕석작(1534~1611)은 태창 사람으로 자는 원어元馭이고 호는 형석荊石이다. 가정 41년(1562) 진사에 급제하여 한림원편수, 첨사부우유덕, 국자감좨주, 예부우시랑, 문연각대학사를 거쳐 만력 21년(1593)에는 수보가 되어 벼슬이 태자태보, 이부상서, 건극전대학사에 이르렀다. 죽은 뒤 태보에 추증되었고 시호는 문숙文肅이며, 저작으로『왕문숙공전집王文肅公全集』이 있다.

바깥 여론에서는 반드시 잘못되었다 하고, 내각에서 잘못되었다
고 여기는 것을 바깥 여론에서는 반드시 옳다고 여기는구려."

"저도 한 가지 이상한 일이 있습니다. 바깥 여론에서 옳다고 하는
것을 재상께서는 반드시 잘못되었다 하고, 바깥 여론에서 잘못되
었다고 여기는 것을 재상께서는 반드시 옳다고 여기시더이다."

왕석작은 자기도 모르게 껄껄 웃음을 터뜨렸다.

顧涇陽先生謁太倉公, 公曰: 近有一異事, 閣中稱是, 外論必以爲非,
閣中所非, 外論必以爲是. 涇陽先生曰: 某亦有一異事, 外論所是, 相
公必以爲非, 外論所非, 相公必以爲是. 公不覺大笑.

황종희는 『명이대방록』「학교學校」에서 이렇게 썼다.

서원에서 잘못되었다고 여기는 이를 조정에서는 반드시 옳다고
여기고 영예를 주며, 옳다고 여기는 이를 조정에서는 반드시 잘못
되었다고 여기며 모욕을 준다.

有所非也, 則朝廷必以爲是而榮之, 有所是也, 則朝廷必以爲非而辱
之.(『黃宗羲全集』제1책, 11쪽)

사실상 이 시기에 이르면 시비가 서로 저촉되는 일이 도처에서 벌
어졌다. 우신행于愼行은 위아래가 대립하고 "선비의 영욕이 아래에서
이루어진 비방과 칭송에 좌우되는士之榮辱制於下之毁譽" 것에 우려를 표
명했다.

요즘에 간언하여 죄를 지은 신하는 종종 곤장을 맞거나 벌거벗긴
채 조정에 묶여 있곤 하는데 그것을 치욕으로 여기지 않고, 천하

사람들도 그가 황제의 뜻에 항거하는 상소를 올려서 명성을 높였다며 마치 신선이 되어 하늘에 오른 것처럼 부러워한다. 이러니 옛사람들이 치욕으로 여기던 것이 바로 오늘날 영예로 여기는 것이 되었다.

近代建言得罪之臣, 往往賜杖, 大廷裸體繫累, 不以爲辱, 而天下以其抗疏成名, 羨之如登仙, 是古人之所爲辱, 乃今之所爲榮也.(「明刑」,『穀山筆麈』권10, 117쪽)

청의와 정치적 중추中樞의 대치로 인한 부작용은 틀림없이 탕개원湯開遠*의 말처럼, "조정에서 묶어서 모욕을 주고 내쳐서 조금도 아끼지 않는 사람이 또 재야에서는 중시되어 없어서는 안 될 사람이라고 개탄한다. 이렇게 위아래의 마음이 다르고 조정과 재야의 의견이 다른"** 상황으로 귀결될 것이다.

이와 같은 항거의 배후에는 당연히 언론의 공간을 쟁취하여 조정 정치에 간여하려는 사대부들의 완강한 바람이 자리 잡고 있었다. 그러나 그보다 더 심각한 뒷배는 바로 당시 사대부 집단, 사대부의 이익집단이 가지고 있던 정치적 요구—특히 권력에 대한 요구—였다. 명대 내내 지속된 거대 호족 가문과 조정의 이권 쟁탈, 신권紳權과 황권의 격렬한 대립 과정에서 사대부들의 이익과 요구가 '청의'에 의지해서 표현되기를 바란 것은 자연스러운 현상이었다. 그리고 민간의 정치는 필

---

* 탕개원(1598~1640)은 강서 임천臨川 사람으로 자는 백개伯開다. 만력 43년(1615) 18세의 나이로 거인이 되어 회경부추관에 임명되었으나 훗날 숭정제의 뜻을 거슬러 항소하다가 벼슬을 잃고 하옥되었는데, 좌양옥左良玉 등 많은 이의 탄원으로 겨우 풀려나 하남부추관이 되어 반란군을 소탕했다. 이후 안찰첨사까지 역임했고, 죽은 뒤 태복소경에 추증되었다. 저작으로『한광당소초寒光堂疏草』『군중영마시軍中詠馬詩』가 있다.

** 원주: "朝所爲縲辱擯棄不少愛之人, 又野所爲推重慨嘆不可少之人. 上與下異心, 朝與野異議."(『明史』권258, "湯開遠")

연적으로 조정에 중대한 영향을 미칠 수밖에 없었다. 『명사』 권230의
논찬에서는 다음과 같이 쓰고 있다.

> 명나라는 중엽 이후에 이르러 의견을 개진하는 이들이 파벌을 나
> 누어 당파를 이루고 모두 내각 대신의 눈치를 살펴 진퇴를 결정
> 했다. 아부하여 총애를 얻으면 그와 무리 지어 어울리고, 그 반대
> 면 대립했다. 무리 지어 어울리는 이들은 청의에서 용납되지 못했
> 지만 대립한 이들은 명성이 높아졌다. 그러므로 당시 재상이 있는
> 내각은 결국 논쟁하며 탄핵하는 무리가 모인 곳이 되어버렸고, 나
> 라의 중대 정책들은 혼란에 빠졌다.
> 明至中葉以後, 建言者分曹爲朋, 率視閣臣爲進退. 依阿取寵則與之
> 比, 反是則爭. 比者不容於淸議, 而爭則名高. 故其時端揆之地, 遂
> 爲抨擊之叢, 而國是淆矣.

　사실상 청의의 영향력은 바로 민간과 관방에서 공동으로 조성한 것
이었다. 명대에 청의는 조정 정치에 진입할 수 있는 상당히 정식의 길
이 있었으니, 바로 이부吏部의 심사를 담당한 관리들이 채용한 '방단訪
單'과 같은 형식이 그것이었다.

> 방단이라는 것은 이부에서 관리를 규찰할 때 공중이 여론에 자
> 문을 구해 그가 현명한지 여부를 결정하는 것인데, 이런 경우 조
> 정 관리가 들은 바를 기록하여 규찰 담당자에게 가져다준다.
> 訪單者, 吏部當察時, 咨公論以定賢否, 廷臣因得書所聞以投掌察
> 者.(『明史』 권229, 沈思孝傳)

황종희의 「정원징묘지명鄭元澄墓誌銘」에서는 방사坊社가 실제로 관리 선발에 참여한 사례를 제시한다.

> 이때 독학이 명사를 찾아가 자문을 구하는데 나도 여러 차례 붓을 들고 사단의 사람들을 모아 그에 대해 논의했다. 그 내용은 어느 군의 인재는 누구이고, 어느 현에는 누가 있으며, 누가 가장 낫고 그다음은 누구라는 식이었다.
>
> 是時督學諮訪名士, 余累執筆, 聚同社而議之曰: 某郡某人, 某縣某人, 某也第一, 某也次之.(『黃宗羲全集』 제10책, 478쪽)

그의 『사구록思舊錄』 「유응기劉應期」에서는 이에 대해 더 자세히 서술하고 있다.

> 이때 한 지방의 명사들은 모두 기록을 갖고 있었는데, 학정이 도착하면 공문으로 바쳐서 대략적으로 우열의 기준을 정했다. 나도 붓을 잡은 적이 있는데, 줄지어 앉아 있는 수십 명의 명사가 모두 털끝만큼의 사심도 없었고, 반드시 중론이 화합된 뒤에야 결정했다.
>
> 是時一方名士皆有錄, 學使者至, 以公書進之, 大略準之爲上下. 余嘗執筆, 名士十數人列坐, 皆無毫髮私意, 必衆論相諧而後定.(『黃宗羲全集』 제1책, 380쪽)

이것은 위·진 시기의 자발적인 '초하루 품평'과는 그 분위기가 이미 대단히 달랐다. 이를 통해 이른바 방사坊社와 사대부의 여론이 '인물을 나아가고 물러가게 하는 것'은 관방의 절차를 통해 실현되기를 기대한 행위였음을 알 수 있다. 바로 조정에서 주도하는 관리 선발—한나라 제도에서 시행한 고을鄕里의 추천이든 명나라 제도에서 시행한 관리의 심사이든 간에—이 청의를 어느 정도 '체제화'했던 것이다.[25] 명교名敎는 원래 일정한 형식을 통해야만 형법에 효율적으로 보충을 할 수 있다. 그리고 청의로써 관리 선발을 보조하는 일은 사대부들이 중시하는 '사회적 승인'의 형식을 제공했다. 조정 정치가 (특정한 방법을 통해서) 청의를 흡수하는 것은 제도의 자기 조절에 도움이 되고, 인재의 등용과 관련된 조정 법령功令의 부족한 (또는 미처 미치지 못한) 부분을 보충할 수 있다고 여겨졌다. '명분名' '법法' '가르침敎' '형벌刑'은 '성학'과 권력의 운용이며, 민간과 조정의 정치적·문화적 역량이 여기로 흘러들어 모인다. 분명한 것은 이와 같은 '청의'의 체제화 과정이 필연적으로 사대부와 당대 정치의 관계 및 관계의 형식에 영향을 미쳤다는 사실이다.

황종희는 『명이대방록』 「학교」에서 조정은 "학교에서 그 옳고 그름의 판단을 공정하게 해야公其是非於學校" 한다고 했는데, 그 문헌적 근거는 『일지록』 권13 "청의" 조목에서 언급한 '여사閭師'와 '향교鄕校', 그리고 후한 때에 정치에 간여한 것으로 유명한 태학太學에서 벗어나지 않는다. 그보다 더 가까운 근거는 의심할 바 없이 그와 관련된 명대 사대부의 실천, 특히 황종희가 잘 알고 있으면서 아울러 한때 참여하기도 했던 동남 일대의 방사와 강학활동이었다. 이제까지 청의가 성행했다는 것은 사대부 집단의 강대함과 사대부들이 지닌 정치적·문화적 역량을 증명하는 것으로 여겨졌다. 동림당의 인물들이 "조정 정치를 풍자하고 인물을 재량裁量하니" "중앙의 벼슬아치朝士 가운데 그 기풍을 흠모한 이들이 대부분 멀리서 호응한" 것이나,* 복사復社를 이끄는 인

---

* 원주: "諷議朝政, 裁量人物, (…) 朝士慕其風者, 多遙相應和."(『明史』 권231 "顧憲成")

물들이 "모두 후진들을 기껍게 받아들여 명성을 높이고, 인사들이 분주히 찾아와 문전성시를 이루었으며" "그 사이에 모범이 되는 사람이 (…) 인물을 재량하고 잘잘못을 풍자하면 집권자들이 듣고 속으로 기피하며 동림당의 계승자로 여겼다."*26 동림당과 복사가 서로 계승한 것은 바로 사대부들이 언론으로 정치에 영향을 줄 수 있다는 것을 자각했기 때문이다.

청의는 명나라가 끝날 때까지도 활발하게 이어졌다. 전겸익은 숭정 말년에 이를 때까지 "황제 앞에서 더욱 정신을 진작시켜 관료들의 논의와 청의가 여전히 서로 대립할 수 있었다"**고 했다. 명대 청의의 활발함은 의심할 바 없이 전체적인 언론 환경에 의해 고무되었던 결과이고, 그 활발함은 또한 조정 정치의 쇠락과 보조를 같이했던 듯하다.27 여기에 또 사대부들이 '권력'으로서 여론에 대해 더욱 자각하게 되는 과정이 담겨 있다. 방사坊社의 언론은 확실히 권력의 틈새를 메워주었다. 어쩌면 명대는 중국 고대사에서 사대부가 자신의 정치적 능동성을 극도로 발휘할 수 있었던 시기라고 볼 수도 있겠다. 동림당과 복사는 청의의 기능을 극도로 발휘했지만 천계(1621~1627) 연간부터 홍광(1645) 정권까지 이어진 '당파의 재앙黨禍'은 그 극한을 보여주기 때문에, 그와 관련된 정치 문화 현상을 연구하는 데 표본으로서 더욱 가치가 있다.

여론은 공론公論, 즉 옳고 그름을 공인하는 행위다. 여론을 '공론'으로 여기는 것은 사대부의 전통적인 신념과도 부합한다.28 여기서 말하는 '공', 즉 '공정성公正性'은 참여자의 수량, 즉 '무리衆'로써 보충 설명이

---

* 원주: "皆喜容接後進, 標榜聲價, 人士奔走, 輻輳其門 (…) 其間楷模之人 (…) 裁量人物, 譏刺得失, 執政聞而意忌之, 以爲東林之似續也."(「劉瑞當先生墓誌銘」, 『黃宗羲全集』 제10책, 326쪽)

** 원주: "當寧厲精, 吏議與淸議, 猶能互相搘拄."(『牧齋有學集』 권30, 1108쪽)

되었다. 웅개원은 융무隆武 정권에 올린 상소문에서 육지의 말을 인용해서, "대중의 논의는 인정을 충분히 보여준다"*고 했다. 또 장이상은 이렇게 말했다.

> 한 사람의 마음에는 간사하고 올바른 것이 들어 있기 때문에 그
> 의 말은 전거로 삼기에 부족하지만 억조인의 마음이라면 공정하
> 고 사사로움이 없을 것이다.
> 一人之心有邪正, 故其言不足憑, 若億兆人之心, 則公而無私矣.(「備
> 忘四」, 『楊園先生全集』 권42)

이해李楷**는 「중론衆論」에서 '합중合衆'과 '동중同衆'의 취지를 발휘하여 이렇게 주장했다.

> 무리를 이룬 것을 바르다 하고 바른 것을 옳다고 하며, 무리를 이
> 룬 것을 공정하다 하고 공정한 것을 두루 미치게 한다.
> 以其衆者謂之正, 以其正者謂之是. 以其衆者謂之公, 以其公者爲之
> 溥.(『河濱文選』 권1, 同治十年刊本)

'중론'과 관련된 조남성의 다음 주장도 응당 일정한 대표성을 지닐 터다.

---

* 원주: "衆多之議, 足見人情."(『魚山剩稿』 권1, 81쪽)

** 이해(1603~1670)는 섬서 조읍朝邑(지금의 산시 성 다리大荔) 사람으로 자는 숙칙叔則이고 호는 하빈河濱 또는 안옹岸翁이다. 천계 4년(1624) 거인이 되었으나 이후 여러 차례 응시해도 진사가 되지 못해 벼슬길을 포기하고 역사학 연구에 몰두하다가 청나라 때에 강소 보응지현을 지냈다. 그의 저작은 아들 이건선李建選이 편집하여 『하빈전서河濱全書』로 간행했다.

중론이 반드시 다 옳지는 않지만 중론을 벗어나지는 않는다.

衆論未必皆是, 而是不出於衆論之外.(「覆新建張相公定國是正紀綱疏」,

『趙忠毅公文集』권12, 小野和子, 「東林黨考」, 『日本學者研究中國史論著選

譯』, 292쪽에서 재인용)

'천하를 공정하게公天下'라는 말에는 사대부들의 이상적인 정치 이념이 깃들어 있다. 이상의 서술에서는 '무리衆'를 '공정성公'과 동일시하고, '여론輿論'을 '공론公論'으로 여기는 것이 논증할 필요가 없는 자명한 것으로 여겨졌다. 그러나 이것은 역설적인 명제다. 즉 청의를 중론衆論으로 간주한다면 그 공정성—이른바 청결함—의 여부도 '무리'의 판단에 기대야 한다. 구체적인 역사 상황에서 청의의 '공정성' 여부에 관한 판단은 특정한 사대부의 파벌이나 집단의 의지에 의해 이루어질 수밖에 없다. 청의에 관한 평가에서 사대부들이 알게 모르게 생략했던 것은 바로 언론의 배후에 있는 이익집단과 그 동기인데, 이로 인해 '청의'는 마치 특수한 이익에 초연한 '순수' 언론처럼 보이게 되었다.[29]

당시의 어떤 논설에서는 그것을 행한 사람이 관방의 신분이 아니라는 사실이 '공정성'을 보장한다고 여기기도 했다. 오위업의 책문에서는 소식의 말을 인용하며 이렇게 쓰고 있다.

서인의 말은 작록이 좋은 줄을 모르기 때문에 그 말이 공정하고,
군주의 위세가 두려운 줄 모르기 때문에 그 말이 반듯하다.

庶人之言, 不知爵祿之可愛愛, 故其言公, 不知君威之可畏, 故其言直.(『吳梅村全集』권56, 1109쪽)

그런데 사실상 조정 밖 여론은 대개 조정의 논의에 대한 반응이었

다. '서인의 말' 가운데 '백성의 여론'과 '사대부의 여론'은 특정 시기 언론의 마당을 구성할 때 종종 동질성을 지닌다. 여론이 조성되는 과정에서 사대부가 주도 작용을 한다는 것은 무척 뚜렷해서 쉽게 알 수 있다. 즉 '백성의 여론'은 '사대부의 여론'으로부터 '인도'를 받는 것이다.

청의와 공론이 조직되고 표현되려면 일정한 형식을 빌려야 한다. 일부 유서 깊은 형식은 이 장에서 논의하고 있는 이 시기에 이르러서도 여전히 사용되고 있었으니, '격문檄'과 '게시문揭'이 그런 예다. 복사復社 성원의 손에서 나온 「유도방란공게留都防亂公揭」는 대표적인 예 가운데 하나다.(이 게시문에 대해 완대성阮大鋮은 「수무쇄언酬誣瑣言」이라는 게시문으로 회답했음.) 부산傅山의 주도로 진晉(산서山西)의 여러 선비가 원계함袁繼咸의 억울함을 호소한 사건도 게첩을 통해 '공론'을 나타낸 실제 사례를 제공한다.(부산, 「인인사기因人私記」, 『상홍감집霜紅龕集』 권29 참조) 이외에 민간사회에 영향을 주는 정치적 성격을 띤 가요와 속담도 종종 사대부들의 손에서 나왔다.[30] 언론을 공유할 조건을 제공한 전파 수단은 이 시기에 들어서 장족의 발전을 이루었다. 특히 방각坊刻의 발달과 저보가 널리 보급된 사실은 논자들이 즐겨 언급하는 부분이다. 명대의 저보가 언론의 조성 과정에서 행한 기능에 대해서는 류융창劉勇强의 논문 「명·청 저보와 문학의 관계」를 참조하길 바란다.[31] 우신행의 『곡산필진』에서는 당시의 정보 전파가 거의 통제 불능의 상태였다고 설명했다.

요즘 도성의 저보는 궁중에서 아직 하달도 되지 않았는데 벌써 사본이 발행되기도 하고, 변방의 기밀이 조정에 보고되기도 전에 벌써 전해지기도 하며, 공경들의 왕래와 높은 벼슬아치들의 교제, 각 변방 지휘부에서 매일 보고하는 문서 등이 (나도는데) (…) 보방의 상인들은 돈벌이를 위해 완급을 고려하지 않는다.

近日都下邸報有留中末下而先已發抄者, 邊塞機宜有未經奏聞先已
有傳者, 乃至公卿往來, 權貴交際, 各邊都府日有報帖 (…) 報房賈兒
博錙銖之利, 不顧緩急.(「籌邊」,『穀山筆塵』권11, 127쪽)

　우신행은 이런 행위들을 강력하게 금지해야 한다고 주장했다. 하지
만 모종의 누설은 예로부터 정치 행위의 필요조건이었다. 앞서 설명한
명대 정치의 어떤 '공개성'은 부분적으로 바로 당시 전파 매체의 발달
에 따른 결과이기도 했다. 이런 조건은 '경향성'을 가진 여론과 시론時
論, 선비 여론이 때맞춰 형성될 수 있었던 원인과 조정 안팎—이른바
'조정 바깥'은 조정의 정식 회합 이외의 것들을 가리키기도 하는데—
의 사대부들이 하나의 정치 논단을 공유하여 그 언론에 거의 경계가
없는 상황을 이해하는 참고 자료로 삼을 수 있다.[32]
　여론의 형성과 전파에 참여한 것으로 또한 각종 속문화俗文化 형식
들, 특히 시사소설時事小說과 시사극時事劇이 있었다.(『해여총고陔餘叢考』권
20 "명인연희다분근사明人演戲多扮近事" 등의 조목 참조) 명나라 말엽의 정
만 사건에서는 소설을 이용하여 여론에 영향을 주려는 시도가 있었다.
『밀양전집崒陽全集』에 부록으로 실린, 탕수업湯修業*이 정만을 위해 쓴
변론에서는 이 사건을 만든 이들이 '추잡한 소설穢惡小說'을 지어냈는데
"속된 사람들이 정만 사건을 무척 좋아해서 즐겨 얘기하면서 마치 여
운이 담긴 것처럼 여겼지만, 그 유래를 살펴보면 『정만소사鄭鄤小史』라
는 소설에 담긴 내용을 벗어나지 않았다"**는 것이다.[33] 물론 이와 같

---

* 탕수업(1730~1799)은 무진 사람으로 자는 빈로賓鷺이고 호는 견암狷庵이다. 저작으로 『사손
수필耜孫隨筆』『뇌고재문집賴古齋文集』 등이 있다.

은 전파 경로는 조정과 재야 사이에 언론이 소통하는 조건이었으며, 또한 '벼슬이 없는朝不坐燕不與' 사대부가 조정 정치에 참여하고 개입하는 조건, 심지어 민초들이 정치에 대해 간여할 수 있는 조건이기도 했다.

바로 명·청 교체기에 이르러 청의가 극도로 활발해진 뒤에 청의와 향평鄕評의 긍정적인 기능과 부정적인 효과에 대한 사대부들의 평가는 주목할 만한 깊이를 보여주었다.

근래의 사람들은 황종희가 『명이대방록』 「학교」에서 청의에 대해 조정 정치의 균형을 잡아주는 민간의 역량이라고 긍정적으로 평가한 부분을 가장 즐겨 언급한다. 이와 관련된 황종희의 주장은 근세 민주주의 사상의 근원으로 여겨진 적이 있으며, 심지어 의회민주주의제와 관련된 연상을 하게 만들기도 했다.[34] 사실 그와 관련된 제도에 대한 황종희의 사상에는 나름의 연원이 있었으니, 당시에도 그리 뜻밖의 주장은 아니었다. 유종주는 이정간李廷諫(?~?, 자는 문원文源)의 묘지명을 쓰면서 "공론은 학교에서 나온다公論出於學校"는 그의 말을 기록한 바 있다.(『유자전서』 권22) 청대의 주일신朱一新***은 『무사당답문無邪堂答問』에서 이렇게 썼다.

황종희는 청의가 학교에서 나오는 것만 알았지 횡의도 거기에서 나오는 줄은 몰랐다. 진동陳東(1086~1127, 자는 소양少陽)과 구양철歐陽澈(1097~1127, 자는 덕명德明)이 태학생인 줄만 알 뿐 가사도賈

** 원주: "而俗人偏喜談鄭案, 津津樂道, 若有餘昧, 而叩其由來, 要不出『鄭鄭小史』諸說."(湯修業, 「坐陽寃獄辨五」)

*** 주일신(1846~1894)은 절강 의오義烏 사람으로 광서 2년(1876) 진사에 급제하여 섬서도감찰어사를 역임했지만 강직하게 직언하다가 폄적된 뒤로는 교육에 투신하여 광동 조경肇慶 단계서원과 광주 광아서원廣雅書院 등을 주관했다. 저작으로 『무사당답문無邪堂答問』 『주소奏疏』 『시고문사잡저詩古文辭雜著』 『경사방항지고京師坊巷志稿』 등 다수가 있다.

似道(1213~1275, 자는 사헌師憲)의 공덕을 칭송한 이도 역시 태학생이었다는 것은 몰랐다. 학교의 풍습이 일단 무너지면 변란과 시비를 불러일으키는 말들도 대부분 거기에서 나온다.

梨洲但知淸議出於學校, 不知橫議之亦出於學校也. 但知陳東歐陽澈之爲太學生, 不知爲賈似道頌功德者亦太學生也. 學校之習一壞, 則變亂是非之說, 多出乎其中.

이것은 황종희의 논의에서 언급하지 못한 바를 보충하기에 충분한 지적이며, 또한 제도의 부분적 개혁이 지니는 한계를 보여주는 것이기도 하다.

한때 '청의'에 대한 논의에서는 그것이 사대부 집단의 자기 감독과 내부 정화에 기여한다는 점에서 특별히 중시되었다. 이 장에서 설명하고 있는 이러한 '감독'과 '정화'를 실현하기 위한 제도적 수단에 대해서는 긍정적인 평가가 있었다. 고염무는 『일지록』 권12 "청의" 조목에서 이렇게 썼다.

옛날의 명철한 왕이 문무백관들을 바로잡았던 것은 관형을 만들어 벼슬자리에 있는 이들을 경계했을 뿐만 아니라 여사閭師를 세우고 향교를 설립하여 고을에 청의가 있게 함으로써 형벌이 막히는 부분을 보좌했다. (…) 고을에서 인재를 천거할 때에는 반드시 먼저 그의 생애를 살펴서 조금이라도 청의를 더럽혔다면 평생 상종하지 않았다. 무릇 규탄을 당해 청의에 부쳐진 자는 평생토록 폐기하여 금고를 당한 것과 똑같이 했다.

古之哲王, 所以正百辟者, 旣已制官刑儆於有位矣, 而又爲之立閭師設鄕校, 存淸議於州里, 以佐刑罰之窮 (…) 鄕擧里選, 必先考其生

平, 一玷淸議, 終身不齒 (…) 凡被糾彈付淸議者, 卽廢棄終身, 同之
禁錮.

고염무는 이것을 "제왕의 다스림에서 빠져서는 안 될 것王治之不可闕"
이라고 했다. 왕조가 교체될 무렵 청의를 논한 이들은 종종 세도 및 인
심과 관계를 유지하는 청의의 정치 문화적 기능을 아낌없이 과장하곤
했다. 위와 같은 글에서 고염무는 이렇게 썼다.

> 천하의 풍속이 가장 어그러진 곳에서도 아직 청의가 남아 있다면
> 여전히 열에 한둘 정도는 유지할 수 있지만, 청의가 사라지면 전
> 쟁에 이른다.
> 天下風俗最壞之地, 淸議尙存, 猶足以維持一二, 至於淸議亡, 而干
> 戈至矣.

유종주는 범경문에게 보낸 편지에서 이렇게 썼다.

> 세도가 쇠락한 것이 여기에서 극에 이르렀습니다! 천 자의 사나
> 운 파도 속에서도 오로지 청의를 믿어야만 견뎌낼 수 있습니다.
> (…) 이 논의를 보존하면 또한 일에서도 이런 공을 세울 수 있습니
> 다. 지금은 천하가 일에서 공을 세우는 것은 숭상하면서도 논의
> 는 천시하는데, 제 생각에는 지금 천하가 어지러운 것은 바로 논
> 의가 없기 때문입니다.
> 世道陸沉至此極矣. 千尺狂瀾, 亦止恃淸議一線爲之撑砥 (…) 存此
> 議論, 亦便有此事功. 今天下崇事功而薄議論, 第謂今天下之亂, 正
> 坐無議論耳.(「與范質公大司馬」, 『劉子全書』 권20)

언론의 효용에 대한 과장에는 사대부 자신들의 존재에 대한 의도적인 강조가 포함되어 있으니, 그것은 사대부들이 자기 가치를 나타내는 방식 가운데 하나였던 셈이다. 청의의 신화는 원래 사대부들이 정성을 기울여 만들어낸 작품이었던 것이다.

　당시의 청의에 대한 논의에는 앞서 설명한 것과는 다른 사고방식을 보여주는 것들도 있었다.

　'서인庶人의 논의'에 대한 사대부들의 견해는 애초부터 달랐다. 이 절에서 논의하고 있는 이 시기에 이르러 고염무는 이렇게 썼다.

> 천하에 도가 있으면 서인은 논의하지 않는다. 그러므로 정교와 풍속이 모두 훌륭하지 않으면 서인들의 논의를 허락하게 된다. (…) 자산이 향교를 무너뜨리지 않고 한 문제가 수레를 멈추고 말을 들었던 것도 모두 이 때문이다.
> 天下有道, 則庶人不議. 然則政敎風俗, 苟非盡善, 卽許庶人之議矣 (…) 子産不毁鄕校, 漢文止輦受言, 皆以此也.(『日知錄』 권19, "直言")

　왕부지도 성인의 같은 말—"천하유도, 즉서인불의天下有道, 則庶人不議"—을 인용하며 "후세에 서인들이 논의하게 된 것은 엄청난 혼란으로 인한 귀결"[*]이었다면서 또 이렇게 주장했다.

> 사통팔달의 큰길에 신기神器를 두고 지나는 이들이 그 장단점을 평하고 옮기게 하여 날마다 달마다 손상하게 하면 패망에 이른다.
> 置神器於八達之衢, 過者得評其長短而移易之, 日刓月弊, 以抵於敗

---

[*]　원주: "後世庶人之議, 大亂之歸也."(『讀通鑑論』 권21, 810쪽)

亡.(『宋論』권4, 120쪽)

　심지어 왕부지는 평소 칭송받던 한나라의 제도까지 탐구하여 처사
處士의 권한이 컸던 것은 바로 당시 공거貢擧 제도의 부작용이라고 지적
했다.

> 그가 천자에게 천거되는 것은 오로지 높은 벼슬아치가 베푸는 사
> 적인 은혜를 따른 것이다. (…) 삼공을 임명할 때면 오로지 고을에
> 서 날리는 명예에 따라 취할 뿐이다. 이에 허황된 칭송이 나날이
> 확장되어 잘못된 논의를 입에 올리기 때문에 처사의 권한이 날로
> 커지고 붕당이 일어나 엄청난 혼란을 조성하게 된다.
> 其貢於天子者, 一唯長吏之市恩 (…) 三公之辟召, 則唯采取名譽於
> 州郡. 於是虛譽日張, 雌黃在口, 故處士之權日重, 朋黨興而成乎大
> 亂.(『讀通鑑論』권21, 797쪽)

　고염무는 방사와 강학을 신랄하게 비판했지만 청의와 서인의 논의
를 언급할 때에는 민간의 정치적 기능을 긍정했다. 오히려 명대 정치에
대해 더욱 비판적인 태도를 취했던 왕부지가 이 점에는 상대적으로 엄
격한 '조정朝廷의 입장'을 견지했다. 그러나 노인의 논의를 조정의 정치
적 기능이 쇠퇴한 결과로 본다는 점에서 왕부지와 고염무는 전혀 차이
가 없었다.
　왕부지와 비슷한 생각을 했던 사람이 없었던 것은 아니다. 육세의도
'처사들의 횡의橫議'에 반대했던 것이다.

　가정, 융경 무렵에는 서원이 천하에 퍼져 있었고 강학하는 이들

은 수가 많은 것을 중시하여 벗이나 친한 부류를 불러들여서 걸
핏하면 1000명이 모였는지라 맹목적으로 부화뇌동하여 시간을
낭비하고 일을 그르쳤으며, 심지어 그것을 빌려 사적인 이득을 챙
기는 이도 있었다. 이것이 이른바 처사들의 횡의이니, 천하가 어찌
거기에 의지할 수 있겠는가!

嘉隆之間, 書院遍天下, 講學者以多爲貴, 呼朋引類, 動輒千人, 附影
逐聲, 廢時失事, 甚至有借以行其私者, 此所謂處士橫議也, 天下何
賴焉.(『思辨錄輯要』 권1)

진확도 "재야에서 조정에 대해 말하는 것在野言朝"은 '망언妄言'이
요 '난설亂說'이라고 비판했다.(「신하잡언辰夏雜言·불란설不亂說」, 『진확집』,
414쪽) 사대부가 민간인의 신분으로 정치에 대해 논의하는 행위에 대
해 평가하는 문제는 여기에 이르면 확연히 복잡해진다.[35]

청의에 대한 왕부지의 비판은 '중론'이 '시비에 대한 공정한 평가'라
는 점에 대한 회의를 포함하고 있기 때문에 더욱 근본적인 성격을 지
니고 있었다. 명·청 교체기에서 '무리'와 중론에 대해 엄격하게 비판
적인 태도를 견지한 이로는 왕부지가 가장 주목할 만한 인물인 듯하
다. 중론을 믿을 수 없다는 것과 관련된 그의 진술들은 명나라가 망한
뒤 그가 행한 반성적 사유 가운데 풍부한 통찰력을 보여주는 부분이
다.(제1장 3절 참조)[36] 그는 경험을 통해 중론이 '공론'은 아니라고 했다.

한 고을의 초하루 비평月旦評은 들어본 적이 있어도 천하에 공론
이 있다는 얘기는 들어보지 못했다. 한 고을에서 칭송하게 되면
향원鄕願*이 있게 되고, 천하가 칭송하면 먼저 위선적인 선비들이
모인다. 그러므로 봉건 시대에 인재를 뽑아 천거하던 방법을 군현

제의 시대에 시행할 수는 없다.

聞一鄕之有月旦矣, 未聞天下之有公論也. 一鄕之稱, 且有鄕原; 四海之譽, 先集僞士; 故封建選擧之法, 不可行於郡縣.(『讀通鑑論』권3, 125쪽)

사실상 왕부지는 "공론이란 가능한 것인가?"라는 문제에까지 논의를 확장한 셈이었다. 하지만 그의 부정은 무리衆 ─응당 어리석은 군중을 가리킬 텐데─에 중점을 두었을 뿐, 청의를 없애야 한다는 주장은 결코 하지 않았고, 오히려 '법'으로 그것을 정비해야 한다고 했다.

청의라는 것은 나라에 도움이 되지 않는 것인 듯하지만 그것 없이는 나라가 서지 못한다. 어쩌면 그것이 실질을 잃은 뒤에 법으로 정비하면 『주관』과 『주례』, (『시경』의) 「관저」와 「인지」에 담긴 핵심적인 뜻을 유지할 수 있을 것이다.

淸議者, 似無益於人國者也, 而國無是不足以立. 恐其亡實而後以法飭之, 『周官』, 『周禮』, 「關雎」, 「麟趾」之精意所持也.(『讀通鑑論』권10, 398쪽)

그가 보기에 '공론' 또한 이런 것이었다. "공론이 사라지면 인심이 미혹된다."**

여기서 왕부지는 문제를 다시 자신이 관심을 둔 곳, 즉 '권력'으로 말을 조종할 수 있는 힘이 누구에게 있는가 하는 부분으로 귀결시켰

---

* 향원은 고을에서 언행이 일치하지 않고 위선으로 세상을 속이는 사람을 가리킨다. 『논어』「양화」에서 공자는 "향원은 덕을 해친다鄕原, 德之賊也"고 했다.

** 원주: "公論沒, 人心蠱矣."(『讀通鑑論』권10, 401쪽)

다. 언로에 대해 논할 때와 마찬가지로 그는 이 '칼자루'가 조정—'바깥의 신하外臣'도 아니고, 당연히 조정에 참여하지 않은 선비나 백성은 더욱 아닌—에 쥐여져야 한다고 주장했다.

> 한나라 말엽에는 선비 여론이 토벌 명령을 내리는 권한을 쥐고 있었고 입과 붓이 성쇠를 가름 짓는 명령을 관장했는데, 여남과 감릉에서 태학의 풍파가 일어나 대란으로 변해버렸다.
> 漢之末造, 士論操命討之權, 口筆司榮枯之令, 汝南甘陵太學之風波
> 一起, 而成乎大亂.(『讀通鑑論』 권8, 327쪽)

그는 '언론의 권한'이 직접적으로 정책을 결정하고 관료를 선발하는 권한으로 전환되었을 때의 폐해를 지적하면서, "명성으로 장수의 벼슬을 구하면 공을 세울 수 없고, 군공軍功을 평가하는 장수의 권한을 청의에게 주는 것은 틀림없이 혼란을 초래하는 정책"*이라면서 실제의 정치 행위에 대한 관심을 나타냈다. 이를 바탕으로 그는 '공론'이 긍정적인 역할을 하게 되는 조건에 대해 반복적으로 논의했다.[37] 그는 시종일관 정치 행위에서 언론의 기능이 실현되는 조건에 관심을 두면서 도덕론의 관점에 갇히지 않았다. 비록 또 다른 관점—예를 들어 '조정 정치의 관점'—에 묶이는 것을 피하지는 못했지만, 여전히 다른 논자들이 미처 생각하지 못했던 시각을 제시했다.

청의에 효과가 생기게 하고 아울러 논자들이 즐겨 언급하는 강력한 위력을 갖추게 하는 것은 정치와 정치가를 평가하는 도덕론의 전통이었다. '향평鄕評'이라는 민간의 관점은 일반적으로 개인의 덕행을 중시

---

* 원주: "以名求將而不以功, 授將帥殿最之權於清議者, 必亂之政也."(『讀通鑑論』 권7, 279쪽)

하고 실제의 정치 행위에 대해서는 경시하는데, 후자는 원래 이러한 경험의 시야에 내재된 고유의 맹점이었다. 청의의 도덕화와 그것을 조정 정치에서 실시했을 때의 부정적 영향은 '정正'과 '사邪'를 엄격히 나누는 당쟁의 상황에서 더욱 뚜렷하게 나타난다. 왕부지는 명나라가 망할 무렵 정치에 참여한 경력이 있기 때문에 그의 비평은 언로와 청의뿐만 아니라 정쟁의 수단이자 유행을 형성하는 폭로攻訐까지 포괄했다. 그는 특히 "사소한 잘못을 날조하고 암중의 일을 적발하여矯擧纖芥, 摘發暮夜" 남의 명예와 절조를 망치는 '폭로와 비방訐謗'을 지극히 혐오했다.(『송론』 권4, 123~124쪽 참조) 그리고 '비겸飛箝'*과 '뜬소문流言'이 조정 정치에 미치는 작용은 바로 '언로'와 관련된 정치 행위 및 '청의의 성행'으로 인한 폐단이라고 보는 편이 낫다. 예를 들어 여러 차례 논쟁의 대상이 되었던 이른바 '풍문을 바탕으로 한 탄핵風聞言事'이 그것이다.[38] 명 말에 일어난 두 가지 억울한 옥사, 즉 원숭환과 정만 사건은 뜬소문—이것은 일반적으로 여론의 형식을 띠는데—의 파괴력을 증명하는 사례로 여겨졌다. 황종희는 청나라가 반간계反間計로 원숭환을 죽게 만들면서 말세末世 여론의 맹목성을 이용했다고 지적했다. 정만 사건은 '애매한 죄'로 사람을 죽인 뚜렷한 사례였다.[39] 당쟁의 와중에 숨겨진 사생활을 폭로하는 것을 무기로 삼으면서 '정-사' 양측에서 사용하는 수단은 그야말로 차이가 없었다.[40] 황종희는 청나라 초기에 천계 연간의 당화黨禍를 회고하면서, "그러나 와전된 말이 없었다면 재앙도 이처럼 혹독하지 않았을 것"**이라고 했다. 왕조 교체 과정에서 많은 사대부의

---

* '비겸'은 변론의 방법으로, 상대를 칭찬하여 띄워놓고 쇠사슬로 묶어 꼼짝하지 못하게 하는 것이다. 하지만 이것은 조금 바꿔 말하자면 상대의 입맛에 맞는 말로 치켜세워 마음을 사로잡는다는 의미가 되기 때문에 유학자들로부터 비판을 받아왔다.

** 원주: "然非訛言, 則禍亦不若是之酷."(『辭野史』, 『黃宗羲全集』 제10책, 636쪽)

목숨을 잃게 만들었던 '고발告訐'도 종종 유언비어를 빌려 진행되었다는 사실은 상당히 풍자적이다.

물론 청의는 제도의 병폐에 대한 어떤 보완과 구제가 될 수 있었지만, 그 자체도 제도의 병폐에 물들어버렸다. 비교적 정상적인, 즉 상대적으로 '청명淸明'한 정치 환경에서 조정 정치에 대한 견제 요소로서 청의는 권력 기구의 기능을 적극적으로 보충할 가능성이 있었다. 하지만 그와 반대되는 시기에 저항적인 청의는 또한 조정 바깥과 민간에서 축적된 정치 역량이 풀려난 것이어서 그 효과가 훨씬 더 복잡해진다. 특히 왕조 정치가 부패하여 온갖 폐단이 속출하는 시기에는 더욱 그러했다.

주목할 만한 점은 청의와 같은 '도덕의 법정'이 개인에게 폭정이 될 가능성에 대해 논자들 가운데 민감하게 반응한 이가 없었다는 사실이다. 사대부 집단 내부의 권징勸懲 메커니즘으로서 청의는 물론 사대부 집단의 자기 정화 능력을 실현하고 그들이 지닌 도덕적 역량을 드러낼 뿐만 아니라, 또한 개인에 대한 사대부 집단의 지배를 나타내기도 한다. 앞서 인용한 바 있는 고염무의 말처럼 "무릇 규탄을 당해 청의에 부쳐진 자는 평생토록 폐기하여 금고를 당한 것과 똑같이 하고" "조금이라도 청의를 더럽혔다면 평생 상종하지 않으며" "고을의 논의가 오염되면 그것을 씻어내기 위해 조서가 내려와야 하는 번거로움을 초래한다."[*] 또 왕부지는 이렇게 말했다.

> 일단 잘못하여 속된 데에 빠지면 평생 치욕을 씻지 못하고, 일단 청의에 죄를 지으면 무슨 짓을 하더라도 그 잘못을 가릴 수 없다.
> 一失足於流俗, 則終身之恥不可灑, 一得罪於淸議, 則百行不能掩其

非.(「俟解」, 『船山全書』 제12책, 492쪽)

　'권력'으로서 언어는 이렇게 운용되는 과정에서 불가피하게 '다수'와
'군중'의 이름을 빌려 개인에게 시행되는 폭정으로 변해버린다.[41] 그 이
전에 사대부들은 청의의 어떤 전제적 품성에 대해서 전혀 눈치채지 못
하고 있었다. 정덕(1506~1521) 연간에 호세령胡世寧*이 도어사都御史가
되었을 때의 일을 이렇게 기록했다.

　　(그는) 헌강 10여 조항을 아뢰고 나서 마지막에 이렇게 덧붙였다.
　　"근래에 선비들이 꺼리고 각박하게 대하는 일이 습관이 되어 있
　　어서 일단 참소를 당해 명예가 훼손되면 평생 버려집니다. 첨사 팽
　　기는 세도가들의 죄행을 폭로했다가 비방을 당해 벼슬을 잃었습
　　니다. 이런 모든 일은 대신들이 억울한 누명을 씻어줄 수 있도록
　　윤허하심이 마땅할 것입니다."
　　條上憲綱十餘條, 末言: 近士習忌刻, 一遭讒毀, 則終身廢棄. 僉事
　　彭祺發豪強罪, 受謗奪官. 諸如此者, 宜許大臣申理.(『明史』 권199,
　　「胡世寧傳」)

　만력 연간의 여곤呂坤**은 이렇게 말했다.

　　청의는 법령보다 가혹하고, 청의를 하는 사람들은 옥을 관장하
　　는 관리보다 가혹하다. 법령에서 당한 억울한 일은 청의의 힘으

　＊ 호세령(1469~1530)은 절강 인화仁和 사람으로 자는 영청永清이고 호는 정암靜菴이다. 홍치
6년(1493) 진사에 급제하여 남경형부주사와 낭중, 강서부사를 거쳐 병부상서 겸 태자태보까지 역
임했고, 시호는 단민端敏이다. 『호단민주의胡端敏奏議』 등의 저작을 남겼다.

로 밝힐 수 있지만, 청의에서 당한 억울한 일은 영원히 되돌릴 길이 없다.

淸議酷於律令, 淸議之人酷於治獄之吏. 律令所寃, 賴淸議以明之, 淸議所寃, 萬古無反案矣.(『明儒學案』 권54 呂坤 『呻吟語』)

이 장에서 논의하는 이 시기에 이르러 장이상도 이렇게 말했다.

청의는 원래 분명하지 않으면 안 되는데, 만약 정도가 지나치게 심하고 각박하다면 사람들이 두려워하게 만들 것이므로 영원히 백성을 아끼고 지켜주는 길이 아니다.

淸議固不可不明, 若太深而刻, 將使人重足而立, 非容保無疆之道也.(「願學記」, 『楊園先生全集』 권27)

하지만 이런 식의 생각은 결코 유력하게 확장되지 못했다. 앞서의 설명에서도 알 수 있듯이 사대부들이 '권력을 지닌' 듯한 감각에 도취되어 있었기 때문에 집권자들이 '권력'으로써 '명교'를 이용하여 선비들을 지배한 사실에 대해 차라리 '왕조의 입장'에서 긍정하는 경향이 있었던 탓이다. 그리고 그것이 가능했던 더욱 심각한 근거는 바로 유학자들이 갖고 있던 '명교'에 대한 관념이었다. 『일지록』 권13 "명교" 조목에서는 "천하 사람들이 의로움을 이로움으로 여기게 만들 수 없

** 여곤(1536~1618)은 영릉寧陵(지금의 허난 성 상추商丘에 속함) 사람으로 자는 숙간叔簡 또는 심오心吾, 신오新吾이고 자호는 포독거사抱獨居士다. 만력 2년(1574) 진사가 되어 산서 양원지현과 대동지현, 산동성우참정, 산서안찰사, 순무, 섬서성우포정사, 도찰원右都어사, 형부시랑 등을 역임했고, 죽은 뒤 형부상서에 추증되었다. 저작으로 『실정록實政錄』 『야기명夜氣銘』 『초량심시招良心詩』 『거위재집去僞齋集』 『신음어呻吟語』 등이 있다.

더라도 명예를 이로움으로 여기게 하라"*고 하면서, "사람들이 명예를 사랑하지 않으면 성인의 권세도 사라질 것"이라는 범중엄의 말**을 인용했다.

언론이 활발했다고 이야기되는 명대 말엽과 명나라가 망한 뒤에 언로와 청의에 관한 사대부들의 반성은 당연히 당시 사대부들의 사상적 능력을 증명하며, 청의와 선비 여론에 대해 평가하는 이들은 종종 자신도 그 평가하는 문화 현상 안에 포함시키곤 했다. '청의'에 대한 논의 자체도 일종의 '선비 여론'이라는 점은 일단 논외로 치자. 이와 같은 역설적인 상황은 언론에 대해 비평하는 이들이 벗어날 수 없는 것이었다. 언론이 사대부의 존재 방식이라는 사실은 여기서도 증명된다.

---

* 원주: "不能使天下之人以義爲利, 猶使之以名爲利."

** 范仲淹,「上資政晏侍郞書」. "人不愛命, 則聖人之權去矣."

'일괄론'과
'한 선생의 말씀'

지금까지 서술한 '언로'와 '청의'에 대한 논의는 모두 정치적 언론에 대한 비평이었다. '언론'에 대한 당시 사대부들의 언론에는 또 학술적 언론에 대한 검토도 포함된다. 여기서 말하는 이 시기의 '학술'은 또한 유학 사상 체계를 가리킨다는 점을 짚고 넘어가야 할 것이다. 팽사망은 "천하가 잘 다스려지고 어지러워지고는 학술에 달려 있다"*고 했는데, 이 '학술'은 바로 유학 혹은 유학과 유사한 이데올로기적 의미를 지닌 사상 체계를 가리킨다. 이제부터 논하고자 하는 명·청 교체기 사대부들의 '한 선생의 말씀―先生之言'과 '일괄론―概之論'에 대한 비평은 유학-이학理學 내부의 반성으로서 주도적인 이데올로기와 특히 관방의 의지에 대한 비판을 포함하고 있기 때문에, 단순히 바로 직전에 '옛날'이 되어버린 명 왕조만을 겨냥한 것은 아니다. 학술의 틀이 전환될 무렵에 사대부들이 그와 관련해서 행한 비평들은 인식론적으로 청학淸學―주로 청대의 경학―의 조건을 준비했다.

---

* 원주: "天下之治亂繫於學術."(「讀書簡要說序」, 『樹廬文鈔』 권6)

관방 이데올로기로서 유학은 극단적으로 도道와 법法을 호위하는 학술적 입장을 육성하여[42] 이 책에서 논의하는 시기에 이르면 이미 일부 유학자와 사대부는 이와 같은 학술적 입장이 유학 발전에 있어 장애가 된다는 사실을 공통적으로 인식하고 있었다. 바로 이 점으로 인해 관련된 화제에 대한 논의에서 취향이 다른 논자들이 보여주는 저 학파를 초월한 일치성을 이해할 수 있다.

유종주를 스승으로 모셔서 '즙산학파戢山學派'로 분류되는 황종희가 정주학程朱學에서 빌려온 학술적 농단龍斷, 즉 독점에 대해 격렬하게 비판적 태도를 견지한 것은 대단히 자연스러운 현상인 듯 보인다. 그는 중복을 마다하지 않고 한 선생의 말씀—즉 주자의 말—을 언급했다.

> 과거를 위한 학문이 흥성한 이래 한 선생의 말씀을 표준으로 삼아 아주 미세한 부분을 명백히 파헤치면서 의심할 필요가 없는 것을 의심하고, 위대한 법도는 오히려 내쳐둔 채 이야기하지 않는다.
> 自科擧之學興, 以一先生之言爲標準, 毫秒摘抉, 於其所不必疑者而 疑之. 而大經大法, 反置之而不道.(「萬萬充宗墓誌銘」, 『黃宗羲全集』 제10책, 405쪽)

「운중승문집서惲仲升文集序」의 문장은 더욱 통쾌하고 감칠맛이 난다. 이 글에서 그는 '세상의 어리석은 이들庸妄者'에 대해 이렇게 꼬집었다.

> (그들은) 기존 학설을 고집하면서 그것으로 고금의 학술을 재량하고, 한마디라도 거기에 부합하지 않으면 깜짝 놀라 쳐다보면서, "이것은 경전에 맞지 않고, 가르침에 반대되는 것이다"라고 한다. 이에 육경의 전주傳注와 역대의 치란, 인물의 선악 등에 모두 각자

일정한 학설이 생겨난다.

執其成說, 以裁量古今之學術, 有一語不與之相合者, 愕眙而視曰:
此離經也, 此背訓也. 於是六經之傳注, 歷代之治亂, 人物之臧否,
莫不各有一定之說.(같은 책, 4쪽)

그가 가장 불만스러워한 것은 "너나없이 모두 주자의 설명만 이야기
하는 것"*이었다.[43]

황종희와 동문인 진확도 "학자들이 습속에 가려지고 견문에 익숙해
져서 감히 공자와 증자는 업신여기면서도 감히 이정二程과 주자에 대
해서는 논의하지 못하는"** 것에 깊은 불만을 나타냈다. 그는 "요즈음
이정과 주자에 대해 모두들 공자와 맹자가 다시 나왔다고 여기면서, 그
들을 받들면 올바른 학문을 하는 것이지만 그들을 등지면 이단이라고
여기는데" 자신의 「대학변大學辨」은 당시의 금기를 범한 것이라서 "제
가 한 말은 모두 죽음을 자초하는 짓"이라고 했으니,*** 이 또한 당시의
긴장된 분위기를 잘 보여준다.

황종희 등의 주장은 어쩌면 사문師門에 연원이 있다고 할 수도 있을
것이다. 일찍이 유종주는 이에 대해 '공公'의 한 가지 의미를 제시했다.

도라는 것은 천하의 공인된 준칙이며, 도에 대해 하는 말도 천하의
공인된 말이다. 공자와 맹자가 이야기했지만 부족해서 이정과 주자
가 이야기했고, 이정과 주자의 말이 부족해서 왕수인이 이야기했으

---

* 원주: "此亦一述朱, 皮亦一述朱."(「孟子師說」『黃宗羲全集』제1책, 48쪽)

** 원주: "學者蔽於習俗, 狃於見聞, 敢於誣孔曾而不敢議程朱."(「大學辨二·答查石丈書」,『陳確集』,
569쪽)

*** 원주: "今之所爲程朱, 人人自以爲孔孟復出, 奉之者爲正學, 倍之者爲異端 (…) 凡弟所言, 皆
犯死道."(「大學辨三·答惲仲升書」,『陳確集』, 609쪽)

니, 왕수인의 말이 부족하면 후세 사람이 또 이야기할 것이다.

夫道者, 天下之達道, 而言道之言, 亦天下之公言也. 孔孟之言而不足, 則程朱言之, 程朱言之而不足, 則陽明子言之, 陽明子言之而不足, 則後之人又言之者.(「答胡嵩高, 朱綿之, 張奠夫諸生」, 『劉子全書』 권 19)

도라는 것은 천하의 공인된 준칙이며, 배움이라는 것은 천하의 공인된 말이다.

道者天下之達道, 學者天下之公言.(「答史子復」, 같은 책)

황종희도 전계충錢啓忠(?~?, 자는 옥심沃心)**의 묘지명에서 이렇게 이야기했다.**

대개 도는 한 학파의 사유물이 아니며 성현들이 피 흘리며 걸은 길은 학파마다 달리 퍼져서 간절히 구할수록 더욱 진실한 것을 얻는다. 그러니 비록 얻는 것이 지극하고 그렇지 못한 차이는 있지만 도와 함께하지 않았다고 할 수는 없다.

蓋道非一家之私, 聖賢之血路, 散殊於百家, 求之愈艱, 則得之愈眞. 雖其得之有至有不至, 要不可謂無與於道者也.(『黃宗羲全集』 제10책, 341쪽)

진확은 그 점을 더욱 반복적으로 이야기했다.

도라는 것은 모든 성현과 제왕이 공유하는 것이고 천하 만세에서 함께 따르며 알고 있는 것이지 한 사람이 얻어서 사적으로 갖는 것이 아니다.

夫道者, 千聖百王所共之道, 天下萬世之所共由共知, 而非一人之所
得而私也.(「翠薄山房帖」, 『陳確集』, 565쪽)⁴⁴

이런 의미를 밝힌 이는 일찍부터 있었을 테니, 적어도 왕수인은 이
렇게 지적했다.

> 도라는 것은 천하에 공인된 도이고, 배움은 천하에 공인된 배움
> 이지 주자가 얻어서 사적으로 가질 수 있는 것도 아니고 공자가
> 얻어서 사적으로 가질 수 있는 것도 아니다. 천하의 공적인 것에
> 대해서는 공적으로 이야기할 따름이다.
>
> 道, 天下之公道也, 學, 天下之公學也, 非朱子可得而私也, 非孔子可
> 得而私也. 天下之公也, 公言之而已矣.(「答羅整庵少宰書」, 『傳習錄』,
> 『王陽明全集』, 78쪽)

여곤의 관점은 더욱 투철해서, 성인이 진리(즉 '도')를 완전히 다 파악
한 적은 없다고 강조했다.

> 도라는 것은 천하에서 예로부터 지금까지 함께 공유한 이치이며
> 모든 사람에게 몫이 있는 것이다. 도는 혼자 소유할 수 없는 것이
> 라서 성인도 그렇게 하지 않았는데, 유학자들은 늘 그것을 사적
> 으로 소유하면서 '성인의 도'라고 하고, 말만 하면 반드시 경전을
> 따르고 일만 하면 늘 옛날을 헤아리면서 '도를 지킨다'고 말한다.
> (…) 그러나 도는 가장자리가 없어서 성인의 말로 제한할 수 없고,
> 일에는 시대와 추세가 있기 때문에 성인의 제도로 다 할 수 없다.

道者, 天下古今共公之理, 人人都有分的. 道不自私, 聖人不私道, 而

儒者每私之, 曰: 聖人之道, 言必循經, 事必稽古, 曰: 衛道 (…) 然

道無津涯, 非聖人之言所能限, 事有時勢, 非聖人之制所能盡.(『呻吟

語』卷一之四, 「談道」, 『呂坤哲學選集』, 65쪽)**45**

그렇다 하더라도 유종주 문파의 스승과 제자들이 이와 같이 거듭
천명한 것이 당시에 결코 쓸모없는 일은 아니었다.

후세에 청대 학문의 개산조開山祖로 추앙받은 고염무가 이에 관해
논의한 것은 더욱 경학에 대해 적절한 측면이 있기 때문에 근대 사람
들이 생각하는 '학술 비평'과 상당히 근사하다고 봐도 좋을 것이다. 고
염무는 한나라 때부터 당나라 때까지 경학의 발전 과정을 돌이켜 살
펴보고, "당 왕조는 9경九經을 관학으로 세워" "여러 학설을 배척하고
한 학파의 언론만을 펼침으로써 경전을 이해하는 길이 좁아졌으며"
명나라 영락 연간에 『대전大典』을 편찬한 것은 "도에 대한 학술을 하나
로 귀결시켜서" "경전을 이해하는 길이 더욱 좁아졌다"고 지적했다.*
그는 또 "『주역』을 불변의 법칙典要으로 여겨서는 안 되며 오로지 변
화를 따라야 한다"고 하면서 "반드시 하나의 학설만을 고집하여 경전
전체를 개괄하려 한다면" '완고한固' 생각이라고 했다.** 학문의 경계는
예로부터 인격과 관계있었으니, "넓고 큰마음으로 사물과 일을 재단하
고 처리할 것"***을 주장하는 이는 당연히 '한 선생의 말'에 갇히는 상황
에 이르지 않는다.

---

* 원주: "唐立九經於官學 (…) 排斥衆說, 以申一家之論, 而通經之路狹矣. (…) 欲道術之歸於一
(…) 通經之路愈狹矣."(「與友人論易書」, 『顧亭林詩文集』, 41~42쪽)

** 원주: "易不可爲典要, 唯變所適 (…) 必欲執一說以槪全經 (…) 固."(「與友人論易書二」, 『顧亭林
詩文集』, 43쪽)

*** 원주: "以廣大之心而裁物制事."(「答王山史書」, 『顧亭林詩文集』, 83쪽)

앞서 설명한 것처럼, 한때 유학자와 학자들은 이 화제에 놀라운 일
치를 보였다.

> 육경에 대한 학문은 한나라에서 흥성하여 당나라가 이었고 송나
> 라 때에 크게 밝아졌다가 오늘날에 이르러 쇠퇴했다. 그것이 흥성
> 한 것은 오로지 하나의 학설만을 견지하지 않았기 때문이고, 쇠
> 퇴한 것은 하나의 학설만을 고수했기 때문이다. 왜냐? 배움은 믿
> 음에서 이루어지기 때문이다. 그런데 믿음은 변별에서 생기고, 변
> 별은 의심에서 생기며, 의심은 하나의 학설만을 고집하지 않는 데
> 에서 생긴다.
> 六經之學, 漢興之, 唐衍之, 宋大明之, 至今日而衰. 其興也, 以不專
> 一說而興. 其衰也, 以固守一說而衰. 何則? 學成於信者也. 信生於
> 辨, 辨生於疑, 疑生於不一說.(「答徐太史健庵論經學書」, 『愚庵小集』권
> 10, 487~488쪽)

> 경학이 황폐해진 것은 한 선생의 말을 고집하면서 그 옳은 것을
> 추구하지 않았기 때문이다. 옳은 것을 추구한다면 반드시 옛것을
> 믿는 데에서 시작해야 할 것이다.
> 經學之荒也, 荒於執一先生之言而不求其是, 苟求其是, 必自信古
> 始.(「毛詩稽古編序」, 같은 책 권7, 330쪽)

『사서대전四書大全』을 변증하면서 장자열도 '한 학설만 내세우지 말
것不爲一家之論'을 주장했다.

반드시 이렇게 된 뒤에야 그것을 '크고 완전하게 갖추었다'고 할

수 있다. 만약 오로지 하나의 학설만을 위주로 하여 서방에서 간행한 강의들 가운데 이 설은 따를 만하지만 저 설은 모두 폐지해야 한다면 애초에 『대전』이라 이름을 붙인 의도에 맞지 않을 것이다.

必如此而後謂之大全. 若專主一說, 如坊刻講義, 此說可從, 彼說悉廢, 非當日『大全』命名初意.(「與友人論四書大全書七」, 『芑山文集』 권6)

이것은 황종희나 진확 등의 주장과 호응하는 것처럼 보인다. 장자열도 '후세의 유학자들後儒'이 "감히 선배 유학자들을 등지지는 못하면서 감히 공자와 맹자에게 반기를 드는" 것을 비판하면서* "후세의 유학자들이 비록 서로 억지 주장을 펼치면서 천하가 모두 공자와 맹자에게 반기를 들고 이정과 주자를 따른다 해도 나는 감히 그렇게 하지 못하겠다"**고 했다. 그리고 그는 또 이렇게 말했다.

전주는 존중하면서 성인의 경전을 저버리고, 주자는 존중하면서 공자와 맹자를 등지며, 온 천하가 만세토록 『집주』가 바꿀 수 없이 확실하여 성인의 경전과 나란히 공을 헤아릴 만큼 훌륭하다고 여긴다고 한들 누가 믿겠는가!

尊傳注而背聖經, 尊朱子而背孔孟, 率天下萬世謂『集注』確不可易, 與聖經比隆絜功, 其誰信之.(「復陳伯璣論毀注書」, 『芑山文集』 권6)[46]

손지위도 과거시험 때문에 "주자의 해설에 얽매이는 것"에 불만을

---

* 원주: "後儒 (…) 不敢於倍先儒, 而敢於叛孔孟."(「與友人論四書大全書三」, 『芑山文集』 권6)
** 원주: "後儒强相傅會, 率天下背孔孟而從程朱, 某竊不敢."(「與諸生論朱子集注書」, 『芑山文集』 권6)

표시하면서 "이정과 주자가 어찌 전부 옳겠는가!"라고 꼬집었다.* 유헌정은 명대의 과거시험이 "옛날의 주석과 해설을 배척하고 쓰지 않는 것斥古注疏不用"에 대해서도 비판했다.(『광양잡기』 권5 참조) 송·원 이후의 이학 환경에서 이와 같은 논의는 분명히 정·주 이학을 유일한 지존으로 확정하려는 시도에 대한 의도적인 도전이었다. 그러나 이러한 문제 제기의 의의는 '성학聖學'을 해석하는 권리에 대한 쟁탈에 그치지 않고 정상적인 학술 질서를 호출해내는 데 있었다.

"속된 유학자들이 경전 존중에서 저지른 과오世儒尊經之過"에 대한 육세의陸世儀의 비판은 여곤의 사고방식을 계승한 것이지만, 그가 언급한 문제는 더욱 근본적인 성질을 지니고 있었다고 할 수 있다. 육세의는 이미 오래전부터 언급이 기피되어온 상식적인 견해들을 제시했는데, 예를 들면 "『서경』과 『춘추』는 후세에 만들어진 역사"이고 "『시경』은 후세의 시"이며, "『예기』는 삼대三代의 전례典禮를 기록한 것"이라는 것 등이다. 그는 이렇게 주장했다.

> 오경 가운데 『주역』만 굳이 이어 쓸 필요가 없고, 나머지 『시경』『서경』『예기』『춘추』는 다 반드시 이어 써야 할 부분이 있다.
> 五經之中, 惟『易』在所不必續, 其餘『詩』, 『書』, 『禮』, 『春秋』, 皆在所必續.(『思辨錄輯要』 권4)

그는 여전히 스스로 옛날을 만들거나 쓰지 않고 결국 스스로 '경전'을 이어 쓸 뿐이었다. 그는 또 "그러므로 삼대의 전례와 법도 모두가 법칙으로 삼을 만한 것은 아니었다然則三代之典禮文章, 亦非言可爲法則者"

---

* 원주: "拘泥朱注. (…) 程朱豈盡當."(「論語孟子廣義序」, 『漑堂集』, 1062쪽)

(같은 책)고 했으니, 비신성화非神聖化 또한 경학 발전의 필요조건이었다.[47]

방이지는 인식의 역사와 지식의 누적이라는 사실을 통해 경전 텍스트가 최종적인 것이 아님을 증명했다.[48] 그리하여 불변의 법칙을 고수하려는 이들에 대해 이렇게 꼬집었다.

> (그들은) 불변의 법칙 가운데에는 상고 시대의 것이 있고 후세의 것이 있음을 모른다. 상고 시대 성인은 어쩔 수 없이 거기에 이름을 붙였으니, 이것은 상고 시대의 법칙이다. 이제 장차 후세에 전할 것이 잘 갖춰지지 못했다가 얼마 후 보충하고, 얼마 후에는 변경된 것을 갖다 붙이는데, 후세 사람들이 멀리 추론하지 못하게 되면 전해질수록 더욱 잘못되어서 결국 잘못된 것을 법칙으로 여기는 경우가 생겨난다.
>
> 不知所爲典要者, 有上古之典要, 有後世之典要. 上古聖人不得己而爲之立名, 此上古之典要也. 今且傳於世者不備, 已而補之, 已而就所變更者附之, 後人不能遠推, 則愈傳愈失, 遂以訛誤爲典要者有之.(「等切聲原序」, 『浮山文集後編』 권1, 『淸史資料』 第6輯, 5쪽)

심지어 그는 '이름-사물'의 관계에 내재된 다양성을 통해 인지認知라는 것은 상대적이라는 결론에 도달하기도 했다.[49] 『동서균東西均』 「반인反因」에서 그는 '반인'이 바로 '정인正因'이며 같고 다른 것이 공생하는 것을 우주의 법칙이라고 주장함으로써 더욱 철학적인 색채를 나타냈다.

> 자사의 '차례로 밝혀줌'과 '교대로 운행함'이라는 말을 풀이할 때마다 서로 해치는 것이 바로 나란히 길러주는 것이요, 서로 어긋

나는 것이 바로 나란히 가는 것임을 깨닫는다. (…) 날카로운 무기
는 오로지 뒤집어 공격할 때만 쓰는 것인데, 평소의 쓰임을 반대
로 하면 뼈를 저미는 아픔을 느낀다. 그러니 어디로 간들 해침이
바로 나란히 길러주는 것이요 어긋남이 바로 나란히 가는 것이 아
니겠는가! (…) 복희의 방원과 문왕의 정회(내괘內卦와 외괘外卦), 공
자의 『잡괘』는 모두가 엇갈려 있고 반대로 마주 보고 있다. 오고
가며 교대로 바뀌니 중요한 의미가 여기에 들어 있다. 노자는 '반
反'이라는 것은 도의 움직임'이라고 했는데, 그것을 단지 반복된다
는 뜻으로만 풀이할 게 아니다.

每繹子思'代明', '錯行'二語, 而悟相害者乃竝育也, 相悖者乃竝行也
(…) 犀利之機, 全用翻駁. 反其所常, 痛從骨徹. 何往而非害乃竝育,
悖乃竝行哉 (…) 伏羲方圓, 文王貞悔, 孔子『雜卦』, 無非錯綜, 無非
反對. 往來交易, 消息在此. 老子曰: 反者道之動, 非止訓復也.(『東西
均』, 39쪽)

같은 시대의 진확도 '물과 불이 서로 도와준다水火相濟'는 주장을 펼
쳤다.(「大學辨」, 『陳確集』, 558쪽) 이런 것들은 모두 직접적 혹은 간접적으
로 관련된 사고의 인식론적 배경을 구성하는 데 가담했다.

정·주 학문이 관방 철학이 된 것은 조정의 명령을 통해 실현되었기
때문이다. 유학자들은 경학의 부흥을 요구했고, 그 때문에 필연적으로
학파의 입장을 초월한 학술 원칙과 학술 발전의 조건에 대한 사고를
통해 관방의 사상 통제에 대한 반발로 이어졌다. 한 시기의 유학자와
학자들은 '황량荒陋'했다고 여겨지는 학술의 시대를 겪은 후에 그런 황
량함을 유도한 근원을 탐구했는데, 지금까지 설명한 논의를 통해 그들
은 정상적인 학술 질서를 회복하려는 바람을 나타냈다.

왕부지의 경우는 비록 양명학에 비판적인 태도를 지니고 있었지만 결코 주자학으로 도를 수호한다고 자처하지 않았고, 이 절에서 논의하고 있는 화제에 대해서 밝힌 견해도 황종희와 전혀 다를 게 없었다.[50] 하지만 왕부지의 논의 가운데 더욱 뛰어난 부분은 이 절에서 논의하고 있는 화제와 관련된 부분으로서 '일괄론一概之論'과 '일체법一切之法'에 대한 것이다. 이 분야에 관한 그의 논의는 정치와 학술(즉 유학) 등 서로 다른 층위까지 미치고 있지만 인식론적 의미에서 뚜렷하게 상통하고 있다. 그는 "일체법은 천하를 구제할 수 없으니"* 정전제나 봉건제도 마찬가지라고 했다. 그리고 또 이렇게 지적했다.

시대와 형세가 다르면 일괄론을 고집할 수 없다.
時勢異而一概之論不可執.(『讀通鑑論』 권24, 924쪽)

백성을 이롭게 하려면 근거로 삼을 수 있는 일체법을 불변의 법칙으로 삼는 게 아니라 오직 그 시세를 따를 뿐이다.
利民者, 非一切之法所可據爲典要, 惟其時而已.(같은 책 권24, 939쪽)

오직 격언만을 근거로 삼는다면 어진 사람과 군자의 말은 모두 가려질 것이다.
惟格言之是據, 則仁人君子之言, 皆成乎蔽.(같은 책 권26, 1005쪽)

말 한마디로 천고의 역사에서 고르지 못했던 사변들을 덮으려 하

---

* 원주: "一切之法不可齊天下."(『讀通鑑論』 권16, 607쪽)

지만, 그것은 자신을 덮는 데에만 맞을 뿐이다.

以一言蔽千古不齊之事變, 適以自蔽而已.(같은 책 권26, 1006쪽)

그는 또 『주역』은 "불변의 법칙典要으로 삼아서는 안 됨"을 계속해서 주장했다.[51] 이것은 세계에 관한 왕부지의 일반 관점을 '『주역』적인 세계관'(즉 '역도易道')이라고 부르는 편이 더 적당하다는 것을 말해주며, 그것은 또한 '일괄론'과 '일정설—定之說' '일체법' 등을 논의할 때 근거가 되는 세계관이기도 했다.

그는 특유의 날카로운 관점에서 "요순을 받들어 인심을 억누르는 기준으로 삼는" 것은 좁은 의미의 파벌적인 목적에서 나온 것으로서, 그 동기는 "승려나 도사들이 그 시조始祖를 추존하여 종풍宗風을 세우려는 것과 다를 바 없다"면서,* "한 명의 선왕을 내세워 칭호를 붙여 천하를 협박하는 구실로 삼는"** 것은 일종의 정치적 책략일 뿐이며, 장주나 허행許行***은 물론이고 '나라를 찬탈한 큰 악한'과 '궁궐을 침범한 큰 도적'들도 모두 "일부 불완전한 부분만 남은 옛사람의 저작을 받들고 그 행적을 쓸어 모아 언론을 만든다"****고 지적했다. 이 또한 바로 그 '통일—'의 정치적 의미라고 하겠다. 물론 왕부지가 제시한 것은 이미 오래전부터 존재해왔던 일종의 정치 문화의 성격이며, 이 성격은 유학의 전통에 뿌리를 두고 유학의 환경을 구성하는 데에도 함께해왔다. 문화의 전제專制는 일반적으로 '문화인'을 통해 집행되는데, 가령 '도를

---

* 원주: "奉堯舜以爲鎭壓人心之標的 (…) 與緇黃之流推高其祖以樹宗風者無以異."(『宋論』 권6, 153쪽)

** 원주: "建一先王以爲號, 而脇持天下之口."(『宋論』 권10, 230쪽)

*** 허행(기원전 372?~기원전 289)은 전국 시기 초나라 사람으로 농가農家 사상가로 알려져 있지만, 그 저작이 남아 있지 않아서 자세한 행적이나 주장을 확인할 수 없다.

**** 원주: "奉一古人殘缺之書, 掠其跡以爲言."(『宋論』 권10, 231쪽)

수호한다衛道'거나 '성인을 받든다宗聖'는 등의 명분을 빌려 이익관계를 덮어 가려버림으로써 '이익'을 농단한다.

한때 유학자와 학자들이 학술적 농단에 대해 표한 부정적인 견해 가운데는 당연히 문화 전제에 대한 비판이 포함되지만, 그와 관련된 논자들이 일반적으로 '문화 전제'에 반대했다는 결론을 내리기에는 불편한 측면이 있다. 왕부지는 "천하를 경영하여 하나의 정의로 귀결시키려면 반드시 조목을 같이 하여 함께 관철해야經天下而歸於一正, 必同條而共貫"한다고 주장하면서, 심지어 이를 통해서 그는 동중서의 주장에 동의하기에 이르기도 했다.

> 육예의 과목과 공자의 학술에 포함되지 않은 것은 모두 그 도를 끊어야 하니, (…) 이는 삼대의 법이 아니지만 삼대의 정순한 의의가 담겨 있다.
> 不在六藝之科, 孔子之術者, 皆絶其道, (…) 此非三代之法也, 然而三代之精義存矣.(『讀通鑑論』 권3, 125쪽)

앞서 언급했던, 통달한 식견을 지녔던 육세의는 학교의 기능에 대해 얘기하면서 학술과 언론의 통일을 포함시켰는데, 어쩌면 이런 생각은 황종희도 하지 못했을 것이다.

> 천하에는 예로부터 지금까지 하나의 도만이 있었으니 천하에 예로부터 지금까지 하나의 학술만이 있음을 알 수 있다. 무릇 도술이 학교에서 나오지 않으면 왕도에서 마땅히 금지해야 한다. 주나라가 쇠망할 무렵 백가의 학술이 함께 흥성했으니 그 원인은 학교의 붕괴에서 시작되었다. 후세의 군주들은 모두 학교를 숭상하려

하면서도 천하 사람들이 각기 다른 학설을 펼치도록 들어주어 잡다하게 학교와 우열을 겨루게 했으니 어떻게 하나의 도로 교화를 함께 하는 성세를 이룰 수 있겠는가?

天下古今止是一個道, 則知天下古今止是一個學, 凡道術而不出於學校之中者, 當王道所當禁也. 周衰, 百家幷興, 其原皆起於學校之壞. 後世人主莫不思崇學校, 而聽天下各爲異說, 雜然與學校爭持短長, 何由致一道同風之盛哉.(『思辨錄輯要』 권20)

이렇게 언론과 학술을 '통일一'해야 한다는 주장은 유학의 기본 신념에 뿌리를 두고 있으니, 바로 "도는 일관된다道一"는 것이다. 여기서 '하나一'는 "이치는 하나인데 각기 다른 사물에 나뉜다理一份殊"라거나 "뿌리는 하나인데 온갖 다른 모양의 가지가 생겨난다一本萬殊" 또는 "온갖 생각을 일치시킨다一致百慮"고 할 때의 '하나'다. 이 '하나'는 왕부지가 "『주역』을 배우는 이는 그 방법을 하나로만 해서는 안 된다"*고 했을 때의 '불일不一'과 전혀 저촉되지 않는다.[52] 그는 "하나로 관통하는 것一以貫之"과 "하나를 고집하여 만사만물에 억지로 관철하는 것執一以強貫乎萬"을 구별했으니(『周易內傳』 권1, 50쪽) 이것은 그가 논한 '일관론'과 '일정법'을 이해하는 데 더욱 도움이 된다.[53] 이런 논의에서 '하나'는 도의 본체에 원래부터 존재하는 것으로서 도에 '하나'가 되는 것은 아니다. 그리고 조정의 명령과 '한 선생의 말씀'에서 이 '하나'는 '도'로 통하는 길을 막는 것으로 간주되었다. 문화 전제의 근거는 유학의 논리 속에 존재했던 것이다.

그렇기 때문에 한때 사대부들이 '일관론'과 '한 선생의 말씀'을 비판

---

* 원주: "學易者不一其道."(『周易內傳』 권1, 『船山全書』 제1책, 55쪽)

했던 것은 주로 유학 내부를 겨냥한 것이었음을 제대로 인식해야지, 결코 그 비판을 근대 이래에야 비로소 형성되었던 '학술 원칙'과 혼동해서는 안 된다. 이와 관련된 왕부지의 언론에 대해서도 당시의 정치 체제와 이데올로기로부터 파생된 의미를 넘어서 이해하기는 곤란하다. 이 문제에 대해서는 명·청 교체기 사대부들의 '이단론異端論'에 관한 분석에서 한층 더 깊이 논의하게 될 것이다.

학술의 농단에 대한 비판이 누적되는 과정을 거쳐서 명·청 교체기 사대부들에 의해 계승되자 비로소 명나라 200여 년 동안 축적된 비판 역량이 발휘되었다. 사실상 이와 관련된 여곤의 첨예한 사상과 같은 것은 명·청 교체기 논자들이 모두 해낼 수 있었던 것은 아니다. 앞서 언급한 여곤의 「경서단취인經書斷取引」은 '경전'에 대한 비신앙적 태도를 보여줄 뿐만 아니라 경전 화법의 인용 가능성과 인용된 구절의 의미 및 용어에 나타난 차이에서부터 진리道의 비절대성—"이치는 원래 집착함이 없어서 각기 타당한 쓰임이 있다理本無執, 用各有當"—까지 미치고 있다. 또한 '경문'을 텍스트로 사용함으로써 '도'를 싣는 도구로서 경문과 언어 및 사상의 재료로서 그것을 구분하여 경전 텍스트를 '도체道體'와 동등하다고 여기는 오해를 타파하는 데에 도움을 주었다.[54] 경전에 대한 태도의 차이는 거의 처음부터 끝까지 존재했다. "육경이 나를 설명한다六經注我"고 한 육구연과 '경전의 인용引經'을 이야기한 여곤은 모두 경전의 의의가 절대적이 아니라는 주장을 거듭 펼친 것으로 이해할 수 있다. 명대에 상대적으로 활발했던 언론의 분위기는 사대부들이 서로 다른 견해를 견지하도록 장려했다. 송대와 명대의 학자들에게 '의심'하고 '변별'하는 게 유행한 것은 당시의 이학과도 관계가 없지 않다. 심지어 과거 제도의 '경의일체經義一體'에도 '경전'을 관련된 언어와 사상의 관계에 대한 재료로 간주하려는 제안을 포함하고 있었다.[55] 적어도 명말에 이르면 『사서대전』 등에 의문을 제기하는 것이 이미 금기가 아니었다.(『기산문집』과 『누산당집』 권16 「사서대전변서四書大全辨序」 등 참조) 이런 모든 것은 명·청 교체기에 앞서 설명한 바와 같은 논의들이 전개될 수 있는 공간을 제공했다.

비록 청나라가 명나라의 제도를 계승하여 계속 (과거시험을 통한) 체제화의 방식으로 '조정의 명령'으로 '한 선생의 말씀'을 확산시킴으로써 이 시기 학술에 어떤 '직업화' 현상이 생겨나기는 했지만 그것은 오히려 개인화된 경학의 화법이 생성되는 데에 유리했다. 그리고 명·청 교체기 사대부들이 어떤 학설을 유일하게 존엄한 것으로 정립시키려는 관방의 의도에 대해 거절하고자 했던 의지는 청대에도 계속 압제를 당했지만, 앞서 설명한 논의들은 여전히 가치 있는 사상 재료로서 자격을 갖추고 있었다.

부록

사대부들의 경험에 나타난
명·청 교체기 언론 환경

청나라 초기 문자옥의 그늘 아래 있던 언론 환경에 대한 서술은 이미 많이 나와 있다. 그런데 필자에게 흥미로운 것은 직접 경험한 이들의 서술, 즉 그 시대와 생존 환경에 대한 사대부들의 직접적인 서술이다. 청나라 초기에 문자옥이 엄밀했기 때문에 이런 서술은 단편적이고 잡다할 수밖에 없고, 그 사이에는 당연히 당사자가 기피하는 내용도 있을 것이다. 그리고 당국의 금훼禁毁 및 보존, 재앙을 두려워한 출판업자의 삭제와 같은 일도 피하기 어려웠을 터다. 하지만 바로 이로 인해서 다음과 같은 자료들은 특별한 문헌적 가치를 지닌다.

필자는 우선 북방 유민 부산의 서술들에 주목했다. 그의 「서『산해경』후書山海經後」는 『장자』와 같은 방식의 지혜를 운용하여 말이 재앙의 씨앗임을 우언 형식으로 설명하고 있어서 당시로서는 특별한 글이라고 할 수 있다. 그는 『산해경』「남산경南山經」에서 순산洵山에 사는 환瑍이라는 짐승은 생김새가 양과 같지만 입이 없어서 죽일 수 없다고 한 내용을 두고, 입은 '죽을 곳死地'이고 말은 '전쟁의 사단兵端'이라고 했다. 나아가 「서산경西山經」에서 제강帝江은 노란 자루黄囊처럼 생겼다는

524 __ 제4장 '언론'에 관한 언론

구절을 풀이하여 "자루는 천하의 오묘한 도리"이고 "주둥이가 없어지고도 자루로 쓸 수 있으면 죽이지 않을 수 있고" "주둥이가 없을 수 없는데 죽임을 당하지 않는다면 행운일 따름"이라고 했다.* 이것은 문자옥의 그늘에서 억압당하는 사대부의 불만과 분노를 완곡하고 감칠맛 나게 표현한 것이었다. 그는 「귀곡자요록鬼谷子要錄」에서 이렇게 썼다.

> 「권편」에 따르면 옛사람이 "입으로 음식은 먹을 수 있지만 말을 해서는 안 된다"고 했다.
> 「權篇」: 古人有言曰: 口可以食, 不可以言.(『霜紅龕集』 권34, 931쪽)

> 귀로 듣는 것은 있어도 입으로 말하지 않는 것이 있다면 또한 보통 사람이 아니다.
> 若耳有所聽, 口有所不道, 亦非常人.(같은 책 권37, 1027쪽)

> 험하기로는 담론보다 더한 게 없고, 위태롭기로는 글을 쓰는 것보다 더한 게 없다. (…) 말수가 적으면 길이 평탄할 것이요, 벼루를 태워버리면 마음이 평안할 것이다.
> 險莫險於談論, 危莫危於弄筆, (…) 寡言則途坦, 焚硯則心安.(같은 책 권37, 1041쪽)

이것들은 모두 자신의 『산해경』 논의에 대한 보충 설명이라고 할 수 있다. 그는 또 이렇게 말했다.

---

* 원주: "囊者, 天下之妙道 (…) 無口而後可囊, 可不殺 (…) 不能無口而不見殺者, 幸而已矣."(『霜紅龕集』 권17, 514~515쪽)

3년 동안 짧은 시 100수를 지었는데 급히 자루를 기울여 가르침을 청하고자 하지만 못난 입이라 우아하고 오묘한 말은 하지 못하고 걸핏하면 기피해야 할 것을 건드리고 마는지라 우편으로 부치기가 곤란합니다.

三年中集有小詩百首, 急欲傾囊求敎, 拙口不能嫻妙語, 動觸忌諱, 不便郵寄.(『霜紅龕集』 권23, 「寄示周程先生」)

이 또한 당시 부산이 느끼고 있던 언어 환경을 짐작할 수 있게 해준다. 왕부지는 『주역내전周易內傳』 권1에서 '자루 주둥이를 묶으면 걱정이 없다括囊無咎', 즉 "함구하고 있으면 죄를 지을 일이 없다"라는 구절에 대해 이렇게 풀이했다.

위태로운 말은 재앙을 초래하고 궤변은 도리에 어긋나니, 자루 주둥이 묶어놓고 열지 않아서 남들이 그 안을 엿볼 수 없게 하는 것이 지극히 신중한 행위인 것이다.

危言則召禍, 詭言則悖道, 括囊不發, 人莫得窺其際, 愼之至也.(『船山全書』 제1책, 81쪽)

이 또한 부산의 글에 대한 보충 설명이라 하겠다.

청대 사람들이 '순정한 유학자醇儒'라고 여겼던 장이상은 유학자가 자녀와 집안사람들을 이끌고 "경전을 해석하며 예법을 익히지만解經習禮" "그것을 시기하는 사람들로 인해 툭하면 '불강不降'이니 '사제社題'니 하는 유언비어가 어지럽게 일어난다"*고 했으니, '고발'이 성행했던

---

* 원주: "而嫉之者輒以不降社題之流言籍籍."(「答吳仲木」, 『楊園先生全集』 권3)

청나라 초기의 세상 인심을 짐작할 만하다. 장이상은 자신의 스승 유종주의 연보를 언급하면서 "정성껏 보관할 것謹藏"을 당부하며 "교분이 깊은 한두 명이 아니면 꺼내서 함께 보지 말라"*고 했으니, 이 또한 당시 언론 환경에 대한 반응이라 하겠다. 장이상과 동문인 진확도 이 연보를 남에게 보여주는 일을 "절대 감히 하지 못했다."**

"강직하고 악을 미워했던廉勁疾惡" 진확이라고 하지만 그의 아들에게 시문詩文을 적게 쓰라고 간절히 당부하면서 그 이유로 "한 글자 한 구절에 자신과 가문이 걸려 있기" 때문이라고 한 것을 보면(「시아첩示兒帖」, 『진확집』, 390쪽) 그가 얼마나 삼가고 신중했는지 알 수 있다. 그가 '명리名利'는 경계해야 한다고 했을 때 강조한 것도 단지 도를 해친다는 이유에서만은 아니며, '재앙을 당하기受禍' 때문이었다. 이에 그는 같은 무리가 "불나방처럼 무리를 짓고群然如撲火之蛾" "서로 이끌고 그물 안으로 뛰어드는相率而投網羅" 모습을 차마 볼 수 없다고 했다.(「명리」, 같은 책, 419쪽) 같은 글에서 그는 또 "요즘 세상居今之世"은 "칼끝이 날카로워서 터럭만큼도 드러내서는 안 되니, 일단 드러내면 바로 죽음의 계기가 되기 때문"***이라고 했다. 이로 보건대 유종주 문하의 제자들이 표방한 '깊이 숨겨진 학문闇然之學'에도 처음부터 생존의 전략이 포함되어 있었음을 알 수 있다.

당시 관중의 위대한 유학자 이옹李顒(자는 중부中孚)은 스스로 만든 언계와 문계에 대해 오로지 신중하게 지키려고 노력한 듯했다.

저는 계축년(1673) 이후로 문계를 아주 단단히 지키고 있습니다.

---

* 원주: "非一二深交之士, 不敢出以同看."(『楊園先生全集』 권24 「答吳仲木」)

** 원주: "絕不敢."(「寄劉伯繩書」, 『陳確集』, 616쪽)

*** 원주: "鋒芒圭角, 露一毫不得, 一露卽是殺機."

僕自癸丑以後, 文戒持之甚堅.(「答秦燈巖」, 『二曲集』 권17)

그가 서원을 주관하고 있을 때 금지시킨 말에는 "관원이 현량한지 여부와 다른 사람의 잘잘못, 조정의 공적인 일과 변방의 소문"*이 포함되어 있었으며, 이를 어긴 이는 처벌했다고 한다. 그리고 집안사람들에게는 이렇게 주의를 주었다.

하는 말은 심신과 성명을 닦는 것과 윤리강상에 관한 것 외에 조정의 이해관계나 관원의 현량함 여부, 변방의 소문, 다른 집안의 사적인 일들에 대해 언급해서는 안 된다.
所講之言, 自身心性命綱常倫理外, 不可語及朝廷利害, 官員賢否, 邊報聲聞, 幷各人家門私事.(「家戒」, 『二曲集』 권19)

『이곡집』에는 백성의 목숨을 구하거나 고통을 호소하는 글에서 어쩔 수 없이 정치적 폐단을 언급하는 것을 제외하고 정치에 대한 비평이 거의 없으니, 이 또한 언론에 대한 이옹의 이와 같은 태도에서 비롯된 것임을 알 수 있다.

유성劉城(1598~1650, 자는 백종伯宗)은 자신이 숭정 기묘년(1639)과 경진년(1640) 사이에 악부樂府 수십 수를 지은 일에 대해 이렇게 이야기했다.

도성에 들어가려고 양주를 지나는데 친구인 만시화萬時華**가 여행을 하다가 마침 그곳에 이르러서 원고를 살펴보려고 소매에 넣

---

* 원주: "不得語及官員賢否, 及他人得失, 不得語及朝廷公事, 及邊報聲聞."(「關中書院會約·學程」, 『二曲集』 권13)

었다. 사흘 뒤에 가져와 돌려주면서, "이후로는 남에게 보여주지 마시게" 하고 말했다. 마침 그곳에서 누군가 읽은 사람이 있어서 그의 입을 가리키며 "이 일은 절대 발설하지 마시게!" 하고 주의를 주었다. 그런데 인재를 초빙하는 곳에 이르자 남의 눈에 띄지 않을 수 없었다. 하루는 양이장梁以樟***이 와서 빠짐없이 능숙하게 낭송하더니, "이건 아무개를 가리키고, 이건 아무개를 가리키는 것 같은데, 어떻소?" 하고 물었다. (…) (나는) 오싹 후회했다. (…) 사고謝皐가 혼자 통곡한 것이 인간사와 무슨 상관이 있겠는가? 그러나 말을 기록하여 완곡하고 애매하게 돌려 말하면서 문천상(1236~1283)을 당나라 때의 재상이라 거짓말하고 친구를 갑과 을로 나타낸다면 이는 당연히 경우가 다르다. 정사초鄭思肖의 이 책은 무쇠 상자에 단단히 담아서 깊은 우물 바닥에 숨겨 단단히 조심하며 소중히 간직하는 것이 어떠한가?

將入都, 過維揚, 友人萬茂先遊適至, 覽之袖焉. 三日, 持還餘, 曰: 後勿以示人. 會當有讀者, 指其口相戒曰: 守此如瓶耳. 旣上燕臺, 不能不爲人見. 一日, 梁公狄來, 熟誦之無遺, 曰: 斯指某, 斯指某, 何如 (…) 竦然悔之 (…) 夫皐羽自哭, 何與人事, 而記語隱譎, 詭文山爲唐宰相, 托友人以甲乙, 斯固已異矣. 至所南一書, 以錫鐵層函之, 更沈井底, 其謹嚴閟惜, 何如哉.(「書男蛾刻樂府變後」, 『嶧桐集』 권9)

** 만시화(1590~1639)는 강서 남창 사람으로 자는 무선茂先이다. 강서지역에서 거의 40년 가까이 시문과 학술로 명성을 날리던 그는 평생 벼슬길에 나아가지 않고 있다가, 말년에 조정의 부름을 받고 북경으로 가던 중 양주揚州에서 병으로 죽었다. 저작으로 『개원초집漑園初集』 『개원이집漑園二集』 『원거시園居詩』 『동호집東湖集』 『시경우전詩經偶箋』 등이 있다.

*** 양이장(1608~1665)은 하북 청원淸苑 사람으로 자는 공적公狄이고 호는 초림鶴林이다. 숭정 13년(1640) 진사에 급제하여 상구지현을 역임했으나, 청나라가 들어선 뒤로는 벼슬길에 나아가지 않았다. 저작으로 『앙부집昻否集』이 있다.

이와 비슷한 자료는 많다. 반뢰潘耒*의 시 「증굴옹산贈屈翁山」 2수 가운데는 다음과 같은 구절이 들어 있다.

고상한 거문고의 마음 오래 쉬어 비방의 노래 사양하고
용의 성품 처음 길들여져 주살을 피했지.
琴心久歇辭謠琢, 龍性初馴避弋繒.

진유숭陳維崧의 「전초일사론서錢礎日史論序」에서는 나그네의 말을 빌려 자신이 처한 상황을 이야기했다.

이제 세상사에 마음을 두는 것은 술가術家**에서 꺼리는 바이니 성패를 함부로 이야기하면 남들의 입방아에 오르내릴 것이기 때문에 그대와 같이 활달한 이들은 술을 마셔서 기지와 총명을 흐리게 하거나 장난하고 노는 데에 지혜로운 생각을 다해버리는 데······
今夫留意世事, 術家所忌, 咨言成敗, 滋人口實, 以故疏誕如公等, 或飮酒惛其機穎, 或戲弄銷其思智······(『湖海樓全集』 권1)

오위업은 팽빈彭賓(?~?, 자는 연우燕又 또는 목여穆如)이 이렇게 말했다고

---

* 반뢰(1646~1708)는 강소 오강 사람으로 자는 차경次耕 또는 가당稼堂, 남촌南村이고 만년의 호는 지지거사止止居士이며, 서실書室 이름으로 수초당遂初堂과 대아당大雅堂이 있다. 유명한 역사학자 반정장潘檉章(1626~1663)의 아우로 서방徐枋(1622~1694)과 고염무에게 학문을 배워 경사經史와 역산曆算, 음악에 두루 정통했다. 강희 18년(1679) 박학홍사과에 천거되어 한림원검토에 임명됨으로써 『명사』 편찬에 참여하고 『식화지』 편찬을 주관했다. 저작으로 『유음類音』 『수초당시집遂初堂詩集』 『문집文集』 『별집別集』이 있다.

** 술가는 옛날에 천문과 역산에 뛰어난 학자, 특히 점술와 음양 등의 방술을 익힌 사람들을 가리킨다.

기록했다.

> 내 시는 흩어져 없어져서 남아 있지 않거나, 기피함으로써 감히
> 남아 있지 않게 하겠다.
> 吾之詩以散佚不及存, 以避忌不敢存.(「彭燕又偶存草序」, 『吳梅村全集』
> 권28, 670쪽)

자신에 대해 오위업은 이렇게 말했다.

> 스스로 생각하기에 평생 술을 마셨지만 멍청한 지경에는 이르지
> 않았는데, 지금은 종이를 펼칠 때마다 항상 가슴이 두근거려서
> 마치 나중에 세상 사람들에게 지적을 받을 듯해 종종 글쓰기를
> 그만둬버리곤 한다.
> 自念平生操觚, 不至於觝滯, 今每申一紙, 恒焉心悸, 若將爲時世
> 之所指摘, 往往輟翰弗爲.(「宋尙木抱眞堂詩序」, 『吳梅村全集』 권28,
> 675쪽)

그가 스스로 "재능의 퇴보才之退"를 이야기한 것도 틀림없이 이런
상태 때문이었을 것이다. 서방이 "자식에게 훈계한誡子" 여러 가지 가
운데 세상사나 시사에 대해 이야기하지 말라는 내용이 들어 있으니,
이 또한 재앙을 피하기 위함이었다.(「계자서誡子書」, 『거이당집居易堂集』 권4)
　　여유량의 「갑인향거우서甲寅鄕居偶書」와 「계해초하서풍우암癸亥初夏書
風雨庵」(둘 다 『여만촌선생문집』 권8에 수록)을 보면 그는 스스로 내쫓기
를 계속 시도했던 것처럼 보이는데, 이 또한 자포자기 및 재앙을 두려
워하는 심리적 배경이 있었을 터다. 그리고 그가 죽은 뒤 재앙이 일어

나 후손에게까지 피해가 미침으로써 그가 생전에 느꼈던 긴장이 결코 쓸데없이 혼자 만들어낸 근심이 아니었음이 입증되었다.[56] 여유량은 오지진吳之振*에게 보낸 편지에서 여러 차례 "신중하고 엄밀하게 추스를 것收斂謹密"을 당부했지만(『여만촌선생문집』 권3), 그 자신은 사후에 육시를 당하는 참화를 입었으니, 이 또한 하나의 풍자적인 이야기라고 할 수 있다. 그리고 여유량 사건으로 인해 굴대균의 큰아들은 부친의 시문집 판각을 가지고 광주부로 가서 자수하여 옥에 갇혀 처벌을 자청했으니, 유민의 후손들 가운데 운명이 특히 참혹했던 경우에 해당된다.(이 사건에 대해서는 『청대문자옥당淸代文字獄檔』 참조) 유민과 그 후손들은 엄밀한 법망으로 인해 청나라 초기를 무사히 지나간 사람이 거의 없을 정도였다.

당견은 '당파를 없앨 것除黨'을 주장했지만 자신이 처한 시대에는 이미 '당파'라는 것이 존재하기 어려웠다.

문무백관과 담당 관리들이 잘못을 구제받고 자리를 지키기에도 겨를이 없는데 무슨 당파를 만들 수 있겠는가? 이래서 당파는 금지하지 않아도 저절로 없어졌던 것이다. 옛날에 칼날처럼 예리한 웅변을 토하던 사람도 이제는 함구하고 말이 없으며, 옛날에 남을 공격하여 반드시 이기던 사람도 지금은 스스로 자신의 부족함을 알고 분수를 지킨다.

---

* 오지진(1640~1717)은 절강 석문石門(지금의 통상桐鄉) 사람으로 자는 맹거孟擧이고 호는 등자橙子, 별호는 죽주거사竹洲居士, 만년의 호는 황엽노인黃葉老人, 황엽촌농黃葉村農을 썼다. 순치 9년(1652) 13세에 동자시에 응시하여 여유량과 교분을 맺었고, 이후에 다시 황종희 형제들과도 교유했다. 공생으로서 내각중서內閣中書에 임명되었으나 부임하지 않았다. 장서가로 유명했던 그는 여유량, 오자목과 함께 『송시초宋詩鈔』(1663)를 편찬했고, 저작으로 『황엽촌장시집黃葉村莊詩集』『덕음당금보德音堂琴譜』 등을 남겼다.

百官有司, 救過保位之不暇, 何黨之能爲. 此所以不禁而自廢也. 昔

之雄辨如鋒者, 今之杜口無言者也; 昔之攻人必勝者, 今之自守不足

者也.(『潛書』下篇, 「除黨」, 162쪽)

이를 통해서도 청나라 초기의 정치 분위기를 짐작할 수 있다.

안원顔元이 스스로 정한 각종 언어 금기를 보면 그가 청나라 초기에
위태로운 상황 앞에서 전전긍긍하고 긴장하면서 '살신殺身'을 두려워했
던 모습을 더욱 실감할 수 있다.(『안원연보』 19쪽·73쪽 참조) 그는 여러
차례 '분서갱유焚坑'를 언급하여 재앙을 두려워하는 마음이 글에 넘쳤
으며, 또한 그 두려움이 자기 한 몸의 재앙에 그치는 것이 아니라 유학
전체의 재앙으로 번질까 두려워했으니, 그야말로 근심이 심원했다고 할
수 있다.

> 오늘날 유학의 운세는 분서갱유를 만난 듯하니 고상한 사대부들
> 이 재앙을 당할 날이 멀지 않았다. 이 때문에 나는 근심하며 두려
> 워한다.
> 今日儒運, 恐遭焚坑, 淸流之禍不遠矣. 僕用是憂懼.(『存人編』, 『顔元
> 集』, 146쪽)

> 경박한 말이 일으키는 재앙은 분서갱유보다 심하다.
> 浮言之禍甚於焚坑.(『存學編』 권1, 『顔元集』, 40쪽)

> 문이 극성하면 반드시 쇠퇴하기 마련이다. 문이 쇠퇴했다가 되돌
> 아가는 경우는 두 가지가 있다. 하나는 문이 쇠퇴하여 실질로 돌
> 아가는 것이다. (…) 하나는 문이 쇠퇴하여 조야한 것으로 돌아가

는 것이다. 그렇게 되면 천하에서 문을 싫어하는 마음이 반드시
격발될 것이고 문을 없애려는 생각을 하게 될 것이니 우리 유학자
들과 백성은 수렁에 빠져 멸망할 것이다. 예를 들어 송나라 때에
이정과 주자가 당파를 만들었다는 모함에 의해 금지되고, 천계 연
간에 동림당이 체포되어 옥에 갇히고, 숭정 연간에 장헌충이 약
탈과 살육을 자행했지만 아직 그 재앙이 끝나지 않은 듯하다. 그
런데 지금 이 기미가 어디로 향하는지 알 수 없다. 『주역』에서는
기미를 알면 신령과 통한 것이라고 했지만, 나는 기미를 알면 두
렵다고 하고 싶다!

文盛之極則必衰. 文衰之返則有二: 一是文衰而返於實 (…) 一是文
衰而返於野, 則天下厭文之心必激而爲滅文之念, 吾儒與斯民淪胥
以亡矣. 如有宋程朱黨僞之禁, 天啓時東林之逮獄, 崇禎末張獻忠之
焚殺, 恐猶未已其禍也. 而今不知此幾之何向也. 『易』曰: 知幾其神
乎. 余曰: 知幾其懼乎.(「性理評」, 『顔元集』 권4, 93쪽)

안원의 경우에서 '분서갱유'의 역사적 기억이 당시 사대부들에게 깊
이 각인되어 있었음을 알 수 있을 뿐만 아니라 장이상 역시 유학의 운
명에 대해 염려하고 있었다. 그는 "근래에 이설을 즐겨 이야기하는 이
들을 무척 싫어한 적이 있다嘗深疾夫近代之好爲異論者"고 하면서 이렇게
덧붙였다.

(진나라가) 정전을 폐지하고 밭이랑을 만들었으며, 봉건을 없애고
군현을 설치했으며, 『시경』과 『서경』을 불태우고 유학자들을 생매
장했으니 (…) 이 또한 논란의 여지가 많은 도량형을 없애버린 효
과다. 당시의 학자들이 법규를 지키면서 옛것을 좋아하고 민첩하

게 구하라는 가르침을 신중히 지키며, 처사들이 감히 함부로 논
의하지 않았더라면 어찌 그 폐해가 이처럼 심했겠는가!

廢井田, 開阡陌, 罷封建, 置郡縣, 焚詩書, 坑儒士 (…) 是亦剖斗折
衡之效也. 學術之際何可不愼也. 使當時學者循循焉愼守好古敏求
之訓, 處士不敢橫議, 何至流毒若是之烈哉.(「答陳乾初」, 『楊園先生全
集』 권2)

주이존도 이렇게 말했다.

그러므로 진나라가 불태운 것이 아니라 함부로 논의를 일으킨 처
사들이 불태운 것이다. 후세의 유학자들은 성현의 뜻을 바탕으로
하지 않고 사적인 주장을 글로 쓰는데 불가와 노장사상에서 잡다
하게 뽑아 세상을 현혹한다. 천하에 법을 중시하는 군주가 많아
서 격분하여 법으로 다스릴 수도 있거늘, 깊이 생각하지 않을 수
있겠는가!

然則非秦焚之, 處士橫議者焚之也. 後之儒者, 不本乎聖賢之旨, 文
其私說, 雜出於浮屠老氏之學, 以眩於世; 天下任法之君多, 有使激
而治之, 可不深慮也哉.(「秦始皇論」, 『曝書亭集』 권59, 694쪽)

안원의 제자 이공 역시 학술의 황폐화를 통해서 '분서갱유의 싹焚
坑之萌芽'을 경계했다.(『이공연보李塨年譜』, 49쪽) 심지어 그는 자신이 "천한
지위로 고귀한 이들에게 대항하기以賤抗貴"때문에 오싹한 두려움을 느
꼈으니(『이공연보』, 120~121쪽), 사대부의 의지가 이처럼 쉽게 손상되었
던 것이다!

이러한 기록들은 문자옥의 그림자가 뒤덮지 않은 곳이 없었음을 잘

보여준다. 그리고 위험은 확실히 현실이었다. 한때 위대한 유학자들 가운데 청나라 초기에 글로 인해서 위험에 처했던 이는 대단히 많다. 고염무는 청나라 초기에 두 번이나 옥에 갇혔다.(그가 연루된 사건에 대해서는 「여인서與人書」, 『고염무시문집』, 231~233쪽에 자세히 기록되어 있다.) 왕부지는 '백매시百梅詩'로 인해 모함을 받을 뻔한 일을 기록하면서 "(매화의) 그윽한 향기와 성긴 그림자 가운데 뜻밖에 이런 악몽을 꾸게 될 줄은 몰랐다"*고 했다. 손기봉도 이와 유사한 위험에 처한 적이 있었다.

청나라 초기 언론에 대한 압박을 기록한 경우 '문자옥'은 당연히 중대한 사건이었다. 청나라 초기의 3대 사건 및 대규모 금훼禁毁는 유민을 비롯해서 명나라의 잔존 세력으로 간주된 다른 이들을 위협하여 목소리가 사라지게 했고, 그럼으로써 소리 없는 가운데 스스로 생멸生滅하게 만들어버렸다. 청대 양봉포楊鳳苞**의 『추실집秋室集』 권5(光緒癸未湖州陸氏刻) 「기장정롱사안본말記莊廷鑨史案本末」과 부이례傳以禮***가 편찬한 『장씨사안본말莊氏史案本末』(상하이고적출판사, 1981)은 이미 시간적으로 멀리 떨어진 뒤의 기록이기 때문에 당사자의 처지와 심경을 차분하게 서술했을 가능성이 있다. 필자는 특히 이 사건에서 요행으로 살아남은 육기陸圻****와 사계좌査繼佐 등 저명한 유민들이 겪은 일에 대해

---

* 원주: "不期暗香疏影中, 作此惡夢."(「和梅花百詠詩」, 『船山全書』 제15책, 609쪽)

** 양봉포(1754~1816)는 절강 귀안歸安(지금의 후저우湖州) 사람으로 자는 부구傳九, 호는 추실秋室이고 별호로 유반黄泮과 서원노인西園老人 등을 썼다. 저작으로 『추실시문집秋室詩文集』 『추실문록秋室文錄』 등이 있다.

*** 부이례(1827~1898)는 절강 산음 사람으로 원래 이름은 이예以豫이고 자는 무신戊臣, 호는 소석小石이었으나 나중에 이름을 바꾸면서 자를 절자節子, 호를 절암학인節庵學人이라고 했다. 1874년에 대만부臺灣府 해방해방海防 겸 남로이번동지南路理番同知를 역임하기도 했던 그는 『장은각총서長恩閣叢書』 『충렬기실忠烈紀實』 『초지도올楚之檮杌』 등을 편집했으나 간행하지는 않았고, 완원阮元과 함께 『사고미수서목제요四庫未收書目提要』(『벽경당견서록擘經堂進書錄』이라고도 함)를 다시 편찬하기도 했다. 저작으로는 『잔명대통력殘明大統曆』 『화연년실제발華延年室題跋』 『잔명재보연표殘明宰輔年表』 등이 있다.

흥미를 갖고 있다. 육기와 사계좌 등 저명한 인사들에게 이 사건은 어쩌면 그 자신과 가족들이 체포된 뒤 받은 굴욕 때문이 아니라 그들이 결국 '일의 시작首事'에 참여했고, 재난을 당한 이들이 참혹하게 죽은 뒤에 청 정부로부터 받은 보상이 바로 재난을 당해 죽은 이들의 재물이었다는 사실로 인해 더욱 잔혹하게 느껴졌을 것이다.

양봉포의 「기장정롱사안본말」에서는 육기와 사계좌, 범양范驤***** 등이 '일을 시작한首事' 경과를 이렇게 기록했다.

> 육기와 사계좌, 범양 세 사람은 책을 보기도 전에 자신들이 참열인으로 이름이 올라 있다는 소식을 듣고 그해 12월에 각기 학도 호상형胡尚衡******에게 사실을 보고하자, 호상형은 호주부학교수 조군송에게 관련자를 색출하게 했다. 이에 조군송은 이 책을 사서 조사하고 비방하는 말이 담긴 수천 조목을 찾아내 학도에게 보고했다. (그러나 사건이 터진 것은 결코 이것이 직접적인 이유가 아니었다.─인용자)
>
> 陸查範三人未見書而聞其名在參閱中, 於是年十二月各檢呈於學道胡

**** 육기(1614~?)는 절강 전당錢塘 사람으로 자는 여경麗京 또는 경선景宣이고 호는 강산講山이다. 시인이자 훌륭한 의사였던 그는 장정롱 사건에 연루되었다가 무고함이 밝혀진 뒤 황산에 은거하여 도를 닦던 중 아들 육인陸寅이 눈물로 호소하자 귀가했지만, 다시 영남嶺南 김보金堡의 단애정사丹崖精舍에 의탁했다가 홀연히 도복으로 갈아입고 종적을 감췄다고 한다. 저작으로 『종동집從同集』『위봉당집威鳳堂集』『서릉신어西陵新語』『시례詩禮』『영란당묵수靈蘭堂墨守』 등이 있다.

***** 범양(1608~1675)은 해령 사람으로 자는 문백文白이고 호는 묵암默庵이다. 청나라가 들어선 뒤 현량방정과에 천거되었으나 끝내 벼슬길에 나아가지 않았다. 저작으로 『점암집點庵集』『소대척독소전昭代尺牘小傳』 등이 있다.

****** 호상형(1601~?)은 안휘 경현涇縣 사람으로 자가 진옥辰玉이고 호는 계평階平이다. 순치 9년(1652) 진사에 급제하여 공부주사에 임명되었고, 이후 원외랑, 절강첨사, 제독학정 등을 역임하여 폐단을 혁신하는 데 힘쓰면서, 매월 초하루와 그믐에는 악록서원에 가서 가르쳤다. 강희 12년(1673) 사직하고 낙향해 시문을 지어 소일했다. 저작으로 『운장관시략雲章館詩略』이 있다.

尙衡, 胡飭湖州府學敎授趙君宋檢擧. 君宋買此書磨勘, 摘出毀謗語

數十百條, 申覆學道.

　　부이례의『장씨사안본말』상권에서는 사건이 종결된 뒤에 이루어진
보상에 대해 기록하고 있는데, 일을 처음 시작한 오지영吳之榮에게 "범
인 주우명朱佑明과 장정룡의 재산 가운데 10분의 1을 주었고" 그 외에
"사계좌와 범양, 육기에게도 약간의 일상용품과 의복, 그릇을 하사"했
으며, 육기의 딸은 자기 부친 외에도 "자감사 앞에 배를 대고 주우명과
장정룡 집안의 식탁 및 가구, 일상용품 등을 10여 척 정도 배에 실어
가져가는 것을 직접 보았다"고 했다.* 양봉포의 「기장정룡사안본말」에
서는 "세 사람 모두 그냥 맡겨두고 돌아보지 않은 채 떠나버렸다"**고
했다. 이 사건의 참혹함은 일을 시작한 이들이 상을 받았기 때문인데,
사실 그것은 너무나 잔혹한 풍자적 사건이었다. 어쩌면 후세 사람들이
보기에 "맡겨두고 돌아보지 않은委之不顧" 것이 비교적 합리적이지 않
았을까?
　　'요행으로 살아남은' 뒤에 육기는 머리를 깎고 승려가 되어버렸다. 부
이례가 편찬한『장씨사안본말』에는 육기의 딸이 부친에 대해 쓴 다음
과 같은 내용이 수록되어 있다.

　　하루는 금산 아래에 배를 정박했는데 종소리와 풍경 소리가 들리
　　자 (부친께서는) 이렇게 맹서하셨다.
　　"살아 돌아간다면, 장강에 맹서하건대 반드시 머리를 깎고 출가할

---

* 　원주: "給與朱莊各犯財産十分之一 (…) 查伊璜, 范文白, 陸麗京亦稍頒給什物器用 (…) 親見
船泊慈感寺前, 領朱莊廚桌家夥什物約十餘船載去."

** 　원주: "三人均委之不顧而去."

것이다!"

一日泊金山下, 聞鍾磬聲, 誓曰: 苟得生還, 所不祝髮空門, 有如大江.

당시는 육기 일가가 아직 재난에서 벗어나지 못하던 상황이었다. 이 사건이 육기의 정신에 미친 손상은 황종희의 『사구록思舊錄』 「육기」를 통해서도 어느 정도 알 수 있다. 다만 황종희의 기록에는 애매하게 숨길 수밖에 없는 부분이 있으니, 약간 고심해서 추론할 필요가 있다. 그런데 같은 사건에 연루된 범양은 조금 다른 점이 있는 듯하다. 중화민국 시기에 편찬된 『해령주지고海寧州志稿』 권29 「문원문文苑門」에 수록된 범양의 전기에서는 그가 "사화史禍로 체포되었다가 얼마 뒤 석방되었는데 의지와 기상은 여전했다"[*]고 했으니 참고로 삼을 만한 또 하나의 이야기인 셈이다.

그 시대의 언론 환경과 정치 분위기는 바로 지금까지 설명한 사대부들의 개인적 경력과 경험 속에 담겨 있다.

일본 학자 미조구치 유조溝口雄三는 명말에 있었던 황제에 대한 비판이 청대에 소리 없이 사라진 것은 "명말에 여론의 선봉을 담당했던 향신 계층 및 그들과 똑같이 지주 계층 출신이면서 그들에게 공감한 관료 계층이 청 정권의 정책에 기본적으로 찬동했다는 것을 말해준다"(『中國的思想』, 104쪽)고 주장했다. 그는 이것이 주로 경제(토지) 정책, 즉 청 정부가 "지주계급의 권익을 승인해주었기" 때문이라고 설명했다.

청 정권은 강남의 수많은 명대의 황실 장원과 왕부를 해방시켜 민전으로 만들고, 자신들의 북방 팔기 자제들에게 기지라 불리는

---

[*] 원주: "以史禍被逮, 已而得釋, 志氣如常."(『柳如是別傳』, 1137~1138쪽에서 재인용)

둔전을 확보해준 것 외에 조정의 사유지를 늘리지 않았다.(같은 책, 103쪽)

여기서는 관련 문제를 고찰하는 하나의 관점을 적확하게 제시했지만, 문제를 또 다른 방식으로 단순화해버린 듯한 인상을 풍긴다. 더욱 직접적인 원인은 여전히 언론 환경, 특히 청나라 초기의 그것이어야 할 듯하다. (비록 오래전부터 이미 신선한 관점은 아니지만) 오직 언론 통제를 통해서만 사대부들의 입을 막을 수 있었던 것이다.

언론 통제에 대한 사대부들의 반응은 앞서 설명했던 '두려움畏, 懼' 외에 또 다른 마음과 태도가 있었다. 왕취창王蘧常은 『고정림시집휘주顧亭林詩集彙注』(상하이고적출판사, 1983)의 「전언前言」에서 이렇게 썼다.

고염무는 위험한 처지에서 문단에 대한 감시가 준엄할 때에도 과감하게 직설적인 글을 썼다.(비록 운목으로 글자를 대신했지만 잠깐 생각하면 바로 알 수 있을 정도로 해석이 아주 쉬웠기 때문에 현대의 암호와는 판연하게 조금도 무슨 은폐 효과를 일으키지는 못했다.─인용자)
炎武身處危境, 値文網峻嚴之日, 卻敢於奮筆直書(雖以韻目代字, 亦屬一推便知, 破譯極易, 迴異於現代的密碼, 絲毫不會起什麼隱蔽的作用).

애매하게 숨기는 방식으로 표현한 것은 어쩌면 표현의 의지가 완강했음을 증명한다고도 할 수 있다. 유성은 「이경전李憼傳」에서 이렇게 썼다.

자신이 쓴 글을 사람들에게 보여주었는데 새 발자국이나 곤충의 모습처럼 글자를 알아보기 힘들어서 여러 사람이 보았지만 대구를 쓰지 못했으니, (…) 아마도 살아 있는 동안에는 자신의 글을

쇠 상자에 담아 깊은 우물에 숨기려는 마음을 갖고 있었던 듯하
다. 슬프도다!

以所纂著示人, 鳥跡蟲篆, 群對之不能句 (…) 蓋生而有鐵函沈井之
志也矣. 悲夫.(『嶧桐集』 권10)

한쪽에는 문자옥이 있고 다른 한쪽에는 유민(특히 저명한 유민)이 글
에서 일부러 금기를 범했으니, 사대부들의 심리도 이 때문에 아주 흥미
로운 점이 많았다.

탕빈 등은 손기봉의 연보를 편찬하면서 강희 3년(1664)에 다음과 같
은 사건을 기록했다.

선생께서 예전에 『갑신대난록』을 쓰셨는데, 제령주목 이위가 간
행했다. 이때에 이르러 야사에 대한 금지가 엄격해지자 어느 못된
늙은이가 책 안에 '야사씨野史氏'라는 단어가 있는 것을 보고 좋
은 건수라고 여겨 상급 부서에 고발하여 이위가 체포되었다. 이
소식이 처음 전해지자 들은 사람들은 모두 안색이 변했는데, 마침
수부에 계시던 선생께서는 그것을 듣고도 태연히 먹고 마시며 담
소를 나누면서 이렇게 말씀하셨다.

"세상사는 그저 부끄러움이 있는지 없는지만 따질 뿐 재앙을 논
하는 게 아니다. 여든한 살의 노인이 이 정도 살았으면 또한 충분
하지."

그리고 담당자에 보고하여 부서로 가겠다고 자청했다. 그때 마침
창주 출신의 진봉칙(?~?, 자는 자석子石)이 학문에 대해 여쭈려고
찾아오자, 의심스러운 부분을 분석하고 손수 글을 써서 잘못된
부분에 대해 지적해주니, 함께 있던 이들이 모두들 너무 고지식하

다며 놀랐다. 그러자 진봉척이 말했다.

"학술과 관련된 것은 너무 방대한데, 저는 선생께서 그런 것에 신경 쓰지 않으실 거라는 것을 원래부터 알고 있었습니다."

그리고 그가 수레에 오를 때까지도 여전히 어려운 부분에 대해 질문하는 것을 멈추지 않았다.

先生故有『甲申大難錄』一書, 濟寧州牧李爲授梓. 至是嚴野史之禁, 有老蠹見編內有野史氏字, 以爲此奇貨可居, 遂首大部, 李被逮. 此信初傳, 聞者皆爲變色, 先生正在水部座上, 聞之, 飮食談笑自若, 曰: 天下事只論有愧無愧, 不論有禍. 八十一歲老人, 得此亦足矣. 遂投呈當事, 自請赴部. 適滄州陳子石奉勅來問學, 辨析疑義, 猶手爲批答. 同人皆詫其迂. 奉勅曰: 學術所關甚大, 餘固知先生不以此介念也. 迄登車, 尙問難不已.

이것은 물론 유민이 옛 왕조의 역사를 다루는 환경을 보여줄 뿐만 아니라 손기봉과 같은 이들이 가지고 있던 신념이 어떠했는지 알 수 있게 해준다.

다음에 설명할 귀장의 일화도 장정롱 사건이 일어났을 때 귀장의 심정과 태도를 잘 보여준다.

하루는 선생이 호주 장 씨의 사건에 연루되었다고 와전되어 금방 체포될 수도 있는 몹시 시급한 상황이었지만, 선생께서는 그 상황을 모른 채 행장을 꾸려 옹주翁澍*의 집에 머물고 있던 사위 김간金侃**을 찾아갔다. 옹주가 막 술상을 차렸는데, 선생께서 오셨다는 소식이 전해지자 손님들이 모두 떠났다. 김간이 놀라서 급히 나가 맞이하며 대문에서 멈추게 하고 어디서 오시는 길이냐고 물

었는데, 선생의 행동거지가 평상시와 같은지라 안으로 모셔서 상
황을 알려드렸다. 그러자 선생께서 말씀하셨다.

"술이나 가져와라! 그런 게 무슨 상관이더냐?"

그분의 호탕하고 여유로움이 이와 같은 경우가 많았다.

一日訛傳公連湖州莊氏案, 捕逮甚急, 公不知也. 僕被至洞庭山訪其
婿金侃於翁澍氏, 澍方設席, 聞公至, 坐客皆散去. 侃驚, 遽出迎, 止
之門, 問其所從, 以公動止如故, 延入告之. 公云: 酒來. 他何足問.
其浩然自得多類此.(『歸莊集』, 601쪽)

장정룽 사건에 연루된 이가 재난에 임박해서도 이렇게 차분했다는
것은 사대부(특히 유민)들이 가지고 있던 도덕적 역량을 증명하기에 충
분하다. 『추실집秋室集』 권5의 기록에 따르면 이 사건에 관련된 사람들
은 비록 옥에 갇혀 있더라도 정신과 기개가 줄어들지 않았다. 예를 들
어 「기오초記吳楚」에서는 이렇게 썼다.

당시 역사서 사건에 연루된 이들은 대부분 문사였다. 그들은 사
슬에 묶여 옥에 갇혀 있으면서도 결연히 시를 지어 서로 주고받았
으며 모두들 괴로워하며 연민을 구걸하는 말을 하지 않았다.

時以史案繫累者多文士. 諸人銀鐺趏犴, 慷慨賦詩, 互相酬答, 皆無
困苦乞憐語.

---

* 옹주(1640~1698)는 강소 오현 사람으로 자는 계림季霖이고 호는 서모산인胥母山人이다. 제생
학위가 있었지만 벼슬길에 뜻이 없었던 그는 유민 황주성黃周星, 굴대균 등과 교유했다. 『구구지
具區志』를 편찬했고, 저작으로 『서모산인시집胥母山人詩集』이 있다.

** 김간(?~1703)은 강소 오현 사람으로 자는 의도宜陶 또는 역도亦陶이고 호는 입암立庵, 졸수거사
拙修居士다. 저명한 장서가이기도 했던 그는 송·원 시기 비본秘本들의 초본抄本을 많이 남겼다.

부이례의 『장씨사안본말』 하권에서는 반정장과 오염吳炎*이 체포되는 상황을 기록했다.

> 두 현령과 한 명의 집법관이 직접 집으로 찾아와 체포하는데 한 사람은 방건에 두루마기를 입고 나와 맞이했고 다른 한 사람은 유건을 쓰고 낡은 저고리를 입은 채 나와 맞이했는데 어조가 비장했다. 자녀와 처첩을 한 명씩 불러 모두에게 당부했다. 두 현령과 한 명의 집법관이 말했다.
> "그대 집안의 어린 아들은 잠시 숨겨두시게. 굳이 일가가 몰살될 필요가 있겠는가?"
> 그러자 두 분이 말했다.
> "우리 집안 온 식구는 이미 저승 명부에 이름이 올랐으니, 어찌 엎어진 새 둥지에서 온전한 알이 있기를 바라겠소!"
> 이렇게 해서 모두 형틀을 찼다. (…) 그들이 결연하게 처자까지 모두 데리고 나온 것이 어찌 정말 마음이 철석같았기 때문이겠는가? 가슴 가득한 열혈은 말로 표현하기 어려운 부분이 있는 것이다.
> 兩縣令一司理登門親緝, 一則方巾大袖以迎, 一則儒巾襤衫以迎, 辭氣慷慨. 凡子女妻妾一一呼出, 盡以付之. 兩縣令一司理謂君家少子, 姑藏匿, 何必爲破卵. 兩生曰: 吾一門已登鬼錄, 豈望覆巢完卵耶. 悉就械 (…) 其慨然以妻子盡出者, 豈眞鐵石心哉. 一腔熱血, 有難言者存矣.

---

* 오염(1624~1663)은 강소 오강 사람으로 자는 적명赤溟 또는 여회如晦이고 호는 괴암媿庵이었다가 나중에 적민赤民으로 바꾸었다. 장정룡 사건에 연루되어 1663년 반정장 등과 함께 능지형에 처해지고 남긴 원고들이 불태워졌다. 남은 글들은 진거병陳去病 등이 모아서 『오적명선생유집吳赤溟先生遺集』으로 간행했다.

이런 기록을 보면 오히려 청대에 들어서 어떻게 이런 기개가 거의 다 사라져버렸는지 궁금해진다.

설령 그렇다 하더라도 명·청 두 왕조의 언론 환경은 여전히 싸잡아서 비교하기가 마땅치 않다.

명대에 상대적으로 개방적이었던 언론의 공간은 활발한 경학과 당사黨社운동을 통해 입증할 수 있다. 이에 대해서 명대 초기 최고 권력자의 윤허가 미친 효과를 당연히 과소평가해서는 안 될 것이다. 그렇다면 '백공기예지인百工技藝之人'을 포괄하는 서민들이 모두 이야기할 수 있었던 선조의 훈령—직접 어전에 나와 아뢰도록 윤허한許直至御前奏聞 것. 이에 대해서는『대명회전』권80과『대명률·예율禮律』「상서진언上書陳言」참조—은 의심할 바 없이 언론을 장려한 것이며, 또한 설령 그 '선조의 훈령'이 언론과 논자에게 어떤 형식적인 보장을 해주지 못했다 할지라도 사대부들은 확실히 이것을 압제에 반항하는 근거로 삼았다.

그러나 다른 측면을 보여주는 자료도 많이 있다. 명나라 때에는 "문자에 대한 억압이 너무 심하다文網太峻"고 비판하는 이들이 종종 있었다. 숭정 연간의 고석주顧錫疇*는 한 상소문에서 "문자에 대한 억압이 너무 심하고" "논의가 너무 많은議論太多" 것을 비판했으니(『명사』권216, 「고석주전」), 이 양자가 서로 모순된 관계라는 점에 대해서는 깊이 생각하지 않은 듯하다. 전겸익도 명대에는 "초기에는 억압이 잦았으며 기피하는 바가 많았다"***고 했다. 명대 초기의 큰 사건 가운데는 언어

---

* 고석주(1585~1646)는 강소 곤산 사람으로 자는 구주九疇이고 호는 서병瑞屛이다. 만력 47년(1619) 진사에 급제했으나 위충현을 비판하다가 학위를 잃었고, 숭정 연간에 복권되었지만 다시 양사창楊嗣昌(1588~1641)과 척을 지는 바람에 벼슬을 내놓은 채 고향으로 돌아갔다. 남명 복왕 때에는 상서가 되었지만 마사영과 사이가 나빠서 다시 사표를 냈고, 이후로는 온주 강심사江心寺에 머물다가 총병 하군요賀君堯가 보낸 자객에게 살해되었다.『강감정사약綱鑑正史約』『진한홍문秦漢鴻文』『고학휘찬古學彙纂』을 편찬하고『상서강의尙書講意』『천문역학天文易學』『악일초握日草』등의 저작을 남겼다.

나 문장을 평계로 살육이 자행된 경우가 상당히 많았다. 그러나 언론 통제의 효과는 '건문제 사건'에서 현저하게 증명되었다. 이 또한 명대의 군주가 '사실을 소멸시킨' 성공적인 예 가운데 하나일 것이다.

『서산일기西山日記』 상권 「정학正學」에는 정효鄭曉에 대해 다음과 같이 기록했다.

> 병진년(1556)에 조문화趙文華[***]의 고발로 인해 태재 이천총李天寵
> (?~?, 자는 자승子承)이 사형에 처해지자 선생(정효)이 이렇게 말했다.
> "옛날에는 말 때문에 목숨을 잃었는데, 하물며 책을 썼으니 어찌
> 되겠는가!"
> 그러고는 (자신의 저작을) 모두 불태워버리고 『오학편』과 「징오」「고
> 금언」 등 몇 권만 남겨놓았다.
> 因丙辰李太宰爲趙文華所訐奏論死, 公曰: 古以言殺身, 況成書乎. 悉
> 畀火, 只遺吾學一編, 徵吾古今言數冊.

만력 연간의 여곤은 자신이 느낀 압력 때문에 결국 그의 저서 『강목 시정綱目是正』을 스스로 불태워버렸다.(『여곤철학선집』『거위재문집去僞齋文集』 「강목시정서綱目是正序」 참조) 명나라가 망할 무렵 장자열은 주계우朱季友[****] 사건에 대해 다시 평가하면서 당시 그의 책을 없애버린 것에 대해 더욱

[**] 원주: "國初禁網促數, 多所忌諱."(「制科三」, 『牧齋初學集』 권90, 1872쪽)

[***] 조문화(1503~1557)는 절강 자계慈溪 사람으로 자는 원질元質이고 호는 매촌梅村이다. 그는 가정 8년(1529) 진사에 급제하여 형부주사, 통정사, 공부우시랑 등을 역임했으나, 당시의 실권자 엄숭에게 아부한 간신으로 평가된다. 『가흥부도기嘉興府圖記』를 편찬하기도 했고, 그 밖의 저작으로 『문화전집文華全集』이 있다.

[****] 주계우(?~?)는 강서 요주饒州 사람이다. 영락 2년(1404) 태자의 생일에 황제에게 바친 책에서 주돈이와 이정, 장재, 주희의 학설에 이의를 제기했다가 '유가의 도적儒之賊'으로 낙인찍혀 고향으로 압송되고, 집법관에게 곤장 100대를 맞은 후 그 집안에 있던 모든 원고가 몰수되어 불태워졌다.

불만을 나타냈다.

(그것은) 후세 사람들이 함부로 책을 쓰지 못하도록 주계우를 끌어들여 경계하면서, 『사서대전』은 바꿀 수 없으니 학자들은 기존 학설을 삼가 지켜야지 새로운 의견을 밝혀서는 안 된다고 말한 것이다. 나는 당시 유학자들이 『사서대전』을 깊이 보지 않았거나 혹은 타당하지 않은 여러 학설에 대해 분명히 알고 있으면서도 바로잡지 않은 것은 다른 이유에서가 아니라 주계우의 경우를 보고 혼이 나서 감히 의견을 밝히지 못했을 따름이라고 생각한다.

辱示後人妄著書, 引朱季友爲戒, 謂『大全』不可易, 學者恪守成說, 不宜更有發明. 某謂時儒不深觀『大全』, 或明知諸說未當, 不加是正, 無他, 懲於季友而莫敢發耳.(「與友人論四書大全書一」, 『芑山文集』 권6)

그는 또 「여우인론사서대전·3」에서 이렇게 말했다.

성화(1465~1487) 연간에 예부의 신하 주홍모周洪謨*가 『변의록』을 바치면서 '오경'과 '사서'에 대해 비록 송대의 학자들이 주석을 붙였지만 중간에 또한 한대와 당대의 학자들이 범한 오류도 들어 있기 때문에 특별히 유학을 공부한 신하들에게 칙명을 내려서 고증하여 바로잡게 하고 황제께서 결재해달라고 청했으나 (…) 그 청원을 윤허하지 않고 『변의록』도 세상에 전해지지 못하게 했다.

成化中禮臣周洪謨進『辯疑錄』, 言五經, 四書雖宋儒注釋, 間亦有仍

---

* 주홍모(1421~1492)는 사천 장녕長寧(지금의 이빈宜賓에 속함) 사람으로 자는 요필堯弼이다. 정통 10년(1445) 진사에 급제하여 한림원편수, 시독, 예부시랑을 거쳐 예부상서 겸 태자소보까지 지냈으며, 시호는 문안文安이다. 『영종실록』과 『헌종실록』 편찬에 주도적으로 참여한 바 있다.

漢, 唐諸儒之誤者, 乞特勅儒臣考訂, 仰取聖裁 (…) 不允所請, 幷『辯
疑』書不傳.(같은 책)

그 자신은 비록 『사서대전』에 대해 논쟁을 벌였지만 여전히 "나는
경전을 해설한 여러 학자의 학설 가운데 타당하지 않은 것을 변별하여
설명하는 것이지 성인의 경전 자체의 잘잘못을 변별하는 것은 아니"*
라고 해명해야 했다.(같은 글) 이단을 공격하는 것이 학술의 기풍이 된
것도 한 시대 언론의 분위기에 의해 장려되었다. 명대 초기의 역사에
대한 전겸익의 '변증'이 명나라 말엽의 언론 환경에 기대어 이루어지긴
했지만, 그것은 바로 장기간에 걸친 금기가 만들어낸 역사학의 부정적
영향을 드러낸 일이기도 했다.

명대의 언론 환경에 대해 정식 역사에서도 고찰의 맥락을 제공했다.
『명사』 권73 「직관지」에서는 도어사都御史의 직무에 대해 언급하면서
이렇게 기록했다.

학술이 정통에 입각해 있지 않고, 상소하거나 간언할 때 기존의 법
규를 바꾸어 어지럽히면서 채용되기를 바라는 경우는 모두 탄핵한다.
凡學術不正, 上書陳言變亂成憲, 希進用者, 劾.

권70의 「선거지選擧志」에는 이렇게 기록되어 있다.

가정 16년(1537) 예부상서 엄숭이 응천부와 광동 성시省試의 어록
에서 문제점을 연달아 지적하자 세종이 격노했다. 응천부에서 시

---

* 원주: "某辯諸家解經傳未當者, 非辯聖經也."

험을 주관한 관리와 광동의 순안어사가 모두 체포되어 국문을 당했다. 22년(1543)에는 세종이 직접 산동 성시의 답안지에 적힌 비난의 글을 지적하여 어사 섭경을 체포하여 대전 안에서 죽을 때까지 곤장을 치게 했고, 포정 이하의 관리들은 모두 멀리 귀양을 보냈는데, 이 또한 엄숭의 중상모략에 의한 것이었다.

嘉靖十六年, 禮部尙書嚴嵩連摘應天, 廣東試語錄, 激世宗怒. 應天主考及廣東巡按御史俱逮問. 二十二年, 帝手批山東試錄譏訕, 逮御史葉經杖死闕下, 布政以下皆遠謫, 亦嵩所中傷也.

천계 4년(1624)에 산동과 강서, 호광, 복건의 성시를 관장한 관리들이 모두 책문에 조롱하고 풍자하는 내용이 들어 있다는 이유로 어명을 내려 엄중히 문책했다. 처음에는 벼슬을 강등시켰다가 얼마 후에는 벼슬을 삭탈해버렸으며, 심지어 강서 성시를 주관했던 정건학은 옥에 갇혀 죄를 판결받는 지경에 이르렀는데, 모두 위충현의 노여움을 샀기 때문이다.

天啓四年, 山東江西湖廣福建考官, 皆以策問譏刺, 降諭切責. 初命貶調, 旣而褫革, 江西主考丁乾學至下獄擬罪, 蓋觸魏忠賢怒也.

이것만 보더라도 당시 문자옥이 얼마나 심했는지 대략 짐작할 수 있다. 이와 비슷한 자료는 상당히 많아서, 『명사』 권203에 수록된 도해陶諧*의 전기에는 이렇게 기록되어 있다.

---

* 도해(1474~1546)는 절강 회계 사람으로 자는 세화世和이고 호는 남천南川이다. 홍치 9년(1496) 진사에 급제하여 공과급사중을 시작으로 강서첨사, 하남관하부사, 하남좌우포정사, 우부도어사, 병부우시랑 등을 역임하다가 병으로 죽었고, 나중에 병부상서에 추증되었다. 시호는 장민莊敏이다. 저작으로『남천고南川稿』『도장민집陶莊敏集』 등이 있다.

정덕으로 연호를 바꾸자 태감 유근 등이 정치를 어지럽혔다. 도해
가 나라를 그르친 죄로 유근 등의 죄를 선제의 영전에 고하고 그
들을 사면해주지 말라고 청했다. 그러나 유근이 상소문에서 잘못
된 글자를 지적하며 진술서를 쓰게 하니, 도해가 죄를 시인하고
나서 비로소 용서를 받았다.

正德改元, 劉瑾等亂政. 諸請以瑾等誤國罪告先帝, 罪之勿赦. 瑾摘
其僞字令對狀, 伏罪乃宥之.

또 권206에 수록된 조한趙漢(?~?, 자는 홍규弘逵)의 전기에 따르면 그
가 상소를 올리자 세종이 "잘못된 글자를 지적하며 꾸짖었다摘其僞字詰
之"고 했다. 권207에 수록된 사정이謝廷蒞(?~?, 자는 자패子佩)의 전기에
따르면 그가 올린 상소의 "어투가 너무 직설적語直"이어서 세종이 "상
소 가운데 잘못된 글자를 지적하고 그의 봉록을 정지시켰다摘疏中訛字,
停其俸"고 했다. 세종이 "고자질을 좋아하는喜告詰" 것을 안 간사한 소
인배들이 남들의 말을 듣고 '비방하며 원망'했다고 모함한 예에 대해
서는 『명사』 권202에 수록된 유인劉訒(1484~1559, 자는 사존思存)*과 이
묵李默(1494~1556, 자는 시언時言 또는 고충古衝)의 전기를 참조하길 바란
다. 권203에 수록된 왕의王儀(?~?, 자는 자운子雲)의 전기에 따르면 "가정
연간 내내 비방과 제단을 차려 제사지내는 일로 중대한 재앙을 초래
하는 일이 많았다"**고 했다. 권208에 수록된 여산餘珊(?~?, 자는 덕휘德
輝)의 전기에는 그가 세종에게 상소를 올려서 언로가 막혀버린 상황에
대해 이렇게 하소연했다.

---

* 원서에는 사인謝訒으로 되어 있으나, 오류이기 때문에 바로잡는다.

** 원주: "終嘉靖世多以誹謗齋醮獲重禍." ※ 해당 기록에 따르면 이런 재앙들은 조왕부趙王府
의 보국장군 주우량朱祐椋(?~?)의 고발에서 시작되었다고 한다.

(신하가) 아침에 상소문을 한 통 올리면 저녁에 천 리 먼 곳으로 귀양을 가게 됩니다. 심지어 목과 손, 발에 형구를 차고 머리에 자루가 씌워진 채 저승에서 눈물을 머금기도 합니다.[*]

朝進一封, 暮投千里. 甚至三木囊頭, 九泉含泣.

권209에 수록된 풍은馮恩(1496?~1576, 자는 자인子仁)의 전기에 따르면 세종은 조정 대신들에게 각자의 견해를 진술하라는 어명을 내리면서도 종종 이견을 제시하는 이들을 간사한 무리라며 질책했다고 한다. 그리고 권251에 수록된 문진맹文震孟[**]의 전기에 따르면 그가 천계 연간에 올린 상소문에 "홍려시鴻臚寺에서 상주하도록 이끌면 대신들이 절하고 일어나는 것이 마치 꼭두각시가 무대에 올라가는 것 같을 뿐"이라는 말이 들어 있었는데, 위충현이 "황제가 연극을 관람할 때 상소문 가운데 '꼭두각시가 무대에 올라간다'라는 말만 떼어서 이야기하며, (문진맹이) 황제를 인형에 빗대었으니 이런 자를 죽이지 않으면 천하에 경계를 줄 방법이 없다고 했고, 황제도 고개를 끄덕였던" 일이 있었다고 했다.[***] 문진맹은 훗날 벼슬을 잃고 평민이 되었다. 권255에 수록된 황도주의 전기에서는 숭정제가 그의 상소문 가운데 들어 있는 어휘들[****]을 지적하며 "자세히 설명해보라고 한令具陳" 적도 있고, 대신들

---

[*] 이것은 언로의 막힘에 대해 그가 지적한 열 가지 가운데 일곱 번째에 해당되는 내용에 들어 있다.

[**] 문진맹(1574~1636)은 장주長洲(지금의 장쑤 성 쑤저우에 속함) 사람으로 원래 이름은 종정從鼎이고 자는 문기文起, 호는 상남湘南, 별호는 담특湛特 또는 담촌湛村이다. 천계 2년(1622) 진사에 급제하여 한림원수찬이 되었고 이후 예부좌시랑 겸 동각대학사까지 역임했다. 시호는 문숙文肅이다. 저작으로 『염양서공정촉기念陽徐公定蜀記』 『체차성찰茶說』 『책서원기策書圓記』 『고소명현소기姑蘇名賢小記』 『문숙공일기文肅公日記』 『문문기시文文起詩』 등이 있다.

[***] 원주: "鴻臚引奏, 跪拜起立, 如傀儡登場已耳 (…) 乘帝觀劇, 摘疏中傀儡登場語, 謂比帝於偶人, 不殺無以示天下, 帝頷之."

[****] 원문에 따르면 그 어휘들은 '갈등葛藤'과 '주련株連' 등이었다고 한다.

은 그의 상소문에 들어 있는 말*을 "꼬투리 잡기도 爲口實"했다고 한다. 그 외에 언론으로 인해 죄를 얻은 이들은 헤아릴 수 없이 많지만 가장 널리 알려진 사람으로는 세종 때의 양계성楊繼盛(1516~1555, 자는 중방仲芳) 과 천계 연간의 양련楊漣(1572~1625, 자는 문유文孺) 등을 꼽을 수 있다.

명말 당쟁의 와중에서 흉험했던 언론 환경에 대해서는 이미 여러 차례 되풀이해서 논의되었다. 오위업은 경사에 살 때 "해마다 쓴 일기가 책을 엮어도 될 정도"였는데, 명나라 말엽 당쟁의 와중에 비록 "대나무 상자에 숨겨 남에게 보이지 않았으나" 여전히 "질투를 부르고 재앙을 재촉할까 염려스러워 곧 죄다 가져다 불태워버렸다"고 했다.** 방이지도 명나라가 망하기 전에 쓴 시와 글에서 계속해서 '두려움懼'을 묘사했다.

> 칼 구멍이 갓을 위태롭게 하는 시절에
> 누가 감히 목소리를 낼 수 있으랴?
> 鉗口危冠日, 何人敢出聲.(『流寓草』 권4, 「不及送成寶慈先生感而有作」)
>
> 부친 편지는 항상 경사로 들어갈까 무섭고
> 밀고의 문 열려 있어 경사엔 의심이 가득하구나.
> 寄書常恐入京師, 告密門開輦下疑.(같은 책 권6, 「寄夏彝仲」)
>
> 굴에 들어가니 저쪽에서 호랑이 날개를 펴고

---

* 원문에 따르면 이것은 황도주가 "문장의 의지와 기개가 파란만장한 곡절이 있고 광명정대하기로는 전겸익이나 정만보다 못하다文章意氣, 坎坷磊落, 不如錢謙益鄭鄭"고 한 것을 가리킨다.

** 원주: "歲鈔日記, 有成帙矣 (…) 藏在篋衍, 不以示人 (…) 恐招忌而速禍, 則盡取而焚之."(「梁水部玉劍臀聞序」, 『吳梅村全集』 권32, 718쪽)

글을 쓰자니 그저 용의 역린 건드릴까 두려운데

나를 위해 군주가 좋아할 글 지워버리고

우스갯소리 지어 풍간하는 신하가 되라 하네.

入穴彼方張虎翼, 擬書惟恐逆龍鱗.

爲予塗卻甘泉稿, 請作詼諧諷諫臣.(같은 책 권6, 「呈金天樞先生」)

그는 스스로 "지은 글들 가운데 혹시 시사時事에 상심하는 것이 있다면 즉시 그 원고를 불태웠으니, 어찌 감히 요즘 사람의 눈에 띄게 할 수 있겠는가!"*라고 진술했다. 주양공周亮工은 "지금 천하 문장의 성운聲韻과 기세는 흥성하고 있다고 할 수 있다. 비록 한창때이기는 하지만 도를 아는 이들은 안주하지 않나니 훗날 틀림없이 출판된 책 때문에 법령에 어긋나 죄를 얻어 수십 리 떨어진 곳에도 감히 편지조차 보내지 못할 경우가 생길 것"이라는 서세부徐世溥**의 말을 인용하면서 "얼마 후 누동婁東(즉 태창太倉)의 복사에서 과연 부적절한 말이 나왔으니, 아는 사람들은 서세부의 탁월한 식견을 칭송했다"고 썼다.*** 사실 이런 예측에는 '탁월한 식견' 같은 게 필요 없다.

두 왕조의 교체기라는 이때—시간의 경계 또한 불명확한 때—에 이르면 상황은 더욱 복잡해진다. 명·청의 교체는 결코 칼로 자른 듯한 변혁이 아니었다. 청나라 초기에 진확이 『대학』을 변증하자 연령과 취

---

* 원주: "有所著作, 或傷時事, 則焚其草, 敢令今人一寓目乎."(『浮山文集前編』 권3 『稽古堂二集』 卷下 「七解」注. 『方以智年譜』 81쪽에서 재인용)

** 서세부(1608~1657)는 강서 신건新建(지금의 난창南昌에 속함) 사람으로 자는 거원巨源이다. 숭정 연간에 남경공부시랑까지 역임했으나, 명나라가 망하자 집 안에서 지내다가 도둑이 낸 불에 해를 당했다. 저작으로 『하소정해夏小正解』 『운최韻蕞』 『유돈집선시楡墩集選詩』 『유계시초楡溪詩鈔』 『유계시화楡溪詩話』 등이 있다.

*** 원주: "今天下文章聲氣, 可謂盛矣. 雖然日午月望, 有道者所不居, 異日必有以刻文得罪功令, 數十里不敢通尺書者 (…) 己而婁東復社, 果有違言, 識者謂巨源卓識."(周亮工, 『因樹屋書影』 권1)

향 면에서 그와 비슷한 무리가 "대놓고 논의하며 두려워하고"** 심지어 무리를 지어서 끼워달라고 "울면서 청하기도泣請" 한 것을 보면 명대의 이학 환경이 이어지고 있음을 알 수 있다. 그가 "제가 한 말은 모두 죽음을 자초하는 짓"***이라고 한 것은 과장인 듯하지만, 오히려 이것이 여곤의 시대와 결코 멀리 떨어진 게 아님을 증명해준다. 장자열도 『사서대전』에 대해 변론하면서 누차 "경박한 논의浮議"—당시 남경에서 그에 대한 '폭로와 비방'이 있었음—를 두려워하지 않는다고 선언한 것도 엄청난 압력을 느끼고 있었음을 나타낸 것이었다.[57] 그러나 논쟁을 좋아하는 사대부들의 속성도 여전했다. 전겸익이나 황종희, 서방, 반뢰 등과 같이 당시의 저명한 인사들은 청나라 초기의 승려들의 다툼에 대해 모두 국외에서 방관하려 하지 않았다. 반뢰 등은 소매를 걷고 주먹을 휘두르며 살벌한 기세로 끼어들었고, 심지어 정치적 수단을 동원하여 집법관의 힘을 빌리는 일도 마다하지 않았으니, 예를 들어 그와 승려 대산大汕 사이의 사건에 대해서는 『청초승쟁기淸初僧諍記』에 자세히 기록되어 있다. 이 또한 명나라 말엽과 청초가 하나의 언론 마당을 공유했다는 사실을 증명한다. '언론 환경'은 예로부터 사대부들의 참여로 형성되었다. 어떤 상황에서 사대부들은 확실히 자신들이 거기에 참여하여 조성한 일로 인한 부작용을 감당해야 했다. '선비들의 여론士論' 또한 언론 환경을 구성하는 중요한 부분이었다.

그러나 이런 상황은 여전히 청대의 엄중한 언론 압제를 약화시키지 못했다.

앞서의 논의에서 '청나라 초기'라고 한 것은 한꺼번에 싸잡아 표현

---

* 원주: "立危論以懼之."(「答査石丈書」, 『陳確集』, 568쪽)
** 원주: "凡弟所言, 皆犯死道."(「大學辨三·答惲仲升書」, 『陳確集』, 609쪽)

했다는 혐의를 피할 수 없다. 귀장에 따르면 순치 연간에는 "법망의 금지가 느슨했지만禁網疏闊" "강희 연간에 들어서서 역사를 편찬한 일로 많은 사람을 죽였고, 이때부터 문자옥이 점점 더 강화되었다"*고 했다. 셰궈전謝國楨은 이렇게 설명했다.

> 청나라 순치 연간과 강희 연간 사이에는 비록 장정롱의 역사 저술 사건이 있기는 했지만 아직 금서 조치는 시행되지 않았다. 강희 17~18년(1678~1679)에 남은 책들을 널리 구해 『명사』를 편찬했을 때에도 아직 서적에 대한 금훼는 이루어지지 않았다. 그러다가 건륭 30년(1765)에 『사고전서』를 편찬하면서 비로소 야사를 불태워 없애는 일이 동시에 진행되었다.
> 當淸順治, 康熙之間, 雖有莊氏史獄, 尙無禁書之擧. 康熙十七八年間, 廣徵遺書, 編修明史, 尙未有焚毀之事. 洎乾隆三十年, 修四庫全書, 始同時焚銷野史.(『增訂晩明史籍考』「自序」)

학술의 경우 언론 압제의 직접적인 악영향을 받은 것은 무엇보다도 역사학이었다. 금지와 훼손으로 인한 문헌의 손실은 우선 왕조 교체의 과정과 관련된 것들로서 여기에는 '건주建州'**와 살육, 남명 그리고 명대의 '충의지사' 및 '유민'과 관련된 문헌들이 포괄된다. 명나라는 왕조 초기의 역사—용봉龍鳳 연호***와 공신들의 말로 등—에 대해 언급하

는 것을 금기시했고 청나라도 '동사東事'****와 '요좌遼左(요동)' '건주建州' 등에 대해 서술하는 것을 대단히 기피했다. '내력'에 관련된 것은 모두 언급이 금지되었으니, 바로 "내력이 불명확"해지기를 바랐기 때문이다. 한때의 글들이 관련 기록들—이적夷狄이나 추酋 등의 글자를 포함해서—로 인해 일부가 삭제되거나 수정되고, 출간할 때 제외되고, 책 자체가 금지되거나 훼손되었던 것은 모두 이런 경우였다.

『청사고淸史稿』 권14 『고종본기高宗本紀·5』의 "41년"(1776)에는 다음과 같이 기록되어 있다.

> 11월 갑신일에 사고전서관에 어명을 내려서 금령을 어긴 책들을 상세히 조사하여 별도로 파기하게 했다. 어명의 내용: 명말 인사들의 책과 문집에서 본 왕조에 저촉되는 것으로서 전겸익 등 모두 순절하지도 못한 채 망령되게 함부로 지껄인 자들의 것은 당연히 분명하게 조사하여 책을 없애야 한다. 유종주와 황도주는 조정 관료로서 정도를 지켰고, 웅정필은 재능이 뛰어나고 일처리를 숙련되게 했으니, 이런 이들의 말이 당시에 채용되었더라면 명나라의 패망이 그처럼 빠르지 않았을 것이다. 다만 글자와 구절을 고치기는 해야겠지만 책을 없앨 필요는 없다. 또 양련과 같이 올곧은 신하들은 본 왕조에 대해 한두 마디 저촉되는 내용이 들어 있다 할지라도 역시 잘 헤아려 고치는 데에서 그쳐야지 싸잡아서 태워버리는 일은 차마 할 수 없도다.
>
> 十一月甲申, 命四庫全書館詳核違禁各書, 分別改毀. 諭曰: 明季諸人

───────
*** 명나라 초기 섬서陝西 지역에서 반란을 일으킨 전구성田九成(?~1397)이 사용했던 연호로서, 서기 1397년에 해당된다.

**** '동사'는 대개 명·청 두 왕조의 동쪽에 위치한 조선朝鮮과 관련된 일들을 포괄하는 말이다.

書集詞意抵觸本朝者, 如錢謙益等, 均不能死節, 妄肆狂猖, 自應查
明毀棄. 劉宗周黃道周立朝守正, 熊廷弼材優幹濟, 諸人所言, 若當
時采用, 敗亡未必若彼其速, 惟當改易字句, 無庸銷毀. 又直臣如楊
漣等, 卽有一二語傷觸, 亦止須酌改, 實不忍幷從焚棄.

사대부들에게 더욱 두려운 것은 응당 책을 금지시키고 파기해버리
는 일이었을 것이다. 목소리 자체가 금지됨으로써, '말'을 중요한 존재
형식으로 삼는 사대부들은 거의 죽은 것이나 다름없게 되었다. 문자옥
과 공공연한 '금지'는 바로 '소멸'이었으며, '파기'는 역사를 '수정修改'하
는 행위였다. '역사의 보존存史'이라는 관점에서 보면 후자의 부작용이
전자보다 더 심할 수도 있었다.

이런 분위기에서 문헌을 정리하여 해설하고 교정하는 이들이 신중
함과 재앙에 대한 두려움으로 인해 삭제해버린 것도 많이 있었다. 전
증錢曾*은 『유학집有學集』의 시에 주석을 붙인 책에 대한 서문에서 이렇
게 썼다.

나는 근래 몇 년 동안 등롱을 밝히고 교수校讎를 진행해, 비슷하
여 잘못 쓴 글자들을 수정했다. 개중에 시절에 상심한 작품들 가
운데 서너 수는 빼버렸는데, 「추흥」이라는 제목으로 쓴 13편의 화
작시和作詩는 두보의 솜씨를 아주 잘 따른 것이지만 시대에 대한
상심이 너무 심해서 역시 함께 빼버렸으니, 아주 신중해야 했기
때문이다.

---

* 전증(1629~1701)은 강소 우산虞山(지금의 창수常熟에 속함) 사람으로 자는 준왕遵王이고 호는
야시옹也是翁, 관화도인貫花道人, 술고주인述古主人이다. 청대 초기의 대표적인 장서가 가운데
한 명이다.

余年來籌燈校讎, 釐正魚豕. 間有傷時者, 軼其三四首, 至「秋興」
十三和詩, 至可追蹤少陵, 而傷時滋甚, 亦幷軼之, 蓋其慎也.(『柳如
是別傳』, 1169쪽)

다른 사람이 간행할 때 빼거나 당국에서 찢어 없애기 전에 본인이
직접 판각을 줄여서 '뺀軼' 사람도 많았던 것이다. 장순후이張舜徽의
『청인문집별록清人文集別錄』(중화서국, 1963)에서는 『문정文定』과 『문약文
約』을 제외한 황종희의 저작에 관해 이렇게 썼다.

그러나 간행되지 않은 글도 아직 많았다. 청나라 말엽 영파의 어
느 유서 깊은 집에서 소장하고 있던 그의 원고가 몇 치 두께에 이
르렀다. 인화 땅의 섭 씨가 가져다가 간행본과 대조해보니 『문정』
과 『문약』에 들어 있지 않은 글들은 모두 따로 한 편에다 베껴서
『남뢰집외문』이라고 제목을 붙여놓았으니, 아마 모두가 당시 황
종희가 직접 빼놓은 것들인 듯했다. 동성 땅의 샤오무蕭穆가 다시
섭 씨가 소장한 판본에서 베껴와 제목을 『남뢰여집』으로 바꿨는
데, 이 또한 펑사오성彭紹升이 『정림여집』을 편찬한 것과 마찬가지
였다. 여기에는 모두 산문 18편, 오언시 1편이 들어 있다. 그 가운
데 「양이인전」은 청나라를 피해 속세를 떠난 명나라 유민의 실제
를 전적으로 서술했고, 다른 글들도 상전벽해의 격변이 일어나던
당시의 일을 기록한 것이 많아 청 조정의 금기에 저촉되기 쉬웠기
때문에, 황종희가 더 빼버린 것도 목숨을 보전하고 재앙을 피하
기 위한 것이었을 따름이다.

顧未刊之文猶多. 淸末寧波一舊家, 藏其手稿盈數寸. 仁和葉氏, 嘗
取與刊本對勘, 凡文定文約所未有者, 別鈔一本, 題曰南雷集外文,

蓋皆當日宗羲所自刪汰者. 桐城蕭穆, 復從葉本過錄, 改題『南雷餘集』, 亦猶彭紹升之編『亭林餘集』也. 凡文十八篇, 五言詩一篇. 其中若「兩異人傳」, 專述明遺民抗淸避世之實, 其他亦載桑海時事跡爲多, 易觸淸廷忌諱, 宗羲槪加刪汰, 亦所以全身遠禍耳.(권1, 11~12쪽)

우광吳光의 「황종희유저고黃宗羲遺著考」에서는 『명이대방록』과 『명이류서明夷留書』가 "원래는 합쳐서 『대방록』이라 부르던 것"인데 "나중에 두 책으로 쪼갰으니, 아마 그 내용에 청 정부가 꺼리는 말이 상당히 들어 있기 때문에 간행할 때 금기를 범했다는 혐의를 피하기 위해 일부 편장만을 선택했을 것이다. 직접적으로 금기를 범한 편장들은 감히 간행하지 못하고 단지 필사본으로만 전해졌을 것이다. (…) 이른바 『명이류서』라는 것도 간행하지 않은 채 남겨둔 책이라는 뜻"이라고 주장했다.* 황종희는 당시의 군주가 중시하던 위대한 학자임에도 그 심리적 긴장이 이 정도였으니, 나머지 다른 이들이야 말할 필요도 없을 것이다.

충의지사와 유민의 글들이 흩어져 없어지고 그들의 사적이 묻힌 것도 바로 이런 과정에서 일어났다. 먼저 묻힌 것은 당연히 '저항'과 관련된 역사의 흔적들이었다. 전겸익의 「이주선생신도비문梨洲先生神道碑文」에서는 황백가黃百家가 쓴 자신의 부친 황종희의 행략에 대해 언급하고 있다.

그러나 나는 행략을 읽다가 당연히 뭔가 미진한 느낌이 많았는데 아마 당시에도 아직 금기를 꺼린 바가 있었기 때문일 것이다. (…)

---

* 원주: "本來是合稱爲『待訪錄』的 (…) 後來所以析爲二書, 蓋因其內容頗多觸犯淸廷忌諱之辭, 所以刊刻時因爲嫌諱而只選擇了部分篇章, 那些直接犯忌干禁的篇章則未敢刊布而僅存鈔本流傳 (…) 所謂『留書』也者, 意謂留存未刻之書也."(『黃宗羲全集』 제1책, 426쪽)

특히 선생의 생전에 일이 아주 많았는데 세상에서 얘기하는 것은 겨우 처음에 당고를 당했다가 나중에 유민이 되었다는 것뿐이다. 그러나 중간에 온갖 기구한 일을 겪으며 의군을 일으키고, 스승을 찾아가 가르침을 청하며, 남명 정권을 따라 망명한 일과 같은 중대한 사건들은 역사가들이 자세히 설명하지 않은 것이다.

然予讀行略中, 固嗛嗛多未盡者, 蓋當時尙不免有所嫌諱也 (…) 特是公生平事實甚繁, 世之稱之者, 不過曰始爲黨錮, 後爲遺逸, 而中間陵谷崎嶇, 起軍乞師從亡諸大案, 有爲史氏所言不詳者.

유민이 스스로 언급을 기피하거나 당시 사람들이 그를 위해 반청활동에 대해 언급을 기피한 것도 당시에는 보편적인 일이었다. 육세의가 태호의 의병활동에 참여한 일은 『소전기전少腆紀傳』 권53과 『국조선정사략國朝先正事略』 권27에서 모두 언급은 했지만 자세하지는 않았는데, 진호陳瑚가 당시에 쓴 육세의의 「행장」과 육세의의 아들이 쓴 「행실」 및 『연보』에서는 당연히 언급을 회피했다.(『육부정선생유서』 참조) 유민으로서 행적이 그 시절에 이미 모호해진 또 하나의 예는 바로 방이지다. 근래에 그의 '만년의 절조晩節'에 대한 고찰에서 논쟁이 일어난 것도 바로 그 사실이 애매하게 은폐되어 있기 때문이다. 위잉스余英時는 문헌이 없어진 것 때문에 탄식했다.

그렇기 때문에 엄밀하게 다루려는 학자는 그의 만년 사상의 진전을 자세히 고찰할 도리가 없고 또한 그가 승려로 도피생활을 했을 때의 행적도 확실히 말할 수 있는 것이 드물다.

故治密之之學者不僅無從詳考其晩年思想之進展, 幷其逃禪後之行止, 亦鮮有能確言之者.(『方以智晩節考』增訂版, 5쪽)

이렇게 보면 당시 사대부들이 처한 언론 환경이 물론 지금까지 남아 있는 글들 속에도 보존되어 있지만, 그보다는 글로 기록되지 않고 이야기되지 않은 곳과 애매하게 숨겨진 곳, 문헌에서 사라진 곳에서도 찾아야 한다는 것을 알 수 있다.

전조망은 이업사李鄴嗣*의 시와 문장이 요행으로 남아 있게 된 일을 이야기하면서 유민의 일반적인 운명에 대해서도 언급했다.

> 사고謝翱**가 죽자 그의 『희발집』과 『유록』을 제외한 모든 것이 따라 묻혀 남아 있지 않았다. 정사초鄭思肖***는 『심사』를 우물 바닥에 가라앉혀버렸는데 200년이 지나서야 비로소 밖으로 나왔다. (…) 사고의 글 가운데 다행히 남아 있는 것들이 있지만 인고의 세월을 겪고 나니 어사대를 거쳐간 이름 모를 이들의 사건은 여전히 의문으로 남았고, 정사초의 글 가운데 다행히 발견된 것들은 또한 명나라 때의 요사린姚士磷****이 위조한 것이라고 여겨지기도 한다.

---

* 이업사(1622~1680)는 절강 은현 사람으로 원래 이름은 문윤文胤 또는 문윤文允이고 자가 업사鄴嗣 또는 묘정淼亭인데 보통 자로 불렸으며, 호는 고당杲堂, 동주유로東洲遺老다. 뛰어난 시인이었던 그의 저작으로는 『시초詩鈔』 『서경절의전西京節義傳』 『한어漢語』 『남조어南朝語』 『속세설續世說』 등이 있다.

** 사고(1249~1295)는 자가 고우皐羽 또는 고보拷父이고 호는 송루宋累 또는 희발자晞髮子다. 1276년 원나라 군대가 임안을 함락하자 남송의 단종이 복주에서 즉위하여 연호를 경염景炎이라 했는데, 당시 추밀사 겸 동도독제로병마로 있던 문천상文天祥의 요청에 따라 그도 전 재산을 털어 의병을 모집하여 참여하면서 자의참군諮議參軍에 임명되었다. 그러나 이듬해 원나라 군대와의 전투에서 패하고 나서 강남 일대를 떠돌다가 방봉方鳳 등과 함께 월천음사月泉吟社를 결성하여 활동했다. 저작으로 『희발집晞髮集』 『서대통곡기西臺慟哭記』가 있으며 『천지간집天地間集』 『포양선민전浦陽先民傳』을 편찬하기도 했다.

*** 정사초(1241~1318)는 복건 연강連江(지금의 푸저우에 속함) 사람으로 원래 이름은 알 수 없으며, 송나라가 망한 뒤에 사초思肖로 개명하고 자를 억옹憶翁, 호는 소남所南, 국산후인菊山後人, 경정시인景定詩人, 삼외야인三外野人, 삼외노부三外老夫 등을 썼다. 저작으로 『심사心史』 『정소남선생문집鄭所南先生文集』 『소남옹일백이십도시집所南翁一百二十圖詩集』 등이 있다.

謝翱之卒也, 自其晞髮集遊錄而外, 皆以殉葬, 故不存. 鄭所南沉心史
於井底, 二百年而始出 (…) 皐羽之幸而存者, 冬靑之歲月, 西臺甲乙
之姓氏, 尙成疑案, 所南之幸而得出者, 或且以爲姚叔祥之贋本.(「杲
堂詩文續鈔序」,『鮚埼亭集』外編 권25)

『황장포집黃漳浦集』에는 황도주의 제자들이 그의 흩어진 저작을 수
습하며 쓴 「수문서收文序」가 수록되어 있는데, 그 첫머리는 이렇게 시작
한다.

> 20년 동안 장수 강가가 비바람 몰아치듯 어지러워서 선생님의 글
> 들이 가을날 쑥대처럼 땅에 떨어졌지만 배우는 선비들이 조심하
> 며 감히 이야기하지 못했으니, 이상하지 않은가!
> 二十年漳上亂如雨, 夫子之文章欲墜於地, 猶秋蓬耳, 學士逡巡未敢
> 言, 不亦異乎.

황도주나 유종주는 그들이 죽은 후 제자와 자제들이 유작들을 모
았으니 그래도 운이 좋은 편에 속한다. 장상원張相文(1866~1933, 자는 웨
이시蔚西)은 「염고고전집서閻古古全集序」에서 이렇게 썼다.

> (염이매는) 저술이 비록 많지만 말로 시대의 기피에 저촉한 경우는
> 모두 없앴으며, 예전에 세간에 나돌던 것들 가운데 겨우 시와 산

**** 요사린(?~?)은 명나라 말엽 절강 해염海鹽 사람으로 이름을 사린士麟이라고도 쓰며, 자는
숙상叔祥이다. 명나라가 망한 뒤 90세가 넘는 나이에 가난하게 살다가 굶어 죽었다고 한다. 저작
으로 『몽길당시집蒙吉堂詩集』『견지편見只編』『후량춘추後梁春秋』『북위춘추北魏春秋』『해염
도경海鹽圖經』 등이 있다.

문 몇 권만 얻을 수 있었다. 또 여러 차례 삭제를 거치는 바람에 행적이 모두 없어지고 한두 가지만 후세에 전해져서, 그 자손이라 할지라도 아무도 진상을 말할 수 없게 되었다.

(閻爾梅)著述雖多, 徒以語觸時忌, 盡付銷沈, 向所流傳於世者, 僅得見其詩文數帙, 又復數經刪削, 事跡俱亡, 一二傳後, 雖其子孫, 亦莫能言其眞相.

이청의 『삼원필기』에 대한 리샹李詳(1858~1931, 자는 선옌審言)의 「서」에 따르면 이청의 이 책은 "건륭제가 처음 사고전서관을 열어 (천하에서) 책을 구해 바치기 시작할 때 금서 목록에 올랐고" 주이쭌의 『폭서정집曝書亭集』에서도 「훙화이선생수서興化李先生壽序」가 삭제되었다. 류스형劉世珩(1874~1926, 자는 쥐청聚卿 또는 충스蔥石)이 편집한 『귀지이묘집貴池二妙集』에는 후방역侯方域 오응기吳應箕의 『누산당유집樓山堂遺集』에 쓴 서문이 부록으로 실려 있는데, 여기서 후방역은 이렇게 썼다.

(오응기가) 죽었을 때 문장이 흩어져 없어졌고, 권력을 쥔 대신이 또 포고문을 올려서 그를 완강하게 청조를 거부하는 유민의 목록에 올렸다. 이 때문에 보는 이들은 모두 그가 금기를 심하게 범했다고 여겼으며, 심지어 후환을 두려워하여 짧은 말이나 몇몇 글자까지 없애버렸다.

死時文章散佚, 而當路大臣又曾上露布著以殷頑之目, 以此見者皆以爲諱甚, 至其片言只字毀滅之恐後.

황인푸黃蔭普(1900~1986, 자는 위팅雨亭)는 「옹산문초발翁山文鈔跋」에서 이렇게 썼다.

옹산선생 굴대균의 저작은 엄격히 금지된 뒤에 크게 흩어져 사라졌다. "굴타오서" 가운데 『황명사조성인록』은 천하에 이미 완전한 판본이 없어졌고, 『역외』는 대부분 일부분만 남은 불완전한 판본이다. (…) 『문외』는 원래 간행본은 전해지는 게 아주 드물고, 옛날 간행본은 사실상 완벽한 것이 아니며, 가업당에서 간행한 것을 국학부륜사에서 배인한 판본은 억측으로 고친 부분이 더 많다. 『시외』의 옛날 간행본은 비록 널리 전해졌지만 역시 빠진 부분이 많다. (…) 5종의 책 가운데 오직 『광동신어』만이 그런대로 온전할 뿐이다. 이외에 『도원당집』과 『옹산시집』은 모두 삭제되거나 개편되었고, 『광동문선』 또한 보기 드문 편에 속한다. 나머지는 그저 서명만 남겨두어 후세 사람들이 앙모하도록 제공할 따름이다.

翁山先生著作, 經嚴禁後散佚甚多. 屈沱五書中『皇明四朝成仁錄』完本已絶於霄壤, 『易外』多屬殘帙 (…) 『文外』原刻本流傳已罕, 舊刻本實非完璧, 嘉業堂刻本國學扶輪社排印本則更多臆改. 『詩外』舊刻本流傳雖廣, 亦多殘缺 (…) 五書中惟『廣東新語』較爲完整耳. 此外『道援堂集』『翁山詩集』均有刪易, 『廣東文選』亦屬罕見. 餘則徒存其名, 以供後人景仰而已.

유민의 자손들은 조상의 글을 불길하게 여기고 더할 나위 없이 신중하게 숨겼다. 대명세는 「천뢰집서天籟集序」에서 이렇게 썼다.

(내가) 진회 지역에서 타향살이를 할 때 그 지역의 유민 가운데 한두 명의 저서가 대단히 많아서 마땅히 보존하여 세상에 전해지기를 바랐지만 그럴 수 없었다. 이에 그들은 원고가 없어질까 무척 두려워하며 종종 비통한 눈물을 멈추지 못하고 죽으면서 그

자손에게 부탁하곤 했다. 내가 공손하게 그 집을 찾아가 원고를
얻어 간행해 세상에 전하려 했지만 그 자손들이 완강히 거절했으
니, 오로지 책이 유포되면 성명이 드러날까 두려워했기 때문이다.
僑寓秦淮之上, 聞秦淮一二有民所著書甚富, 當其存時, 冀世有傳之
者而不得, 深懼零落, 往往悲涕不能自休, 死而付其子孫. 余詣其家
慇懃訪謁, 欲得而爲雕刻流傳之, 乃其子孫拒之甚堅, 惟恐其書之流
布而姓名之彰者.(『戴名世集』 권2, 30쪽)

『정지거시화靜志居詩話』「한순옥韓純玉」에는 다음과 같은 기록이 있다.

중오의 한흡韓洽*과 서오의 한순옥韓純玉**은 모두 명대의 시를 모
아 편집했는데 한흡은 제목을 『시존』이라고 했고 한순옥은 『시겸』
이라고 했다. 애석하게도 그 책들은 모두 사통팔달한 도시에 유포
되지 못했고 두 선생도 갑자기 연달아 세상을 떠났다. 그 집안사
람과 벗들은 그들의 책을 다시 내놓으려 하지 않았는데, 결국 장
독 덮개로나 쓰일까 염려스러울 따름이다.
中吳韓君望, 西吳韓子蓮, 皆輯明一代之詩, 君望曰『詩存』, 子蓮曰
『詩兼』, 惜其書均未布通都, 二子先後奄逝, 其家人故友不復肯出,
恐終歸覆醬而已.(708쪽)

---

* 한흡(?~?)은 장주長洲(지금의 쑤저우) 사람으로 자는 군망君望이다. 군제생郡諸生인 그는 젊은
시절에 의원依園에서 고우객顧迂客, 서가徐柯 등과 함께 사단社團을 결성하여 활동하기도 했다.
명나라가 망한 뒤 평생 결혼하지 않고 양산陽山에 은거해 있다가 가난으로 인해 굶어 죽었다. 저
서로 『기암시존寄庵詩存』이 있었다고 하는데, 건륭 연간에 금서로 지목되어 파기되었다.
** 한순옥(1625~1703)은 절강 귀안歸安(지금의 후저우) 사람으로 자는 자련子蓮이고 별호는 거려
거사蘧廬居士다. 명나라 때의 한림학사 한경韓敬(1580~?)의 아들인 그는 평생 벼슬길에 나아가
지 않았으며, 시집으로 『거려시蘧廬詩』를 남겼다. 명대의 시를 모아 편집했다는 이 책은 후세에 출
간되었으며, 『근시겸近詩兼』 『근시겸일집近詩兼逸集』 등의 제목이 붙여졌다.

이를 통해 문자옥이 저술의 유포에 영향을 주었다는 것을 알 수 있다. 세궈전은 이렇게 설명했다.

건륭 연간에 금서들을 몰수한 뒤 유민들의 사적인 기록은 은밀히 숨겨지거나 대부분 찢겨 없어져서 남은 것은 백에 하나밖에 되지 않는다. 다행히 고향의 노인들 가운데 이것을 본 이들이 늘 술이 얼큰해지면 가끔 옛날에 들은 것을 들려주기도 해서 아직 입으로 전해지고 있다. 남겨진 글이나 일화들 가운데 다행히 지금까지 남아 있는 것도 아마 얼마 되지 않을 것이다.
自乾隆中收繳禁書之後, 遺黎私記, 復壁祕藏, 抽毀殆盡, 殘剩百一, 幸故鄕耆舊, 猶及見此者, 每酒酣耳熱, 間述舊聞, 猶存口說. 遺文軼事, 其幸而存於今者, 蓋亦僅矣.(『增訂晚明史籍考』「自序」)

역사 연구자에게 치명적인 영향을 준 것은 또한 당시 사대부들이 개탄해 마지않았던 '책의 재앙載籍之厄'이며, 이 '재앙'은 또한 전란 때문에 생긴 것만은 아니었다. 주이존은 옛 명나라와 관련된 자신의 장서가 청나라 초기 사옥史獄의 와중에 흩어져 없어졌다고 했다.

명나라 말엽의 일과 관련된 것을 다투어 불태웠다. 돌아올 무렵 옛날에 모아둔 책에 대해 문자 모조리 상자에 담아 없애버렸다고 했다.
凡涉明季事者, 爭相焚棄. 比還, 問曩所儲書, 則幷櫝亡之矣.(「曝書亭著錄序」, 『曝書亭集』 권35, 440쪽)

전조망은 '기휘忌諱'와 '혐휘嫌諱'가 청나라 초기의 문헌에 영향을 주었다고 여러 차례 이야기했다.[58] 부이례傅以禮의 「화연년실제발華筵年室題跋」 등을 보면 명의 유민들이 옛 나라의 역사를 서술하는 것이 얼마나 지난했는지와 더불어 명나라 말엽과 남명에 관한 역사 저술들의 운명을 알 수 있다. 장정롱 사건은 개중에 상대적으로 더 뚜렷하게 드러난 것이었을 따름이다. 그래서 남명의 역사에 대해 천서우스陳守實는 "근래의 학자 장빙린章炳麟(1869~1936, 호는 타이옌太炎)에 이르러 비로소 적극적으로 논의하기 시작했다"(「명사결미明史抉微」, 『명사고증결미明史考證抉微』, 5쪽)고 했다.

언론 통제의 더 심각한 부작용은 바로 사대부의 '정신과 기개'에 미친 것이었다. 량치차오는 이렇게 말했다.

> 명사를 연구하는 이들은 늘 야사가 너무 많아 짜증스럽고, 청사를 다루는 이들은 늘 야사가 너무 적다고 느낀다.
> 治明史者常厭野史之多, 治淸史者常感野史之少.(『中國近三百年學術術史』 15, 413쪽)

그는 역사학의 측면에서 청대와 송·명대의 저술을 비교했다.

> 예를 들어 필기류의 책 가운에 송대와 명대 사람들이 쓴 것으로 지금까지 남아 있는 것은 열에 대여섯이 당시의 사적을 기록한 것인데, 청대 사람들의 필기 가운데 가치 있는 것들은 열에 아홉이 고증 분야에 속한다. 청대 사람들이 직접 보고 들은 큰일을 조금이나마 조리와 본말을 갖춰서 기술한 것으로는 오덕선吳德旋*의 『문견록』과 설복성薛福成**의 『용암필기』 같은 것이 있는데, 이런 것들은 대개 한두 편도 만나기 어렵다.

至如筆記一類書, 宋明人所著現存者, 什之五六皆記當時事跡. 清人
筆記有價値者, 則什有九屬於考古方面. 求其記述親見親聞之大事,
稍具條理本末如吳仲倫(德旋)『聞見錄』, 薛叔耘(福成)『庸庵筆記』之
類, 蓋不一二觀.(같은 책, 415쪽)

이 또한 명대에서 청대까지 언론 환경 및 사대부들의 풍습이 변하게
된 흔적을 알아볼 수 있게 해준다. 근대의 주제친朱傑勤도 이렇게 말했다.

그러므로 청나라가 끝날 때에는 조정을 풍자하는 말이 전혀 들리
지 않았을 뿐만 아니라 『희조신어』***나 『석거광기』****처럼 짤막한 이
야기들을 모아서 성대한 아름다움을 널리 알리고자 하는 책도
많이 볼 수 없다. 조금이라도 논의를 펼쳐서 옛일을 이해하는 데
도움이 되는 것은 『소정잡록』*****과 『용암필기』뿐이다.

故終淸之世, 不獨譏刺朝廷之語, 絶無所聞, 卽掇拾掌故, 導揚盛美
之書, 如『熙朝新語』, 『石渠廣記』之類, 亦不多見, 其稍抒議論, 有裨
故實者, 惟『嘯亭雜錄』, 『庸庵筆記』而已.(『龔定庵硏究』, 商務印書館,

* 오덕선(1767~1840)은 강소 의흥 사람으로 자는 중륜仲倫이다. 저작으로 『초월루문초初月樓文
鈔』 『속초續鈔』 『시초詩鈔』가 있다.
** 설복성(1834~1894)은 강소 무석 사람으로 자는 숙운叔耘이고 호는 용암庸庵이다. 양무운동의
주도자 가운데 한 명이었던 그의 저작으로는 『용암문편庸庵文編』 『주양추의籌洋芻議』 『출사사
국일기出使四國日記』 『용암필기庸庵筆記』 『출사주소出使奏疏』 등이 있는데 모두 『용암전집』에
엮여 있다.
*** 서석령徐錫齡(?~?, 호는 낙원藥園)과 전영錢泳(1759~1844, 자는 입군立群)이 편찬한 것으로 청대
전기의 사료를 모은 것이다.
**** 완원阮元(1764~1849, 자는 백원伯元)의 『석거수필石渠隨筆』을 가리키는 듯하나 확실하지 않다.
『석거수필』에는 주로 서화書畵에 대한 고증이 많다.
***** 소련昭槤(1776~1833, 자는 급수汲修)이 편찬한 것으로 민속과 인물, 종교, 전설, 중대한 사건, 독
후감 등 광범한 내용을 담았다. 작자가 친히 경험한 역사 사건을 기록하면서 전해 들은 이야기도
모두 내력을 밝혀놓아 사료로서 중요한 가치가 있다.

1940, 34~35쪽)

천서우스는 『명사결미』에서 전대흔이 유지기의 마음을 분석한 말을 인용하면서 그것을 통해 청대의 여러 역사가를 조명했다. 그는 또 이렇게 썼다.

전대(명대)의 역사를 고증한 여러 학자의 저서가 많이 간행되었는데, 일단 『명사』를 언급하면 바로 그 원고에 대해서는 비판을 퍼붓지만 『명사』 자체에 대해서는 감히 논의를 많이 하지 못했다. 거침없이 떨쳐 일어나 옛 학설의 틀에 갇히지 않았던 장학성章學誠(1738~1801, 자는 실재實齋)이라 하더라도 감히 『명사』에 대해서는 논평하지 못했다.(그의 『문사통의』에서 명대 초기의 역사에 대해 입을 닫고 언급하지 않은 것도 참으로 이유가 없지 않을 것이다.) 여기에 숨겨진 사정은 당연히 당시의 정치 상황을 통해 추측할 수 있을 것이다.

諸家考訂前代文史事多刻, 一言及『明史』, 卽以史稿爲彈射之的, 而於『明史』本身, 不敢多所論列也. 雖以章實齋之奮迅跅弛, 不爲舊說所樊離, 尙不敢評述『明史』(章氏文史通義絶口不言前明史諒非無因). 此中隱情, 自可於當時之政治狀況揣度得之.(『明史考證抉微』, 9쪽)

물론 이상에서 나열한 것들도 여전히 단편적인 사실일 뿐, 실제 과정은 훨씬 더 복잡할 수밖에 없다. 이 책의 다른 부분에서 이미 설명했듯이 명·청 교체기에 발생한 일들에는 당연히 대규모 박해가 있었지만, 그와 동시에 명나라의 멸망으로 인해 언론 통제가 어느 정도 느슨해지거나 금기가 해제되기도 했다.(제4장과 제8장 3절 참조) 명·청 교체기에 언론이 잠시 활발했고 사대부들이 비판정신을 보여주었던 것은 확실히 이런 조건 위에서 가능했다. 청대 경학의 어떤 개방성도 '한 선생의 말씀'이 지닌 권위가 사라진 덕분에 가능하지 않았을까? 이 과정에 담긴 '해방의 의의'는 당연히 과소평가할 수 없다. 이 책은 명·청 교체기 사대부들이 처한 언론 환경에 대한 자발적 감지 및 그에 관한 서술에 중점을 두고 그와 관련된 명·청 두 왕조의 사실에 대해서도 약간 언급했다. 하지만 후자에 대한 더욱 전면적인 서술은 이미 이 책이 감당할 수 있는 부분이 아니다.

제 1 장
왕조 교체기 사대부의 경험과 반성

1 전겸익은 「徐季重詩稿序」에서 "남방의 음악은 힘이 미약해서 죽은 소리가
많다南風不競, 多死聲"느니 한 師曠의 말을 인용하면서 이렇게 말했다. "죽
은 소리란 무엇인가? 원망하고 분노하고 슬픔과 시름에 잠겨 막히고 조
화롭지 못하며 촉급한 소리가 그것이다何謂死聲. 怨怒哀思, 怗懘噍殺之
音是也." 그것과 '중원의 음악夏聲'은 모두 "사람의 마음에서 생겨나 율려
의 이름이 붙여져서 나라 운세의 존망과 흥폐, 병가의 승패를 나타낸다生
於人心, 命乎律呂, 而著見於國運之存亡廢興, 兵家之勝敗."(『牧齋有學集』 권18,
796쪽) 「題紀伯紫詩」에서는 기영종紀映鍾(1609~1681)이 '거기에 갇혀 있지
閟之' 않기를 바란다고 하면서, "만약 그 노래를 퍼뜨려 분노에 차서 촉급
한 음악이 사람과 사물을 감동시키면 사광이 거문고를 들고 아주 슬픈 음
악을 연주하여 비바람이 몰아치고 회랑의 기왓장이 날아 평공이 놀라고
두려워 회랑 안에 엎드리고 진나라에 엄청난 가뭄이라는 흉조가 나타나
는 것처럼 될 터이니, 신중하지 않을 수 있겠는가! 신중하지 않을 수 있겠
는가!如其流傳歌詠, 廣賁噍殺之音, 感人而動物, 則將如師曠援琴而鼓最悲之
音, 風雨至而廊瓦飛, 平公恐懼, 伏於廊屋之間, 而晉國有大旱赤地之凶, 可不愼
乎, 可不愼乎."(같은 책 권47, 1549쪽)라고 했다. 그러나 전겸익이 이 기준만을
쓴 것은 아니다. 「題燕詩酒人篇」에는 당시의 音調에 대한 이해가 들어 있다.
이 책에 인용한 『牧齋有學集』은 上海古籍出版社에서 나온 1996년 판본으
로서, 이 책에 대한 상세한 서지 사항은 여기서만 밝히겠다.

2 『愚庵小集』, 上海古籍出版社, 1996;『蒿庵集』, 齊魯書社, 1991. 吳偉業이 '지독한 미움'과 살기를 언급한 것은 그의 「太倉州學記」 「觀始詩集序」 「扶輪集序」 등의 문장을 참조할 것. 이 글들은 모두 『吳梅村全集』(上海古籍出版社, 1990)에 수록되어 있다. 陳維崧은 「王阮亭詩集序」에서 이렇게 썼다. "나라가 흥성할 때는 『시경』이 남긴 노래가 아름답게 조화를 이루었다. 그런데 50, 60년 이래 선인들의 비흥은 모두 사라져서 유치하며 어리석은 이의 곡조가 구슬픈 가락에 뒤섞인 데다 격분한 이의 소리가 馬上의 북과 방울에 직접 섞여서 음란하고 격노하며 너무나 촉급하니 퉁겨봐야 올바른 소리를 이루지 못한다. 무릇 반란의 재앙이 어찌 侯景이나 그의 부장인 임약 같은 이들에 의해 만들어졌겠는가? 차라리 왕포와 유신 같은 무리가 그 징조를 보였다고 하겠다勝國盛時, 彬彬乎有雅頌之遺焉. 五六十年以來, 先民之比興盡矣, 幼渺者調旣雜於商角, 而亢戾者聲直中夫轉鐸, 淫恚嘄殺, 彈之而不成聲. 夫靑絲白馬之禍, 豈侯景任約諸人爲之乎. 抑王褒庾信之徒兆之矣."(『湖海樓全集』文集 권1) 이것은 전겸익이나 오위업 등의 생각과 근접해 있다. 『湖海樓全集』은 건륭 을묘 浩然堂 刊本이다. 고염무도 '북방 변경의 살벌한 전쟁 음악北鄙殺伐之聲', 즉 '망해가는 나라의 음악'에 대해 비판한 바 있다.(『일지록』 권3 「孔子刪詩」 條 참조)

3 『明夷待訪錄』 「奄宦上」(『황종희전집』 제1책, 浙江古籍出版社, 1985) 참조. 황종희는 스승(즉 유종주)의 말을 설명하면서 이렇게 서술했다. "그런데 나중에 원나라와 명나라를 개창한 이들은 살인을 좋아하지 않은 이들이라고 말할 수 없고, 천하가 위세에 겁탈당해 또한 하나로 된 것은 진나라나 수나라와 다르지 않다. (…) 아마 여기에 이르러 '하늘의 도'가 일변한 듯하다顧後來元明之開創者, 不可稱不嗜殺人, 而天下爲威勢所劫, 亦就於一, 與秦隋無異. (…) 蓋至此而天道一變矣." "그런 뒤에 세상의 군주가 교만하고 신하들이 아첨하는 것이 오랜 습관이 되어 대략 신하를 개나 말로 보고 군주를 백성처럼 여기는 이들이 열에 일고여덟이 되었다. 그런데 또 그들을 하찮은 존재로 보고 군주를 자기 뱃속의 심장처럼 여기는 이들도 있으니 바람직한 군자는 대개 여기에서 나온다. 黃道周(1585~1646)나 成德이 그런 이들이다然後世君驕臣諂, 習而成故, 大略視臣如犬馬, 視君如國人者, 居其七八. 顧亦有視之如土芥, 而視君如腹心者, 君子多出於是, 如黃石齋成玄升之類."(『孟子師說』, 같은 책 51쪽 및 105쪽)

4 『독통감론』 권30, 1137쪽. 『독통감론』 권30은 『船山全書』 제10책(岳麓書社, 1988)에 들어 있다. 이 책에는 『독통감론』만 수록되어 있기 때문에 이하의 인용에서는 "『선산전서』 제10책"이라는 구절을 생략했다. 祁彪佳(1602~1645)도 이렇게 썼다. "피가 옥 계단에 뿌려지고 살이 금 계단에 날리면 조정 관료들은 안색이 하얗게 질리고 숨이 막히며 정신이 어지러워진다. 뒤이어 위로와 공적을 기록한다 해도 이 혼이 놀라고 뼈가 깎이는

고통을 겪은 후인 것이다蓋當血濺玉階, 肉飛金階, 班行削色, 氣短神搖. 即恤錄隨頒, 已魂驚骨削矣."(『明季南略』권2, 中華書局, 1984, 79쪽)

5 여기서 왕부지는 이렇게 썼다. "나쁜 습관에 찜질을 당하면 천지의 온화한 기운은 남김없이 녹아버린다. 그 재앙의 시원을 찾아보면 잘못을 누구에게 돌려야겠는가? 나쁜 습관이 생겨난 이유는 군주가 행한 형벌과 상 때문이다習氣之薰蒸, 天地之和氣銷爍無餘. 推原禍始, 其咎將誰歸邪. 習氣之所釀成, 人君之刑賞爲之也."(929쪽) 萬斯同(1638~1702)도「讀洪武實錄」에서 태조가 "참혹한 살육을 그렇게 심하게 저지른 것은殺戮之慘一何甚也" "아마 포악한 진나라 이후로 유일한 경우일 것蓋自暴秦以後絕無而僅有者"이라고 설명했다.(『石園文集』권5, 四明叢書.) 멍썬(1869~1937)은 숭정제가 "전혀 주도적이지 못한 채 총명한 척하기를 좋아하다가 결국 주살되었다茫無主宰, 而好作聰明, 果於誅殺"(「明本兵梁廷棟請斬袁崇煥原疏附跋」, 『明清史論著集刊』, 中華書局, 1959, 27쪽)고 했다. 첸무(1895~1990)는「帝王與士人」(『晩學盲言』41, 臺北東大圖書股份有限公司)에서 이렇게 썼다. "중국 역사에서 왕조를 연 군주와 동시대에 살았던 지식인들의 사이가 가장 소원했던 경우로 이전에는 한 고조가 있었고 나중에는 명 태조가 있었다. 그런데 명 태조는 더 심했다在中國歷史上, 開國之君與其同時之士最疏隔者, 在前爲漢高祖, 在後爲明太祖. 而明太祖尤甚."

6 홍무 연간의 劉基(1311~1375)와 葉伯巨(?~1376), 만력 연간의 李沂(?~1606), 남명 홍광 정권의 祁彪佳가 제기한 정장과 조옥에 대한 비판은 모두『명사』에 수록되었다(각기 권136과 139, 95, 234, 275를 참조) 趙翼(1727~1814)의 『廿二史箚記』권34 "擅撻品官"조에도 명나라 때 "관례를 어기고 권위를 함부로 휘둘러違例肆威" "品官에게 멋대로 매질한" 사례를 기록하고 있다.

7 그 외에 무종은 신하의 옷을 벗겼고, 제는 내관에게 땅바닥에 돈을 던지게 하고 경연의 강관으로 하여금 모조리 줍게 만들었으니, 이 모두가 모욕을 주는 행위였다. 『명사』권188「劉士元傳」및 권152「儀銘傳」참조.

8 이상의 내용은 『船山全書』제11책(岳麓書社, 1992) 『宋論』권1, 23~24쪽과 『송론』권10, 227쪽을 참조할 것. 이 책에서 『송론』은 인용 빈도가 비교적 높기 때문에 이하의 인용에서는 단지 권수와 쪽수만 표기한다.

9 왕부지는 이렇게 썼다. "군주에게 신하는 귀중히 여기거나 천하게 여기거나 살리거나 죽이거나 할 수 있는 존재이지만 모욕을 주어서는 안 된다. (…) 모욕을 주면 군주는 스스로 예의를 어기는 지경에 처하니 그런 군주는 군주라고 할 수 없다. 신하가 부끄러움을 모르고 순종하여 그것을 받아들인다면 그런 신하는 신하라고 할 수 없다. (…) 조옥과 정장으로 스스로 재단하게 하는 것은 군주가 사대부를 욕보이는 것이라서 오히려 응징할 수 있다. 고반룡은 '대신을 욕보이는 것은 나라를 욕보이는 것'이라고 했으니, 참으로 훌륭한 말이로다! 그렇기 때문에 그는 연못에 몸을 던져

붙잡혀 고문당하는 재앙이 멈추게 했던 것이다.臣之於君, 可貴, 可賤, 可生, 可殺, 而不可辱. (…) 至於辱, 則君自處於非禮, 君不可以爲君, 臣不知愧而順承之, 臣不可以爲臣也. (…) 使詔獄廷杖而有人自裁者, 人君之緣士大夫, 尙可懲也. 高忠憲曰: 辱大臣, 是辱國也. 大哉言乎. 故藩水而逮問之禍息."(『독통감론』 권2, 107쪽)

10 『황종희전집』 제10책, 浙江古籍出版社, 1993, 239쪽.

11 그러나 고행은 여전히 일부 사대부의 생존 방식일 뿐이라는 점을 밝혀둘 필요가 있다. 명대 사람들(특히 강남 문인들)의 호사도 기록에서 자주 볼 수 있으며, 또한 그것은 '江左風流'라고 하여 즐겨 언급되곤 했다. 예를 들어 진계유(1558~1639)에 대한 황종희의 기록이랄지 冒襄(1611~1693)에 대한 오위업의 기록이 그것이다. 오위업의 「冒辟疆五十壽序」에는 "청계와 백석계의 명승지를 이름난 미녀와 함께 준마를 타고 여행하면서 기예인에게 100만 냥의 선물을 주고 1만 동이의 술을 준비했다靑溪, 白石之勝, 名姬駿馬之遊, 百萬纏頭, 十千置酒" 등의 기술이 있다.(『吳梅材全集』 권36, 774쪽) 유민들 가운데도 다른 방식의 삶이 있었던 것이다. 시를 읊조리는 일을 그만두지도 않았을 뿐만 아니라 여전히 술판을 벌여놓고 고상한 모임을 열면서 자리 가득 기생들을 앉혀놓고 있는 것이다. 그들의 시에 비록 시름과 고뇌를 나타내는 구절이 들어 있기도 하지만 일상생활은 오히려 전혀 적적하지 않았던 것이다. 청대 초기의 강남吳中 시인들의 結社나 文宴에 담긴 호쾌한 흥취는 명나라가 망하기 전보다 못하지 않았던 것이다.

12 蜃園先生 李確이 굶어 죽은 것은 더욱 두드러진 예다. 그 일에 대해서는 魏禧(1624~1680)가 아주 자세하게 기록해놓았으니 『魏叔子文集』 권6 「與周靑士」를 참조하길 바란다. 『魏叔子文集』은 道光 25년(1845)에 謝庭綬가 중간한 『寗都三魏文集』에 포함되어 있다. 전조망의 『鮚埼亭集』 권13 「蜃園先生神道表」에도 관련 기록이 있다. 『鮚埼亭集』은 『四部叢刊』 판본을 참조했다.

13 명·청 교체기의 문헌 가운데 열녀들에 대한 기록에는 그들의 죽음이 지극히 참혹했던 경우도 있었는데, '기이奇'하고 '혹독酷'한 것을 좋아한 時論은 남성에 대해 더욱 심했다. 남성의 죽음에 대해서는 그래도 이른바 '법도에 맞음經'을 고려했지만 아낙이나 여성에 대해서는 그 '지나침過'(통상적인 정리를 넘어선 행위)을 더욱 칭송했다. 남성에 의해 기록된 열녀의 사건 정황은 바로 남성들의 이기심과 편견을 드러내고 있다.

14 『명사』 권309 및 권279에 장헌충과 손가망이 사람의 가죽을 벗긴 일에 대한 기록이 있다.

15 당시 사람들이 폭행과 잔혹함을 좋아했다는 것은 기록에서도 보이는데, 예를 들면 路振飛(1590~1647)가 '배반자叛人'와 '무능력한 장수僑將'들을 학살한 데 대한 전겸익의 상세한 기록이 그것이다.(『牧齋有學集』 권24, 1221쪽) 李淸의 『南渡錄』에서는 왕조가 교체될 무렵에 "…… 충의를 명분으

로 반역에 참여한 여러 성씨를 해쳤는데 소주와 송강, 상주, 진강이 가장 심했다 或假忠義名荼毒從諸姓, 蘇松常鎭爲最"고 했다.(권1, 7쪽) 같은 책 권3에서는 "사가정은 독보대학사 사가법의 아우인데, 남쪽으로 귀순한 후 아들 사울와 사청, 아우 사가준, 장인 한대충까지 6명이 모두 피살되었다 可程, 督輔可法弟, 南歸後, 子蔚靑, 弟可遵與婦父韓大忠六人皆被殺"(117쪽)고 했다.

16 「與人書」: "不但陷黃坦, 陷顧寧人, 而幷欲陷此刻本有名之三百餘人也. (…) 其 與不識面之顧寧人, 刻本有名之三百餘人何做何隙, 而必欲與黃氏之十二君者 一網而盡殺之."(『顧定林詩文集』, 中華書局, 1959, 233쪽) 이 책에는 『亭林文集』 『亭林餘集』『蔣山傭殘稿』『亭林佚文輯補』『亭林詩集』『蕉廟諒陰記事』까지 6종의 저작이 수록되어 있다. 이하의 주석에서는 해당 쪽수만 밝히고 이 상의 저서들에 대해 하나하나 밝히지는 않겠다.

17 황종희의 『思舊錄』「周延祚」에는 심문이 이루어질 때 "긴 송곳으로 원수 를 찔러 온몸이 피에 젖었고因以長錐錐彼仇人, 血流被體" 옥졸 顔奢를 "철 추로 때려죽인錘死" 일들에 대한 자술이 들어 있다.(『황종희전집』 제1책, 346쪽) 왕부지는 자신이 "얼굴을 베고 팔을 찌른 일勞面刺腕"(「石崖先生傳 略」, 『船山全書』 제15책 권2, 嶽麓書社, 1995, 103쪽)과 "肢體를 훼손한"일(「世家 節錄」, 같은 책 권10, 222쪽)에 대해 기록했다.

18 황종희, 『行朝錄』: "城中饑甚, (…) 呼人爲鷄, (…) 有孤行者, 輒攫去烹食, 棄骸 於道, 顱骨皆無完者, 食腦故也."(『황종희전집』 제3책, 浙江古籍出版社, 1986.) 『張蒼水集』에는 전조망의 『연보』가 부록으로 실려 있는데, 거기에 "順治九 年壬辰(1652), 公三十三歲" 부분에는 다음과 같은 주석이 붙어 있다. "이해 에 정성공(1624~1662)이 漳(지금의 푸젠 성 장저우)을 포위하니 속읍들은 모 두 함락되었으나 郡城만은 지원군이 왔기 때문에 함락되지 않았다. 정성 공이 진문산을 막고 물길을 돌려 공격했는데 제방이 무너져서 성이 물에 잠기지는 않았다. 성안에는 식량이 떨어져서 사람들이 서로 잡아먹고 포 개듯 죽어 자빠진 사람은 70만 명이 넘었다. 당시에 또 부대를 보내 식량 을 찾는 참혹한 일이 벌어져서 밤이면 마른 뼈를 두드리는 소리가 마치 지 붕의 기왓장을 두드리는 소리 같았다. 집집마다 문이 활짝 열려 있어 무덤 사이를 다니는 것처럼 쓸쓸했고, 걸신들린 쥐나 주린 새들이 한낮에도 가 득했다. 포위가 풀리자 살아남은 백성이 도랑 속의 백골들을 헤아리며 가 리키니 모두가 그 아비나 형, 아니면 자제들이었다. 그것들을 일일이 알려 주었지만 겨우 숨만 쉴 뿐 슬퍼도 눈물 한 방울 흘릴 수 없었다. 당시 그 지역 사람 한 명이 평소 울분을 토하다가 아내와 자식을 데리고 집에 틀 어박혀 문을 걸어 닫은 채 통곡하다가 죽었다. 이웃집 아이가 그 시체를 훔쳐 삶아 먹으려 했는데, 배 안에 가득 담긴 것이 낡은 종이이고 거기에 글자마저 희미한 것을 발견하고는 그 또한 젓가락을 놓은 채 굶어 죽고 말

왔다. 延平의 남방 사람들이 해상으로 왔을 때 바닷가에 사는 백성에게 끼친 재앙도 막대했지만, 장주의 군대들만큼 난폭하지는 않았다是年鄭成功圍漳, 屬邑俱下, 獨郡城以援至, 不克. 成功防鎭門山以水之, 堤壞不浸, 城中食盡, 人相食, 枕藉死亡者七十餘萬. 時又遭派埃索饗之慘, 夜敲瘦骨如龍瓦聲. 千門萬戶, 莫不洞開, 落落如遊墟墓, 饞鼠饑鳥, 白晝充斥. 圍解, 百姓存者, 數而指溝中白骨, 非其父兄, 卽其子弟. 歷數告人, 然氣息僅相屬, 言雖悲, 不能下一淚也. 時有一人素慷慨, 率妻子閉戶, 一慟而絶. 鄰舍兒竊煮啖之, 見腹中累累皆故紙, 字劃隱然, 鄰舍兒亦廢箸死. 延平陸梁海上以來, 沿海居民, 受荼毒亦至矣, 然莫暴於漳州之師."(『張蒼水集』, 中華書局, 1959, 216쪽)

19 왕부지는 史論에서 백성이 살아가는 원칙에 대해 반복적으로 이야기하면서 이른바 '찬탈簒'과 '시해弑'라는 것도 구별했다. 만약 그런 일이 "위에서만 그친다면止於上" 아랫사람들의 삶도 놀랄 일이 없어서 천하가 여전히 존속할 수 있다면서(『독통감론』 권17, 668쪽) 또 "성인이 무척 귀중히 여기는 것이 백성의 삶聖人之所貴者, 民之生也"(같은 책, 권19, 723쪽)이라 하고, "군주가 군주답지 못해서 사직도 사직이 사직답지 않게 되면君非君而社稷亦非社稷" 그 백성을 귀중히 여기고 백성의 바람에 순응하는 이를 "백성의 주군으로 인정할 수 있다許之以爲民主可"(같은 책 권27, 1049쪽)고 했다.

20 이런 걱정을 학자들만 한 것은 아니었다. 전겸익이 「太原王氏始祖祠堂記」(『牧齋有學集』 권27)에서 밝힌 근심 또한 이와 상통한다. 그것은 "종법이 망하고宗法之亡" 사람들이 짐승이 되어 문화가 황폐해지는 것에 대한 염려였다. 오위업은 「太倉州學記學」에서 예악이 붕괴된 상황을 이렇게 묘사했다. "천하가 퇴폐해져서 모두들 음모와 비책, 긴 창과 큰 칼만이 세상에 쓸모 있는 것이라 생각하고 옛날 학자들이 남긴 말은 세상 물정에 어두운 것으로 취급한다. (…) 스승의 가르침을 따르는 것도 구차한 방식이어서 조상과 성인의 마음을 지킬 생각도, 도덕을 강론하지도 않으니 공자의 고향에 들러 그 집에 들어가 측백나무를 어루만지고 제례에 쓰이는 그릇들을 보더라도 감동하여 마음에 품은 뜻을 드러낼 수 있는 이가 없을까 걱정이다天下靡然, 皆以陰謀祕策, 長槍大刀, 足以適於世達於用, 而鄙先儒之言爲迂闊 (…) 其牧守師傅亦因循苟且, 無守先崇聖之心, 無講道論德之事, 卽使過闕裏, 登其堂, 摩挲植柏, 觀俎豆與禮器, 恐無足以感發其志思者."(『吳梅村全集』 권60, 1220쪽)

21 같은 책 권7과 권22에서도 공히 包拯과 海瑞가 '조급증狷疾'이 있다거나 '조급'하기 때문에 "논할 가치가 없다不足論"고 했다.

22 유종주도 명나라 말엽의 위대한 학자였는데 남명 조정에서 路振飛를 탄핵하면서 "도망친 신하들은 모두 참수해야 한다凡系逃臣皆可斬"고 주장했는데, 이 모두 '가혹함'의 예라고 할 수 있다.(黃宗羲, 『行朝錄』 권3 및 『海外慟哭記』 참조. 둘 모두 『황종희전집』 제2책에 수록되어 있음.) 황종희는 전겸익이 꾸

짖기를 좋아한다고 비판했지만 본인이 당시 사람들에 대해 언급할 때는
그 가혹함이 전겸익에 못지않아서 문장에 항상 분개하는 마음이 담겨 있
었다. 예를 들어 "내가 보아하니 오늘날 망한 나라의 대부들은 대략 세 부
류가 있으니 악착같이 목숨을 유지하는 부류와 제후들에게 구걸하는 부
류, 그리고 선종의 불법을 수행하는 이들이다. 이들은 모두 마음속이 혼란
하여 부귀영화와 출세에 대한 생각을 이기지 못해 그저 잠자리만 다를 뿐
같은 꿈을 꾸고 있으니, 이런 무리에게 어찌 다시 성정이 있을 수 있겠는
가余見今之亡國大夫, 大略三等, 或齷齪治生, 或丐貸諸侯, 或法乳濟洞, 要皆胸
中擾擾, 不勝富貴利達之想, 分床同夢, 此曹豈復有性情?"(「憲副鄭平子先生七十
壽序」,『황종희전집』제10책, 671쪽)와 같은 것이다.

23 『송론』권3「眞宗」: "곡식이 잘 자라고 바람과 햇볕이 온화하니 백성을 이끌
고 나들이 가서 번창한 자연을 즐기게 되면 이를 통해 백성의 기운이 차
분해지고 그 뜻이 평온해진다. 마을의 경박한 자제들도 즐거운 분위기 아
래 함부로 능욕하는 지독한 마음을 없애서 다급하게 무기를 휘두르거나
사적인 이득을 얻으려고 부모 형제를 섬기는 일을 하지 않게 되니, 이 또
한 감정을 평온하게 다스리는 훌륭한 기술이다禾黍旣登, 風日和美, 率其土
民遊泳天物之休暢, 則民氣以靜, 民志以平. 裏巷佻達之子弟, 消其囂淩之戾氣
於恬愉之下, 而不皇皇然逐錐刀於無厭, 懷利以事其父兄, 斯亦平情之善術也."
(95쪽) 그는 또 이를 근거로 詩賦로 관료를 선발하는 제도의 장점에 대해
논했다.(같은 책, 권4)

24 전겸익, 「施愚山詩集序」: "시인이 세상 구원에 뜻을 두는 것은 근본을 온유
돈후로 돌아가게 하는 것과 마찬가지다. (…)『시경』에서도 '신께서 그걸 들
으시면 결국 평화로워지리라!'라고 했듯이, 평화로우면 신도 귀를 기울이
니, 천지는 신과 인간의 온화한 기운이 만나는 통로이기 때문이다詩人之
志在救世, 歸本於溫柔敦厚, 一也. (…) 詩有之: 神之聽之, 終和且平. 和平而神
聽, 天地神人之和氣所由接也."(『牧齋有學集』권17, 760~761쪽)「答杜蒼略論文
書」: "그러므로 나는 오늘날의 글이 나아가 원화元和(806~820) 연간과 같
아지기를 바라지 퇴보하여 천복天復(901~904) 연간과 같아지기를 바라지
않는다故吾以當世之文, 欲其進而爲元和, 不欲其退而爲天復."(같은 책 권38,
1308쪽) 오위업도 이렇게 말했다. "일찍이 뜻을 같이하는 이에게 말하기를,
惠泉의 물 100휘를 떠다가 천하의 거칠고 속된 마음을 씻어버리고 싶거든
「대아」로 돌아가게 하라고 했다嘗語同志, 欲取惠泉百斛, 洗天下傖楚心腸, 歸
諸大雅."(「扶輪集序」,『吳梅村全集』권6, 1205쪽)

25 그 시기 숭정제의 동향에 대해 황종희는『子劉子行狀』권상에서 이렇게 기
록했다. "급보를 들으신 주상께서는 조정에 나와보지 않으시니 상소문은
모두 대전에 남겨진 채 보고되지 못했다. 안에서 포대 800개를 마련하라
고 분부하시자 관노들이 다투어 노새를 바쳤다. 또 위아래 관료들에게 각

자 말을 한 필씩 진상하게 하셨다上自聞警, 不出視朝, 章奏皆留中不報. 中旨辦布囊八百, 官奴競獻馬騾. 又勅大小臣工, 各進馬一疋.(『黃宗羲全集』제1책, 217쪽)『三垣筆記附識中』「崇禎」에는 숭정제가 황후와 귀인 등에게 연이어 목을 매게 하고 장평공주의 팔을 자른 후, "또 내관 왕승은을 불러 장화를 신기게 하고 수십 명의 내관을 거느린 채 성을 돌면서 문을 열려 했지만 실패했다. 이에 돌아가서 왕승은과 나란히 매산의 고목 아래에서 목을 맸다又喚內官王承恩著靴, 帶同內官數十人, 繞城奪門不得, 歸, 遂同承恩對縊煤山古樹下"(227쪽)고 기록되어 있다. 陳瑚(1613~1675, 자는 言夏)가 편찬한 『離憂集』(峭帆樓叢書) 卷下「雪苑」에는 葉奕苞(1629~1686, 자는 九來)의「悲哉行」이 수록되어 있는데, 여기에는 숭정제가 남쪽으로 피란하려 했지만 실패한 경과를 기록하면서, "지존께서는 여전히 남쪽으로 피란가실 생각이어서 스스로 京營의 기병 80명에게 호위를 분부하셨다. 그러나 차마 조서를 내려 만백성을 놀라게 하지 못하고 전령을 불러 편지를 전하게 하셨다. 그런데 아아, 자물쇠가 모두 잠겨 있어 성문마다 호통을 질러 행차를 멈추고 고삐를 돌리게 했다至尊之意猶南巡, 自擁京營八十騎. 不忍宣勅驚萬民, 乃號上傳檄援使. 籲磋鎖鑰皆御封, 鬥鬥吒止回六轡"고 했다. 홍광 정권에서 망한 왕조를 회복하려 했을 때의 모습은 더욱 희극적이었다. 李淸의『南渡錄』권5에는 홍광 1년(1645) 5월의 일을 다음과 같이 기록했다. "처음에 북쪽(청) 군대가 남침했을 때 보국공 朱國弼 등이 은밀히 상소를 올렸다. 이에 주상께서 탄식하시며, '태조의 능이 여기 있거늘 어디로 간단 말인가? 그저 죽음으로 지키는 수밖에!' 이날 아침 북쪽 군대가 강을 건넜다는 소식이 전해지자 궁 안팎이 크게 동요했다. 저녁 무렵에 그 소식을 들은 주상께서는 通濟門을 열고 다급히 나가셨으나 문무백관은 여전히 그 사실을 모른 채 그저 저녁에 무장한 기병의 소리만 들었다. 이튿날 아침 조정에 들어간 이들은 내관들이 분주하게 사방으로 도망치는 것을 보고 비로소 황제가 이미 궁 밖으로 나갔음을 알게 되었다. 이보다 앞서 4월에 督輔 사가법이 누차 상소를 올려 위급한 상황을 알렸지만 마사영은 그저 문서에 답신을 달아 하부 부서로 내리기만 했기 때문에 남경은 조용할 뿐이었다. 그러다가 양주가 함락되었을 때도 장강에 띄울 배조차 없어서 남북의 소식이 단절되니, 뒤늦게 29일에야 병부에서 처음 소식을 들었고, 백성은 여전히 모르고 있었다. (…) 이때는 성을 수비할 태세가 전혀 갖춰지지 않아서 하루아침에 낭패를 당했으니, 온 나라가 그것을 원통하게 생각했다. 당시 마사영은 사태가 급박해지자 완대성(1587~1646, 자는 集之)과 장손진(?~?, 자는 公武)이 자신을 망쳤다며 원망했다. 장손진이 찾아가자 호통을 치며 들여보내지 말라고 했지만 이미 때가 늦었다初, 北兵南侵, 保國公朱國弼等屏人密奏. 上慨然曰: 太祖陵寢在此, 走安往, 惟死守耳. 至是早, 北兵渡江信至, 中外大震. 上薄暮聞, 開通濟門倉皇出獵, 百官猶不知, 但夜聞甲馬聲.

次早猶有入朝者, 見內臣紛紛四竄, 始知駕已出宮. 先是四月中. 督輔可法屢疏告急, 士英惟票旨下部, 故金陵寂然. 及揚州破, 大江中無一舟渡, 南北聲絕聲絕, 遲至二十九日, 兵部始得報, 民間猶未知也. (…) 至是城無守備, 一朝狼狽, 通國恨之. 時士英見事迫, 亦恨阮大鋮, 張孫振誤己. 孫振往見, 叱不納, 然無及矣."(浙江古籍出版社, 1988, 274쪽) 군주가 신하보다 더 다급하게 도망친 일은 영력 정권에서도 있었다. 숭정제가 사직에서 죽은 것은 차라리 신하들의 다그침 때문이었다고 할 수 있다.

26 그 밖에 관련된 문헌과 기록들도 있는데, 예를 들어 『劉子全書』(吳傑 等 校刻, 無休董氏重訂本) 권18의 「明國是以正人心疏」(未上)에는 이렇게 기록되어 있다. "도적의 형세가 흉흉해지자 조정의 신하들 가운데 남쪽으로 피난해야 한다고 말하는 이가 있었다. 이에 선제께서 말씀하셨다. '아! 종묘가 중요하도다!' 장하도다, 제왕의 말씀이시여! 옳고 그름은 따지시되 이로움과 해로움은 따지지 않으셔서 군주께서 사직을 위해 돌아가시고 대부는 변경을 지키기 위해 죽고 사대부는 제도를 지키기 위해 죽었나니, 한 시대의 인심과 풍속이 이때부터 고금을 넘어선 듯하다當賊勢之洶洶也, 廷臣有倡爲南幸之說者, 先帝曰: 吁, 陵寢爲重. 烈哉王言. 論是非不論利害, 於是君死社稷, 大夫死封疆, 士死制, 想見一代人心風俗, 自是度越古今." 그리고 『명사』 권255에는 유종주가 '황제의 피란遷幸'을 막은 일에 대해 기록했다. 『劉子全書』 권40 연보에는 이렇게 기록되어 있다. "처음에 선생께서 폐하 앞에서 직접 상소를 올리고 돌아와 즉시 상소문을 작성하여 황제께서 남쪽으로 피란하시는 일이 잘못되었음을 극언하는 글을 보충하여 간언하려 했다. 그런데 얼마 후 논의가 점점 가라앉아서 간언을 중도에 그만두었다.(그 상소문의 원고는 없어졌다.)始, 先生伏闕歸, 卽草疏極言南幸之非, 欲補牘諫, 己而議漸寢, 遂中止(疏稿逸)." 유종주가 황제 앞에서 직접 상소를 올린 것은 숭정 2년(1629) 11월 23일이었다. 그러나 그는 태자가 국정을 대신 처리하고 두 왕을 분봉해야 한다고 주장했을 뿐이다.(같은 연보 참조) 부산(1607~1684)도 남쪽으로 천도하는 것에 반대했다.(「喩都賦」, 『霜紅龕集』 권1) 재야인사들의 논의는 바로 조정 신하들의 의견에 상응하는 것이었다. 『日知錄』 권2 "惟彼陶唐有此冀方" 조목에서도 "옛날 천자들 가운데 옛 도읍을 잃고도 나라를 유지한 이는 없었다古之天子失其故都, 未有能國者也"고 했으니, '옛 도읍을 잃는 것'이 얼마나 심각하게 여겨졌는지 알 수 있다. 물론 상반되는 주장도 있다. 예를 들어 『夏峯先生集』(畿輔叢書) 권5 「金忠節公傳」에는 다음과 같이 기록되어 있다. "金鉉(?~1644, 자는 伯玉)은 순무도어사 朱之馮(?~1644)이 순국했다는 소식을 듣자 황제께 직언하는 상소를 작성하여 남쪽으로 천도할 것을 청했으나 시일이 촉박하여 성사되지 못했다鉉聞馮殉難, 擬抗疏請聖駕南遷, 以時迫不果."

27 왕부지의 이 말은 『독통감론』 권22, 857쪽에 들어 있다. 죽음을 피할 곳

이 없었던 것과 관련해서는 『明季北略』 권8에 기록된 부임지에 도착한 후 7일 만에 성이 함락되었다는 이유로 처형당한 陝西 華亭知縣 徐兆麒의 일과 『명사』 권291에 수록된 劉廷訓(?~1638) 등의 전기 및 권294에 수록된 王孫蘭(?~?, 자는 畹仲) 등의 전기를 참조할 것. 왕부지 본인도 이렇게 말했다. "나라의 대신으로서 불행하게 나라가 망하는 일을 당했다면 비록 은퇴하여 산림에서 쉬고 있다 하더라도 오직 죽을 수밖에 없다. (…) 살아남는 것은 뭔가 기대하는 것이 있다는 뜻이니 대신으로서 할 도리가 아니다 爲國大臣, 不幸而値喪亡, 雖歸休林下, 亦止有一死字 (…) 留生以有待, 非大臣之道也."(「搔首問」, 『船山全書』 제12책, 626~627쪽) 굴대균은 절조와 의리를 위해 죽는다고 말했는데 그 어조 또한 격렬했다. "이제 세 차례 큰 변고를 겪었으니 지위가 있는 신하뿐만 아니라 온 천하 사람들 가운데 오상의 성정을 지닌 이라면 모두 아비 같은 군주를 위해 죽어야 마땅하다. 한 사람이라도 혼자 살아남는다면 그는 오상의 성정이 없는 자일 것이다 夫今日者, 三遭大變, 不惟有位, 凡天下之人, 具有五常之性者, 皆宜盡爲君父以死也, 有一人而獨生, 卽非具有五常之性者矣." "군주와 아비의 복수를 하지 못한다면 하루라도 살아 있어서는 안 된다. 하루라도 더 산다면 그것은 그만큼의 죽음인 것이다 夫君父之仇一日不報, 卽一日不可以生, 一日之生, 卽一日之死也."(「順德給事巖野陳公傳」, 『翁山佚文輯』 卷上, 商務印書館, 1946) 『홍광실록초』에 수록된 유종주의 상소문에는 이렇게 쓰여 있다. "이렇게 나라가 망하고 군주가 죽은 마당에는 온 천하의 신하가 모두 죽어 마땅하다 當此國破君亡之際, 普天臣子皆當致死."(『황종희전집』 제2책, 19쪽) 그러나 그 시절에도 변경을 지키지 못한 이유로 처형하는 것을 비판하는 이들도 있었으니, 이에 대해서는 황종희, 『子劉子行狀』 권상에 수록된 유종주가 장봉익을 탄핵한 상소문을 참조할 것.

28 許浩의 『復齋日記』와 『명사』 권10의 영종 이전의 기록, 권169의 胡濙 전기, 권170의 於謙 전기 등을 참조할 것.

29 이것은 『行朝錄』 권2(『황종희전집』 제2책, 125쪽)에 들어 있는 말이다. 또한 황종희는 "그 올바름을 잃지 않은不失其正" 숭정제에 대해서도 여전히 가혹하게 평가했다. 『弘光實錄鈔』 권2에서 그는 이렇게 썼다. "의종이 사직을 위해 죽은 것은 남조 진·송 시대에 황제가 내쫓겨 피란을 다니던 치욕을 단번에 씻어버렸다고 할 수 있다. 그때 신하들을 모두 불러들이지 않고 환관과 함께 몸소 일을 치른 것은 더없이 훌륭하기는 했지만 최선을 다한 것은 아니었다 毅宗爲社稷而死, 其於晉宋蒙塵之恥, 可謂一灑矣. 當是時乃不召群臣俱дҳ, 而與內監自經, 盡美未盡善也."(45쪽)

30 『명사』 권263에 수록된 楊家龍의 전기 및 권277에 수록된 王佐才와 鄭爲虹, 王士和의 전기, 그리고 권294에 수록된 薛聞禮의 전기 및 권295에 수록된 徐道興의 전기 등을 참조할 것.

31 "不濟, 以死繼之"는 황종희의 「錢忠介公傳」, 『황종희전집』 제10책, 557쪽에
    들어 있고, "有死無貳"는 張煌言, 「答趙安撫書」, 『張蒼水集』 제1편 34쪽에,
    "我久辦一死矣"는 王澐績의 『진자룡연보』 卷下, 『진자룡시집』, 719쪽에, "吾
    此心安者死耳"는 왕부지, 『영력실록』 권2, 『船山全書』 제11책, 375쪽에 들어
    있다.

32 이상은 전조망의 「明戶部右侍郎都察院右僉都御史贈贈戶部尙書崇明沈公神
    道碑銘」(『鮚埼亭集』 外編 권4)와 「朋鶴草堂集序」(같은 책 권25), 「明晦溪汪參軍
    墓碣」(같은 책 권6) 등 참조) 『鮚埼亭集』과 『鮚埼亭集』 外編은 四部叢刊에
    수록된 판본을 참조했다.

33 그 밖의 관련 사례들은 『鮚埼亭集』 권27의 「莊太常傳」과 권35의 「記範孝子
    事」, 『명사』 권274의 高弘圖 전기, 권275의 張愼言 전기 등을 참조할 것. 이
    책에서 인용한 『碑傳集』과 『碑傳集補』는 上海古籍出版社의 1987년 판본이
    다.

34 지난 왕조의 충성스럽고 의로운 이들을 칭송하는 것도 역대로 '왕조를 일
    으킨興朝' 이야기에 자주 등장하며, 항복한 신하를 부끄럽게 생각하고 모
    독하는 것 또한 드문 일이 아니어서 명나라 초기에도 그러했다. 그러나 '왕
    조의 역사國史'에 '貳臣傳'을 설정하고 甲乙의 등급까지 매긴 것은 "역사가
    에게 전례 없는 사례를 만들어낸 것史家未有之例"이었다.(『小腆紀年附考』
    권19, 中華書局, 1959, 741쪽)

35 '도망치면 처형해도 된다'는 유종주의 주장은 『子劉子行狀』『황종희전집』
    제1책 240~241쪽과 245쪽, 『弘光實錄鈔』 권1, 『황종희전집』 제2책 19쪽,
    『劉子全書』 권18 「慟哭時艱立伸討賊之義疏」 등을 참조할 것. 황종희는 『行
    朝錄』 권3에서 이렇게 썼다. "환관 屈尙志가 도망쳐서 越 땅에 이르자 鄭遵
    謙이 그에게 태형을 가해 죽이고 이렇게 말했다. '유 선생(유종주)께 들었는
    데 도망친 벼슬아치는 모두 처형할 수 있다고 했다閹人屈尙志逃至越, 遵
    謙筆殺之, 曰: 吾聞諸劉先生(卽宗周)曰, 凡系逃官, 皆可誅也.'(『황종희전집』 제
    2책 127쪽) 『劉子全書』 권40 「劉子年譜錄遺」에서는 劉宗周가 臺諫으로 있
    을 때 "淩駉이라는 이는 예전에 職方監閣臣 李建泰의 부대를 따라 역적을
    토벌하러 출정한 적이 있는데 막 성문을 나서자마자 이건태의 부대가 적
    에게 항복해버렸다. 이에 능경은 산동으로 피신했다. 나중에 전하기로 남
    은 땅을 수습하는 데 상당한 공적을 세워서 사가법이 상소를 올려 그를
    천거하며 산동순안어사에 임명해달라고 청했다. 어명이 아래 부서로 내려
    가자 선생께서는 나라가 망하고 군주가 죽었는데 監軍이 도의상 살아 있
    을 수 없다고 하며 (…) 이부에 자문을 청하면서 불가함을 역설했다有淩駉
    者, 舊以職方監閣臣李建泰軍從征逆闖, 甫出國門而建泰師降賊, 駉遁走山東,
    後傳收拾殘疆, 頗著勞績. 史可法疏薦之, 請授山東巡按. 奉旨下部, 先生謂國破
    君亡, 監軍義無生理 (…) 移咨吏部, 力言其不可." 이것을 통해 보더라도 유종

주 자신의 죽음은 확실히 피할 길이 없었음을 알 수 있다. 유종주의 철저함은 남을 비평할 때도 가혹했지만 자신에 대해서도 가혹했다는 점을 알 수 있다. 유민이 다른 유민을 평가할 때도 논지가 가혹했다. 傅山이 황제의 부름을 완강하게 거부하자 고염무는 "靑主(부산)가 中書 벼슬을 받았더라면 오히려 고생을 한 번 더했을 것卽靑主中書一授, 反覺多此一番辛苦也"이라고 했다.(「與蘇易公」,『顧亭林詩文集』, 207쪽) 당시에 올바른 사람이면서도 가혹한 주장을 펼친 경우로는 夏允彝(1596~1645, 자는 彝仲)의『降賊大義』를 들 수 있다. 惲日初(1601~1678, 자는 仲昇)의『遜菴先生稿』「明文學董質明墓誌銘」에서는 董質明이 諸生으로서 "역적을 따른 여섯 가지 죄를 논박하고駁從逆六等定罪" "저작을 통해 사적인 논의를 한著爲私議" 것에 대해 엄격하게 징치해야 한다고 주장했다.『遜菴先生稿』는 청말 惲氏家刻本이다. 그러니까 순절한 이도 가혹한 평가를 받았던 것이다.『三垣筆記下』「弘光」에는 許琰이 갑신년(1644)에 "통곡하며 강물에 몸을 던져 죽은慟哭投水死" 일을 기록하면서도 어떤 이는 그가 "틀림없이 가난이나 병을 비관했을 텐데 이것을 빌려 명성을 얻었다非憂貧則憂病, 假此爲名"고 했다.(95쪽) 祝淵(1614~1645, 자는 開美)의 죽음에 관해서도 비슷한 의문을 제기한 이가 있었다. 魏禧의 「明右副都御史忠襄蔡公傳」에서는 蔡懋德(1586~1644, 자는 公虞)이 죽은 후 홍광 정권에서 "심지어 절조를 지켜 죽은 것은 애석하지 않지만 수비에 실패한 죄를 짓고 마사영에게 아부한 것을 문책해야 한다고 주장하는 이도 있었다至有謂死節不足惜, 當問失守罪以媚士英者."(『魏叔子文集』 권17)『南渡錄』 권3에는 吳適이 이미 죽은 병부상서 馮元飇(?~1644, 자는 爾弢)를 규탄하는 상소를 올렸는데, 그 내용이 이러했다고 기록했다. "작고한 대신 풍원표는 맡은 바 직무가 아주 간단했는데 특별히 중추적인 지위로 승진하여 일도 없이 게으름만 피우면서 조금의 계책도 세우지 못했던바, 어제 부서에서 올라온 문서를 보니 이유를 들어 청구하면서 제게 제사와 장례를 의논했사온데, 이는 나라를 망친 신하가 생전이나 사후에 모두 뜻을 이루게 해주는 것若已故樞臣馮元飇, 身膺殊簡, 特晉中樞, 徒事貪惰, 寸籌莫展, 昨見部疏, 循其陳請, 議予祭葬, 是使誤國之臣, 死生皆可得志"(144쪽)이라고 했다. 정권이 취약할수록 행사가 관대할 수 없는 법이다. 같은 책 권5에는 홍광 1년(1645) 3월에 "영토를 지키지 못한 신하들은 산 자와 죽은 자를 막론하고 모두 사법 기관에서 부류를 나누어 죄를 심의하라고 어명을 내린命封疆失事諸臣不分存歿, 俱著法司分別議罪"(235쪽) 일이 기록되어 있다. 물론 당시에도 가혹하지 않은 논지를 편 이들이 있었다. 예를 들어 같은 책 권1에 수록된 張愼言(1578~1646, 자는 金銘)의 '中興十議'와 권3에 수록된 李維樾(?~1645, 호는 蔭昌)의 말이 그런 것이다. 黨論을 빙자하여 공평하게 논의한 예로는 홍광 정권의 劉孔炤가 상소를 올려 장신언을 탄핵한 것을 들 수 있다.(『황종희전집』 제3책, 20쪽 참조.) 사실 도망친 관리를 처형한 것은 태조 때 이미 선례가 있었으니, 이에 대해서는 趙翼, 『廿二史箚記』 권36 『明祖用法最嚴』 조목을 참조하라. 『廿二史箚記』는 中國書店, 1987년 판본을 참조했다.

36 황종희의 『思舊錄』 「周鑣」(『황종희전집』 제1책)과 『弘光實錄鈔』를 참조할 것. 周鍾의 사건에 대한 오위업의 주장은 『復社紀事』와 『梅村詩話』(『吳梅村全集』 권24 및 권58)를 참조할 것. 計東의 『改亭集』 권10에 수록된 「上太倉吳祭酒書」에서는 오위업이 周鍾의 억울한 죽음을 하소연한 일을 언급했다. 『改亭文集』은 康熙癸酉序刊本을 참조했다.

37 전겸익의 「王侍御遺詩贊」(『牧齋有學集』 권34) 등을 참조할 것. 『梅村詩話』에서는 瞿式耜가 명나라를 위해 순국한 일을 서술하면서, "전겸익이 그를 위해 시를 지어 통곡하여 130운을 얻었는데, 그가 서술한 「호기음」은 어휘가 군세어서 후세에 크게 전할 만하다錢宗伯爲詩哭之, 得百三十韻, 其敍「浩氣吟」, 文詞伉烈, 絶可傳"(『吳梅村全集』 권58, 1147쪽)라고 했다.

38 황종희가 魏學濂에 관해 언급한 것은 『思舊錄』 「魏學濂」과 「前鄕進士澤望黃君壙志」(『황종희전집』 제10책, 이하 같음), 「前翰林院庶吉士韋庵魯先生墓誌銘」 「翰林院庶吉士子一魏先生墓誌銘」 「顧玉書墓誌銘」 등을 참조할 것. 『明季北略』 권22에는 魏學濂의 죽음과 관련된 각종 논의를 수록해놓았는데, 이를 통해 '당시의 여론'을 짐작할 수 있다. 같은 책에는 또 魏學濂이 남긴 시들도 수록되어 있는데, 그 가운데 "다만 한스러운 것은 늙은 모친께 보낸 편지에, 아들은 죽지 않았으니 슬퍼하지 마시라고 한 것. 저는 이제 부끄러워 살 수 없나니, 모친 위해 이것을 아껴 온전한 몸으로 돌아가리但恨有書報老親, 云兒不死休辛, 兒今羞惶活不得, 爲娘愛此全歸身"(611쪽) 등의 구절이 있어서 그의 마음속 은밀한 부분을 탐구하는 데 더욱 가치가 있다.

39 龔鼎孽의 「丹陽舟中値顧赤方, 是夜復別去, 紀贈四首」에 "재난이 많으니 내 죽음 기대하는 그대가 고맙구려多難感君期我死!"라는 구절이 들어 있다. 王毓蓍(?~1645, 자는 元祉)는 자신의 스승 유종주에게 "일찌감치 자결할 것早自決"을 청하여 한때 미담으로 널리 전해졌다. 충신도 군주에게 죽음을 권하는 것을 의무로 여겼다. 『명사』 권280에는 瞿式耜가 永明王이 서쪽으로 피난하는 것을 막자 왕이 "그대는 그저 내가 사직을 위해 죽기를 바랄 뿐이구려卿不過欲予死社稷爾"라고 말했다고 기록되어 있다.

40 황종희, 「與顧梁汾書」(『황종희전집』 제10책) 및 『명유학안』 권62 「蕺山學案」 참조.

41 『명유학안』 권41 馮從吾, 「辨學錄」과 권59 錢一本, 「龜記」, 권20 王時槐, 「語錄」 참조.

42 宋徵輿의 『夏瑗公私諡說』에는 夏允彛의 죽음을 계기로 다른 사람과 죽음에 대처하는 방법에 대해 자세히 논한 일을 기록하고 있다.(『진자룡시집』 부록2 참조) 한때 '節義'에 관한 역사서의 체제가 얼마나 엄격했는지는 査繼佐

의 『罪惟錄』(浙江古籍出版社, 1986)을 대표적인 예로 들 수 있다. 거기에 마련된 "抗運傳"과 "致命傳"은 똑같은 '節義'라 하더라도 구분하여 차등을 두고 있으니, "死國"과 "死職" "死事" "死志"를 "降死運者一等"으로 간주했다.(권 12·上 「致命諸臣列傳總論」) "建文忠臣"에 대해서는 그들이 죽은 정황과 조건에 따라 다시 구분하고 구별하여 대단히 세밀하게 분석했으니 당시 논자들의 취향과 유행했던 시각을 알 수 있다.

43 황종희의 『黃氏家錄』 「忠端公黃尊素」에서는 다음과 같은 黃尊素의 말을 기록했다. "예법에 맞춰 벼슬길에 나아가고 물러나 몸과 명예를 모두 보전하는 것이 최상이요, 몸은 죽더라도 명예는 남아 있는 것은 그다음이다進退以禮, 身名俱全者, 上也. 身死名存者, 次之." "군자에게는 사직을 위하는 마음이 명예와 절조보다 더 중요하다君子社稷之心, 重於名節." 그러나 동림당 성원들 가운데 이런 이치를 아는 이는 아주 드문 듯하다.(『황종희전집』 제1책, 412~413쪽) 손기봉은 "온전히 살아서 돌아가야全生全歸" 한다면서, "나는 삶을 위해 계책을 세우는 이는 봤어도 죽음을 위해 계책을 세우는 이는 보지 못했다. 죽음을 위해 계책을 세우면 틀림없이 온전하게 돌아갈 방법을 생각할 것이다. 나는 자손을 위해 계책을 세우는 이는 봤어도 자신을 위해 계책을 세우는 이는 보지 못했다. 자신을 위해 계책을 세우면 틀림없이 온전하게 살 방법을 생각할 것이다吾見有爲生計者矣. 未見有爲死計者也. 爲死計則必所以全而歸之矣. 吾見有爲子孫計者矣, 未見有爲身計者也. 爲身計則必所以全而生之矣"(『語錄』 『夏峯先生集』 권14)라고 했다.

44 명말에 절의와 관련된 괴이한 논지에 대해 왕부지는 「搔首問」에서 이렇게 썼다. "王畿(1498~1583, 자는 汝中, 호는 龍溪)가 승려 中峯明本(1263~1323, 法號는 智覺)의 설명을 훔쳐 貪嗔癡로 戒律(sila)과 禪定, 智慧를 다스린다면서 혹세무민하고부터 李贄가 그 邪異한 불꽃을 더하여 譙周와 馮道를 칭찬하고 올바른 선비들을 비방했다. (…) 누군가 문열공 張家玉(1615~1647, 자는 元子, 호는 芷園)에게 머리를 깎고 나와 투항하라고 하면서 '楊朱는 터럭 하나를 뽑아 천하를 이롭게 하는 것도 하지 않았는데 어째서 그를 조롱하는 것이오?'라고 했다. 말도 안 되는 헛소리를 내뱉을 때 남의 비웃음에 신경을 쓰지 않음이 이와 같았다. 더욱이 누군가는 시를 지으면서, '豫讓을 어찌 나라의 인재라 할 수 있으랴? 李陵은 원래 가문의 명성을 부끄러워하지 않았지'라고 했다. 이 정도가 되면 순이 천자가 되고 고요가 보좌한다 하더라도 어찌할 방도가 없을 것이다自龍溪竊釋中峯之說, 以貪嗔癡治戒定慧, 惑世誣民. 李贄益其邪焰, 獎譙周, 馮道而詆毁方正之士 (…) 有以書勸張文烈公剃髮出降者, 曰: 楊子拔一毛而利天下不爲, 何也譏之. 狂悖之言, 出口時不顧人訕笑如此. 更有作詩者曰: 豫讓何當稱國士, 李陵原不愧家聲. 至此, 則雖舜爲天子, 皐陶爲士, 亦末如之何矣."(『船山全書』 제12책, 648쪽)

45 안원은 명말에 순절한 신하들을 '규방의 의로운 아낙閨中義婦'이라고 했

다.(「顏元年譜」, 李塨撰, 王源 訂,『顏習齋先生年譜』, 中華書局, 1992, 34쪽)

46 황종희는 「千秋王府君墓誌銘」에서 이렇게 썼다. "예로부터 잘 다스려지던 날은 적고 혼란한 날은 많았으니, 내가 태어날 때 시운이 좋지 않아 천지가 어둑하게 닫히고 학살로 사람들이 떠나게 했다. 이것은 마치 낮이 있으면 밤이 없을 수 없고, 봄여름이 있으면 가을겨울이 없을 수 없는 것과 같다. (…) 흐리고 맑고 춥고 더운 변화가 있다고 해서 내가 갖옷과 갈포를 바꿔 입고 자리에 눕고 일어나는 일상생활을 바꾸게 할 수는 없다. 그러므로 왕조가 바뀐 것은 천지간에서는 그저 들판 개간지에 기장과 벼를 뿌려놓고 베어 수확할 때 낫으로 하느냐 호미로 하느냐의 차이가 있는 것에 지나지 않으니 또한 각기 그 본분을 다하면 그만일 따름이다古今來治日少而亂日多, 我生不辰, 天地幽閉, 擊殺移人, 猶晝之不能無夜, 春夏之不能無秋冬 (…) 晦明寒暑, 無落吾裘葛臥起之事. 故鍾石之遷改, 在天地間, 不過黍稷之播於原隰, 刈獲之或銍或鎛也, 亦各盡其分而已矣."(『황종희전집』제10책, 459쪽)

47 『陳確集』, 154쪽. 이하에 인용하는 진확의 글은 모두 여기에 들어 있는 것이기 때문에 쪽수만 밝힌다.

48 고염무의 막역한 벗인 귀장은 그가 '편벽됨偏'을 이야기하는데 그 논의가 "아주 괴상하여迂怪之甚" "현명하고 지혜로운 이의 과오를 억누르고 중용으로 나아갈 것抑賢智之過, 以就中庸"을 권유했다.(「與顧寧人」,『歸莊集』권5, 324쪽) 고염무의 선택은 의심할 바 없이 그 자신의 성정에서 비롯된 것이었다. 그는 스스로 "도량이 넓어서 결코 세상에 영합하여 아부하는 법이 없다胸中磊磊, 絶無閹然媚世之習"(「與人書」,『顧亭林詩文集』, 94쪽)고 했다. 북쪽으로 나들이 가서 돌아오지 않은 것은 그가 선택한 개인적 상징이라고 봐도 될 것이며, 또한 그의 슬프고 처량한 마음을 읽어내게 한다.

49 衷爾鉅,『蕺山學派哲學思想』(山東敎育出版社, 1993)을 참조할 것.

50 『船山全書』제15책, 219쪽.

51 루쉰의 「犧牲謨」와 "死地"(『루쉰 전집』제3권), 「關於知識階級」(『루쉰 전집』제8권), 「兩地書」(『루쉰 전집』제11권) 등을 참조할 것.

52 진확도 "경박한 기질은 도를 해친다浮氣害道"(「上閔辰生先生書」,『陳確集』文集 권1)고 했다. 이런 것도 모두 사대부의 좌절감과 실패감에서 비롯된 것으로서 '용감하게 나아가는 의기一往之意氣'나 '기개와 격분氣激'은 오래 지속될 수 없음을 증명한다. 당시에 선비 기질이 시들어버린 것은 더욱 엄준한 사실이었다. 선비 기질에 관해서 왕부지도 다른 설명을 했다. 예를 들어 그는 "향기로운 풀과 악취 풍기는 풀이 함께 이끌어가는 조정은 물과 불이 교대로 다투는 선비 기질보다 못하다薰蕕幷御之朝廷, 不如水火交爭之士氣"(『독통감론』권23, 882쪽)고 했다. 이것은 '선비 기질'의 의미를 보충하여 한쪽으로 치우치지 않게 해주면서 아울러 사람이란 그가 사는 시대 환경에서 벗어나기 어렵다는 사실을 증명한다.

53 명대에는 '언로'가 특히 '선비 기질'을 체현하는 길로 간주되어서 언관—그
    리고 조정에서 의견을 제시하는 기타 인물들—도 종종 선비 기질을 격발
    하여 고양시키는 것을 자신의 임무로 생각했다. 언관은 앞선 사람이 제언
    하여 받아들여지지 않으면 뒷사람이 계승해야 한다고 여겼는데, 이것은
    명대 역사에서 비장한 一幕으로서 명나라가 망할 무렵에 나타난 사대부들
    의 장렬한 행위와 긍정적인 의미에서 비견되었다. 청대에 이르러서는 李慈
    銘처럼 명대에 '언로'를 통해 체현되었던 선비 기질에 대해 조롱해 마지않
    았던 이도 있었다. 이에 대해서는 李慈銘, 『越縵堂日記·孟學齋日記』(上海商
    務印書館影印手稿本, 1920)를 참조할 것.

54 『明末忠烈紀實』「凡例」에서는 "동란이 일어난 이래 강호를 떠도는 무리들이
    부절과 옥새를 위조하여 벼슬과 작위를 팔아먹었다. 시골에서 거드름을
    피우면서 남북의 군사가 연합했다고 하고, 처자식을 지키면서 수많은 의
    병을 모았다고 하면서, 이를 빙자하여 천하 곳곳과 연통하여 헛된 말로 이
    익을 도모한 자들이 자주 발각되었다. 또한 태호나 천목산, 무협, 구의산과
    같은 깊은 산중이나 큰 호수에 의지하여 거짓으로 고향이라고 내세우며
    공공연히 약탈을 자행하는 무리도 있다喪亂以來, 江湖遊子之徒, 假造符璽,
    販鬻官爵. 偃仰邱園而云聯師齊楚, 保守妻子而雲聚兵百千; 假此通山海閩粵, 空
    言以謀利者, 屢被發覺. 亦有倚傍深山大澤, 如太湖, 天目, 巫峽, 九疑之類, 假
    稱故國, 公行劫掠." 여기서 "부절과 옥새를 위조假造符璽"했다는 말은 원래
    吳鍾巒의 상소문에 들어 있던 것이다.(황종희, 『行朝錄』 권4 및 『海外慟哭記』
    참조) 黃道周는 "장남 땅은 지난가을 이후로 더 이상 평안한 곳이 없다. 포
    읍과 안읍, 화읍, 정읍 인근에는 모여든 무리가 여차하면 천만에 이르는데,
    그 우환이 남안 지역보다 심하다漳南自去秋而後, 無復淨土. 浦安和靖四邑鄰
    壤, 嘯聚之群, 動至千萬, 度其爲患甚於南安"(『與蔣八公書』, 『黃漳浦集』 권15, 道光
    8年 刻本)고 했다. 彭士望도 당시 의병을 일으킨 이들에 대해 준엄한 논지
    를 펼치면서 그들이 "'대의'를 내세우며 출몰하여 노략질을 일삼고 백정처
    럼 사람 죽이기를 풀 베듯이 하다가 일이 실패하면 곧 시골 곳곳에서 살
    육을 벌인다以義爲聲, 出沒草竊, 嚚屠伯刈人如草菅, 事敗輒孥戮瓜蔓鄉土"(『送
    熊養及敍』, 『樹廬文鈔』 권6, 道光甲申重刊本)고 했다. 魏禧도 甯都 일대에서 '의거'
    를 일으킨 이들이 살육과 노략질을 자행하는 것에 대해 여러 차례 언급했
    다. 이런 모든 것은 易堂九子가 왕조 교체기에서 행한 선택을 해석하는 데
    유용할 것이다. 黃宗會는 「亡弟司輿黃君權厝志」(『縮齋文集』)에서 그 지역 '산
    채 군대寨兵'의 정황을 기록했는데, 이 또한 浙東 지역의 반청 민간 무장봉
    기 및 명나라가 망할 무렵 사대부들과 백성의 동향을 살펴보는 데 참고 자
    료가 될 수 있다. 청나라 군대가 여러 산채를 소탕하는 데 동원한 잔인한
    수단에 대한 그의 기록들은 황종희의 관련 기록에서 빠진 부분을 보충해
    줄 수 있을 것이다.

55 이 서술에서는 황종희가 난리를 피하여 학문에 열중한 것을 '불현듯' 자신
의 사명을 깨달은 과정으로 설명했다. 황종희 자신은 "사건 국면에 빠지지
않은不落事局中" 일에 대해 일종의 사후의 깨달음처럼 이야기했다. 그런데
한때 '벼슬길에 나서지 않은不出' 것과 관련된 기술 방식이 이러한 반성적
서술의 각주로 간주될 수 있을 것이다. 예를 들어 황종희의「鄭蘭泉先生
八十壽序」(『황종희전집』제10책)가 그것이다. 이청의 『三垣筆記』下「홍광」에
는 이렇게 기록되어 있다. "南監丞 陳龍正(?~1634, 자는 惕龍, 호는 幾亭)이 이
직위에 임명되었지만 결국 부임하지 않고, 다음과 같은 시를 지었다. '화려
한 경사의 가무 남극에 새로운데, 들판의 곡소리에 붙들린 물결 옛 紫微星
에 일렁인다.' 그런 다음 날마다 문을 걸어 잠그고 독서에 탐닉하니, 모두
들 그의 고상함에 탄복했다. 당시 給事中 姜應甲(?~?, 자는 聘翁, 자호는 盤上
先生)과 侍御史 李模(?~?, 자는 子木, 호는 灌溪)는 시대 상황이 나날이 나빠
지자 모두 굳이 사양하며 벼슬길에 나아가지 않았다陳儀曹龍正旣升今任,
竟不赴, 因賦詩雲: 京華歌舞新南極, 野哭執瀾舊帝星. 日閉門耽讀, 人服其高.
時姜給諫應甲, 李侍御模見時事日非, 俱堅辭不出."(98쪽) 陸世儀(1611~1672, 자
는 道威, 호는 剛齋)는 남명 시기에 張采(1596~1648, 자는 受先, 호는 南郭)에게
이렇게 말했다. "지금 같은 시기에 나뭇가지 하나로 쓰러져가는 큰 건물을
지탱하려는 것은 비록 선생의 덕과 힘이 저희 같은 후배가 감히 엿볼 수
없을 정도라고는 해도 해결할 수 없을 것 같습니다此時而猶欲以一木支大
廈, 雖先生之德力下學所不敢窺, 亦竊有所未解."(「與張受先生論出處書」,『論學
酬答』권1, 小石山房叢書) 왕부지가 후회한 것이 당시(즉 남명 시기)에 벼슬길
에 나선 것이라면 당연히 고통스러운 경험이 근거가 되었을 것이다.
56 왕부지는 이른바 '자신의 뜻을 따른다用獨'는 주장을 더욱 보편적인 원칙
이자 규범으로 끌어올렸다. 그는 '대신의 도리大臣之道'는 "오직 자신을 사
랑하는 것을 나라에 체현하고, 홀로 서서 남의 추대를 받지 않아야 의지
할 만한 모범이 될 수 있다惟愛身乃以體國, 惟獨立不受人之推戴, 乃可爲衆
正之依歸"(『독통감론』권25, 969쪽)고 했다. 조정의 대신들이 "남의 도움에
의지하지 않고不倚人爲援" "홀로 서서 두려워하지 않으며獨立不懼" "외로이
서서 스스로 책임을 맡아야孤立自任"(『독통감론』권4) 할 뿐만 아니라 재야
의 선비도 비슷한 태도를 취해야 한다고 했다. 그는 『독통감론』에서 나아
가고 물러남出處去就에 대해 반복적으로 이야기하면서 '去' '退' '安'─예
를 들어 "安土之仁"과 같이─을 되풀이하여 언급하는데, 이는 지극히 그
자신의 개인적 경험에 의거한 것이었다.
57 『日知錄』권25의 "湘君" "介子推" "杞梁妻" 등의 조목을 참조할 것.
58 『劉子全書』권40「年譜」: 崇禎 17년 甲申 "여름 4월 辛卯(초나흘)에 城隍廟에
紳士들이 대대적으로 모여 의병을 일으켜 제왕을 호위하자고 했는데夏四
月辛卯大會紳士於城隍廟, 倡義勤王" "모인 紳士들은 모두 적막하여 각기 수

십 통의 편지만 쓰고 떠났다. 이튿날 다시 전단이 여러 紳士에게 전해지지 못해서 호응한 이들은 이전과 같았다. 이에 선생이 탄식했다. '인심이 이러하니 천하의 일을 알 만하구나!' 이에 자신의 거처에 모인 자금을 撫軍에게 주고 또 편지를 보내 출발하라는 뜻을 나타냈다. 撫軍은 결국 의병을 결성하지 못했다諸紳會者寥寥, 各書數十緘而去. 越次日, 再傳單未至諸紳, 而應者如前. 先生嘆曰: 人心如此, 天下事可知矣. 乃以己所輸金遺撫軍, 又致書趣其啓行. 撫軍竟不成一旅.'

59 徐孚遠(1599~1665, 字 闇公)은 張煌言의 「奇零草」에 대한 서문에서 정해년(1647) 가을에 처음 장황언과 알게 되었는데, "당시는 중흥의 대업이 금방 이루어질 것으로 생각해서 장황언과 여러 훈신이 함께 남해에 갔다. 또한 깃발을 세우고 북으로 출발하면 중원의 호걸들 가운데 틀림없이 호응하는 이들이 있을 것으로 생각했다其時以爲中興大業, 指顧可定. 旣而玄箸與諸勳偕至南海, 亦以爲播竿北發, 神州豪傑, 必有響應者." 그 후 기해년(1659)의 패배가 일어나고 나서 "이제 두 해가 되었는데 장강 남북은 아직 적적하고, 왕조가 다시 서리라는 예언도 유야무야되어버렸다. 이러니 장황언이 다시 전장에 나선다 해도 무얼 기대할 수 있었겠는가於今又二年. 江之南北, 尙而寂寂, 四七之讖, 爲有爲無. 玄箸雖復雖枕戈, 將何所待!"(『張煌言集』, 328쪽) 왕부지는 영력 왕조의 일을 기록하면서 당시에는 "북방이 함락된 지 오래되었고 영남과 남해에서 나라를 세운 일에 대해서도 적막하게 알지 못했다. 오 땅과 절강은 멀리 가로막혀 있어서 옛 신하들은 산골로 피해 잠적하기도 했으니, 혹시 소식을 듣더라도 결국 몸을 일으킬 수 없어서 그저 남쪽을 향해 한탄하거나 시를 지어 뜻을 기탁할 따름이었다北方久陷, 寂不知有嶺海立國事. 吳浙阻遠, 舊臣或潛避山穀, 略聞音息, 終莫能起, 唯南望慨嘆, 或賦詩寄意而己"(『永曆實錄』, 『船山全書』 제11책, 嶽麓書社, 1992, 515쪽)라고 했다.

60 '忠義之士'와 '遺民'에 관한 글들에는 당시의 고발과 보복에 대한 기록이 많다. 예를 들어 劉城의 「吳次尾先生傳」에는 '충의지사'의 말년 운세에 대해, "마을의 원수들이 모두 눈과 귀가 되어 정탐하는 무리가 많으니 전쟁에서 패하고 나자 벗어날 수 없었다鄕人怨家, 咸爲耳目, 偵間百輩, 戰敗遂不得脫"고 했다. 魏禧는 「一品恩蔭太學徐君桂臣墓誌銘」에서, "악의를 품은 못된 자들이 걸핏하면 의사와 어리석은 백성을 비난하고 풍파 속에서 徐君(徐桂臣)을 30년 동안 흔들다가 비로소 잠잠해졌다. 도적들의 다급한 소송에 연루되어 멸문을 당할 뻔한 것이 두 번이요, 죽을 뻔한 것이 네 번이라不逞之徒, 動以義士頑民相誚讓, 撼君於風波者垂三十年始定. 凡盜賊水火獄訟相連及, 幾滅門者再, 喪身者四"(『魏叔子文集』 권18)고 썼다. 전조망은 「南嶽和尙退翁第二碑」에서 "병술년(1646) 이후 메마른 벌판에 묻힌 이들이 한없이 서로를 찾아다녔는데 오 지역이 가장 허전했다丙戌以後, 東南之士濡首沒頂

於焦原, 相尋無已, 而吳中爲最沖"(『鮚埼亭集』권14)고 썼다. 나진옥이 편집한
『徐俊齋先生年譜』에는 徐枋이 병이 들어 "피를 토하며 병석에 누워 있기를
80일 동안이요, 음식을 먹지 못한 것이 60일이나 되었음에도 찾아온 가족
이 없었는데至於嘔血沉疴八十日, 絶食者六十日, 家族無至者", 그래도 그해에
"부세를 체납했다고 선생을 모함한 자以逋賦陷先生者"가 있었다고 했다. 어
쩌면 이래서 더욱 인간 세상다워지지 않았는지 모르겠다.

61 그러나 그도 확실히 진위를 판별하는 예리한 논의를 펼친 바 있다. 예를
들어 그는 훌륭한 관리循吏를 논할 때 "덕을 가지고 백성을 교화시키는 것
持德而以之化民"은 "문서를 가지고 배상을 받는 것持券取償"이고 "훌륭한
명성을 얻어서 높은 벼슬을 사냥할取美譽, 弋大官" 밑천으로 삼는 것이라
고 했다.(『독통감론』, 권19) 물론 청렴하고 훌륭한 관리에 대해서도 "싸잡아
논하기一概之論"는 어렵겠지만, 인성을 통찰하는 왕부지의 인식력에 대해
서는 인정해도 될 듯하다. 그는 계속해서 백성의 칭송을 동정하지 않는 주
장을 펼쳤는데, 예를 들어 "아낙이나 어린아이가 울고 웃는 것과 농사꾼이
나 장사치가 비방하고 칭송하는 것을 기준으로 삼아 잘잘못을 판단하지
말 것毋以婦人稚子之啼笑, 田夫市販之毀譽爲得失"을 주장했다.(「俟解」, 『船山
全書』 제12책, 483쪽)

62 趙翼의 『廿二史箚記』 권31 "周延儒之入奸臣傳" 조목을 참조할 것. 李淸은
『三垣筆記』에서 周延儒가 간신이라는 설을 부정했다.

63 「俟解」에서 '樸實'과 '率眞' '善於處世' '靈利' '勤儉傳家' 등 일련의 세속적인
기준에 대해 분석한 것은 바로 세상에 분개하며 사악한 것을 질타하는 글
이라 하겠다. 세속사회의 규범과 대다수의 선입견 내지 편견에 대한 비판
은 또한 왕부지의 태도와 선택에 대해 해명해주는 자료가 될 수 있다.

64 왕부지는 다른 곳에서도 누차 '백성의 성격民性'에 대해 이야기했는데, 예
를 들면 이렇다. "만약 백성이 사사로이 은원을 마음에 품게 되면 먹고살
기 힘들다고 원망하면서 이목의 이해관계를 그러내 천하와 어긋나는데,
그렇게 이치에 맞지 않으면 군자는 그들을 동정해서는 안 된다. 그러므로
유배를 당하거나 죽임을 당하더라도 그 원망을 피하지 않고 그들의 바람
과 만나되, 자신의 사심을 드러내서는 안 되고 백성의 사심도 드러내서는
안 된다若民私心之恩怨, 則祁寒暑雨之怨咨, 徇耳目之利害以與天相忤, 理所不
在, 君子勿恤. 故流放竄殛, 不避其怨而逢其欲, 己私不可徇, 民之私亦不可徇
也."(『張子正蒙注』 권2, 『船山全書』 제12책, 71쪽) 이러한 세상 인심과 백성의 성
정을 대했을 때 유학자들의 본능적인 반응은 '세속을 교화化俗'하려는 것
이다. 공교롭게도 이 점에 대해서 왕부지와 고염무는 생각의 차이를 드러
냈다. 왕부지는 훌륭한 관리가 "덕으로 백성을 교화以德化民"하려 한 것이
허위라고 하면서 "서로 이유를 제공하여 움직이고相因而動" "감동"한다고
주장한 것(같은 책, 권28)은 바로 순리에 따라 자연스럽게 나온 결론이다.

65 장이상이 '聲氣之習'을 비판한 것은 명나라가 망한 때부터 시작된 것이 아닌데, 이에 대해서는 『楊遠先生全集』을 참조할 것. 손기봉이 '潛'과 '闇'에 대해 논한 것은 『夏峯先生集』 권14 『語錄』을 참조할 것. 陳確은 「與張考夫書」에서, "독이란 '무리'에 대한 상대적인 호칭이지 '무리'를 벗어난 호칭은 아니獨者對衆之稱, 非離衆之稱"(『陳確集』, 583쪽)라고 했다. 그는 "온 집안이 비난해도 신경 쓰지 않고, 온 나라와 온 천하가, 천년만년 영원토록 비난해도 신경 쓰지 않는다雖一家非之不顧, 一國非之不顧, 天下非之不顧, 千秋萬歲共非之亦不顧也"고 큰 소리 치면서 "대중이 승낙하는 것은 정말 도리로 반드시 빼앗을 수 없는 것이로다衆人之諾諾, 果理之必不可奪者哉!"(「與張考夫書」, 같은 책, 593쪽)라고 했다. 여기서 '用獨'은 또한 학술적 태도로서, 왕부지나 황종희 등이 '一槪之論'이나 '一先生之言' 등에 대해 비판한 것과 논리적 연관관계가 있다.

66 예를 들어 황종희는 「王義士傳」(『황종희전집』 제10책)에서 어느 승려가 왕의 사는 죽음으로써 "(조문객이) 거리를 가득 메워 남들에게 명성을 자랑하는彌街絕裏眩耀於人" 일을 하지 말았어야 했다고 비판한 일을 기록했다. 또 『碑傳集補』 권36 「王巖傳」에서는 王巖이 은거하려고 "천하의 명인을 두루 찾아다니며 전송하는 글을 써달라고 구걸한遍乞天下名人爲送行之文" 어떤 이에게 "교유를 끊고 명예를 멀리하라息交遊, 遠名譽"고 충고한 일을 기록했다. 그러니 죽을 때도 은거할 때도 혼자의 뜻을 따라야 하는 것이다.

제 2 장
왕조 교체기의 문화 현상

1 陳綸緒의 이 글은 包遵彭 主編, 『明史論叢』 4 『明代政治』, 臺灣: 學生書局, 1968에 수록되어 있다.

2 문화 가치론에서 발음 문제는 줄곧 민감했다. 발음을 차별하는 것도 오래된 문화적 편견이었다. 『일지록』 권29의 "方音"과 "國語" 조목은 남북 간에 발음과 관련된 문화적 편견의 사례를 제시해준다. 이런 차별은 특히 정치사—가령 남과 북의 정권이 나뉘어 서는 경우처럼—에 의해 강화되었다. 『顔氏家訓』 「音辭」에서는 魏나라 이후로 "음운이 분분하게 나타났는데 각기 지역 기풍이 담겨 있어서 서로 비난하며 비웃었다音韻鋒出, 各有土風, 遞相非笑"고 했다. 여기서 남북의 발음에 대한 顔之推의 비교도 대단히 뛰어나다. 송, 명에 이르면 상황은 특수해질 수밖에 없었다. 송대 路德章의 시 「盱眙旅舍」에는 "길가의 초가집 두세 채, 손님을 보자 마를 갈고 차를 끓인다. 점차 중원에 가까워지면서 발음이 좋아지니, 회수 지역이 하늘 끝 변두리인 줄 모를 지경이로다道旁草屋兩三家, 見客擂麻旋點茶. 漸近中原語

音好, 不知淮水是天涯!'라고 하여 '중원의 발음'으로 남쪽으로 간 사대부들의 감회를 기탁했다. 다음에 제시될 鄭思肖는 북방 발음을 지극히 혐오했는데, 이 또한 정치가 사람들의 발음에 대한 감각에 영향을 준 사례라고 하겠다.

3 『명사』 권306에는 楊廷和의 다음과 같은 말이 기록되어 있다. "송나라와 원나라 때의 인물들까지도 함께 죄를 물으려 하는 것인가宋元人物, 亦欲幷案耶?" 같은 권에는 또 焦芳이 말했다. "남쪽 출신을 무척 미워하여 남쪽 출신의 관료 한 명을 내쫓을 때마다 기뻐했다. 옛사람을 논하더라도 반드시 남쪽 사람을 비방하고 북쪽 사람을 칭송했으며, 예전에는 「南人不可爲相圖」를 만들어 劉瑾에게 바치기도 했다深惡南人, 每退一南人, 輒喜. 雖論古人, 亦必詆南而譽北, 嘗作「南人不可爲相圖」進瑾."

4 陳綸緒의 「記明天順成化間大臣南北之爭」에서는 천순 및 성화 연간의 남북 분쟁에서 대신들은 환관과 외척, 아첨하는 소인배들과 결탁했는데, "북쪽 출신의 당파만 그런 게 아니라 남쪽 출신으로 당파를 결성한 팽화와 만안, 윤직 등이 모두 이런 식으로 권세를 얻었다. 개중에 만안은 또 가장 심했던 인물이다不獨北黨爲然, 南黨之彭華, 萬安, 尹直等, 皆以此得勢者也, 而萬安又其最"라고 했다.(『明代政治』, 268쪽)

5 역사 비평에서 왕부지는 계속해서 이른바 '天情'과 '地氣'를 근거로 夷夏를 구분하는 것이 하늘의 뜻이라고 주장했다.(『독통감론』 권3 127쪽, 권12 454~455쪽, 권13 485~486쪽 등 참조) 『黃書』 「離合」(『船山全書』 제12책)에서도 '큰 지리大地理'를 강조했다. 같은 시기의 전겸익 또한 '큰 지리'를 내세워서 오랑캐가 중원에 들어와 주인이 되는 것이 하늘의 뜻에 맞지 않는다는 주장의 근거로 삼았다. 이에 대해서는 『牧齋有學集』 권22 「贈愚山子序」와 遼漢齋 校印 『錢牧齋全集』 『有學集』 補遺 卷下 「一匡辨」(下) 등을 참조할 것. 黃宗會는 '地氣說'에 동의하지 않고 '기풍風氣'을 '시대時'와 '사람人'에 연계시켰다. 그의 글 「地氣」에서는 이렇게 썼다. "제례를 차리고 의관을 갖추는 기풍이 성행하면 남방이 강해지고, 남방이 강해지면 북방을 겸병했다俎豆冠裳之氣盛, 則南勁, 南勁則兼北." "양탄자와 갓옷을 입고 말을 달리며 활을 쏘는 기풍이 성행하면 북방이 강해지고, 북방이 강해지면 남방을 겸병했다氈裘騎射之氣盛, 則北勁, 北勁則兼南."(8쪽) '夷夏-南北'이라는 테마를 빌려서 황종회도 왕부지처럼 북방 사람에 대한 남방 사람의 편견과 유민의 비분을 마음껏 나타냈던 것이다.

6 '都燕'에 대한 비판은 명나라가 망하기 전에도 있었다. 예를 들어 于愼行(1545~1607, 자는 可遠 또는 無垢)의 『穀山筆塵』(中華書局, 1984) 권12 「形勢」에는 이렇게 기록되어 있다. "당나라가 장안에 도읍을 정하여 매번 도적이 쳐들어올 때마다 피란을 가곤 했는데, 촉이라는 믿을 곳이 있었기 때문이다. 다시 피란했다가 또 북쪽으로 돌아가더라도 나라가 망하는 지경에까

지는 이르지 않았던 것 역시 다행히 촉이 있었기 때문이다. 장안의 지리는 원래 사방의 변방을 접하고 있어서 마치 집堂에 방室이 있는 것과 같이 비옥한 토지를 가진 촉이 그 문지방 자리에 있으며, 방에 아랫목奥이 있는 것처럼 비바람이 불고 날이 흐리거나 맑거나 상관없이 기대어 가릴 수 있었다. 진·한 이래 파촉은 외부였지만 당나라는 결국 거기에 의지해서 망하지 않았으니 이것이 그 효과였다. 오늘날 연경의 형세는 마치 병풍을 두르고 청사에 앉아 남쪽을 바라보며 천하를 다스리는 셈인데, 형세가 성하면 대단히 훌륭하지만 형세가 부족하다면 집에 방이 없는 것과 마찬가지다. 그러니 하물며 아랫목 사이를 생각할 수 있겠는가唐都長安, 每有盜寇, 輒爲出奔之擧, 恃有蜀也, 所以再奔再北而未至亡國, 亦幸有蜀也. 長安之地, 天府四塞, 辟如堂之有室, 蜀以膏沃之土處其閫閾, 辟如室之有奧, 風雨晦明有所依而蔽焉. 蓋自秦漢以來, 巴蜀爲外府, 而唐卒賴以不亡, 斯其效矣. 今日燕京之形, 辟如負扆端拱坐於堂皇之上, 南面而臨天下, 形勝則甚偉矣, 然而形有所不足者, 有堂而無室, 況奧窔之間耶!"(136쪽) 단지 명나라가 망한 후 그와 관련된 논의들이 더욱 거리낌 없어지게 된 것일 뿐이다. 陳子龍은 「吳問」에서 이렇게 썼다. "내 생각에 옛날에 군왕들이 강남에 도읍을 정하여 성공하기도 하고 실패하기도 하여 국세가 강하고 약한 것이 서로 달랐다. 요컨대 왕조를 연 황제의 은택은 훌륭하도다! 비록 공덕이 멀리까지 미치고 신명함이 넘쳐 널리 밀고 나가 잠기게 했지만, 사실 오 땅의 풍화가 원래 특별했기 때문으로……余惟古之君王都江左者, 或得或失, 强弱異觀. 要之, 高皇之澤偉矣. 雖功德遐被, 神明洋溢, 推所浸大, 實惟有吳風敎固殊焉……"(『陳忠裕全集』권28)『南渡錄』권1에는 숭정 17년(1644) 5월에 袁繼咸이 상소를 올려 정치를 안정시키고 나라의 대계를 이룰 방도를 진술했는데, 거기서 이렇게 말했다. "예로부터 도읍 건설을 논하는 이들은 서북을 앞세우고 동남을 뒤로하면서 서북의 형세가 동남을 일으키기에 충분하지만 동남의 형세는 서북을 일으키기에 부족하다고 했는데, 그 또한 육조와 오대, 허약한 남송의 자취를 근거로 한 논의일 뿐이다. 우리 태조께서는 淮河 유역에서 용처럼 날아오르셔서 金陵에 도읍을 정하시고 결국 群雄을 물리치고 북방 오랑캐들을 내쫓으며 중원을 차지하실 수 있었으니, 어찌 동남쪽에 도읍을 둔다고 해서 서북쪽을 일으키지 못하겠는가自昔論建都者, 右西北而左東南, 以西北之勢足起東南, 東南之勢不足以起西北, 亦據六朝, 五代, 弱宋之成跡論耳. 我高皇帝龍飛淮甸, 定鼎金陵, 卒能芟群雄, 驅胡虜, 取中原, 安在東南不可起西北哉!"(18쪽) 이런 논의에는 成祖가 북경에 도읍을 세운 것에 대한 비판하는 듯한 어감이 잠재되어 있다. 陸世儀(1611~1672, 자는 道威, 호는 剛齋)는 『思辨錄輯要』(正誼堂全書) 권15에서 도읍 건립을 논하면서 洛邑을 최상이라고 주장했다. 그가 말한 北平에 도읍을 세우는 것의 폐단은 당시 여론과 일치했다. 왕부지가 '都燕'을 비판한 것에 대해서는 『독통감론』권3,

131쪽을 참조할 것. 다만 왕부지의 '都燕'에 대한 논의가 모두 일치하는 것은 아니다. 이에 대해서는 『黃書』 「後序」(『船山全書』 제12책)와 「噩夢」(같은 책, 590쪽), 「識小錄」(같은 책, 608쪽) 등을 참조할 것. 그리고 土木으로 인해 남쪽으로 천도하는 일이 어렵다는 것은 명나라가 망한 뒤에도 여전히 연구 과제였다. 예를 들어 查繼佐(1601~1676, 자는 伊璜, 명이 망한 뒤에는 이름을 左尹으로 고치고 자를 非人, 호를 東山釣士라고 함)의 『罪惟錄』 帝紀 권1 「帝紀總論」에서는 "남쪽 천도에 대한 논의가 일괄적으로 시행되지 않은 것은 시대적 요구를 고려하지 않은 것南遷之議一槪不行, 不審時要"이라고 한 것을 들 수 있다.

7 鄭曉의 『今言』만 보더라도 都燕과 관련된 이전의 사유 방식을 알 수 있다. "남경성은 대개 장강을 내려다보며 구불구불 지어져 있어서 가로세로가 대칭을 이루지 않아 나라의 틀을 정하고 땅을 경영하며 방위를 올바로 정하는 의미를 구현하지 못하고 있는 듯하다. 대내는 또 동성에 가깝고 언덕에 치우쳐 위치가 낮으니 태자와 태손이 모두 불편하다. 강물은 흘러가서 머물지 않고 산의 형세도 흩어져서 모이지 않으니 제왕의 도읍 터가 아닌 듯하다. 그러므로 태조께서 대량이나 관중으로 천도하려 하셨고, 결국 성조께서 북평으로 천도하셨다南京城大抵視江流爲曲折, 以故廣袤不相稱, 似非體國經野辨方正位之意. 大內又迫東城, 且偏坡卑窪, 太子太孫宜皆不祿, 江流去而不留, 山形散而不聚, 恐非帝王都也. 以故孝陵欲徙大梁關中, 長陵竟遷北平."(권3, 第221條) "우리 명나라가 도읍을 정한 금릉은 원래 왕이 일어나는 땅이지만, 강남의 형세는 서북 지방을 통제할 수 없다. 그래서 태조 때 이미 변량이나 관중에 도읍을 세우려는 생각을 가졌다. 홍무 1년의 조서에는, '강남에 왕조를 열어 사해가 영원히 평안할 수 있는 바탕을 세웠으나, 중원을 두루 다스리면서 널리 살피고 똑같이 어진 정치를 베푸시기 위해 금릉과 대량을 남경과 북경으로 삼으려 하셨다國朝定鼎金陵, 本興王之地. 然江南形勢, 終不能控制西北. 故高皇時已有都汴, 都關中之意. 觀洪武元年詔曰: 江左開基, 立四海永淸之本, 中原圖治, 廣一視同仁之心. 其以金陵, 大梁爲南北京."(권4, 第274條) "남경에는 수군이 육군보다 우세한데 병영의 말은 강의 배보다 건장하다. 그러나 전투하고 수비하는 데 모두 지리적 이점을 얻을 수 없어서 태조께서는 재삼 천도하려 하셨으나 실행하지 못하셨다. 성조께서 북평으로 천도를 결정한 것은 만세를 고려하신 것이었다南都水軍勝於陸卒, 營馬壯於江舟. 然戰守皆不得地利, 孝陵再三欲徙都不果, 成祖決遷北平, 萬世之慮也."(권4, 第297條) 王鋪의 『寓圃雜記』(中華書局, 1984) 卷一 「建都」에서는 이렇게 기록했다. "그러니 북경에 도읍을 정하는 뜻은 사실상 태조께서 열어놓으셨고, 성조께서는 그것을 실행하신 것이라 하겠다是則都燕之志, 太祖實啓之, 太宗克成之矣."(1쪽)

8 『명사』 권223에 수록된 徐貞明의 전기에는 그가 東京의 水田을 관리할 때

"북인들이 동남방의 漕糧과 儲運을 담당하는 이들이 서북쪽에 파견되는 것을 두려워하여北人懼東南漕儲派於西北""일이 처음 시작되자마자 즉시 근거 없는 논의들로부터 방해를 받은事初興而卽爲浮議所撓" 일이 기록되어 있다.

9   朱鶴齡은 「禹貢長箋序」에서 이렇게 썼다. "지금 천하의 큰 근심은 (…) 또 중원보다 광활한 땅이 어디 있는가? 그런데 그곳은 쑥대만 가득하고, 동남 지방의 식량을 죄다 털어서 서북 지역을 먹여 살려야 한단 말인가今夫天下之大患 (…) 又孰有過於中原土曠, 彌望蒿菜, 竭東南一隅以養西北者乎?"(『愚庵小集』 권7, 285쪽) 같은 책 권13의 「讀吳越世家」에서도 동남 지역의 부세 부담이 엄중하다고 언급했다. 오위업의 「封中書舍人石公乾篆墓誌銘」은 서북 지역 수리와 관련해서 '석 씨의 선조'들이 남긴 공헌을 칭송하면서 "한 나라와 당나라는 비록 황하와 위수를 통해 조운을 했지만 진 사람들은 농사에 힘써 땅에서 난 수입으로 경사 사람들의 의식을 제공했지 전적으로 장강과 호수 유역에서 전량을 취하지는 않았다. 그러므로 천하가 곤궁하지 않았다漢唐雖轉漕河渭, 而秦人務稼穡, 土之所入, 衣食京師, 不專取足於江淮, 故天下不困"(『吳梅村全集』 권44, 928쪽)고 했다. 왕부지는 동남 지역이 나라를 세우는 바탕이 된 것은 그 유래가 이미 오래되었다고 했다.(『독통감론』 권26, 1022쪽) 『廣陽雜記』 권4에는 이렇게 기록되어 있다. "북방은 요순과 3대의 제왕들의 옛 도읍으로 2000여 년이 지났지만 동남 지방에서 재물과 양식의 공급을 바랐다는 얘기는 들어보지 못했다. 왜인가? 물길이 통하고 수리가 정비되었기 때문이다. 천하가 소란하기 시작한 이래 금나라와 원나라에 이르러 오랑캐에게 함몰된 지 1000여 년이 지나면서 사람들은 모두 구차하게 목숨을 유지하면서 먼 장래를 생각할 겨를이 없어 그런 것이 풍속이 되는 바람에 수리가 무엇인지도 모르게 되었다. 그러므로 서북 지역에 물이 없는 것이 아니라 물이 있음에도 쓸 줄을 모르는 것이다北方爲二帝三王之舊都, 二千餘年, 未聞仰給於東南, 何則, 溝洫通而水利修也. 自五湖雲擾以迄金元, 淪於夷狄者千有餘年, 人皆草草偸生, 不暇遠慮, 相習成風, 不知水利爲何事. 故西北非無水也, 有水而不能用也." "내 생각에 성인이 나타나 천하를 다스린다면 반드시 서북 지역의 수리를 정비하는 데서 시작할 것이다. 수리가 일어난 뒤에야 천하가 평정되고 외부의 우환이 종식되어 교화가 흥성할 수 있을 것이다予謂有聖人出, 經理天下, 必自西北水利始. 水利興而後天下可平, 外患可息, 而敎化可興矣."(197쪽)

10   왕부지는 이러한 편중 현상의 기원을 거슬러 올라가면서 이렇게 말했다. "당나라 이전에는 재물 부세를 모두 예주와 연주, 기주, 옹주에서만 거둬도 충분했기에 장강과 회수 지역에서 거둬들인 적은 없었다. 장강과 회수 지역을 밑천으로 삼은 것은 第五琦(729?~799, 자는 禹珪)로부터 시작되었다自唐以上, 財賦所自出, 皆取之豫兗冀雍而己足, 未嘗求足於江淮也. 恃江淮以爲

資, 自第五琦始."(『독통감론』 권23, 861쪽) "당나라는 서북 지역에 나라를 세웠지만 동남 지역에 뿌리를 내렸고唐立國於西北, 而植根本於東南"선종 때 이르면 이미 "동남 지역을 살을 물려도 아픈 줄 모르고 피를 흘려도 비명을 지를 줄 모르는 우리 안의 돼지나 연못 안의 집오리로 간주했다視東南 爲噬膚不知痛, 瀝血不知號之圈豚池鶩也."(같은 책, 권26, 1022~1023쪽)

11 魏源은 직접적으로 이렇게 말했다. "건문 2년(1400)에 조서를 내려 감면해서 1무에 한 말씩만 거두게 했으니 부친을 넘어선 어진 정치였다고 할 수 있다. 그런데 성조가 제위를 찬탈하고 다시 홍무제가 정한 옛날의 액수를 복원시켜서 지금까지 수백 년 동안 해독을 끼침이 그치지 않고 있다. 이 일에서는 건문제가 옳았고 영락제가 잘못되었음은 누구나 알고 있다建文二年, 降詔減免, 每畝止輸一斗, 可謂干蠱之仁政. 乃成祖篡立, 仍復洪武舊額, 至今流毒數百年未已. 此事建文是而永樂非, 比戶皆知."(『魏源集』, 中華書局, 1976, 223쪽) 『명사』 권78 「食貨志」에는 태조 초기에 "오직 소주, 송강, 가흥, 호주 지역은 그곳 백성이 장사성을 위해 성을 지켰다는 데에 진노하여 호족들과 부유한 백성의 전답을 적몰하여 관전으로 삼았으며, 개인적인 소작세 징수 장부에 따라 세액을 정했다惟蘇松嘉湖, 怒其爲張士誠守, 乃籍諸豪族及富民田以爲官田, 按私租簿爲稅額" "대개 소주가 가장 무겁고 송강과 가흥, 호주가 그다음이며 상주와 항주가 또 그다음이다大抵蘇最重, 松嘉湖次之, 常杭又次之"라고 했다. 그 외에 특이한 견해를 제시한 이도 있었다. 朱彛尊은 「國子監生錢君行狀」에서 이렇게 썼다. "강소와 절강의 부역은 예로부터 무거웠는데, 오 지방 민간에 전해지기로는 명 태조가 장사성을 위해 투항을 거부하고 성을 지킨 것을 미워하여 그 백성에게 무거운 세금을 거둬들였다고 한다. (…) 그대는 그 시비를 따져 판별하면서 재앙은 賈似道가 3년에 한 차례씩 부역을 조정하는 일을 한 데서 비롯되었다고 했다. 당시에는 원래 관전과 민전이 있어서 관전에서 조를 부과하고 민전에는 세를 부과했다. 그 뒤에 知府 趙瀛(?~?, 자는 文海, 호는 左山)이 거둬들여 고르게 배당했다. 가흥의 관전은 2000경이 못 되는 데 비해 민전은 5800경이 넘었기 때문에 그 부역이 가장 가벼웠다. 가선은 민전이 겨우 3100경 남짓인 데에 비해 관전은 2700경이 넘었기 때문에 부역이 세 현 가운데 두 번째로 무거웠다. 부역의 경중은 관전과 민전의 수가 균등하지 못했기 때문이지 감전 때문이 아니었다. 수많은 논의가 있었지만 일의 시발을 부연하여 다른 일로 따져 반박했는데, 그 말의 요지는 모두 내 생각과 부합한다江浙賦夙重, 吳俗相傳, 明太祖惡張士誠拒守, 故重斂其民 (…) 君所論辨其非是, 謂禍始於賈似道經界推排之役. 當日原有官田民田, 官田輸租, 民田輸稅. 其後知府事趙瀛, 取而均攤之. 嘉興官田不及二千頃, 而民田五千八百餘頃, 故其賦最輕. 嘉善民田止三千一百餘頃, 而官田二千七百餘頃, 故其賦於三縣中差重. 輕重由官民田數不均, 非因嵌田之故. 著論萬言, 推衍事始, 更端詰難, 其言旨悉

與予合."(『曝書亭集』권80, 899쪽)

12 『抱樸子』外篇「審擧」: "강남이 비록 멀고 바닷가에 가깝지만 도의 교화에 물들어 예교를 따르는 것 또한 이미 1000년이 넘었다. (…) 다만 그 지역이 중원에 비해 좁아서 人士의 수가 균형을 맞출 수 없었을 따름이다. 개중에 뛰어난 덕행과 재학을 갖춘 이로 子遊와 王充(27~97?, 자는 仲任) 같은 이들이 있었으니 또한 큰 나라에 뒤지지 않는다. 오 지역이 처음 중국에 귀의했을 때 그 지역에서 천거한 인재는 매몰되어 시험을 치르지 못했다. 이제 천하가 태평해진 지 이미 40년에 가까워졌는데도 여전히 시험을 치르지 못하고 있으니, 이 때문에 동남 지역 유가의 학업은 옛날보다 쇠퇴했다. 이는 바로 미개한 오랑캐 무리와 똑같아지게 하는 것이지 그들과 달라지게 하는 방법이 아니다江表雖遠, 密邇海隅, 然染道化, 率禮教, 亦旣千餘載矣. (…) 惟以其土宇徧於中州, 故人士之數, 不得鈞其多少耳. 及其德行才學之高者, 子遊仲任之徒, 亦未謝上國也. 昔吳土初附, 其貢士見偃以不試. 今太平已近四十年矣, 猶復不試, 所以使東南儒業, 衰於在昔也. 此乃見同於左衽之類, 非所以別之也."

13 『縠山筆塵』권12「形勢」: "당나라 개원, 천보 연간에 중국이 강성하여 장안 서문에서 서쪽 국경 끝까지 1만2000리나 되어 골목들이 서로 마주 보고 뽕나무와 삼대가 들판을 가렸으니 천하에서 물산이 풍부하기로 隴右만 한 곳이 없었다. 이른바 1만2000리라는 것은 서역의 속국들을 포함해서 한 말인데, 농우는 지금의 臨府(지금의 甘肅 臨夏)와 鞏府(지금의 甘肅 隴西)다. 아득하게 1000리를 이어지는데 광활하여 마을도 없으니 옛날 이곳의 물산이 풍부했다는 데에 비교해보면 거의 이역처럼 느껴지니 지리가 현격히 달라지는 게 이렇게 심할 줄이야唐開元天寶間, 中國強盛, 自長安西門, 西盡唐境, 萬二千里, 間閭相望, 桑麻蔽野, 天下言富庶者, 無如隴右. 所謂萬二千里, 蓋包西域屬國而言, 隴右則今之臨, 鞏二府也. 蕭條千里, 曠無人煙, 視古之富庶, 殆如異域, 何地利相懸之甚也!"(135쪽)

14 『焦氏筆乘』續集 권5「東南西北」(上海古籍出版社, 1986)에서는 『사기』「六國表」의 "作事者必於東南, 收功實者常在西北"이라는 말을 인용하면서 "이 또한 사마천 이전의 논의일 따름此亦司遷以前論之耳"이라고 했고 또 陳仁子의 말을 인용하여 '王氣'는 동에서 서로 옮겨가서 "전환하여 하북으로 가기도轉而河朔"하고 "전환하여 남하로 가기도轉而南夏" 한다면서, "남쪽에서든 북쪽에서든 흥성과 쇠락에는 때가 있는 법인데 사마천이 일을 일으키는 것은 오로지 동남 지방에 달려 있고 공을 이루는 것은 오로지 서북 지방에 달려 있다고 한 말은 정확한 평가가 아니다自南自北, 盛衰有時, 遷謂起事專在東南, 成功專在西北, 非篤論矣(343~344쪽)라고 했다. 명·청 교체기에도 이런 논지를 편 사람이 있었다. 魏禮(1628~1693, 자는 和公)는 「兒世儆遊燕楚序」에서 이렇게 썼다. "비록 그러하나 한나라가 일어난 이래 재

난을 일으킨 이는 대부분 초 땅을 통했으나 형주와 양양은 사천과 섬서로 가는 요충지로서 일찍이 천하의 흥망에 관여했다. 그곳 풍속은 사납고 굳센 것을 숭상하니 남방의 초는 서쪽의 진과 같았다. 그러나 강한 왕조와 약한 왕조가 거기에서 교대로 일어났다. 이것은 대개 단지 지리에서 비롯된 것만이 아니라 역시 시대와 사람으로 말미암은 것이다. 사마천은 「육국표」에서 '作事者必於東南, 收功實者常於西北'이라고 했는데 아! 지금의 관점에서 보면 어찌 통달한 논의라고 할 수 있겠는가雖然, 漢興以來, 發難者多由楚, 而荊州襄陽爲川陝之要樞, 嘗關天下興亡, 其風尙剽勁, 南之楚, 猶西之秦, 然强弱遞遷焉. 蓋不特由夫地, 亦由夫時與人也. 太史公表六國, 謂作事者必於東南, 收功實者常於西北. 嗚呼, 由今觀之, 豈通論哉!" 이 글에서는 '王氣'가 옮겨가는 것은 동에서 서로, 하삭으로, 그리고 남으로 간다고 했다. "사마천은 단지 한나라가 일어나기 이전 시기에서 증거를 취했을 뿐太史公特取徵於漢興以前而云然耳(『魏季子文集』 권7)이라는 것이다. 황종회도 「地氣」에서 이렇게 말했다. "형세를 따지는 이는, 남방에서 제업을 이룬 자는 북방에서는 불가능하나, 한 자의 땅으로 천하를 통일하는 게 가능했던 경우는 모두 북쪽에서 남쪽으로 향했던 경우라고 한다. 습속을 따지는 이는 남방의 기풍이 유약한 데 비해 북방의 기풍은 강경하다고 한다. 운수를 따지는 이는 천하가 다스려지려면 지기가 북에서 남으로 이동하고, 어지러워지려면 남에서 북으로 이동한다고 한다. 이 세 가지 설은 지혜로운 학문으로 변화에 통달했다고 하기에 부족하다는 점에서 똑같다有爲形勢之論者, 則曰: 帝南者, 不能北. 有尺地以一天下, 能一之者, 皆自北而南也. 有爲習俗之論者, 則曰: 南方風氣柔弱, 北方風氣剛勁. 有爲運數之學者, 則曰: 天下將治, 地氣自北而南. 將亂, 自南而北. 是三說者, 其不足以知學而達變則一."(『縮齋文集』, 7~8쪽) 이하는 道德論(節操論)에 기반한 대비에서 남북의 인문을 평가한 것이다.

15 『명사』 권257에 수록된 熊明遇의 전기에 실린 그의 상소문에서는 "오 지역 백성이 혼란을 즐겨서 위아래 신분이 뒤바뀌었다吳民喜亂, 冠履倒置"고 했다. 그리고 권265에 수록된 淩義渠의 전기에서는 명말에 "宜興과 深陽, 遂安, 壽昌 등지의 백성이 변란을 일으켜 지방 유지巨室들의 집을 불태우고 노략질했다"고 기록했다. 또 권275에 수록된 祁彪佳의 전기에서는 갑신년(1644) 이후 소주와 상숙의 선비들과 백성이 불을 지르고 약탈한 일焚劫事을 기록했다. 『祁彪佳集』(中華書局, 1960) 권1 「馳報安撫蘇州情形疏」(갑신년 6월)에는 이렇게 적혀 있다. "진택(즉 吳江) 지역을 살펴보건대 그 지역 사람들은 분연히 의기를 좋아하지만 단번의 외침으로 무리를 이루어 나아가니 쉽게 동요하고 안정하기 어려운 이들이라 하겠다. 나라의 참변이 전해지자 선비들은 돌아가신 황제께서 가르쳐 길러주신 은덕을 떠올리고 금방 분통을 터뜨려서, 조정의 조서가 반포되기도 전에 먼저 모여서 통곡했

다. 신하의 반역이 아직 확정되기도 전에 먼저 그를 성토하는 글을 지었으며, 충의에 찬 분격인지를 따지지 않고 조금이라도 지나치면 곧 백성이 분란을 일으키는 폐단이 있다. 이것이 오 지역 선비들과 백성의 습속 및 풍속에 내재된 대단히 염려스러운 부분인 것이다竊照震澤之區, 其人多慷慨好義, 然而一呼群集向前, 所稱易動難安者也. 自國家慘變驚傳, 靑衿者流, 念先帝敎養之德, 一時痛憤, 於是朝廷哀詔未頒, 先爲聚哭之擧. 臣子逆狀未確, 先爲追討之文, 不知忠憤義激, 稍一過當, 便開小民搶攘之流弊, 此吳中士習民風所以有大可憂者在也."간사한 백성이 불 지르고 약탈한 일은 소주에서 시작되어 상숙까지 이어졌다. 如奸民焚搶一事, 發於蘇郡, 延於常熟."(18~19쪽)

16 方苞,「明史無任丘李少師傳」: "강희 신미년(1691)에 내가 처음 경사에 갔는데 화정 출신의 사농 王鴻緖가 어명을 받아『명사』를 편찬했다. 四明 출신의 萬斯同이 거기에 참여했는데 매번 의심스러운 것을 내게 물었다. 열전의 목록이 정해졌을 때 내가 의아해서 물었다. '역사라는 것은 우주의 공평한 그릇인데, 그대는 3개의 강과 5개의 호수에 둘러싸인 오 지역과 회계 지역에서 행실과 몸가짐이 신중하고 명분과 실질이 그다지 차이가 없는 이들까지 대부분 열전에 수록하면서도 다른 먼 지역의 명성이 뚜렷한 사람들은 오히려 빠져 있구려. 이래서야 후세 사람들의 구설수에 오르지 않겠소?' 그러자 만사동이 깜짝 놀라며 말했다. '제가 어찌 감히 그러겠습니까? 오 지역과 회계 지역 사람들은 글이나 말의 풍격을 숭상하고 기세를 중시하여 사대부가 죽으면 행장을 써서 집안에 전하지 않는 이들이 드뭅니다. 사관을 열고 나서 그것을 가져다가 쓰겠다고 했더니 한 달 정도 되는 기간에 보내오지 않는 이들이 없었고, 중요한 인사들도 그에 대해 말씀하시는 분이 많았습니다. 하지만 다른 먼 지역에서는 백에 한둘도 보내오지 않았습니다.康熙辛未, 余始至京師. 華亭王司農承修『明史』. 四明萬季野館焉, 每質余以所疑. 初定列傳目錄, 余詫焉, 曰: 史者, 宇宙公器也. 子於吳, 會間, 三江五湖之所環, 凡行身循謹, 名實無甚異人者多列傳, 而他省遠方, 灼灼在人耳目者反闕焉, 毋乃資後世以口實乎. 季野瞿然曰: 吾非敢然也. 吳會之人, 尙文藻, 重聲氣, 士大夫之終, 鮮不具狀志家傳. 自開史館, 牽引傳致, 旬月無虛, 重人多爲之言. 他省遠方, 百不一二致.(『方苞集』권18, 上海古籍出版社, 1983, 520~521쪽)

17 오·월 출신이 아닌 사대부가 오·월 및 강남의 풍류에 대해 논한 것들 가운데도 훌륭한 것이 있다. 왕부지는 兩晉에 대해 논하면서, "혹자는 강남의 풍류는 화근으로 여기고 이곳에 제대로 된 사람이 없다고 하지만 그 또한 겉모습만 본 것일 뿐이다或以江左風流爲亂階, 而謂此中之無人, 亦皮相而已矣"라고 하며, 나아가 "강남의 풍류는 서진 이래로 기풍의 추세가 본디 그랬다. 그 잘못은 경박하고 허망하여 실용에 맞지 않는 점이고, 이로운 점은 바로 공자께서 말씀하신 광간이다. 狂이라는 것은 좁은 식견으

로 자만하는 향원들을 안중에 두지 않으며, 簡한 이는 진실로 천하를 다스릴 수 있는 것이다江左風流自西晉以來, 風會之趨固然矣, 其失也, 浮誕而不適於用. 其得也, 則孔子之所謂狂簡也. 狂者不屑爲鄕愿之暖姝, 簡固可以南面者也."(『독통감론』 권13, 490쪽)라고 했다. 또 이렇게 말했다. "서진이 장강을 건너 남으로 오니 사대부들이 강남으로 이사했고, 현명한 이와 어리석은 이가 나란하지 않지만 풍도가 단정하면서 얽매임 없이 부끄러워할 줄 아는 마음을 기르는 것은 폭군이나 지위를 찬탈한 군주가 없앨 수 있는 것이 아니다晉南渡而衣冠移於江左, 賢不肖之不齊, 而風範廉隅養其恥心者, 非暴君篡主之能銷鑠也."(같은 책 권18, 695쪽)

18 오위업은 「宋子建詩序」 등에서 당시 남방에 문인들이 모여든 모습을 상당히 훌륭하게 기록했다. 그는 또 「宋轅生詩序」와 「太倉十子詩序」 등에서 원말 오 지역 인문의 번성한 모습을 돌이켜 서술했다. 이러한 인문은 결코 왕조 교체로 인해 곧바로 쇠락하는 것이 아니어서 명·청 교체기에 私學과 문인결사, 경학, 史學, 시, 그리고 고문이 부흥하던 추세는 모두 일종의 문화적 연속성을 증명한다―비록 그 과정에서 사대부들이 누차 중대한 좌절을 겪어야 하긴 했지만. 명대 오 지역 문단의 성대한 정황에 대해서는 정사에서도 기록하고 있다. 예를 들어 『명사』 권287 "文苑" 3에는 이렇게 기록되어 있다. "오 지역에서는 吳寬(1435~1504, 자는 原博)과 王鏊(1450~1524, 자는 濟之)가 문장으로 관각의 영수가 되었던 이후로 한때 심주와 축윤명 등의 명사들이 함께 문단을 치달림으로써 문풍이 대단히 흥성했다吳中自吳寬王鏊以文章領袖館閣, 一時名士沈周祝允明輩與幷馳騁, 文風極盛." "그리고 문징명은 수십 년 동안 문단을 주도했다而徵明主風雅數十年."

19 같은 글에서는 또 이렇게 말했다. "만력 이래 배척하고 비방하면서 벼슬길에 나서서 군자를 살해한 이들은 대부분 浙 지역 출신들이다. 송나라 때부터 지금까지 그것이 이어지며 습속이 되었다. 그러므로 조정에서 그것을 이루기 위해 당파를 만들고 재야에서도 그것을 가르치며 학문으로 삼았다萬曆以來, 排擯詆辱, 出而殺君子者, 多自浙人, 蓋由宋至今, 沿之爲俗. 故朝廷之上, 成之爲黨, 遂使草野之間, 講之爲學."(「子劉子行狀」 卷下 『황종희전집』 제1책, 260쪽) 이것은 의심할 바 없이 당쟁, 특히 '閹黨의 재앙'으로부터 얻은 경험일 터다. 황종희는 누차 '우리 고을 엄당'의 횡포에 대해 언급한 바 있다.(예를 들어 「重建先忠端公祠堂記」, 『황종희전집』 제10책) 주이존의 견해는 이와 다르다. 그는 『靜志居詩話』 "施邦耀"에서 이렇게 썼다. "절 지역 사람들은 불행하여 만력 이래로 정권을 잡은 이들이 앞서서는 사명 출신이었고 나중에는 오정과 덕청 출신이어서 조정 선비들 가운데 동림당에 붙지 않은 이들을 싸잡아 절당이라 불렀으니, 이것이 한때 집권자들과 결탁하여 두둔한 자들을 가리켜서 한 말이라면 가능하다. 동림당의 여러 군자는

전적으로 절 지역 사람들에게 의존하여 도왔으니 인품은 죽은 뒤에야 평가하는 것이다. 가령 건문 임오년(1402)과 숭정 갑신년(1644)에 살신성인하여 고결하게 자진한 이들 가운데는 유독 절 지역 사람이 많았다. 순치 9년(1652) 갑신년에 순절한 문신 20명의 시호를 정했는데, 개중에 절 지역 출신이 6명이었다. 이에 뒤이어 어명을 받은 이들은 전부 헤아리기 더 어려우니, 절당이라는 명목을 거의 단번에 쏠어버렸다고 할 수 있겠다浙人不幸, 萬曆以來, 執政者前有四明, 後有烏程德淸, 以是朝士不附東林者, 槪目之曰浙黨, 此指一時阿比執政者而言, 則可爾. 東林諸君子, 全倚浙人助之, 人品蓋棺論定, 試觀建文壬午, 崇禎甲申, 殺身成仁, 潔己自靖者, 惟浙爲多. 順治九年, 定諡甲申殉難文臣, 計二十人, 而浙居其六, 繼此授命者, 更難悉數, 浙黨之目, 庶幾可以一灑矣."(614쪽) 남인에 대한 북인의 편견도 여전히 피할 수 없었다. 전조망의 「陽曲傳先生事略」에서는 부산에 대해 "선생은 어려서 진 땅, 즉 산서에서 자라 그 산천의 웅대하고 심원한 기운을 얻고 세상을 구제함으로써 자신을 드러내려고 생각하면서 허튼소리가 될까 신경조차 쓰지 않았다先生少長晉中, 得其山川雄深之氣, 思以濟世自見, 而不屑爲空言" "또 구양수 이후의 문장을 좋아하지 않으면서, '이것이 이른바 강남의 글이다'라고 했다又雅不喜歐公以後之文, 曰: 是所謂江南之文也"(『鮚埼亭集』 권26)라고 했다.

20 예를 들어 오·월과 초의 관계가 그러하다. 장리상의 「言行見聞錄一」에서는 이렇게 썼다. "병신년(1656) 겨울에 호광의 비구니 혜변지서가 스스로 초 지역의 명문 가문 출신이라고 하자 어느 승려가 법에 따라 처벌해달라고 청했다丙申冬, 湖廣尼者慧辯知書, 自言出楚名族, 某和尙嘗付以法." 이 일은 가흥 지방에 상당한 파문을 일으켰는데, "가선의 심원이 그 소문을 듣고 벗에게 이렇게 말했다. '가화는 동남에서 유명한 지역이라 사대부도 아주 많은데 한마디로 없애지 못하고 요사한 비구니가 이처럼 혼란을 일으키도록 방치했단 말인가嘉善沈德甫(元)聞之, 謂其友曰: '嘉禾東南名郡, 士大夫甚衆, 竟不能一言去之, 而任妖尼惑亂若此乎?'(『楊園先生全集』 권31) 이에 시를 지어 그곳 관청에 보내서 그 비구니를 쫓아내게 했다고 한다. 이 사건은 비구니(여성)에 대한 사대부의 차별뿐만 아니라 동남 지역의 유명한 곳이 호광(초)에 대해 갖고 있던 우월감을 보여준다.

21 『翁山文鈔』 권1 「陳議郎集序」에서는 '吾粤'의 人文을 이야기하면서 한나라 때까지 거슬러 올라가는데, 陳議郎, 즉 陳元이 바로 그 시대의 인물이었다.(經師) 권3 「侯王廟碑」에서는 秦나라 때의 장군 任囂(?~기원전 206)와 한나라 때의 남월왕 趙佗(기원전 240?~기원전 137)를 언급하면서 역시 월 지역의 역사를 설명했다. 任囂에 대해서는, "공(임효)이 온 이래 오랑캐가 비로소 변하여 진나라 백성이 되었으며 다시 변하여 한나라 백성이 되었다. 지금에 이르러서는 시서예악이 흥성하고 명성과 문물이 번창하여 당당하

게 바닷가에서도 문교가 흥성한 지역이 되었다自公之來, 而蠻方一變而爲秦, 再變而爲漢, 至於今日, 詩書禮樂之盛, 聲名文物之華, 居然海濱鄒魯"고 했다. 「陳文恭集序」에서는 "유종주는 양명선생 왕수인만 알았을 뿐 白沙先生 陳獻章은 몰랐으니, 어찌 그의 책을 읽어보지 않았으랴? 그분은 절 땅에서 태어나셨기 때문에 왕수인을 아셨지만, 나는 남해에서 태어났기 때문에 진헌장만을 안다. 이 어찌 모두 자기 고향만을 사랑하는 마음을 가졌기 때문이겠는가念臺知陽明而不知白沙, 豈未嘗讀其書乎. 念臺生於浙, 故知陽明, 予生於南海, 亦惟知白沙, 一豈皆有私其鄕之心乎?"(「翁山文外」 권2)라고 했다. 굴대균의 문집에는 월 지역의 인문 풍물을 기록한 것이 많은데, 예를 들어 「大廟峽峽虞夫人碑」 역시 월 지역의 문헌으로서 참고 자료가 될 수 있다.

22 왕부지는 자신이 시를 배울 때 竟陵派의 영향을 받았다고 말한 적이 있는데, 이에 대해서는 「述病枕憶得」, 『船山全書』 제15책, 681쪽을 참조할 것.

23 왕부지 사상의 예리함도 이를 통해 한 부분을 이해할 수 있을 듯하다. 그는 『莊子』 및 『離騷』와 문장으로 인연이 있을 뿐만 아니라 사상적으로 인연이 있다. 왕부지가 『장자』를 풀이한 것은 심지어 어느 정도 자기 신세에 대한 느낌에 기반을 두고 있었다. 이에 대해서는 그의 「莊子通·敍」, 『船山全書』 제13책, 493쪽을 참조할 것. 거기서 그는 이렇게 말했다. "무릇 장자의 서술은 모두 그것으로 인해 군자의 도리와 통할 수 있으니, 그 비슷함이 이와 같다凡莊子之述, 皆可因以通君子之道, 類如此." 그에 따라 그가 풀이한 『장자』에는 자신에 대한 해설이 포함되어 있었는데, 이것은 한때 저명했던 유학자들 가운데는 특수한 예라고 할 수 있다. 그러나 염약거의 『潛邱箚記』 권5(乾隆10年 春西堂刊本) 「與石企齋」에서 歸有光의 「五嶽山人前集序」에 들어 있는 "형초 지역에는 예로부터 문인이 많았으니 『춘추』의 해설서를 쓴 좌구명과 성악론을 제기한 순경, 「이소」를 쓴 굴원, 『장자』를 쓴 장주가 있다荊楚自昔多文人, 左氏之傳, 荀卿之論, 屈子之騷, 莊周之篇"라는 내용을 인용하면서 "내 생각에 순경은 조나라 사람이지만 만년에 초나라의 난릉령을 지냈을 뿐이다. 장주도 유향의 말에 따르면 송나라 몽 땅 사람이다. 몽성은 상구성 밖에 있으니 바로 송나라 땅이다. 그러니 그가 초와 무슨 상관이 있겠는가? 귀유광도 이러했거늘 다른 이들은 얼마나 더 심했겠는가? 주희는 장자가 당연히 초 땅 사람이라고 했는데, 그 또한 잘못이다. 대개 고증이라는 것은 문인들도 그다지 강구하지 않는 분야이고 이학에서는 더욱 강구하지 않는다按荀卿趙人, 但晚爲楚蘭陵令耳. 莊周, 劉向曰: 宋之蒙人也. 蒙城在商邱城外, 正宋地, 於楚何涉. 太僕尙如此, 於他人何尤. 朱子曰: 莊子自是楚人亦誤. 大抵考據, 文人不甚講, 理學尤不講."

24 부산의 「明戶部員外止庵戴先生傳」에서는 이렇게 썼다. "그런 뒤에야 선생과 曹良直(?~?, 자는 古遺)이 모두 산서 사람임을 알았다. 그들은 노인과 젊은 이를 막론하고 권세를 두려워하지 않으며 강인한 품격이 대략 이런 정도

였다夫然後知先生與曹皆山西人, 無老少皆不畏強御, 而風裁乃大略相當如此."
(『霜紅龕集』권15, 435쪽) (이청의 『삼원필기』에서는 조양직이 상당히 감당하기 어려운 인물이라고 했음.) 부산은 '나는 진 사람余晉人'이고 저 사람은 '산서 사람山西人'이라는 식으로 고향에 대해 이야기하기를 좋아했다. 같은 책 같은 권에 수록된 「太原三先生傳」에서는 이렇게 썼다. "부산이 말했다. '왕 선생은 진 사람인데, 요즘 사람들이 그걸 어찌 알겠는가'傅山曰: 王先生晉人也. 今之人何足以知之?"(440쪽)

25 그는 이렇게 말했다. "휘주 사람들은 생계를 잘 꾸려서 장사를 통해 벼슬 없이도 봉군에 비견될 만한 재부를 쌓은 이가 많다. 그 집안 자제들은 모두 아껴 쓰는 것이 습관이 되어 있으며 공부를 하고 스승과 벗을 가까이 할 줄 아는 이는 드물다. 그런데 오 지역의 풍속은 사치스럽고 선비들은 경박하게 아첨을 떠는 일에 익숙해 있어서 대부분 허장성세로 서로 과시한다徽人善爲生, 多能貨殖致素封, 其家子弟皆習纖嗇, 鮮能讀書親師友. 而吳中之俗侈靡, 士習於儇薄, 多以虛聲相炫耀."(「邵氏家傳」, 『戴名世集』권7, 204쪽) 같은 책 권9에 수록된 「鄭允惠墓誌銘」에서는 휘상에 대해 이렇게 썼다. "생계를 잘 꾸리는 이들은 외지를 떠돌며 맨손으로 시작해서 벼슬 없이도 봉군에 비견될 만한 재부를 쌓는 일이 종종 있는데, 대개 아껴 씀으로써 집안을 일으킨다. 실 한 오라기, 곡식 한 톨도 함부로 쓰지 않는다. 누군가가 긴급한 사정을 알리면 비록 그만둘 수 없는 옳은 일이라 할지라도 참으면서 재산을 내놓지 않는다. 그들은 재물을 팔 때 그 값어치를 제대로 받더라도 흡족하게 여기지 않는다. 그들의 방법은 이윤을 추구해서 거동할 때마다 항상 무언가를 수확하며, 가격을 올리거나 내리는 데에도 모두 기술이 있다. 그러나 충직하고 믿음성 있는 말을 장사에 쓰게 되면 가난해진다고 여긴다凡善爲生者, 客遊徒手致素封, 往往而是, 大抵用纖嗇起家. 一縷一絲, 一粒一粟, 弗敢輕費. 其有以緩急告, 雖義不可已, 亦忍而弗之割. 其居貨也, 讎過其值, 猶不以爲慊也. 其道務求贏餘, 而俯拾仰取, 低昂盈縮, 皆有術數, 而忠信之說用之於貨殖, 則以爲立窮."(249쪽)

26 梁啓超, 『中國近三百年學術史』15: "지방의 학풍을 양성한 것은 실학계에 튼실한 기초 가운데 하나였다. 전조망이 절동학파를, 이불(1675~1750, 자는 巨來, 호는 穆堂)이 강우학파를, 등현학(1777~1851, 자는 子立 또는 湘皐)이 원상학파를 극력 제창한 것들이 그 고향 후배들에게 직접적으로 어떤 영향을 주었겠으며 전국에 간접적으로 어떤 영향을 주었겠는가? 이것이 명확한 효험이 아닌가地方的學風之養成, 實學界一堅實之基礎也. 彼全謝山之極力提倡浙東學派, 李穆堂之極力提倡江右學派, 鄧湘皐之極力提倡沅湘學派, 其直接影響於其鄉後輩者何若? 間接影響於全國者何若? 斯其非明效大驗耶?"
(『梁啓超論淸學史三種』, 456쪽)

27 馮辰, 劉調贊 撰, 「李恕穀先生年譜」(『李塨年譜』, 中華書局, 1988, 121쪽)

28 談遷(1594~1657, 자는 仲木, 호는 謝父)은 다른 이들이 자기에게 북방 사람을 닮았다고 한 것을 행운으로 여기면서 스스로 북방과 오랜 인연이 있다고 여겼다.(談遷, 『北遊錄』「自序」, 中華書局, 1981 참조) 진확의 「東溟寺異人記」(『陳確集』文集 권9)는 소설가의 말과 비슷해서, 거기에 적힌 글은 차라리 왕조 교체기 동남 지역 유민들이 '북방의 義士'들에 대한 기대라고 할 만한 것이었다. 그 글에 등장하는 '異人'의 침착하고 과감한 모습은 바로 진확이 상상하는 '북방'의 형상이었다. 청대 및 근대에도 여전히 이런 시각으로 명·청 교체기 북방의 학자들을 보는 이들이 있었다. 江藩은 『國朝宋學淵源記』 권상에서 이렇게 썼다. "기록하는 이는 손기봉 이하 여러 사람이 모두 북방의 학자라고 했다. 북방 사람들은 소박하고 솔직하며 의리를 좋아하고 몸소 실행하는 데 힘쓴다. 남방 사람들은 헛된 과장에 익숙하고 구설수에 올리기를 좋아하여 불가나 노장사상으로 빠지는 폐단이 있으며 심지어 유학을 불교에 끌어들여서 그것을 육구연이나 왕수인의 학설과 비교하기도 하니, 근본을 더욱 심하게 변질시킨 것이다記者曰: 自孫奇逢以下諸君, 皆北方之學者也. 北人質直好義, 身體力行. 南人習尙浮誇, 好騰口說, 其蔽流於釋老, 甚至援儒入佛, 較之陸王之說, 變本加厲矣."(164쪽) 梁啓超는 『中國近三百年學術史』 5에서 이렇게 썼다. "손기봉과 李顒은 모두 지극히 실질적인 양명학가다. 그들의 굽힘없이 강인한 인격은 바로 공자께서 말씀하신 '북방의 강함'이다夏峯二曲, 都是極結實的王學家. 他們倔强堅苦的人格, 正孔子所謂'北方之强'."(142쪽) 錢穆은 『中國近三百年學術史』(中華書局, 1986) 제5장에서 顔元을 논하면서 이렇게 썼다. "안원은 북방의 학자다. (…) 그 깊은 기백과 굳세고 결연한 견해는 황종희나 왕부지, 고염무 같은 남방 학자들이 미치지 못하는 바일 것이다習齋北方之學者也. (…) 其氣魄之深沉, 識解之毅決, 蓋有非南方學者如梨洲船山亭林諸人所及者."(159쪽) "안원이 학문을 논한 것은 시종일관 드높은 기개에서 벗어나지 않았다. (…) 당시 북방 학자들의 기상은 대개 이러했다蓋習齋論學, 始終不脫高亢之氣. (…) 當時北方學者氣象率如此."(183쪽) "안원은 북방의 학자이니, 따라잡을 수 없는 그의 강인함은 또한 일종의 '북방의 강함'으로서 손색이 없다習齋, 北方之學者也, 其强不可及者, 亦不失爲一種北方之强也."(中華書局, 1986, 199쪽) 이런 것들은 모두 그들이 이해한 북방의 기상, 북방 문화의 성격이었다.

29 李塨의 부친 李明性도 顔元이 모범으로 삼았던 인물이었다. 『習齋記餘』 권7 「公奠李隱君謚孝慤先生文」에서는 이명성이 "50세에 이르러서도 여전히 스승을 찾아가 활을 당겨 화살을 재면서 연습을 게을리하지 않았고, 가난한 유학자로 곡식 세 가마로 끼니를 이으면서도 名劍을 장식하여 호쾌하고 장엄한 기상을 천고 역사에 떨쳐 빛냈으니, 어찌 송대와 명대 학자들이 따라 할 수 있는 것이었겠는가至若始衰之年, 猶率及門彎弓拈矢, 習射不解, 以甕牖貧儒, 齎糧三石, 粧飾莫邪, 豪壯之氣, 震耀千古, 豈宋明諸儒所得般流

者哉!"(『顔元集』, 中華書局, 1987, 531쪽) 이외에 王源이 쓴 「李孝慤先生傳」(『居業堂文集』 권4)을 참조할 것. 안원의 글을 보면 당시 북방에는 이런 인물이 상당히 많았던 듯하다. 같은 책 같은 권에 수록된 「哭涿州陳國鎭先生」에는 그가 陳國鎭의 집에서 하룻밤 묵었을 때의 상황을 기록했다. "밤에 같은 방에서 잠을 자면서 하인에게 활과 칼을 가져오라고 하면서, '요즘 못된 놈들을 방비하고 있소' 하더니 활을 당겨 시위를 퉁겨서 소리를 냈다. 칠순의 노인이 이렇듯 용감하고 건장할 줄이야! 나는 탄복을 금치 못했다. '근래에 도학이 죄다 진부해졌지만, 선생께서는 정말 걸출하십니다!'夜賜陪楊, 呼童進弓刃曰: 近嚴戒小輩. 遂關弓鳴弦. 曾七旬老叟而雄壯若是乎. 不禁嘆服曰: 近世道學未有不腐, 先生傑哉."(536쪽)

30 『夏峯先生集』 권9 「跋郝涿川手書後」: "북방은 학자가 매우 적다北方學人最少." 같은 책 권2 「寄王五修」: "황하 남북 2000리에 기개가 높은 사람이 없는 것은 아니지만 정말로 배울 만한 사람은 함부로 손꼽을 수 없다大河南北二千里, 聲氣之人不乏, 而眞實向學者, 指未敢輕屈也." 안원도 개탄했다. "황하 이북에서 내가 기개를 인정할 만한 이가 몇이나 될까大河以北, 吾屬聲氣相關者, 曾有幾人!"(「祭友人王五修文」, 『習齋記餘』 권7, 『顔元集』, 528쪽) 왕부지는 북방 학술의 쇠락을 이적의 탓으로 돌리면서 오대에 이르러 북방의 학사들은 이미 "너무나 검소하고 투박한데도 강습하는 것이 늦어서簡質有餘, 而講習不夙 박학하고 고아한 학자들은 강동과 서촉을 제외하면 아무도 없다고 했다.(『송론』 권2, 61쪽)

31 『孫夏峯先生年譜』 卷下 참조. 湯斌에게 『洛學編』을 편찬하게 하여 책이 완성되자 손기봉은 『序』를 써서 다음과 같이 말했다. "송대에는 정주이학이 이락에서 흥성했고 원대에는 소옹이 살았던 소문에서 더욱 발전했으며, 명대에 이르러 양하팔군에서 크고 작은 학파에 각기 전승자가 있었다. 나는 하봉으로 이사하고 난 뒤 늘 지난 시대의 현철들을 생각하면서 미언이 완전히 없어질 상황에 처한 것을 슬퍼하고 뛰어난 학문이 마땅히 전해져야 한다고 생각했다宋興伊洛, 元大蘇門, 至有明而兩河八郡, 識大識小各有傳人. 余移家夏峯, 每懷思往哲, 悵微言之未泯, 念絕學之當傳." 손기봉은 항상 '북'이라는 지역 개념을 강조하면서 '북학'이니 '북방의 학자'니 하는 표현들을 썼다.

32 사유의 이치가 맑고 분명하며 정밀했던 학자로서 고염무는 남북의 선택을 인생의 선택으로, '자아 상징'의 선택으로 여겼다. 당연히 그는 학자 방식의 문화적 평가를 근거로 내세웠는데 그 사이의 사고 과정이 상당히 음미할 만하다. 전조망은 이렇게 말했다. "선생은 비록 조적이 강남이지만 그 태도와 성격은 당당히 강남 사람 같지 않았고先生雖世籍江南, 顧其姿秉, 頗不類吳會人" "선생도 무리 지어 표면적인 화려함만 추구하는 습속을 무척 싫어하셨다而先生亦甚厭群屐浮華之習."(「亭林先生神道表」, 『鮚埼亭集』 권12)

江藩도 『國朝漢學師承記』(中華書局, 1983) 권8에서 고염무에 대해 기록하면서 그의 성정을 이야기했다. "고염무는 천성이 오만하여 세속과 어울리지 못했다. 그 자신은 원래 남쪽 사람이지만 북방에 거주하기를 좋아했고, 일찍이 (자신은) 천성적으로 뱃길로 다니면서 쌀밥을 먹는 것은 하지 못하지만 밀로 만든 것을 먹으면서 말을 타고 다니는 것을 좋아한다고 했다炎武生性兀傲, 不諧於世. 身本南人, 好居北土, 嘗謂謂人曰: 性不能舟行食稻, 而喜餐麥跨鞍."(132쪽) 고염무 스스로도 "천성이 편협하여 은거하기를 좋아해서 화주로 왔다褊性幽棲, 遂來華下."(「答陳亮工」, 『顧亭林詩文集』, 188쪽)라고 했다. 그러나 성정이 맞는다는 것은 의심할 바 없이 비교적 표면적인 이유일 뿐이고, 또한 바로 그의 그러한 성정으로 인해 우리는 그가 북방을 여행한 것이 바로 학자로서 심사숙고한 태도와 모습에 대한 설계에서 비롯된 행위였음을 믿을 수 있게 된다.

33 『李恕穀先生年譜』에서는 을해년(1695)부터 그가 남쪽으로 가서 남방의 학자들과 광범하게 교류한 정황을 기록하여 그의 학술의 변천 과정을 엿볼 수 있게 해준다. 『연보』의 정축년(1697)에 수록된 「上顔先生書」에서 그는 辨僞와 考辨에 대해 언급하고 있는데, 이것은 이미 그가 남방 경학의 환경에 익숙해 있음을 보여준다. 이공은 자신과 스승의 입신처세가 다르다고 스스로 말했으니(『연보』 경진년 참조) 여기서도 강남 명사 문화의 영향을 볼 수 있다. 戴望의 『顔氏學記』 권4 「學正李先生」에는 이렇게 기록되어 있다. "이공은 젊어서 절강 지역을 여행하면서 강 연안의 선비 기풍을 좋아했으며, 남방 인사들도 그의 풍모에 대한 소문을 듣고 흠모했다恕穀少遊浙東西, 樂江介土風, 南中人士亦聞其風而慕之."(「李塨年譜」, 239쪽) 그리고 『연보』에서는 그가 "북방 사람들은 야만적인 환경으로 옮겨가 살고北人僑野"(같은 책, 97쪽) "산동 성과 북성 사람들은 난폭하고 기만적이라서 온화하고 차분한 강남 사람들보다 못하다東省北省人之橫詐, 不如江南人之和平"(177쪽)고 했다고 기록했다.

34 孫枝蔚는 「與王西樵考功」에서 양주에서 고향인 섬서로 돌아간 일에 대해 이렇게 썼다. "태항산을 지나니 풍토가 투박해 술잔 앞에서 시를 읊조리며 주고받는 것이 무언지도 몰랐다. 다만 고서에서 형제가 마주할 수 있어 간신히 싫은 마음이 일어나는 것만은 면할 수 있었다一過太行, 土風椎魯, 不知詩酒唱和爲何事, 惟弟兄相對古署中, 差免胸懷作惡耳."(『溉堂集』 文集 권2, 1096쪽)

35 『일지록』 권29 "徙戎" 참조. 『독통감론』 권12에서는 "한·위 시기에 오랑캐가 중원으로 들어와서漢魏徙戎於塞內" "결혼과 벼슬살이로 서로 뒤섞여 구별할 수 없게 되었다婚宦相雜, 無與辨之.(436쪽)고 했고, 같은 책 권6에서는 한나라가 南單于를 국경 안으로 이주시킨 일에 대해 논했다.

36 베버는 중국에서 "씨족 발전의 정도는 세계의 다른 지역, 심지어 인도에서

도 미치지 못할 정도氏族發展的程度, 是世界其他各地, 甚至是印度, 所不能
及的"(韋伯, 『儒敎與道敎』, 江蘇人民出版社, 1995, 104쪽)라고 했다. 그러나 베버
가 서술한 것과 같은 이상적인 형태의 씨족은 이 책에서 다루고 있는 시기
에 이르면 이미 남아 있는 것이 드물었다. 왕부지는 "군자든 소인이든 5세
대가 지나면 은택이 끊기기 마련인데, 간혹 5세대가 되기도 전에 남는 게
없어지기도 하니 군자가 그 후손을 위해 무척 슬퍼하는 것君子之澤五世而
斬, 小人之澤五世而斬, 或且不及五世而無餘, 君子深悲其後也"(『독통감론』권14,
519쪽)이라고 했다. 세가거족의 쇠락은 보편적인 윤리의 파괴를 배경으로
발생하는 현상이다. 熊開元은 당시의 상황을 이렇게 묘사했다. "상란 이래
종족의 관계가 구별되지 않고 조상의 무덤을 알아볼 수 없게 된 것이 얼
마나 많은가! 자식이 아비를 면회하면서 예물을 바치고 아우가 형을, 아내
가 지아비를 면회하면서 예물을 바치는 경우가 또 얼마나 많은가! 군신과
붕우 사이의 관계에 대해서는 길 가던 사람이 남의 일 보듯 하는데, 나라
안이 온통 이러하다喪亂以來, 昭穆不分, 丘隴不辨者何限. 子以父爲贄, 弟以
兄爲贄, 妻以夫爲贄者又何限. 至君臣朋友, 路人視焉, 遍國中皆是矣."(「李氏族譜
序」, 『魚山剩稿』권5, 441쪽) 조익은 『廿二史箚記』권2 「漢初布衣爲相之局」에서
전국시대부터 "이미 후세의 포의장상과 같은 사례가 시작되었고已開後世
布衣將相之例", 진·한 때는 "천지간에 일대 국면의 변화가 생겨서天地一大
變局""이에 삼대에 걸쳐 대대로 후경의 작록을 갖게 하는 옛법은 비로소
완전히 사라져버려서 후세에는 평민을 불러 벼슬을 내리고, 선발하여 추
천하고, 과목에 따라 시험을 보고 뽑은 잡다한 부류의 천하가 되어버렸다
於是三代世侯世卿之遺法, 始蕩然淨盡, 而成後世徵辟, 選擧, 科目, 雜流之天下
矣."(21~22쪽).

37　고염무의 『일지록』권23에 있는 '姓'과 '民族'에 관련된 여러 조목 및 『亭林
文集』권1의 「原姓」 등의 문장을 참조할 것. 오위업의 「鬱靜嚴家譜序」에서
는 가보와 종법이 표리를 이루며, 보학 또한 종법과 더불어 성쇠를 함께한
다고 했다. 보학에는 일부 宗法史가 담겨 있는데, "종합적으로 보면 남북
조시대에는 門第를 중시해 벼슬살이하는 가문에는 반드시 譜牒이 있어서
자신의 신분과 내력을 적은 簿狀을 관리 선발 담당 부서인 銓曹에 전하여
뽑힐 자격이 있음을 알려주었고, 九品中正을 기록할지 여부도 모두 보첩
을 보고 결정했기 때문에 그 권한이 위에 있으면서도 항상 들어맞았다. 그
런데 당나라 이래로 관방에서 혼잡한 현상이 벌어져 보첩의 흥폐가 일정
하지 않게 되었으니 가문의 세계를 명확히 작성한 이가 있다 하더라도 혹
시 잃어버릴까 싶어서 침실에 숨겨놓아, 이 때문에 그 권한이 아래에 있어
서 항상 흩어져버렸다. 이것은 대략적인 상황일 뿐이다綜而論之, 南北重門
第, 凡仕宦之家必有譜, 達其簿狀於銓曹, 以爲選擧之格, 九品中正之登下, 皆於
譜是問, 故其權在上而常合. 李唐以還, 官方混淆, 譜之廢興不一, 有能修明其

門緒者, 藏之寢室, 以備遺忘, 故其權在下而常散. 此大較已"(『吳梅村全集』 권60,
1202~1203쪽)라고 했다. 같은 책, 같은 권의 「全氏族譜序」에도 이런 논의가
들어 있다. 주이존은 『雲氏族譜序』에서 이렇게 썼다. "아, 씨족이 문란해진
지 오래되었도다! 당나라 전성기에 사대부의 교유를 서술한 것이 적어도
수십 명이 넘는데 나라의 姓은 定論이 없어졌고, 『元和姓纂』은 林寶에게서
지어졌으나 (林寶도) 자기 성의 유래를 알지 못했으니, 이와 같이 어려운 것
이다嗚呼, 氏族之紊久矣. 以唐之盛, 撰述衣冠房從齒序者, 不下數十家, 而國姓
迄無定論, 元和姓纂, 作自林寶, 而不知己姓之所由來, 若是其難也."(『曝書亭集』
권40, 494쪽) 황종희도 당시의 보학에 대해 여러 차례 비평을 했으니(『황종
희전집』 제10책에 수록된 「唐氏家譜序」와 「淮安戴氏家譜序」 등 참조), 이것들은
씨족의 상황과 가족 문화에 대한 비평으로 이해할 수 있겠다.

38   『廣陽雜記』에서는 "동오 지역에서는 아직 세가를 중시한다. 의흥에서는 서
씨와 오 씨, 조 씨, 만 씨가, 율양에서는 팽 씨와 마 씨, 사 씨, 적 씨가 꼽히
는데 이들 모두 수백 년의 전통을 지닌 오래된 가문이다東吳猶重世家, 宜
興推徐吳曹萬, 溧陽推彭馬史狄, 皆數百年舊家也"(권1, 43쪽)라고 했다. 『鮚埼
亭集』 外編 권7 「學正董筆雲先生墓表」에서는 세가가 육조 이후로 "나날이
쇠퇴하여" "新秦의 문호가 말도 못 하게 쇠락했는데 아직 육조의 유풍을
간직하고 있는 것은 우리 용상(지금의 浙江 寧波 일대)이 최고新秦之門戶狼
犲無狀矣, 其猶有六朝之遺者, 吾甬上爲最"라고 했다.

39   이 정책을 둘러싼 논쟁은 명말까지 지속되었다. 『명사』 권251에 수록된 錢
士升의 전기에 따르면 숭정 연간에 "武生 李璉이 강남의 부호들을 소집하
여 관부에 성명을 보고하게 하고, 범죄 사실을 고발하면 당사자의 재산을
몰수하는 법을 시행하자고 청했다武生李璉請括江南富戶, 報名輸官, 行首實
籍沒之法." 이에 대해 전사승은 상소를 올려 반박했다. "그는 사대부 호족
의 가문은 크게는 천백만금, 중간으로는 백십만금의 재산을 지니고 있으
며 만 단위로 헤아릴 수 있는 가문은 일일이 예를 들어 나열할 수도 없다
고 했습니다. 하지만 저는 그가 가리키는 곳이 어느 지역인지 모르겠습니
다. 강남을 예로 들어보자면 부유한 집안의 전답을 가지고 대조해보았을
때 백 단위로 헤아릴 수 있는 곳이 열에 예닐곱이고, 천 단위로 헤아릴 수
있는 곳은 열에 서넛이며, 만 단위로 헤아릴 수 있는 곳은 수만 호 가운
데 겨우 한둘에 지나지 않습니다. 강남이 이러할진대 다른 지역은 어떠하
겠습니까? 게다가 지역에 있는 부유한 가문은 본디 가난한 백성에게 먹고
살 것을 제공해주는 원천입니다其曰縉紳豪右之家, 大者千百萬, 中者百十萬,
以萬計者不能枚舉. 臣不知其所指何地. 就江南論之, 富家數畝以對, 百計者什
六七, 千計者什三四, 萬計者千百中一二耳. 江南如此, 何況他省. 且郡邑有富家,
固貧民衣食之源也." 縉紳豪右 가문의 재산 상황에 대한 통계가 이처럼 달
랐던 것이다! 祁彪佳의 「救荒全書小序」 "當機章"에서는 이렇게 썼다. "『周書』

에서는 기근을 구제하는 것이 (徭役을 공평하게 하여) 부유한 백성을 편안하게 해주는 데에 달려 있다고 했으니, 부유한 백성은 나라의 원기다. (…) 그러니 부자가 다 없어진다면 가난한 백성은 더욱 어디에 기댈 수 있겠는가(「勸富」제17에서 뽑음)周書: 救荒要在安富. 富民者, 國之元氣也 (…) 則富者盡而貧者益何所賴哉 (…) 輯勸富第十七.(『祁彪佳集』권5, 90쪽) 안원은 '정전'을 논하면서 부유한 백성에게서 재산을 빼앗는 것을 합리화했다.(顔元, 『存治編』「井田」참조. 다만 그의 논지에서 더욱 직접적인 근거는 응당 "우리 청나라에서 토지를 강점하는 것이 거의 절반은 京畿 지역國朝之圈占, 幾半京輔"이라고 한 부분은 청나라 초기의 실제 상황이라 하겠다.) 장이상의 「賃耕末議」(『楊園先生全集』권19)에서도 租佃 관계를 논하면서, 부유한 백성을 보호해야 한다는 당시의 주장과는 다른 견해를 제시했다.

40　오위업, 「顧母施太恭人七十序」: "租調에서 徭役으로 바뀌는 날이 다가옴에 따라 사나운 관리들이 분위기를 타고 사대부를 밟고 올라서니 사대부들은 문을 걸어 잠그고 겸손하게 물러나 힘겹게 자신을 구속했으며 점차 마을에서 예우받지 못한 채 일반 백성과 다를 바 없이 되어버리니, 식견 있는 이들은 그것을 가슴 아파했다自租調更徭之日急, 則有虎吏市魁, 乘意氣以陵出衣冠之上, 士大夫杜門謙退, 苦身自約者, 漸不爲閭巷之所尊禮, 至與黔首無異, 有識傷之."(『吳梅村全集』권38, 812쪽) 이처럼 "아랫사람이 윗사람을 능멸하는下陵上替" 일의 유래는 이미 오래되었다. 만력 연간의 賀燦然(?~?, 자는 伯暗)은 『救荒議』「議禁」에서 이렇게 썼다. "浙西 지역에는 부유한 가문이 곤란에 처해 가난한 가구들이 뿔뿔이 흩어지기도 하지만, 또한 부유한 가문은 대부분 어리석게 요행을 바라는 동안 가난한 가구들이 날뛰고 있다. 사대부들이 종종 백성을 착취해도 백성이 모두 울분을 삼키며 아무렇지도 않은 듯 여기기도 하지만, 또한 사대부의 대부분이 종종 명예를 중시하는데도 백성이 오히려 무리를 지어 떠들며 모욕한다浙以西, 有富室狼跋而貧戶草靡者, 亦多有富室株守而貧戶鴟張者. 有士大夫往往漁獵其民而民率呑飮, 若不爲怪者, 亦多有士大夫往往自愛羽毛而民反群噪而侮之者."(崇禎『嘉慶縣志』권23 「藝文」5) 사대부들의 액운은 청초에 '奏銷案'과 '科場案' 등의 사건으로 인해 더욱 엄중해졌다. 장이상은 「書改田碑後」(갑신년 이후에 집필)에서 이렇게 썼다. "이 때문에 나는 한탄하나니, 근래 몇 년 동안 수재와 가뭄이 이어져 부역 때문에 죽는 백성의 수를 헤아릴 수 없고, 세가 자제들도 포승줄에 묶인 시체로 도랑을 굴러다니는 이가 줄줄이 이어졌다予因嘆近數年間, 水旱接至, 民之死於賦役者不可勝計, 其勢家子弟被縲絏而轉溝壑者相踵也."(『楊園先生全集』권20)

41　丁元薦, 『西山日記』卷下 「日課」: "吳興의 여러 큰 가문은 반 이상이 糧長 출신이다. 옛날 부자들은 戶口마다 부과된 徭役을 하면서 천신만고 끝에 성공하여 큰 가문을 이루었다. 지금의 부자들은 모두 교묘하게 회피할 방책

을 마련한다. 체면과 기백은 예전에 비해 10분의 1에도 미치지 못한다. (…) 돌아가신 부친께서는 큰 가문은 지방의 元氣라서, 그 元氣가 곳곳에서 쇠퇴하면 나라의 운명도 그것을 따르게 된다고 하셨다吳興諸大家, 强半起自糧長. 昔之富翁, 挺身於戶役中, 千磨百煉, 出來成一大家. 今之富翁, 皆巧爲規避躱閃. 體面氣魄, 較前十不及一 (…) 先大人嘗言: 大家巨室, 一方元氣. 元氣各處蕭索, 國運從之矣.(『西山日記』, 中國書店, 康熙己巳年1689 先醒齋刊本抄錄)

42　"당시 나라가 재난을 당함에 순국한 이들 가운데는 사대부가 많았다其時殉國難, 累累多薦紳."(「讀心史七十韻」, 『歸莊集』 권1, 2쪽) 이 또한 당시 문헌에서 세족의 쇠락과 동시에 강조되던 또 하나의 사실이었다. 당시의 '충의'와 유민과 관련해서 황종희가 쓴 비문들은 항상 그 지역의 명망 높은 가문을 거론하며 칭송했다. 청대에도 전조망 같은 이가 명말의 충의를 기록하면서 이것을 가지고 그 사람의 행위를 설명하는 중요한 근거로 삼았다.『鮚埼亭集』 外編 권25 「歷朝人物世表序」: "검토를 지낸 내 벗 鄭江(1682~1745, 자는 璣尺 또는 磯尺, 荃若, 호는 筠穀, 質穀, 賨穀)이 일찍이 내게 이렇게 말했다. '과거가 성행하면 세가들이 쇠락한다는 것은 명대만 보더라도 알 수 있다.' 내가 재상들의 전기 가운데 예를 살펴보면, 곤산의 고 씨는 가문 전체가 절조를 견지했고, 화중의 전 씨는 형제 가운데 순국한 이가 수십 명이어서 훌륭한 나라에서 대대로 지역의 명망 높은 가문으로서 생색을 내고자 했다友鄭賨穀檢討嘗語予: 科擧旣盛, 世家將替, 卽有明一代可見. 予於宰相傳中枚擧如崑山之顧, 合門仗節, 禾中之錢, 兄弟死事者凡十數家, 欲爲勝國繫望生色."『陸雪樵傳』에서는 더욱 그 고을 세가들에 충의가 성행한 것에 감격하면서 이렇게 썼다. "전대의 권문세가에 전해지는 풍속이 우리 고을보다 더 흥성한 곳은 없다. 세상사가 변하는 무렵에 큰 나무를 더 튼튼하게 해주는 이가 한 가문에 대개 네다섯 명에 그치지 않으니 조상들이 남긴 가법을 짐작할 만하다前代故家遺俗之盛莫有過於吾鄕者也. 星移物換之際, 其爲喬木增重者, 一姓之中, 大率四五人不止, 高曾規矩可以想見." "아아, 재앙의 운수가 닥친 것이 오히려 (동진 때의) 왕 씨나 사 씨 가문 같은 세족들의 보첩을 빛나게 했으니, 슬프도다嗚呼, 百六之厄, 乃反爲王謝世譜之光. 悲夫!"(같은 책 권12) 전조망의 이 말은 세족뿐만 아니라 사대부들이 지니고 있던 도덕적, 도의적 역량을 증명하는 것이기도 하다. 이와 같은 역사의 흔적들은 응당 종법을 다시 세워야 한다는 명·청 교체기 사대부들의 주장에 대한 사실적 근거 가운데 일부로 간주해야 할 것이다.

43　같은 글에서 그는 또 이렇게 썼다. "봉건의 다스림을 회복할 수 없어서 사대부 세력에 의지해 나라를 세우려 하면 그 성패는 씨족을 중시하는 데 달려 있지 않겠는가! 씨족을 중시하는 데 달려 있지 않겠는가不能複封建之治, 而欲藉士大夫之勢以立其國者, 其在重氏族哉. 其在重氏族哉!"(『顧亭林詩文集』, 102쪽) 張履祥, 「沈氏族譜序」: "옛날에는 나라를 세우려면 반드시 먼

저 종묘를 세웠으니, 종법이 시행되면 조정에서 민간에까지 미쳐서 그 유래를 모르는 이가 없게 된다. (…) 나중에 교화가 이루어지지 않고 인심이 흩어져서 사태가 이미 조정을 바라보기 어려워지면 모이고 흩어지는 책임을 가족에게 전가하게 된다古者建國必先立宗, 宗子法行, 自朝廷逮里巷, 無一人不知所自 (…) 後世敎不修, 人情渙散, 其事已不能望諸朝廷, 而萃渙之責, 專於家族.(『楊園先生全集』권16)

44 한때 사당과 가보에 관한 사대부들의 문장은 늘 비슷한 것을 주제로 삼았다. 예를 들어 이번 절에서 인용한 고염무의 여러 글과 『牧齋有學集』권27에 수록된 사당과 義莊에 관한 글들이 그러하다. 전겸익의 「王氏南軒世祠記」는 왕 씨가 "큰 재앙의 불길에 빠져 떠돌며 모든 것이 불에 타버린 뒤에沉灰劫火漂零焚蕩之餘" "조종을 존경하고 가족을 거둬들였다尊祖敬宗收族"(『牧齋有學集』권27, 1032쪽)고 칭송했다. 왕부지는 이렇게 말했다. "예는 그만둘 수 없나니 합쳐진 것은 구별하고 구별된 것은 합쳐주어야 한다. 구별된 것을 합치는 것은 구별함으로써 합치는 것이고, 합쳐진 것을 구별하는 것은 합침으로써 구별하는 것이다禮之不可以已也, 合者別之, 別者合之. 合其別, 以別合也. 別其合, 以合別也." "구별하는 것을 계승하여 종묘를 이루고 사당에서 함께 모시는 예다繼別爲宗, 合食於廟之禮也."(「邵陽寧氏臺上祠堂記」, 『船山全書』제15책, 971쪽) 그는 또 족보를 편찬하는 것은 "종족을 합치기合族" 위한 목적 때문이라고 했다.(「太平曾氏族譜序」, 같은 책, 992쪽) 그 외에 진확은 墓祭라는 것은 "종족을 중시하고" "종족을 합치는" 일이라고 했으며(「南北墳祭議」, 『陳確集』文集 권7), 황종희는 "종법이 없어지고 나서 족속을 거두는 일은 오직 족보를 정리하는 일밖에 없다自宗法亡, 所以收族屬者, 止有譜系一事"(「淮安戴氏家譜序」, 『황종희전집』제10책, 67쪽)고 했다. 또 장이상은 「喪祭雜說」에서 "인심을 모으려면 근본을 중시하고 종족을 거둬들여야 하는데, 그러기 위해서는 사당을 세우는 것이 가장 시급하다今欲萃人心, 莫大於敦本收族, 欲敦本收族, 莫急於建祠堂"(『楊園先生全集』권18)고 했고, 「沈氏族譜序」에서는 "종법을 세우는立宗" 방법으로는 보계를 밝히는 일이 가장 급선무其道莫先於明譜系"(권16)라고 했다. 王源도 "나는 일찍이 이런 말을 했다. 정전이 없어지면 항상된 산업이 없어지고, 종법이 폐지되면 인류의 기강이 없어진다. 그러므로 둔정은 정전을 보존할 수 있고, 족보는 종법을 보존할 수 있다吾嘗謂井田廢, 無恒産, 宗法廢, 無人紀. 屯政可以存井田, 族譜可以存宗法."(「馬氏族譜序」, 『居業堂文集』권15)

45 종족을 중앙 및 지방의 관방 권력 기구와 관련된 '기본 단위'로 간주하는 것은 복잡한 문제라서 '보충'이나 '균형' 등으로 간단히 개괄할 수 없으며, 그 기능도 싸잡아 논하기 곤란하다. 베버는 중국 민족에 대해 언급하면서 개별적인 씨족이 "그 성원을 독립적으로 처벌할 권한을 요구하고 아울러 이 요구를 관철시켰다. 설령 근대의 국가 통치권이 이에 대해 정식으로 승

인하지 않았다 할지라도 말이다. 오직 황족이 그 성원에 대해 사법권을 행사하는 것과 집안 내부의 권한만이 관방의 승인을 얻을 수 있었다要求有權獨立處罰其成員, 幷能貫徹此一要求, 盡管近代的國家統治權對此不予正式承認. 只有皇族對其成員的司法權與家內權(Hausgewalt)才受到官方的承認"라고 했다.(『儒敎與道敎』, 105쪽) 그런데 사실상 씨족 내부의 처벌은 최근까지도 완전히 사라지지 않고 있다.

46　이 글에서 유종주가 기대하는 '義田'의 효과는 다음과 같다. "(그것은) 유씨 자손들로 하여금 이익을 생각하는 마음을 모두 버리고 의로움으로 나아가며, 유 씨의 토지에서 점차 개인의 사적인 부분을 없애고 공공으로 돌리게 해줄 것이다. 그렇게 되면 나중에 유 씨 종족은 여기서 누리고 여기서 구휼을 받고 여기서 정교를 시행할 것이다. 비록 권세 높은 이가 있더라도 겸병하지 못하고 탐욕스러우며 포악한 이라도 많이 취할 수 없으니, 또한 이른바 반석과 같은 종묘인 것이다能令劉氏子孫盡奪其懷利之見而趨於義, 因令劉氏土田漸撤其一己之私而歸於公. 異日者, 劉氏之族亨於斯, 瞻於斯, 政敎於斯. 雖有豪强不能兼竝, 雖有貪暴不能多取, 則亦所謂磐石之宗也."

47　황종희, 「範母李太夫人七旬壽序」: "문장의 권리는 송·원 이래 모두 관각으로 돌아가서 그 편벽되고 열악한 것은 강호로 흩어졌다. 명나라 초기의 관각체는 고아한 것을 추구했으나 체재를 잃지 않아서 여전히 천하가 모두 종주로 삼았다. 성화, 홍치 이후로 사대부들에게 흩어져 각자 그 권리를 행사하게 되니 관각도 비로소 허명이 되기 시작했다. 가정, 융경 무렵에는 사대부들도 모두 거둬들이지 못해서 흩어져 평민에게 들어갔다. (…) 만력에서 숭정까지 온 세상이 과장에 빠지니, 사대부들 가운데 이전의 유산을 이어받고 후세를 열어줄 사대부가 없어져버렸다夫文章之權, 自宋元以來, 盡歸館閣. 其僻固而狹陋者, 散在江湖. 明初館閣之體, 趨於枯淡, 然體裁不失, 天下猶莫之不宗. 成弘之後, 散而之於縉紳各操其權, 而館閣始爲空名矣. 嘉隆間, 縉紳亦不能盡收, 散而入於韋布 (…) 自萬曆至崇禎, 擧世陷溺於場屋, 縉紳之爲讀書種子者絶."(『황종희전집』 제10책, 668쪽)

48　方以智 輯, 姚文燮 校訂, 『通雅』卷首之二 「讀書類略」, 康熙丙午立敎館校鐫.

49　張履祥, 『楊園先生全集』 권20, 「書徐子保甲論後」: "보갑법은 바로 관중이 국내 정치에 관해 남긴 뜻이다. 국내 정치에서 정전의 남은 뜻을 아직 잃지 않고 있는데, 그 방법을 시행하는 것은 단지 험한 관문을 설치해 나라를 지키는 일만 가장 중요한 것이 아니다. 선현이 능력 있는 인재를 천거했다 할지라도 신뢰와 화목을 강구하는 것은 또한 여기에 달려 있는 것이다保甲之法, 卽管敬仲內政遺意, 內政猶不失井田遺意, 行其道不獨設險守國爲第一義, 雖先賢與能, 講信修睦亦存乎此." 당시에는 이런 조직을 한 사대부들이 상당히 있었다. 彭士望은 「李元仲七十序」에서 李世熊(자는 元仲)이 왕조 교체기에 "집에서 지내는데 마침 그 지역 도적들이 조상 대대로 물려온 집을

털어 모조리 불태워버리자 땅의 형세를 살펴 흙으로 제방을 쌓고 해자를 준설하여 아주 견고하고 웅장하게 만든 뒤 일족을 모아 거기에 살았다(家居, 會土賊發祖屋, 盡焚, 乃相地築土堡, 浚壕, 堅深闊壯, 聚族人居之"(『樹廬文集』 권7)고 기록했다. 팽사망은 이세웅이 세상을 경륜할 많은 재능을 지니고 있었는데 부질없이 "샘가에 흙으로 제방을 쌓아 보호할 장벽을 만들고 누각과 담, 집, 우물, 대문, 골목을 구획하는(泉上土堡經營保障, 樓墻廬井門巷之區劃"데 썼을 뿐이라고 했다.

50 魏禧, 『魏叔子文集』 권16 「翠微峯記」와 彭士望, 『樹廬文集』 권8 「翠微峯易堂記」를 참조할 것. 팽사망의 글에는 易堂의 시말이 아주 자세히 기록되어 있어서 왕조 교체기에 지식들이 모여 거주하던 형식을 고찰하는 자료로 삼을 수 있다.

51 손기봉은 숭정 11년(1638)에 친우들을 이끌고 五公山으로 들어갔고, 순치 6년(1649)에 친족과 벗들을 이끌고 남쪽으로 옮겨갔는데, 그 규모가 대단했다. 茅坤은 「掃盟餘話序」에서 손기봉을 따라 雙峯山으로 들어간 이들 가운데 '衣冠禮樂之士'와 '豪傑之士'가 많았다고 했다.(孫奇逢年譜 참조) 손기봉이 기록한 鹿太公(『夏峯先生集』 권8 「乙丙記事」 등을 참조) 및 손기봉 본인은 모두 민간의 영도자이자 '옛날의 기풍을 간직한 사람古色照人'으로서 한때 남방의 기이한 이야기 가운데 그다지 많이 보이지 않는 유형이지만, 어쩌면 이것이 당시 북방의 宗族 상황을 증명할 수 있을지도 모른다.

52 吳晗, 「論紳權」, 『皇權與紳權』, 天津人民出版社, 1988.

53 유종주, 祁彪佳 등이 월 지역의 기아를 구휼한 일은 황종희, 『子劉子行狀』 卷下, 『劉子全書』 권20의 「與王雪肝」을 비롯한 여러 편지 및 『劉子全書』 권21의 「賑嵊緣起」와 「賑越緣起」, 그리고 유종주의 연보를 참조할 것. 자기 고을의 기아뿐만 아니라 다른 지역의 기아까지 구제한 것 역시 이른바 '한 몸으로서 정의一體之誼'였던 것이다. 기표가가 藥을 베푼 것에 대해서는 『祁彪佳集』 권2 「施藥緣起」 등을 참조할 것. 진자룡이 직접 편찬한 연보(『陳子龍詩集』 附錄 1)에도 역시 재난을 구제한 일에 대해 기록하고 있다. 장이상의 「言行見聞錄」(3)에는 진환이 부잣집에서 쌀을 빌려 기근을 구제한 일을 기록했다.(『楊園先生全集』 권33) 周亮工의 『因樹屋書影』 권2(中華書局, 1958)에는 茅元儀(1594~1640, 자는 止生)에 대해 이렇게 기록했다. "만력 무신년(1608) 강남에 큰 기근이 들어서 당시 湖郡의 군수 진환이 도의를 내세워 사대부들에게 빌려줄 것을 권했다. 茅元儀은 14세로서 막 수재가 되었는데, 의연하게 곡식 1만 석을 내놓겠다고 했다. 진환이 놀라자 그는 '이 것은 선인들이 남기신 뜻입니다'라고 했다. 집 안에 보관하고 있던 곡식을 모두 털어도 1만 석이 되지 못하자 그는 담보를 걸고 3000석을 더 모아 그 수를 채웠다. 이에 의협을 행한 그의 명성이 천하에 가득 퍼졌고, 그 것을 질투한 이들의 비방도 따라 일어났다(萬曆戊申, 江南大饑, 時湖郡守陳

篈塘, 以義勸借士大夫. 茅止生十四歲, 方擧秀才, 慨然輸穀萬石. 郡守訝之, 對曰: 此先人遺意也. 罄家之藏, 未敷其數, 質湊三千以足之. 義俠之名滿天下, 而妬者之口亦以起." 굴대균의 「河南死節大臣傳」에는 呂維祺(1587~1641, 자는 介孺)가 "3년 동안 모두 네 차례의 대규모 구휼과 일곱 차례의 소규모 구휼을 펼쳐서 모두 2만4300여 명을 살려냈다三年間, 凡四大賑七小賑, 全活二萬四千三百餘人"(『翁山佚文輯』 卷上)고 기록했다. 『西山日記』 卷上 「德量」: "사공 丁賓(1543~1633, 자는 禮原)은 만력 무자년(1588)에 큰 물난리가 나서 쌀 한 석의 값이 1냥 8전에 이르자 그해에 수확한 4만 휘(40만 말斗)를 내놓아서 널리 구휼했다. 원근의 굶주린 이들이 몰려들어 무리를 이루자 그분의 部署에서 방책을 내놓아 사람들이 실질적인 혜택을 입을 수 있었다. (…) 무신년(1608)에 그분은 남경 工部尙書南操院이 되셨는데 관리를 파견하여 예전과 같은 수량으로 구휼하셨으며, 더욱 법도가 있었다丁司空賓當萬曆戊子大水, 米石至一兩八錢, 公捐歲積四萬斛廣賑之. 遠近饑者麇集, 公部署有方, 人得實惠 (…) 至戊申, 公爲南操院, 遣官歸賑如前數, 更有法." 이것들은 당시 재부의 집중 현상을 부분적으로나마 보여준다. 벼슬아치縉紳의 '민간 역량'은 바로 그들의 재부 덕분이었던 것이다.

54 [日]森正夫, 「十六至十八世紀的荒政和地主佃戶關係」: "16세기 중기 이래 명말까지 강남 향신과 사대부의 구황론에서는 특히 '전주가 전호를 구휼해야 한다'는 주장 등이 있었는데" "재해가 발생했을 때 국가 권력이 지주와 전호 사이의 관계에 직접적으로 개입하는 데 대해 비판한 것"이 특징 가운데 하나라고 했다.(해당 내용은 『日本學者硏究中國史論著選譯』, 中華書局, 1993, 51쪽 참조)

55 [日]濱島敦俊, 「圍繞均田均役的實施」 참조. 이 글에서는 특히 "王學左派의 향신" "동림당 등의 '正義派' 관료"의 이러한 경계를 강조했다. 글 가운데는 고반룡의 다음과 같은 말이 인용되어 있다. "조정에서 벼슬살이할 때는 백성을 걱정하고 멀리 재야에 있을 때는 군주를 걱정하는 것이 사대부의 실질적인 염려다. 조정에서 벼슬살이할 때는 모든 일을 군주를 위해서 하고 멀리 재야에 있을 때는 하는 일마다 반드시 우리 백성을 위하는 것이 사대부의 실질적인 일이다居廟堂之上則憂其民, 處江湖之遠則憂其君, 此士大夫實念也. 居廟堂之上無事不爲吾君, 處江湖之遠隨事必爲吾民, 此士大夫實事也."(『高子遺書』 권8 上 「答朱平涵」) 濱島敦俊의 이 글은 『日本學者硏究中國史論著選譯』, 214쪽을 참조할 것. 이 글에서 언급한 丁元薦(1560~1625, 자는 長孺)의 일에 관해서 유종주는 「正學名臣丁長孺先生墓表」에서 다음과 같이 기록했다. "오 지역의 풍속을 말하자면 부세를 체납하는 이가 많다. 향신의 집안에서는 모두 요역을 면제받고 부유한 백성은 자신의 전답을 남의 명의로 보고하여 부역을 회피한다. 유독 가난한 백성들만 처자식을 팔아 독촉하는 관리에게 바치고, 매질에 목숨을 잃는 이도 있었다. 당시 주원녕

이 사성(즉 祭酒)의 신분으로 집에 있다가 요역을 고르게 해야 한다고 주장하여 고향이 시끄러웠다. 이에 그가 선생(丁元薦)에게 그 일을 상의하니, 선생이 이렇게 말했다. '이것은 말로 다투기 어려운 문제일세.' 이에 그는 우선 스스로 자신의 전답에 부과될 수 있는 요역을 계산하여 호구에 편입된 평민과 동등하게 하니, 떠들어대던 사람들이 입을 다물었다. 오 지역의 요역법은 이때부터 조금 변했다吳俗善逋賦. 以鄕紳家悉免徭, 而富民復事詭寄, 獨累貧丁賣妻鬻子女以供追呼, 有斃命箠楚者. 時朱元寧以司成家居, 倡均徭之議, 大爲梓里嘩. 謀之先生, 先生曰: 是殆難以口舌爭也. 因先自計田占役與編戶等, 嘩者口塞. 吳中役法自此少變."(『劉子全書』 권22)

56 『楊園先生全集』 권19 「質耕末議」와 「義男婦」 등을 참조할 것. 「質耕末議」에서 논의한 것은 바로 토지 소유자에 대한 제약이다. 그리고 「義男婦」에서는 이렇게 썼다. "내 자신이 다시는 남녀 노복을 사들이지 않게 되면서 예전에 부리던 이들도 풀어주었으니 (…) 홀로 그 뜻을 실행하는 경지에 거의 가까워졌을 따름이다自吾之身不復收買男女, 其舊所服役者放遣之 (…) 則庶乎得以獨行其志爾." 권20의 「書改田碑後」에서는 명대 湖州 歸安의 세액이 균등하지 않다고 하면서 역시 사회의 불평등과 '백성의 고생民之病'에 대해 잘 알고 절실하게 느낀다는 사실을 드러냈다. 장이상과 진확이 논의하고 행한 것들은 그야말로 사문의 종지에 부합하는 것이었다. 유종주는 균역을 주장했는데, 이에 대해서는 『劉子全書』 권40 「劉子年譜錄遺」를 참조할 것.

57 벼슬길에 나아가거나 고향에 거주하는 관리가 정치에 관여하는 것은 거의 전통이 되어 있었으며 또한 종종 긍정적으로 평가되었다. 『劉子全書』 권40 「劉子年譜錄遺」: "선생은 마을에 거처하면서 집 밖의 일에는 관여하지 않으셨다. 경사에서 돌아오시고 나서 예전처럼 권세 있는 이들과 만나는 것을 사절하셨다. 그러나 지방의 교화나 민생의 고락에 관한 일을 만나면 원망을 사는 일이 있더라도 피하지 않고 맡으셨다先生里居, 不與戶外事. 自京兆歸, 謝絶當途如故. 然遇地方風敎, 民生休戚, 不避嫌怨任之." "군수 杜其初(?~1640, 호는 復吾)가 부유한 백성을 착취하자 선생이 편지를 보내 통렬하게 꾸짖으시니, 그는 나중에도 감히 찾아오지 못했다. 산음의 현령 아무개가 경사로 운송되던 남방의 양곡을 사적으로 챙기자 선생께서 저지하셔서 결국 그는 벼슬을 잃고 말았다. 가까이는 이웃 마을에서, 멀리로는 향읍에서, 더 멀리로는 온 군에서 사람들이 줄지어 찾아와 자문을 구했는데, 한마디라도 얻으면 마음으로 감복해서 떠났다郡守杜其初漁食富民, 先生致書切責之, 至他日不敢過門. 山陰令某以私加南糧, 先生持之, 竟去官. 近而鄰里, 遠而鄉邑, 再遠而通郡, 無日不踵門質平, 得一言爲心折去." 그러나 다른 측면의 사실도 있다. 錢澄之의 『皖髯事實』에서는 阮大鋮이 "황제가 역모 사건을 친히 판정하도록 서명한列名欽定逆案" 뒤에 "비록 시골에 살았지만 지방을 순시하는 사자가 경사를 나서면 반드시 그를 소개하는 이들이 있

어서 皖(안휘) 지역에 도착하면 즉시 그 집을 방문하여 지방 상황의 좋은 부분과 나쁜 부분에 대해 자문을 구하기도 했다. 완대성이 그것을 여러 사람에게 과장하니 가문의 오만한 기세가 등등했다雖里居, 凡巡方使者出 都, 必有爲之先容, 到皖卽式其廬, 地方利弊, 或相諮訪, 大鋮隨以誇張於衆, 門 庭氣焰, 依然熏灼."(『藏山閣文存』권6). 청초의 唐甄은 이런 현상에 대해 엄격 한 비판의 태도를 견지했다. "벼슬을 사직하고 떠나고도 경사에 서신을 보 내 관료의 승진과 강등을 평가하는 권한을 지니거나, 시골 처사에게 공경 이 찾아가 옳고 그름을 판결받으려고 그가 현자이든 못난이든 찾아가는 데, 이런 자는 도학을 크게 해치기 때문에 반드시 법에 따라 처벌해야 한 다若夫身退而去, 寓書京師, 制黜陟之權, 處士巷居, 公卿就而決是非, 訪賢不 肖. 此道學之大賊, 法所必誅者也."(『潛書』下篇「除黨」, 164쪽)

58 『劉子全書』권17「責成巡方職掌以振揚天下風紀立奏化成之效疏」(上奏하지 못 함): "가장 가증스러운 것은 제 고향 강남처럼 고위 벼슬아치가 모여 있는 지역에서는 모든 일을 벼슬아치들縉紳孝廉이 좌우하고 항상 벼슬아치에 게 청탁해야 한다는 것입니다. 담당 관리는 온 힘을 다해 일하는데……最 可恨者, 如臣鄕江南, 冠蓋輻輳之地, 無一事無縉紳孝廉把持, 無一時無縉紳孝 廉囑托. 有司惟力是視……." 전겸익은 지방에서 甲科는 "높은 지위에 기대 어 기세를 믿고 흉포한 자들을 퍼뜨려 패거리를 만들고, 편지를 써서 칼 날로 삼는다憑藉高華, 倚恃氣勢, 布桀黠爲爪牙, 修竿牘爲鋒刃"(「湖廣行都司斷 事蔣君墓誌銘」,『牧齋初學集』권61, 1466쪽)고 했는데, 당시에는 전겸익 본인에 게도 이와 유사한 질책이 있었다. 「常熟縣民張漢儒控錢謙益, 瞿式和呈辭」에 나열된 전겸익과 瞿式和의 '罪款'은 58款에 이르렀다. 張自烈의 「與省直同學 鄕紳書」에서는 '鄕先生' '鄕官' '鄕宦' '鄕紳'(이들 모두 지방에 살고 있는 전직 벼슬아치들인데)의 각종 죄악을 열거했다.(『芑山文集』권7 참조) 山根幸夫의 「明及淸初華北的市集與紳士豪民」(『日本學者硏究中國史論著選譯』)에서는 豪劣 과 衿役 및 그 가복이 시장을 장악하고 농단한 상황을 고찰했다.

59 왕수인, 「節庵方公墓表」: "옛날에 사민은 직업만 달랐을 뿐 도를 같이했으 니, 거기에 온 마음을 쏟는 것은 똑같았다古者四民異業而同道, 其盡心焉, 一也."(『王陽明全集』권35, 上海古籍出版社, 1992, 941쪽) 歸有光, 「白庵程翁八十 壽序」: "옛날에는 사민이 직업을 달리했지만 후세에 이르러 선비와 농민, 상인이 뒤섞여버렸다古者四民異業, 至於後世, 而士與農商常相混."(『震川先生 集』권13, 上海古籍出版社, 1981, 319쪽) 청대의 沈垚更은 「費席山先生七十雙壽 序」에서 사민의 구분이 없어지게 된 역사적 과정을 서술하려고 시도했다. "송 태종이 천하의 이권을 관으로 귀속시키자 사대부들은 비로소 농사일 을 겸해야 가족을 부양할 수 있게 되어 모든 것이 옛날과 달라졌다. 벼슬 길에 나아간 선비도 일반 백성과 이권을 다퉈야 하는 마당이고, 아직 벼슬 길에 나아가지 못한 선비는 또 먼저 농사일을 해야 아침저녁 끼니를 때우

며 과거 공부에 전념할 수 있었으니, 재물을 모으는 일은 갈수록 시급해
지고 상인의 세력도 갈수록 커져서 부모나 조상이 일궈놓은 사업이 없다
면 자제들은 공부해서 출세할 방법이 없다. 그러므로 옛날에는 사민이 구
분되어 있었지만 후세에는 구분되지 않고, 옛날에는 선비의 자식이 항상
선비가 되었지만 후세에는 상인의 자식이라야 선비가 될 수 있게 되었다.
이것이 송, 원, 명 이래의 대략적인 변천이다宋太宗乃盡收天下之利權歸於
官, 於是士大夫始必兼農桑之業, 方得瞻家, 一切與古異矣. 仕士旣與小民爭利,
未仕者又必先有農桑之業, 方得給朝夕, 以專事進取, 於是貨殖之事益急, 商賈
之勢益重, 非父兄先營事業於前, 子弟卽無由讀書以致身通顯. 是故古者四民分,
後世四民不分. 古者士之子恒爲士, 後世商之子方能爲士. 此宋元明以來變遷之
大較也.(『落帆樓文集』권24, 民國戊午嘉業堂刊本) 같은 글에서는 또 이러한 '世
道風俗'의 변화로 말미암아 "선비는 점점 더 인색해지고 상인은 점점 더 옛
전적에 담긴 뜻을 돈독히 하게 되었다爲士者轉益纖嗇, 爲商者轉敦古誼"고
했다. 이 책에서 논의하고 있는 이 시기에 대해 장이상은 이렇게 말했다.
"호적에서 군인과 백성, 관리와 장인을 나누는 것은 굉장히 쓸데없는 일이
다. 『관자』 「내정」에서 '백성의 거처를 정하고 백성의 사업을 이루어주라'고
했는데도 선비의 자제가 결국 선비가 되지 못하고 농민의 자제가 결국 농
민이 되지 못했으니, 하물며 이런 법조차 없는 후세에랴! 하늘이 사람을
태어나게 함에 현명하고 어리석고 영리하고 투박함이 모든 이에게 고르지
않으니 직업을 택함에도 이것을 버리고 저것으로 나아가 조부와 아비, 자
식까지 대대로 이어진 것은 몇 집이 되지 않는다. 군인과 관리가 대대로
세습되는 것은 더 불가능하다戶籍分軍民官匠甚無謂. 『管子』「內政」: 定民之
居, 成民之事, 尙不能使士之子終爲士, 農之子終爲農, 況後世幷無此法. 天之生
人, 賢愚巧拙, 萬有不齊, 人之執業, 去彼就此, 祖父子孫世守其傳者, 不幾家也,
至軍與官世世相襲, 尤爲不可.(『楊園先生全集』권40 「備忘3」)

60   余英時, 『士與中國文化』 8 「中國近世宗敎倫理與商人精神」, 上海人民出版社,
     1987 참조.

61   『명유학안』에는 王襞(1511~1587, 자는 宗順)이 "상황에 따라 농사꾼이나 기
     술자, 상인들에게 가르침을 주어서 그를 따라다니는 이가 1000여 명이나
     되었다隨機指點農工商賈, 從之遊者千餘"(권32, 720쪽)고 기록했다. 유종주,
     『證人會約』「會儀」: "이 모임은 전적으로 학문을 강설하고 도를 밝히기 위
     한 것이기 때문에 신사들이 모였지만 권세를 내세우지 않고 다양한 사람
     들이 오는 것도 금지하지 않았다是會也, 專以講學明道, 故衿紳駢集, 不矜勢
     分, 雖諸色人不禁焉.(『劉子全書』권13) 魏裔介(1616~1686, 자는 石生), 「夏峯先
     生本傳」(『夏峯先生集』): "그분은 기껍고 편하게 사람을 가까이해서 만나는
     사람이 모두 그 정성과 믿음직함에 감복했다. (…) 위로는 공경대부로부터
     농부나 재야의 노인에 이르기까지 그분께 찾아가 뭔가를 물으면 충심으

로 아낌없이 얘기해주었다. 재상 다음의 높은 벼슬아치나 일반 백성들도 차별하지 않아서 사나운 건달이나 무사들도 그걸 들으면 마음으로 기꺼이 승복하여 스스로 선해지려고 노력했다公樂易近人, 見者皆服其誠信 (…) 上自公卿大夫, 以暨田氓野老, 有就公相質者, 公披衷相告, 無所吝也 (…) 卿貳韋布, 不作岐觀, 卽悍夫武弁, 聞之傾心悅服, 自勉於善." 손기봉의 이런 모습은 왕조가 바뀌기 전후 모두 일관되었다.

62 같은 책에 수록된 「筆工王學詩傳」에서 칭송한 것도 그가 '기술자工'라고 해서 '품격을 잃지는喪品' 않았기 때문이라고 했다. 그러니 품팔이꾼이든 기술자이든 나름의 '품격品'이 있다는 것이다.

63 「義男婦」는 자신이 누차 목격한 사실, 즉 주인이 노복을 대할 때 "더 이상 인도적인 방법으로 하지 않는非復以人道處之" 갖가지 모습과 노복은 "자손 대대로 고을에서 차별을 당하여 모든 백성이 그들과 통혼하는 것을 수치로 여기니 비록 현명하고 지혜로운 이라 할지라도 혼자 특별하게 행할 수 없는世世子孫不齒於鄕黨, 齊民恥與通昏姻, 雖有賢知無能自別" 불합리한 현상을 기록하고 있다. 이에 그는 "무릇 자손과 조상의 관계는 5세대가 지나면 그 음덕이 끊어지는 것이다. 그런데 잠시 궁핍하여 고생하면서 고개를 숙이고 굴욕을 참아가며 평생을 비렁뱅이로 살았다고 해서 대대로 자손의 수치가 된다면 어찌 이치에 맞는 일이겠는가夫子孫之於祖父, 五世而服絶. 以一日之貧窮患難, 俯首屈辱以丐其生, 遂爲世子孫羞, 豈理也哉!" 하고 개탄했다. 같은 책 권32 『言行見聞錄(二)』에서는 진확의 「僕說」이 수록되어 있는데, 여기에는 '보통 백성의 집안土庶之家'에서 주인과 소작농의 관계가 너무나 도의를 잃었다고 지적한 周我公(鳴皐)의 말이 기록되어 있다. 『二曲集』 권45 「歷年紀略」에는 李顒의 늙은 하인이 병으로 죽자 이옹이 "그가 어려서부터 고난을 함께한 점을 생각하여 무척 애통하게 통곡하고 장례일에 집 밖으로 나와 두 아들과 함께 눈물을 흘리며 제사를 올리고 친히 하관하는 데 참여했다念其自幼同受艱難, 哭之甚慟, 葬日出戶, 率二子泣奠, 躬送下窆定".

64 『송사』에 수록된 소식 및 소옹 등의 전기를 참조할 것. 도학가와 문인의 이른바 '어울림和'이나 '같음同'은 그 사상의 뿌리가 당연히 다르겠지만 당시의 종교적 취향과는 모두 관련이 있다. 소식, 「虔州崇慶禪院新經藏記」: "여래가 이처럼 사리불과 같습니까? 그러자 이렇게 대답했다. 어찌 사리불뿐이겠습니까? 온갖 장인들과 천한 기술자, 매미 잡고 낚시하는 이들, 돼지 꼬리를 살피고 벽에 그림을 그리는 등의 하찮은 일을 하는 이들도 모두 같습니다如來與舍利弗若是同乎. 曰: 何獨舍利弗. 至於百工賤技, 承蜩意鉤, 履豨畫墁, 未有不同者也."(『蘇軾文集』 권12, 中華書局, 1986, 390쪽)

65 『명사』 권69 「選擧志」에는 '納粟納馬'야말로 "천하 사람들로 하여금 재물이 있어야 현명하다고 여기게 만듦으로써 선비의 기풍이 나날이 누추해졌다

使天下以貨爲賢, 士風日陋"고 한 성화 연간 예부상서 姚夔의 비판을 기록했다. 또 권180에 수록된 王瑞의 전기에 따르면 그가 '납속'의 폐단에 대해 이렇게 지적했다고 기록했다. "이제 寵幸을 받을 길이 활짝 열려서 관직을 파는 것이 마치 시장에서 장사하는 것처럼 되었은데, (…) 심지어 (관료 집안의) 심부름꾼이나 천한 자들, 시정의 아이들까지 높은 가지를 잡고 올라가 함부로 관직을 훔치고 있으니, (벼슬을 내리는 것이) 이처럼 남발되어 식견 있는 이들은 한심하게 생각하고 있습니다今倖門大開, 幫販如市 (…) 以至廝養賤夫, 市井童稚, 皆得攀援, 妄竊名器, 逾濫至此, 有識寒心."

66 "옛날의 천자는 지극히 존귀했지만 공후, 경, 대부, 사와 더불어 하늘로부터 지위秩를 받았다. 그러므로 수레와 복장, 예절의 등급에 더해지는 것이 있었지만 특별히 다른 것은 없었다. (…) 그러므로 사대부를 귀중히 여김으로써 스스로 귀중해지고, 사대부를 존중해줌으로써 스스로 존중되었으며, 사대부를 통솔하여 위로는 천자와 같아져서 하늘이 내린 지위를 중시하니 나라의 기강이 그로 인해 밝아졌다. 진·한 이래 경, 사대부의 수레와 복식, 예절의 등급이 천자와 격절되리라 여겨졌으나 오히려 그렇게 되지 않도록 했다古之天子雖極尊也, 而與公侯卿大夫士受秩於天者均. 故車服禮秩有所增加, 而無所殊異 (…) 故貴士大夫以自貴, 尊士大夫以自尊, 統士大夫而上有同於天子, 重天之秩, 而國紀以昭. 秦漢以下, 卿士大夫車服禮秩絶於天子矣, 而猶不使之絶也."(『독통감론』권8, 313쪽)

67 陸世儀, 「石敬巖傳」: "태사를 지낸 해우의 전겸익 선생이 그를 위해 「석의사 애사」를 짓고 그 일에 대해 서술했다. 石敬巖은 상숙 사람으로 이름이 電이다. 그 조상은 원나라 때 대신을 지내서 우리 명나라 때 억압을 당해 가난한 백성이 되었다. 전겸익 선생은 그가 원나라 때 거지 집안의 후손이라고 했는데, 잘못이다太史海虞錢公爲之作「石義士哀詞」, 并序其事焉. 公常熟人. 名電. 先世爲元大臣, 國初抑之爲貧戶, 太史謂元時丐戶者, 誤也."(『桴亭先生遺書』권6)

68 손기봉의 「司禮監掌印雲峯高公墓表」에는 갑신년(1644)에 '內臣' 가운데 '殉義'한 이들을 기록하며 高氏를 '純忠大義'하다고 평하면서 이렇게 썼다. "나는 일찍이 역사서의 전기를 읽다가 한나라 때의 呂强(?~184, 자는 漢盛)과 당나라 때의 張承業(846~922, 자는 繼元)에 이르면 항상 감탄을 금치 못하면서 사대부도 하기 어려운 일을 했다고 여겼다. 이제 고 선생이 열렬하게 순절한 것은 더욱 어려운 일일 텐데, 또 12명이 모두 그분을 따라 열렬히 순절했으니 그야말로 어려운 일 가운데 가장 어려운 일이었다 하겠다余嘗讀史傳, 至漢之呂强, 唐之張承業, 未嘗不咨嗟嘆賞, 以爲士大夫之所難. 今公之烈烈而死也, 則益難矣, 而十二人俱從公烈烈而死也, 則益難之難矣." "누군가가 내게 '張茂는 송·원 무렵 환관 가운데 현량한 사람으로 程頤(1033~1107, 자는 正叔)에게서 한 번의 돌아봄도 얻지 못했는데, 그대가

雲峯을 위해 墓表까지 써주는 것은 심하지 않소?' 하고 묻기에 내가 이렇게 대답했다. '신하라는 것이 벼슬에는 안팎의 구분이 있지만 도의에는 치우치거나 전면적인 차이가 없다. 군주에게 충성한다는 일념은 어쨌든 충분히 묘사하여 최고의 造詣로 만들어야 한다. 그분이 대문을 걸어 잠그고 순국한 것은 內官 무리에서 해내신 일이기 때문에 더욱 훌륭했다. 程頤가 생존해 있다면 마땅히 서둘러 붓을 쥐고 그 아름다운 행위를 찬양했을 텐데, 나는 노년이라 필력이 약해 그분의 전기를 써드리지 못한 것이 부끄럽다.'或謂余曰: 張茂則宋元間宦官之賢者也, 借程正叔一顧不可得. 子爲雲峯表墓, 不亦甚乎. 余曰: 凡爲臣子, 官有內外, 義無偏全. 忠君一念, 總以淋灕足色爲極詣. 公之闔門殉義, 得之中官一流, 更爲奇絶. 正叔而在, 當急爲搦管以揚休美, 余尚愧衰年軟筆, 不能傳公.'(『夏峯先生集』권7) 魏禮,「書梁公狄義僕楊材範鑑後傳」: "세상의 말만 많은 하찮은 학자들이 여강이나 장승업 같은 이들의 어진 모습이 언급될 때마다 '환관도 그런 일을 할 수 있었다니!' 하고 감탄하는데, 나는 그런 이들을 무척 미워한다. 어진 이들에게 무슨 액운이 들어서 이런 무리들에게 평가를 받는단 말인가! (…) 의로움이 있으면 고귀한 것이요, 의로움을 떠나면 비천한 것이니, 어찌 사람에게만 그러하겠는가每怪世之呫嗶小儒, 至呂强, 張承業諸人之賢, 輒曰: 刑餘之人亦能如此. 予甚恨之, 嘆賢者何厄, 遭此輩稱論 (…) 夫義所在則貴, 去義則賤, 豈惟人哉?"梁以樟(?~?, 자는 公狄, 호는 鷦林)이 의로운 노복의 전기를 쓰면서 재상의 전기를 쓰는 것과 마찬가지로 옛사람의 법도에 따르고 그 정황을 자세히 살펴서 처량하게 마음이 아프고 부끄러운 마음이 일게 하였으니, 그분은 진정 의로움을 아셨도다鷦林公之傳義僕也, 與卿相同其敍의, 一稟古人之法, 而微察其情, 若惻惻隱痛而引愧者, 其眞知義者與!"(『魏季子文集』권11.『寗都三魏文集』수록. 이에 대해서는 앞의 주석을 참조) 王源의「司禮監高時明傳」에서도 원래 환관 가운데 현량한 이가 있었다고 하면서 이렇게 썼다. "사람이 현량하고 못난 것은 원래 반드시 그 부류에 따르는 것은 아니지 않은가! 高時明은 군왕과 나라에 충성을 다하고 죽음으로 절의를 지켰는데 사대부들의 평가는 어찌 그리 오만하고 깐깐한가人之賢不肖, 固不必以其倫歟. 時明忠王盡爲國, 仗絶守死, 而士大夫之論何其沾沾也!"(『居業堂文集』권2)

69 당시 사대부들의 상인商賈에 대한 태도는 복잡한 문제인데, 문인들이 그들에 대해 줄곧 통달한 태도를 유지해왔을 뿐만 아니라 유학자들의 견해 또한 모두가 왕부지와 같은 것은 결코 아니었다. 예를 들어 황종희는 수공업工과 상업商이 "모두 근본皆本"이라고 했다.(『明夷待訪錄』「財計·3」,『황종희전집』제1책, 41쪽) 그는 또「國勳倪君墓誌銘」(『황종희전집』제10책)에서 사민은 각기 '義'와 '利'를 지니고 있으니 "선비를 상인으로 바꾸면 직업은 비록 명칭이 달라도易士爲商, 業雖異名" 그 도의 일관됨에는 문제가 없다는 주장을 펼쳤다. 그러나 그가 관심을 가진 것은 역시 ('孝友'와 같은) '도'였을 뿐,

결코 직업이 평등하다는 사상을 가진 것은 아니었다. 귀장의 「傳硯齋記」에서는 선비이자 상인인 사람에 대해 기록하면서 그에게 "장사에 전력을 다하면서 자제에게 선비가 되지 않도록 경계할 것專力於商, 而戒子弟勿爲士"(『歸莊集』 권6, 360쪽)을 권유했으니, 당연히 분개하여 한 말일 테지만 그래도 그가 상업을 천시하지 않았음을 알 수 있다. 한때 사대부들은 상업에 대해 비교적 통달한 식견을 지니고 있어서 대부분 그 사람이 생계를 꾸리는 능력에 착안했으며(이 책의 제6장 4절 참조), 재물貨殖을 경세—가문을 다스리고 나라를 일으키는治家興邦—와 통하게 하는 식의 사고방식을 지니고 있었다.

70 전겸익은 공자가 번지를 '소인'이라고 한 것에 대해 달리 해석하면서 번지가 원래 "공자 문하에서 고명하고 도량이 크며 영웅적 기상을 지닌 유학자 孔門高明廣大英偉之儒"라고 했다. "농사일에 대해 배움을 청한 것은 자신의 빼어나면서 과단성 있고 예리한 기상을 거둬들여 진실로 돌리기 위해서였다. 공자께서 그를 소인이라고 지목하신 것은 불가에서 말하는 小乘 같은 것일 따름이다. 그런데 유학자들이 조악하고 비천한 눈앞의 이익만으로 그를 비난하니, 어찌 허접하지 않은가請學農圃, 收斂其精華果銳之氣象, 歸於眞實. 夫子目爲小人, 猶佛家之所謂小乘云爾. 而儒者以粗鄙近利呵之, 豈不陋哉!"(「題丁菡生自家話」, 『牧齋有學集』 권5, 1636쪽)

71 장이상은 「與嚴穎生」에서 자식에게 "농사일을 성실히 익히게勤習耕事" 하는 것은 괜찮지만 "조상이 남긴 사업은 결국 『시경』과 『서경』 같은 공부를 위주로 하나니 吳與弼이나 劉大夏(1436~1516, 자는 時雍, 호는 東山) 같은 이전 현철들의 기풍을 본받을 만하다. 만약 오로지 농사만을 중시한다면 결국 공부를 그만두는 상황에 이르러서 경서를 지니고 다니는 일이 나날이 소홀해지고 비천한 감정은 나날이 커질까 염려스럽다. 이런 것이 대대로 전해지다보면 그 가문에 예의가 대대로 전해지지 않을 것이다但箕裘之任, 終以詩書爲主, 前哲如吳康齋, 劉忠宣之風可爲師法也. 若一意重農, 恐遂至於廢讀, 帶經之事日疏, 俚鄙之情日長, 一傳再傳, 將憂禮義之弗克世其家也."(『楊園先生全集』 권4) 장이상은 이런 내용을 여러 차례 이야기했다. 같은 책 권8 「答姚林友」에서도 이렇게 썼다. "그러나 농사짓고 낚시하고, 약을 팔고, 점을 치는 등의 일은 옛사람들이 몸을 숨기기 위해 빌린 일에 지나지 않으니 자신을 수양하고 책을 읽으며 시대를 구제하여 도를 실행하려는 마음은 극히 짧은 순간이라도 잊은 적이 없다. 그래서 천하 후세에서 감히 그들을 농부나 시정 장사꾼으로 치부하지 못한 것이다然耕田, 釣魚, 賣藥, 葡筮之屬, 古人於此不過借以藏身, 至於修身讀書濟時行道之懷, 未嘗須臾忘也, 是以天下後世不敢以農夫市井目之."

72 왕부지의 군자-소인론에서 주목할 가치가 있는 부분은 또 그가 정치 행위의 조건에 착안하면서 도덕론을 고수하지 않았다는 사실이다. 「搔首問」에

서는 명말 조정에 '사람이 없었던無人' 것은 아니지만 "현량한 이와 간사한 자들이 금방 번갈아서 나타났다가 사라지는一賢一奸, 倏興倏廢" 것보다는 "차라리 무능한 바보가 그 자리를 차지하고 있는反不如使碌碌庸人安於其位" 것이 나라의 운명을 연장하는 데 유리하다고 했다. 비록 그의 당쟁망 국론 역시 시론에 속하지만, 이것은 일반적인 담론을 벗어난 것이다. 왕부지 또한 군자와 소인의 사회적 지위가 뒤섞여서는 안 된다고 여겼다.(『黃書黃』『船山全書』 제12책, 521~522쪽 참조)

73   황종희의 「汰存錄」과 이청의 『삼원필기』 등을 참조할 것. 황종희는 "천의 논의는 오로지 하나만 될 수 없지만 천하의 품류는 전적으로 하나가 되지 않으면 안 된다天下之議論不可專一, 而天下之流品不可不專一"(「汰存錄」, 『황종희전집』 제1책, 328쪽)고 주장했으니, 또 폐해를 바로잡자는 논의의 정곡을 찌르고 있다. 그러므로 사후의 '不爭'說 역시 정세의 변화에 따른 것이기 때문에 당시로서는 당연히 그만둘 수 없는 어떤 추세가 있었다고 인정할 수도 있겠다. 당시 인물과 관련된 碑傳의 문장들은 당쟁의 와중에 그들의 처지와 '차분히 중도를 따르는 것從容中道'의 어려움에 대해 자주 기록했다. 한때 군자-소인의 관계를 논하던 이들도 당연히 당시의 정치 문화가 지닌 문제점과 그 제도적 근원을 규명하기 어려웠다.

74   황종희, 「留書」: "오랑캐가 거짓 왕조를 설립했는데 그 재상인 馮銓(1595~1672, 자는 伯衡 또는 振鷺)은 당연히 역적이라서 자기와 같은 부류의 인간들을 많이 끌어다 기용했다. 陳名夏(1601~1654, 자는 百史)가 오랑캐에게 망명하자 그 추장이 소식을 듣고 한인들 가운데 오랑캐에게서 벼슬살이를 하는 이들은 동림당의 성원으로 여겼다고 한다虜設僞朝, 其相馮銓, 故逆案人也, 頗引用其類. 及陳名夏亡命入虜, 其酋聽之, 而漢人之仕於虜者, 以爲東林云."(『황종희전집』 제11책, 10쪽) 이 또한 황종희가 말한 것처럼 "우리 명나라의 국통은 중도에 끊어졌지만 붕당은 아직도 엎치락뒤치락하면서 시간이 지나도 끝나지 않으나, 그저 한 차례 웃음거리에 지나지 않는다本朝國統中絶, 而朋黨尙一勝一負, 浸淫而不已, 直可爲一笑者也"(같은 책, 8~9쪽)라고 하는 상황과 같다.

75   왕부지의 大臣論도 역시 똑같은 사고방식의 산물이다. 예를 들어 그는 농부 출신의 선비와 '대대로 녹을 먹은 벼슬아치 집안의 자제世祿之子'를 비교하여 전자는 조급하고 자기주장이 강하며 경쟁을 좋아하는 것이 특유의 '드세고厲' '사나운戾' 특성 때문이므로, 대신이 될 만한 그릇을 양성하려면 그래도 '대대로 녹을 먹은' 가문이 필요하다고 했다.(『독통감론』 권22 참조)

76   왕부지는 「俟解」에서도 "소인이면서 어진 사람은 없었고未有小人而仁者" "비천한 자는 흉험하고 각박한 시절에 생겨난다卑下之必生於慘刻也"(『船山全書』 제12책, 483쪽)고 하면서 정치가의 심성에 대해 일관된 관심을 나타

냈다. 그러나 왕부지 역시 위·진의 구품중정제가 한미한 선비를 '억압摧抑'하여 "지저분한 아래에서 지내는 것에 익숙하게 만듦으로써使習於汙下" "재능과 지모가 있다 하더라도 스스로 출세할 수 없게雖有才智不能自拔" 하는 병폐가 있다고 했다.(『독통감론』권15, 582쪽) 같은 책 권16에서는 이렇게 썼다. "미천한 집안 출신出自寒門"이면서도 독자적인 품격을 지닌 이들 "왕 씨나 사 씨, 서 씨, 강 씨와 같은 권문세족의 고상한 문단에서 사람을 뽑는 것을 보았을 때, (…) 과연 누가 깨끗하고 누가 혼탁한가其視王, 謝, 徐, 江世靑華門淸流文苑之選 (…) 果誰淸而誰濁也?"'높은 자리에 있는 이가 만약 의발을 전하고 높은 지위를 남용하여 사적인 가문에 전하는 것으로 삼아서 군주가 누차 바뀌고 사직이 누차 다시 지어진다 해도 반석 같은 가문은 태연자약할 것이다. 이에 구차하게 그 벼슬자리를 보전하는 것을 장기적인 책략이라 여기고 왕조가 바뀌는 것은 뜬구름이 모였다 흩어지는 것처럼 간주하게 된다. 오직 한미한 가문 출신의 무사만이 의지할 만한 대대로 물려 내려온 가업 같은 것이 없어서 홀로 측은함과 수오의 마음을 일으키는 양심을 홀로 바치게 된다在大位者, 若有衣鉢以相傳, 擅大位以爲私門傳家之物, 君屢易, 社屢屋, 而磐石之家自若, 於是以苟保官位爲令圖, 而視改姓易服爲浮雲之聚散. 唯是寒門武吏, 無世業之可憑依, 得以孤致其惻隱羞惡之天良.'(615쪽) 권10에서도 이렇게 썼다. "송·제 이후로 군주는 누차 바뀌었지만 사대부 문벌은 태연자약했던宋, 齊以降, 君屢易而士大夫之族望自若" 것은 그들이 "나라가 망하고 군주가 죽는 것을 보고도 마음속에 막연하게 아무 동요가 없었기 때문視國之亡, 君之死, 漠然而不動於心"(409쪽)이라고 했다. 이런 것들은 그의 세족론과 品類論·流品論에 담긴 편견을 보충할 수 있을 것이다.

77 '道'와 '俗' 또한 그의 문화 좌표 위에서 두 개의 극단인데(「寄張元帖書」, 『陳確集』文集 권1과 「道俗論」, 文集 권5 참조), 그는 항상 양자를 엄격히 구분하여 설명했다. 이로 보건대 그의 사유 방식이 일관되었음을 알 수 있다. 바로 여기에 그의 자아 정위와 문화 비판의 출발점이 있다. 특히 의미 있는 것은 그가 윤리 행위의 '지나침過'—지나침으로 인해 '속됨俗'이 드러날 뿐만 아니라 지나침으로 인해 '허위僞'가 드러나는 경우—이라는 세속 취미에 대해 민감하게 반응함으로써 순수하고 올곧은 유학자의 품격을 보여주었다는 사실이다.

제 3 장
화제가 된 '건문제 사건'

1 『명사』권216 "顧錫疇"와 권278 "萬元吉", 『弘光實錄鈔』권1 참조. 이상하게

이 시기에 이르러서도 여전히 건문제의 연호가 이미 회복되었다는 것을 모르는 이들이 있었다. 『南渡錄』 권1에는 홍광 연간 조정의 신하들이 "건문제의 연호를 회복해달라고 청하자 황제가 윤허했는데, 만력 연간에 이미 회복되었음을 몰랐던 듯하다請復建文年號, 允之. 不知萬曆時先題復矣"(44쪽)라고 기록되어 있다. 이보다 더 전에도 그 사실을 모르는 이들이 있었다. 황종희의 『子劉子行狀』 권상에 따르면 광종 때 유종주가 "건문제와 경태제의 연호와 묘호, 종묘의 의례를 회복해야 유감이 없을 것이라고 청했지만, 광종이 들어주지 않았다請復建文, 景泰年號廟號宗廟之禮, 庶幾無憾. 不聽."(『황종희전집』 제1책, 213쪽) 이것을 보면 유종주뿐만 아니라 그의 행장을 쓴 황종희 역시 연호가 이미 회복되었다는 사실을 모르고 있었던 듯하다.

2 魏禧, 「李映碧先生七十壽序」: "을유년(1645)에 삭제된 시기의 제사 전적을 수정하면서 나는 돌아가신 부친과 사적인 논의를 활발하게 펼쳤으니, 남경이 세워진 것은 마치 하늘이 이 일만을 위해 안배한 것인 듯했다. 그러나 온 조정의 신하들 가운데 누가 다시 이런 말을 할 수 있을지 의문이었는데, 한참 후 선생의 상소문을 구하게 되어 현명하게도 한마디로 300년의 유감을 풀어버리신 것에 감탄했다. 이 이상은 이미 할 수 없게 되었다當乙酉間厘正革除時祀典, 禧與先君子踴躍私議. 南都之立, 天若爲此一事設耳. 然疑盈庭中誰復能發此言者, 久之得先生疏, 乃嘆賢者以一言釋三百年之憾. 過此則已不及爲."(『魏叔子文集』 권11) 이것은 조정 밖의 반응 가운데 한 예라고 할 수 있겠다. 고염무의 『聖安本紀』 권1에서는 건문제의 시호와 묘호를 추증한 일을 기록하면서 역시 "천하에서 이 전례를 바란 것이 수백 년이 넘었다海內望此典幾百餘年矣"(『荊駝逸史』)고 했다.

3 『明淸人物論集』, 四川人民出版社, 1983, 412쪽.

4 錢大昕은 『十駕齋養新錄』 권9(浙江書局重刊, 1876) 『명사』에서 관방에서 편찬한 『명사』에 대해 이렇게 썼다. "그 체례는 이전의 사서에 없던 것을 창조해냈다. 예를 들어 『영종실록』에는 경태 7년(1456)의 일을 덧붙이면서 郕戾王이라고 칭하고 帝號를 삭제했는데, 이는 당시 역사 편찬에 참여한 신하들이 왜곡해서 쓴 것이다. 이제 영종의 본기를 전후 두 개로 나누고 경태제의 본기를 그 중간에 넣었으니 가장 완벽하게 안배가 되었다其例有創前史所未有者. 如『英宗實錄』附景泰七年事, 稱郕戾王, 而削其帝號, 此當時史臣曲筆. 今分英宗爲前後兩紀, 而列景帝紀於中, 斟酌最爲盡善."

5 李晉華, 『明史纂修考』: "牟落의 『文皇帝本紀』는 지금 원고가 남아 있지 않아서 어떻게 서술되어 있는지 알 수 없다(하지만 그가 '나라를 양보한' 일을 믿지 않았음은 알 수 있다). 王鴻緒의 『明史稿』에서는 건문제가 화재 속에서 죽었다고 했지만 장정옥 등이 개정한 『명사』에서는 궁중에 화재가 일어났고 건문제의 행방은 알 수 없다고 했다. 이리하여 건문제가 궁을 빠져나가 망

명했을 여지는 여전히 있는 것이다. 尤侗 역시 50세에 박학홍사과에 천거되어 역사 편찬에 참여했는데, 그가 편찬한 『擬史樂府』에 수록된 「遜國怨」은 표현이 확실하고, 또한 '서남쪽에서 쓸쓸히 지낸 것이 40년牢落西南四十秋'이라는 시와 정통 연간에 건문제가 조정으로 돌아왔다고 믿고 있었다. 그러니 당시 함께 명사관에 참여했던 이들 가운데도 뇌락과 견해가 다른 이가 많았음을 알 수 있다朱氏文皇帝本紀, 今無存稿, 不知如何敍述(然亦可知其不信遜國之事). 王鴻緒明史稿, 則云帝崩於火, 但張廷玉等改定明史, 則云宮中火起, 帝不知所終. 是以帝出亡事, 猶留餘地. 尤侗亦以五十鴻博而任纂修者, 其所著擬明史樂府有遜國怨一首, 言之鑿鑿, 且信'牢落西南四十秋'之詩, 及正統時建文帝回朝之事, 是則當時同館中, 亦多與朱氏異議者."(包遵彭 主編, 『明史編纂考』, 臺灣學生書局, 1968, 69쪽)

6   멍썬은 「萬季野明史稿辨誣」에서 건륭 42년에 조서를 내려 건문제에 대해 수정한 것은 "청대 최후의 『명사』 수정본"이라고 했다. 또한 이렇게 덧붙였다. "현재 사고전서본 『명사』는 통행하는 전본과 다른 것이다. 그런데 세상에서는 대부분 사고전서본을 보지 못하고 아직 통행본을 고수하고 있다. 고궁박물원에서 단행본으로 내놓은 乾隆重修『명사』 본기에 의거하면 건문제에 대한 서술 방법의 귀결점을 증명할 수 있다今四庫本之『明史』與殿本通行者不同. 世多未見四庫本, 尙拘守通行之殿本. 賴有故宮單行之乾隆重修『明史』本紀, 可以證建文書法之歸結."(멍썬, 『明淸史論著集刊』, 中華書局, 1959, 16쪽)

7   魏源이 인용한 말은 昭槤, 『嘯亭續錄』 권3 「王鴻緒」에 있는데, 원문은 다음과 같다. "상서 왕홍서가 염친왕을 두둔한 것에 대해서는 내가 이미 자세히 기록했다. 근래에 그의 『명사고』를 읽어보니 영락제의 찬탈과 요광효, 여상 등의 전기에 관대한 표현이 많았고, 혜제에 대해 지적한 부분은 완전한 곳이 없었다. 아마 그 마음에 남몰래 쌓인 것들이 자기도 모르게 글에 흘러나온 것 같다. 그렇기에 옛사람들이 간사한 이에게 역사를 저술하지 못하게 했다는 사도 왕윤의 말은 그다지 틀렸다고 할 수 없다王尙書(鴻緒)之左祖廉王, 余已詳載矣. 近讀其『明史稿』, 於永樂篡逆及姚廣孝, 茹瑺諸傳, 每多恕辭, 而於惠帝則指摘無完膚狀. 蓋其心有所陰蓄, 不覺流露於書. 故古人不使奸人著史以此, 王司徒之言未可厚非也."(宣統元年中國圖書公司印行) 근래의 朱希祖는 「康熙本明史列傳稿跋」에서 "왕홍서의 『명사고』는 3개의 각본이 있는데 첫째는 강희 53년(1714)에 진상한 『明史列傳稿』 208권이고 둘째는 옹정 1년(1723)에 진상한 『명사고』 310권본이며, (…) 내 생각에 강희본 『명사열전고』에서는 아직 程濟의 전기가 삭제되지 않았고, 그 외에 나라를 양보한 것과 관련된 사건들, 즉 河西傭과 補鍋匠, 馮翁, 東湖樵夫 등에 대한 이야기도 삭제되지 않았다. 이뿐 아니라 강희본의 諸王 전기에는 건문제의 태자 文奎와 소자 文圭의 전기도 들어 있었는데 옹정본에서는 이미 그것들이 삭제되었다. 이 때문에 예친왕이 강희본 『명사열전고』를 보았을 때

'왕홍서가 염친왕과 작당하여 폐태자 이밀친왕을 억누르기 위해『명사고』를 지으면서 종종 영락제에게는 관대한 표현을 쓰고 건문제를 억눌렀다'고 한 것이다. 이 또한 하나의 증거를 더한 것이 아닌가王鴻緒明史稿有三刻本, 其一爲淸康熙五十三年所進明史列傳稿二百八卷, 其二爲淸雍正元年所進明史稿三百十卷本 (…) 案康熙本明史列傳稿有程濟傳尙未刪削, 其他遜國事, 若河西備, 補鍋匠, 馮翁, 東湖樵夫等傳亦未刪去. 不特此也, 康熙本諸王傳中, 尙有建文帝太子文奎, 少子文圭二傳, 雍正本則已刪削矣, 使淸禮親王得見康熙本明史列傳稿, 則其所謂'王鴻緒黨廉親王而抑廢太子理密親王, 故作明史稿, 往往恕永樂而抑建文, 不又增一證據乎?"(『明史編纂考』, 269쪽)

8   멍썬은 「萬季野明史稿辨誣」에서 "淸國史館先生傳"에 기록된, 萬斯同이 나라를 양보한 사건에 대한 판단은 "어휘의 뜻이 대단히 어그러져 있다詞意甚悖"고 하면서 이렇게 썼다. "명나라 200여 년 동안 직접 영락제의 자손이나 신하가 되었던 이들은 줄곧 건문제에게 이런 고약한 오명을 씌우지 않았으며, 그가 나라를 양보했다는 칭송을 없애려고 한 것은 그것을 통해 건문제가 번왕들의 권한을 삭탈한 죄를 바로잡기 위해서였다明二百餘年間親爲成祖之子孫臣庶者, 從未以此惡聲加諸建文, 至欲奪其遜國之稱, 以正建文削奪親藩之罪."'건문제에 대한 서술 방법은 명사관에 참여한 신하들에 의해 정해졌으니 반드시 선생(만사동)의 뜻은 아니었을 것이다. 그렇기 때문에 '선생을 모함했다'고 하는 것이다建文之書法定自館臣, 必非先生意, 故曰誣先生也."(13쪽, 15쪽) 사실은 당시에 건문제가 불에 타 죽었다고 주장한 이들 가운데 명사관에 참여했던 인물로는 또 주이존이 있었다. 건륭, 가경 연간에 이르러 이 설을 믿는 이가 더욱 많아져 단옥재의 『明史十二論』 「三大案論」에서는 "건문제가 죽지 않았다고 이야기하는 것謂建文未死"이 연왕에게 미혹되어 생겨난 것이라고 했다. 게다가 만사동은 원래 황종희의 高弟이니, 『石園文集』에서 명대 군주를 비판한 내용을 멍썬의 기준에 따라 살펴보면 앞서 제기한 서술보다 '어긋난悖' 부분이 오히려 더 많다. 이로 보건대 명대의 사건을 대하는 '後人'들의 경향이 항상 명대 사람들보다 더 '선명'한 것은 확실히 연구할 만한 가치가 있는 현상임을 알 수 있다. 만사동의 건문제 사건 관련 논의 기록에 대한 멍썬의 논박은『淸史列傳』권68 儒林傳下·1 萬斯大傳의 부록으로 실린 만사동의 전기를 참조할 것.

9   『명사』권48「禮志二」에 따르면 가정제는 "이미 정식 논의를 배제하도록 사적인 혈친을 존숭하여 태종이 영원히 배향을 받지 못할까 염려하고 조정 대신들의 간언을 막을 방도가 없어서 헌황과 배제, 칭종의 규정을 정하여 태종의 묘호를 성조로 개칭했다旣排正議, 崇私親, 心念太宗永無配享, 無以謝廷臣, 乃定獻皇帝稱宗, 而改稱太宗號曰成祖."

10 『曝書亭集』권44「書高麗史後·又」: "정난을 이룬 군주와 신하가 명나라『명태조실록』을 개편한 것은 방효유 때문인데, 그의 부친 方克勤(1326~1376,

자는 去矜)은 훌륭한 관리였지만 이에 그 사실이 매몰되었다. 黃觀
(1364~1402, 자는 瀾伯 또는 尙賓)과 景淸(?~1402) 등이 『書傳會選』을 편찬하
면서 그 이름을 삭제해버리고 또한 선생이 머리를 조아리며 애걸했다고
왜곡했다. 鄭麟趾의 『高麗史』를 보면 정몽주가 이성계를 치려다가 실패하
고 이방원에게 피살되었는데, 이방원은 여전히 벼슬을 추증하고 시호를 내
렸으며, 정인지 등도 그 사실을 있는 그대로 기록했다. 이는 왕위를 찬탈한
이방원이 영락제보다 더 현명했으며, 下國의 사관이 楊士奇 무리보다 훨씬
더 뛰어났다는 셈이 된다. 개탄할 일이로다靖難君臣, 改修明太祖實錄, 因方
孝孺, 而其父克勤, 循史也, 乃沒其實. 黃觀景淸, 修書傳會選, 而削其名, 且誣方
先生叩頭乞哀. 觀於鄭麟趾高麗史, 夢周圖李成桂, 不克, 爲芳遠所殺, 芳遠猶
知贈官易名, 麟趾等亦直書其事. 是篡竊之芳遠, 賢於長陵, 而下國之史官, 勝於
楊士奇輩多矣. 可嘆也夫!"(537쪽) 같은 책 권45 「姜氏祕史跋」에서도 이렇게
썼다. "왕망이 비정통적인 방법으로 한나라의 제위를 차지하고 주전충이
당나라를 찬탈한 것은 그 죄가 차고 넘치지만 역사서에서는 여전히 기록
했다. 연왕은 조카에게서 천하를 빼앗은 것은 원한이 쌓이고 분노가 깊었기
때문이 아닌데도 건문제가 다스린 5년을 삭제해버렸으니 그 또한 지나친 처
사가 아닌가王莽之聞漢, 朱全忠之篡唐, 其罪貫盈, 而紀年仍書於史. 燕王取天
下於兄子, 非有積怨深怒, 乃革除建文君之五年, 毋亦太忍也乎!"(548쪽) 명사관에
서 주이존은 "연왕에게 많은 비판을 하고 싶지 않아 했던不欲於燕王多所責
難"(『明史篡修考』) 인물인데도 이런 주장을 펼쳤다. 다른 논자들의 경우는 '篡
改'라는 사실이 '靖難'의 불의함과 직결된다고 하여 숨겨놓았던 자아를 드러
낼 빌미로 삼았다. 사대부들도 바로 이러한 '숨김掩蓋'이랄지 '찬개'를 언급함
으로써 '불의'를 표현하는 특수한 방식으로 삼았다.

11 『國史考異』 권4: "그렇다면 '삭제'했다는 오명은 어디서 시작되었는가? '정
난' 이후 법령이 대단히 엄해서 사대부들은 건문제 때의 옛일을 잊지 못했
지만 또한 감히 그에 대해 분명하게 이야기하지도 못했다. 하지만 구전되
는 말이나 필기에서는 삭제된 왕조나 삭제된 군주에 대해 언급하기도 했
는데, 이것은 이른바 '이름'으로 의거를 일으킨 것일 따름이었다. 그러다가
홍치 연간에 회전을 편찬하면서 비로소 분명하게 삭제되었다는 기년을 밝
혔으니, 그렇게 되기까지의 과정은 오랜 시간은 요했다. 성조가 삭제라는
오명을 쓸 일을 저지른 적은 없었다고 할 수 있지만, 지나간 역사를 다시
고치게 한 사실이 없다고 할 수는 없다然則革除之名何自起耶. 曰靖難之後,
法禁甚嚴, 士大夫旣不忘建文之舊, 而又不敢察察言故. 口傳筆記, 或稱革除朝,
或稱革除君, 所謂名以義起者耳. 至弘治中, 修會典, 始儼然以革除紀年, 要其所
緣起者舊矣. 故謂成祖未嘗有革除之名可也, 謂未嘗有追改之實不可也."(『明史
考證扶微』, 135쪽)『南渡錄』에서도 '革除'에 대해 언급했지만 견해가 다르다.
이 책의 권3에는 숭정 17년(1644) 10월에 李淸이 올린 다음과 같은 상소

를 수록했다. "건문 1년(1399)을 살펴보면 황자 文奎를 황태자로 책봉했는데, 그 뒤에 革除 사건이 생겼으나 그때 삭제된 것은 연호일 뿐이지 애초에 삭제 범위가 帝號에까지 미치지는 않았으니, 또한 황태자 호칭에도 미치지 않았습니다察建文元年, 立子文奎爲皇太子, 嗣後革除事興, 所革者年號耳, 原末革及帝號, 則亦末革及皇太子號."(137쪽)

12 '莊氏史獄'으로 인해 죽은 潘檉章은 동일한 사실에 대해 成祖가 "도무지 어쩔 수 없었다大不得己"고 설명했는데(『國史考異』 권4 참조), 어쩌면 이 또한 故國의 군주를 숨기기諱 위한 고심에서 나온 표현이라 하겠다. 전겸익은 「書致身錄考後」에서 이렇게 썼다. "오늘날 군자 가운데 하늘을 이고 땅을 밟고 살면서 성조의 신성한 자손에게 신복하지 않는 이가 누구이겠는가? 그 또한 생각할 필요가 없을 따름이다今之君子, 夫誰非戴天履地, 服事成祖之聖子神孫者歟. 其亦弗思而己矣."(『牧齋初學集』 권22, 760쪽) 이것은 의심할 여지없이 중대한 언급이다. 吳晗은 『國榷』를 논하면서 談遷이 오매불망 건문제를 잊지 못하고 통곡하며 숭정제를 위해 제사를 올린 것에 대해 곤혹스러워하면서, "명 인종부터 숭정제까지 모두 영락제의 자손從明仁宗一直到崇靖帝都是永樂的子孫"이라는 사실을 모르는 듯하다고 했다.(「談遷和『國榷』」) 이로 보건대 '모순'처럼 보이는 곳에서 오히려 명대 사대부들이 결코 연왕이 '찬탈篡'했다는 이유로 그 자손을 부정하는 것이 아니었으며, 영락제 이후 명대 역사를 부정하는 것은 그것을 통해 망국의 아픔과 고국에 대한 그리움을 감소시키거나 없애기 위해서가 아니라는 것을 알 수 있다. 이 화제에서 '제왕의 世系'는 또한 단순히 종법론자들이 상상하는 것만큼 엄중하지도 않다. 이보다 앞서 焦竑은 성조가 "태조의 아들로서 그 혈통을 계승하여以高帝之子, 續承高帝之緖" "옛 나라의 운명을 새롭게 했으니 패권을 다투어 승리한 것에 비할 바가 아니니新命舊邦, 非逐鹿之可擬" "왕조의 성씨를 바꾸고 두 군주를 섬기게 하는 것과는 당연히 다르다其與更二姓, 事二君者, 當異日談也"(『國榷』 권12, 861쪽)고 지적했다. 똑같이 유민 출신의 역사가가 편찬한 『罪惟錄』 帝紀 권1 「帝紀總論」에서는 "유독 주진번朱寘鐇(?~1510)이나 주신호朱宸濠(1479~1520)와 같이 반란을 일으킨 이들을 다스린 법률을 정난의 군대에 적용해서는 안 되며, 북방을 평정한 공으로 그 과오를 보완할 수 있다獨寘鐇, 宸濠之律不可以加靖難之師, 北平功可補過"(1쪽)고 했다. 이것들은 '성질'과 '후과'를 모두 중시한 것으로서, 이 또한 정치적 판단 가운데 일종의 '현실주의'라고 할 수 있다.

13 전겸익의 「建文年譜序」(『牧齋有學集』 권14)에서는 "영락제의 심사文皇帝之心事"를 대단히 자상하게 설명해 다음에 언급하게 될 청대의 단옥재가 그와 관련해서 진행한 심리에 대한 추측과는 착상이 달라 대단히 음미할 만하다. 같은 글에서 그는 "제위를 양보한 지극한 덕讓皇帝之至德"을 이야기했는데, 이것은 지나친 상상으로서 천착의 혐의도 있다. 그러나 군주의 악행

을 드러내지 않고 '고국'을 위해 숨긴諱 전겸익의 태도는 왕조 교체의 전후에 모두 일관성이 있었다. 만력 연간에 그가 쓴 制科 문장은 "군주를 더럽혀서 스스로 고상해지려는泥滓君父而自爲高" 행태에 불만을 표하면서(「策·第三問」, 『牧齋初學集』 권89, 1852쪽) '나라를 양보한 신하들'에 대해 "구별하여 시호를 하사하는 것旌別賜諡"은 마땅히 "영락제의 숨겨진 뜻을 서술하여 후세에 논란의 단서를 막는述文皇帝之隱志, 而杜後世之議端" 것을 궁극적인 목표로 삼아야 한다고 했다.(「第四問」, 같은 책, 1854쪽) 「書致身錄考後」에서는 성조에 대한 추궁이 그치지 않는 현상을 비판하면서, "또한 폐위된 황제의 일은 과거이고 충신과 의사도 많지 않다고 할 수 없소. 만약 그대의 말대로 한다면 사람들은 틀림없이 하늘을 쏘는 화살을 지니고 다니며 집집마다 선한 사람을 무는 개를 길러서 성조께서 천지간에 용납될 곳이 없어지게 한 뒤에야 속이 후련하겠다는 것이 아니오且夫少帝之事往矣, 忠臣義士, 不可謂不多矣. 若子之言, 其必人挾射天之矢, 家畜吠堯之犬, 使成祖無所容於天地而後快與?"라고 했으니, 이것이 오히려 추궁하여 따지는 논자들의 마음을 폭로한 것이라 하겠다.

14 홍광 정권에서는 '정난공신'들의 시호를 추탈하거나 惡諡를 부여했는데(『弘光實錄鈔』 권2 참조), 성조에 대한 융무제의 평가는 대단히 단도직입적이었다. 황종희, 『行朝錄』 권1 「隆武紀年」: "주상께서는 국가의 원기가 정난 때문에 깎였다고 하시면서 예신에게 어명을 내려 건문 연호를 회복하고 충신 방효유의 사당을 설립하며 그 계단 앞에 무릎을 꿇은 요광효의 상을 설치하라고 하셨다上謂國家元氣之削由於靖難. 命禮臣追復建文年號, 立忠臣方孝孺祠, 設姚廣孝像跪於階前."(『황종희전집』 제2책, 119쪽) 이것은 응당 명대에 '위上'로부터 행해진 가장 격렬한 표현 형태일 것이다. 융무제는 바로 이른바 思文皇帝라는 존호를 받은 황제로서 太祖高皇帝의 9世孫다. 그렇다면 성조의 후예이자 신종의 후손인 홍광제가 성조에 대해 논의할 때 더욱 거리낌이 없었던 것도 어쩌면 이 때문이 아닐까?

15 역사 기록에 따르면 건문제의 충신들은 당시에 그것이 '찬탈簒'이라고 직접 비판했다. 『명사』 권128에 기록된 바에 따르면 劉基의 아들 劉璟은 "전하(연왕)께서는 100世 뒤에 '찬탈'했다는 평가를 피할 수 없을 것입니다殿下百世後, 逃不得一簒字"라고 말했다고 한다. 권141에 수록된 卓敬의 전기에 따르면 그는 "하루아침에 찬탈이 함부로 저질러져서一旦橫行簒奪"라는 등의 말을 했다. 이 뒤에도 완곡하게 '찬탈'을 이야기하는 방식이 있었다. 예를 들어 鄭曉의 『今言』 권1 73조에는 이렇게 기록되어 있다. "성조는 건문 기묘년(1399) 7월에 군대를 일으켜 변란을 평정했는데, 朱宸濠도 정덕 기묘년(1519) 6월 호광에서 반란을 일으켰다成祖於建文己卯七月起兵靖難, 庚法亦以正德己卯六月反湖廣." 왕세정은 이렇게 말했다. "영락제가 변란을 평정하기 위해 군대를 일으킨 것이 기묘년 가을인데, 寧庶人(주신호)도 기묘

년에 반란을 일으켰으니 정확히 3갑자가 떨어져 있다. 영락제가 군대를 일으켰을 때 都督三司에서 감사 연회를 열자 伏兵이 욕되게 붙들려고 했는데, 영서인의 경우도 그러했다. 이것이 어찌 우연의 일치이겠는가? 어쩌면 답습한 바가 있지 않겠는가文皇靖難師在己卯秋, 寧庶人作難亦在己卯秋, 相去正得三甲子. 文皇之起, 以都督三司謝宴, 伏兵僇繫之, 寧庶人亦然. 豈偶合耶, 抑有所借襲耶?"(「皇明奇事述三·己卯壬午之際」, 『弇山堂別集』 권18, 中華書局, 1985, 325쪽) 이런 것들 또한 유사한 방식으로 '찬탈'을 이야기한 것이라 해도 무방할 것이다.

16 진자룡은 「皇明成祖功臣年表序」에서 정난 때의 신하들과 개국공신의 '성쇠 隆替'를 비교하면서 이렇게 말했다. "예전에 혼자 두 도읍을 돌아보며 전적들을 읽어보니 고관대작들은 대를 이어 천자를 모시면서 크고 화려한 저택에서 위엄을 자랑하는데 그 공적은 대부분 정난 시절에 세운 것이었다. 그런데 태조 때 평민 신분에서 거사를 일으킨 이들 가운데 남아 있는 이는 몇 되지 않고, 그 가문의 명망을 잃어서 자손은 죽어 시신으로 떠돌며 무덤은 황폐한 풀밭으로 변했다. 그러니 여기에 비한다면 같이 놓고 이야기할 수 없다. 놓아주고 거둬들이는 사정이 다르고 어질고 원망하는 덕이 다르다 하지만 어찌 회수와 영수 지역의 훌륭한 인재들은 모두 법을 어긴 자들이고 북평의 장수들은 모두 가문을 지키는 주인이라는 것인가獨嘗縱歷二都, 涉覽記籍, 蟬冠橫玉, 胤是從龍, 東第棘門, 功多靖難. 而高帝布衣起事之人, 存者無幾, 失其氏望, 子孫死爲轉屍, 邱墓鞠爲茂草一方之於此, 不可同年而語矣. 若云縱斂殊情, 仁猜異德, 豈淮潁群英皆觸網之夫, 北平諸將盡保家之主!"(『陳忠裕全集』 권25) 이 또한 다음과 같은 인상, 즉 '정난'은 거의 왕조의 교체와 같았다는 것을 완곡하게 나타낸 바라 하겠다.

17 『독통감론』 권14에서는 劉裕의 '찬탈篡'을 논하면서 '공사公私'론과 '천하일국天下一國'론을 논리적 전제로 삼았다. 이 또한 당시 위대한 유학자의 관점이라 하겠다. 왕부지는 결코 '찬탈'이라는 명분만을 근거로 싸잡아 논하지 않고 '찬탈' 자체에 대해서도 분석했다. 그는 劉裕가 "천하에 공을 세운 것爲功於天下"을 긍정하면서, "천자는 하늘로부터 땅을 받아 자신에게서 다스리니 또한 사적인 행위가 아니다天子受土於天而宰制之於己, 亦非私也"(권14, 523쪽)라고 하여 "대의를 내세워 한 가문이 사유화하는 것擧大義而私之一家"을 반대했으니(권5), 이는 황종희가 「原君」에서 보여주는 사고방식과 가까운 부분이 없지 않다. 왕부지는 또 여기서 '民生'의 원칙을 강조했으니, 예를 들면 이런 것이다. "아랫사람의 도의로 말하자면 도적의 소요는 작은 것이고 군주를 시해하며 찬탈한 반역이 큰 것이다. 윗사람의 어짊으로 말하자면 어느 왕실의 흥망은 사적인 것이고 백성이 죽고 사는 것은 공적인 것이다以在下之義而言之, 則寇賊之擾爲小, 而篡弑之逆爲大. 以在上之仁而言之, 則一姓之興亡, 私也, 而生民之生死, 公也."(권17, 669쪽) 그가 말

한 이른바 '中國의 주인'이 되는 기준은 어떤 성씨가 대대로 이어진 정통 (즉 治統)을 지니고 있느냐의 여부보다는 存夏滅夷의 道統에 달려 있으니, 이 또한 명·청 교체기 유민의 역사에 대한 관점을 보여준다. '찬탈'과 '시해'에 대한 왕부지의 논의는 직접적으로 연왕에 대한 논의로 이어지지 않으며 오히려 당시 관련 언론의 거시적 환경 속으로 귀결될 수 있다. 황종희와 왕부지가 뛰어난 사대부였던 것은 사실이지만, 그들이 당시의 보편적인 인식 수준을 대표하는 것은 결코 아니다.

18 같은 글에서 단옥재는 또 이렇게 썼다. "누군가가 물었다. '세종의 대례는 옳고 그름이 무엇과 같습니까?' 연왕은 군주를 시해하고 찬탈한 사람이며, 영종은 찬탈했다는 오명에서 벗어나지 못하는 사람이고, 세종은 찬탈하지 않았음에도 스스로 찬탈했다고 여기는 사람이다.問者曰: 世宗之大禮其是非何若. 曰: 燕王弑而簒者也, 英宗不免乎簒者也, 世宗非簒而以簒自居者也." 단옥재와 같은 청대 인사의 관점에서 보면 명대에는 얼마나 많은 '찬탈'이 있었던가!

19 『명사』에 따르면 방효유의 '복권平反'을 위해서도 상당한 고심을 했다. 홍치 연간의 陳仁(1441~1520)은 "건문제 때의 충신 방효유 등의 관직을 회복시켜 줄 것을 청했지만請復建文忠臣方孝孺等官" "군주의 심기를 거슬러서 시행되지 못했다格不行"고 했다.(권186, 陳仁傳) 가정 연간에는 台州知府에 부임하여 "忠節祠를 지어서 방효유의 제사를 지낸" 이도 있었다.(권189, 羅僑傳) 그리고 천계 3년(1623)에는 "방효유의 후손을 등용하여 곧 제사와 장례를 치르게 하고 시호를 내린"(권22, 熹宗本紀) 일도 있었다. 황종희의 『弘光實錄鈔』 권3에는 "나라를 양보했을 무렵의 신하 방효유의 후손인 方澍節을 오경박사로 등용"한 일이 기록되어 있다.

20 "당나라에 재능 있는 신하가 많았지만 청렴하고 정절 있는 이는 개략적으로만 보일 뿐이다. 정관 연간에 인재가 많았다고는 하지만 여기에 비할 정도는 아니었다唐多才臣, 而淸貞者不少槪見, 貞觀雖稱多士, 未有與焉.(『독통감론』 권22, 830쪽)

21 유종주의 견해는 손기봉과 다르다. 그의 「方遜志先生正學錄序」에서는 이렇게 썼다. "충신이 군주를 섬길 때는 죽음에 이를 때까지 성실히 봉사할 따름이다. 심한 경우는 처자식의 목숨을 바치기도 한다. 그런데 죽으면서 10족의 목숨을 바친 경우는 천고 이래로 본조의 방효유 선생으로부터 시작되었다忠臣之事君也, 服勤至死已耳. 甚者殉以妻子. 若乃死而殉以十族者, 千古以來, 自本朝方遜志先生始." "오직 선생만이 10족을 한 몸으로 여기고, 그런 뒤에 한 몸으로 천하와 바꾸어 온 천하가 충신과 효자로 변하게 만들 수 있었다惟先生以十族爲一身, 而後能以一身易天下, 使天下盡化而爲忠臣, 爲孝子."(『劉子全書』 권21) 같은 책 같은 권에 수록된 「方正學先生遜志齋集序」에서는 이렇게 썼다. "어찌 충성이 지나친 게 아니겠는가? 『주역』에서는 '큰

것은 지나친 것'이라 하고 또 '大過의 때는 의미가 크도다!'라고 했다. 홀로 서서도 두려워하지 않고 세상을 피해 근심이 없다. 선생은 바로 이런 것이 있었다. 과분하면서도 위대했다. 잘못된 것을 바로잡아 알맞게 되었으니, 정학이라 하는 것이다無乃忠而過者與?『易』曰: 大者過也. 又曰: 大過之時, 大矣哉. 獨立不懼, 遁世無悶. 先生有焉. 過而大也. 矯枉過正, 所以中也. 故曰正學也."

22 예를 들어 王廷相이 그러하다. 『國榷』 권12에는 왕정상의 다음과 같은 말이 기록되어 있다. "방효유의 충정은 지나치지 않았는가? 격분하여 종족을 복멸시키는 데에 이르렀으니, 도의는 당연히 얻었겠지만 인효는 어찌 되었는가? 경중이 마땅함을 잃었으니 성인이라면 어찌 그런 일을 했겠는가方遜學忠之過者與 (…) 激而至於覆宗, 義固得矣, 如仁孝何哉. 輕重失宜, 聖人豈爲之!"(858~859쪽) 그러나 이런 의미에서 방효유는 또한 한 시대의 모범이 되기에 충분했다. 명대 사람들이 격찬했던 바는 바로 이렇게 자기 목숨이 끊어지고 일족이 복멸하는 것도 아까워하지 않는 '절의'였던 것이다. 왕정상이 제시한 '의'와 '인효' 가운데 어느 것이 가볍고 어느 것이 무거운지는 확실히 평상시에 의도적으로 소홀히 취급하여 논외로 미루어둔 문제에 속했다.

23 주이존은 文皇帝를 이해한다는 입장이었으니, 「高太常齋庵遺稿序」에서 그는 이렇게 썼다. "아아, 나라를 양보할 무렵에 대해서는 대개 이야기하기 어렵다. 방 선생이 상복을 입고 조정에 들어가 알현했을 때 문황제께서는 '이것은 짐의 집안일이외다'라고 하셨으니, 참으로 그러하다! 역성혁명에 가깝다는 것은 의문으로 여겨진다嗚呼. 遜國之際, 蓋難言之. 當方先生杖縗絰經入見, 文皇謂曰: 此朕家事. 其然哉. 殆於易姓則有問矣."(『曝書亭集』 권36, 449쪽) 이 진술 역시 나름의 관점을 대표한다고 할 수 있겠다.

24 『國榷』은 별다른 선별 과정을 거치지 않고 야사와 전설을 채용했으니 查繼佐의 識見이 조금 나아 보인다. 그 책도 程濟의 전기를 수록하고 있지만 그 사실이 거짓임을 '논하여 변증하고 있다는 점은 또 하나의 '필법書法'이다.(『罪惟錄』 列傳 권9 高翔傳의 부록으로 수록된 程濟傳을 참조) 『明史紀事本末』 권17 「建文遜國」은 거의 전적으로 『從亡隨筆』 등을 근거로 敷演한 것이다.

25 『弘光實錄鈔』와 『南渡錄』에는 모두 시호를 추증받은 신하들의 명단이 상세히 기재되어 있으며, 고염무의 『聖安本紀』 권3에도 방효유 등의 시호가 기록되어 있다. 『明季南略』에는 기록되긴 했지만 자세하지 않고, 『小腆紀年附考』에서는 기록하지 않았다. 그런데 『小腆紀年附考』 권8에는 다음과 같이 기록되어 있다. "徐鼒가 말했다. '왜 기록했는가? 꾸짖기 위해서다. (…) 왜 꾸짖었는가? 황제의 장례를 대충 치르고 사직이 망하여 와신상담하는 시절에 어찌 태평성대의 일을 윤색할 수 있겠는가徐鼒曰: 何以書. 譏也 (…) 何以譏. 梓宮槁葬, 宗社陸沈, 臥薪嘗膽之秋, 豈潤色太平之事乎!"(266쪽) 명나

라 유민과 청대 인물이 그 일의 경중을 보는 것이 다르다는 점 또한 음미할 만하다.

26 그는 "(건문제가) 죽지 않았다는 주장은 틀림없이 유래가 있으니不死之說, 必有自來" "초 회왕 웅심(?~기원전 20)과 부소(?~기원전 210)의 이야기가 민간에서 전해진 것일 따름懷王扶蘇, 傳自民間而已"인 데 비할 바가 아니라고 했다. 같은 글에서 '地道'를 이용했다는 주장을 부정했다. "그렇다면 땅굴을 이용했다는 주장은 믿을 수 있는가? 아니다. 이제 남경의 궁성 밖을 보면 御河로 둘러싸여 있는데, 정말 땅굴로 나왔다면 어디로 갔겠는가然則地道之說信乎. 曰: 未可信也. 今觀南京宮城之外, 環以御河, 果從地道出, 將安之乎?" 그러면서 다른 망명의 길을 상상해냈다. "(건문제가) 성을 나와 망명한 것이 사실이라면 그 일은 비밀이었을 테니 나로서는 알 수 없다. 200년 뒤에 굳이 그가 누구와 계책을 꾸몄고 어느 곳으로 갔는지를 일일이 지적하는 것은 어리석은 짓이거나 거짓일 테니 그냥 의문으로 남겨두는 것도 괜찮다若夫出亡之實, 則其事祕, 吾不得而知之矣. 必欲從二百載後, 而一一指其同謀何人, 寄跡何地, 非愚則誕, 闕疑焉可也."(『國史考異』 권4, 130~131쪽) 그는 "건문제를 맞이해 간 일은 결코 믿을 수 없지만, 제위를 양보하고 나갔다면 있을 수도 있는 일建文迎歸之事, 斷不足信, 若遜位而出, 則或有之耳"(139쪽)이라고 주장했다.

27 다만 개인의 역사 저술은 관에서 편찬한 정사에 비해 여전히 개인의 판단을 명확히 표현할 수 있는 가능성이 있다. 예를 들어 査繼佐의 『罪惟錄』 帝紀 권2 「惠宗帝紀」에서는 건문제에 대해 이렇게 서술했다. "궁중에 큰 화재가 일어나 황제와 황후가 급작스럽게 붕어하셨으니 6월 13일이었다. 혹자는 황제가 삭발하고 궁을 빠져나가셔서 연왕이 사흘 동안 궁궐을 샅샅이 뒤졌다고 하는데……內大火, 帝與皇後馬氏暴崩, 爲六月之十有三日也. 或云帝剃髮出亡, 燕王淸宮三日……"(68쪽) 그런 뒤에 다음과 같이 논찬했다. "황제(건문제)께서는 어질고 유순하셨기에 천하가 그분을 잊지 않으려 해서 속세를 피해 은거하셨다는 주장이 제기되었다. 그런 주장들은 오랜 시간이 지나면서 더욱 더해졌다. 史彬의 『致身錄』에서는 모든 일을 대단히 생생하게 기록했지만 사실 의심스러운 내용을 마치 직접 본 것처럼 기록했다. 하지만 吳文定이 쓴 史彬의 묘지명에는 이에 대해 전혀 언급하지 않고 있으니, 하나가 거짓이면 모두가 거짓인 것이다. 또한 태종도 죽지 않았다는 이야기로 천하의 인심을 위로하려던 차여서 당시의 실록에 모두 '出亡'이라는 표현이 기록되었지만, 황제가 어찌 은거했겠는가帝以仁柔, 海內欲不忘之, 遂有遜荒之說. 說歷久益增. 至史仲彬『致身錄』諸鑿鑿, 實所疑, 如或親見之者. 觀吳文定仲彬墓誌, 全不及此, 一僞皆僞也. 且太宗亦正欲以不死慰天下之心, 當時實錄具載出亡二字, 安帝隱也!" 그러면서 여기서 여러 전설의 허위를 고찰하고, 심지어 胡濙과 鄭和가 건문제의 행방을 수소문했다

는 설도 '附會'라고 치부했다. 그러면서 査繼佐는 "남은 것은 그 이름이요 사라진 것은 사실이니, 틀림없이 이러했을 것存者其名, 沒者其實, 必爾爾也" (70쪽)이라고 단언했다.

28 전겸익의 이 말은 『列朝詩集小傳』 甲集, 上海古籍出版社, 1983, 99쪽에 실려 있다.

29 이 무렵에 '輪回'는 이미 사대부들이 역사를 느끼는 방식의 일종이 되어 있었던 듯하다. 惲日初는 이렇게 말했다. "애석하도다! 태조의 법도가 성조에게서 반쯤 무너졌구나! 이는 바로 변방의 법령이 가장 먼저 무너지는 것인데, 그가 아니라면 또 거기에 천도가 작용했던 것인가? 천하를 얻는 데 의지가 되는 것이 三衛이고 천하를 잃는 원인이 되는 것도 바로 삼위다. 그렇다! 군주는 이것으로 시작하니 바로 이것으로 끝나게 되는 것이다惜乎 高皇帝法度半壞於文皇, 此則邊疆戎索之首隳者, 抑又有天道焉. 藉以取天下者 三衛, 因以失天下者卽三衛. 信哉, 君以此始, 卽以此終!" 그리고 그는 "명나라가 망한 것은 갑작스러운 일이었으나 그 독소는 성조가 정난을 일으킨 데서 싹이 텄다明季之亡, 忽焉, 則毒發文皇之靖難"라면서 그 이유는 "예로부터 변방 이민족들이 중원을 어지럽힌 것은 대개 윤리강상이 어두워짐으로써 그런 일을 초래했었다千古以裔亂華之故, 大率彝倫之黷召之"는 데 있다고 했다(『遜庵先生稿』, 「讀魏叔子『日錄』偶書」) 이청의 『南渡錄』 권4에는 자신이 홍광 조정에 올린 주소를 수록하고 있는데, 거기서 그는 이렇게 말했다. "저는 또 우리 왕조가 두 번이나 망했던 일을 개탄한 적이 있습니다. 혜종 건문제께서는 어질게 용서하는 품성 때문에 망하셨고, 선황 숭정제께서는 영명한 결단 때문에 망하셨으니, 모두가 덕을 잃었기 때문은 아닙니다. 그러나 옛날에는 군주를 따라 순절한 이들이 줄을 이었는데 지금은 역적을 따르는 이들이 무리를 이루고 있으니 하늘에 계신 선황께서 원통하게 여기심이 건문제보다 더 심할 것입니다臣又嘗嘆我朝有二亡, 惠廟以仁恕亡, 先皇以英斷亡, 皆不以失德. 然昔殉主接踵, 今從逆比肩, 先皇在天之怨恫, 比惠廟 更甚."(165쪽)

30 聯想과 感應은 심지어 왕조 교체기에 처음 생겨난 것이 아니다. 황종희는 자신의 부친 황존소에 대해 기록하면서 徐石麒의 다음과 같은 말을 인용했다. "선생(황존소)이 옥중에 계실 때 꿈에서 시커먼 사람 세 명을 보았는데, 楊漣도 같은 꿈을 꾸었다. 식견 있는 이들은 그들이 나라를 양보했을 때의 충신들이라고 했다公於獄中, 嘗夢三黑人者, 楊忠烈亦夢之, 識者謂遜國 之忠臣也."(『黃氏家錄』, 「忠端公黃尊素」, 『황종희전집』 제1책, 414쪽) 이것을 보면 역대 유민들의 이야기가 절렬 고사와 비슷하다는 것을 쉽게 발견할 수 있을 것이다. 이에 따라 건문제 때의 유신들에 관한 이야기의 틀이 왕조 교체기 유민들에게 영향을 주었다는 것도 알 수 있다. 이런 이야기는 또한 이와 같은 제시와 제한 속에서 끊임없이 복제되었다.

제 4 장
'언론'에 관한 언론

1   于登, 「明代監察制度槪述」: "정통, 경태 연간에 王振(?~1449)과 石亨(?~1460),
曹吉祥(?~1461) 등이 조정을 좌우하자 처음 나서서 간언하는 어사들이
줄줄이 뒤를 이었다. 비록 조정에서 곤장을 맞거나 바닥을 쩔느라 이마
가 깨지는 일이 있어도 시끌벅적하게 간언하는 이가 여전히 있었다. 천순
(1457~1464) 이후로는 張寧(1426~1496, 자는 靖之)과 强珍(?~?, 자는 廷貴),
湯鼐(?~?, 자는 用之), 姜綰(?~?, 자는 玉卿), 曹璘(?~?, 자는 廷暉), 胡獻(?~?, 자
는 時臣), 王獻臣(?~?, 자는 敬止), 吳一貫(1457~1465, 자는 道夫) 등의 어사들
이 모두가 강직한 품격을 떨치면서 입을 닫고 침묵하는 것을 부끄러워하
며 천자에서부터 대신, 좌우 측근들에 이르기까지 모두 질책하면서 극언
을 올렸다. 심지어 남북의 신하들이 번갈아 상소를 올리고 연대로 서명하
기도 하면서 참화를 당하더라도 신경 쓰지 않았다. 세종이 제위에 있을 때
는 엄숭이 조정을 좌우했고, 말엽에 이르러서는 위충현이 나라를 그르쳤
는데 沈學詩(?~?)와 徐學詩(1517~1567, 자는 以言), 左光斗(1575~1625, 자는 遺
直 또는 共之) 등이 권력을 쥔 간신들이 나라를 망치는 그릇된 행위에 대
해 극언을 올리면서 질책을 받고 죄를 뒤집어써서 처형을 당하더라도 모
두 달갑게 감내했다. 명나라가 끝날 때까지 어사들이 직언하고 극언하는
기풍이 내내 성행했다고 칭송을 받았다正統景泰間, 王振, 石亨, 曹吉祥等用
事, 御史初諫者踵接不絶, 雖被廷杖碎首而咻咻者仍有其人. 天順以後, 御史如
張寧, 强珍, 湯鼐, 姜綰, 曹璘, 胡獻, 王獻臣, 吳一貫等莫不振風裁而恥緘默, 自
天子大臣左右近習無不指斥極言, 甚至南北交章, 連名列署, 雖遭慘禍亦所不顧.
世宗在位, 嚴嵩用事, 乃至末季, 忠賢誤國, 言官如沈, 徐學詩, 左光斗等極言權
奸誤國之非, 雖斥逐罪死, 然皆甘之若飴, 終明之世, 御史直言極諫之風, 稱盛一
代."(『明代政治』, 129쪽)

2   진자룡, 「封給諫歙姚公八十壽序」: "그것이 직언인 줄 알면서도 '지나치다狂'
고 하여 폐기하는 것은 한 시대 사람들의 눈과 귀를 멀게 하려는 것이다.
그렇게 되면 사대부들도 바람에 휩쓸리는 풀처럼 거기에 젖어 습관이 되
어버린다. 사악하고 아첨하는 말들이 날마다 먹는 음식처럼 진상되고 음
유한 기운이 전쟁을 부추기니, 그런 현상이 선생께서 벼슬길에 나아가고
물러나는 데에서 단서를 드러냈다고 하겠다知其直言, 而以'狂'棄之, 是欲聾
瞽一世之人也. 士大夫風靡草偃, 浸以成習. 邪聲諂言, 日用飲食, 陰柔之氣, 煽
爲幹戈, 於先生之進退見端矣."(『陳忠裕全集』권26) 『三垣筆記附識』중「崇禎」:
"옛날에는 臺省이 그래도 정부를 질책하는 것으로 명성이 높았는데, 숭정
말년에 이르러서는 지부나 추관에게서 시험을 치르려고 대기하는 이들이
나 지부를 알현하는 이들이 모두 그 문생으로 자처했던바, 혹시 정부에서

그것을 금지하면 금방 엎드려 절을 올리며 '스승老師이 끊어져서는 안 된다!'고 연신 호소했다. 선비 기질이 이런 지경으로 천하게 무너지면 또한 망국의 징조다. 이것은 수보를 지낸 吳甡(1589~1670, 자는 鹿友)이 내게 한 말이다往時, 臺省猶以彈射政府爲名高, 及崇禎末, 候考諸知推謁知府皆稱門下士, 或政府止之, 已俯伏而拜, 連呼老師不絶矣. 士氣卑壞至此, 亦亡國之兆. 此吳輔甡向予言者."(219쪽)

3 『명사』권164, "평하노라: 명나라는 태조가 기업을 개창했을 때부터 언로를 넓게 열어두었다. 조정 안팎의 신하와 관료들은 직책에 얽매이지 않고 건의했으며, 신분이 낮은 초야의 백성이 올린 문서도 모두 황제에게 전해졌다. 그런 풍습은 선종과 영종까지 이어져 바뀌지 않았다. 비록 태평스러운 나날이 오래 지속되고 조정은 대단히 엄격했지만 유생과 평민, 공문서를 다루는 하급 관리, 관문을 지키는 하급 심부름꾼과 창을 메고 수자리를 서는 병졸들이라 할지라도 아침에 문서를 올리면 저녁에 황제의 궁중에 전달되었다. 건의가 채택된 이는 영예를 얻고 출세했으며, 폐기한다는 회답을 받은 이도 죄를 추궁하지 않았다. (…) 이렇게 부르니 비분강개한 무리가 격앙하여 나랏일世務을 논하는 것이 당연하지 않은가贊曰: 明自太祖開基. 廣闢言路. 中外臣寮, 建言不拘所職. 草野微賤, 奏章咸得上聞. 沿及宣, 英, 流風未替. 雖升平日久, 堂陛深嚴, 而逢掖布衣, 刀筆掾史, 抱關之冗吏, 荷戈之戍卒, 朝陳封事, 夕達帝閽. 采納者榮顯其身, 報罷者亦不之罪. (…) 以此爲招, 宜乎慷慨發憤之徒扼腕而談世務也!"같은 권에 수록된 「黎淳傳」에서는 또 이렇게 썼다. "성화 연간에는 언로가 너무 막혀서 급사와 어사들 가운데 견책을 당한 이가 많았다當成化時, 言路大阻, 給事, 御史多獲譴." 권180: "평하노라: (…) 천순 이후 그 직책을 맡은 이는 강직한 품격을 진흥하면서 침묵하는 것을 부끄럽게 여겼다. 천자로부터 대신, 좌우 측근들에 이르기까지 빠짐없이 지적하여 극언하고, 남북의 인사들이 번갈아 문서를 올리며 연대하여 공동으로 서명하기도 했다. 혹시 견책을 당해 폄적 가는 일이 있으면 대신들이 상소를 올려 구제해야 한다고 주장하는 것을 미담으로 여겼다. 당시를 돌아보면 파벌이 아직 만들어지지 않아서 명예와 절조를 위해 스스로 힘썼으며, 조정의 뜻에 무조건 영합하거나 투견처럼 정적을 물어뜯어 환관에게 아부하여 마치 왕조 말기에 벌어지는 듯한 행태를 저지른 경우가 없었다贊曰: (…) 天順以後居其職者, 振風裁而恥緘默. 自天子, 大臣, 左右近習無不指斥極言. 南北交章, 連名列署. 或遭譴謫, 則大臣抗疏論救, 以爲美談. 顧其時門戶未開, 名節自勵, 未嘗有承意指於政府, 效搏噬於權璫, 如末季所爲者." 권209 「楊爵傳」에 따르면 세종 재위 중반에 이르면 "(황제가) 간언하는 이를 더욱 미워하여 조정 안팎에서 황제가 꺼리는 것을 건드리지 말라며 서로 경계했다益惡言者, 中外相戒無敢觸忌諱"고 했다. 권215: "평하노라: 세종 말년에 파벌이 점차 생기기 시작해서 언관의 직책

을 맡은 이들도 각기 주인이 있었다. 그렇기 때문에 당시에는 그들이 간언하지 않을까 염려하는 것보다 그들의 간언이 장황하기만 할 뿐 합당하지는 않고 그들의 마음에 사사로움이 있을 수밖에 없다는 점을 염려하게 되었다. 간언이 많을수록 나라는 더욱 혼란해졌던 것이다贊曰: 世宗之季, 門戶漸開, 居言路者, 各有所主. 故其時不患其不言, 患其言之冗漫無當, 與其心之不能無私. 言愈多, 而國是愈益淆亂也." 권305: "신종은 오랫동안 제위에 있었지만 정치에는 태만하여 상주된 문서를 대부분 보지 않았다. 조정의 신하들도 점차 파벌을 만들어 위태로운 말과 격렬한 논조로 서로 추어올렸고, 황태자를 책봉하는 문제로 논쟁이 벌어지자 황실을 비판했다. 정치를 보좌하는 재상들은 언관에게 탄핵을 당하면 곧 병을 핑계로 벼슬을 버리고 떠났다神宗在位久, 怠於政事, 章奏多不省. 廷臣漸立門戶, 以危言激論相尙, 國本之爭, 指斥宮禁. 宰輔大臣爲言者所彈擊, 輒引疾避去." 또 권217에서는 만력 22년(1594)에 "황제는 군정에 대한 감찰을 잘못했다는 이유로 남경과 북경의 언관 30여 명을 내쫓았고帝以軍政失察, 斥兩都言官三十餘人" "그런데도 황제가 간언을 거부하는 것이 갈수록 심해져 위아래가 막혀 통하지 않게 되었다而帝拒諫益甚, 上下否隔"고 했다. 권219에서는 만력 연간의 언로에 대해 비판하면서 이렇게 기록했다. "당시에는 언관의 기세가 드높아져 마음대로 탄핵하고 공격했다. 이에 옳고 그름은 어지럽게 흐트러지고 현량한 이와 그렇지 않은 이들이 뒤섞인 채 무리를 지어 서로 원수처럼 싸우면서 나라의 대사는 아무도 돌보지 않았다. 헐뜯고 욕하는 것이 나날이 쌓였으니 어찌 정론이 나올 수 있었겠는가其時言路勢張, 恣爲抨擊. 是非督亂, 賢否混淆, 群相敵仇, 罔顧國是. 訐誶日積, 又烏足爲定論乎?" 권233에서도 이렇게 썼다. "공무를 저버리고 당파를 심어 권세가의 기호를 좇으며 동정을 구걸하니, 이른바 '승냥이七豺'나 '개八狗' 같은 부류가 언관 가운데 절반을 차지하고 있었다背公植黨, 逐嗜乞憐, 如所謂七豺八狗者, 言路顧居其半." 개인의 저술에서도 '변천의 궤적'에 대한 서술을 제공하려고 노력했다.『春明夢餘錄』권25(古香齋鑑賞袖珍本)에는 管志道(1536~1608, 자는 登之)가 언로에 관해 논한 상소문을 수록했다. "명 왕조 초기에는 언로가 대단히 넓어서 다시 그 책무를 科道에게 맡겨 황제의 조령을 봉환하거나 신하들의 주장을 논박하여 바로잡게 했으니, 각 부서에서는 간언에 대한 소문을 들으면 모두 막고 덮어서 재앙의 근원을 없앴습니다國初言路甚廣, 而復專其責於科道, 使之封駁, 諸司風聞言事, 凡以防壅蔽而遏禍源也." 같은 상소문에서는 또 '전대 황제들의 조정祖宗朝'에서 간언을 장려했는데 "융경(1567~1572) 이래로 각 아문에서 간언을 담당하는 이가 줄어들기 시작했습니다自隆慶以來, 各衙門之言事者始寡"라고 했다.

4   숭정 연간에 간언 때문에 죄를 얻은 웅개원은 융무 연간에 올린 章奏에서 이렇게 언급했다. "어사라는 벼슬은 모자와 복장에 모두 해치多를 그려

넣었으니 사악한 것을 환하게 밝혀 구별하기 때문이다. 사악한 것을 보고
도 지적하지 않으면 똑같이 이리 떼가 되는 것이요, (자신이) 사악하면서
남을 지적하는 것은 승냥이가 호랑이를 나무라는 격입니다. 심지어 사악
한 자가 정직한 이를 지적하는 것은 마치 도척의 개가 요 임금을 보고 짖
어대는 격이니, 계속 이어지는 일이 모두 이러합니다御史一官, 冠與服皆圖
豸焉, 昭觸邪也, 見邪不觸, 如狼與狽, 邪而觸人, 如豸於虎, 甚至以邪觸正, 蹠
犬吠堯, 滔滔皆是."(「申飭臺規起百年不振之敝疏」, 『魚山剩稿』 권1, 119쪽) 『명사』
권308에 수록된 「陳瑛傳」에는 다음과 같이 기록되어 있다. "陳瑛은 천성이
잔인하여 황제의 총애를 받아 임용되자 더욱 각박해지려고 애써서 오로
지 남을 공격하는 것만을 능사로 삼았다瑛天性殘忍, 受帝寵任, 益務深刻,
專以搏擊爲能." 그리고 그는 성조가 건문제의 신하들을 처형할 때 그 재능
을 대대적으로 펼쳤다. 같은 권에서는 또 이렇게 썼다. "진영은 여러 해 동
안 도어사를 지냈는데 그가 죄상을 고발한 황실 친척과 대신이 10여 명이
나 되었으니, 그 모두가 암암리에 황제의 뜻에 영합한 것이었다瑛爲都御史
數年, 所論劫勛戚, 大臣十餘人, 皆陰希帝指." "영락제는 찬탈로 천하를 얻어
서 아랫사람을 다스릴 때 엄중한 법령을 많이 사용했다. 진영은 맨 먼저
황제의 뜻을 받아들였으니, 그가 무고하여 함정에 빠뜨린 사람은 헤아릴
수 없을 정도다. 한때 신하와 관료들 가운데 다수가 그의 행위를 따라 했
다帝以纂得天下, 御下多用重典. 瑛首承風旨, 傾誣排陷者無算. 一時臣工多效
其所爲."

5   이 표현은 『殿爭錄』(周永春)의 자서에 들어 있다.(謝國楨, 『增訂晚明史籍考』,
87쪽에서 재인용)

6   황종희의 『子劉子行狀』에는 유종주와 숭정제가 조당에서 나눈 문답을 기
록하고 있는데, 숭정제가 군대의 일兵事을 어떻게 처리하면 좋겠느냐고 묻
자 유종주는 이렇게 대답했다. "(『尙書』 「大禹謨」에) 조정에서 문무의 춤干羽
을 추니 (70일 만에) 변방의 백성이 臣服했다고 했사오니, (…) 저는 황상께
서 요순의 마음으로 요순의 정치를 시행하시길 바라는 바입니다. 그러면
천하가 태평해질 것입니다干羽舞兩階, 而有苗格, (…) 臣願皇上以堯舜之心,
行堯舜之政, 則天下太平." 그러자 숭정제가 말했다. "그대의 말씀은 세상 물
정에 무척 어두운 것이구려! 두 지팡이가 서로 부딪쳐서 가축의 피를 발
라 제사를 지내고 시신을 수레에 실어 날라야 할 이런 시기에 조정에서
문무의 춤을 추라는 얘기나 하시다니요迂哉, 宗周之言也. 兩杖相撞, 釁鼓
輿屍之際, 於此時而說干羽兩階耶!"(『황종희전집』 제1책, 223쪽) 같은 글에는
또 유종주가 숭정제에게 "날마다 이제 와 삼왕의 학문을 강구하여 독자
적인 체계를 갖추어 신중하게 그것을 실천하고日講求二帝, 三王之學, 求其
獨體而愼之"(225쪽) "인심과 도심을 신중하게 변별하고 이른바 중간의 것을
얻어 그것을 유지할 것致謹於人心, 道心之辨, 求其所謂中者而執之"(226쪽)을

요구했다고 기록했으니 이것은 경연에서 하는 강론과 다를 바 없으며, 모두 그가 학술의 종지와 '성학'의 원칙을 완강하게 견지했음을 보여준다. 유학자들은 언관의 간언이 시행 가능한 것인가 하는 것보다 간언하는 이의 지론이 '옳은正' 것인지 여부에 더 관심을 기울였다. 간언이 시행되지 않는 한이 있더라도 '도에 합치되지 않으면 안 된다는 것이다. 왕부지가 보기에 '억지로 간언하는 신하強諫之臣'와 대립되는 것은 '학술로 군주를 섬기는 以學事主' 유자였다. 그런데 그가 보기에 후자는 군주에 대해 "중용의 올바름을 갖춘 영원한 법칙을 권하고規之以中正之常經" '인도와 정치의 근본이 되는 중대한 실마리人道政本之大端'를 설계하는데 그 말이 "체계와 요령을 갖추고 있지만有體有要" 시대의 병폐를 지적하거나 잘못된 것을 바로잡지는 못했다.(『독통감론』 권4, 177쪽) 청초의 唐甄은 여기에 동의하지 않았다.(『潛書』下篇 「格君」 참조) 유종주 등은 결코 숭정제가 생각한 것과 같이 세상 물정에 어두운 유생이 아니었으며, 다만 자신들이 생각하기에 대신이 언론을 행하는 올바른 도리를 따랐을 따름이다. 관점을 바꿔 보면 확실히 이런 곳에서도 명대 유학자들의 풍모를 확인할 수 있다.

7   이런 사고방식에 반대하는 이들도 있었다. 『명사』 권236에 수록된 「王元翰傳」에는 그가 만력 연간에 올린 다음과 같은 주소가 수록되어 있다. "천자가 깊은 궁중에 편안히 앉아 아래의 사정을 알기 위해서는 오로지 章疏에 의지할 수밖에 없는데, 지금은 모든 것을 고고하게 밀쳐놓는다. 비분강개하여 간언하는 이들은 모두, '저도 소용이 없는 줄은 알지만 이 논의만은 남겨두시옵소서!' 하고 말한다. 언로에 오로지 부질없는 논의만 남아 있으니 세상이 어찌 되겠는가天子高拱深居, 所恃以通下情者, 祇章疏耳, 今一切高閣. 慷慨建白者莫不曰: 吾知無濟, 第存此議論耳. 言路惟空存議論, 世道何如哉!" 같은 책 권266에 수록된 吳甘來(?~?, 자는 節之)의 전기에는 그가 목을 매기 전에 "돌아와 책상 위에 놓인 상소문들을 정리하면서, '오랑캐가 횡행하는 상황에서 부질없이 논의만 고집해봐야 아무 도움도 되지 않지!' 하고는 모조리 가져다가 불태워버리고 후세의 명성을 얻으려 하지 않았다返檢幾上疏草曰: 當賊寇縱橫, 徒持議論, 無益豪末. 盡取焚之, 毋釣後世名"고 기록했다. 앞서 언급했던 웅개원도 자신의 논의를 남겨놓는 것을 목표로 삼지 않았다. 『魚山剩稿』 「初讞供詞」: "심문관이 물었다. '폐하께서 들어주시지 않더라도 마땅히 후세에 전해야 하니 이 공론을 보전해야 하지 않겠는가?' 이에 내가 대답했다. '그렇지 않소. 후세에 전해진다면 신하로서 행운이겠지만 결국 지금 채용되어 조정의 행운이 되는 것이 더 낫지 않겠소!' 問云: 就不聽, 亦當傳之後世, 存此一段公論. 開元云: 不然. 傳之後世, 是人臣之幸, 終不如用之今日, 爲朝廷之幸耳."(권3, 273~274쪽) 왕부지는 "혹시 당시에 채용되지 않고 오히려 그 때문에 재앙을 당한다 하더라도 말이 천하에 전해지면 천하가 감동할 것이고, 후세에 전해진다면 후세 사람들이 암송할

것其或時不能用, 覆以得禍, 而言傳於天下, 天下感之, 言傳於後世, 後世誦之"이
라고 했으니, 이것은 반드시 '올바른 하나를 지키는貞勝' 것만은 아니라 하
겠다.(『송론』 권13, 303쪽)

8 언로가 정치를 병들게 한다고 비판한 예로는 『今言』 권4에서 가정 연간의
호부상서 王杲(?~?, 자는 景初)와 병부상서 劉儲秀(1483~1558, 자는 士奇), 산
서순무 孫繼魯(1498~1547, 자는 道甫)를 거론하면서, "지금의 대신들은 참으
로 자신의 포부를 펼치기 어려우니, 위로는 내각의 위협을 받고 아래로는
언관들의 교묘한 비방의 대상이 되니 연이어 고개를 숙인 채 공손하게 지
내는 이들만이 선하고 성실하다고 여겨지고 있다今之大臣, 實難展布. 上爲
內閣劫持, 下爲言官巧詆, 相率低頭下氣者以爲循謹."(298條) 만력 연간의 梅
之煥은 상소하여 이렇게 말했다. "언관들은 나랏일은 방기하고 시국에 대
한 논쟁만 하고 있으며, 각 부서의 관리들은 직무를 팽개친 채 부질없는
언론만 내세우고 있으니, 온 천하가 허망한 글에 얽매여 있습니다言官舍國
事, 爭時局. 部曹舍職掌, 建空言. 天下盡爲虛文所束縛."(『명사』 권248) 명이 망
할 무렵에 이르러서는 언로를 통한 당쟁의 배경을 탐구하는 것이 언로 비
판에서 가장 큰 주제였다. 『명사』 권245 「周宗建傳」에는 그가 천계 연간에
올린 주장이 수록되어 있는데, 거기에서 그는 당시 언관들과 정권을 장악
한 환관들이 결탁한 상황에 대해, "지금 정권을 쥔 환관들의 보복은 오히
려 언관을 빌려서 시행되고, 언관의 기세는 오히려 정권을 쥔 환관의 힘을
빌려 높아진다今權璫報復, 反借言官以伸. 言官聲勢, 反借權璫以重"고 했다.

9 『송론』 권4: "그리고 지위를 넘어서서 남의 장단점을 논하는 경우는 거짓
으로 자잘한 사안을 이야기하고 암중의 일을 적발함으로써 남의 명예와
절조를 망가뜨려서 스스로 포기하게 하니, 당연히 현명한 군자라면 반드
시 멀리해야 할 자들이다而越位以持人之短長者, 矯擧纖介, 摘發暮夜, 以敗
人之名節而使自棄, 固明主之所必遠." 그가 생각하는 '요사한 말妖言'은 "직언
이라는 명분으로 남의 청렴한 행실을 훼손하는데, 말이란 일단 나오면 피
할 수도, 변명할 수도 없는 것이다. 이런 자들은 풀 가운데 제비꽃이요 벌
레 가운데 물여우, 새 가운데는 부엉이, 짐승 가운데는 여우에 해당된다
托之於直, 以毁傷人之素履, 言一發而無可避, 無可辯也. 若是者, 於草爲堇, 於
蟲爲蜮, 於鳥爲鵩, 於獸爲狐." "그런 자에게 '역모'를 꾀하는 버릇이 더해지
면 날마다 은밀히 모의해도 남들은 알아차리지 못한다. 남녀 사이의 잘못
된 짓으로 더러워지면 날마다 몰래 추한 짓을 하고 다녀도 종적이 발각되
지 않는다. 그런 자와 비방하는 일에 대해 의논하면 문장에 온통 남의 흠
집을 찾는 재주를 보여준다. 그에게 내통한 혐의를 따지면 예법에 따른 應
待도 사적인 이익을 챙기는 행위로 만들어버린다. 사적으로 뇌물을 받은
것으로 모욕을 주면 술을 마신 것도 남몰래 왕래한 것으로 만들어버린다.
남들은 말할 수 없는 것을 말하고, 남들이 감히 말하지 못하는 것을 말

하며, 남들이 차마 말하지 못하는 것도 말한다. 그러나 나라를 위한 대계나 신하로서 제왕에게 권계하는 일, 백성의 고통, 관리들의 다스림에 기여한 것이 전혀 없다. (…) 길거리에서 오가는 말에 귀를 기울이고, 자신을 숨긴 채 잘못된 소문을 이용한다. 사건이 발각되면 스스로 엄하게 질책해야 한다고 하고, 사건의 증거가 없으면 오히려 남의 속마음을 드러내 폭로하는 능력을 자랑한다加之以'無將'之辟, 則曰密謀而人不覺. 汗之以帷薄之愆, 則曰匿醜而跡不宣. 誼之以誹謗, 則文字皆索癥之資. 詰之以關通, 則禮際亦行私之跡. 辱之以贓私, 則酒漿亦暮夜之投. 人所不能言者言之矣, 人所不敢言者言之矣, 人所不忍言者言之矣. 於國計無與也, 於官箴無與也, 於民瘼無與也, 於吏治無與也 (…) 傾耳以聽道路之言, 而藏身托於風聞之誤. 事已白, 而自謂責備之嚴, 事無徵, 而猶矜誅意之效.(권4, 123~133, 134, 135쪽) "요망한 간언을 하는 이들은 대체로 두 부류다. 첫째는 자잘한 일에 대해 혁신한 것을 늘어놓는 것이고, 둘째는 신하들의 별것 아닌 잘못들을 찾아내 폭로하는 것이다妄言幹進者, 大端有三: 一則毛擧小務之興革也, 一則鉤索臣下之纖過也."(『독통감론』권17, 655쪽) 이런 것으로 나라와 백성을 병들게 하는 그 폐해가 더할 수 없이 크다. 왕부지가 예를 든, '訐謗'하는 이들이 통상적으로 쓰는 말투는 당연히 직접적인 정치 경험을 근거로 한 것이다. 그는 이렇게 말했다. "비방에는 대체로 네 가지가 있으니 반역을 모의했다는 것, 저주하고 비방했다는 것, 집 안에서 행실이 바르지 못하다는 것, 몰래 뇌물을 받았다는 것이다其端有四: 曰謀爲叛逆, 曰咀呪誹謗, 曰內行不修, 曰暗通賄賂."(『송론』第135頁)

10　왕부지는 어의가 애매한 '直'을 분석하며 '諱'를 주장했으니, 마치 夏侯勝(?~?: 자는 長公)이 한 무제의 악을 그의 증손인 선제에게 설명한 경우처럼 "이는 아비가 양을 훔쳤다고 고발한 것과 같은 부류의 정직함이니 천리는 사라질 것이다是證父攘羊之直也, 而天理滅矣." "올곧은 도리를 남겨서 후세 사람을 기다리고 위아래에 대한 예우를 온전히 하여 신하로서 도리를 다하는 것이 각자 마땅해야지 거꾸로 시행되면 어지러워진다留直道以待後人, 全恩禮以盡臣道, 各有攸宜, 倒行則亂."(『독통감론』권4, 157~158쪽) "이 도리가 분명하지 않아서 당·송 이래로 군자라는 이들은 선군의 잘못을 바로잡는 것을 충효라 여겼는데, 나중에 다른 이가 그것을 바로잡아서 가로막고 그대로 가게 하는 일이 되풀이되면 법과 기강이 어지러워지고 붕당이 일어나서 그 때문에 나라가 피폐해진다. 그런 뒤에야 3년 동안은 바꾸지 말아야 한다는 논의가 성인께서 자식의 도리를 보여주신 것이지만 군주의 도리도 그것을 넘어서지 않는다는 것을 알게 된다此道不明, 唐宋以降, 爲君子者, 矯先君之枉以爲忠孝, 他日人更矯之, 一激一隨, 法紀亂, 朋黨興, 國因以敝. 然後知三年無改之論, 聖人以示子道也, 而君道亦莫過焉矣."(같은 책, 권7, 263~264쪽) 이청도 간언에 대해 '臣道'의 측면에서 비판했다. 『삼원

필기』하「홍광」: "姜輔가 말하기를 완대성을 등용해서는 안 된다고 많은 이가 힘껏 논쟁했으나 張九齡이 예견한 것과 무엇이 다른가? 그러나 상소문 안에서 의종이 사람을 등용하고 행정을 펼치면서 저지른 실수들을 두루 폭로한 것은 잘못이다. 신하가 목숨을 바쳐 나라와 운명을 함께하면 그가 크나큰 절조를 지킨 것으로 인해 그의 지난 과오를 언급하지 말아야하거늘, 하물며 군주의 경우임에랴姜輔曰廣力爭阮大鋮不可用, 與張九齡先見何異. 但疏內歷暴毅宗用人行政諸失則過, 人臣以身殉國, 猶當因其大節, 諱其宿過, 況人主乎!"(104쪽)

11 張鑑, 『冬靑館乙集』권7(吳興劉氏嘉業堂刊本)「書崇靖輔臣黃立極諸人傳後」: "천계 7년(1627) 11월에 국자감생 胡煥猷가 대학사 黃立極(1568~1637, 자는 石筍 또는 中五)과 施鳳來(1563~1642, 자는 羽王), 張瑞圖(1570~1644, 자는 長公), 李國樨(1585~1631, 자는 元治)를 탄핵했는데 그 일이 놀라운 듯하지만 사실 한때의 기풍이 그렇게 만들었을 뿐으로 錢嘉徵(1589~1647, 자는 孚於)이 위충현을 탄핵하고 汪鏴이 劉健(1433~1526, 자는 希賢, 호는 晦庵)과 李東陽(1447~1516, 자는 賓之, 호는 西涯)을 탄핵한 것과 마찬가지로 임기응변의 면모를 벗어나지 못했다. 그것을 송나라의 현인인 陳東(1086~1127, 자는 少陽)이나 歐陽澈(1097~1127, 자는 德明)에 비한다면 크게 차이가 난다天啓七年十一月, 國子監生胡煥猷之劾大學士黃立極, 施鳳來, 張瑞圖, 李國樨, 其事似乎可駭, 其實亦一時風氣使然, 要不過如錢嘉徵之劾忠賢, 汪鏴之劾劉健李東陽一流, 不脫占風望氣之面目, 較之宋賢陳東歐陽澈, 則相去遠矣."

12 "어떤 사람이 정직하고 신실하기로 천하에 명성이 높은데 나라에서 벼슬살이하는 신하가 일단 잘못을 저지르면 정치의 흥폐나 천하의 안위에 상관없이 반드시 그를 공격해서 내쫓는다. 그 기세는 마치 전쟁을 하는 듯하고, 그 의지는 칼날 같으며, 그 말은 송사를 벌이는 듯하다. 그가 쏜 명적이 어디로 향하는지를 보면 사람들은 무리지어 일어나 함께 쏘면서 감히 물러나지 못하니, 이런 사람이 바로 당파의 영웅이다有人焉, 直諒之聲震天下, 當國任職之臣, 一有過失, 非與於政之興壞, 非與於天下之安危, 必欲攻而去之. 其氣如戰, 其志如刀, 其言如訟. 視其鳴鏑所向, 群起射之而不敢後. 此黨人之雄也."(唐甄, 『潛書』下篇「除黨」, 163쪽) 이다음 이어지는 글에서 당견은 '人君'에게 "처음에는 그런 자를 경시하다가 점점 멀리해서 완전히 없애始輕之, 漸遠之, 徐廢之"라고 건의했다.

13 李慈銘은 (孫愼行과 같이) 명대에 공인된 '正人'의 언론을 비판했으니, 이는 명대 사람들이 이야기할 수 없었던 것이다. 이에 대해서는 『孟學齋日記』乙集에서 명대 신하들이 세 가지 사건을 놓고 논쟁했던 것에 대해 비판한 부분을 참조할 것. 같은 글에서 그는 楊漣에 대해 이렇게 지적했다. "매처럼 사납고 학처럼 고고한 성품인데 악을 미워함이 지나치게 엄격하고 힘이 세며 기개가 높지만 헤아려 살피는 것은 잘하지 못했다. 한때의 동지들

은 충분히 올곧음을 견지했지만 공을 이루고 나서도 내세우지 말아야 한다는 의미에 어두워서 자랑이 지나치게 심했다. 기회가 생기면 바로 사달을 일으켜서 종종 스스로 성대한 명성을 얻으려 하면서 나라에 오명이 씌워지는 것도 꺼리지 않았다. 혹은 남들의 부정을 미리 짐작하여 배척하는 것을 즐기고, 비록 군주를 아낀다고 하지만 당파를 결성하는 것도 마다하지 않는다鷹鶴之性, 嫉惡過嚴, 力猛氣矜, 失於審度. 一時同志, 持正有餘, 而昧於成功不居之義, 矜張過甚. 遇事風生, 往往自取盛名, 不諱國惡. 或更逆億以快觚排, 雖曰愛君, 無辭植黨."(『越縵堂日記·孟學齋日記』, 上海商務印書館影印手稿本, 1920)

14 이 표에서 于登은 이렇게 설명했다. "감찰 제도가 전제적 정치 체제 아래에서 '모든 부서를 탄핵하고 관료의 부정을 감찰彈劾百司, 紏察官邪'하는 효능이 있었는지 여부는, 위에 나열한 어사의 탄핵 사실 및 결과 표로 보건대, 전적으로 군주가 현명한지 못했는지 여부와 수보가 어리석은지 여부에 의해 결정되었다고 하겠다監察制度在專制政體之下, 是否能得'彈劾百司, 紏察官邪'之效, 按上列御史彈劾事實及結果表而論, 則全以君主之賢與不肖以及首輔之昏庸與否爲依歸."(141쪽)

15 자신을 아끼지 말라는 해석은 틀림없이 다음과 같은 가정에서 나왔을 것이다. 즉 '품계品秩'는 정치적 용기와 반비례하기 때문에, 품계가 높으면 공정무사한 일처리에 방해가 된다는 것이다. 극단적으로 추론하자면 공정무사한 일처리가 가능한 이는 벼슬도 없고 봉록도 받지 않는 '포의지사'일 것이다. "어사가 죄를 지으면 세 등급의 가중처벌을 한다御史犯罪, 加三等"(『명사』, 권73 「職官2」)라는 엄격한 방비 법령 또한 관련 제도를 설계한 이가 지니고 있던 정치 이념을 반영한 것이다. 언관은 '권한이 막중하다'라는 인상은 바로 제도를 설계한 이가 일부러 조성한 것일 터다. 『광양잡기』에는 이렇게 기록되어 있다. "명나라 때 탄핵을 당한 관리는 관아에서 사택으로 돌아가 수레의 발을 내려서 가리고 대문에 '注籍'이라고 쓴 글을 내건 다음, 대문을 닫고 명령을 기다렸다明時, 群僚被劾者, 自衙歸私宅, 則下轎簾以障之, 於門揭注籍二字, 廢門以待命."(권1, 35쪽) 황종희에 따르면 李賢(1408~1467, 자는 原德)은 "재상으로서 업무는 훌륭히 수행했는데相業可觀" "다만 羅倫(1431~1478, 자는 應魁 또는 彝正, 호는 一峯)의 상소 하나로 폄적을 당했으니 애석한 일止以一峯一疏詘之, 爲可惜也"(「明文授讀評語彙輯」, 『황종희전집』 제11책, 162쪽)이라고 했다. 이것은 인물이 벼슬길에 나아가고 물러나게 하는 '권한'은 사실상 최고 권력자가 지닌 칼자루에 달려 있다는 뜻이다.

16 왕부지는 "대간을 설치한 것이 위로 군주의 잘못을 바로잡고 아래로 만방의 숨겨진 사정을 전달하기臺諫之設, 上以紏君德之愆, 下以達萬方之隱" 위해서이지 "매처럼 사납게 공격毛鷙攻擊"하기 위해서가 아니라고 했다.(『독통감론』 권6, 235쪽) 또 간관의 직무에 대해서는 "간관은 간언하는 직책인

데, 간언하는 것은 군주에 대해 하는 것이고夫諫官職在諫矣, 諫者, 諫君者也" 또한 '부도'한 대신에 대해 간언하는 것이라고 하면서, "여러 담당자의 일이 잘못되면 육관의 장관이 그 성취를 심사하고 법령을 담당하는 신하가 그 과실을 감독하며 재상과 천자는 핵심을 장악하여 올바른 것을 결정함으로써 비로소 자잘한 사안에 대해 맹렬히 공격하고 가혹하게 허물을 캐내어 자신들이 잘 판별해서 규찰한다고 자랑하는 간관에게 의지하지 않게 된다若夫群執事之修隆, 則六官之長核其成, 執憲之臣督其失, 宰相與天子總大綱以裁其正, 初不藉諫官之毛擧鷙擊, 搜剔苛求, 以矜辨察"(『독통감론』 권20, 756쪽)고 했다. 『송론』에서도 "간관은 천자의 과실을 바로잡는 존재이지 재상의 과실을 바로잡는 존재가 아니다諫官者, 以繩糾天子, 而非以繩糾宰相者也"(권4, 122쪽)라고 했다.

17   [日]小野和子,「東林黨考」의 관련 분석(『日本學者研究中國史論著選譯』, 277~278쪽)을 참조할 것.

18   만력 연간에 余懋學(1543~1599, 자는 行之)은 이렇게 말했다. "우리 나라에는 전문적으로 간언하는 관리가 없는데 이제 다른 부서에서 조금이라도 건의하면 직무 범위를 벗어났다出位거나 명예를 탐내는 행위라고 한다我國家諫無專官, 今他曹稍有建白, 不曰出位, 則曰沽名."(『명사』 권235, 余懋學傳) 직무 범위를 벗어난 건의에 대해서는 왕부지도 동기의 측면에서 비판했으니, '言責'과 '出位'의 개념이 사람들의 마음에 얼마나 깊이 뿌리박혀 있었는지 알 수 있다.(『송론』 권2 참조) 형과급사중을 지낸 孫承澤은 간언을 줄여야 한다면서 역시 이렇게 말했다. "각 부서의 관리들은 나름대로 맡은 직무가 있으니 그것을 처리하는 데 힘쓰면 하루 종일 매달려도 부족할 지경인데 어느 겨를에 직무 범위를 벗어나서 분분하게 건의할 수 있겠는가? 무릇 사안과 관계없이 망령되게 명성을 추구하는 것은 마땅히 금지해야 하니, 이 또한 장소를 줄이는 한 가지 방법이다至於各曹之官, 自有職掌, 黽勉圖之, 日不遑給, 何暇出位而紛紜建白. 凡事無關系率妄估名, 則宜禁. 此亦省章疏之一端也."(『春明夢餘錄』 권25 참조)

19   『금언』 권2 제130조에 그 사안이 좀 더 자세히 기록되어 있다. "효종이 劉大夏(1436~1516, 자는 時雍, 호는 東山)를 불러서 분부했다. '사안 가운데 불가한 것이 있으면 늘 그대를 불러 상의하고 싶었지만 또 그대의 부서에 해당되는 일이 아니라서 그만두곤 했소. 이후로 파면해야 할 자가 있다면 게첩을 작성해서 밀봉하여 제출하도록 하시구려.' '감히 그럴 수 없습니다.' '무엇 때문이오?' '선황의 조정에서 있었던 간신 李孜省(?~1487)의 경우를 타산지석으로 삼아야 합니다.' '그대와 나는 나랏일을 논의하고 있는데, 어찌 사사로운 이득을 챙긴 해로운 작자에 비교할 수 있겠소!' '신하가 게첩을 올리고 거들먹거리는 것도 이전 왕조에서 변칙적으로 관리를 임용했던 것과 마찬가지의 폐단입니다. 폐하께서는 멀리로는 제왕을 본받으시고 가

까이로는 조상을 본받으셔야 마땅합니다. 사안의 가부에 대해서 밖으로는 관부의 부서에 판단을 맡기시고 안으로는 내각에 자문을 구하시면 될 것입니다. 만약 게첩을 올리고 그 일이 오래 지속되면 위아래에 모두 폐단이 생길 것입니다. 또한 그것은 후세에서 본받을 만한 것이 아닌지라 저는 감히 그 분부를 따르지 못하겠습니다.' 이에 황제가 한참 동안 그를 칭찬했다孝皇召見劉忠宣公, 諭曰: 事有不可, 每欲召卿商量. 又以非卿部內事而止. 今後有當罷者, 卿可寫揭帖, 密封進來. 對曰: 不敢. 上曰: 何. 曰: 先朝李孜省可爲鑑戒. 上曰: 卿與我論國事, 豈孜省營私害物者比. 曰: 臣下以揭帖顯行, 是亦前代斜封墨勅之弊. 陛下宜遠法帝王, 近法祖宗. 事有可否, 外付之府部, 內咨之內閣, 可也. 如有揭帖, 日久上下俱有弊. 且非後世法, 臣不敢效順. 上稱善久之." 劉大夏와 같은 이도 모범적인 대신이라 여겨졌다. 『春明夢餘錄』권24에는 황제가 특별히 불러서 密對한 일을 기록하고 있다. "숭정 2년(1629) 기사일에 주상이 문화전에 행차하셔서 내시로 하여금 의흥 출신의 예부시랑 周延儒(1593~1643, 자는 玉繩)를 불러오게 하여 독대하시고 한참 후에야 나오셨다. 이에 어사 李長春과 毛羽健(?~?, 호는 芝田)이 상소를 올렸다. '성스러운 군주는 마땅히 거동을 신중하게 해야 하거늘, 신하 한 명만 부르신 것은 적절하지 못합니다. 우리 나라에는 내각에 신하를 두어 자문에 대비하고, 구경을 두어 각종 직무를 관장하게 하며, 대성을 두어 규정과 탄핵을 하고 봉박을 주관하게 하여 크고 작은 관리들이 서로 받쳐줌으로써 폐하의 이목이 막히는 일이 생겨나지 않고 있습니다. 그런데 황상께서는 온 조정의 신료들은 믿고 일을 맡길 수 없으며 오로지 주연유 한 사람만 믿고 일을 맡길 수 있다고 생각하시는 것입니까? 그렇다면 마땅히 그와 나눈 문답을 조정 안팎에 공포하고 기거주에 기록하게 하여 사람들로 하여금 부질없이 알 수 없는 영역에 대해 깊이 고민하지 않도록 하시옵소서!' 하지만 주상께서는 아무 답변도 하지 않으셨다. 얼마 후 주연유는 온체인과 함께 내각에 들어갔다崇禎二年己巳, 上御文華殿, 遣內侍特召禮部侍郎周宜興獨對, 移時, 漏下一鼓始出. 御史李長春, 毛羽健等上言: 聖主擧動宜愼, 一臣獨召非體. 我國家設閣臣以備顧問, 設九列以課職掌, 設臺省以資斜彈, 主封駁, 大小相維, 壅蔽不生. 皇上之意, 得無謂擧朝不足信, 不堪用, 惟延儒一人可信可用乎. 如此, 宜以所問答明布中外, 宣付記注, 毋徒使人揣摩於不可知之域. 不報. 未幾, 同溫體仁入閣."

20 『魚山剩稿』에 따르면 금의위와 형부는 심문 과정에서 웅개원이 建言한 행위의 은밀함을 재삼 강조했다. 이 책의 권3「刑曹初讞」에는 이렇게 기록되어 있다. "웅개원의 죄를 논의하여 법제에 의거하여 보고하니, 비밀이 아닌데도 함부로 비밀이 있다고 말한 자는 법에 따라 곤장 100대를 치고 2000리 밖으로 유배를 보내야議得熊開元所犯, 合依對制上書, 非密而妄言有密者, 律杖一百, 流二千里" 한다면서 그가 "폭로하여 비방하는 것을 정직

하다고 여기며 명성을 얻으려 했고, 속임수를 써서 권력을 행사한 것은 은밀한 행위와 같다. 문호를 열고 널리 인재를 모으는 성스러운 세상임을 고려하지 않고 어찌 秦宮과 같이 남몰래 간언했으며, 비밀리에 계책을 세우는 陳平(?~기원전 178)도 아니면서 함부로 황제에게 귓속말을 하려 했는가? 이런 사례가 일단 시작되면 틀림없이 크고 작은 법도를 대체하고 음양으로 이간하는 풍조가 점차 열릴 것이다詐以爲直, 志在沽名, 譎以行權, 跡同詭密. 不思當辟門之聖世, 豈是請閒秦宮. 非祕計之陳平, 妄思附耳漢陛. 此端一啓, 必至替大小綱維之經, 開陰陽離間之漸."(310~311쪽)「刑曹再讞」에도 "기밀이라는 명목을 빌려 보고하고 결연하게 공개하여 말하지 못함으로 인해 스스로 은밀하게 참소했다는 누명을 쓰고借名於機密條陳, 不慷慨公言, 而自蹈於讒譖詭祕""면전에서 과감히 간언한 史丹(?~?, 자는 君仲)의 경우를 핑계 삼으려다가 숨김이 없어야 마땅하다는 도리를 어겼다希托伏蒲之奏, 乃乖無隱之宜"(320쪽)느니 했다. 하지만 정말 '기밀'에 속한 것이라면 은밀히 상주하는 일을 윤허했으리라는 것을 알 수 있다.

21 이런 정황은 심지어 막스 베버에게도 깊은 인상을 심어주었다. 이와 관련된 중국의 제도에 대해 언급하면서 그는 이렇게 말했다. "관리의 전제 管理활동 및 사업상의 운명은 그들의 해명과 더불어 '인사 기록'의 발행과 모든 보고 및 奏議의 발표를 통해 대중에게 공표되며, 그 공개의 정도는 의회의 감독 아래 있는 우리 서양의 어떤 管理보다 훨씬 더 크다. (…) 중국의 이런 절차는 적어도 관리들의 管理에 대한 여론의 압력 사이에서 상당히 견고하고 항상 효율적인 어떤 안전판을 마련한 셈이었다."(『儒敎與道敎』, 156쪽) 베버는 서양의 경험에서 출발하여 앞서 설명한 제도의 효용을 상당히 과대평가했다.

22 『송론』: "옛날에는 사람들이 군주에게 간언할 수 있었지만 전문적으로 간언하는 벼슬은 없었으니, 천하가 말로 숭상받고자 하지 말도록 하려 했기 때문이다. 전문적으로 간언하는 벼슬이 생긴 것은 남조 양나라 때 시작되었고 당나라도 그것을 이어받았다. 전문적으로 간언하는 벼슬이 있으면 말하기를 직능으로 삼게 되고, 말하기가 직능이 되면 말로 숭상받는다. (…) 말로 숭상받으면 말할 거리를 찾지만, 말할 수 있으면 바로 이야기해버리게 된다. 이러면 나아갈 때도 이치를 살피지 않고, 물러나서도 마음으로 믿지 못한다. 병폐를 이롭다 여기고, 이로운 것을 병폐라 여기며, 못난 사람을 현량하다 여기고, 현량한 사람을 못났다고 여긴다古者人得進諫於君, 而諫無專官, 不欲天下之以言爲尙也 (…) 諫之有專官, 自蕭梁始, 而唐因之. 諫有專官, 則以言爲職矣. 以言爲職, 則以言爲尙矣 (…) 以言爲尙, 求所以言者, 但可言而卽言之. 於是進不揆伏理, 退不信於心. 利其所病, 病其所利, 賢其所不肖, 不肖其所賢." 그는 조정 정치에서 '간사하게 비방奸謗'하고 "조정 대신들이 물과 불처럼 다투는廷臣水火之爭" 것은 "말로 숭상받고以言爲尙" "재상

과 대간이 적으로 갈라지는宰執與臺諫分爲敵壘" 제도적 병폐로 귀결된다고 했다.(권4, 121~122쪽)『春明夢餘錄』 권25에는 급사중 劉斯瑮가 언로가 점차 가벼워지는 일에 대해 올린 상소가 기록되어 있다. "관청에 문서가 가득하여 반쯤 억지로 조목별로 보고하는 것을 직무로 삼게 되었고, 황상 또한 그 직무를 조목별로 보고하는 것으로 여기게 되었다章滿公車, 強半借條陳爲職掌矣, 而皇上亦若認職掌在條陳." 여기서 말하는 것이 만약 좁은 의미의 '언로'라면 그 '직무職掌'는 확실히 '조목별로 보고條陳'하는 데 있었다.

23 "조정의 책략을 이미 잘 살펴놓고 논쟁하는 신하들 가운데 도움이 되고 올바른 의견을 채택하여 행동을 결정한다면 다스림에 실수가 생기는 경우가 드물다. 조정의 책략에 근거가 없는 상태로 여러 신이 계책을 이야기하며 서로 다투는 것에 의지한다면 다행히 혼란을 피하는 일도 드물 것이다廟謨已審, 采諍臣之弼正以決行止, 其於治也有失焉, 鮮矣. 廟謨無據, 倚群臣之道謀以相爭辯, 其於亂也幸免焉, 鮮矣." 이에 왕부지는 당의 제도를 끌어들여서 "나중에 논박하며 제대로 된 의견을 들어야지, 먼저 의논하게 하여 요란하게 어지러운 지경에 이르게 하지 않아야 치도가 안정된다駁之於後以兼聽得中, 而不議之於先以喧囂致亂, 道斯定矣"고 했다.(『독통감론』 권25, 951~952쪽)

24 "언관은 천하의 옳고 그름을 조종하며 천하는 또 언관의 옳고 그름을 조종하니, 말을 신중하게 하지 않을 수 없음이 이와 같다至於言官操天下之是非, 天下又操言官之是非, 言之不可不愼, 如此也."(「萬曆奏議序」.『涇皐藏稿』 권7, 淸刻本)

25 여기에도 의거로 삼는 전통이 있다. 장이상은 이렇게 말했다. "옛날에는 고을에서 인재를 선발했는데 향당의 이목이 지극히 가까운 곳에서 아주 많은지라 그 사람이 현량한지 못났는지가 마치 거울이 사물을 비추듯이 숨길 수 없었다. 대개 한 사람의 애증과 희로에는 사적인 마음이 작용할 수밖에 없지만 여러 사람의 시비와 호오는 공정할 수밖에 없다古者選士於鄉, 以鄉黨耳目至近名衆, 其爲賢不肖, 如鑑之照物, 不可掩也. 蓋一人之愛憎喜怒則莫不私, 衆人之是非好惡則莫不公."(『楊園先生全集』 권47『訓子語上』「立身四要: 曰愛曰敬曰勤曰儉」) 하지만 실제 조작에서는 결코 병폐가 없었던 것이 아니었다. 姜埰, 「沈兵科傳」: "관례에 따라 심사하여 관료를 선발할 때는 이부吏部에서 본향의 과도에 인책을 발행하여 月旦評을 채집하게 했으니 그것을 '咨訪冊'이라고 한다. 권점이 많고 적음에 따라 차등을 두고, 이부에서는 책에 의거하여 조목별로 상주할 내용을 안배하는 데 참조한다. 이 때문에 본향의 과도가 손에 저울대를 들었다고 생각하고 멋대로 갈취한다例考選, 吏部發印冊於本鄉科道采月旦, 名曰'咨訪冊', 以圈之多寡爲差等, 部按冊參其條奏錯置之. 本鄉科道以是爲權衡在手, 恣其獵取."(『敬亭集』 권8, 光緒己醜

山東書局 重刊)

26 황종희의 「周子佩先生墓誌銘」과 『陳定生先生墓誌銘』(『황종희전집』 제10책)을
    참조할 것. 황종희는 馮京第(?~1654, 자는 躋仲)가 "안휘 귀지 출신의 오응빈
    (1564~1635, 자는 尙之)과 놀랍도록 황당한 말을 하면서 인물을 재량하여
    공경들도 그들을 피했다與貴池吳應賓危言讕語, 裁量人物, 公卿亦避之"(『황
    종희전집』 제11책, 88쪽)고 했다. 오위업은 복사의 명사에 대해 기록하면서
    그가 "집정자들을 품평하고 공경을 재량하니 대단히 강경한 이라 할지라
    도 굴복하는 바가 없었다品核執政, 裁量公卿, 雖甚強梗, 不能有所屈撓."(「冒
    辟疆五十壽序」, 『吳梅村全集』 권36, 773쪽)고 했다. 淸議의 위력에 대해서 張鑑
    의 『冬靑館甲集』 권6 「書復社姓氏錄後後·2」에서는 이렇게 썼다. "조정의 宰
    輔도 종종 복사 성원을 두려워하여 꺼리면서 오로지 청의에 죄를 짓게 될
    까 염려했고, 심지어 경사의 모임에 복사의 성원이 있으면 자리가 끝날 때
    까지 감히 천하대사를 이야기하지 못했다在廷宰輔往往畏忌社中之人, 唯恐
    得罪淸議, 甚至京師坐次有復社相公, 竟席不敢言天下事."(吳興劉氏嘉業堂刊本.
    참고로 『復社姓氏』는 吳應箕가 鑑定했다.)

27 『명사』 권254에서 찬하여 말했다 : "명나라는 신종 이후부터 사대부들이
    문호를 높이 세우고 의기를 중시했다. 개중에 현량한 이들은 명예와 예법
    을 권면하고 벼슬아치들이 논쟁할 일이 생기면 청의가 왕성하게 일어나 그
    곳으로 귀결되었다明自神宗而後, 士大夫峻門戶而重意氣. 其賢者敦厲名檢,
    居官有所執爭, 卽淸議翕然歸之."

28 薛應旂(1500~1575, 자는 仲常)는 이렇게 말했다. "옛날에는 간관이 따로 없
    어서 천하의 공의를 천하 사람들에게 맡겨 천하 사람들이 그에 대해 말하
    게 했으니, 이 때문에 그것이 흥성했다古者諫無官, 以天下之公議, 寄之天下
    之人, 使天下之人言之, 此其爲盛也."(『명유학안』 권25 「薛方山紀述」, 595쪽) 같
    은 책 권48에는 崔銑(1478~1541, 자는 子鍾 또는 仲鳧)의 「士翼」에 들어 있는
    다음과 같은 말을 기록해놓았다. "잘 다스려지는 세상에서는 논의가 대중
    에게 공개되고, 흥성하는 세상에서는 논의가 조정에 공개되며, 쇠락하는
    세상에서는 논의가 재야에만 공개된다. 위아래에 공개되지 않으면 그 세
    상은 가망이 없다. 그러므로 黨錮가 종식되자 한나라가 망했고 붕당이 없
    어지자 송나라가 어지러워졌다. 무릇 공론은 하루라도 없어져서는 안 되
    는 것이다其世治者, 其論公於衆, 其世興者, 其論公於朝; 其世衰者, 其論公於
    野. 上下不公, 其世不可爲已. 故黨錮息而漢亡, 朋黨盡而宋亂. 夫公論弗可一日
    而廢也."(1160쪽) 繆昌期(1562~1626, 자는 當時 또는 又元, 諡號는 文貞)는 "평범
    한 백성이 옳다고 여기는 것을 군주와 신하가 바로잡을 수 없으면 잘못되
    었다고 여기고, 평범한 백성이 잘못되었다고 여기는 것을 군주와 신하가
    바로잡지 못하면 옳다고 여긴다匹夫匹婦之所是, 主與臣不得矯之以爲非, 匹
    夫匹婦之所非, 主與臣不得矯之以爲是"(『從野堂存稿』 권1, 同治甲戌刊本)고 했는

데, 그 서술 방식에서 당시의 王學의 분위기를 어렵지 않게 감지할 수 있다.

29 일본의 미조구치 유조는 "명말에 자주 나타나는 '공론'이라는 명분을 내세운 주장들이 나온 배후에는 이른바 지주제의 발전으로 인한 새로운 사회 변화가 존재한다"고 지적하면서 또 이렇게 덧붙였다. "관료의 제약 능력이 상대적으로 약화되고 지주 계층을 중심으로 한 지방 통치 세력의 여론 역량이 강화되기 시작했는데, 이것이 바로 이른바 '공론'이라는 것이다.("中國的思想』, 101쪽)

30 예를 들어『명사』권30에 수록된 정통 연간의 동요가 있다. 오응기는 홍광 연간에 남경의 길거리에 '널리 퍼진 노래遍布歌謠'("樓山堂集』권29「祭周仲馭文一」)에 대해 언급했다.『明季北略』(163쪽)에도 당시 경사에 유행하던 동요가 기록되어 있다. 丁寶銓이 편집한『傅青主先生年譜』에는 부산과 순무 蔡懋德(1586~1644, 자는 維立)이 동요를 만들어 민심을 안정시킨 일을 기록하고 있다.("霜紅龕集』, 1298~1299쪽)

31 劉勇强,「明清邸報與文學之關係」,『學人』제3집, 江蘇文藝出版社, 1992. 이 글에서는 명대에 "필자가 본 최초의 邸報 史料는 정덕 연간부터 시작되었다"(442쪽)고 했다. 민간에도 "抄報가 나돌아서" 관에서 운영하는 報房과 이권을 다투었다. 이 글에서는 余繼登의『典故紀聞』을 인용하면서 저보의 기본적인 기능은 "조정의 정치를 알리는 것使知朝政"이라고 했다. 저보가 때맞춰 발행되고 독자의 범위가 널리 퍼져 있었기 때문에 당시 사적의 편찬과 통속 소설 창작에 영향을 주고 조야의 여론을 동원하는 기능을 발휘했다. "광범하게 발행되는 공보의 일종으로서 저보는 문학가들로 하여금 조정에서든 재야에서든, 경사에서든 외지에서든 동일한 사건에 대해 신속하게 의견을 발표할 수 있게 해주었으니, 이는 이전의 문학 창작에서는 자주 볼 수 없는 현상이었다."(447쪽) 그러나 이 글에서도 지적했듯이 "저보의 발행 주기는 여전히 전달 주기에 의해 제약을 받았기" 때문에 여론의 형성 과정에서 저보의 영향을 연구하기 위해서는 이런 요소들을 고려해야 한다. 즉 외지에서는 "길이 멀기 때문에 3, 4일 혹은 그보다 더 긴 시간이 지나야 겨우 한 번씩 받아볼 수 있었던"(443쪽) 것이다. 이런 조건은 당연히 여론과 사건이 보조를 같이하는 데 영향을 주었을 것이다.

32 이외에 傳抄와 같이 오랜 전통을 지닌 수단도 여전히 사용되었다. 황종희는 馮京第가 쓴 奏疏와 尺牘은 "그 초고가 곧바로 사람들에게 전송되었다底草便爲人所傳誦"고 했다.("御史中丞馮公墓誌銘」,『황종희전집』제11책, 88쪽)『명사』권181「李東陽傳」에서는 그가 "상소를 올리면 천하에 전송되었다疏出, 天下傳誦"고 했고, 권182「馬文升傳」에서는 馬文升과 王恕가 "상소를 올리면 천하에 전송되었다"고 했으며, 권183「倪嶽傳」에서도 그가 "상소를 올리면 많은 이에게 전해져서 기록되었다疏出, 人多傳錄之"고 했다. 章奏이 개인의 문집에 들어간 것은 대부분 사후의 일이지만, 방각을 거치면 사상

과 언론을 확산시키는 데 유리했을 터다.

33 『崑陽全集·崑陽草堂文集』권16 「天山自敍年譜」: "劉元城(1048~1125, 자는 器之)은 '다른 사람에 대해 논할 때는 그가 조정에서 세운 위대한 절조를 살펴야 하지만, 태평성대에 애매하게 사람을 죽일 수 있었던 일은 없다'고 말했다. 애매하게 죄를 씌워서 사람을 죽인 것은 온체인에게서 시작되었는데 허희 등은 한 걸음 더 나아가 추잡한 소설을 만들고 그 안에 이름을 집어넣었으니, 이는 아주 먼 옛날부터 지금까지 없었던 일이다劉元城云: 論人須觀立朝大節, 未有淸平之世可以曖昧殺人者. 以曖昧殺人之圈套, 自溫體仁始也. 曦等更深一步, 則串成穢惡小說, 嵌入姓名. 此乃極古今以來未有之事." 이 책에 부록으로 실린 湯修業의 「崑陽冤獄辨四」에서는 이렇게 쓰고 있다. "그렇다면 세상에 나도는 『정만소사』는 누가 지은 것인가? 바로 허희 등의 무리가 지은 것이다然則俗傳『鄭鄤小史』小說誰爲之也. 曰: 卽許曦輩爲之也." (『崑陽全集』, 1932년刊本) '穢惡'나 '曖昧'한 것들은 당시에 듣는 사람들을 놀라게 하기에 가장 적합한 소재이기도 했다.

34 개인적인 배경과 정치 경험을 바탕으로 청의의 기능에 대한 황종희의 평가는 거의 보류하는 바가 없는 듯했다. "논자들은 동림당을 청의의 종주라 여김으로써 재앙을 초래했다. 공자께서는 군자가 다스리는 도리는 제방을 쌓는 것에 비유할 수 있다고 하셨으니, 청의라는 것은 천하의 제방인 것이다論者以東林爲淸議所宗, 禍之招也. 子言之, 君子之道, 辟則坊與, 淸議者天下之坊也."(『明儒學案』권58 「東林學案一」, 1375쪽)

35 청초의 당견은 이렇게 말했다. "벼슬을 사직하고 떠나고도 경사에 서신을 보내 관료의 승진과 강등을 평가하는 권한을 지니거나, 시골 처사에게 공경이 찾아가 그가 현자이든 못난이든 옳고 그름을 판결받으려고 하는데, 이런 자는 도학을 크게 해치기 때문에 반드시 법에 따라 처벌해야 한다若夫身退而去, 寓書京師, 制黜陟之權, 處士巷居, 公卿就而決是非, 訪賢不肯. 此道學之大賊, 法所必誅者也."(『潛書』下篇 「除黨」, 164쪽) 이 또한 청대 사람들의 식견으로서, 당시의 정치 질서에 대해 모종의 認定을 나타낸 것이다.

36 왕부지는 '衆論'이 다수의 편견이라면서 명확하게 비판적인 태도를 견지했다. '영예'—학사와 사대부들의 칭송을 포함해서—에 대한 그의 분석에는 경험을 토대로 한 사회 심리에 대한 이해가 포함되어 있다. 『독통감론』권3에서는 李廣과 岳飛가 영예를 얻은 이유를 분석했고, 권4에서는 趙廣漢과 包拯, 海瑞가 백성에게 칭송받은 이유를 분석했는데, 이 모든 분석에서 그는 기존의 편견을 바로잡으려고 애썼다. 『송론』에서는 악비를 예로 들어서 '영예'의 생성에 대해 이렇게 분석했다. "帥臣(安撫司의 長官)이 영예를 얻는 방법에는 세 가지가 있다. 첫째, 군령을 엄격하게 하여 약탈을 금지하고 부드러운 말로 編氓(호적에 편입된 평민)을 위로하면 백성의 칭송이 그에게 돌아간다. 둘째, 겸양을 닦아 교제를 신중히 하고 문사를 익혀서 시사

를 창화하면 선비들의 칭송이 그에게 돌아간다. 셋째, 조정의 논의에 참여하여 공론을 견지하고 간사한 자들과 거리를 두고 군자와 교유하면 공경들의 칭송이 그에게 돌아간다帥臣之得令譽也有三: 嚴軍令以禁掠奪, 爲軟語以慰編氓, 則民之譽歸之. 修謙讓以謹交際, 習文辭以相酬和, 則士之譽歸之. 與廷議而持公論, 屏奸邪以交君子, 則公卿百僚之譽歸之."(권10, 243쪽) 왕부지는 유자들(즉, "有宋諸大儒")이 정치 행위를 하는 과정에서 여론에 호소하는 것 —"게으른 백성의 한없는 원망을 들어주고, 사대부들의 불평에 찬 지적을 믿는 것聽惰民無已之怨讟, 信士大夫不平之指摘"—에 대해서도 엄격하게 비판적인 태도를 견지했다.(『독통감론』 권22 참조) 그는 '鄕評'으로 관리를 승진시키고 강등시키는 것의 폐단을 지적하면서, "비방과 칭송으로 나아가고 물러나게 한다는 것인가? 비방과 칭송은 신임할 수 없는 것이다將以毀譽而進退之乎. 毀譽不可任者也"(『독통감론』 권17, 640쪽)라고 했다. 황종희도 "세상 인심이 옳고 그름을 이야기하는 것은 깊은 진흙 수렁에 빠뜨리는 것과 같다世情之是非, 象沒深泥"(「西山日記題辭」, 『황종희전집』 제10책, 72쪽)고 했다.

37 "공론이라는 것은 조정의 칼자루다. 소인이 자리에 있으면 천하가 그 죄악에 대해 아직 듣지 않고 外臣이 아직 그에게 해를 입지 않았을 때 대간이 나서서 논쟁하며 대신이 주재하여 그를 물리쳐 쫓아내니 아래에 있는 신하와 백성은 평안히 지내면서 말을 잊는다. (대간이) 그와 논쟁에서 이기지 못하더라도 사방에서 조용히 듣고 있으면 결국 조정에 인재가 있어서 어렵지 않게 폐해를 청산하게 됨을 알 것이다. 이러면 나라에 간사한 이가 없어진다고는 보장하지 못하지만 천하에 권력 다툼으로 인한 재앙은 없을 것이다. 위에서 공론이 없어져서 대간이 입을 닫고 대신이 귀를 닫아 죄악에 대한 소문이 이미 천하에 퍼져서 오히려 공론의 칼자루를 외신에게 주면 군주의 측근을 소탕하려는 군대가 일어나 재앙이 종묘사직에까지 미친다公論者, 朝廷之柄也. 小人在位, 天下未聞其惡, 外臣未受其傷, 而臺諫爭之, 大臣主之, 斥其奸而屛逐之, 則臣民安於下而忘言, 卽其擊之不勝, 而四方猶靜處以聽, 知朝廷之終有人而弗難澄汰也. 如是, 則不保國之無奸邪, 而四海無爭衡之禍. 公論之廢於上也, 臺諫緘唇, 大臣塞耳, 惡已聞於天下, 而倒授公論之柄於外臣, 於是而淸君側之師起, 而禍及宗社."(『독통감론』 권14, 521쪽) 이런 의미에서 왕부지는 또 대간의 중요성을 강조하면서, "그러므로 언로는 나라의 목숨故言路者, 國之命也"(같은 권)이라고 했다.

38 만력 연간의 급사중 王德完(1554~1621, 자는 子醇)은 상소에서 궁중의 일을 언급하면서 "대간의 관리가 풍문을 듣고 간언하는 것臺諫之官得風聞言事"을 근거로 내세웠다.(『명사』 권235 「王德完」) '풍문언사'에 대해서도 각기 다른 평가가 있다. 『명사』 권168 「萬安傳」: "효종이 제위를 계승하자 만안(1417?~1488, 자는 循吉)이 등극 조서의 초안을 쓰면서 언관이 풍문을 평계로 사적인 마음을 품는 것을 금한다는 내용을 담자 조정 안팎이 시끄

러웠다孝宗嗣位, 安草登極詔書, 禁言官假風聞挾私, 中外嘩然"『명사』권189
「李文祥傳」에는 이문상(?~?, 자는 天瑞)이 효종에게 上封事를 한 일을 기록
했는데, 거기서 그는 "제가 폐하의 등극 조서를 보니 풍문을 듣고 간언하
는 것을 금한다고 하셨습니다. 옛날의 성스러운 왕은 북을 걸어놓고 목탁
을 설치하여 스스로 간언을 구하였습니다. 말의 내용이 비록 마음에 들지
않는다 하더라도 듣는 이가 경계로 삼기에 충분하다면 나라에 무슨 해를
끼치겠습니까? 그런데 갑자기 죄를 물으시겠다니요臣見登極詔書, 不許風聞
言事. 古聖王懸鼓設木, 自求誹謗. 言之縱非其情, 聽者亦足爲戒, 何害於國, 遽
欲罪之!"라고 했다. 劉城(1598~1650, 자는 伯宗)의 「風聞言事說」에는 이런 내
용이 들어 있다. "송나라 때 소식은 '권력을 쥐고 악행을 저지르는 간신의
재앙은 처음에 대간이 꺾어버리면 충분하지만 나중에는 군대를 동원해도
처단하기에 부족하다'고 했습니다. 음미할 만한 말이 아니옵니까! 두려운
말이 아니옵니까宋代蘇軾有云: 凡權奸之禍, 其始以臺諫折之而有餘, 其後以
干戈取之而不足. 有味哉斯言, 可畏哉斯言也!" "혹자는 기밀을 누설해서는 안
된다고 하지만 저는 정황과 형세는 마땅히 함께 알고 있어야 한다고 생각
합니다或者曰: 機密不可泄. 臣曰: 情形當共知." 여기서 그는 '기밀'과 '情形'
을 구분하고, 후자는 마땅히 '공지'해야 한다고 주장했다. 이것은 "사본의
발행을 일괄적으로 금지하여槪絶鈔傳" 군사의 '정형'을 통보하지 않는 상
황을 지적한 것이다. "혹자는 거짓말이 대중을 미혹하니 금지시켜야 한다
고 하지만, 저는 풍문을 듣고 간언하는 것은 괜찮다고 생각합니다或者曰:
僞言惑衆, 宜禁. 臣曰: 風聞言事, 不妨." 그는 이렇게 '僞言'과 '風聞'을 구별하
면서 후자의 개념을 다음과 같이 규정했다. "간사한 음모가 이미 이루어져
있지만 아직 드러나지 않고 사건에 실체는 있지만 형체가 없는데, 길거리
에 일이 이미 유포되어 있는데도 황제에게는 알려지지 않은 채 온 나라에
말이 아주 많지만 뭐라고 이름 붙이기 곤란하다면, 이것은 풍문이다若夫
奸已謀而末露, 事有實而無形, 道路業已流傳, 特末聞之黼座, 通國甚多口語, 第
難坐以主名, 此風聞也."(『嶧桐集』권6) 이것은 주로 명말의 군사를 겨냥한 말
이다.

39 「大學士機山錢公神道碑銘」: "이에 이간질에 쓸 돈 수십만 냥을 내고 위아
래 벼슬아치들을 꾀고 뜬소문을 담은 소설을 지어 단서를 조작하니 숭정
제가 전에 들은 말을 입증했을 뿐만 아니라 조정과 재야에 전하여 알려서
또한 정말 그런가보다 하고 여기게 했다. 이에 원숭환이 책형을 당하자 기
쁨에 찬 노랫소리가 길거리에 가득했다於是出間金數十萬, 飛箝上下, 流言小
說, 造作端末, 不特烈皇證其先入, 朝野傳告, 亦爲信然. 崇煥之磔, 酣謳競路."
(『황종희전집』제10책, 247쪽) 같은 글에서는 또 원숭환과 정만 사건은 "물이
줄어들어 바위가 드러났지만, 의심하고 믿는 이가 여전히 반반이었다水落
石出, 疑信猶半"(249쪽)라고 했다. 명이 망할 무렵에 이르자 뜬소문流言은

정치적 혼란을 가중시켰다. 吳應賓의 『留都見聞錄』 권하 「時事」에는 이렇게 기록되어 있다. "을해년(1635) 청명에 갑자기 병부상서 呂維祺(1587~1641, 자는 介孺, 호는 豫石)가 반란을 모의했다는 소식이 전해져 온 경사에 소동이 벌어졌고, 훈신과 내창이 병부서를 통제하기에 이르렀는데, 나중에 이 말이 주사 兪彦(?~?, 자는 仲茅)에게서 시작되었다는 것을 알게 되었다. 유언은 나이가 많이 들어서 진사에 급제하여 방자하게 굴다가 여유기에게 저지를 당했기 때문에 이런 말을 지어내 모함했을 따름이다. 여유기도 이때부터 그 자리를 불안히 여겼는데, 얼마 후 파직당해 고향으로 돌아갔다. (…) 사람들의 편향된 말이 이처럼 두려운 것이다乙亥淸明, 忽傳兵部尙書呂公豫石謀爲不軌, 通京騷動, 而勳臣內廠至勒兵部署. 後知此語起於主事兪彦. 兪以老甲科放肆, 爲呂公裁抑, 故造是語以傾之耳. 呂公亦自是不安其位, 未幾罷歸 (…) 人言之傾側可畏如此."(『貴池先哲遺書』)『春明夢餘錄』 권25에는 급사 중 劉斯崍의 다음과 같은 상소를 기록했다. "내력을 알 수 없는 첩자가 거리에 두루 퍼지고 익명의 폭로성 편지가 남몰래 저택과 골목에 던져지며 無頭帖子遍布於街衢, 匿名揭帖暗投於宅巷"또한 풍문을 듣고 은밀한 상소를 올려 성상의 귀를 현혹하고 선량한 부류에게 해를 끼친다且風聞有進密疏以惑聖聽而中傷善類"고 했으니, 이 또한 중구난방으로 혼잡스러운 말세의 풍경을 묘사한 것이다. 왕부지는 사대부들이 민중에게 호소하는 정치비평—이른바 '詆訐'과 '歌謠諷刺'—에 대해 극단적으로 부정하는 태도를 견지했고(『독통감론』 권27, 1048쪽), 심지어 "천하의 동요라는 것은 모두 간사한 자들이 만들어낸 것이다天下之爲童謠者, 皆奸人之造"(같은 책 권18, 682쪽)이라고 했다. 그의 정치적 편견이 뚜렷이 드러나 있기는 하지만 이것은 여전히 명대 정치의 병폐에 대한 정문일침이라 하겠다.

40 「留都防亂公揭」는 阮大鋮을 공격하면서 그도 '유언비어飛語'와 '비방' '譏刺' 등을 조작했다고 지적했다. '正' 편에서 '邪' 편을 공격할 때 썼던 수단도 '邪' 편의 수단과 다르지 않았던 것이다. 그 글에는 다음과 같은 내용이 들어 있다. "병자년(1636)의 사건이 일어났을 때 남방에서 우연히 羽書가 끊어지자 완대성은 곧 유언비어를 만들어 퍼뜨림으로써 사람들이 당황하여 마음이 흔들리게 만들었으니, 그 사실은 차마 말하기도 곤란하고丙子之有警也, 南中羽書偶斷, 大鋮遂爲飛語播揚, 使人心惶惑搖易, 其事至不忍言"그가 지은 전기는 모두 황제를 비방하고 당금 세상을 조롱하며 풍자한 내용이다至其所作傳奇, 無不誹謗聖明, 譏刺當世."그다음에 예를 든 것들도 사실을 왜곡하는 문장으로 무고한 이에게 누명을 씌우는 것이었다.(『樓山堂集』 참조)

41 坊社가 징벌적인 사론을 발동하거나 조직한 예로는 황종희의 『思舊錄』 「陸培」의 기록을 들 수 있다. 이에 따르면 육배(1617~1645, 자는 鯤庭)는 "진현천과 서로 원수처럼 사이가 나빴는데, 진현천이 고을에서 본받을 만한 일

을 하지 않아 항주의 선비들이 격문을 내걸고 그를 공격했다. 육배가 내게 편지를 보내 동절 지역에서도 호응해달라고 하여 내가 사단에 알렸다. 이에 소흥에서는 왕현지가, 영파에서는 육문호가 수장이 되어 모두 격문을 내거니 몸 둘 곳이 없어진 진현천은 순절을 결행하여 모든 비판을 씻어버렸다與陳玄倩交惡, 玄倩無鄕里之行, 武林出檄攻之. 鯤庭寓書於余, 欲東浙爲應, 余告同社, 於是紹興王玄趾爲首, 寧波陸文虎爲首, 皆出檄, 玄倩幾無以自容, 而以死節一灑之."(『황종희전집』 제1책, 377쪽) 이야말로 이른바 '도끼보다 무서운 처벌嚴於斧鉞之誅'이었던 것이다.

42 당시에 陸隴其(1630~1629, 원명은 龍其, 자는 稼書) 등은 극단적으로 법을 수호하려는 태도를 견지했다. 여유량도 이렇게 말했다. "주자의 책에는 위대한 순수함은 감겨 있지만 작은 흠집도 없으니 마땅히 돈독히 믿고 죽음으로 지켜야지 함부로 그에 대해 의심을 품어서는 안 된다凡朱子之書, 有大醇而無小疵, 當篤信死守, 而不可妄置疑鑿於其間."(「與張考夫書」, 『呂晚村先生文集』 권1) 같은 책 같은 권에 수록된 「答吳晴巖書」에서는 "주자의 학설을 돈독히 믿고篤信朱子之說" "끝내 터럭만 한 의심도 감히 품지 않아야 진정으로 이른바 공손하고 성실하게 한 선생의 말씀을 지키는 사람이라고 할 것終不敢有毫髮之疑, 眞所謂賓賓然守一先生之言者也"이라고 했다. 그는 공자를 존중하고 믿은 이는 맹자이며 공자와 맹자를 존중하고 믿은 이는 주자이기 때문에 "내가 주자를 존중하고 믿는 것은 또한 공자와 맹자에 가까워지는 길故某之尊信朱子也, 又親於孔孟"이라고 했다. 이런 주장들은 왕부지와 황종희 등이 '一慨之論'과 '一先生之言'을 이야기했을 때 겨냥하는 바가 무엇인지를 증명해준다.

43 황종희가 이 화제를 언급한 곳은 이외에도 많다. 「顧麟士先生墓誌銘」: "과거의 학술은 한 선생의 말씀에만 한정되어 있다科擧之學, 限以一先生之言"(『황종희전집』 제10책, 416쪽)라고 하고, 「明儒學案序」: "선유의 어록은 사람마다 다르지만 내 심령에 도장처럼 찍혀서 변하지 않는다. 만약 이미 정해진 것만을 고집한다면 결국 수용하지 못할 것이다夫先儒之語錄, 人人不同, 只是印我心靈之變動不居. 若執定成局, 終是受用不得"(같은 책, 73~74쪽)라고 했다. 개정본 「명유학안서」에서는 '한가지로 귀결歸一'시킬 필요가 없음을 논하면서 이렇게 썼다. "어찌하랴? 요즘의 군자들은 반드시 하나의 길에서 나오려 하여 기존 학설을 표절하여 고금을 헤아리려 하고, 조금이라도 차이가 있으면 책에서 벗어난 것이며 정도를 위배했다고 꾸짖는다奈何今之君子必欲出於一途, 剿其成說以衡量古今, 稍有異同卽詆之爲離卷畔道."(75쪽) 「移史館論不宜立理學傳書」에서는 史館의 종사자들이 "학술에 병폐가 생겼으니 하나로 귀결시켜야 마땅하다學術流弊, 宜歸一是"고 주장하면서 "조금이라도 차이가 생기지 않게 하려는不欲稍有異同" 태도를 비판했다.(213쪽) 「兵部督捕右侍郎西山許先生墓誌銘」: "송대 이래로 한 가지만을 도라고 고집

하여 그것으로 다스렸으나 효과를 보지 못했다有宋以來, 執一爲道, 以之治平, 未見其效."(467쪽) 「將萬爲墓誌銘」: "오늘날 과거시험의 방법은 천하의 인재를 망치면서 오로지 힘이 모자라지 않을까 걱정한다. 경학과 역사는 인재들이 모이는 곳이라서 몇 마디 말로는 도움이 되지 않는다. 그런데 한 선생의 말씀으로 제한하고 그게 아니면 경전과 정도를 이반했다고 여기니, 고금의 책들은 쓸데가 없어진다今日科擧之法, 所以破壞天下之人才, 唯恐不力. 經史, 才之藪澤也, 片言不得撓人, 限以一先生之言, 非是則爲離經畔道, 而古今之書, 無所用之."(479쪽)

44 진확은 또 이렇게 말했다. "도라는 것은 천하가 예로부터 지금까지 함께 따르는 것으로서 어떤 한 사람이 사적으로 갖는 것이 아니다. 논설에는 옳고 그름이 있고 의리에는 순수하고 잡박함이 있으니, 또한 사람의 마음을 지닌 이가 얻은 바를 쪼개어 분별하기 때문이다夫道者, 天下古今之所共由, 非一人之所得而私也. 論說則有是非, 義理則有純駁, 亦凡有人心者所得而剖別也." (「答吳仲木書」, 『陳確集』, 571쪽)

45 여곤의 「綱目是正序」와 『易廣引』 『經書斷取引』 등(모두 『去僞齋文集』 『呂坤哲學選集』에 수록됨)을 참조할 것. 「綱目是正序」에서 그는 "성현을 헐뜯고 기존의 법을 어지럽히는 죄詆訛聖賢, 變亂成法之罪"를 두려워하여 스스로 원고를 불태웠다고 했으며, 스스로 쓴 묘지명에서는 "혼자만이 아는 약속을 목 안으로 삼키고, 혼자만이 생각한 말은 등불에 태워버렸다卷獨知之契於一腔, 付獨見之言於一炬"(「大明嘉議大夫刑部左侍郞新吾呂君墓誌銘」, 『呂坤哲學選集』, 85쪽)고 했다. 『역광인』에서는 이렇게 말했다. "도는 성인이 마음대로 할 수 있는 것이 아니며, 성인 또한 그렇게 한 적이 없다道非聖人所得專也, 聖人亦未嘗專道." "그러니 성인은 도를 마음대로 한 적이 없는데 배우는 이들이 그가 마음대로 한 것처럼 만들어버렸다是聖人不專道而學者爲之專也." 그러면서 그는 '도를 마음대로 하려는專道' 이들이 '성인의 守藏史'를 자처하는 것에 대해 통쾌하게 비판했다.(같은 책, 33쪽)

46 장자열, 「再與諸生論集注書」: "『집주』는 따르지 않으면 안 될 것도 있고 따라서는 안 될 것도 있다. 그 정밀한 의미가 있는 곳을 모르면 해설에 얽매이든 배반하든 그 폐단은 마찬가지일 따름이다集注, 有必不可不從者, 亦有必不可從者. 不得其精義所在, 泥注叛注, 其弊一耳."(『芭山文集』 권6) 「四書大全初本序」: "그러므로 학자는 이정과 주자가 아직 정하지 못한 논의와 명나라 초기의 유학을 공부한 여러 신하가 남긴 정밀하지도 완비되지도 않은 책을 바람에 휩쓸리는 풀처럼 금방 따라 하면서 잘못을 바로잡으려 하지 않는다然則學者以程朱未定之論, 與國初諸儒臣未精未備之書, 從風以靡, 不思讎正."(권11)

47 육세의는 자신의 저작 『詩鑑』과 『書鑑』이 "공자의 『시경』과 『서경』의 뜻에 부합할 것以竊附於孔氏詩書之義"이라고 했다. 그는 주자의 『儀禮經傳通解』

에 대해서도 불만을 갖고 『典禮折衷』이라는 책을 쓰려고 했다. 이상은 모두 『思辨錄輯要』 권4를 참조할 것.

48 『東西均』「擴信」에서는 "한나라가 장건을 사신으로 파견하고 당나라가 서역을 평정했지만 황하의 근원은 끝내 밝혀지지 않았는데, 나중에 『원지』를 읽어보니 까마득하게 황하의 근원이 타감사에 있음을 알았고, 장강의 근원이 무주 문산에 있음은 알았지만 마호 강의 근원이 금사 강까지 거슬러 올라간다는 것을 몰랐는데, 『면전지』에서 비로소 장강의 근원이 토번의 이석에 있음을 밝혀서 천고의 역사를 지닌 강물의 진정한 근원이 비로소 나타나게 되었다漢使張騫, 唐平西域, 河源終未明, 後覽『元志』, 闊闊乃溯河於朶甘思. 江源止詳茂州汶山, 而不知馬湖江溯金沙江, 『緬甸志』乃溯江於吐蕃之犁石, 則千古江漢之眞源始顯"라는 사실을 통해 "『禹貢』을 반드시 믿지만 『元志』는 믿는" 오류를 지적했다. 또 "장형이 지동의(즉 혼천의)를 만들고 祖暅之 부자가 『철술』을 지었으니 요 시대의 천관이었던 희와 화, 한 무제 때의 천관이었던 낙하굉의 발견을 보충해서 설명해준다. 초려선생 오징이 「구층야소합도」를 해설하여 남극 아래에 있는 말라카Malacca의 여러 별이 정수와 천랑, 기수와 미수에 이어진 것을 밝혔으니 이는 천지가 개벽한 이래 없던 것을 보충한 것으로서 천문이 오늘날에 이르러서야 비로소 온전해진 셈이다張平子作地儀, 祖暅之作『綴術』, 則羲和, 洛下疏矣. 吳草廬說九層耶蘇合圖, 滿剌加諸星接井狼與箕尾, 爲開辟所未有, 是天象至今日始全." 그리고 그는 기술 발전을 근거로 "나중에 나온 이론이 거짓으로 선왕의 법언을 잘못되었다고 한 적이 없다後出之理未可誣以爲非先王之法言"고 했다.(『東西均』, 11~12쪽) 여기에 담긴 지식론의 관점은 바로 '도'란 점차로 발견되는 것이고, '도를 보는見道' 것은 누적되는 과정이기 때문에 학문을 함으로써 아직 다 밝혀지지 않은 만물의 이치를 계속해서 탐구할 수 있게 된다는 것이다. 이러한 논의는 당연히 청대의 경학 환경이 형성되는 데 적극적인 영향을 주었을 것이다.

49 『東西均』「擴信」: "『이아』의 '檟'를 옛날에는 '荼'라고 했고, 서역에서는 '陀'라고 하거나 '擇'이라고 하기도 했으며, 오 땅에서는 '矬', 민 땅에서는 '德', 중원에서는 '茶'라고 했다. 이것들은 모두 하나의 사물인데 방언과 시대의 변화로 다르게 말해졌던 것이다(주석 생략). '太極'이니 '精一' '時中' '混成' '環中' '眞如' '圓相'은 모두 하나의 마음心이요 하나의 宗旨宗인데 시대에 따라 표현이 달라져서 달리 말해졌던 것이다. 지방마다 고유의 말이 있어서 각기 책으로 기록해놓아 각자의 칭위가 있게 된다. 이쪽은 이쪽의 칭위를 존중하고 저쪽은 저쪽의 칭위를 존중하여 각기 자기가 믿은 것만 믿고 자기가 믿지 않는 것은 믿지 않는다. 그렇다면 어째서 천지간에는 원래 이런 칭위가 없었지만 스스로 그렇게 부를 수 있었다는 것은 믿지 않는가? 어째서 천지간에는 원래 법이 없었는데 스스로 허무맹랑하게 만들어낼 수

있었다는 것을 믿지 않는가?『爾雅』之'櫃', 古謂之'荼', 西域謂之'陀', 亦謂之
'擇', 吳謂之'䔭', 閩謂之'德', 中原謂之'茶', 是皆一物也, 方言時變異耳(注略). '太
極'也, '精一'也, '時中'也, '混成'也, '環中'也, '眞如'也, '圓相'也, 皆一心也, 皆一
宗也, 因時設施異耳. 各有方言, 各記成書, 各有稱謂. 此尊此之稱謂, 彼尊彼之
稱謂, 各信其所信, 不信其所不信, 則何不信天地本無此稱謂, 而可以自我稱謂
之耶? 何不信天地本無法, 而可以自我憑空一畫畫出耶~"(『東西均』, 12~13쪽) 이
와 같이 명명권을 통해서 도달한 주체의 능동성에 대한 자신 또한 명·청
교체기 학자들의 풍모를 구별하게 해준다.

50   예를 들어 그는 주희의 집주에 갖춰지지 못한 내용들은 "보충해서 밝혀도
補爲發明" 괜찮으며, 집주에서 미치지 못한 부분들이라 할지라도 『집주』에
없는 것이라는 이유로 이단이라고 간주해서는 안 된다以非『注』所有而謂爲
異說"고 했다.(『夕堂永日緒論外編』, 『船山全書』 제15책, 854쪽)

51   "『주역』의 도리는 변함없는 것이 없으니 불변의 법칙으로 삼을 수 없다『易』
之爲道, 無有故常, 不可爲典要."(『周易內傳』『船山全書』 제1책, 45쪽) "획이 자리
와 합치되어 그 때를 나타내니 뜻을 취함이 다르다. 이른바 '허공에서 여
섯 번의 변화를 겪으며 괘상을 이루니 불변의 법칙으로 삼아서는 안 된다'
는 것은 『주역』의 도가 변화를 다하기 때문이다畫與位合, 而乘乎其時, 取
義不一. 所謂周流六虛, 不可爲典要, 『易』道之所以盡變化也"(『船山全書』 제1책,
56쪽) "군자는 『주역』에서 각기 때에 맞춰서 법을 취하나니, 때는 어길 수
없는 것이다君子於『易』也, 取法各有其時. 時者, 莫能違者也"(같은 책, 375쪽)
등이 그런 예다.

52   왕부지는 '일一'에 대해 이렇게 설명했다. "하나'란 무엇인가? 비어 있음으
로써 고르지 않은 천하를 담는 것을 '들어맞음中'이라 하고, 채움으로써
허망하지 않은 천하를 체현하는 것을 '올바름正'이라 하고, 마음의 움직임
으로 천하의 본디 그러함을 깨닫는 것을 '어짊仁'이라 하고, 안정된 성품
으로 천하의 당연한 이치를 변별하는 것을 '의로움義'이라고 한다. 요컨대
정성일 따름이다一者何也. 自其以虛函天下之不齊也則曰中, 自其以實體天下
之不妄也則曰正, 自其以心之動幾覺天下之固然者則曰仁, 自其以性之定理辨
天下之當然者則曰義. 以要言之, 則曰誠而己矣."(『船山經義』『船山全書』 제13책,
658쪽) 손기봉은 이렇게 말했다. "갈라진 분파 가운데에는 자연히 일족을
통솔하고 요점을 모으는 곳이 있기 마련이다. 개중에 반드시 통일할 수 없
는 것이 있다면 그 단서가 나와 다를 따름이며, 하늘에 바탕을 둔 학술이
아니다支分派別之中, 自有統宗會元之地. 若其必不能一者, 是其端與我異者耳,
非本天之學也."(『夏峯先生集』 권4「四書近指序」) 이 또한 당시에 상당히 어지럽
게 갈라진 학파 사이의 다툼을 해결하기 위한 인식론적 전제였다. 왕부지
가 '정론定論'과 '정승貞勝'을 이야기한 것도 '진리'에 관련된 인식론이었으
며, 일반적인 차이론異同論의 관점을 초월한 것이었으므로 특히 왕조 교

체기에 명대와 관련된 언론이 지니고 있던 반성의 깊이를 대표하기에 충분하다.(『송론』권13, 303~304쪽 참조)

53 왕부지, 「老子衍」: "천하의 변화는 아주 많지만 요점은 양단으로 귀결된다. 양단은 일치에서 생겨나기 때문에 아름다움이 있으면 미움이 있고, 선함이 있으면 선하지 못함이 있는 것이다. '하나에 의지하여 저 '통일되지 못함不一'을 개괄하니 흑백이 다투고 비방과 칭송이 잡다하게 생겨난다. 성인이 '하나를 끌어안음抱一'으로 비로소 하나와 하나가 둘이 되고 나는 그 중간에 편안히 있게 되었다. 그러므로 저 하나와 이 하나가 보루가 되면 비로소 원래 보루라는 것은 없었음을 알게 되고 결국 앉아서 거두게 되니 (…) 이를 일컬어 '착한 다툼善爭'이라고 한다天下之變萬, 而要歸於兩端. 兩端生於一致, 故方有美而方有惡, 方有善而方有不善. 據一以概乎彼之不一, 則白黑競而毁譽雜. 聖人之抱一也, 方其一與一爲二, 而我徐處於中. 故彼一與此一爲壘, 乃知其本無壘也, 遂坐而收之 (…) 是之謂善爭."(『船山全書』제13책, 18쪽)

54 『儀禮』에 대한 여곤의 비판은 단지 진위 구별에 그치지 않고 '경전' 자체에 대한 의문을 제기한다. 그의 「孔孟同異」(『襄垣策問』六首之一, 『呂坤哲學選集』)에 따르면 공맹이 "완전히 합치되기 어렵고難以盡合" 공맹의 언행이 "자연히 서로 저촉된다自相牴牾"고 했으니, 이 또한 성도로서 적절한 태도가 아님이 분명하다. 이런 것들은 이미 경학 내부에 국한된 것이 아니라 그 체계 바깥의 문화 비평까지 포함하고 있다.

55 『船山全書』제13책에서 왕부지가 자신의 경의에 대해 쓴 자서를 참조할 것.

56 『呂晩村先生文集』의 부록에 실린, 呂公忠이 쓴 부친 여유량의 『行略』에서는 이렇게 쓰고 있다. "선친께서는 태어나실 때 고아가 되셨고 자라면서 환난에 시달리셨으며 장년에는 풍진을 겪으셨고 만년에는 비로소 산천에 은거하려고 생각하셨으나 세상의 간난을 애탄하고 백성의 고통을 불쌍히 여기는 뜻과, 명예를 버리고 재앙을 두려워하는 마음, 이 두 가지가 하루라도 그분의 마음에서 떠난 적이 없었다先君生而孤露, 長而患難, 壯而風塵, 及其晩也. 方思窮歌泉石, 而悲天憫人之意與逃名畏禍之心, 兩者未嘗一日去於其懷."

57 장자열의 「復四方及門論毁注書」와 「復及門諸子辨謗書」(모두 『芑山文集』권6에 수록됨) 등을 참조할 것. 참고로 그의 『四書大全辨』은 명말에 간행된 적이 있고 또한 관방의 지지를 받았다. 그의 「復友人論字彙辨書」에서는 이 책에 대해 "남경 국자감에서는 소속 부서에서 간행해주었고, 순시관은 특별히 글을 써서 황제께 진상했다南雍則爲杳部梓行, 直指則爲特題進御"라면서 득의양양하게 인용했으니, 진확의 『大學辨』이 당한 상황과는 또 차이가 있다.
※원래 본문 주석이었으나, 읽기에 번잡하다고 판단하여 미주로 포함시켰

음.—옮긴이

58 이에 대해서는 『鮚埼亭集』 권11 「梨洲先生神道碑文」과 集外編 권6의 「明故
按察副使監軍贛庵陸公墓碑銘」 및 「明婁秀才窆石志」를 참조할 것. ※원래 본
문 주석이었으나, 읽기에 번잡하다고 판단하여 미주로 포함시켰음.—옮긴이

참고문헌

『船山全書』, 嶽麓書社

『黃宗羲全集』, 浙江古籍出版社

『明儒學案』, 中華書局, 1985

『顧炎武詩文集』, 中華書局, 1983

『日知錄』, 中州古籍出版社, 1990

『牧齋初學集』, 上海古籍出版社, 1985

『牧齋有學集』, 上海古籍出版社, 1996

『錢牧齋全集』, 邃漢齋校刊

『錢牧齋尺牘』, 上海商務印書館, 1936

錢謙益, 『列朝詩集小傳』, 上海古籍出版社, 1983

『吳梅村全集』, 上海古籍出版社, 1990

劉宗周, 『劉子全書』, 道光乙未刊本

黃道周, 『黃漳浦集』, 道光戊子刻本

孫奇逢, 『夏峰先生集』, 畿輔叢書

傅山, 『霜紅龕集』, 山西人民出版社, 1985

方以智, 『通雅』, 康熙丙午立敎館校鐫

＿＿＿＿, 『浮山文集後編』『淸史資料』, 中華書局, 1985

＿＿＿＿, 『東西均』, 中華書局, 1962

陳確, 『陳確集』, 中華書局, 1979

張履祥, 『楊園先生全集』, 道光庚子刊本

李顒, 『二曲集』, 光緖三年新逃堂刊本

陸世儀, 『桴亭先生遺書』, 光緒乙亥刻本

_____, 『思辨錄輯要』, 正誼堂全書

_____, 『論學酬答』, 小石山房叢書

陳子龍, 『陳忠裕全集』, 嘉慶八年刊本

_____, 『陳子龍詩集』, 上海古籍出版社, 1983

屈大均, 『翁山文外』, 宣統二年上海國學扶輪社刊本

_____, 『翁山文鈔』, 商務印書館, 1946

_____, 『翁山佚文集』, 同上

_____, 『廣東新語』, 中華書局, 1985

劉獻廷, 『廣陽雜記』, 中華書局, 1957

呂留良, 『呂晚村先生文集』, 同治八年序刊本

杜濬, 『變雅堂遺集』, 光緒二十年黃岡沈氏刊本

徐枋, 『居易堂集』, 1919年上虞羅氏刊本

『歸莊集』, 上海古籍出版社, 1984

萬斯同, 『石遠文集』, 四明叢書

『祁彪佳集』, 中華書局, 1960

張煌言, 『張蒼水集』, 中華書局, 1959

『瞿式耜集』, 上海古籍出版社, 1981

朱之瑜, 『朱舜水集』, 中華書局, 1981

『夏完淳集』, 上海古籍出版社, 1991

談遷, 『北遊錄』, 中華書局, 1981

陳貞慧, 『陳定生先生遺書』, 光緒乙未武進盛氏刻本

黃宗會, 『縮齋文集』, 上海古籍出版社, 1983

彭士望, 『樹廬文鈔』, 道光甲申刊本

魏禧, 『魏叔子文集』 『寧都三魏文集』, 道光二十五年刊本

_____, 『魏季子文集』, 同上

『易堂九子文鈔』, 道光丙申刊本

錢澄之, 『藏山閣文存』, 龍潭室叢書

姜埰, 『敬亭集』, 光緒己醜山東書局重刊

孫枝蔚, 『漑堂集』, 上海古籍出版社, 1979

朱鶴齡, 『愚庵小集』, 上海古籍出版社, 1979

熊開元, 『魚山剩稿』, 上海古籍出版社, 1986

金聲, 『金忠節公文集』, 道光丁慶嘉魚館署刊本

李楷, 『河濱文選』, 同治十年刊本

惲日初, 『遜庵先生稿』, 清末惲氏家刻本

祝淵, 『祝月隱先生遺集』, 適園叢書

鄭鄤, 『峚陽全集』, 1932年刊本

梁份, 『懷葛堂集』, 民國胡思敬校刊本

王餘佑, 『五公山人集』, 康熙乙亥刻本

刁包, 『用六集』, 道光癸卯刊本

張爾岐, 『蒿庵集蒿庵集捃逸蒿庵閑話』, 齊魯書社, 1991

陳瑚輯, 『從遊集』, 峭帆樓叢書

_____, 『離憂集』, 同上

吳應箕, 『樓山堂集』『貴池二妙集』, 貴池先哲遺書, 1920年刊本

_____, 『留都見聞錄』, 貴池先哲遺書

_____, 『啓禎兩朝剝復錄』, 同上

劉城, 『嶧桐集』『貴池二妙集』, 貴池先哲遺書, 1920年刊本

閻爾梅, 『閻古古全集』, 北京中國地學會, 1922

王弘撰, 『砥齋題跋』, 小石山房叢書

張自烈, 『芑山文集』, 豫章叢書

冒襄, 『樸巢文選』, 如皋冒氏叢書

____, 『巢民文集』, 同上

李鄴嗣, 『杲堂詩文集』, 浙江古籍出版社, 1988

金堡, 『遍行堂集』 上海國學扶輪社, 1911

『呂坤哲學選集』, 中華書局, 1962

鄭曉, 『今言』, 中華書局, 1984

王錡·于愼行, 『寓圃雜記·穀山筆麈』, 中華書局, 1984

余繼登, 『典故紀聞』, 中華書局, 1981

葉盛, 『水東日記』, 中華書局, 1980

王世貞, 『弇山堂別集』, 中華書局, 1985

焦竑, 『焦氏筆乘』, 上海古籍出版社, 1986

____, 『玉堂叢語』, 中華書局, 1981

丁元薦, 『西山日記』, 康熙己巳先醒齋刊本

孫承澤, 『春明夢餘錄』, 古香齋鑑賞袖珍

『研堂見聞雜錄』『烈皇小識』, 上海書店, 1982

談遷, 『國榷』, 中華書局, 1958

查繼佐, 『罪惟錄』, 浙江古籍出版社, 1986

李淸, 『南渡錄』, 浙江古籍出版社, 1988

____, 『三垣筆記』, 中華書局, 1982

『碑傳集』『碑傳集補』『淸代碑傳全集』, 上海古籍出版社, 1987

『淸史列傳』, 中華書局, 1987

『國朝先正事略』, 嶽麓書社, 1991

『明季北略』, 中華書局, 1984

『明季南略』, 中華書局, 1984
『小腆紀傳』, 中華書局, 1958
『小腆紀年附考』, 中華書局, 1957
『明史紀事本末』, 中華書局, 1977
羅學鵬 編輯, 『廣東文獻』, 同治二年春暉堂刊本
楊士聰, 『甲申核眞略』, 浙江古籍出版社, 1985
文秉, 『先撥志始』, 上海書店, 1982
徐秉義, 『明末忠烈紀實』, 浙江古籍出版社, 1987

『顔元集』, 中華書局, 1987
『顔元年譜』, 中華書局, 1992
『李塨年譜』, 中華書局, 1988
唐甄, 『潛書』, 上海古籍出版社, 1955
『戴名世集』, 中華書局, 1986
陳維崧, 『湖海樓全集』, 乾隆乙卯浩然堂刊本
王源, 『居業堂文集』, 道光辛卯刊本
施閏章, 『施愚山集』, 黃山書社, 1993
邵廷采, 『思復堂文集』, 浙江古籍出版社, 1987
朱彝尊, 『曝書亭集』, 國學整理社, 1937
_____, 『靜志居詩話』, 人民文學出版社, 1990
『方苞集』, 上海古籍出版社, 1983
閻若璩, 『潛邱箚記』, 光緒戊子同文書局刊本
江藩, 『國朝漢學師承記 · 國朝宋學淵源記』, 中華書局, 1983
陳夢雷, 『閑止書堂集鈔』, 上海古籍出版社, 1979
趙翼 · 姚元之, 『簷曝雜記 · 竹葉亭雜記』, 中華書局, 1982
段玉裁, 『明史十二論』, 昭代叢書
『魏源集』, 中華書局, 1976
李慈銘, 『越縵堂日記』, 上海商務印書館, 1920
皮錫瑞, 『經學歷史』, 中華書局, 1959

全祖望, 『鮚埼亭集』, 四部叢刊
趙翼, 『陔餘叢考』, 商務印書館, 1957
_____, 『廿二史箚記』, 中國書店, 1987
傅以禮, 『華筵年室題跋』, 宣統元年刊本
傅以禮 輯, 『莊氏史案本末』, 上海古籍出版社, 1981
楊鳳苞, 『秋室集』, 光緒癸未湖州陸氏刻本
張鑑, 『冬青館甲集 · 乙集』, 吳興叢書

陳寅恪,『柳如是別傳』, 上海古籍出版社, 1980

陳垣,『明季滇黔佛敎考』, 中華書局, 1962

＿＿＿,『清初僧諍記』『勵耘書屋叢刻』, 北京師範大學出版社, 1982

孟森,『明清史論著集刊』, 中華書局, 1959

＿＿＿,『明清史論著集刊續編』, 中華書局, 1986

＿＿＿,『心史叢刊(外一種)』, 嶽麓書社, 1986

謝國楨,『增訂晚明史籍考』, 上海古籍出版社, 1981

＿＿＿＿,『顧寧人先生學譜』, 上海商務印書館, 1957

孫靜庵,『明遺民錄』, 浙江古籍出版社, 1985

謝正光,『明遺民傳記索引』, 上海古籍出版社, 1992

錢穆,『中國近三百年學術史』, 中華書局, 1986

『梁啓超論淸學史二種』(『淸代學術槪論』『中國近三百年學術史』), 復旦大學出版社, 1985

容肇祖,『明代思想史』, 齊魯書社, 1992

吳晗·費孝通 等,『皇權與紳權』, 天津人民出版社, 1988

『顧亭林詩文集彙注』, 上海古籍出版社, 1983

錢仲聯 主編,『淸詩紀事·明遺民卷』, 江蘇古籍出版社, 1987

余英時,『士與中國文化』, 上海古籍出版社, 1987

＿＿＿＿,『方以智晚節考』(增訂版), 臺北允晨文化實業股份有限公司, 1986

關文發·顏廣文,『明代政治制度研究』, 中國社會科學出版社, 1995

郭朋,『明清佛敎』, 福建人民出版社, 1982

包遵彭 主編,『明史編纂考』, 臺灣學生書局, 1968

＿＿＿＿＿,『明史考證抉微』, 同上

＿＿＿＿＿,『明代政治』, 同上

劉鳳雲,『清代三藩研究』, 中國人民大學出版社, 1994

馮其庸·葉君遠,『吳梅村年譜』, 江蘇人民出版社, 1990

任道斌,『方以智年譜』, 安徽敎育出版社, 1983

馬克斯·韋伯,『儒敎與道敎』(中譯本), 江蘇人民出版社, 1995

艾爾曼,『從理學到樸學』(中譯本), 江蘇人民出版社, 1995

溝口雄三,『中國的思想』(中譯本), 中國社會科學出版社, 1995

『日本學者硏究中國史論著選譯』 제6권, 中華書局, 1993

증오의
시대

1판 1쇄 2017년 7월 28일
2판 1쇄 2024년 12월 20일

지은이 자오위안
옮긴이 홍상훈
펴낸이 강성민
편집장 이은혜
마케팅 정민호 박치우 한민아 이민경 박진희 황승현
브랜딩 함유지 함근아 박민재 김희숙 이송이 박다솔 조다현 배진성 이서진 김하연
독자모니터링 황치영

펴낸곳 (주)글항아리|출판등록 2009년 1월 19일 제406-2009-000002호
주소 10881 경기도 파주시 심학산로 10 3층
전자우편 bookpot@hanmail.net
전화번호 031-955-2689(마케팅) 031-941-5161(편집부)
팩스 031-941-5163

ISBN 979-11-6909-330-9 93910

잘못된 책은 구입하신 서점에서 교환해드립니다.
기타 교환 문의 031-955-2661, 3580

www.geulhangari.com